중재법
연구

Issues on Arbitration Law

이호원 저

박영사

머 리 말

　이 책은 필자가 1986년 이래 지금까지 발표한 중재법 관련된 글을 추리고 손보아 "중재법 연구"라는 서명으로 발간하는 것이다.

　필자가 중재법에 관심을 가지기 시작한 것은 1980년 법관으로 임용되자 대학시절 은사이신 고 정희철 교수님으로부터 중재법을 연구하여 보는 것이 좋겠다는 권유를 받은 때부터이다. 그 후 1984년 미국 Georgetown 대학의 법학석사 과정을 밟으면서, Mark B. Feldman과 David P. Stewart 두 분 변호사가 공동으로 강의하던 국제상사중재 강좌를 수강하며 중재법을 본격적으로 연구하는 계기가 마련되었다.

　민사분쟁의 해결에 있어서 민사소송이 가장 최종적이고 권위 있는 제도로서, 이 사회의 분쟁해결에 있어서 절차적 정의를 담보하는 역할을 수행하고 있으며, 공권력에 의하여 뒷받침되는 제도임에는 다툼이 있을 수 없다. 그러나 우리 사회는 과다하게 소송사건이 발생하고, 법원의 소송에 과도하게 의지하여 그 분쟁을 해결하고 있다는 문제점이 지적되고 있다. 그 근본적인 해소를 위하여서는 분쟁의 발생을 예방하고, 사회적으로 분쟁을 흡수하는 능력을 키울 필요가 있지만, 그와 함께 소송 외의 분쟁해결수단 중 가장 중요한 중재를 육성하고 활용할 필요가 매우 크다. 중재의 장점으로는 당사자의 중재인 선정과 절차진행 참여, 신속성, 우의성, 비공개성 등을 들 수 있는데, 분쟁의 종류나 사안에 따라서는 중재가 법원의 소송절차보다 신속하고 효율적인 분쟁해결수단을 제공하는 경우가 대단히 많다는 점을 강조하고 싶다. 또한, 국제분쟁의 경우에는 특정 국가의 법원이 아닌 중립적인 중재판정부를 구성할 수 있어서 소송보다도 중재가 더 일반적으로 활용되고 있다.

　제2차 세계대전 이후 국제거래가 활성화되고, 그에 따른 국제분쟁의 해결방법으로 중재가 주목을 받게 되자, 1958년 외국중재판정의 승인 및 집행에 관한 국제연합협약, 이른바 뉴욕협약이 체결되었고, 1985년에 뉴욕협약을 기반으로 한 국제상사중재에 관한 UNCITRAL 모델법이 제시되었다. 이에 따라 점진적으로 국제중재에 관련된 법리에 관한 세계 각국의 공통적인 인식이 확산되고, 각국의 중재법이 통일화 경향을 보이게 되었다. 이러한 진전은 이론적 합리성을 기초로 한 것이라기보다, 대륙법계와 영미법계의 타협에 의하여 이해하기 쉽고 실질적 효용성을 갖추는 것을 우선적으로 고려한 결과라고 본다. 따라서 국제중재에 관한 법리는 국제적 타협의 결과물로서 각국의 법제에 앞서서 주어진 법리로서의 성질을 지니게 되어, 이를 각국의 법제에 어떻게 반영하느냐 라는 점이 과제로 대두되는 영역이다. 일반적인 대륙법계 법률 지식을 갖춘 필자가 영미법을 배경으로 한 국제중재에 관한 법리를 먼저 접하기 시작한 것은 이러한 상황을 보다 객관적으로 이해하는 데 도움이 되었다고 생각한다. 1973년 뉴욕협약에 가입하고, 1999년 UNCITRAL 모델중재법을 전면적으로 수용한 우리나라의 중재법에서도, 예컨대 중재판정의 효력이나 취소 등을 고찰함에 있어서는 우리 법체제와의 정합성이나 법리상의 일관성은 물론, 국제적인 타협으로 나온 법리의 배경과 실질적 기능을 존중하면서 국제적으로 공인받을 수 있는 논의를 진행하여야 한다는 점에 유의하게 된다.

이처럼 뉴욕협약에 대한 올바른 이해가 우리 중재법 해석에 기반을 제공하고 있으므로, 뉴욕협약을 중심으로 외국중재판정의 승인과 집행을 다룬 논문([1])을 이 책의 가장 앞에 배치하였고, 중재판정의 효력에 관한 글([4])에서는 이러한 법리 해석상의 논점을 부각하려고 노력하였다. 이 책의 편집을 개시한 이후, 이 책에 실을 일부 논문들은 그 작성 이후 1999년과 2016년 우리 중재법이 두 차례에 걸쳐서 대폭적으로 개정되었으므로, 이에 맞추어 수정 정리하는 것이 필요함을 깨닫게 되었다. 그래서 종전에 발표한 글 중 중재판정의 취소에 관한 글([5])과 국제중재절차에서의 법원의 역할에 관한 글([12])은 전면적으로 현행법에 맞추어 재작성하였고, 중재판정의 승인에 관한 글([7])과 중재판정의 승인·집행을 위하여 제출할 서류에 관한 글([8])에는 후기를 덧붙여 현행법에 대한 설명을 덧붙였다. 한편 이 책의 글들은 처음부터 단행본으로 출간할 목적으로 체계적으로 작성한 글들이 아니다 보니, 같은 내용의 서술이나 설명이 여러 글에서 중복되는 점에 대하여서는 독자분들의 양해를 바란다.

　필자는 오랜 법조 생활을 통하여 많은 민사분쟁사건을 다루어 보았으나, 실제로 중재법 관련 사건을 다루어 본 것은 두세 건에 불과하다. 그러나 지속적으로 중재법에 대한 관심을 가지고 있던 중, 연세대학교 법학전문대학원 손한기 교수님의 제의로 법학 교수의 길을 걷게 되면서 중재법을 본격적으로 연구할 기회를 가진 것은 큰 행운이었다. 그리고 서울대학교 법학전문대학원 석광현 교수님의 추천에 힘입어 2013년부터 2015년까지 법무부 중재법 개정위원회 위원장직을 맡게 되면서 그간의 연구 결과를 중재법 개정에 일부 반영할 수 있는 좋은 기회를 얻게 되었다. 이후 중앙대학교 법학전문대학원 전병서 교수님의 제안과 안내에 따라 발표논문 등을 모아 책의 형태로 기획하게 되었다.

　이러한 모든 과정에서 필자를 도와주신 정희철, 손한기, 석광현, 전병서 교수님께 깊은 사의를 표한다. 또한, 이 책의 교정을 도와준 대한상사중재원의 감상기, 도혜정 두 분께도 감사드린다. 끝으로 중재법에 관한 전문 서적이 드문 우리 학계의 연구와 실무에 이 책이 조금이라도 도움이 된다면 필자의 무한한 보람이 될 것이다.

2020년 5월 대한상사중재원장실에서
이 호 원

차   례

세부 차례

제 1 장 　뉴욕협약

[1] 외국중재판정의 승인과 집행
- 뉴욕협약을 중심으로 -

제 2 장 개정 중재법 검토

[2] 1999년 개정 중재법에 관한 소고

[3] 2016년 개정 중재법의 주요내용

제 3 장　중재판정의 효력과 취소

[4] 국내중재판정의 효력에 관하여

– 중재법 제35조의 해석을 중심으로 –

[5] 중재판정의 취소

[6] 국제중재판정의 취소사유의 확장 또는 제한

- 법원에 의한 본안의 심사와 관련하여 -

제4장　중재판정의 승인과 집행

[7] 중재판정의 승인

[8] 중재판정의 승인·집행을 위하여 제출할 서류

[9] 중재판정 집행절차의 개선에 관한 연구

제 5 장   국제중재

[10] 국제상사분쟁해결방법으로서의 국제중재에 관하여

– 실무적 절차의 흐름과 장단점을 중심으로 –

[11] 국제중재절차에서의 법원의 역할

제6장 미국판례 소개

[12] 뉴욕협약의 적용을 받는 외국중재판정의 승인 및 집행에 관한 미국의 판례(2009-2010년 선고)

[13] 미국의 외국중재판정 집행에 관한 판례 평석(1990년 이전)

제7장 일본어 논문

[14] 韓国においての外国仲裁判断の承認および執行

제1장

뉴욕협약

[1] 외국중재판정의 승인과 집행
- 뉴욕협약을 중심으로 -

[1] 외국중재판정의 승인과 집행
- 뉴욕협약을 중심으로 -

이 글은 법원행정처 발간 재판자료 제34집(1986), 653~708면에 실린 글로서, 당시의 국내외 자료를 종합하여 뉴욕협약을 정확하게 소개하기 위하여 작성한 글이다. 비록 구 중재법 시대의 글이기는 하나 뉴욕협약은 외국중재판정의 승인과 집행에 관하여 가장 중요하고 실효적인 조약으로서, 1958년 체결된 이래 그대로 유지되고 있고, 이에 관한 기본이론이나 법리는 변함이 없으므로, 최소한의 수정만을 가한 것이다. 원문은 국한문 혼용이었으나, 편의상 모두 한글화하였다.

I. 머리말

1. 문제의 제기

우리의 경제규모가 확대되고 국제거래가 증가함에 따라 국제상사계약이 수없이 체결되고 있다. 이와 같이 국제계약이 증가함에 따라 그에 따른 분쟁 역시 증가하고 국제거래의 원활화를 위하여 국제계약상 분쟁의 신속하고 정확한 해결방법이 절실히 요구되는바, 이는 결국 각국의 법원에 의한 재판이나 국제상사중재에 의할 수밖에 없다. 그러나 각국 법원에 의한 재판은 그 효력의 근거가 국가통치권의 발동이므로, 그 영토 내에서만 유효한 것이고, 국경을 넘어서는 원칙적으로 효력이 없고, 각국에서 외국판결의 승인과 집행을 위한 제도가 마련되어 있기는 하나 역시 주권에 관련하여 여러 가지 문제점이 있다. 이에 반하여 중재판정은 그 효력의 근거를 사인인 당사자의 자주적 합의에 둠으로써 국가의 주권문제와 관련 없이 국제적으로 효력을 미치게 하는 것이 용이하고 외국중재판정의 승인과 집행에 관하여 다국간국제조약이 체결되어 있어서, 일반적으로 중재제도가 가지고 있는 구체적 타당성, 간이신속성, 비용의 저렴성, 비밀보장성, 우의성 등과 함께 국제거래에 있어서 분쟁해결방법으로서 소송보다는 중재를 택하게 하는 중요한 원인이 되고 있으며, 국제상사계약 중에는 중재조항이 포함되어 있는

것이 상례이다.[1]

무역의존도가 큰 우리나라는 국제거래의 원활화가 우리 경제성장의 필요불
가결의 조건이 될 것이므로 이를 위하여 분쟁해결방법으로서의 중재의 중요성을
인식하고 1966. 3. 16 법률 제1767호로서 중재법을 제정하고, 1973. 2. 8에는 통상
뉴욕협약이라고 불리는 외국중재판정의 승인 및 집행에 관한 국제연합협약(U. N.
Convention on the Recognition and Enforcement of Foreign Arbitral Awards)에 가입하
는 한편, 대한상사중재원을 육성하여 중재를 통한 국제거래상 분쟁의 해결을 도
모하고 있다.

그런데 중재제도가 실효성을 가지기 위하여는 중재판정에 집행력이 있어야
할 것인바 중재판정은 그 자체로는 집행력을 갖지 아니하고 법원의 집행판결을
받아야 비로소 집행력이 발생하는 것이다. 그러나 내국중재판정의 효력에 관하여
는 중재법에 상세한 규정이 있으나, 외국중재판정의 경우 우리 법상 명문의 규정
을 찾아볼 수 없기 때문에 외국중재판정이 승인 또는 집행되기 위하여는 어떠한
요건을 갖추어야 하고 어떠한 절차를 밟아야 하는가 라는 의문이 제기되는바 이
를 우리 중재법 및 뉴욕협약을 중심으로 살펴보는 것이 본고의 목적이다.[2]

2. 외국중재판정의 의의

가. 중재판정의 의의

중재(arbitration)라 함은 당사자들이 처분할 수 있는 사법적 분쟁을 합의에 의
하여 법원 이외의 제3자인 중재인(arbitrator)에게 그 해결을 위임하고 그가 내린
판정에 복종함으로써 분쟁을 최종적으로 해결하는 방법인바, 중재판정(arbitral
award)은 중재인이 분쟁의 대상인 법률관계 당사자의 합의에 의하여 부여받은 중
재권한에 기하여 그 법률관계에 관한 분쟁해결을 위하여 하는 판단행위를 의미한
다.[3] 우리 법원에서 승인 또는 집행의 대상이 되는 외국중재판정 역시 기본적으

---

1) 高澎煥, 國際商事仲裁論(1981), 32면; Wilner, *Domke on Commercial Arbitration(Rev. Ed)* (1984), p. 543.
2) 외국중재판정의 승인과 집행에 관한 국내문헌으로는 洪晶植, 外國仲裁判定의 承認과 執行에 관한 國際聯合協約 解說(商事仲裁研究叢書 IV)(1972); 金洪奎, 外國仲裁判定의 國內에서의 承認 및 執行(商事仲裁研究叢書 VII)(1975); 金洪奎, 仲國仲裁判定의 承認執行의 要件과 節次(商事仲裁研究叢書 제22집)(1980) 등을 들 수 있다.
3) 高澎煥, 앞(주 1)의 책, 27면; 小山昇, 仲裁法(1958), 51면.

로 위와 같은 성질을 가지고 있어야 할 것인바, 이를 나누어 설명하면 (1) 중재인의 판정권의 기초가 당사자의 합의에 있을 것, (2) 중재인은 당사자의 대리인으로서 판정행위를 하는 것이 아니라 당사자의 의사와 별개독립한 제3자로서 독자적 입장에서 판정행위를 할 것 및 (3) 중재인은 법 또는 형평의 원칙에 비추어 분쟁을 재판하는 것이고, 단지 법적인 의미를 가진 사실을 감정하는 것은 아닐 것 등의 특징을 지녀야 중재판정이라고 부를 수 있을 것이다.[4]

나. 중재판정의 법적 성질

외국중재판정의 의의를 밝히기 위하여는 먼저 중재판정의 법적 성질을 검토할 필요가 있다. 이에 대하여는 중재계약을 소송법의 적용을 받은 소송계약으로 보고 중재판정을 판결에 유사한 소송행위로 보는 견해와 중재계약을 사법상의 채권계약의 일종으로 보아 중재판정도 이 계약으로부터 발생한 당사자 사이의 실체법상 법률행위로 보는 견해가 대립되고 있다.[5] 어느 견해를 취하느냐에 의하여 외국중재판정의 의의 및 범위가 달라질 뿐 아니라, 중재절차에 있어서 그 절차지법의 적용범위 및 당사자 의사자치의 원칙의 허용여부 등에 크게 영향을 미치게 된다.

(1) 판결설(절차지법설)

이 설에 의하면 중재인의 권한은 중재계약에 기인한다고 하고 있지만 궁극적으로는 중재절차를 허용하는 법률에서 유래하는 것이고, 또 당사자의 의사에 의하여 중재인이 선임된다고 하지만 당사자의 의사는 중재인선정의 수단에 불과하고 중재인의 권한의 연원이 아니므로, 중재인은 고유의 의미에서 법관이고 따라서 중재판정의 성질은 판결과 같다고 한다. 또한 중재판정 내지 중재절차는 소송절차에 갈음하는 것이므로, "소송절차는 소송지법에 의한다."라는 원칙이 적용되어 중재절차는 중재가 행하여지는 곳의 법에 의하여야 하는 것으로 된다. 따라

---

4) 따라서 강제중재는 그 판정권의 기초가 국가의사에 있으므로 중재라 할 수 없고, 중재감정계약은 사실의 존부 및 내용을 확정시키는 것에 불과하여 중재가 아니며, 화해는 당사자들이 서로 양보하여 분쟁을 서로 양보하여 분쟁을 해결하는 것이므로 역시 중재라 할 수 없다. 川上太郎, "仲裁", 國際私法講座 第三券(1964), 862면.

5) 두 견해의 상세에 대하여는 金洪奎, 앞(주 2)의 책(1975), 29면 이하 및 三井哲夫, "外國仲裁判斷の承認及び執行に關する若干の問題に就て", 民訴雜誌 16號(1960), 87면 이하 각 참조.

서 중재계약의 요건과 효력도 당연히 중재절차가 행하여지는 곳의 법률에 의하여 정하여진다. 이와 같이 중재계약은 소송법상의 계약의 성질을 가지고 실체법상의 계약은 아니므로 당사자 의사자치의 원칙이 적용될 범위는 좁아진다. 이 설을 따를 경우 외국중재판정은 중재절차 및 중재판정이 외국에서 행하여진 중재판정을 의미하는 것으로 될 것이다.

(2) 계약설(준거법설)

이 설에 의하면 중재계약은 분쟁이 생길 경우 중재판정에 승복하고 다툼을 그칠 것을 목적으로 하는 채권계약으로서 다툼을 그치고 당사자 사이의 법률관계를 확정하는 것을 목적으로 하는 화해계약에 유사한 성질을 가지는 실체법상의 계약이라 한다. 따라서 중재판정권은 중재인이 국가로부터 위탁받은 재판권의 행사가 아니라 중재계약에 표시된 당사자의 의사의 구체화를 의미하는 것이므로, 당사자는 원칙적으로 그 절차를 정할 자유를 가지고 국가기관인 법원이 관여하는 것은 중재계약에 나타난 당사자의사의 실현에 협력하는 의미를 가짐에 지나지 않는 것이다. 그러므로 중재절차의 준거법은 당사자의 의사에 의하여 또는 그것이 명백하지 아니한 경우에는 계약의 다른 요소로부터 당사자의 의사를 추론하여 정하게 된다 한다. 이 설에 따를 경우 외국중재판정은 당사자가 외국법을 준거법으로 삼은 중재판정을 의미하게 된다 할 것이다.[6]

(3) 사견

중재인은 실제로는 법관으로서의 기능을 가지고 있지만, 당사자의 합의에 기하여 사인인 자격에서 이 기능을 가지고 있고, 이 점에서 국가기관인 법관이 행하는 소송절차와 중재인이 행하는 중재절차 사이에 근본적인 차이점이 존재한다. 또한 중재제도는 소송을 배척하고 당사자 사이의 자치적 분쟁해결수단으로 당사자의 승복을 전제로 발전하여 온 연혁에 비추어 볼 때, 계약설이 타당하고, 중재절차에는 원칙적으로 당사자 의사자치의 원칙이 적용된다고 보아야 할 것이고, 이에 의하여 당사자에 의한 중재절차의 합목적적 운영이 가능하게 될 것이다. 그리고 중재절차가 행하여지는 곳과 중재인이 하는 중재절차 사이에는 소송지와 소송절차 사이에서 볼 수 있는 필연적 관계가 존재하지 아니한다.

그러나 한편 중재계약은 소송의 배척을 목적으로 하는 것이므로 중재계약이

---

6) 金洪奎, 위의 책, 32면; 川上太郎, 앞(주 4)의 글, 849면.

존재함에도 불구하고 당사자 일방이 이를 무시하고 소송을 제기한다면 법원으로
서는 그 소를 각하하여야 하고, 최종적으로 얻어진 유효한 중재판정은 기판력과
집행력을 가진다 할 것이므로, 그와 같은 점에 있어서는 소송법적인 성질을 가지
는 사실을 부인할 수 없다. 한편 외국중재판정에 관한 국제조약은 법이론의 당부
에 의하여 성립된 것이 아니라 각기 상이한 법률적 배경을 가진 국가들 사이의
타협에 의하여 각국이 모두 승복할 수 있는 합의점을 발견하여 체결된 것이므로
외국중재판정의 승인과 집행의 문제를 다룸에 있어 어느 한 견해에 치우쳐서 해
석하는 것은 일방적인 공론으로 될 우려가 있다 할 것이다. 예컨대 뉴욕협약상
준거법설을 지지하는 대륙법계 국가와 절차지법설을 주장하는 영미법계 국가 사
이의 타협의 결과 위 협약의 적용을 받는 외국중재판정은 "중재판정의 승인 및
집행의 요구를 받은 국가 이외의 국가의 영토 내에서 내려진 판정" 및 "그 승인
및 집행의 요구를 받은 국가에서 내국중재판정이라고 인정되지 아니하는 중재판
정"이라고 규정하고 있는바, 그로부터 뉴욕협약이 어떠한 견해에 입각하여 체결
된 것인가를 판단하는 것은 무의미하고[7) 위 뉴욕협약의 구체적 적용범위를 살펴
보는 것이 실제로 유용할 것이다.

다. 외국중재판정의 의의

　우리 국민 사이에서 우리 중재법에 따라 행하여진 중재판정이 내국중재판정
으로서 중재법의 적용대상임에는 의문의 여지가 없으나 어떠한 중재판정이 외국
중재판정인가에 대하여는 견해의 대립이 있다. 중재판정의 법적 성질에 관하여
판결설 내지 절차지법설을 따르는 입장에서는 중재절차 및 중재판정이 외국에서
행하여진 중재판정을 외국중재판정이라 하고, 계약설 내지 준거법설을 따르는 입
장에서는 외국법을 준거법으로 삼아 내려진 판정을 외국중재판정이라고 하고 있
는바,8) 앞서 본 바와 같이 계약설 내지 준거법설이 중재제도의 본질에 비추어 타
당한 견해라고 보는 이상 외국법을 준거법으로 삼아 내려진 판정을 외국중재판정
이라고 보아야 할 것이다. 따라서 외국법에 의거하여 행하여진 중재판정은 국내
에서 내려졌다 할지라도 외국중재판정으로 보아야 하고, 외국에서 우리 법을 준

---

7) 三井哲夫, 앞(주 5)의 글, 95면; 川上太郎, 위의 글, 861면.
8) 그 상세에 관하여는 金洪奎, "仲裁判定의 國籍", 玄勝鍾敎授回甲記念論文集 533면 이하
　참조.

거법으로 삼아 내려진 중재판정은 내국중재판정으로 보아야 할 것이다.

외국법에 의거하여 내려진 중재판정은 내국중재판정과는 달리 우리 중재법이 요구하는 요건을 구비하고 있다고 할 수는 없다. 그러므로 우리나라에서 외국중재판정의 효력이 인정되는지 여부가 문제되는 것은 당연하고, 그 효력을 인정한다 할지라도 어떠한 요건 아래서 외국중재판정을 승인 또는 집행할 수 있는지 여부에 관하여 고찰할 필요가 생긴다 할 것이다.

3. 우리 법상 외국중재판정의 승인과 집행

1966. 3. 16. 제정된 우리 중재법은 중재계약, 중재절차, 중재판정의 효력 및 집행판결의 절차 등에 관하여 상세한 규정을 두고 있다. 그러나 위 중재법상 외국중재판정에 관한 명문의 규정을 두고 있지 아니할 뿐더러, 동법은 내국중재절차 및 중재판정에 적용될 것을 전제로 제정된 법률이어서 그 성질상 외국중재판정에 직접 적용하기 어려운 조항들을 포함하고 있어 동법이 외국중재판정에 적용되는지 여부에 관하여는 의문이 있다. 좀더 구체적으로 보면 중재판정의 집행에 관한 절차조항인 중재법 제14조는 외국중재판정의 집행에 관한 규정을 별도로 두고 있지 아니한 이상 외국중재판정에도 적용된다고 보아야 할 것이나, 동법 제13조에서 규정하고 있는 중재판정 취소의 사유가 외국중재판정의 경우에도 직접 적용될 수 있는지 라는 점에 대하여는 의문이 있고, 우리와 비슷한 입장에 있는 일본의 경우 이 점에 대하여 학설·판례상 견해의 대립을 보고 있다.9)

외국중재판정의 효력에 관한 다른 중요한 법원은 국제조약이라고 할 것인데,10) 우리나라는 현재 뉴욕협약, 즉 "외국중재판정의 승인 및 집행에 관한 국제연합협약" 및 1967. 3. 7 세계은행의 주도하에 체결된 "국가와 국민간의 투자분쟁해결에 관한 협약(Convention on the Settlement of Investment Disputes between States and Nationals of other States, 통상 워싱턴협약이라 불린다)"에 가입하고 있으며, 또한 1957. 11. 7. 체결된 "대한민국과 미합중국 간의 우호, 통상 및 항해조약(Treaty of Friendship, Commerce and Navigation between the Republic of Korea and the United

---

9) 일본은 독립된 중재법이 없이 민사소송법 제8편에 "중재수속"이라는 제목 아래 제768조에서 제805조까지 중재에 관한 규정을 두고 있다.
10) 헌법 제5조 제1항의 해석상 조약은 일반적으로 법률과 같은 효력을 가진다는 것이 다수설이다. 金哲洙, 憲法學槪論(1982), 191면.

States of America)" 제5조에서도 양국의 국민이나 회사 사이에 분쟁이 생긴 경우에 중재합의가 있으면 그 유효성을 인정하고 그에 따른 중재판정은 그 집행을 상호 보장한다는 취지의 규정을 두고 있다.

주의할 점은 세계의 주요국가의 대부분을 포함하여 1983. 1. 1. 현재 60개국이 뉴욕협약에 가입하고 있고,[11] 위 협약의 해석상 위 협약에 기하여 외국중재판정의 승인 및 집행을 구하는 경우 위 협약의 규정보다 제한적인 요건을 정한 조약이나 국내법의 규정은 적용할 수 없고 위 협약보다 관대한 요건을 정한 범위 내에서만 그 적용이 인정되며 뉴욕협약에 기하여 외국중재판정의 승인 및 집행을 구하는 것이 우리 법에 기하여 그 승인 및 집행을 구하는 것보다 용이할 것이므로, 실제로는 뉴욕협약에 기하여 외국중재판정의 승인 및 집행을 구하는 경우가 가장 많으리라고 생각된다.

그러므로 본고에서는 외국중재판정의 승인 및 집행의 문제를 접근하는 방법으로서, 그 승인과 집행의 요건을 (1) 뉴욕협약이 적용되는 경우와 (2) 국제조약의 적용이 없는 경우를 나누어 순차로 검토한 후, 외국중재판정의 승인과 집행의 절차를 살펴보기로 한다. 그 밖에 한미 간의 우호, 통상 및 항해조약이나 워싱턴 협약이 적용되는 외국중재판정의 경우 그 승인과 집행은 별도의 요건 아래서 이루어지게 되겠지만, 한미 간의 우호, 통상 및 항해조약은 양국 사이의 중재에 대하여서만 적용되고,[12] 워싱턴협약은 당사자의 일방이 국가인 투자분쟁에 관한 중재에 대하여서만 적용되는 것이 원칙이므로 본고에서 위 각 경우는 다루지 아니하기로 한다.

II. 뉴욕협약하의 외국중재판정의 승인 및 집행의 요건

1. 서

외국중재판정의 승인과 집행에 관한 다국간 국제조약으로는 1923. 9. 24. 체결된 "중재조항에 관한 제네바의정서(Geneva Protocol on Arbitration Clauses, 통상 제네바의정서라 불린다)"와 1927. 9. 26. 체결된 "외국중재판정의 집행에 관한 제네

---

11) 이 협약의 가입국, 가입일자 및 유보선언사항은 본고 말미의 별표와 같다(이 책에서 별표는 생략하였음).
12) 위 조약에 기한 중재판정의 집행에 관하여는 洪晶植, 앞(주 2)의 책, 16면 이하 참조.

바협약(Geneva Convention on the Execution of Foreign Arbitral Awards, 통상 제네바협약이라 불린다)"이 있다.[13] 그러나 제2차세계대전 이후 세계무역의 규모가 비약적으로 확대됨에 따라 위 제네바의정서 및 제네바협약에 나타난 단점을 개선, 보완하고 확대되는 중재의 수요에 응할 수 있는 새로운 다국간 국제조약의 체결필요성이 증대하게 되었다.[14]

　　이에 따라 파리에 본부를 두고 있는 국제상업회의소(International Chamber of Commerce, ICC)의 제의에 의하여 국제연합의 경제사회이사회는 "외국중재판정의 승인과 집행에 관한 협약의 초안"을 작성하고 이를 각국정부와 국제단체 등에 송부하여 그에 대한 의견을 구한 후 1958. 5. 20.부터 6. 10.까지 뉴욕에서 사법상 분쟁의 해결에 있어서 중재의 실효성을 증대시키기 위한 제방안을 심의하기 위한 회의를 소집하고, 위 회의에 48개국대표 및 15개 국제단체 대표가 참석하여 위 초안에 대하여 많은 수정을 가한 끝에 1958. 6. 10. 뉴욕협약이 성립하고 이듬해인 1959. 6. 7. 그 효력을 발생하기에 이르렀다.[15] 뉴욕협약은 대체적으로 보아 제네바의정서 및 제네바협약의 해석 및 그 운영상 지적된 결점을 대폭적으로 보완한 것이라고 할 수 있다. 뉴욕협약은 전문 16개조로 이루어져 있고 제1조부터 제7조까지는 위 협약의 실체규정이고 제8조 이하는 가입 또는 적용절차 및 효력발생 등에 관한 위 협약의 절차규정이다.

　　뉴욕협약의 성립 이후 1960년대 말까지 미국, 영국 등 일부 주요 국가들이 가입하지 아니하여 위 협약이 얼마나 실효성이 있을는지는 미지수이었으나, 뉴욕

---

13) 제네바 협약은 제네바의정서가 적용되는 중재조항에 기하여 내려진 중재판정의 집행에 관한 조약이므로 양자는 사실상 하나의 조약으로 보아야 할 것이다. 제네바 협약 제1조, 제7조.

14) 국제상사중재의 촉진을 위한 이상적인 방안으로서 각국의 중재법을 통일하는 방법이 있고 실제로 이 방법도 시도되고 있으나 그 실현가능성이 희박하여 외국중재판정의 승인 및 집행에 관한 각국 국내법상의 조건들을 최대한 제한하기 위한 다국간 조약의 체결이 현실적 방안으로 추진된 것이라 한다.

15) 뉴욕협약의 토의 및 성립 경위에 관하여는 洪晶植, 앞(주 2)의 책, 4-8면 이외에 阿川清道, "外國仲裁判斷の承認及び執行に關する條約について(上)", ジュリスト 231호 18-20면; Albert Jan van den Berg, *The New York Arbitration Convention of 1958*(1981), pp. 6-9; Contini, "*International Commercial Arbitration*", 8 American Journal of Comparative Law(1959), p. 283; Pisa, "*The UN Convention on Foreign Arbitral Awards*", 33 Southern California Law Review(1959), p. 14; Quigley, "*Accession by the United States to the United Nations Convention on the Recognition and Enforcement of Foreign Arbitral Awards*", 70 Yale Law Journal(1961), p. 1049 참조.

협약의 가입국이 계속 증가하여 이제는 주요 국가를 포함하여 60개국이 가입하고 있을 뿐더러, 위 협약 성립이후 20여 년간 별다른 난점 없이 위 협약이 운영되어 위 협약은 성공하였다고 판단하여야 할 것이다. 그러나 뉴욕협약이 국제상사중재에 관한 현대적 요청을 완전히 충족시키고 전혀 결점이 없는 것이라고는 할 수는 없고 뒤에 검토하는 바와 같이 그 해석상 어려움도 있어서 그 개정제의도 나오고 있는 것이 실정이다.16)

우리나라는 1968. 3. 4. 뉴욕협약의 가입을 위한 서명을 끝냈으나 시기상조라 하여 국회의 비준동의절차가 미루어져 오다가 1973. 1. 30. 당시 비상국무회의에서 위 협약가입 동의안이 의결되고 같은 해 2. 8. 위 협약 가입문서를 국제연합 사무총장에게 기탁함으로써 위 협약상 규정에 따라 같은 해 5. 9.부터 우리나라에 대하여도 뉴욕협약의 효력이 발생하게 되었다.

2. 뉴욕협약의 적용범위

가. 뉴욕협약상 외국중재판정의 의의

뉴욕협약 제1조 제1항은 "이 협약은 중재판정의 승인 및 집행의 요구를 받은 국가 이외의 국가의 영토 내에서 내려진 판정으로서 자연인 또는 법인간의 분쟁으로부터 발생하는 중재판정의 승인 및 집행에 적용한다. 이 협약은 또한 그 승인 및 집행의 요구를 받은 국가에서 내국판정이라고 인정되지 아니하는 중재판정에도 적용한다."17)라고 규정하고 있다. 이는 뉴욕협약의 적용을 받는 외국중재판정의 범위를 정함에 있어 중재판정이 내려진 영역을 기준으로 삼을 것을 원칙으로 하되, 그 승인 및 집행을 요구받은 국가에서 내국판정이라고 인정되지 아니하는 중재판정에 대하여도 뉴욕협약을 적용할 수 있는 여지를 마련함으로써 국내에서 성립되었다 할지라도 준거법이 외국법인 중재판정을 외국중재판정이라고 보

---

16) 뉴욕협약에 대한 근래의 평가로는, Albert Jan van den Berg, *supra* note 15, p. 394; Sanders, "A *Twenty Year's Review of the Convention on the Recognition and Enforcement of Foreign Arbitral Awards*", 13 International Lawyer(1979), p. 269(중재 1980년 11월호에 그 요약번역문이 실려 있다) 참조. 이에 의하면 뉴욕협약이 실효성이 있는 국제조약으로서 그 기능을 제대로 수행하고 있으나 현단계로서는 그 해석의 통일을 기함이 중요하고 아직 그 개정을 논하기에는 이르다는 입장을 취하고 있다.

17) 뉴욕협약의 정본은 중국어, 영어, 불어, 러시아어, 스페인어의 5개국어로 되어 있는바 한국어 번역은 외무부 조약과에 비치된 번역문에 의함을 원칙으로 하되, 오류가 있는 부분은 일부 정정하였다. 주 37, 49, 68 참조.

는 국가에서 그와 같은 중재판정에 뉴욕협약을 적용할 수 있음을 인정하고 있는
것이다. 이는 뉴욕협약 심의당시 영미법계 국가 및 소련 대표 등은 판정이 내려
진 곳에 따라 외국중재판정을 정할 것을 주장하고 대륙법계 국가 대표들은 준거
법에 의하여 이를 정할 것을 주장하여 서로 대립하던 중 모두 외국중재판정에 포
함시키는 쪽으로 타협이 이루어진 결과인바,18) 이로 인하여 위 뉴욕협약이 적용
되는 범위는 상당히 확대되었다고 보아야 할 것이다.19) 따라서 우리 법을 준거법
으로 삼아 외국에서 내려진 중재판정은 그 외국이 뉴욕협약의 가입국인 이상 우
리 법 해석상 내국중재판정으로 보아야 할지라도 뉴욕협약의 적용을 받고,20) 또
한 뉴욕협약 가입국인 외국에서 내려진 중재판정인 이상 그 준거법이 비가입국의
법률이라 할지라도 뉴욕협약이 적용된다.

나. 상호주의 유보선언 및 상사한정 유보선언

뉴욕협약 제1조 제3항은 "어떠한 국가든지 이 협약에 서명, 비준 또는 가입
할 때 … 상호주의의 기초에서 다른 체약국의 영토 내에서 내려진 판정의 승인 및
집행에 한하여 이 협약을 적용한다고 선언할 수 있다. 또한 어떠한 국가든지 계
약적 성질의 것이거나 아니거나를 불문하고 이러한 선언을 행하는 국가의 국내법
상 상사상의 것이라고 인정되는 법률관계로부터 발생하는 분쟁에 한하여 이 협약
을 적용할 것이라고 선언할 수 있다."라고 규정하여 위 협약 가입국에게 상호주
의 유보선언 및 상사한정 유보선언을 할 수 있는 선택권을 주고 있다.21) 우리나
라는 뉴욕협약에 가입함에 있어 위 조항에 의하여 다른 가입국의 영토 내에서 내
려진 중재판정에 한하여 위 협약을 적용할 것과 우리 법상 상사관계의 분쟁에 한
하여 위 협약을 적용할 것을 선언하였다. 따라서 뉴욕협약 가입국 이외의 국가에

---

18) 阿川淸道, 앞(주 15)의 글, 20면; 川上太郎, "外國仲裁判斷の承認及び執行に關する國連條
約と日本國の加入", 民商法雜誌 45권 5호(1962), 601면; Contini, *supra* note 15, p. 293.
19) 이는 특히 제네바협약이 각기 상이한 가입국의 재판권에 복종하는 당사자 사이의 중재
합의에 의하여 위 협약 가입국중의 한 영역에서 내려진 중재판정에 한하여 적용할 수 있
었던 것에 비하여 훨씬 더 적용범위가 넓어진 것이라고 하겠다. 제네바의정서 제1조, 제
네바조약 제1조.
20) 만일 우리나라가 상호주의 유보선언을 하지 아니하였다면 외국에서 내려진 판정은 준거
법 여하를 불문하고 모두 뉴욕협약이 적용될 것이다.
21) 1983. 1. 1. 현재 가입국 60개국 중 39개국이 상호주의 유보선언을, 21개국이 상사한정 유
보선언을 하고 있다.

서 내려진 외국중재판정에 대하여 우리나라에서 그 승인과 집행이 문제된 경우 뉴욕협약은 적용되지 아니한다. 또한 뉴욕협약 가입국에서 내려진 중재판정이라 할지라도 우리 법상 상사관계의 분쟁에 관한 것이 아닌 한 판정성립국에서 상사 분쟁이라고 인정되는지 여부와 관계없이 그 판정에 대하여는 뉴욕협약이 적용되지 아니하는 것이다. 상사관계 분쟁인지의 여부는 우리 상법상의 기준에 의하여 정하여질 것이다(상법 제46조, 제47조 참조).22)

다. 최혜권리조항

뉴욕협약 제7조 제1항은 위 협약과 그 밖의 국제조약 또는 국내법과의 상호관계에 대하여 "이 협약의 규정은 체약국에 의하여 체결된 중재판정의 승인 및 집행에 관한 다자 또는 양자협정의 효력에 영향을 미치지 아니하며, 또한 어떠한 관계당사자가 중재판정의 원용이 요구된 국가의 법령이나 조약에서 인정된 방법과 한도 내에서 그 판정을 원용할 수 있는 권리를 박탈하지도 아니한다."라고 규정하고 있다. 이에 의하면 뉴욕협약은 외국중재판정의 효력에 관한 다른 국제조약 또는 특정 국내법 적용에 아무런 영향을 미치지 아니한다는 것이다. 따라서 뉴욕협약의 적용을 받는 외국중재판정이라 할지라도 그 집행을 구하는 당사자가 국내법 또는 다른 국제조약에 기하여 집행을 구하는 것이 더 유리하다고 판단하는 경우에는 그에 기하여 외국중재판정의 집행을 구할 수 있는 것이다.

그러나 일단 뉴욕협약에 기하여 외국중재판정의 승인 및 집행을 구하고 있는 경우 다른 국제조약 또는 국내법은 외국중재판정의 승인 또는 집행에 관하여 뉴욕협약보다 관대한 요건을 정하고 있는 범위 내에서만 적용할 수 있다고 해석할 것이다. 이는 뉴욕협약보다 일층 제한적인 요건을 정하고 있는 국내법 또는 다른 국제조약의 적용을 허용함은 외국중재판정의 승인과 집행을 용이하게 하려는 뉴욕협약의 취지에 어긋나기 때문이다.23)

---

22) 상사로 취급되는 법률관계는 각국 국내법상 각기 상이하다.
23) 洪晶植, 앞(주 2)의 책, 41면; 阿川淸道, "外國仲裁判斷の承認及び執行に關する條約について(下)", ジュリスト 232호, 49면; 川上太郎, 앞(주 18)의 글, 619면.

3. 외국중재판정의 승인 및 집행의 요건

가. 서론

(1) 뉴욕협약의 특징

뉴욕협약의 가장 큰 특징은 외국중재판정의 승인 및 집행의 실질적 요건들을 모두 승인과 집행의 거부사유로 규정함에 의하여 승인 또는 집행을 구하는 당사자가 주장 및 입증책임을 지는 적극적 요건을 그 상대방이 주장 및 입증책임을 지는 소극적 요건으로 전환시켰다는 점에 있다.[24] 이는 제네바협약 아래서 외국중재판정의 승인 및 집행을 구하는 당사자가 거의 모든 승인과 집행의 요건을 입증할 책임을 가지고 있었고, 그 상대방은 중재판정의 준거법상 인정되는 취소원인을 주장하여 다툴 수 있는 등 외국중재판정의 승인 및 집행에 관하여 많은 법률적 장애가 있었던 것에 비하여 큰 진전이라 할 것이다.[25] 그 결과 외국중재판정의 승인 또는 집행을 구하는 당사자는 뉴욕협약 제4조에 따라 중재판정과 중재합의 서면만을 제출함으로써 그 외국중재판정이 승인 및 집행의 적격을 지닌다는 일응의 증거(*prima facie* evidence)를 제시한 것으로 되었다.[26] 뉴욕협약상 승인 및 집행의 거부사유는 모두 제5조에 규정되어 있는데 이들은 첫째 동조 제1항에 열거된 승인 및 집행의 상대방이 입증책임을 지는 승인 및 집행거부사유와 둘째 동조 제2항에 열거된 공공의 질서에 관한 사항으로서 법원이 직권으로 인정할 수 있는 승인 및 집행거부사유의 두 가지로 나누어진다.

뉴욕협약의 다른 특징은 제5조에 열거된 승인 및 집행거부사유는 예시적인 것이 아니라 제한적인 것이라는 점이다. 즉, 제5조에 열거된 사유에 의하여서만 집행의 거부가 가능하고, 그 밖의 다른 사유는 집행을 거부할 사유가 되지 못한다는 것이다.[27] 따라서 외국중재판정의 집행상대방은 중재의 준거법상 중재판정의 효력을 다툴 수 있는 사유라 할지라도 제5조에 열거한 사유에 해당하지 않는

---

24) 洪晶植, 앞(주 2)의 책, 36면; 阿川淸道, 위의 글, 47면; Albert Jan van den Berg, *supra* note 15, p. 264; Contini, *supra* note 15, p. 299.

25) 제네바협약하의 외국중재판정의 집행의 요건은 金洪奎, 앞(주 2)의 책(1975), 11면 이하에 비교적 상세하게 설명되어 있다.

26) 崔公雄, 國際訴訟(1984), 411면; Albert Jan van den Berg, p. 264.

27) 崔公雄, 위의 책, 411면; 阿川淸道, 앞(주 23)의 글, 47면; Albert Jan van den Berg, *supra* note 15, p. 265; Contini, *supra* note 15, p. 299.

한 그와 같은 사유를 들어 집행을 거부할 수 없다 할 것이다.

제5조에 열거된 승인 및 집행거부사유를 살펴보면, 중재합의의 무효, 당사자의 방어권 침해, 권한을 넘어선 판정, 중재기관 구성 또는 중재절차의 하자, 공공의 질서 위반 등 중재절차와 중재판정에 있어서 중대한 하자가 있는 경우로 제한되어 있음을 알 수 있다. 주의할 점은 뉴욕협약 제5조 제1, 2항은 모두 동조에 열거된 사유가 있는 경우 중재판정의 승인과 집행을 "거부할 수 있다."라고 규정하여, 그와 같은 사유가 있다 할지라도 법원이 적당하다고 인정하는 경우에는 외국중재판정의 승인과 집행을 할 수 있음을 인정하고 있다. 이러한 점들은 모두 외국중재판정의 승인과 집행을 촉진하려는 뉴욕협약의 취지에 비추어 이해하여야 할 것이다.

마지막으로 뉴욕협약의 특징의 하나로 외국중재판정의 집행을 구하기 위하여 그 판정성립국에서 집행을 허가하는 재판을[28] 받을 필요성을 제거한 점을 들 수 있다. 제네바협약하에서 외국중재판정의 집행을 구하는 당사자는 중재판정의 준거법상 중재판정이 확정되었음을 입증할 책임을 지고 있었고, 실제로 이는 중재판정성립국에서 그 중재판정의 집행을 허가하는 재판을 받음으로써만 가능하였다. 또 그 당사자는 집행을 구하는 국가에서 그 중재판정의 집행을 허가하는 재판을 받아야 하였으므로, 이는 흔히 이중집행(double exequatur)의 제도라고 불렸다. 그러나 이는 명백히 소송경제에 반할 뿐더러 집행상대방의 지연책으로 이용되었으므로, 이를 개선하기 위하여 뉴욕협약상으로는 첫째 중재판정이 확정되었음(final)을 요구하지 아니하고 단지 구속력 있음(binding)으로써 족하다고 규정하고,[29] 둘째 중재판정의 집행을 구하는 당사자에게 중재판정이 구속력 있다는 입증책임을 지우지 아니하고, 그 상대방에게 그 중재판정이 구속력 없음을 입증할 책임을 부담하게 하였다.[30]

---

28) 외국중재판정의 국내에서의 집행을 허가하는 재판절차 및 형식은 각국에 따라 다르다. 우리나라와 일본, 독일은 집행판결절차에 의하여 외국중재판정의 집행을 허용하고 있고 (단 독일의 경우 변론 없이 결정으로 그 집행을 허가할 수 있다. 독일 민사소송법 제1042 조 a), 프랑스에서는 이에 관한 절차를 비송절차로 보아 집행허가(exequatur)에 의하여 외국중재판정의 집행을 허용하고 있고, 미국에서는 약식절차에 의하여 외국중재판정의 확인(Confirmation)판결을 얻은 경우 그 판정의 집행을 허용하고 있다. 미국 연방중재법 제207조.

29) 阿川淸道, 앞(주 23)의 글, 48면; Albert Jan van den Berg, *supra* note 15, p. 266; Contini, *supra* note 15, p. 303; Sanders, *supra* note 16, p. 270.

30) 그 밖에 뉴욕협약의 특징의 하나로 국제적 중재절차는 어느 나라의 국내법으로부터도 절연되어야 한다는 주장을 배척하고 중재절차는 반드시 어느 나라인가의 국내법에 의거

(2) 본안심사의 불허용

외국중재판정의 승인 및 집행을 요구받은 법원은 중재판정의 내용, 즉 본안을 심사할 수 없다는 것은 일반적으로 인정된 해석이다.[31] 이는 뉴욕협약 제5조는 외국중재판정의 승인 및 집행거부사유를 제한적으로 열거하고 있으나 중재인의 사실인정 또는 법률적용의 잘못을 들고 있지 아니함에 비추어 보아도 명백하다.

그러나 뉴욕협약상 법원은 위 협약 제5조 제1항에 규정된 외국중재판정의 승인 및 집행거부사유 유무를 판단하기 위하여 필요한 경우에 중재판정의 본안을 검토하는 것까지 금지하는 것은 아니라 할 것이다. 예컨대 법원이 뉴욕협약 제5조 제1항 (c)가 규정하는 바와 같이 중재판정이 중재조항에 규정되어 있지 아니한 분쟁이나 중재부탁의 범위를 벗어나는 사항에 관한 결정을 포함하는지 여부를 심리하기 위하여, 또는 제5조 제2항 (b)가 규정하는 바와 같이 판정의 승인이나 집행이 공공의 질서에 반하는지 여부를 판단하기 위하여 필요한 범위 내에서는 중재판정의 본안을 검토할 수 있다 할 것이다. 그러나 어느 경우에도 이를 넘어 중재인의 사실인정과 법률적용상의 하자유무를 문제삼을 수 없음은 물론이다.[32]

나. 승인과 집행의 적극적 요건

(1) 제출할 서류

뉴욕협약 제4조는 "… (외국중재판정의) 승인과 집행을 얻기 위하여 승인과 집행을 신청하는 당사자는 신청서에 다음의 서류를 제출하여야 한다. (a) 정당하게 인증된 판정원본 또는 정당하게 증명된 그 등본. (b) … (중재)합의의 원본 또는 정당하게 증명된 그 등본"이라고 규정하여 외국중재판정의 집행을 구하는 당사자가 이행하여야 할 적극적 요건을 정하고 있다. 이에 비하여 제네바협약상 외국중재판정의 집행을[33] 구하는 당사자는 판정의 원본 또는 판정이 내려진 국가의 법령의 요건에 따라 정당하게 인증된 그 등본 및 판정이 내려진 국가에서 그 판정

하고 있어야 한다는 입장을 취하고 있다는 점을 들기도 한다. 川上太郞, 앞(주 18)의 글, 610면.

31) 崔公雄, 앞(주 26)의 책, 413면.

32) Albert Jan van den Berg, *supra* note 15, p. 269.

33) 외국중재판정의 승인의 요건과 집행의 요건은 동일하고, 주로 문제되는 것은 외국중재판정의 집행이므로 그 집행의 요건에 관한 설명은 모두 그 승인의 경우에도 해당한다.

이 확정되었음을 증명하는 서증 기타 증거와 그밖에도 필요한 경우에는 중재판정이 제네바 협약의 적용을 받는 판정일 것, 준거법에 의하여 유효한 중재합의에 의하여 중재판정이 내려졌을 것과 중재판정이 중재합의에서 정한 중재판정부에 의하여 또는 당사자가 합의한 방식에 따라 중재절차에 적용되는 법령에 의거하여 구성된 중재판정부에 의하여 내려졌을 것 등을 증명하는 서증 기타 증거를 제출하여야 하였다. 양자를 비교하여 보면, 뉴욕협약은 외국중재판정의 집행을 용이하게 하기 위하여 집행을 구하는 당사자의 부담을 최대한 줄임으로써 제네바협약을 대폭 개선한 것이다. 특히 제네바협약상 요구되던 외국중재판정 집행의 실체적 요건을 증명하는 서증 등을 요구하지 아니함으로써 집행을 구하는 당사자가 이행하여야 할 적극적 요건으로서 형식적, 절차적인 것만을 규정함에 뉴욕협약의 특징이 있다. 외국중재판정의 집행을 구하는 당사자는 뉴욕협약 제4조에 규정된 서류만을 제출함으로써 판정이 집행받을 자격 있다는 일응의 증거를 제출한 셈이 되고 그 때부터는 상대방이 집행거부사유를 입증할 책임을 지게 된다.

이와 같이 외국중재판정이 집행을 구하는 당사자는 제4조에 규정된 서류만 제출하면 족하고 달리 이행할 적극적 요건은 없고, 더 엄중한 적극적 요건을 정하고 있는 국내법 등의 규정에 우선하여 적용된다 할 것이다. 또한 위와 같은 뉴욕협약의 취지에 비추어 집행판정 청구의 소 제기시에 제4조에 열거된 서류 중 일부를 제출하지 아니하였다 할지라도 법원으로서는 바로 청구를 기각할 것은 아니고 일정한 기간을 두어 보정할 것을 명함이 타당할 것이다.[34]

뉴욕협약 제4조는 외국중재판정의 집행을 구하는 당사자가 이행할 최소의 요건이므로 당사자 사이의 합의에 의하여 그중 일부를 줄일 수는 없고, 또한 중재판정 또는 중재합의의 등본을 제출하는 경우 등본은 원본전체에 대한 것이어야 하고, 원문중 발췌부분에 대한 것이어서는 아니된다.

(2) 인증과 증명

중재판정의 원본을 제출하는 경우 그 인증이 필요하나, 중재합의의 원본을 제출하는 경우는 그 인증이 필요하지 아니한바, 이는 중재합의는 당사자의 서명 없이 문서의 교환에 의하여서만 이루어질 수 있고 당사자 모두가 다시 중재판정 집행절차의 당사자로 되기 때문이라고 한다.[35] 또한 중재판정의 원본에 갈음하여

---

34) Albert Jan van den Berg, *supra* note 15, p. 249.
35) Albert Jan van den Berg, *supra* note 15, p. 251.

그 등본을 제출하는 경우는 정당하게 증명된 것이면 족하고 그 인증은 필요하지 아니한다. 정당한 인증 또는 증명인지의 여부는 집행을 요구받은 국가의 법원의 판단에 의하게 되는데, 우리 법원으로서는 우리 법령의 절차에 의한 경우는 물론 그 중재판정이 내려진 곳의 법령에 의하여 적법하게 인증 또는 증명된 경우는 정당하다고 볼 것이다.[36] 그러나 중재판정이 내려진 곳의 법령에 의하여 적법하게 인증 또는 증명된 것임을 입증함에는 외국법의 입증이라는 어려움이 따를 것이므로 실제로는 중재판정이 내려진 국가에 있는 우리 외교관 또는 영사관에 의한 인증 또는 증명을 받는 경우가 많을 것으로 예상된다.

(3) 번역

뉴욕협약 제4조 제2항은 "전기 판정이나 합의가 원용될 국가의 공용어로 작성되어 있지 아니한 경우에는, 판정의 승인과 집행을 신청하는 당사자는 그 문서의 공용어 번역문을 제출하여야 한다. 번역문은 공적기관인 번역관 또는 선서한 번역관,[37] 외교관 또는 영사관에 의하여 증명되어야 한다."라고 규정하고 있다. 이 규정 역시 번역에 관한 당사자의 부담을 최소한도로 한 것인바, 번역인, 외교관 또는 영사관 등의 국적에 아무런 제한을 두고 있지 아니하다. 그리고 중재판정 또는 중재합의 서면의 인증 또는 증명의 경우와 마찬가지로 외국중재판정의 집행이 우리나라에서 요구된 경우 중재판정이 내려진 곳에 있는 우리 외교관 또는 영사관에 의하여 번역 및 증명이 행하여지는 경우가 많을 것으로 예상된다.

다. 승인 및 집행의 상대방이 입증책임을 지는 승인 및 집행의 거부사유
(1) 중재합의 무효
㈎ 서

뉴욕협약 제5조 제1항 (a)는 "판정의 승인과 집행은 판정이 불리하게 원용되는 당사자의 청구에 의하여, 그 당사자가 판정의 승인 및 집행의 요구를 받은 국가의 권한 있는 기관에게 다음의 증거를 제출하는 경우에 한하여 거부될 수 있다. (a) 제2조에 규정된 합의의 당사자가 그들에게 적용될 법률에 의하여 무능력자이

---

36) 洪晶植, 앞(주 2)의 책, 33면; 阿川淸道, 앞(주 23)의 글, 44면.

37) 이 부분은 외무부 번역문에는 "공증인 또는 선서한 번역관"이라고 표현하고 있으나 영문 정본상 "an official or sworn translator"라고 되어 있음에 비추어 본문과 같이 번역함이 정확할 것이다. 공적기관인 번역관 또는 선서한 번역관의 제도는 우리나라에 없다. 洪晶植, 앞(주 2)의 책, 33면.

었던가 또는 당사자들이 준거법으로 지정한 법령에 의하여 또는 지정이 없는 경우에는 판정을 내린 국가의 법령에 의하여 전기합의가 무효인 경우"라고 규정하여 중재합의의 당사자가 무능력자인 경우와 중재합의가 그 준거법에 의하여 무효인 경우 그에 기하여 성립된 중재판정의 집행을 거부할 수 있는 것으로 하고 있다.

㈏ 당사자의 무능력

중재합의의 당사자가 무능력인 경우 중재판정의 집행은 거부될 수 있다. 그러나 뉴욕협약은 당사자의 무능력 여부를 결정함에 있어 어떤 법률을 적용할 것인가에 대하여는 아무런 규정도 두고 있지 아니하므로 결국 집행을 요구받은 국가의 국제사법에 의하여 결정되어야 할 것이다. 우리 섭외사법은 사람의 능력은 그 본국법에 의하여 이를 정하되 외국인이 우리나라에서 법률행위를 한 경우 그 외국인이 본국법에 의하여 무능력자라 할지라도 우리나라의 법률에 의하여 능력자인 경우에는 능력자로 보도록 규정하고 있고(제6조 제1, 2항) 상사회사의 능력은 그 영업소재지법에 의하도록 규정하고 있는바(제29조), 이는 뉴욕협약상 중재합의의 당사자가 무능력자인지의 여부를 결정함에 있어서도 그대로 적용될 것이다. 또한 뉴욕협약 제5조 제1항 (a) 후단은 중재합의에 관한 준거법의 결정에 관하여 규정함으로써 그 준거법과 당사자의 무능력 여부를 결정함에 있어서 준거법은 별개의 국제사법상 원칙에 의하여 다루어짐을 나타내고 있다.[38]

㈐ 중재합의가 무효인 경우

뉴욕협약 제5조 제1항 (a)는 중재합의에 관하여 당사자 의사자치의 원칙을 인정하여 당사자는 중재합의의 준거법을 지정할 수 있고, 당사자의 지정이 없을 때는 중재판정이 내려진 국가의 법률이 적용된다고 규정하고 있다.[39] 이러한 중재합의의 준거법 결정의 원칙은 외국중재판정의 집행을 요구받은 국가의 국제사법상의 규정보다 우선적으로 적용되어야 할 것이다.[40] 실제로는 당사자가 중재합의의 준거법으로 중재판정이 내려진 국가의 법을 선택하는 경우가 많을 것으로

---

38) Quigley, "*Convention on Foreign Arbitral Awards*", 58 American Bar Association Journal(1972), p. 825.

39) 원래 중재에 관한 준거법설을 따를 경우 당사자에 의한 준거법의 지정이 없는 경우 중재계약 이행지인 중재절차지 내지 중재판정이 내려진 곳은 당사자의 묵시의 의사를 추측하게 하는 지표의 하나에 불과할 것이나, 뉴욕협약은 위와 같은 경우 중재판정이 내려진 국가에 의함을 확정하고 있는바, 그 한도 내에서는 중재에 관한 절차지법설의 입장을 따른 것이라고 볼 수 있을 것이다.

40) Albert Jan van den Berg, *supra* note 15, p. 291; Contini, *supra* note 15, p. 300.

예상되는바, 이는 중재합의의 준거법으로 중재판정이 내려진 국가 이외의 국가의 법을 선택할 경우의 법률관계가 복잡해지고 불명확하여질 우려가 있기 때문이다.

당사자에게 준거법 지정의 자유를 준다 할지라도 중재합의와 아무런 관계도 없는 국가의 법률을 준거법으로 지정할 수 있는지 여부가 문제되는바, 당사자에게 중재합의의 준거법의 선택에 관하여 아무런 제한을 가하지 않음으로써 당사자에 의한 중재합의의 합목적적 규율이라는 목적을 달성할 수 있을 것이다.[41] 그러나 위와 같이 당사자 의사자치의 원칙을 인정한다 할지라도 이는 국제거래의 영역, 즉 수개국과 어떠한 사실상의 관계가 있는 법률관계에 한하여 적용될 것이고, 당사자가 모두 내국인이고 중재의 대상인 사항도 국내에서 이행되어야 할 계약상의 것이라면 중재합의의 준거법을 외국법으로 하는 것은 허용되지 아니한다고 할 것이다.[42]

당사자의 중재합의의 준거법의 지정은 명시적으로뿐만 아니라 묵시적으로도 행하여질 수 있다. 예컨대 당사자가 중재절차 및 중재판정이 행하여질 곳을 정한 경우에는 그 국가의 법을 중재합의의 준거법으로 삼는다는 묵시적 합의가 있다고 봄이 상당할 것이다.[43] 주의할 점은 중재의 대상인 실체적 법률관계에 적용되는 법은 원칙적으로 중재합의의 준거법과는 별개로서 중재합의 또는 중재절차의 준거법의 결정에 영향을 미치는 것이 아니라 할 것이다.[44]

중재합의의 준거법에 관한 당사자의 지정이 없을 경우는 중재판정을 내린 국가의 법령이 적용된다. 중재판정이 내려진 국가를 정함에 있어 가장 중요한 기준은 중재인이 중재판정서에 중재판정이 내려진 곳으로 기재한 곳으로서, 실제로 중재인은 중재판정서에 이를 기재함이 통례이므로 쉽게 판별될 것이다.[45] 예컨대 중재절차가 수개국에서 진행되었거나, 당사자와 각기 다른 나라에 거주하는 중재인들 사이에서 서류의 교환에 의하여 중재절차가 진행되어 중재판정이 내려진 경우, 중재판정이 내려진 곳은 중재판정서상 중재판정이 성립되었다고 기재된 곳이라고 보아야 할 것이다.

중재합의가 무효인 경우로서 문제되는 것은 당사자 사이의 의사 불일치의

---

41) 金洪奎, 앞(주 2)의 책(1975), 36면; 川上太郎, 앞(주 4)의 글, 853면.
42) 金洪奎, 위의 책, 36면; 川上太郎, 위의 글, 853면.
43) Albert Jan van den Berg, *supra* note 15, p. 293.
44) 川上太郎, 앞(주 4)의 글, 854면.
45) Albert Jan van den Berg, *supra* note 15, p. 295.

경우, 즉 허위표시, 사기 또는 강박에 의한 의사표시 등으로서 중재합의가 그 효력이 없게 되는 경우를 들 수 있다. 그러나 후술하는 바와 같이 뉴욕협약상 중재합의는 서면에 의한 형식을 갖추어야 할 것이 요구되므로 의사의 불일치가 문제되는 경우는 드물 것으로 예상된다. 또한 중재합의의 준거법상 중재합의의 독립성을 인정하여 중재조항을 포함하고 있는 주된 계약이 무효일지라도 그 중재조항의 효력에 아무런 영향을 미치지 아니한다고 해석하는 법제하에서는 중재합의상 의사의 불일치가 문제되는 경우는 더욱 적어질 것이다.[46)]

㈔ 뉴욕협약 제2조와의 관계

뉴욕협약 제5조 제1항 (a)는 중재합의를 "제2조에 규정된 합의"라고 표현하고 있는바 위 제2조 제1항은 "각 체약국은 계약적 성질의 것이거나 아니거나를 불문하고 중재에 의하여 해결이 가능한 사항에 관한 일정한 법률관계에 관련하여 당사자 간에 발생하였거나 또는 발생할 수 있는 전부 또는 일부의 분쟁을 중재에 부탁하기로 약정한 당사자 간의 서면을 승인하여야 한다."라고 규정하고 있다. 이에 의하면 중재합의(arbitration agreement)에는 이미 발생한 분쟁을 중재에 부탁하는 중재부탁(submission agreement)과 앞으로 발생할 수 있는 분쟁을 미리 중재에 부탁하는 중재조항(arbitral clause)의 두 종류가 있고, 동조에 규정한 중재합의에 해당하기 위하여는 (1) 계약적 성질의 것이거나 아니거나를 불문하고 일정한 법률관계로부터 발생하는 분쟁에 관한 것이어야 하고, (2) 그 분쟁의 대상인 사항이 중재에 의하여 해결이 가능하여야 하고, (3) 서면에 의한 형식을 갖추어야 한다는 것이다. 뉴욕협약의 조문체계에 비추어 제5조 제1항 (a)에서의 중재합의도 그와 같은 요건을 구비하고 있어야 할 것으로 해석함이 타당하므로 이와 같은 요건을 갖추지 못한 중재합의에 기하여 성립된 중재판정에 대하여는 뉴욕협약을 원용할 수 없다 할 것이다.[47)]

만일 위와 같이 해석하지 않는다면 뉴욕협약상 승인할 수 없는 중재합의에 기하여 성립된 중재판정이라 할지라도 그 집행을 거부할 수 없다는 기이한 결과로 될 것이다. 위와 같은 중재합의의 요건 중 각국법원에서 뉴욕협약의 적용상

---

46) 미국에서는 위와 같이 해석되고 있다. Wilner, *supra* note 1, p. 89. Prima Paint Corp. v. Flood & Conklin Mfg. Co., 388US395(1967).

47) 小林秀之, "外國仲裁判斷の承認執行についての一考察", 判例タイムズ 468호(1982), 10면; Sanders, *supra* note 16, p. 279.

주로 문제된 점은 중재합의가 서면에 의한 형식을 갖추어야 한다는 점이라고 한다.[48] 그러나 중재합의의 서면상 당사자의 서명이 있어야 하는 것은 아니고 위 협약 제2조 제2항은 "'서면에 의한 합의'라 함은 계약문중의 중재조항 또는 당사자간에 서명되었거나 교환한 서신이나 전보에 포함되어 있는 중재의 합의를 포함한다."라고 규정하고 있음을 유의하여야 할 것이다.

그리고 중재합의의 요건의 하나인 분쟁의 대상인 사항이 중재에 의하여 해결할 수 있어야 한다는 점은 뉴욕협약 제5조 제1항 (a)에 별도로 규정된 외국중재판정의 집행거부사유로 다루어진다.

(2) 패소한 당사자의 방어권의 침해

㈎ 서

뉴욕협약 제5조 제1항 (b)는 외국중재판정의 승인 및 집행을 거부할 수 있는 사유의 하나로서, "판정이 불리하게 원용되는 당사자가 중재인의 선정이나 중재절차에 관하여 적절한 통고를 받지 아니하였거나 또는 기타 이유에 의하여 방어할 수 없었을 경우"[49]를 규정하여 당사자에게 공정한 심리의 기회를 주어야 한다는 기본적 절차적 정의에 위배된 경우를 집행거부사유로 하고 있다. 이 조항은 당사자에 대한 중재절차상의 통지 이외에 방어권 침해의 구체적 경우를 상정하지 아니하고 포괄적으로 당사자가 "기타 이유에 의하여 방어할 수 없었을 경우"라고 만 규정하여 백지조항의 성질을 가지므로 당사자의 방어권이 침해된 모든 경우를 포함하는 듯이 보이나, 뉴욕협약상 집행거부사유를 좁게 해석하여야 한다는 일반원칙에 비추어 그 방어권 침해의 정도가 심각하여 용인할 수 없는 경우에만 인정하여야 할 것인바, 어떠한 경우가 이에 해당할 것인가는 결국 개개의 구체적 사례에 따라 결정할 수밖에 없다 할 것이다.

㈏ 방어권 침해의 경우

어떠한 경우 패소 당사자의 방어권이 침해되는가의 여부를 판단하기에 앞서 먼저 선결문제로서 어느 국가의 법을 기준삼아 이를 판단할 것인가를 해결할 필요가 있다. 중재당사자의 방어권 보장은 각국에 있어서 사법적(司法的) 분쟁해결

---

48) 이와 관련하여 각국판례상 문제된 점은, Albert Jan van den Berg, *supra* note 15, p. 170; Sanders, *supra* note 16, p. 279 참조.

49) 이 부분은 외무부 번역문에는 "응할 수 없었을 경우"라고 표현되어 있으나 영문 정본상 "unable to present his case"라고 되어 있음에 비추어 본문과 같이 번역함이 타당할 것이다.

이라는 절차적 정의실현과 직결된 문제로서 공공의 질서의 일부를 이루는 것이므로, 이는 중재판정의 집행을 요구받은 국가의 기준에 의하여 판단하여야 할 것이다.[50] 그러나 이 경우에도 국제적 사법질서(私法秩序)의 존중이라는 측면이 특히 고려되어야 함은 물론이다. 따라서 우리 중재법상 당사자의 방어권과 관련된 조항의 위반이 곧바로 뉴욕협약상의 집행거부사유가 되는 것이 아니라,[51] 우리 법체제 전체의 절차적 정의의 관점에서 판단하여 당사자에게 적절한 심리의 기회가 주어졌는지 여부, 즉 당사자가 자신의 주장을 펴고 입증을 하고 상대방의 주장 및 입증에 대하여 답변하고 의견을 표시할 수 있었는지 여부를 실질적으로 판단하여 방어권의 침해가 심하여 공정한 심리라고 보기 어려운 경우에 한하여 집행거부사유가 있다고 인정하여야 할 것이다.

뉴욕협약은 이에 해당하는 경우로서 당사자가 중재인의 선정이나 중재절차에 관하여 적절한 통지를 받지 아니한 경우를 들고 있다. 어떠한 통지가 적절한 것인지의 여부는 우리 법령에 정한 법적 방식을 따라야 하는 것은 아니고 당사자 또는 정당한 대리권을 가진 자에게 중재인을 선임하고 중재절차상 방어권을 행사함에 충분할 정도의 통지가 있는 것을 의미한다 할 것이다. 예컨대 중재인 선정에 관하여 너무 급박한 기간 내에 중재인을 선임할 것을 통지하거나 정당한 대리권 없는 자에 대하여 그와 같은 통지를 한 것은 적절한 통지가 될 수 없다.

또한 당사자에게 공정한 심리의 기회가 부정된 경우도 방어권 침해에 해당한다. 예컨대 중재절차에 관하여 충분한 기간을 두고 통지가 행하여진 경우라 할지라도 당사자가 불가항력으로 인하여 중재절차에 참가하지 못한 채 중재판정이 내려진 경우 위 조항에서 규정하는 방어권 침해에 해당한다.[52] 그러나 적절한 통지를 받고도 중재절차에 참여하지 아니하고 아무런 조치도 취하지 아니한 당사자는 스스로 방어를 포기한 것이므로 이는 중재판정의 집행을 거부할 사유로 되지 아니한다.[53] 공정한 심리를 받는다는 것이 모든 경우 구술변론이 행하여져야 한다는 것을 의미하는 것은 아니고 서류심사에 의할지라도 각 당사자가 각자 주장

---

50) 小林秀之, 앞(주 47)의 글, 10면.
51) 金洪奎, 앞(주 2)의 책(1980), 7면.
52) Quigley, *supra* note 38, p. 825.
53) 東京地裁 1959. 8. 20. 판결(下民集 10권 8호 1711면). 이 판례의 평석으로는 川上太郎, "外國仲裁判定の承認・執行", 別冊ジュリスト渉外判例白選(増補版)(1976), 186면 참조. 위 사건의 상세에 대하여는 森井淸, 國際商事仲裁(1970), 3면 이하 참조.

과 입증을 할 기회를 가짐으로써 족한 것이다.[54] 중재인은 당사자 일방에서 제출한 주장 및 증거를 상대방에게 알리고 그로 하여금 상대방의 주장 및 증거에 대한 의견을 표시할 기회를 주어야 할 것인바, 이와 같은 원칙을 무시하고 진행된 중재절차는 뉴욕협약 제5조 제1항 (b)의 집행거부사유에 해당한다. 그러나 당사자가 적절한 통지를 받고도 참여하지 아니한 중재절차에서 상대방이 출석하지 아니한 당사자의 항변사유 있음을 알고도 밝히지 아니하였다 할지라도 이는 방어권의 침해에 해당되지 아니한다.[55] 또한 당사자의 일방이 신청한 증인의 개인적인 사정에 맞추어 심문기일을 정하지 아니하여 그가 중재절차에 참석하지 못하여서 증언의 기회를 갖지 못하였다는 것도 당사자의 방어권이 침해된 경우라고는 볼 수 없다.[56]

그 밖에 당사자의 방어권이 침해된 경우로서 중재인의 공정성이 결여된 경우를 들 수 있다. 중재인이 중재절차상 실제로 불공정한 행동을 한 경우에는 공정한 심리가 행하여졌다고 볼 수 없으므로 당사자의 방어권을 침해한 것으로서 뉴욕협약상의 집행거부사유에 해당한다고 보아야 할 것이다.[57] 그러나 단지 중재인이 불공정하다는 인상을 줄 정황이 있음에 불과한 경우에는 집행거부사유가 있다고 보기는 어려울 것이다.[58]

(다) 다른 조항과의 관계

앞서 살핀 바와 같이 중재당사자의 방어권의 보장은 절차적 정의의 실현이라는 공공의 질서의 일부를 이루는 것이므로 뉴욕협약 제5조 제1항 (b)에 해당한다고 인정되는 경우는 또한 동조 제2항 (b)에서 규정하는 "판정의 승인이나 집행이 그 국가의 공공의 질서에 반하는 경우"에도 해당하게 된다.[59]

한편 위 협약 제5조 제1항 (d)는 중재기관의 구성 및 중재절차는 당사자의

---

54) 우리 중재법상 중재인은 중재판정전에 당사자를 심문하여야 한다고 규정하고 있으나(제 8조 제1항), 이는 임의규정이므로 당사자 사이의 합의에 의하여 서면에 의한 심리만을 하는 것도 가능하다.

55) Biotronik. etc v. Medford Medical Instrument Company, 415 F.Supp 133(DNJ 1976).

56) Parsons & Whittemore Overseas Co. Inc. v. Societe Generale de l'Industrie du Papier, 508 F.2d 969(2d Cir. 1974).

57) 이 경우 또한 공공의 질서에 반하는 것으로도 될 것이다. 金洪奎, 앞(주 2)의 책(1980), 10면.

58) Imperial Ethiopian Government v. Baruch Foster Corp., F.2d 334(5th Cir, 1976).

59) 金洪奎, 앞(주 2)의 책(1980), 7면, Albert Jan van den Berg, *supra* note 15, p. 299.

합의에 의하여 정할 것을 원칙으로 하여 그 합의에 어긋나는 경우에는 집행을 거
부할 수 있다고 규정하고 있으나, 중재기관의 구성이나 중재절차가 당사자의 합
의와 합치한다 할지라도 패소한 당사자의 방어권이 침해되었을 때에는 동조 제1
항 (b) 또는 제2항 (b)에 해당하는 집행거부사유가 있다고 할 것이다. 예컨대 당
사자 사이에 중재인이 누구인지를 당사자에게 알리지 아니하기로 합의하고 이에
따라 중재절차가 진행된 경우 이는 동조 제1항 (d)의 집행거부사유에는 해당하지
아니하나, 공정한 중재인의 선정은 공정한 심리의 기본요건의 하나이므로 방어권
의 침해의 경우로서 동조 제1항 (b) 또는 제2항 (b)의 집행거부사유에 해당한다
할 것이다.[60]

(3) 중재인의 권한의 초과

(가) 권한을 넘어선 판정

　뉴욕협약 제5조 제1항 (c)는 외국중재판정의 승인 및 집행거부사유의 하나로
서 "판정이 중재부탁조항에 규정되어 있지 아니하거나 또는 그 조항의 범위에 속
하지 아니하는 분쟁에 관한 것이거나 또는 그 판정이 중재부탁의 범위를 벗어나
는 사항에 관한 결정을 포함하는 경우. 다만 중재에 부탁한 사항에 관한 결정이
부탁하지 아니한 사항과 분리될 수 있는 경우에는 중재부탁사항에 관한 결정을
포함하는 판정의 부분은 승인되고 집행될 수 있다."라고 규정하고 있다. 이 조항
은 중재인의 권한의 초과에 관한 규정이고, 중재인의 권한이 전혀 없는 경우는
동조 제1항 (a)의 중재합의가 무효인 때에 해당하므로 위 조항과는 관계없다. 이
에 관하여 주의할 점은 중재인은 그의 권한 유무를 결정할 권한을 가지지 아니한
다는 것이다. 중재는 법원의 관할을 배척하는 것이므로 중재인의 권한유무는 결
국 법원이 판단할 것이다.[61] 예컨대 중재사건과 동일한 사건에 관하여 법원에 소
가 제기된 경우, 법원은 독자적 입장에서 중재인의 권한유무를 판단하여 중재인
의 권한이 있다고 인정되면 그 소를 각하할 것이고, 중재인의 권한이 없다고 인
정되면 중재절차의 진행과는 관계없이 그 사건을 심리하게 될 것이다. 마찬가지
로 중재인이 이미 판정을 내린 사항이 중재조항의 범위 내에 속한다고 결정하였
을 경우에도, 법원은 독자의 입장에서 중재인의 권한범위를 심사하여 중재인이
권한을 초과하였다고 인정되면 뉴욕협약 제5조 제1항 (c)에 의하여 그 중재판정

---

60) Albert Jan van den Berg, *supra* note 15, p. 305.
61) Albert Jan van den Berg, *supra* note 15, p. 312.

의 집행을 거부할 수 있을 것이다.

중재인의 권한에 관한 준거법은 동조 제1항 (a)에 규정된 준거법 결정의 원칙에 따라 당사자가 지정한 법에 의하되 당사자의 지정이 없으면 판정이 내려진 국가의 법에 의하게 될 것이다. 중재인의 권한 유무 및 범위를 판단함에 있어 구체적인 기준이 되는 것은 당사자 사이에서 앞으로 발생할 수 있는 분쟁을 미리 중재에 회부하기로 하는 중재조항의 경우에는 그 조항에 규정된 분쟁의 종류나 범위가 될 것이나, 이미 발생한 분쟁을 중재에 회부하는 중재부탁의 경우에는 그 부탁 속에 이미 특정되어 있는 분쟁이 된다는 점에서 약간 다르다. 뉴욕협약 제5조 제1항 (c)는 중재부탁(submission to arbitration)이라는 용어를 사용하고 있으나 위 협약 전체의 체제에 비추어볼 때 이는 중재조항과 중재부탁을 모두 포함하는 중재합의의 의미로 사용된 것이라고 해석함이 타당할 것이다.

(나) 부분집행

뉴욕협약 제5조 제1항 (c) 단서는 중재인이 권한을 벗어나 내린 판정이라도 그 권한 내에 속하는 부분만을 승인 또는 집행할 수 있음을 규정하고 있다. 이는 중재권한을 초과한 사소한 판정내용을 이유로 하여 중재판정 전부의 승인 및 집행을 거부하는 것을 방지하기 위한 규정이다.[62]

그리고 부분집행의 허용여부는 법원의 재량에 속하는 사항이다. 그러나 중재판정중 중재인의 권한 내에 속하는 부분을 가려내기 위하여 법원이 판정의 본안을 심사하는 결과로 될 우려가 있으므로, 예컨대 대여원금에 대한 이자부분만이 중재인의 권한초과 부분으로 인정되는 경우와 같이 권한초과 부분이 사소하고 명백한 경우에 한하여 부분집행을 허용함이 타당할 것이다.

(다) 판단유탈의 경우

중재인이 권한을 벗어나 내린 판정이 있을 수 있는 반면 중재인이 중재인에게 제시된 모든 문제점을 판단하지 아니한 경우가 있을 수 있는바, 이에 관하여 제네바협약은 중재판정의 집행여부에 대한 결정을 연기하거나 담보를 제공하고 집행할 수 있는 것으로 규정하고 있었다.[63]

그러나 뉴욕협약상 제5조의 집행거부사유는 제한적인 것이고 위와 같은 사유가 동조에 열거되지 아니한 이상 집행거부의 사유로는 되지 않는다고 할 것이

---

62) 金洪奎, 앞(주 2)의 책(1980), 4면.
63) 제네바협약 제2조 (c).

다. 따라서 우리 중재법상 중재판정 취소사유의 하나인 중재판정에 영향을 미칠 중요한 사항에 관하여 판단을 유탈한 때(중재법 제13조 제1항 제5호, 민사소송법 제422조 제9호)에 해당한다 하여 뉴욕협약의 적용을 받는 외국중재판정의 집행을 거부할 수는 없다 할 것이다.

(4) 중재판정기관의 구성 또는 중재절차의 하자

뉴욕협약 제5조 제1항 (d)는 외국중재판정의 승인 및 집행거부사유의 하나로서 "판정기관의 구성이나 중재절차가 당사자간의 합의와 합치하지 아니하거나 또는 이러한 합의가 없는 경우에는 중재를 행하는 국가의 법령에 합치하지 아니하는 경우"를 들고 있다. 중재판정기관은 1인이나 3인 또는 그 이상의 홀수의 중재인으로 구성되는 것이 상례인바,[64] 그 구성에 관하여는 대부분의 경우 당사자 사이에 중재인의 수 및 구체적 선정의 방법이 정하여져 있거나 특정 상설중재기관을 통하여 선정하기로 하는 등의 합의가 이루어져 있을 것이다. 특히 국제상업회의소와 같은 국제상설중재기관에 의한 중재가 이용되는 경우 예외 없이 이들 중재기관은 중재인의 선정 이외에도 중재절차에 관한 상세한 규정을 포함한 중재규칙을 작성하여 놓고 있고, 그 중재기관이 있는 곳의 법을 중재절차의 준거법으로 삼는 것이 대부분이므로 중재절차에 관한 법률관계가 명백하게 된다. 뉴욕협약 제5조 제1항 (d)는 동조항 (a)와 마찬가지로 당사자 의사자치의 원칙을 인정하여 중재판정기관의 구성이나 중재절차가 정당하게 행하여졌는지의 여부를 판단함에 있어서도 일차적으로 당사자의 합의가 그 기준이 되고 그러한 합의가 없을 경우 중재판정이 내려진 국가의 법이 적용된다고 하고 있다. 그런데 우리 중재법 제4조 내지 제11조에서 보는 바와 같이 중재절차의 진행을 위하여 중재인의 선정, 기피 또는 증인이나 감정인의 심문 등에 관하여 국가기관인 법원이 관여할 필요성이 생기는바, 중재절차가 행하여지는 곳의 법과 중재절차의 준거법이 다르면 법률제도의 차이에 따라 현실적인 장애가 있는 경우가 많으므로 양자는 일치하는 경우가 대부분이다.

중재절차상 하자가 있는 경우 당사자가 중재절차 내에서 이를 다투지 아니하고 절차가 진행되어 중재판정이 내려지고 그 판정의 승인 또는 집행의 단계에 이르른 경우 그 하자가 치유되어 이를 주장할 수 없는지 여부에 관하여 뉴욕협약

---

64) 3인의 중재인으로 구성된 중재판정기관의 경우 각 당사자가 먼저 1인씩 중재인을 선정하고, 그와 같이 선정된 2인의 중재인이 다시 나머지 1인을 선정하는 것이 상례이다.

상 명문의 규정은 없으나, 이를 주장할 수 있다고 한다면 중재절차의 안정성을 심하게 해치는 결과로 될 뿐더러 각국의 소송법상 일반적으로 책문권 상실제도 또는 금반언의 원칙의 적용이 인정됨에 비추어, 당사자가 중재절차에서 그 절차 상의 하자를 알았거나 알 수 있었을 경우 이를 책문하지 아니하였을 때에는 중재 절차상의 하자를 주장하여 중재판정의 집행을 거부할 수는 없다고 봄이 타당할 것이다.[65] 또한 중재절차상 하자가 있었더라도 그 하자가 없는 경우와 동일한 중 재판정에 이르렀을 것으로 인정되는 경우, 즉 중재절차의 하자와 중재판정 사이 에 인과관계가 없는 경우에도 중재절차의 하자가 집행거부의 사유로 되는지 여부 에 관하여는 의문이 있으나, 뉴욕협약 제5조 제1, 2항 첫머리에 동조에 열거된 사 유가 있는 경우 법원은 승인 및 집행을 "거부할 수 있다."라고 규정하고 있음에 비추어 위와 같은 경우 중재절차의 하자는 집행거부 사유가 되지 아니한다고 봄 이 타당할 것이다.[66] 그러나 이는 엄격하게 적용되어야 할 것인바, 절차상 하자가 없었더라도 동일한 중재판정에 이르렀을 것임이 객관적으로 명백하여 의문의 여 지가 없을 때 한하여 법원은 그 집행을 허용할 수 있다고 할 것이다. 또한 법원으 로서는 중재판정의 본안을 심사할 수 없으므로 절차상 하자가 없었더라면 중재인 이 어떠한 판정을 내렸을 것인가를 판단하기 위한 심사범위에는 이에 따른 한계 가 있다고 볼 것이다.[67]

한편 당사자의 합의에 의하여 중재기관이 구성되었다 할지라도 당사자의 일 방만이 중재인을 선정할 권한을 가진다면 뉴욕협약 제5조 제1항 (d)에는 해당하 지 아니한다 할지라도 당사자의 방어권의 침해의 경우 또는 공공의 질서에 위반 하는 경우로서 동조 제1항 (b) 또는 제2항 (b)에 의하여 위 중재기관이 내린 중재 판정은 그 집행이 거부될 것이다. 당사자가 합의한 바에 따라 중재절차가 진행된 경우에도 예컨대 당사자 일방에게 심리의 기회를 주지 아니한다면 동일한 법리에 의하여 중재판정의 집행은 거부될 것이다. 또한 중재판정성립국의 법에 의하여 중재기관의 구성이나 중재절차에 관한 그 국가의 법률이 강행규정으로 되어 있는 경우 당사자가 합의한 대로 중재절차가 진행되어도 그 국가의 법률에 위반하는

---

65) 金洪奎, 앞(주 2)의 책(1980), 6면.
66) 金洪奎, 위의 책, 6면.
67) Albert Jan van den Berg, *supra* note 15, p. 301에서는 뉴욕협약 제5조 제1항 (b)의 집행
   거부사유를 주장하는 경우에도 동일하게 해석하여야 한다고 주장하나 당사자의 방어권
   의 침해는 동시에 공공의 질서에 반하므로 의문이다.

경우가 있을 수 있는바, 그와 같은 사유로 그 국가에서 중재판정이 취소된다면 뉴욕협약 제5조 제1항 (e)에 의하여 그 판정의 집행이 거부될 수도 있음을 유의하여야 할 것이다.

(5) 구속력 없는 중재판정 또는 중재판정의 취소, 정지

(개) 서

뉴욕협약 제5조 제1항 (e)는 외국중재판정의 승인 및 집행거부사유의 하나로서 "판정이 당사자에 대한 구속력을 아직 발생하지 아니하였거나 또는 판정이 내려진 국가 또는 판정의 기초된 법이 속하는 국가의 권한 있는 기관에 의하여 취소 또는 정지된 경우"[68]를 규정하고 있는바, 이는 중재판정이 구속력을 발생하지 아니한 경우와 판정성립국에서 취소 또는 정지된 경우의 두 가지 집행거부사유를 함께 규정하고 있으므로 이를 나누어 살펴보기로 한다.

(내) 중재판정의 구속력이 발생하지 아니한 경우

뉴욕협약상 외국중재판정 집행의 상대방은 중재판정이 당사자에 대한 구속력을 발생하지 아니하였음을 입증하여 그 집행을 거부할 수 있다. 위 협약에서 중재판정의 확정여부를 기준으로 삼지 아니하고 구속력 유무를 기준으로 삼게 된 것은 제네바협약에서 중재판정의 확정을 외국중재판정의 집행의 요건으로 삼은 결과 판정성립국에서 중재판정의 집행을 허가하는 재판을 받을 필요성이 발생하여 집행국에 있어서의 집행을 허가하는 재판절차와 함께 이중집행의 폐단을 낳았으므로 이를 없애기 위한 것임은 앞서 살핀 바와 같다.[69] 또한 중재판정의 집행을 구하는 당사자가 판정의 구속력 있음에 대한 입증책임을 지는 것이 아니라, 그 상대방이 판정의 구속력이 발생하지 아니하였음에 대한 입증책임을 지게 함으로써 외국중재판정의 집행을 보다 용이하게 하고 있다.

중재판정의 구속력이 발생하였는지 여부는 중재판정의 준거법에 의하여 결정되어야 할 것인바,[70] 중재판정의 취소정지에 관하여 뉴욕협약 제5조 제1항 (e)

---

68) 이 부분은 외무부 번역문에는 "판정이 내려진 국가의 권한 있는 기관이나 또는 그 국가의 법령에 의거하여 취소 또는 정지된 경우"라고 표현되어 있으나, 영문 정본상 "The award…has been set aside or suspended by a competent authority of the country in which, or under the law of which, that award was made"라고 되어 있음에 비추어 본문과 같이 번역함이 정확할 것이다.

69) Ⅱ. 3. 가. (1) 참조.

70) 金洪奎, 앞(주 2)의 책(1980), 11면; 三井哲夫, 앞(주 5)의 글, 124면.

후단은 중재판정의 준거법으로 당사자가 그 판정의 기초로 지정한 법 또는 그 판정이 내려진 국가의 법을 규정하고 있으므로 같은 조항 전단에 규정된 중재판정의 구속력 유무의 판단의 경우에도 동일한 준거법이 기준이 될 것이다. 따라서 중재판정이 구속력을 발생하는 시기는 준거법으로 된 각국의 법에 따라 다르게 될 것이다.

중재판정이 구속력을 발생하는 시기에 관하여 뉴욕협약에는 아무런 규정이 없으나, 결국 중재판정에 대한 불복절차와의 관계에 의하여 결정될 것인바, 일반적으로 중재판정에 대하여 준거법상 상급의 중재기관 또는 일반법원에 불복을 할 수 있고, 그 불복에 의하여 당연히 중재판정의 집행정지의 효력이 있다면 그 판정의 구속력은 발생한 것으로 볼 수 없다 할 것이다. 그러나 모든 불복절차의 존재에 의하여 중재판정의 구속력의 발생이 저지된다고 하면 불복기한의 정함이 없는 불복절차가 있는 경우에는 중재판정의 구속력이 발생하지 아니한다는 불합리한 결과로 될 것이다. 이에 따라 중재판정의 구속력이 발생하는 것은 중재판정에 대하여 상급의 중재기관 또는 일반법원에 통상의 불복절차에 의한 불복가능성이 없게 된 것을 의미한다고 해석하여야 할 것이고,[71] 단순히 우리 중재법상의 중재판정의 취소의 소와 같이 특별한 불복절차가 있다는 것만으로는 중재판정의 구속력의 발생이 저지되지 아니한다고 할 것이다. 어느 불복절차가 통상의 불복절차인지 특별의 불복절차인지의 여부는 중재판정의 준거법상 규정된 소송절차 일반의 상소 및 재심제도 등과 대비하여 결정할 것인바, 이를 결정함에 있어서는 불복기한의 장단, 집행정지 효력의 발생여부, 판정의 내용 즉 본안에 대하여 불복할 수 있는지 또는 법원의 특별한 사유가 있는 경우에만 불복할 수 있는지 여부를 참작하여야 할 것이다.[72] 그리고 위와 같이 해석함으로써 제네바협약상 중재판정

---

71) 金洪奎, 위의 책, 12면; 三井哲夫, 앞(주 5)의 글, 125면; Albert Jan van den Berg, *supra* note 15, p. 342; Sanders, *supra* note 16, p. 275. 구속력 있는 중재판정이 무엇을 의미하는가에 대하여는 뉴욕협약의 성립당시부터 많은 논란이 있었고, 위 협약 제5조 제1항 (e)은 문안을 마련한 소위원회에서 "중재판정이…통상의 불복절차에 의하여 불복할 수 있다는 의미에서 구속력을 발생하지 아니한…때"라고 규정하자는 제안이 있었으나 각국 법제도의 차이 때문에 채택되지 않았다고 한다. Albert Jan van den Berg, *supra* note 15, p. 342. 위와 같은 점을 고려하여 Contini, *supra* note 15, p. 304.에서는 중재판정의 구속력 유무는 각개의 구체적 사건에서 각국의 법원에 의하여 정하여질 것이라고 한다.

72) 각국의 중재입법에 대하여는 商事仲裁法規集 Ⅰ 내지 Ⅳ(대한상사중재원) 및 森井淸, 앞(주 53)의 책, 333면 이하 참조.

의 확정을 요구함으로써 발생한 중재판정의 집행지연의 폐단을 방지하려는 뉴욕협약의 취지에도 부합하고, 뉴욕협약 제5조 제1항 (e) 후단 및 제6조가 규정하는 중재판정의 취소 또는 정지는 특별한 불복절차에 의한 경우를 의미하는 것으로 되어 위 협약해석상 조화를 기할 수 있을 것이다. 따라서 우리 중재법과 같이 중재판정에 대한 통상의 불복절차가 존재하지 아니하는 법이 준거법인 경우 중재판정은 그 성립과 동시에 구속력이 발생한 것으로 볼 것이다.

이와 관련된 특수한 문제로서 중재판정이 성립된 국가에서 그 국가의 법원에 의하여 그 판정에 대하여 집행을 허가하는 재판이 있었을 경우 그 재판은 중재판정을 흡수하는 성질을 가지므로 이러한 중재판정을 여전히 뉴욕협약에 의하여 집행할 수 있는지 또는 중재판정은 재판에 흡수되어 소멸되었으므로 이를 집행하기 위하여는 뉴욕협약의 외국중재판정의 집행에 관한 규정에 의할 것이 아니라 각국의 외국재판 승인 및 집행에 관한 제도에 의하여야 할 것인지 라는 문제가 있다. 그러나 중재판정에 대하여 집행을 허가하는 재판이 있었다고 하여 그 법적 성질이 변한다고 보기는 어렵고, 뉴욕협약 제5조 제1항 (e)의 취지가 이중집행의 폐단을 제거하고 외국중재판정의 집행을 촉진하기 위한 것인 점등에 비추어, 중재판정에 대하여 그 성립국에서 집행을 허가하는 재판이 있다 할지라도 뉴욕협약의 적용을 받을 수 있다고 봄이 타당할 것이다.73) 한편 최혜권리조항인 뉴욕협약 제7조에 의하여 위 협약을 적용할 수 있는 경우라 할지라도 외국중재판정의 집행에 관하여 더 유리한 국내법 및 조약이 존재하는 경우 그 적용이 허용됨에 비추어 외국중재판정에 대하여 그 성립국에서 집행을 허가하는 재판이 있었을 경우 그 재판에 대하여 외국재판으로서 집행을 구할 수도 있다고 보아야 할 것이다.74)

⑷ 중재판정이 취소 또는 정지된 경우

뉴욕협약 제5조 제1항 (e) 후단은 판정이 내려진 국가 또는 판정의 기초된 법이 속하는 국가의 법원에 의하여 중재판정이 취소 또는 정지된 경우 외국중재판정의 승인 및 집행을 거부할 수 있다고 규정하고 있다. 이는 위 국가의 법원이 중재판정의 취소 또는 정지에 관하여 배타적인 권한 즉 전속관할을 가지고 있음

---

73) Albert Jan van den Berg, *supra* note 15, p. 347.
74) 東京地裁 1969. 9. 6. 판결(判例時報 586호, 73면)은 미국중재협회에 의하여 내려진 중재판정을 추인한 캘리포니아주 법원의 판결에 대하여 외국판결로서 집행판결을 한 사건이다.

을 전제로 한 것이다.[75] 따라서 외국중재판정의 집행을 요구받은 국가의 법원에 그 판정의 취소를 구하는 것은 허용되지 아니한다. 중재판정이 취소 또는 정지된 경우 그 취소 또는 정지사유가 뉴욕협약상 규정된 집행거부사유에 해당하는지의 여부는 묻지 아니한다. 따라서 이 한도 내에서 중재판정의 집행거부사유는 확장되는 셈이 되는 것이다.[76]

앞서 본 바와 같이 중재판정에 대하여 통상의 불복절차에 의하여 불복할 수 있는 경우 그 판정은 구속력이 발생하지 아니한 것으로 볼 것이므로 뉴욕협약 제5조 제1항 (e) 전단에 해당하는 집행거부사유가 있다고 할 것이고, 위 조항 후단에서 중재판정이 취소 또는 정지된 경우라 함은 중재판정에 대한 특별한 불복절차에 의하여 이루어진 경우를 의미한다고 해석할 것이다. 그 결과 중재판정에 대한 통상의 불복절차는 그에 의한 재판이 내려지지 아니한 경우에도 그 절차진행 중이라는 것만으로 중재판정의 집행이 거부되나, 특별한 불복절차가 진행 중이라는 것만으로는 중재판정의 집행을 거부할 수 없고 그 절차에 의하여 중재판정이 취소 또는 정지되어야만 집행이 거부된다는 차이점이 생기게 된다.

㈑ 집행결정절차의 연기

뉴욕협약 제6조는 “판정의 취소 또는 정지를 요구하는 신청이 제5조 (1)의 (e)에 규정된 권한 있는 기관에 제기되었을 경우에는 판정의 원용이 요구된 기관은 그것이 적절하다고 인정될 때에는 판정의 집행에 관한 결정을 연기할 수 있고, 또한 판정의 집행을 요구한 당사자의 신청에 의하여 타방당사자에 대하여 적당한 보장을 제공할 것을 명할 수 있다.”라고 규정하고 있다. 위 조항은 외국중재판정의 집행을 촉진하는 한편 중재에 있어서의 선의의 패소 당사자를 보호하기 위한 규정이다. 즉 판정성립국에서 중재판정이 실제로 취소되거나 정지된 경우에 한하여 그 집행을 거부할 수 있는 것으로 하되, 그 성립국에서 판정의 취소와 정지의 신청이 있는 경우 법원이 제반사정을 고려하여 적절하다고 인정되는 때에 한하여 집행에 관한 결정을 연기할 수 있고, 또한 반대당사자의 이의가 있을 때에는 담보의 제공을 명할 수 있는 것으로 하였다. 위와 같은 경우 집행을 요구받은 법원이 집행결정절차를 연기할 것인지의 여부와 상대방에게 담보의 제공을 명할 것인지의 여부는 모두 법원의 재량에 달려 있다.

---

75) Albert Jan van den Berg, *supra* note 15, p. 350.
76) Albert Jan van den Berg, *supra* note 15, p. 22.

라. 법원이 직권으로 인정할 수 있는 승인 및 집행거부사유

(1) 서

뉴욕협약 제5조 제2항은 "중재판정의 승인 및 집행이 요구된 국가의 권한 있는 기관이 다음의 사항을 인정하는 경우에도 중재판정의 승인과 집행은 거부할 수 있다. (a) 분쟁의 대상인 사항이 그 국가의 법률 하에서는 중재에 의한 해결을 할 수 없는 것일 경우, 또는 (b) 판정의 승인이나 집행이 그 국가의 공공의 질서에 반하는 경우"라고 규정하고 있다. 뉴욕협약 제5조는 외국중재판정의 승인과 집행을 보다 용이하게 하기 위하여 원칙적으로 그 상대방으로 하여금 중재판정의 승인과 집행을 거부할 수 있는 사유를 입증하도록 함으로써 그 승인과 집행의 실체적인 요건들을 소극적인 요건으로 규정하고 있으나, 공공의 질서에 관한 사항은 당사자가 처분할 수 없는 성질의 것으로서 집행을 요구받은 국가의 입장에서도 그 집행이 그 국가의 공공의 질서에 반하는 경우 이를 용인할 수 없다 할 것이므로 그 국가의 법원은 공공의 질서에 관한 사항에 한하여 직권으로 중재판정의 집행을 거부할 수 있음을 규정한 것이다. 중재가능성의 문제는 공공의 질서의 문제 속에 포함될 수 있으나,[77] 그 중요성 및 제네바의정서 이래 모든 국제상사중재에 관한 국제조약에서 별도로 다루어진 점에 비추어 공공의 질서 위반의 경우와 별개의 항목으로 규정한 것이다.

(2) 중재할 수 없는 사항

뉴욕협약 제5조 제2항 (a)에 의하면 중재판정의 대상인 사항이 그 승인 또는 집행을 요구받은 국가의 법률 하에서 중재에 의하여 해결이 가능한 것이 아니면 그 승인 및 집행을 요구받은 법원은 직권으로 이를 거부할 수 있다. 이 경우 중재에 의한 해결가능성은 집행을 요구받은 국가의 법에 의하여 결정됨이 명백한바, 이는 분쟁의 사법적 해결이라는 법정지국가의 이익과 밀접하게 관련되기 때문이다. 그러나 중재판정 성립국에서 그 국가의 법률에 의하여 중재의 대상이 될 수 없다는 이유로 중재판정이 취소된다면 위 협약 제5조 제1항 (e)에 의하여 그 판정의 집행이 거부될 수 있다는 점에서 중재판정 성립국의 법도 간접적으로 중재가능성의 문제에 영향을 미칠 수 있다.

한편 뉴욕협약의 적용을 받기 위하여 중재판정의 기초된 중재합의는 중재에

---

77) 小林秀之, 앞(주 47)의 글, 11면; Albert Jan van den Berg, *supra* note 15, p. 368.

의하여 해결이 가능한 사항에 대한 것이어야 함은 앞서 살핀 바와 같고,[78] 다시 뉴욕협약 제5조 제2항 (b)는 분쟁의 대상인 사항이 중재에 의하여 해결할 수 없는 경우를 집행거부의 사유로 삼고 있는바, 중재합의에 단계에 있어서나 중재판정 집행의 단계에 있어서 중재의 대상이 되는 법률관계의 성질이 달라지는 것은 아니므로 양단계에 있어서 중재에 의하여 해결이 가능한지의 여부는 동일한 기준에 의하여 판단되어야 할 것이다.

중재에 의하여 해결할 수 없는 사항으로서는 일반적으로 불공정거래행위, 특허권 및 상표권등 지적소유권의 효력, 가족관계와 경제적 약자의 보호 등에 관한 법률관계를 들 수 있는바, 이는 각국에 따라 달라질 것이다. 우리 중재법상 중재에 회부할 수 있는 사항은 사법상의 법률관계로서 당사자가 처분할 수 있는 법률관계이어야 한다(중재법 제2조 제1항). 따라서 형사사건이나 행정소송사건 같은 공법상 법률관계가 중재의 대상이 될 수 없음은 물론 사법상의 법률관계라도 당사자가 처분할 수 없는 혼인관계나 친자관계 같은 가족관계, 통상소송에 의한 판결절차로 해결할 수 없는 비송사건, 집행사건, 보전사건 등은 중재에 의하여 해결할 수 없다고 할 것이다.[79] 또한 우리나라는 뉴욕협약에 가입하며 상사한정 유보선언을 하였으므로 분쟁대상이 상사법률관계인 중재판정에만 뉴욕협약이 적용된다는 제한이 따르게 된다.

(3) 공공의 질서에 반하는 경우

⑷ 일반론

뉴욕협약상 외국중재판정의 승인 및 집행이 공공의 질서에 반하는 경우에는 그 승인과 집행은 거부될 수 있다. 공공의 질서에 반하는 경우는 전통적으로 외국중재판정 및 외국판결의 승인 및 집행과 외국법 적용의 거부사유로 인정되어 왔고, 이와 관련된 모든 국제조약상 같은 취지의 규정을 찾아볼 수 있는바, 이는 법정지국가의 기본적인 도덕적 신념과 사회질서의 보호에 그 기능이 있다 한다.[80] 그러나 도덕적 신념과 사회질서는 각국에 따라 다를 수밖에 없으므로 공공의 질서가 무엇을 의미하는가를 일반적으로 논한다는 것은 매우 어려울 수밖에 없다.

---

78) Ⅱ. 3. 다. (1) (라).
79) 高濬煥, 앞(주 1)의 책, 29면.
80) Albert Jan van den Berg, *supra* note 15, p. 360.

뉴욕협약상 공공의 질서는 영문정본상으로는 "public policy"라고 표현되어
있고, 불문정본상으로는 "ordre public"이라고 표현되어 있는바, 이들은 같은 범주
에 속하기는 하나 양자의 개념이 정확히 일치하는 것은 아니라 한다. 뉴욕협약상
의 공공의 질서에 해당하는 우리 법상의 용어는 "선량한 풍속 기타 사회질서" 또
는 "공서양속"이라 할 것인데 법률행위의 효력에 관한 민법 제103조, 외국법의 적
용에 관한 섭외사법 제5조, 외국판결의 효력에 관한 민사소송법 제203조 등에서
위 표현을 찾아볼 수 있으나, 위 3개법이 규정하는 선량한 풍속 기타 사회질서의
의미는 각개의 경우마다 약간씩 다르다 한다.[81] 외국중재판정의 승인 및 집행의
거부사유로 문제되는 공공의 질서는 외국판결의 효력에 관한 민사소송법 제203
조에 규정된 선량한 풍속 기타 사회질서와 동일한 의미로 사용되었다 할 것이나,
본고에서는 편의상 "공공의 질서"라는 표현을 사용하기로 한다.

외국중재판정의 승인 및 집행이 우리나라의 공공의 질서에 반하는지의 여부
는 우리의 정치, 경제적 기본관념, 윤리감, 법규범 등을 고려하여 결정할 것으로
서 상대적이고 탄력적이며 일률적으로 정해질 수 없으므로 각개의 구체적 경우에
따라 고찰할 수밖에 없을 것이다. 이때 판정의 주문에 의하여서만 공공의 질서에
반하는지 여부를 판단할 것은 아니라 그 이유까지도 심사하여 이를 결정할 것이
다. 외국중재판정의 집행이 우리나라의 공공의 질서에 반하는 경우에는 중재판정
이 명하는 내용 자체가 예컨대 우리법상 거래가 금지된 마약의 인도를 명하는 것
과 같이 공공의 질서에 반하는 경우뿐만 아니라, 그 중재판정의 성립이 절차에
관한 공공의 질서에 반하는 경우도 있는바, 예컨대 당사자의 출석의 기회로 박탈
하거나 우리나라 판결의 기판력과 모순 저촉하는 때[82] 또는 당사자가 정당하게
대리되지 아니한 때 등의 경우가 이에 해당한다.

(나) 국제적 특성의 고려

외국중재판정의 승인 및 집행이 공공의 질서에 반하는지 여부를 판단함에
있어 특히 유의할 점으로 우리나라 법질서를 기준삼아 공공의 질서의 위반여부를
판단할지라도 국제거래질서의 안정이라는 국제적 특성을 고려하여야 한다는 점

---

81) 金枝祥, "外國判決의 承認과 執行 – 섭외사법 이론과 관련하여", 司法論集 제6집(1975),
   504면.
82) 金枝祥, 위의 글, 506면; 三井哲夫, 앞(주 5)의 글, 129면. 그러나 金洪奎, 앞(주 2)의 책
   (1980), 16면에서는 우리나라의 기판력 있는 판결에 반하는 외국중재판정이 고의로 행하
   여졌을 경우에 한하여 우리의 공공의 질서에 반한다고 한다.

이다.[83] 앞서 본 바와 같이 공공의 질서는 각기 그 문제되는 경우마다 약간씩 다른 의미와 기능을 가진다 할 것으로서, 국제관계에 있어서의 공공의 질서는 국내관계에 있어서의 공공의 질서보다 약간 좁은 개념이고 양자는 서로 구별된다 할 것이다.[84] 즉 국내관계에 있어서의 공공의 질서에 반하다 할지라도 국제관계에 있어서의 공공의 질서에는 반하지 아니한다고 해석할 경우가 있다는 것이다.[85]

이와 관련된 문제로서 외국환관리법에 위반한 계약에 기하여 외화지급을 명한 외국중재판정의 승인 또는 집행이 공공의 질서에 반하는지 여부의 문제를 들 수 있는바, 대법원에서 전원합의체 판결로서 "외국환관리법에 의한 (제한)규정들은 원래 자유로이 할 수 있었어야 할 대외거래를 국민경제의 발전을 도모하기 위하여 과도적으로 제한하는 규정들로서 단속법규라고 해석함이 타당하고 따라서 위 제한규정에 저촉되는 행위라 할지라도 그 행위의 사법상의 효력에는 아무런 영향이 없는 것이라 할 것"이라고 판시한 바 있으므로,[86] 위 제한규정에 위반되는 행위는 공공의 질서에 위반된다고 볼 수 없고 위와 같은 중재판정의 집행도 공공의 질서에 반한다고 할 수는 없을 것이다. 위 대법원판결이 대외거래의 특수성을 고려한 판결인 점은 부인할 수 없을 것이다.[87]

비교적 뉴욕협약의 해석에 관한 판례가 많이 나온 미국의 판례상, 증권거래법의 적용을 받는 계약에 관하여 일어나는 분쟁은 원칙적으로 중재를 부탁할 수 없으나 국제거래의 경우 분쟁이 다루어질 법정 및 적용될 법을 미리 정할 필요성이 크므로 국제거래상의 계약은 증권거래법의 적용이 있는 경우에도 중재의 대상이 될 수 있음을 인정하고 있고,[88] 미국과 이집트 사이의 외교관계 악화로 미국

---

83) 金洪奎, 위의 책, 16면.
84) 洪晶植, 앞(주 2)의 책, 39면; 三井哲夫, 앞(주 5)의 글, 128면.
85) 예컨대 국내법상 미성년자를 성년자로 취급하기로 하는 내용의 합의는 국내관계에 있어서의 공공의 질서에 반한다 할 것이나, 우리 법보다 성년기가 어린 외국법은 우리 법의 해석상으로도 국제관계에 있어서의 공공의 질서에 반한다고 할 수는 없을 것이다.
86) 대법원 1975. 4. 22 선고 72다2161 판결.
87) 張大永·高錫尹, 現行 仲裁法上 再審事由에 대한 問題點(商事仲裁硏究叢書 제19집)(1980), 15면은 우리 중재법상 "중재판정이 법률상 금지된 행위를 할 것을 내용으로 한 때"는 중재판정취소사유에 해당하나, 위 조항 중의 "법률상 금지된 행위"는 그 법률의 취지상 그 행위의 사법적 효력까지 부인되는 경우만을 의미하고 단속적 법규로 이해되는 금지사항에 해당하는 경우는 이를 제외하는 것으로 봄이 타당하므로, 위 조항의 "법률"은 강행법규중 효력규정만을 의미하고, 따라서 중재판정이 단속적 법규인 외국환관리법에 위반한다 할지라도 중재판정 취소사유에는 해당하지 않는 것으로 해석할 것이라고 한다.
88) Fritz Scherk v. Alberto-Culver Co. 417US506(1974).

회사가 이집트에서의 공사를 포기한 것에 대한 손해배상의 지급을 명한 외국중재
판정의 집행이 공공의 질서에 반하지 아니한다고 하면서 미국의 국가적 정책과
공공의 질서는 별개로서 뉴욕협약상 공공의 질서를 국가의 정치적 이익을 보호하
기 위하여 내세운다면 뉴욕협약의 실효성이 크게 떨어질 것이라고 하고 있는
바,[89] 이들은 모두 외국중재판정의 집행단계에 있어서 공공의 질서의 국제적 측
면을 중시한 판례들이라 하겠다. 미국판례는 위 협약상 공공의 질서를 법정지의
가장 기본적인 도덕과 정의의 관념에 국한시키려는 경향이 있고 국제적으로 진보
적인 판례들이라고 하는바,[90] 이에 대하여는 그와 같이 해석한다면 공공의 질서
는 실제로는 아무런 의미 없는 것이 되고 말 것이라는 비판도 나오고 있다.[91]

(다) 그 밖의 문제점

공공의 질서에 관한 뉴욕협약 제5조 제2항 (b)의 규정은 일반규정으로서 위
협약상 규정된 다른 집행거부사유에 대하여 보완적인 성격을 가진다.[92] 따라서
제5조 제2항 (b) 이외의 다른 집행거부사유에 해당하지 아니한다 할지라도 다시
공공의 질서에 반하는지의 여부의 심사를 받게 된다 할 것이다. 또한 패소한 당
사자의 방어권이 침해된 경우 집행의 상대방은 제5조 제1항 (b)에 의하여 이를
입증하여 중재판정의 집행을 거부할 수 있지만 상대방이 중재판정의 집행판결절
차에 참여하지 아니할 경우에도 법원은 이를 공공의 질서에 반하는 것으로서 제5
조 제2항 (b)를 적용하여 직권으로 그 중재판정의 집행을 거부할 수 있다.

공공의 질서에 관련된 특수한 문제의 하나로서 이유를 붙이지 아니한 외국
중재판정의 집행이 공공의 질서에 반하는지의 여부를 들 수 있다. 우리 중재법상
중재판정에 이유를 붙이지 아니한 것은 중재판정 취소의 사유로 규정되어 있는바
(중재법 제13조 제1항 제4호), 이는 당사자에게 판정에 이를 이유를 알리고 판정에
대한 법원의 심사를 용이하게 하기 위한 것이다. 그러나 영미에서는 중재판정에
이유를 붙이지 아니하는 것이 관례이므로[93] 그와 같이 이유를 붙이지 아니한 외

---

89) Parsons & Whittemore Overseas Co. Inc. v. Societe Generale de l'Industrie du Papier, 508F.2d 969(2d Cir, 1974).

90) 小林秀之, 앞(주 47)의 글, 15면.

91) Junker, "*The Public Policy Defense to Recognition and Enforcement of Foreign Arbitral Awards*", 7 California Western International Law Journal(1977), p. 228.

92) 金洪奎, 앞(주 2)의 책(1980), 14면.

93) Wilner, *supra* note 1, p. 435; Bernhardt v. Polygraphic Co. of America, 350US 198(1956).

국중재판정의 집행이 공공의 질서에 반하는지 여부가 문제로 되는바, 우리 중재법상 당사자 사이의 합의에 의하여 중재판정에 이유를 붙이지 아니하는 것을 인정하고 있음에 비추어(중재법 제13조 제2항), 중재판정 성립국에서 이유를 기재하지 아니한 중재판정을 인정하고 당사자가 이를 알고 있는 경우에는 중재판정에 이유의 기재가 없더라도 공공의 질서에 반하는 것은 아니라 할 것이다.94) 그러나 그와 같은 사정이 없는 경우에는 이유가 기재되어 있지 아니한 중재판정의 집행을 허용하는 것은 절차에 관한 공공의 질서에 반한다고 해석하여야 할 것이다.95)

Ⅲ. 국제조약의 적용이 없는 외국중재판정의 승인 및 집행의 요건

1. 서

세계주요국가의 거의 대부분을 비롯하여 60개국이 뉴욕협약에 가입하고 있기는 하나 아직 상당수의 국가들이 뉴욕협약에 가입하지 아니하고 있으며96) 앞서 본 바와 같이 워싱턴협약은 그 적용범위가 한정되어 있고 중재에 관하여 우리나라와의 사이에 이국간 조약이 있는 경우도 별로 없으므로, 외국중재판정의 승인 및 집행에 관하여 뉴욕협약의 적용이 있는 경우 이외에 주로 문제되는 것은 아무런 국제조약이 없는 경우이다.

그러나 우리 중재법상 외국중재판정의 승인 및 집행에 관하여 명문의 규정이 없으므로 어떠한 요건아래 그 승인 및 집행을 허용할 것인가 라는 의문이 발생한다. 이에 관하여는 국제민사소송법에 기초한 조리에 의하여 중재계약이 그 준거법상 유효할 것, 우리나라의 공서양속에 반하지 아니할 것, 당사자가 심문되

---

94) 金洪奎, 앞(주 2)의 책(1980), 10면; 三井哲夫, 앞(주 5)의 글, 128면.
95) 이와 관련하여 1961년 체결된 국제상사중재 유럽협약(European Convention on International Commercial Arbitration) 제8조는 "당사자는 아래와 같은 사유가 없는 한 이유가 기재될 것으로 합의한 것으로 추정한다. (a) 당사자가 이유가 기재되지 아니할 것을 명백히 한 경우. (b) 당사자가 판정에 통상 이유가 기재되지 아니하는 곳에서 중재절차가 진행될 것을 합의하고, 또한 구술심문의 종결 이전에, 또는 구술심문이 없는 경우에는 판정이 내려지기 이전에 이유의 기재를 요구하지 아니한 경우."라고 규정하고 있음은 주의할 만하다.
96) 특히 중남미 및 아프리카 제국들은 일반적으로 국제상사중재에 대하여 반감을 가지고 있어 많은 국가들이 뉴욕협약에 가입하고 있지 않다고 한다. 그러나 중남미 제국상호간에는 1975. 1. 30 파나마에서 Inter-American Convention on International Commercial Arbitration이 체결되어 있다.

고 또한 적법하게 대리될 것 등을 요건으로 하여 외국중재판정을 승인 또는 집행할 것이라는 견해와,[97] 조리법의 내용이 반드시 명확하지 아니하고 내국중재판정에 대한 국내법의 규정을 외국중재판정에 준용하여도 타당한 결과를 얻을 수 있음을 이유로 내국중재판정에 관한 규정들을 외국중재판정의 승인과 집행에 준용할 것이라는 견해가[98] 나뉘어져 있다.

그러므로 생각건대 중재판정은 당사자가 처분할 수 있는 법률관계상의 분쟁을 합의에 의하여 그 해결을 위임받은 법원 이외의 제3자인 중재인이 내린 판단이라는 점은 내국중재판정이나, 외국중재판정이나 모두 동일하고, 앞서 본 바와 같이 중재판정은 당사자 사이의 실체법상 계약으로서의 성질을 지닌다고 해석되는 이상 내국중재판정의 효력이 인정됨과 마찬가지로 외국중재판정에 대하여도 그 승인과 집행이 인정되어야 할 것이다. 그리고 이는 국제적인 사적 거래의 안전을 보호하기 위하여 국제사법상 외국법에 의하여 성립된 사법관계의 효력을 인정하여야 한다는 점에 근거를 두고 있는 점 및 우리 중재법상 내국중재판정에 관한 규정들은 동법에 기하여 성립된 중재판정을 대상으로 한 조문으로서 외국중재판정의 경우 준용하기 어려운 규정들을 포함하고 있고, 뒤에 드는 바와 같은 요건들은 외국중재판정의 승인 및 집행을 위하여 필요한 요건들이나 그중 일부는 중재법상 규정되어 있지 아니하므로 중재법을 준용한다 할지라도 결국 조리에 의하여 추가적으로 요구될 것으로 되는 점 등을[99] 고려하여 보면, 외국중재판정의 승인과 집행의 요건은 국제사법 및 국제민사소송법에 기초한 조리에 의하여 정함이 타당하다 할 것이다.[100]

---

97) 金洪奎, 앞(주 2)의 책(1980), 3면; 崔公雄, 앞(주 26)의 책, 413면; 川上太郎, 앞(주 4)의 글, 860면; 三井哲夫, 앞(주 5)의 글, 118면. 그러나 구체적으로 어떠한 사항을 외국중재판정 승인 및 집행의 요건으로 삼을 것인가에 대하여는 견해가 갈린다.

98) 阿川淸道, 앞(주 23)의 글, 42면; 小林秀之, 앞(주 47)의 글, 15면. 일본판례도 이 견해에 따르고 있다. 東京地裁 1953. 4. 10. 판결(下民集 4권 5호 502면). 東京地裁 1959. 8. 20. 판결(주 53).

99) 예컨대 중재법 제13조 제1항 제1호의 "중재인의 선정이나 중재절차가 법이나 중재계약에 의하지 아니한 때"라는 중재판정 취소사유를 그대로 외국중재판정에 적용할 수 없는 반면, 위 조항에 열거된 취소사유 이외에도 공공의 질서에 반하는 경우로서 외국중재판정의 집행을 거부하여야 할 경우가 있다. Ⅲ. 2. 마. 및 Ⅱ. 3. 라. (3) 참조.

100) 독일 민사소송법 제1044조는 외국중재판정에 관하여, "① 준거법에 의하여 구속력 있는 외국의 중재판정은 내국중재판정에 관하여 규정된 절차에 따라서 집행의 선고를 한다. 다만 조약에 따로 정함이 있는 경우에는 그러하지 아니하다. 제1093조는 이를 적용하지 아니한다. ② 다음의 경우에는 집행선고를 구하는 신청을 각하하여야 한다. 1. 중재판정

2. 외국중재판정의 승인 및 집행의 요건

가. 서

외국중재판정이 국내에서 승인 및 집행되기 위하여는 우리나라 국제사법의 관점에서 보아 그 판정이 유효하고 확정되어 있을 것이 필요하다 할 것이다. 그와 같이 유효하고 확정된 중재판정이 존재하기 위하여는 (1) 유효한 중재계약에 기하여, (2) 적법한 중재절차에 의하여 성립하고, (3) 중재판정이 확정되어 있고, (4) 그 승인과 집행이 우리의 공서양속에 반하지 아니하여야 할 것이다.101) 이들 요건은 앞서 설명한 뉴욕협약하의 외국중재판정의 승인 및 집행의 요건과 대부분 중복된다 할 것이나, 뉴욕협약은 그 승인과 집행을 보다 용이하게 하기 위하여 최소한의 요건만을 요구하고 있으므로 이에 관하여 설명한 부분은 거의 다 국제조약의 적용이 없는 외국중재판정의 승인 및 집행의 경우에도 타당하다 할 것이다. 그러나 양자의 경우 입증책임을 지는 당사자가 달라지므로 실제로는 큰 차이가 나게 된다. 이하 국제조약의 적용이 없는 외국중재판정의 승인 및 집행의 요건에 관하여 뉴욕협약에 대한 설명부분과 중복되지 않는 범위 내에서 간략히 살펴보기로 한다.

나. 유효한 중재계약의 존재

외국중재판정이 승인 및 집행되기 위하여는 우선 유효한 중재계약의 존재가 전제되어야 할 것이다. 먼저 중재계약의 성립에 관한 사항으로서 당사자의 행위능력, 중재계약의 방식 및 분쟁대상의 중재가능성의 문제를 들 수 있다. 중재계약에 있어서의 당사자의 행위능력은 우리 국제사법상 원칙에 따라 원칙적으로 당사자의 본국법에 의하여 정하여질 것이고, 중재계약의 방식은 일반의 법률행위의 경우와 동일하게 취급될 것이므로 원칙적으로 중재계약의 준거법에 의하지만 중

이 법률상 무효인 때, 중재판정의 효력에 관하여서는 조약에 따로 정함이 없는 한 중재절차에 적용되는 법을 준거법으로 한다. 2. 중재판정의 승인이 선량한 풍속 또는 공공의 질서에 반하는 때, 특히 중재판정이 당사자의 일방에게 독일법에 의하여 이를 하는 것이 금지되는 행위를 할 것을 선고하는 때. 3. 당사자가 적법하게 대리되지 아니하였을 때, 다만 당사자가 명시적 또는 묵시적으로 소송절차를 추인하였을 때는 그러하지 아니하다. 4. 절차에 있어서 당사자를 심문하지 아니하였을 때."라고 규정하고 있다.

101) 金洪奎, 앞(주 2)의 책(1980), 3면; 川上太郎, 앞(주 4)의 글, 860면.

재계약이 체결된 곳의 법에 의할 수도 있다고 해석할 것이다(섭외사법 제10조).

또 중재계약의 대상인 법률상의 분쟁이 그 준거법상 중재의 대상의 될 수 있고, 우리 법에 의하여도 중재에 의하여 해결할 수 있는 성질의 것이어야 한다.[102] 따라서 중재계약의 준거법인 외국법상 장래의 다툼에 관한 중재계약을 금지하고 있다면 우리 중재법상의 장래의 다툼에 관한 중재계약이 인정된다 할지라도 유효한 중재계약이 체결되었다고 볼 수 없다. 뉴욕협약에 의할 경우 집행의 요구받은 국가의 법에 의하여 중재가 불가능한 경우에 한하여 집행거부사유로 되고 중재판정이 내려진 국가에서 중재의 대상이 될 수 없다 할지라도 독립된 집행거부사유가 될 수 없는 것과는 차이가 있다 할 것이다.

중재계약의 준거법은 중재계약은 당사자의 합의에 의하여 중재인에게 당사자 사이의 분쟁의 해결권한을 주는 실체법상의 계약이라고 보는 이상 일반의 법률행위의 경우와 마찬가지로 당사자 의사자치의 원칙이 적용되어 당사자가 중재계약의 준거법으로 지정한 국가의 법이 될 것이며, 이를 인정함으로써 당사자가 개개의 중재계약의 특성에 적합한 합목적적 조정을 할 수 있게 되어 국제거래에 있어서의 중재의 이용을 원활하게 할 것이다.[103]

다음 중재계약의 준거법에 관하여 당사자의 지정이 없는 경우 어떻게 준거법을 정할 것인가가 문제되는바 이 경우 일반계약의 경우와 마찬가지로 계약의 다른 요소들로부터 합리적으로 당사자의 의사를 추론하여야 한다.[104] 그러한 요소로는 중재계약 체결지, 주된 계약의 준거법, 당사자 및 중재인의 국적 등을 고려할 수 있지만, 중재계약의 이행지, 즉 중재절차지의 법이 가장 당사자의 의사에 합치한다고 보아야 할 것이다. 당사자는 보통 중재절차지의 법률의 적용을 예기하고 또 이에 따르는 것이 가장 용이하므로 당사자가 선택한 중재절차지는 당사자의 묵시의 의사표시를 추측시키는 가장 분명한 지표의 하나가 되기 때문이다.[105] 특히 당사자가 특정의 상설중재기관을 합의하고 있는 경우에는 그 기관소

---

102) 金洪奎, 위의 책, 3면.

103) 川上太郎, 앞(주 4)의 글, 848면.

104) 金洪奎, 앞(주 2)의 책(1975), 37면; 三井哲夫, 앞(주 5)의 글, 115면. 그러나 川上太郎, 위의 글, 853면에서는 당사자의 의사를 추측함은 일종의 의제에 지나지 않고 이는 법률상 입론으로는 피하여야 하므로 중재계약의 객관적 특징을 발견하고 이에 기하여 준거법을 정할 것이라 한다.

105) 三井哲夫, 위의 글, 115면.

재지의 법이 준거법이 된다.[106] 그리고 당사자가 중재절차지를 지정하고 있지 아니한 경우에는 앞서 든 다른 요소들에 의하여 중재계약의 준거법을 정하여야 할 것이다.

다. 적법한 중재절차에 의한 성립

외국중재판정이 승인 또는 집행되기 위하여는 그 준거법에 의하여 적법한 중재절차에 기하여 성립된 것이어야 한다. 뉴욕협약 제5조 제1항 (d)에 의하여 요구되는 중재기관의 구성 또는 중재절차가 준거법에 합치하여야 한다는 요건에 상응하는 요건으로서 앞서 뉴욕협약에 관하여 설명한 부분은 이 경우에도 타당하다 할 것이다. 중재절차의 준거법 역시 중재계약의 준거법과 같이 일차적으로는 당사자가 지정한 법에 의하고 그와 같은 지정이 없을 경우 당사자의 의사를 추측하여 결정할 것인바, 중재절차지가 가장 중요한 지표가 될 것이다.

라. 외국중재판정이 확정되어 있을 것

외국중재판정은 당사자 사이에서 확정되어 구속력이 발생되어 있을 것을 요건으로 하여 그 승인, 집행이 인정된다. 중재판정이 그 준거법에 따라 법적 효력을 가지기 위하여 필요한 중재인의 서명, 당사자에의 송달, 법원에의 원본의 이송 보관 등의 요건을 충족시켜야 함은 물론이다.[107]

외국중재판정의 구속력이 발생하는 확정의 시기는 각국 법제가 현저히 다르므로 언제를 중재판정 확정의 시기로 볼 것인가는 문제이나, 외국중재판정에 대하여 내국중재판정과 동일한 효력을 인정하기 위하여는 내국중재판정과의 균형상 외국중재판정이 내국중재판정과 동일한 정도의 구속력이 발생할 것이 요구된다 해석할 것이다. 우리 중재법상 중재판정에 대한 취소의 소가 제기될 수 있다 하여 그 확정을 방해하는 것은 아니라고 해석할 것임에 비추어(중재법 제12조, 제13조, 제15조 참조), 외국중재판정 역시 그 판정 취소의 소와 같이 특별한 불복절차가 존재한다는 것만으로는 그 확정은 방해되지 아니한다고 할 것이고, 외국중재판정에 대하여 그 준거법상 통상의 불복절차에 의하여 그 효력을 다툴 수 있을 때에는 확정된 것이라고 볼 수 없으므로, 결국 뉴욕 협약에서와 마찬가지로 외국

---

106) 金洪奎, 앞(주 2)의 책(1975), 38면.
107) 중재법 제11조 제3항 내지 제5항 참조.

중재판정에 대하여 그 준거법상 상급의 중재기관 또는 일반법원에 통상의 불복절차에 의하여 불복할 수 없게 된 때에 확정된다고 보아야 할 것이다.[108]

외국중재판정 취소의 소가 실제로 그 외국에 제기되어 있으나 그에 대한 판결이 아직 내려지지 아니한 경우에도 그 외국중재판정의 준거법상 위와 같은 의미에서 구속력을 가지고 있는 한 우리 법상으로도 확정된 것으로 취급하여야 할 것이다. 그러나 외국중재판정의 취소 또는 무효의 판결이 준거법상 확정된 때에는 그 취소하는 재판의 형식 여하에 불구하고 우리나라에서도 당연히 인정되어야 한다. 이 경우 취소판결은 민사소송법 제203조에서 정한 요건을 구비하지 아니하고도 당연히 우리나라에서 승인되어야 할 것이다. 왜냐하면 외국의 취소판결의 승인의 경우에는 그 내용이 문제되는 것이 아니라 취소판결이 행하여졌다는 사실 그 자체가 문제됨에 불과하기 때문이다.[109]

마. 우리의 공서양속에 반하지 아니할 것

외국중재판정이 우리의 선량한 풍속 기타 사회질서 즉 공서양속에 반하는 경우에 그 승인 및 집행을 할 수 없다 할 것인바, 이는 외국판결의 효력을 인정하기 위하여 공서양속에 반하지 않을 것이 요구됨과 동일한 이치이다. 뉴욕협약 역시 외국중재판정의 승인 및 집행을 요구받은 국가의 공공의 질서에 반할 때에는 그 집행을 거부할 수 있다고 규정하여 동일한 요건을 요구하고 있는바 앞서 이에 관하여 설명한 부분은 그대로 이 경우에도 타당하다.

특히 유의할 점은 중재판정의 성립이 절차에 관한 공서양속에 위반되는 경우도 있다는 점으로서 예컨대 뉴욕협약 제5조 제1항 (b)에서 규정하는 바와 같이 당사자가 중재인의 선정이나 중재절차에 관하여 적절한 통지를 받지 아니하였거나 심리의 기회를 부여받지 못하는 등 방어의 기회를 침해받거나, 적법하게 대리되지 아니한 경우 등은 우리의 공서양속 위반에 해당한다 할 것이다.[110] 이 경우 우리의 공서양속에 반하는지의 여부는 각개의 중재절차가 그 준거법에 따른 것인지의 여부를 판단하여서가 아니라 각 당사자에게 실질적으로 공정한 심리의 기회가 주어졌는지 여부를 판단하여서 결정하여야 할 것이다.

108) 川上太郎, 앞(주 4)의 글, 864면.
109) 川上太郎, 위의 글, 863면.
110) 주 81 참조.

Ⅳ. 외국중재판정의 승인 및 집행의 절차

1. 서

가. 개설

외국중재판정이 앞서 살핀 바와 같은 그 승인 및 집행의 요건을 갖추면 그 중재판정은 내국중재판정과 같이 당사자 간에 있어서는 법원의 확정판결과 동일한 그 효력이 있고(중재법 제12조) 강제집행이 가능하게 된다.

외국중재판정의 승인에 관하여는 독립한 절차가 있는 것은 아니고, 예컨대 이미 외국중재판정이 내려진 사건에 대하여 법원에 소가 제기된 경우 위 중재판정이 승인의 요건을 갖추었는지가 문제되는 것과 같이 일반의 소송절차에서 그 효력이 문제되는 경우가 있을 뿐이다.

다음 외국중재판정의 집행은 어떠한 절차에 의할 것인가가 문제로 되는바, 내국중재판정과 외국중재판정은 그 법적 성질을 함께 하는 것이므로, 외국중재판정의 집행의 절차에 관하여는 그 성질이 허용하는 한 내국중재판정의 집행에 관한 절차규정을 유추적용하여야 할 것이라는 점에 대하여는 이론이 없다.[111]

따라서 이는 중재법 제14조 이하의 규정에 의하게 될 것이다.

나. 뉴욕협약과의 관계

뉴욕협약 제3조는 외국중재판정의 집행절차에 관하여는 "각 체약국은 중재판정을 다음 조항에 규정한 조건하에서 구속력 있는 것으로 승인하고 그 판정이 원용될 영토의 절차규칙에 따라서 그것을 집행하여야 한다. 이 협약이 적용되는 중재판정의 승인 또는 집행에 있어서는 내국중재판정의 승인 또는 집행에 있어서 부과하는 것보다 실질적으로 엄중한 조건이나 고액의 수수료 또는 과징금을 부과하여서는 아니된다."라고 규정하고 있다. 이는 외국중재판정의 집행절차에 관하여 통일된 규정을 마련하기 어렵고, 이를 정한다 할지라도 각기 다른 절차법 체계를 가진 각국에서 동일하게 해석하기 어려움에 비추어, 단지 어떠한 경우에도 내국중재판정보다 엄중하지 아니한 절차에 의하여 외국중재판정이 집행되어야

---

111) 金洪奎, 앞(주 2)의 책(1980), 18면; 川上太郞, 앞(주 4)의 글, 868면; 東京地裁 1959. 8. 20. 判決(주 53).

한다는 것만을 규정한 것이다.[112]

위와 같이 뉴욕협약이 외국중재판정의 구체적 집행절차에 관하여 아무런 규정을 두지 아니한 결과 집행을 요구받은 국가의 절차법에 따르게 되었다. 뉴욕협약하의 외국중재판정의 집행절차에 대한 법제를 분류하면 (1) 미국과 같이 뉴욕협약의 적용을 받은 중재판정의 집행절차에 관한 특별한 규정을 두고 있는 법제,[113] (2) 독일과 같이 외국중재판정 일반의 집행에 관한 절차규정에 따라 집행하는 법제와 (3) 내국중재판정의 집행절차와 동일한 법제가 있는바,[114] 우리나라의 경우 외국중재판정의 집행절차에 관하여 아무런 규정을 두지 아니한 결과 내국중재판정에 관한 규정들을 유추적용할 것이므로 셋째의 내국중재판정과 동일한 절차에 의하여 외국중재판정을 집행하는 법제에 속한다고 할 것이다.

한편 위 협약 제3조가 규정하는 중재판정의 승인 및 집행에 관하여 과하여지는 수수료 또는 과징금으로서는 우리 민사소송인지법 및 민사소송비용법이 정하는 소송비용이 이에 해당할 것이나, 우리 법령상 내국중재판정과 외국중재판정을 구별하여 취급하고 있지 아니므로 문제될 것이 없다.[115] 주의할 점은 제3조의 규정은 단지 집행을 요구받은 국가의 집행을 허가하는 재판절차에 관한 규정이지 강제집행절차 일반에 대한 규정이 아니므로 이는 모두 법정지법에 따르게 된다는 점이다.

2. 외국중재판정의 집행판결절차

가. 소의 제기 및 관할법원

외국중재판정의 집행절차는 집행판결을 구하는 소의 제기에 의하여 개시되고 필요적 변론을 거쳐 집행판결을 받음으로써 그 집행이 가능하게 된다. 외국중재판정의 집행판결절차의 관할법원은 중재법 제17조의 규정에 따라[116] 중재계약에서 관할법원을 합의한 때에는 그 지방법원 또는 동지원이 관할하고 그러하지

---

112) Quigley, *supra* note 15, p. 1065; Contini, *supra* note 15, p. 297.
113) 뉴욕협약 가입에 따른 미국의 입법조치에 관하여는 McMahon, "*Implementation of the UN Convention on Foreign Arbitral Awards in the United States*", 2 Journal of Maritime Law and Commerce(1971), p. 735 참조.
114) Albert Jan van den Berg, *supra* note 15, p. 236.
115) 洪晶植, 앞(주 2)의 책, 32면.
116) 金洪奎, 앞(주 2)의 책(1980); 19면, 川上太郎, 앞(주 4)의 글, 868면.

아니한 때에는 민사소송법 제1조 내지 제22조를 적용하여 정하게 된다. 피고가 국내에 주소가 없고 단지 피고가 국내에 소유하는 재산에 대한 집행을 위하여 제소한 경우에는 민사소송법 제9조에 의하여 압류할 수 있는 피고의 재산소재지 법원에 제기할 수 있을 것이다. 그리고 소송물 가액은 당초 중재신청시 청구액이 아니라 집행을 구하고 있는 중재판정의 승소액이 될 것이다.

나. 심리

외국중재판정의 집행판결절차는 소송절차의 일반원칙에 의하게 되므로 중재법 및 민사소송법의 관련규정이 적용된다. 이 경우 외국중재판정 집행의 요건의 존부만을 심사하여야 하고 중재판정의 내용, 즉 본안을 심사할 수는 없다. 외국중재판정의 집행을 구하는 당사자는 적극적 당사자로 외국중재판정의 집행의 요건을 모두 주장하고 입증할 책임을 지고 있다. 그러나 뉴욕협약의 적용을 받는 외국중재판정의 경우 그 집행을 구하는 당사자는 위 협약 제4조에 정한 중재판정과 중재합의서면 및 그에 대한 번역문만을 제출함으로써 그의 입증책임을 다 이행한 것으로 되고 상대방이 위 협약 제5조에 규정된 집행거부사유를 입증할 책임을 지게 되어 일반 원칙에 비하여 입증책임이 전환되어 있고, 다만 법원이 위 협약 제5조 제2항에 의하여 직권으로 공공의 질서에 관련된 집행거부사유를 인정할 수 있는 예외가 마련되어 있음은 앞서 살핀 바와 같다.

외국중재판정 집행의 상대방은 그 집행청구에 대하여 청구이의의 소의 경우와 같은 요건아래서 중재판정 성립이후에 발생한 이의사유를 주장할 수 있고, 이 경우 법원은 그 당부를 조사하고 중재판정의 집행을 허가할 수 없는지 여부를 판단하여야 한다.[117) 또한 중재법 제14조 제2항은 중재판정에 대한 취소의 소를 제기할 수 있는 이유가 있는 경우에는 그 판정에 대한 집행판결을 할 수 없다고 규정하고 있으므로, 관할법원으로서는 외국중재판정이 그 집행의 요건을 갖추었는가의 여부 이외에도, 취소원인의 유무를 직권으로 조사하여야 하는바, 이 경우 외국중재판정의 취소사유는 그 판정의 준거법에 의하여 인정될 것이고 그 준거법상 인정되는 취소사유는 예컨대 불공평한 중재판정이라든가 실체법에 의하지 아니한 판정임을 이유로 함과 같이 우리 법상의 취소사유가 아니라 할지라도 외국중

---

117) 金洪奎, 위의 책, 20면.

재판정에 대하여는 이를 주장할 수 있다 할 것이다.[118] 그러나 뉴욕협약의 적용을 받는 외국중재판정의 경우 위 협약상 열거된 집행거부사유는 제한적인 것으로 해석되므로 그 준거법상 인정되는 취소사유라 할지라도 그와 같은 사유에 기하여 중재판정이 내려진 국가 또는 그 판정의 기초된 법이 속하는 국가의 법원에 의하여 취소 또는 정지되지 아니하는 이상 관할법원이 직권으로 그와 같은 취소사유 유무를 조사하여 집행을 거부할 수는 없다 할 것이다.

이와 관련하여 외국중재판정에 대한 취소의 소를 국내법원에 국내법에 의하여 제기할 수 있는가 라는 의문이 제기되는바, 중재계약에 대하여 당사자 의사자치의 원칙을 인정하여 당사자의 합의에 의하여 결정된 준거법에 기하여 성립된 중재판정을 인정하는 이상 그 중재판정의 성립 및 그 효력유무와 취소가능성 여하도 바로 그 준거법에 의하여 판단되어야 할 뿐더러 중재판정은 판결과 같은 국가행위는 아니지만 소송법상의 효력을 발생시키는 점에 있어서는 국가의 재판권에 밀접한 관계를 가지고 있으므로 우리 법원은 이러한 외국중재판정 취소의 소에 관하여 재판권을 가지지 아니한다 할 것이고, 따라서 그러한 소는 부적법하므로 각하하여야 할 것이다.[119] 뉴욕협약도 위와 같이 외국중재판정은 그 외국법원의 전속관할임을 전제로 규정하고 있음은 앞서 살핀 바와 같다.

외국중재판정 취소의 소가 실제로 그 외국에서 제기된 경우 이는 앞서 본 바와 같이 중재판정의 확정을 막는 것도 아니므로 관할법원은 이에 관계없이 집행판결을 내릴 수 있으나, 대체로 그 외국법원의 판결시까지 집행판결절차를 정지함이 바람직할 것이고,[120] 뉴욕협약 제6조도 그와 같은 조치를 인정하고 있다. 외국법원에서 중재판정 취소의 소를 심리한 결과 중재판정을 취소하는 판결이 내려진 때에는 앞서 본 바와 같이 민사소송법 제203조의 외국판결 승인의 요건의 구비 여하에 관계없이 우리 법원을 구속한다 할 것이다. 그러나 외국법원에서 중재판정의 취소청구를 기각하는 판결이 있은 경우 그 판결이 민사소송법 제203조에 정한 승인의 요건을 구비한 경우에는 그 판결에 따라야 할 것이나, 그렇지 아니한 경우에는 그 판결은 우리 법원을 구속하지 아니한다 할 것이다.[121]

---

118) 金洪奎, 위의 책, 20면; 川上太郎, 앞(주 4)의 글, 869면.
119) 崔公雄, 앞(주 26)의 책, 413면; 金洪奎, 위의 책, 21면; 川上太郎, 위의 글, 870면; 小林秀之, 앞(주 47)의 글, 13면.
120) 川上太郎, 위의 글, 864면.
121) 川上太郎, 위의 글, 869면.

다. 집행판결

관할법원이 외국중재판결의 집행의 요건을 심리하여 그 요건을 갖추었다고 인정될 경우에는 그 외국중재판정을 특정하여 강제집행을 할 수 있다는 취지의 집행판결을 선고하게 될 것이고, 그 요건을 갖추었다고 인정할 수 없는 경우에는 청구기각의 판결을 선고하게 될 것이고 이는 그 외국중재판정이 승인 또는 집행의 요건을 갖추고 있지 아니함을 확인하는 의미를 가진다.

우리 법원이 위와 같이 외국중재판정에 대한 집행판결을 한 후 그 외국에서 중재판정을 취소하는 판결이 내려진 경우 뉴욕협약이나 우리 중재법상 이에 관한 규정이 없으나, 외국중재판정이 우리 법원의 집행판결에 의하여 얻은 집행력은 역시 우리 법원의 행위 없이는 이론상 상실하지 아니한다고 해석되고 우리 중재법상 집행판결의 취소가능성도 인정되고 있으므로(중재법 제15조), 위와 같은 경우 집행판결 취소의 소를 제기할 수 있다고 해석함이 상당할 것이다.[122] 집행판결이 취소되면 외국중재판정에 대하여 인정된 우리 국내법상 실체적 기판력과 집행력이 소급적으로 배제됨은 당연하다.

집행판결에 대한 상소절차 및 집행판결의 집행절차는 중재판정의 준거법인 외국법과는 관계없이 우리 법상 규정된 절차에 따르게 될 것이다.

V. 맺음말

무역입국을 지향하고 있는 우리나라로서는 국제거래상 발생하는 분쟁을 신속하고 원활하게 해결하는 것이 발전의 기본조건의 하나가 될 것이다. 이를 위하여 국제상사중재에 대하여 적극적이고 진취적인 입장에 서서 이를 통한 국제상사분쟁의 해결을 도모하고 우리의 대외공신력을 높여야 할 것이다.

그러나 본고에서 살핀 바와 같이 우리 중재법상 내국중재판정에 대한 규정만 있고 외국중재판정에 대한 규정이 없어서 조리에 의하여 이를 해결하여야 하고 뉴욕협약이 적용되는 경우에도 그 구체적인 집행절차 규정이 없어 그 해석상 어려움이 많으므로, 외국중재판정에 대한 입법을 통하여 보완할 필요성이 크다고 할 것이다.

---

122) 金洪奎, 앞(주 2)의 책(1980), 13면; 川上太郎, 위의 글, 870면; Albert Jan van den Berg, *supra* note 15, p. 350.

제 **2** 장

개정 중재법 검토

[2] 1999년 개정 중재법에 관한 소고

이 글은 중재 302호(2001. 겨울), 5-18면에 실린 글이다. 중재법은 1999. 12. 31. UNCITRAL 의 1985년 모델 중재법을 전면적으로 수용하여 전문 개정되었는데, 이에 대한 필자의 의견을 밝힌 논문이다. 원제는 "개정 중재법에 관한 소고"이었으나, 편의상 제목을 고치고, 최소한의 수정을 가한 것이다.

I. 머리말

1966년 제정된 중재법이 1999. 12. 31. 전면개정되어 시행되고 있다. 이는 개정이라기보다 제정에 가까울 정도의 개혁적인 개정이라고 할 것이다. 1999년 개정 중재법(이하 개정법이라고만 한다)에 관하여는 법무부의 중재법 개정 특별분과위원회에서 개정작업에 관여한 분들의 해설이 나와 있는바,[1] 본고에서는 그와 같은 해설을 바탕으로 改正法에 대한 해설은 필요한 최소한에 그치고, 개정법에 관하여 이미 제기되었거나 제기될 수 있는 여러 가지 문제점에 대하여 살피고자 한다.[2]

이번 개정 중재법의 특징은 첫째로 UNCITRAL에서 1985년 제시한 "국제상사 중재에 관한 모델법"(이하 모델법이라고만 한다)을 전면적으로 수용한 점에 있다 할 것이다. 이는 중재법의 국제화를 위하여 반드시 필요하고도 바람직한 선택으로 평가할 수 있고, 이를 통하여 우리 중재제도를 이용하려는 외국인을 포함한 모든 관계자에게 한국의 중재법에 대한 이해와 신뢰를 높이게 될 것으로 기대된다. 그러나 모델법을 그 문언 그대로 받아들인 것은 아니고[3] 우리 법체제에 맞추

---

1) 하용득, "仲裁法의 改正經過 및 主要內容", 仲裁 295호(2000 봄), 6면 이하; 장문철, "개정 중재법 해설", 人權과 正義 284호(2000. 4.), 99면 이하; 목영준, "개정 중재법 해설", 목영준 부장판사의 글은 대법원 국제거래법연구회의 2001. 5. 세미나에서 발표된 것이나 공간되지 아니하였다.

2) 필자는 개정위원회의 위원은 아니었으나, 그 개정과정 중 1999. 8. 28. 열린 공청회에서 당시의 개정안에 대한 필자의 견해를 발표한 바 있다. 필자는 당시 전 한국중재학회장이자 연세대 교수이시던 고 김홍규 교수님과 함께 당시의 개정안에 대하여 검토하면서 크게 교시받았다는 점을 밝힌다.

3) 모델법을 수용한 각국의 입법 중에는 모델법에 일체 수정을 가하지 아니하고 그대로 채용하거나 실질적인 변경에는 해당하지 않는 표현만의 수정을 가한 경우도 있다. 예컨대

어 일부 모델법 규정을 수정 또는 보완하는 방식을 택하였다. 그러나 그 변경이나 추가의 정도는 경미하여 사실상 모델법을 채용하였다고 보아도 무방할 것으로 보인다.[4]

개정 중재법의 두 번째 특징으로는 국내중재와 국제중재를 통합하여 일원적으로 규율하고 있는 점을 들 수 있다. 모델법은 국제중재를 대상으로 한 것이어서, 국내중재를 어떻게 규율할 것이냐 라는 점은 각국의 입법적 결단에 따르도록 되어 있는데, 우리는 양자에 대하여 동일한 기준과 절차를 적용하기로 한 것이다.

그 밖의 특징으로서는 상사와 민사를 구별하지 않았으며, 뉴욕협약을 법조문으로 화체(incarnation)하지 않고 그대로 인용하였다는 점등이 들어지고 있다.[5]

그러나 위와 같은 특징에 대하여는 다음과 같은 문제점이 있을 수 있으므로, 개정법의 해석 및 운용에 대하여 이를 고려하고, 장차 다시 개정법의 개선을 위한 논의의 대상으로 삼아야 할 것이다.

첫째 중재의 연원이 사적인 분쟁해결에 있다 할지라도 이는 사적인 제도에 그치는 것이 아니라 국가의 권리보호제도에 통합 내지 접합됨으로써 그 기능을 발휘할 수 있는 것이고, 그 결과 분쟁해결에 관한 관할을 정하는 국가의 법률이 허용하는 범위에서 그 효력이 인정된다는 점에 비추어 보면, 모델법을 따른다 할지라도 우리의 기존의 법체제와의 정합성도 세심히 검토할 필요성이 있다는 점이다. 이는 특히 모델법이 국제중재를 대상으로 함에 비추어 개정법이 우리 법체제에 맞추어 일부 모델법 규정을 수정 또는 보완하는 방식을 택하였다고는 하나 그 수정 또는 보완의 정도가 경미하여, 구체적인 사안에서 개정법을 적용함에 있어

1989년 제정되고 1991년부터 시행된 미국 코네티커트주 중재법은 그 명칭도 "UNCITRAL Model Law on International Commercial Arbitration"이고 모델법의 36개조가 수정없이 채용되어 있다. 그 밖에 캐나다법과 같이 모델법을 부속서(schedule)라는 형태로 채용한 경우도 있다.

4) 각국의 모델법 채용방식에 관하여는 岩崎一生, "UNCITRAL國際商事仲裁模範法の各國國內法に與えた影響", 現代仲裁法の論点(1998), 61면 이하 참조. 독일도 모델법을 수용하여 민사소송법 제10편 중재절차를 전면 개정하고 1998. 1. 1.부터 이를 시행하고 있는바 제1장 내지 제8장은 모델법과 동일하나 이에 모델법에는 없는 제9장(법원의 절차)과 제10장(계약에 의하지 않은 중재판정부)을 부가하고, 개별규정에서 내용적으로 크게 다른 점은 없으나 상당 부분 수정을 가한 것으로 보인다. 장문철·정선주·강병근·서정일, UNCITRAL 모델중재법의 수용론(1999), 57면 이하 참조. 또한 三木浩一, "仲裁制度の國際的動向と仲裁法改正の課題", ジュリスト No.1207(2001. 9. 1.), 42면 이하 참조.

5) 목영준, 앞(주 1)의 글, 4면.

서는 개정법이 우리 민사분쟁 해결에 관한 법체제의 절차적 정의를 충족하는지 여부를 다시 검토할 필요가 있음을 의미한다 할 것이다.

둘째 改正法을 해석함에 있어서는 중재가 국제상사중재의 분야만이 아니라 국내의 분쟁에 관하여 이른바 소송대체수단(ADR)으로서 가지는 분쟁해결수단으로서의 측면도 고려하여야 한다는 점이다. 분쟁의 유형에 따라 보다 유연하게 대응할 수 있는 점이 중재의 장점 중의 하나임에 비추어, 같은 중재라 할지라도 국제중재와 국내중재를 동일하게 규율하는 것이 무리가 아닌지의 여부, 改正法이 과연 국내중재를 규율하기 위하여 필요한 조항을 적절히 두고 있는지 여부 등도 앞으로 문제될 여지가 있다고 할 것이다.[6]

이하 개정 중재법을 그 조문순에 따라 검토한다.

Ⅱ. "제1장 총칙"부분에 관하여

1. 목적(제1조)[7]

법무부의 중재법 개정 특별분과위원회에서 1999. 7. 마련한 중재법 개정시안 (이하 1999. 7.의 개정시안이라고만 한다)[8]에서는 "이 法은 중재에 의하여 사법상의 분쟁을 公平·신속하게 해결함을 목적으로 한다."로 되어 있었으나, 최종적으로는 "이 法은 중재에 의하여 사법상의 분쟁을 적정·공평·신속하게 해결함을 목적으로 한다."라고 확정되었는바, 중재의 특성을 고려하면 공평·신속만이 아니라 적정 역시 그 목표로서 이에 못지않게 중요하므로 타당한 목적 설정이라 할 것이다.

이는 민사소송법의 목적을 규정한 동법 제1조와 그 취지가 동일하다고 보아야 할 것이다. 이에 대하여 양자의 이념을 유사하게 규정하는 것이 적절한지는 다소 의문이라는 지적이 있으나,[9] 중재나 민사소송이나 모두 사적인 분쟁의 해결을 목적으로 하는 이상 공통의 이념 내지 목적을 지니는 것은 당연한 것으로 생각된다. 다만 어떤 하나의 분쟁해결방법이 적정·공평·신속 나아가 경제라는 모

---

6) 석광현, "개정중재법의 몇 가지 문제점", 중재 298호(2000 겨울), 16면.
7) 이하 괄호 안의 조문은 1999년 개정 중재법의 해당 조문을 가리킨다.
8) 개정법 심의과정에 있어서 1999. 7. 먼저 개정법의 1차 시안이 작성되었고, 이에 대한 의견을 수렴하여 1999. 8. 2차 시안이 작성되었는데, 2차 시안은 개정법과 대동소이하므로, 본고에서는 주로 위 1차 시안을 소개하기로 한다.
9) 석광현, 앞(주 6)의 글, 18면.

든 목적을 완벽하게 충족한다는 것은 불가능하고, 위 네 가지 목적을 각기 적절한 정도로 만족시키면서 여러 가지 분쟁의 유형에 따른 다양한 해결방법의 하나로서 각기 장단점을 지니게 될 뿐으로 보이고, 이러한 것들이 이른바 중재의 소송에 대비한 장단점으로 논의되고 있는 것으로 보인다. 또한 같은 중재라고 할지라도 국내중재에서는 신속·경제의 이념이 좀더 실현되기 쉬움에 비하여 국제중재에 있어서는 적정·공평의 이념의 구현과 국제적 통용성이라는 점에 장점이 있다고 보인다.

개정법 제1조는 중재합의의 대상으로 "사법상의 분쟁"으로 규정하고 있을 뿐 중재적격 또는 중재가능성에 관하여 구체적인 규정을 두지 아니하고 있다. 따라서 사법상의 분쟁이 아닌 공법상의 법률관계는 중재합의의 대상이 되지 아니한다. 이에 대하여 공법적 요소가 포함된 분쟁이라고 배제되지 않는다고 해석하는 것이 타당하다는 견해가 있고,[10] 공법상의 법률관계인 지적 재산권이나 독점금지법 관련의 분쟁에 관하여는 중재가능성을 확대하여 나가고 있는 것이 국제적인 경향임에 비추어[11] 그 필요성은 긍정되나, 조문의 문구에 반하는 해석론으로 무리라고 생각된다. 입법론으로서는 사법상의 분쟁에 한하여 중재가능성을 인정할 것이 아니라 법문상으로는 아무런 제한을 명시하지 않거나 제한을 두더라도 재산권상의 분쟁으로 규정하는 것이 바람직하다는 견해가 있다.[12]

2. 적용범위(제2조)

개정법은 제2조 제1항에서 "이 법은 제21조의 규정에 의한 중재지가 대한민국 안인 경우에 이를 적용한다."라고 선언함으로써 중재법의 적용범위에 관하여 모델법 제1조 제2항에 따라 이른바 영토주의를 취한 것으로 보인다. 모델법을 채용하여 국제적으로 통용되기 쉬운 입법을 지향하는 이상 영토주의를 채택한 것은 올바른 선택으로 평가하여야 할 것이다.

---

10) 장문철, 앞(주 1)의 글, 102면.

11) 金祥洙, "アメリカにおける知的財産權紛爭の仲裁可能性" 및 "アメリカにおける證券取引紛爭の仲裁可能性", 現代仲裁法の論点(1998), 115면 및 121면 참조.

12) 석광현, 앞(주 6)의 글, 20면. 참고로 독일 민사소송법 제1030조 제1항은 "모든 재산법상의 청구는 중재합의의 대상이 될 수 있다. 비재산권법상의 청구에 대한 중재합의는 당사자가 그 분쟁에 대해 화해를 체결할 수 있는 때에 한하여 법적인 효력을 가진다."라고 규정하고 있다.

3. 서면통지의 수령(제4조)

개정 중재법은 중재법 독자적인 입장에서 서면의 통지에 관한 규정을 두었다. 이에 대하여는 민사소송법에 관한 규정을 여기에 수용하자는 주장도 있었다고 하며13) 민사소송법 규정과 중복되므로 새로운 규정을 둘 필요가 없다는 주장도 있을 수 있으나, 중재에 있어서의 송달에 대하여 민사소송에 있어서의 송달과 같이 엄격한 법적 요건을 부과하는 것은 적절하지 아니한 것으로 생각되므로, 모델법에 규정된 비교적 간이한 통지방식을 채택한 것은 적절한 것으로 보인다.

개정법 제4조 제4항은 중재법에 정한 서면통지방식은 법원이 행하는 송달에는 적용하지 아니함을 규정하고 있으나, 당연한 사항이므로 필요없는 것으로 보인다.

4. 이의신청권의 상실(제5조)

1999. 7.의 개정시안 제5조는 "당사자가 절차에 관한 합의사항이 지켜지지 아니한 사실을 알았거나 중대한 과실로 알지 못한 경우에 지체없이 또는 이의제기 기간이 정하여져 있는 경우는 그 기간 내에 이의를 제기하지 아니하고 중재절차를 진행한 경우에는 그 이의신청권을 포기한 것으로 본다."라고 규정하고 있었으나, 개정법은 "당사자가 이 법의 임의규정 또는 중재절차에 관한 당사자간의 합의에 위반한 사실을 알고도 지체없이 이의를 제기하지 아니하거나 정하여진 이의제기기간내에 이의를 제기하지 아니하고 중재절차가 진행된 때에는 그 이의신청권을 상실한다."라고 규정하고 있다. 이는 모델법이 위와 같은 사실을 "알고 있는 경우" "부적당한 지체없이(without undue delay)" 이의를 제기하지 않을 경우에 이의신청권을 잃는 것으로 규정하고 있음을 따른 것으로서 중대한 과실로 인하여 알지 못하였는지의 여부에 대한 다툼을 피할 수 있으므로 바람직하다 할 것이다.14) 한편 개정법의 "지체없이"는 모델법의 규정에 비추어 정당한 사유가 있어서 지체된 경우에는 이의신청권이 상실되지 아니하는 것으로 해석하여야 할 것이다.

---

13) 장문철, 앞(주 1)의 글, 104면.
14) 그러나 절차 위반사실을 몰랐다고 주장하고 있으나 알 수 있었을 경우에도 이의신청권이 상실된다고 해석하는 것이 타당하다는 견해가 있다. 장문철, 앞(주 1)의 글, 104면.

5. 법원의 관여(제6조)

1999. 7.의 개정시안 제6조 제1항은 "법원은 이 법에 규정된 사항에 대하여만 관여할 수 있다."라고 규정하고 있었으나, 개정법은 "법원은 이 법이 정한 경우를 제외하고는 이 법에 관한 사항에 관여할 수 없다."라고 규정하고 있다. 이는 단지 표현만을 바꾼 것으로 보이나 개정법이 모델법의 조항을 충실하게 따른 표현으로서 위 개정시안은 불필요한 해석상의 문제를 야기할 우려가 있었다.

중재합의 당시 예상하지 못한 법원의 협력을 구하여야 할 경우가 발생하거나, 개정법에 이미 규정이 있는 경우에도 실제 법원의 관여시 필요한 조치에 관한 조문이 결여되어 있음이 뒤늦게 발견될 경우에는 개정법에 규정된 바가 없더라도 법원이 필요한 조치를 취할 수 있다 할 것이다.

6. 민사소송법 준용규정에 관하여

개정법에서는 채택되지 아니하였으나 제1장 총칙편 끝에 "중재에 관하여 이 법에 규정이 없는 경우에는 그 성질에 반하지 아니하는 한 민사소송법의 규정을 준용한다."라는 규정을 신설함이 바람직하다. 대한상사중재원의 지원 아래 김홍규, 정기인, 정규상, 이강빈 등 네 분의 교수가 공동으로 작성하여 1992년에 발표한 중재법 개정시안(이하 1992년의 개정시안이라고만 한다) 제3조에 위와 같은 규정이 있다.[15]

이는 우리와 법체제를 같이하는 독일의 경우 중재에 관한 규정이 민사소송법 제10편으로 위치하고 있고, 일본의 중재연구회에서 1989년 발표한 중재법 시안(이하 일본의 중재법 시안이라고만 한다)[16] 역시 제4조에서 "이 법에 정함이 없는 사항에 관하여는 민사소송의 예에 의한다."라는 규정을 두고 있을 뿐만 아니라, 중재법 자체가 완벽한 절차체계를 갖추고 있다고 보기 어려움에 비추어 보아도

---

15) 金洪奎·鄭冀人·鄭圭相·李康斌, "仲裁法 改正試案 및 解說", 仲裁學會誌 제2권(1992), 4면의 시안 및 16면의 해설 참조. 이에 의하면 중재의 실제가 쟁송절차에 있어서 절차에 적정, 공정, 신속, 경제를 가장 조화되도록 규정하고 있는 민사소송절차를 널리 모델로 하고 있는 이상 이러한 규정은 당연한 것이라고 하면서, 준용할 수 있는 민사소송법의 규정은 대체로 제1편 제2장의 당사자에 관한 규정과 제2편 소송절차에 관한 규정이 이에 해당하게 될 것이라고 한다.

16) 이는 일본 중재연구회가 10년 남짓한 공동연구의 성과로서 발표한 것으로서, 그 자세한 내용은 仲裁法の立法論的硏究-仲裁法試案とその解說, 別册NBL no.25(1993)에 실려 있다.

그러하다고 할 것이다.

　민사소송법 준용규정이 채택되지 않았다고 할지라도 중재지가 우리나라인 경우 중재절차는 우리의 민사소송법에 의한 절차적 정의에 반할 수는 없다고 할 것이므로 그 점에 있어서는 민사소송법이 여전히 중재절차에 영향을 미침을 유의할 것이다.

Ⅲ. "제2장 중재합의"에 관하여

1. 중재합의의 방식(제8조)

　개정법 제8조는, "① 중재합의는 독립된 합의 또는 계약 중 중재조항의 형식으로 할 수 있다. ② 중재합의는 서면으로 하여야 한다. ③ 다음 각호의 1에 해당하는 경우에는 이를 서면에 의한 중재합의로 본다. 1. 당사자들이 서명한 문서에 중재합의가 포함되어 있는 경우. 2. 서신·전보·전신 및 모사전송 기타 통신수단에 의하여 교환된 문서에 중재합의가 포함되어 있는 경우. 3. 일방 당사자가 당사자간에 교환된 문서의 내용에 중재합의가 있는 것을 주장하고 상대방 당사자가 이를 다투지 아니하는 경우. ④ 계약이 중재조항을 포함한 문서를 인용하고 있는 경우에는 중재합의가 있는 것으로 본다. 다만, 그 계약이 서면으로 작성되고 중재조항을 그 계약의 일부로 하고 있는 경우에 한한다."라고 규정하고 있다.

　이는 모델법 제7조 제2항에 터잡은 것인바, 개정법상 위 제3항 제1호 내지 제3호의 형식은 제한적이 아닌 예시적인 것으로 보아야 한다. 다시 말하면, 제1호 내지 제3호의 형식을 가지면 서면성을 갖춘 것으로 볼 뿐만 아니라 이러한 형식을 갖추지 못하였더라도 당사자들의 진정한 의사에 기한 서면에 의한 것이면 유효한 중재합의의 형식을 가졌다고 보아야 한다.[17]

　개정법 제8조 제3항 제3호는 모델법 제7조 제2항의 "신청서와 답변서의 교환에 의하여 일방 당사자가 중재합의가 있는 것을 주장하고 상대방 당사자가 이를 다투지 아니하는 경우"("…or in a exchange of statements of claim and defence in which the existence of an agreement is alleged by one party and not denied by another")보다 중재합의를 확대하여 인정하고 있다.[18] 이에 대하여 중재합의의 방식

---

17) 목영준, 앞(주 1)의 글, 5면.
18) 1992년도의 중재법 개정시안은 모델법과 동일한 입장을 취하였다.

을 모델법보다도 더 확대할 합리적 의미가 있는지는 매우 의문이라는 견해도 있으나,[19] 모델법 자체가 뉴욕협약보다도 유효한 중재합의의 방식을 넓게 인정하고 있고, 개정법 제8조 제3항 제3호의 경우 충분히 서면성을 갖춘 것으로 해석할 수 있으므로 별 문제없는 것으로 보인다.

다만 우리 개정법이나 모델법이 허용하는 중재합의의 형식은 뉴욕협약에서 인정하는 중재합의의 방식보다 넓기 때문에 개정법 아래에서는 유효한 중재합의가 뉴욕협약 아래에서는 무효인 중재합의가 될 위험성이 있으므로, 국제거래계약에 중재조항을 삽입하는 경우에는 반드시 뉴욕협약이 요구하는 방식을 따르는 것이 바람직하다.[20]

2. 중재합의와 법원의 보전처분(제10조)

개정법 제10조는 "중재합의의 당사자는 중재절차의 개시전 또는 진행중에 법원에 보전처분을 신청할 수 있다."라고 규정하고 있고, 이는 중재절차와 법원의 보전처분이 양립할 수 있음을 명시한 규정이다. 즉 중재의 당사자는 중재지가 내국이건 외국이건 관계없이(개정법 제2조 제1항) 중재절차에 불구하고 법원에 보전처분을 신청할 권한이 있다 할 것이다.

중재합의 중에 법원에 보전처분을 신청하지 아니하기로 하는 별도의 합의가 있더라도 보전처분의 공익적 성질이나 사태발생의 예측불가능성 등에 비추어 사전의 당사자의 합의에 의한 보전처분 신청권의 포기는 허용되지 아니하는 것으로 봄이 타당할 것이다.[21]

Ⅳ. "제3장 중재판정부"에 관하여

1. 중재인의 수(제11조)

1999. 7.의 개정시안 제11조 제1항은 "당사자들은 중재인의 수를 합의하여 정할 수 있다. 이 경우에 중재인의 수는 홀수로 정하여야 한다."라고 규정하고 있었으나, 위 후문 부분은 개정법에서는 채택되지 아니하였다. 이는 모델법에도 없

---

19) 석광현, 앞(주 6)의 글, 21면.
20) 목영준, 앞(주 1)의 글, 7면.
21) 松浦馨, "仲裁事件と假救濟", 現代仲裁法の論点(1998), 179면.

는 부분이고 이에 관하여는 당사자의 의사를 존중함이 옳다고 생각된다. 예컨대 짝수의 중재인을 선정하여 우의적 중재를 하기로 하는 취지의 당사자 사이의 합의도 있을 수 있다고 할 것이다.

2. 중재판정부의 판정권한에 관한 판단(제17조)

개정법 제17조 제1항은 "중재판정부는 자신의 권한 및 이와 관련된 중재합의의 존부 또는 유효성에 대한 이의에 대하여 결정할 수 있다. 이 경우 중재합의가 중재조항의 형식으로 되어 있는 때에는 계약중 다른 조항의 효력은 중재조항의 효력에 영향을 미치지 아니한다."라고 규정함으로써 이른바 중재조항의 독립성 또는 분리가능성과 함께 중재인 스스로가 그 중재권한에 관한 판단을 할 수 있음을 선언한 것이다. 그러나 이는 법원의 최종적인 통제를 조건으로 하는 것으로서 후에 법원에 의하여 중재판정부의 권한이 부인되는 위험을 무릅쓰고 자기 권한에 관한 심리와 판단을 하여 중재절차를 진행함을 의미하는 것이다. 즉 중재판정부가 중재권한이 없다는 주장을 받아들이지 아니한 채 최종적으로 중재판정을 내리더라도 중재판정 취소의 소나 중재판정 집행판결청구의 소에서 법원에 의하여 중재판정부에 중재권한이 없다는 판단이 내려질 경우 개정법 제36조 제2항 제1호 다.의 경우에 해당하여 그 중재판정이 취소되거나 집행판결 청구가 거부될 위험성이 있는 것이다.

개정법 제17조 제5항에 의하면 중재판정부는 중재판정부의 권한에 대한 이의에 대하여 선결문제로서 결정하거나 본안에 관한 중재판정에서 함께 판단할 수 있다고 규정하고 있는바, 선결문제로서 결정을 내릴 경우에는 중간판정으로서의 성질을 지니는 것으로 볼 것이다.

동조 제6항은 중재판정부가 위와 같이 중재판정부의 권한에 대한 이의에 대하여 선결문제로서 그 권한이 있다고 결정한 경우에 이의당사자는 당해 결정의 통지를 받은 날부터 30일 이내에 법원에 중재판정부의 권한에 대한 심사를 신청할 수 있다고 규정하고, 제8항은 이에 의한 권한심사신청에 대한 법원의 권한심사에 대하여는 항고할 수 없다고 규정하고 있다. 그러나 위 제8항은 문제이다. 그 이유는 중재판정부가 권한을 유월하였다는 당사자의 이의에 대하여 중간판정을 하지 아니하고 종국판정의 이유 중에서 판정하여 당사자가 이를 중재판정 취소의 소에서 주장하는 경우와의 균형을 잃고 있기 때문이다. 위 제8항에 기하여 법원

에서 중재판정부의 권한 있다는 결정이 내려지더라도 후에 중재판정 취소소송이
나 중재판정 집행판결절차에서 기속력이 없다고 보아야 할 것이고,[22] 이 경우 중
재판정 취소소송에서 중재판정부에게 권한이 없음을 이유로 판정이 취소된다면
동일한 사항에 대하여 재판의 불일치를 가져올 우려가 있다. 위와 같은 경우 독
일 민사소송법은 3심을 거치도록 되어 있고,[23] 일본의 중재법 시안 제20조 제6항
은 중재판정을 할 권한을 가진다는 취지의 중재인의 결정에 대하여서는 중재판정
취소의 소나 중재판정 집행절차에서 항변에 의하여서만 다투도록 하고 있다.[24]

3. 임시적 처분(제18조)

개정법은 중재판정의 실효성을 확보하기 위하여 법원의 보전처분과는 별도
로 중재판정부도 당사자에게 임시적 처분을 내릴 수 있는 권한을 인정하고 있다.
다만 중재제도 자체가 당사자의 자발적인 의사에 의한 임의적 이행을 전제로 하
고 있을 뿐 아니라 중재판정부가 중재판정의 권한을 가지고 있기 때문에 사실상
그 임시적 처분이 준수될 것이 기대되며, 이와는 별도로 집행력있는 법원의 보전
처분을 이용할 수도 있는 이상 중재판정부의 임시적 처분을 명하는 결정에는 집
행력이 없다고 할 것이다.[25]

V. "제4장 중재절차"에 관하여

1. 당사자에 대한 동등한 대우(제19조)

개정법 제19조는 "양당사자는 중재절차에서 동등한 대우를 받아야 하고, 자
신의 사안에 대하여 변론할 수 있는 충분한 기회를 가져야 한다."라고 규정하여

---

22) 위 결정에 기속력이 있다면 동일 사항에 관하여 한편으로는 상소를 허용하고 다른 한편
   으로는 상소를 불허하는 결과로 되는 모순이 발생한다.
23) 독일 민사소송법 제1040조 제3항 참조. 그 상세에 관하여는 장문철외, 앞(주 4)의 책, 83
   면 이하 참조.
24) 仲裁法の立法論的硏究(주 16), 77면 이하 참조.
25) 독일 민사소송법 제1041조에서 "법원은 당사자의 신청에 의하여 중재판정부의 임시적
   처분의 집행을 허가할 수 있다."라고 규정하고 있는바, 개정법에는 이러한 조항이 없음
   에 비추어도 보아도 위와 같이 해석할 것이다. 1992년도의 중재법 개정시안 제17조 제3
   항 및 일본 중재법 시안 제24조 제3항은 중재판정부의 임시적 처분에는 집행력이 없음
   을 명시하고 있다.

중재절차 진행의 기본적 원칙을 선언하고 있다. 중재절차가 소송절차에 비하여 형식에 치우치지 아니하고 유연하게 진행될 수 있는 장점이 있다 할지라도 그만큼 양당사자 동등대우의 원칙은 절차적 정의의 기본으로서 더욱더 중요하다 할 것이다. 다만 위 조항에서 변론이라는 표현을 쓰고 있으나 중재절차에 있어서는 당사자에게 동등한 대우가 보장되는 한 구술심리 없이 서면만에 의한 심리도 가능하다고 보아야 할 것이고. 이는 심리방식에 관한 개정법 제25조 제1항에 비추어 보아도 당연하다 할 것이다.[26)]

2. 중재지(제21조)

개정법 제21조는 중재지는 당사자간의 합의로 정하도록 하는 한편, 그 합의가 없는 경우에는 중재판정부는 당사자의 편의와 당해 사건에 관한 제반사정을 고려하여 중재지를 정하도록 하고, 제32조 제3항에서 중재판정에는 반드시 중재지를 기재하도록 하고 있다.

1999. 7.의 개정시안 제3조 제4호는 "'중재지'라 함은 중재의 법적 장소로서 주된 중재절차가 진행되고 중재판정이 내려진 국가 또는 그 국가의 영토를 말한다."라고 규정하여 중재지의 실질적 개념을 규정하고 있었으나, 그 개념 중 당사자에 의한 중재지 합의의 가능성을 내포하고 있지 않고, 중재지를 정함에 있어서 고려할 제반 사정이 모두 반영되어 있다고 보기는 어려운 점 등의 문제점이 있었고, 위 조항은 최종안에서는 채택되지 아니하였다. 개정법에서의 중재지의 중요성에 비추어 위와 같은 중재지의 실질적 개념을 규정함에는 신중을 기할 필요가 있으므로 앞으로의 해석의 전개에 맡기는 것이 옳은 태도일 것이다.

3. 증거조사에 관한 법원의 협조(제28조)

개정법 제28조는 구법에 비하여 증거조사에 관하여 법원의 협조요청 절차 및 방법 그리고 법원의 조치 등을 구체적으로 규정하였고, 이는 공권력이 없는 중재판정부는 증거조사, 증인출석, 문서제출 등을 강제할 수 있는 방법이 없고 지역적·공간적 상황 등으로 조사가 어려운 경우에 법원의 협조를 얻어 원활한 중

---

26) 변론은 통상적으로 구술변론을 의미하므로 필자는 개정안에 대한 공청회에서 위 조항을 "양당사자는 중재절차에서 동등한 대우를 받아야 하고, 자신의 사안에 관하여 주장·입증할 수 있는 충분한 기회를 가져야 한다."로 규정함이 바람직하다는 견해를 밝힌 바 있다.

재절차를 진행하기 위한 제도라고 한다.[27] 그러나 독일과 같이[28] 법원의 증거조사시 중재인이 참석하여 질문할 수 있는 권리를 부여하는 제도를 채택하지 아니한 것은 아쉬운 감이 든다.[29]

VI. "제5장 중재판정"에 관하여

1. 분쟁의 실체에 적용될 법(제29조)

개정법 제29조는 분쟁의 실체에 적용될 법에 관하여 제1항에서 중재판정부는 당사자들이 지정한 법에 따라 판정을 내려야 한다고 규정한 후 제2항에서 그 지정이 없는 경우에는 중재판정부는 분쟁의 대상과 가장 밀접한 관련이 있는 국가의 법을 적용하여야 한다고 규정하고 있다.

먼저 위 제1항에 의하여 당사자가 지정하는 법이 특정국가의 법체계이어야 하는가 아니면 특정국가의 법이 아닌 상인법(lex mercatoria)과 같은 무국적 법원칙(a-national legal rules)일 수도 있는가가 문제된다. 모델법은 특정국가의 법체계뿐만 아니라 특정국가의 법이 아닌 무국적 법원칙을 분쟁해결의 준거규범으로 합의할 수 있도록 허용하고 있다. 우리 개정법의 해석론으로서 모델법과 같이 해석할 경우 우리 법체계에서는 혼란을 가져올 우려가 있으므로 법적 안정성과 확실성을 보장하기 위하여 모델법의 입장을 채택하지 않은 것이라고 해석하는 견해와[30]

---

27) 하용득, 앞(주 1)의 글, 19면.

28) 독일 민사소송법 제1050조은 "중재인은 법원의 증거조사에 참여하여 질문할 수 있는 권한을 가진다."라고 규정하고 있다.

29) 1992년도의 중재법 개정시안은 증거조사에 관한 제18조에서 "③ 당사자 또는 중재인은 중재판정을 하기 위해 필요하다고 중재인이 인정하는 증거조사에 대하여 관할 법원에 협력을 구할 수 있다. ④ 제3항의 경우에 법원은 증인 또는 감정인에 대하여 중재인의 면전에 출석하여 심문에 응하도록 명하거나 당사자 또는 제3자에 대하여 그 소지하는 문서 또는 유체물을 중재인에게 제출하도록 할 수 있고 중재인이 하는 검증의 수인을 명할 수 있다. ⑤ 제4항의 명령에 대하여는 민사소송법 제282조(증인불출석에 대한 과태료 등), 제316조(문서제출의무), 제319조에서 제322조(문서제출신청에 관한 결정에 대한 불복신청, 당사자의 문서불제출의 효과, 당사자의 사용방해의 효과, 제3자의 부제출에 대한 제재)까지의 규정을 준용한다."라고 규정하고 있었는바, 필자로서는 이번 개정시에도 위 개정시안 제3항과 제4항의 채택을 주장하는 입장을 취하였다. 그러나 위 개정시안과는 달리 법원의 명령에 따르지 않더라도 제재규정을 둘 것이 아니라 변론의 전취지로 참작하는 정도에 그침이 좋을 것이므로 제5항의 채택은 주장하지 아니하였다.

30) 장문철, 앞(주 1)의 글, 114면.

제29조 제3항이 당사자들이 명시적으로 합의한 경우에는 형평과 선에 의한 중재까지 허용하고 있는 점, 또한 제29조 제4항에서 "중재판정부는 계약에서 정한 바에 따라 판단하고 해당 거래에 적용될 수 있는 상관습을 고려하여야 한다"고 규정하고 있는 점, 위 제29조 제1항에 대응하는 모델법 제28조 제1항도 '법원칙'(rules of law)이라고 표현하고 있는 점 등에 비추어 볼 때, 제29조 제1항의 '당사자들이 지정한 법'은 광의로 해석하여 특정국가의 법률은 물론 무국적 법원칙까지 포함하는 것으로 보아야 할 것이라는 견해가[31] 대립하고 있다. 당사자 자치가 중재의 본질적 요소임에 비추어 위 제1항의 법에는 무국적 법원칙까지 포함된다고 봄이 타당하리라고 생각된다.

그러나 당사자들이 지정한 법이 없는 경우에 개정법 제29조 제2항에 따라 중재판정부가 결정할 '분쟁의 대상과 가장 밀접한 관련이 있는 국가의 법'에서의 '법'이 '특정 국가의 법'만을 지칭하고, 무국적 법원칙을 포함하지 않음은 문언상 당연하다.[32]

개정법 제29조 제2항은 당사자들의 지정하는 법이 없는 경우 모델법 제28조 제2항과는 달리, 중재판정부가 적절하다고 인정하는 국제사법 규정에 의해서 정하여지는 실질법을 적용하는 것이 아니라 분쟁의 대상과 가장 밀접한 관련이 있는 국가의 법을 적용하는 방식을 채택하였음에 유의하여야 할 것이다.[33]

2. 중재판정부의 의사결정(제30조)

개정법 제30조는 모델법과 같이 중재판정부의 결정은 과반수에 의하고, 다만 중재절차는 당사자 간의 합의가 있거나 중재인 전원이 권한을 부여하는 경우 의장중재인이 단독으로 결정할 수 있다고 규정하고 있는바, 후자의 경우에도 의장중재인의 단독적인 판단권한은 개별적인 중재절차에 대하여만 한정된다고 보아야 할 것이다.[34]

---

31) 목영준, 앞(주 1)의 글, 12면; 석광현, 앞(주 6)의 글, 24면.
32) 목영준, 앞(주 1)의 글, 13면. 다만 이 때의 '법'에도 '법원칙' 또는 '법규범'을 포함시키자는 입법론이 있다. 석광현, 앞(주 6)의 글, 26면.
33) 독일 민사소송법 제1051조 제2항도 동일한 방식을 채택하고 있다.
34) 독일 민사소송법 제1052조 제3항은 "당사자나 중재판정부의 다른 구성원이 권한을 부여한 때에 의장중재인은 개별적인 절차문제에 대해 단독으로 재판할 수 있다."라고 하여 이를 명시적으로 규정하고 있다.

3. 화해(제31조)

개정법 제31조는 중재절차의 진행 중에 당사자들이 화해에 이른 경우에는 당사자들의 요구에 의하여 그 화해내용을 중재판정의 형식으로 기재할 수 있다고 규정하고 있다. 그 문언상 당사자들의 요구가 있다고 할지라도 필요적으로 중재판정의 형식으로 기재하여야 하는 것은 아니고, 모델법 제30조 제1항은 그 이외의 요건으로서 "중재판정부의 이의가 없을 것"("…not objected to by the arbitral tribunal")을 규정하고 있는바, 이는 이른바 화해의 내용이 강행규정이나 공서양속에 반하지 않을 것을 요구하고 있는 것으로 보이므로, 중재판정부는 그 화해가 강행규정 및 공서양속에 위반하지 않는다고 인정할 때에 한하여 중재판정의 형식으로 기재할 수 있다고 볼 것이다.[35]

Ⅶ. "제6장 중재판정의 효력 및 불복"에 관하여

1. 중재판정 취소사유(제36조)

개정법은 구법상의 중재판정 취소사유를 대폭적으로 수정하여 뉴욕협약상의 외국중재판정의 승인·집행사유를 반영한 모델법 제34조를 대부분 수용한 점에 가장 그 특징이 있다 할 것이고, 이로써 중재판정 취소사유에 관한 국제적 기준에 부합하게 되었다 할 것이다. 앞으로 그 개별 규정의 해석에 있어서는 뉴욕협약 내지 모델법에 관한 각국의 운용상황 내지 판례를 참작하여야 할 것이다.

그 개별적인 취소사유에 관하여서는 다음 두 가지만 지적하고자 한다.

먼저 개정법 제36조 제2항 제1호 나.목은 "중재판정의 취소를 구하는 당사자가 중재인의 선정 또는 중재절차에 관하여 적절한 통지를 받지 못하였거나 기타의 사유로 인하여 본안에 관한 변론을 할 수 없었던 사실"이라고 규정하고 있으나 취소를 구하는 당사자가 본안에 관한 변론을 할 수 없었던 경우뿐만 아니라 본안 이외의 사항에 대한 항변을 하지 못한 경우도 위 경우에 해당한다고 볼 것

---

35) 모델법을 받아들인 독일 민사소송법 제1053조 제1항은 "중재절차 계속중 당사자가 분쟁에 관해 화해를 체결한 경우에 중재판정부는 절차를 종료하여야 한다. 화해의 내용이 공서약속에 반하지 않는 한, 중재판정부는 당사자의 신청에 기하여 합의된 내용을 중재판정의 형식으로 확정하여야 한다."라고 규정하고 있다. 또한 仲裁法の立法論的研究(주 16), 89면 참조.

이다.[36]

다음 동조 제2항 제2호 가.목은 "중재판정의 대상이 된 분쟁이 대한민국의 법에 따라 중재로 해결될 수 없는 때"라고 규정하고 있으나, 우리나라가 중재지 이어도 중재합의의 준거법이 외국법인 경우 우리나라 법상으로는 중재적격이어 도 그 외국법에 의하면 중재부적격인 경우 중재판정 취소사유에 해당한다고 보아 야 할 것이다. 이 경우 그 중재합의의 유효 여부는 당해 분쟁이 당해 외국법에 의 하여 중재적격을 지니는지 여부에 따라 다를 수 있기 때문이다.[37]

2. 중재판정 취소의 효과에 관하여

1999. 7.의 개정시안 제35조 제5항은 "중재판정취소판결이 확정된 경우에도 중재합의는 유효하게 존속한다. 다만 중재판정이 제2항 제1호 가목 또는 제2호의 사유로 취소된 경우에는 그러하지 아니하다."라고 규정하고 있었으나, 이를 명문 화하는 것은 바람직하지 않고 당사자간의 합의나 해석에 맡기는 것이 좋겠다는 의견에 따라 개정법에서는 채택되지 아니하였다고 한다.[38] 개정법 제35조에 상응 하는 모델법 제34조 제4항도 이에 관한 명문의 규정은 두고 있지 아니하나, 다만 법원이 중재인에게 사건을 환송할 가능성은 인정하고 있다. 이에 관하여는 종래 중재판정이 취소되면 중재판정만이 소멸하고 유효한 중재판정을 받는 것을 목적 으로 하는 중재계약 내지 중재인의 권한은 그대로 존속하므로 다시 중재절차에 회부되어야 한다는 견해와 중재판정이 취소되더라도 중재인의 권한은 부활되지 않고 오직 법원에 제소하는 것만이 가능하다는 견해가 대립되어 있었다.[39] 그러 나 결국 중재판정취소판결이 확정된 경우에 그 취소사유가 당사자의 무능력 또는 중재합의의 무효인 때, 중재가능성이 없는 때, 공공질서에 위배되는 때에는 중재 합의까지도 효력을 상실하고, 그 이외의 사유로 중재판정이 취소된 때에는 중재합 의가 유효하게 존속한다고 해석함이 타당할 것이다.[40] 당사자가 당초 중재계약에

---

36) 석광현, 앞(주 6)의 글, 287면. 필자는 이러한 입장에서 공청회 당시 위 조항 마지막 부분 의 "기타 사유로 인하여 本案에 관한 변론을 할 수 없었던 사실"은 "기타 사유로 인하여 공격 또는 방어하는 것이 불가능하였다는 사실"로 할 것을 주장하였다.

37) 仲裁法の立法論的研究(주 16), 101, 106면.

38) 하용득, 앞(주 1)의 글, 23면.

39) 注解 仲裁法(1988) 184면(吉村德重 집필부분) 참조.

40) 목영준, 앞(주 1)의 글, 39면.

서 중재판정이 취소될 경우를 예정한 별도의 합의를 하여두거나 취소 후에 새로운 중재합의가 이루어진 경우에는 중재절차에 의할 것임은 당연하다 할 것이다.

VIII. "제7장 중재판정의 승인과 집행"에 관하여

1. 중재판정의 승인과 집행(제37조)

개정법 제37조는 중재판정의 승인 또는 집행은 법원의 승인 또는 집행판결에 의한다고 규정한다. 1992년도의 개정시안은 중재판정의 집행을 쉽게 하기 위하여 법원의 집행판결이 아닌 결정으로 하도록 하면서 법원이 특히 필요하다고 인정한 경우나 집행결정에 대하여 이의가 제기된 때에는 판결절차에 의하도록 하는 이중적인 절차를 제시하고 있었으나,[41] 개정법과 같이 일원적으로 규정함이 간명하고, 중재판정의 승인 내지 집행의 중요성에 비추어서도 옳은 방향이라 할 것이다.

2. 국내중재판정(제38조)

개정법 제38조는 국내중재판정의 경우 제36조에 규정된 중재판정 취소사유가 없는 한 승인 또는 집행되도록 하였다.

국내에서 내려진 중재판정인 한 외국법을 중재절차의 준거법으로 한 중재판정이라도 제38조에 기하여 그 승인 또는 집행을 구할 수 있으나, 위와 같은 판정의 경우에는 뉴욕협약 제1조 제1항의 집행국이 국내중재판정으로 인정하지 않는 경우에 해당한다고 볼 경우에는 뉴욕협약에 따라 집행을 구할 수도 있게 된다.[42]

1999. 7.의 개정시안 중 국내중재판정의 승인과 집행에 대하여 규정한 제37조는 제2항에서 "당해 중재판정에 대한 중재판정취소의 소가 대한민국 법원에 의하여 기각되어 확정되었거나(개정법 제36조 제3항)의 규정된 기간이 도과한 경우에는(개정법 제36조 제2항)의 사유로써 승인 또는 집행을 거부할 수 없다."라고 규정하고 있었다. 그러나 중재판정 취소제도와 중재판정의 승인·집행제도는 별개의

---

41) 金洪奎외, 앞(주 15)의 글, 11면의 시안과 40면의 해설.
42) 목영준, 앞(주 1)의 글, 41면; 장문철, 앞(주 1)의 글, 118면. 다만 독일에서는 독일의 개정법이 모델법에 따라 속지주의 원칙을 취하고 있기 때문에 독일에서 행해진 모든 중재판정이 국내중재판정이 되므로 국내에서 외국법에 따라 행해진 중재판정에 대해서는 뉴욕협약이 적용되지 않는다고 한다. 장문철외, 앞(주 4)의 책, 99면.

목적을 지닌 별개의 제도이고, 중재판정 취소의 소의 출소기간을 지났다고 하는
절차적인 이유로 중재판정의 승인과 집행소송에 있어서 일체의 항변의 제출을 봉
쇄하는 것은 가혹하며, 제2항을 받아들인다면 중재판정에 공서양속 위반이라는
사유가 있어도 승인 내지 집행되어야 하는 결과가 되는 점 등의 난점이 있었고,
개정법에서 채택되지 아니하였다. 모델법 역시 이와 같은 규정은 두고 있지 아니
하다.[43]

한편 개정법 제38조는 "대한민국 내에서 내려진 중재판정"에 대하여 규정하
고 있으나, 그중 "대한민국 내에서 내려진"이라는 부분은 삭제함이 타당하다고
보인다. 이미 제2조(적용범위)에서 이 법은 중재지가 대한민국 영토 내인 경우에
적용된다고 규정하고 있기 때문이다. 위 부분은 국내중재판정과 외국중재판정을
구분하기 위한 것으로 보이나, 이는 특별조문인 외국중재판정에 관한 제38조에
외국중재판정의 정의에 관하여 규정함으로써 해결할 것이지, 일반조문인 제37조
에 규정할 것은 아니라고 보인다.

3. 외국중재판정(제39조)

개정법은 뉴욕협약의 적용을 받는 외국중재판정의 승인 또는 집행은 동 협
약에 의한다고 규정하여 뉴욕협약의 내용을 조문화하지 않고 이를 그대로 인용하
였는바, 이는 뉴욕협약과 같이 헌법에 의하여 체결·공포된 조약은 국내법과 같은
효력을 갖고 뉴욕협약은 이미 국문화되어 있어 새롭게 조문화할 경우 해석상 혼
동을 일으킬 우려가 있기 때문이라고 한다.[44]

개정법은 뉴욕협약의 적용을 받지 아니하는 외국중재판정의 승인 또는 집행
에 관하여는 민사소송법의 외국판결의 효력에 관한 규정을 준용한다고 규정한다.

---

43) 가사 위와 같은 규정을 둔다 할지라도 이 문제는 제36조 제2항 소정의 각 사유별로, 또
한 중재판정 취소청구의 기각이 확정된 경우와 그 취소청구의 소의 출소기간이 도과한
경우로 나누어서 그 타당성이 검토되어야 할 것이다. 이러한 경우에 관한 독일의 개정
민사소송법 제1060조 제2항이 "집행선고신청은 (우리 개정법 제36조 제2항)의 취소사유
가 존재하는 때에는 중재판정의 취소에 의하여 기각된다. 집행선고 신청서를 송달할 때
이미 취소사유에 근거한 취소신청이 확정적으로 기각된 때에는 더 이상 취소사유가 고
려되지 아니하며, (우리 개정법 제36조 제2항 제1호의 취소사유는) 신청 상대방이 중재
판정의 취소신청을 하지 아니한 채 (중재판정취소) 신청기간이 도과한 경우에도 고려되
지 아니한다"라고 규정하고 있음은 참고할 만하다 할 것이다.
44) 하용득, 앞(주 1)의 글, 38면. 독일 민사소송법 제1061조 역시 동일한 규정방식을 취하고
있다.

그러나 외국중재판정과 외국판결은 제3자에 의한 법적 분쟁의 재결이라고 하는 점에 있어서는 공통적인 측면도 있으나, 국가 공권력의 개입 여부 및 당사자의 합의를 불가결한 전제로 하는지 여부의 점에서 양자 간에는 질적인 차이가 있으므로, 외국중재판정의 승인·집행을 외국판결의 승인·집행과 동일하게 취급할 수는 없으며[45] 외국판결의 효력에 관한 규정을 외국중재판정에 준용함에 있어서는 복잡한 해석상의 변형이 필요하게 되어 입법기술로서는 준용의 범위를 명백히 벗어나는 것이라는 지적[46] 역시 올바른 지적이라고 생각된다. 이러한 점 등을 고려하면 위 조항을 실제로 적용함에 있어서는 유연성을 가지고 외국중재판정의 집행을 촉진하는 방향으로 해석할 것이 요망된다.

입법론으로서는 현재 브라질과 대만을 제외하고는 우리와 국제거래의 상대방이 될 만한 국가들은 모두 가입국이 되어 있음에 비추어 판정이 뉴욕협약의 체약국이거나 비체약국이거나 구별없이 뉴욕협약을 적용함이 바람직할 것으로 보인다.[47]

IX. "제8장 보칙"에 관하여

1. 상사중재기관에 대한 보조(제40조)

개정법 제40조와 부칙 제3항은 정부는 대한상사중재원에 대하여 필요한 경비의 전부 또는 일부를 보조할 수 있다는 취지로 규정하고 있다. 그러나 2000. 11. 6. 내한강연을 가진 Gerold Hermann UNCITRAL 사무국장의 지적과 같이 중재는 국가권력이 아닌 당사자자치에 기초하는 제도이므로 국가기관이 중재에 관여할수 있다는 인상을 주는 규정은 두지 아니하는 것이 바람직하다고 할 것이다. 이 규정이 필요하다면 중재법이 아닌 별도의 법령에 근거규정을 두는 방안을 검토할 필요가 있다.

---

45) 中野俊一郎, "執行面における外國仲裁判斷と外國判決の比較", 現代仲裁法の論点(1998), 439면 이하.
46) 석광현, 앞(주 6)의 글, 31면; 장문철, 앞(주 1)의 글, 118면도 동지.
47) 장문철, 앞(주 1)의 글, 119면; 석광현, 앞(주 6)의 글, 31면. 1992년의 개정시안도 외국중재판정은 역시 뉴욕협약의 적용여부에 관계없이 실질적으로 동일하게 뉴욕협약에 준하는 요건 아래 승인 및 집행될 수 있음을 규정하고 있었는바, 개정법은 이보다도 후퇴한 것으로 보인다.

2. 중재규칙의 제정 및 승인(제41조)

개정법 제41조는 대한상사중재원이 중재규칙을 제정하거나 변경하는 때에는 대법원장의 승인을 얻어야 하는 것으로 규정하고 있다. 이는 구 중재법 제4조 제3항에서 "상행위로 인하여 발생되는 법률관계에 관한 중재계약에서 중재인의 선정을 약정하지 아니하였거나 당사자의 의사가 분명하지 아니하는 경우에는 전항의 규정에 불구하고 (대한상사중재원의) 상사중재규칙에 의하는 것으로 추정한다."라고 규정을 두고 있었으므로 그 상사중재규칙의 정당성 확보 내지 통제를 위하여 구법 제18조에서 "(대한상사중재원은) 상사중재규칙을 제정하거나 변경하고자 할 때에는 대법원의 승인을 얻어야 한다."라는 규정을 두었던 것을 그대로 이어받은 것으로 보인다. 그러나 위 구법 제4조 제3항은 당사자자치에 반하는 무리한 규정으로서 개정법에서는 채택되지 아니한 이상 대한상사중재원의 상사중재규칙의 제정과 승인에 있어서 대법원의 승인을 얻어야 할 필요는 없어졌다고 봄이 상당할 것이다. 또한 이는 개정법 제40조와 함께 중재에 국가기관이 개입하는 듯한 인상을 줄 우려가 있으므로 향후 삭제함이 타당할 것으로 보인다.[48)]

X. 맺음말

이른바 대체적 분쟁해결 수단(ADR)으로서 가장 중요한 중재에 관하여 UNCITRAL 모델중재법을 전면적으로 받아들인 새로운 중재법이 마련됨으로써 우리나라의 중재가 한층 더 발전할 계기가 마련된 것으로 볼 것이다. 모델법을 받아들인 이상 앞으로 개정 중재법을 해석함에 있어서는 국내의 법체제만 고려하여야 하는 것이 아니라 모델법을 받아들인 다른 국가의 중재법의 해석과 운용에도 늘 관심을 기울여야 할 것이다.

이번에 우리 법체계에 있어서 기본법으로서의 성질을 지니고 있는 중재법을 개정함에 있어서 공청회 등을 거쳤다고는 하나 그간의 한국중재학회를 중심으로 한 제반 연구성과 및 역량에 비추어 보면 개정초안에 축조해설을 붙여서 공간하

---

48) 이에 관하여 1992년의 중재법개정시안 제33조는 "대한상사중재원은 상사중재규칙을 제정하거나 변경할 수 있다."라는 규정을 두고 있으나, 중재기관에서 자체 중재규칙을 둘 수 있음은 당연한 것이므로 위와 같은 규정을 둘 필요는 없는 것으로 생각된다.

여 각계의 의견을 수렴하는 절차가 없었던 것은 유감이다. 위와 같은 개정과정에서의 모든 논의가 공개됨으로써 향후 개정법을 해석하는데 크나큰 도움이 되고 그 입법취지를 정확히 파악하여 다음의 개정작업에 귀중한 자료가 될 수 있음을 생각하면 더욱 그러하다. 사후에라도 법무부의 개정위원회를 중심으로 한 개정 중재법 해설이 나올 것을 기대하여 본다.[49]

---

49) 전문개정된 국제사법에 대하여는 2001. 4. 7. 개정·공포된 이후인 2001. 5. 법무부에서 "국제사법 해설"이 발간되었다.

[3] 2016년 개정 중재법의 주요내용

이 글은 仲裁硏究 제30권 제1호(2020. 3.), 3-37면에 실린 글로서, 2016. 11. 30. 전반적으로 개정된 중재법의 주요내용을 해설한 것이다. 필자는 2013년부터 2015년까지 그 개정을 위한 법무부 개정위원회의 위원장 역할을 수행하였는데, 그 위원회에서 논의된 사항 등을 소개하면서 개정 중재법을 해설함이 앞으로 개정 중재법의 해석 및 운용과정에 도움이 될 것으로 생각하여 이 글을 작성하게 되었음을 밝히고 싶다. 그 밖에도 그 과정에서 논의되었으나 이번의 중재법 개정에 반영되지 아니한 사항을 수록하였고, 이는 앞으로의 중재법 개선을 위한 논의에서 참고가 되기를 희망한다.

필자는 위 개정을 위한 논의의 진전에 따라 중재법 연구자와 실무가들의 이해와 관심을 높이기 위하여 개정위원회 논의단계에서 國際去來法研究 제22집 제2호(2013. 12.), 1-20면에 "한국의 최근의 중재법 개정논의 - 국제중재의 활성화를 위하여 - "라는 글, 국회 심의단계에서 民事訴訟 제19권 제1호(2015. 5.), 353-392면에 "중재법 개정 법률안의 주요내용"이라는 글을 발표하였는데, 필자의 이에 관한 논의를 마무리 짓는 의미에서 이 글을 작성하였다.

I. 머리말

1. 중재법의 2016년 개정경과

한국의 중재법은 1966년 제정되었다가, 수차례 부분 개정을 거친 바 있다. 그러나 1999. 12. 31.에 이르러 1985년 제정된 국제상사중재에 관한 UNCITRAL 모델법(UNCITRAL Model Law on International Commercial Arbitration, 이하 모델법이라고 한다)을 전면적으로 수용하여 전문 개정되었다. 다만 모델법과 한국의 사법제도와의 충돌을 피하기 위하여 조문의 순서나 배열, 그리고 다소간의 내용을 수정 보완하는 식으로 개정하였다.[1] 이 중재법은 국제적인 추세에 따른 법으로서 비교적 성공적으로 운영되어 왔다고 평가할 수 있다.[2]

---

1) 장문철, "개정 중재법 해설", 인권과 정의 제284호(2000), 99면. 또한, 하용득, "仲裁法의 改正經過 및 主要內容", 중재 295호(2000), 6면 이하 참조.
2) 1999년 개정 이후에도 2016년까지 2001. 7. 10., 2002. 7. 1., 2010. 3. 31. 및 2013. 3. 23. 등 4차에 걸쳐서 개정이 이루어졌으나, 2001년, 2002년 및 2013년의 개정은 타법 개정으

2010년대에 이르러 한국은 아시아 지역에서의 지리적 이점과 높은 경제 개방성 등의 장점을 살려 서울국제중재센터를 개소하는 등 중재 허브로의 도약을 모색하고 있는데, 이를 위하여 중재법을 선진화할 필요성을 크게 느끼게 되어 법무부에서 중재법 개정위원회(이하 개정위원회라고 한다)를 구성하여 2013. 3. 29.부터 2014. 10. 31.까지 20차에 걸쳐 개정위원회를 개최하고, 그 논의결과를 종합하여 중재법 일부개정 법률안을 마련하였고, 이를 법무부에서 다듬어서 2015. 10. 8. 국회에 제출하여 심의한 결과 개정위원회에서 마련한 개정안의 거의 전부가 반영된 중재법 일부개정 법률이 2016. 5. 20. 공포되어서 같은 해 11. 30.부터 시행 중이다.

2016년 개정 중재법(이하 개정 중재법이라고 한다)은 중재법 전반을 대상으로 하고 있는데, 중요한 개정사항으로는 첫째 2006년 개정된 모델법을 수용하여 중재합의의 서면성을 완화하고, 임시적 처분에 관한 규정을 대폭적으로 정비하였으며, 중재판정의 집행을 위하여 제출할 서류를 간소화한 점, 둘째 종전에 문제점이 제기된 중재판정의 집행허가절차를 판결절차에서 결정절차로 변경한 점, 셋째 중재판정의 효력에 관한 규정을 정비한 점 등을 들 수 있을 것이다.

2. 2016년 중재법 개정의 기본방향

(1) 1999년 중재법이 전면 개정된 후 상당한 시일이 흐르고 그사이 특히 국제중재의 발전 및 활용은 괄목할 만하며, 이 중재법에 대하여 상당수의 비판의견이 제기되었고, 또한 2006년에는 1985년의 모델법에 대한 개정 UNCITRAL 모델법 (The 2006 Amendment to the UNCITRAL Model Law, 이하 개정 모델법이라고 한다)이 제시되었는데, 2016년 개정 중재법은 위와 같은 비판과 개정 모델법 등을 반영하여 개선하기 위한 것이다.

2016년 중재법 개정에 있어서의 중점은 국제중재의 활성화를 위하여 중재법을 정비하는 데 있다. 각종 국제거래에 관련된 분쟁해결의 방법으로서 중재가 널리 활용되고 있을 뿐만 아니라, 이를 넘어 각종 자유무역협정(FTA)상의 국가투자자간 분쟁해결방법(ISDS)으로도 중재가 이용되는 등 그 대상인 영역도 확대되는 추세이다. 중재는 국제적인 분쟁해결방법으로서, 소송과 달리 특정 국가의 법원이 아닌 제3의 중립적인 법정을 분쟁해결기관으로 제공하며, 1958년 "외국중

로 인한 것이고, 2010년의 개정은 한글화를 비롯하여 표현을 다듬은 것이지 실질적 내용을 바꾼 것은 아니어서, 모두 같은 내용의 법률이라고 보아도 무방할 것이다.

재판정의 승인 및 집행에 관한 국제연합협약"(United Nations Convention on the Recognition and Enforcement of Foreign Arbitral Awards, 이하 "뉴욕협약"이라 한다)에 의하여 외국중재판정의 승인 및 집행이 국제적으로 보장된다는 점에 그 장점이 있다는 점에 대하여는 이론이 없다.

또한, 중재는 소송에 의하지 아니한 분쟁해결방법, 이른바 대체적 분쟁해결제도(ADR) 중에서도 가장 역사가 길고, 기본적인 대체적 분쟁해결제도로 알려져 있으며, 세계적으로도 대체적 분쟁해결제도의 개선 및 활용방안이 강구되고 있는 중인데, 이 점은 국내중재에 있어서 큰 의미를 가진다. 그러므로 국제중재의 활성화를 중점 삼아 중재법의 개정작업이 개시되었지만, 그 개정과정에서는 국제중재뿐만 아니라 국내중재에도 적합한 중재제도를 만들기 위한 배려를 하였음을 밝혀두고 싶다.

(2) 2016년 중재법 개정을 위한 논의에서 제일 먼저 논의된 것은 우리 중재법의 모델법 체제를 유지할 것인가, 아니면 좀더 선진적인 제도를 마련하거나 받아들여 독자적인 중재법을 만들 것인가 하는 문제이다.

중재의 선진국이라고 할 수 있는 영국과 프랑스는 모델법을 고려한 입법을 하고 있으나 이를 전면적으로 수용한 입법을 하고 있지 아니하며, 아시아의 싱가포르와 홍콩은 모델법을 수용하면서도 독자적인 여러 제도를 도입하고 있음에 비추어, 한국도 보다 중재친화적인 독자적인 중재법을 제정하는 것도 고려할 수 있는 방안의 하나이다.

그러나 개정위원회의 논의결과 한국의 독자적인 중재법은 시기상조이고, 1999년 중재법을 전면개정하면서 모델법을 받아들이기로 한 입법자들의 결단에 반하며,[3] 독자적인 중재법을 국제적으로 평가받고 홍보하는 데 어려움이 있을 것임에 비추어, 기본적으로는 모델법을 수용한 현행 체계를 유지하면서 개정 모델법을 반영하고, 필요한 사항이 있다면 그 부분에 관하여 모델법에 없는 규정을 추가하거나 모델법과 달리 규정함을 전제로 2016년의 중재법 개정작업이 추진되었다.

이 글에서는 2016년 개정 중재법을 개정대상 항목별로 나누어 살피고, 마지막 부분에 그 개정작업 과정에서 개정이 제안되었으나 이번의 개정에 반영되지

---

3) 석광현, "중재법의 개정방향 – 국제상사중재의 측면을 중심으로", 서울대학교 법학 제53권 제3호(2012. 9.), 540면.

아니한 항목을 소개하는 순으로 서술하고자 한다.

Ⅱ. 중재가능성의 확대

2016년 개정 이전의 중재법(이하 구 중재법이라 한다) 제3조 제1호는 "1. '중재'란 당사자 간의 합의로 사법상의 분쟁을 법원의 재판에 의하지 아니하고 중재인(仲裁人)의 판정에 의하여 해결하는 절차를 말한다."라고 규정하고 있었으나, 개정 중재법은 이를 "1. '중재'란 당사자 간의 합의로 재산권상의 분쟁 및 당사자가 화해에 의하여 해결할 수 있는 비재산권상의 분쟁을 법원의 재판에 의하지 아니하고 중재인(仲裁人)의 판정에 의하여 해결하는 절차를 말한다."라고 개정하여, 독일법과 같이 재산권에 관한 분쟁 및 당사자가 화해에 의하여 해결할 수 있는 비재산권에 관한 분쟁에 대하여 중재가능성을 인정함으로써 중재가능성의 확대를 통하여 중재대상의 확대를 도모한 것이다.

이와 관련하여 중재법 제1조는 "이 법은 중재(仲裁)에 의하여 사법(私法)상의 분쟁을 적정·공평·신속하게 해결함을 목적으로 한다."라고 규정하여 중재합의의 대상이 되는 법률관계를 명시적으로 사법상의 분쟁에 한정하고 있다.

이에 대하여는 그 취지가 문언 그대로 중재가 사법상의 분쟁에 한정하여 허용되는 것인지, 아니면 공법적 요소가 포함된 사법관계의 분쟁이라도 배제되지 않는 것인지가 논란의 대상이 되고 있었고,[4] 중재대상을 반드시 사법상의 분쟁으로 제한할 필요가 있는지는 의문이며, 특별히 공익보호를 위해 반드시 법원의 재판이 필요한 경우가 아니라면 공법상의 분쟁이라도 중재대상이 될 수 있는 가능성을 열어두어야 한다는 의견과[5] 이에 관하여 중재법에서 좀더 명확한 기준을 제시할 필요가 있고, 중재법에서는 원칙적 기준만을 제시하고 관련 개별 법률에서 좀더 명확한 기준을 제시하는 방안도 고려할 수 있다는 의견이[6] 제시되어 있

---

4) 목영준·최승재, 상사중재법(개정판)(2018), 77면은 중재합의의 대상은 사법상의 분쟁으로 한정하고 있다고 하나, 註釋仲裁法(2005), 4면(張文哲 집필부분)은 1999년 중재법이 중재제도의 국제화와 국제 경쟁력을 강화하기 위한 목적에서 개정되었다는 점을 고려한다면 최근 각국의 경향에 따라 공법적 요소가 포함된 사법관계의 분쟁이라도 배제되지 않는다고 해석하는 것이 타당하다고 한다.

5) 정선주, "중재법 개정의 방향과 주요 내용", 고려법학 제60호(2013. 6.), 221면.

6) 석광현, 앞(주 3)의 글, 566면.

었다.

개정위원회에서는 이러한 논란을 불식하고 가급적 중재의 대상을 확대하기 위하여 독일법과 같이 재산권에 관한 분쟁 및 당사자가 화해에 의하여 해결할 수 있는 비재산권에 관한 분쟁에 대하여 중재가능성을 인정하기로 하여, 개정 중재법 제3조 제1호뿐만 아니라, 제1조도 "이 법은 중재(仲裁)에 의하여 재산권에 관한 분쟁 및 당사자가 화해에 의하여 해결할 수 있는 비재산권에 관한 분쟁을 적정·공평·신속하게 해결함을 목적으로 한다."라고 개정 법률안을 마련하였고, 그 문언대로 국회에 중재법 개정 법률안이 제출되었다.

그러나 국회의 이에 대한 심사보고서는 아래와 같은바, 공법적 성격을 가진 재산권 분쟁 사안에 대한 중재가능성을 긍정하면서도 제1조의 "사법상의 분쟁"으로 중재의 대상을 한정하는 문언을 유지하자는 의견이고,[7] 실제로도 중재법 제1조는 개정되지 아니하여 결과적으로 개정된 제3조 제2호와 서로 상충되는 듯한 결과를 초래하였다.

> 「"안 제1조는 중재에 의해 해결될 수 있는 분쟁의 대상을 "사법상의 분쟁"에서 "재산권상의 분쟁 및 당사자가 화해에 의하여 해결할 수 있는 비재산권상의 분쟁"으로 확대하려는 것임.
>
> 현행법은 중재의 대상을 '사법(私法)상의 분쟁'으로 한정하여, 불공정거래행위(독점규제법)에 관한 분쟁, 특허권 등 지적소유권의 효력에 관한 분쟁 등이 중재의 대상에 포함되는지 여부에 논란이 있으나, 외국 입법례는 중재의 대상을 점차 확대하여 사법상의 분쟁이 아니더라도 중재를 허용하는 추세임.
>
> 따라서 국내 중재법도 이에 맞추어 재산권의 분쟁 및 화해가능성이 있는 비재산권상의 분쟁으로 중재적격을 확대하여 특허권 등 지적소유권의 효력에 관한 분쟁, 불공정거래행위(독점규제법)에 관한 분쟁 등도 중재판정에 의해 해결할 수 있도록 할 필요가 있다는 점에서 개정안은 중재 활성화에 기여할 것으로 보임.
>
> 특히 중재의 대상 적격을 확대함으로써 ① 지적재산권 분쟁 등에서 저작권자가 영업기밀, 기술 등의 공개를 극히 꺼려 은밀히 사건이 처리되기를 희망하는 경우, ② 유사한 특허로 다투는 당사자들이 신규성·진보성 등이 없음을 다투기 보다는 금전적으로 분쟁의 해소를 희망하는 경우, ③ 외국 기업 등이 지자체 등과 약간의 공법적 성격을 갖춘 재산권적 분쟁을 하는 경우 등 다양한 사안에서 중재의 활용

---

7) 국회 법제사법위원회, 중재법 일부개정법률안 심사보고서(2016. 4.), 4면.

도가 높아질 것으로 기대됨.

　　다만, 중재법의 목적이나 중재의 대상이 기본적으로 사법상의 분쟁이라는 점에서 제1조(목적)에서는 현행처럼 "사법상의 분쟁"을 그대로 유지하고, 구체적인 적용 범위를 규정하고 있는 제3조(정의)에서만 중재 대상을 개정안처럼 "재산권상의 분쟁 및 당사자가 화해에 의하여 해결할 수 있는 비재산권상의 분쟁"으로 하는 방안이 적절해 보임.」

　　이에 대하여서는 이미 해석상의 논란을 야기하고 있다고 하면서, 개정위원회의 제안과 같이 제1조를 다시 개정하여야 한다는 비판이 제기되어 있다.[8]

　　다만 위 심사보고서에 따르면 공정거래나 지적소유권이 관련된 분쟁이라도 중재의 대상으로 삼을 수 있다는 것이므로, 공법이 관련된 분쟁이라도 사법상의 분쟁이 실제로 다툼의 대상이라면 중재가능성이 있고, 그 기준은 재산권상의 분쟁 및 당사자가 화해에 의하여 해결할 수 있는 비재산권상의 분쟁에 해당하는지 여부에 의할 것이라고 해석할 수 있을 것이다.

Ⅲ. 중재합의의 방식

　　중재법 제8조 제2항은 "중재합의는 서면으로 하여야 한다."라고 규정하여 중재합의의 방식을 서면으로 한정하는 규정을 두고 있는데, 이는 모델법을 따른 것으로서 같은 조 제3항에서 서면에 의한 중재합의로 인정되는 경우를 열거하고 있다. 모델법은 뉴욕협약 제2조를 기초로 삼고 있는 것으로 보인다.[9]

　　주목할 것은 2006년 개정 모델법에서 중재합의의 서면성에 관하여 규정한 제7조가 개정되어, 두 가지 선택지, 즉 Option Ⅰ, Ⅱ를 제시하고 있다는 점이다. Option Ⅰ은 기본적으로 종전의 서면성 규정을 유지하면서 이를 완화하여 서면이든 전자적 방식이든 어떤 방식으로든 중재합의의 내용을 확인할 수 있으면 서면요건이 충족된 것으로 보고 있고, Option Ⅱ는 서면요건을 전면적으로 폐지하는

---

8) 석광현, "2016년 중재법의 주요 개정내용과 문제점", 법학연구(전북대학교) 제53집(2017. 8.), 221면; 정선주, "2016년 개정 중재법 소고", 民事訴訟 제21권 제1호(2017. 5.), 34면.
9) 뉴욕협약도 제2조 제2항에서 "'서면에 의한 중재합의'란 당사자들에 의하여 서명되었거나 서신 또는 전보 교환 속에 담긴, 주된 계약 속의 중재조항 또는 중재합의를 포함한다."라고 명시적으로 밝히고 있다.

것이다.[10]

개정 중재법은 대부분의 국가가 현재 중재합의의 서면성을 요구하고 있는 점을 고려할 때 잠재적 중재당사자인 거래당사자의 예측가능성을 존중한다는 면에서 서면성을 완전히 폐지하는 등의 급격한 법 개정은 바람직하지 아니하다는 점을 고려하여 그 중에서 Option Ⅰ을 수용한 것이다.[11]

다만 개정 중재법에 UNCITRAL 모델법의 Option Ⅰ을 그대로 직역하여 도입하지는 않고, 구 중재법의 중재합의의 방식에 관한 조항인 제8조 제3항 제1호와 제2호를 개정하여 "③ 다음 각 호의 어느 하나에 해당하는 경우는 서면에 의한 중재합의로 본다. 1. 구두나 행위, 그 밖의 어떠한 수단에 의하여 이루어진 것인지 여부와 관계없이 중재합의의 내용이 기록된 경우. 2. 전보(電報), 전신(電信), 팩스, 전자우편 또는 그 밖의 통신수단에 의하여 교환된 전자적 의사표시에 중재합의가 포함된 경우. 다만, 그 중재합의의 내용을 확인할 수 없는 경우는 제외한다." 라고 규정하여 위 조항에 Option Ⅰ의 내용이 실질적으로 모두 포함될 수 있도록 하였다.[12]

또한, 구 중재법 제8조 제3항 제3호는 "3. 일방 당사자가 당사자 간에 교환된 문서의 내용에 중재합의가 있는 것을 주장하고 상대방 당사자가 이를 다투지 아니하는 경우"라고 규정하여 중재합의를 주장할 수 있는 서면의 범위를 중재 신청서와 답변서에 국한하고 있는 모델법과는 달리 그 범위를 "당사자 간에 교환된 문서"로 확대하고 있는데, 굳이 그 범위를 넓게 정할 필요가 없어 보인다는 점과 중재합의의 존부에 대한 다툼은 답변서 제출 단계 정도까지 현출될 필요가 있다는 점을 감안하여, 개정 중재법은 이를 "3. 어느 한쪽 당사자가 당사자 간에 교환된 신청서 또는 답변서의 내용에 중재합의가 있는 것을 주장하고 상대방 당사자가 이에 대하여 다투지 아니하는 경우"라고 개정하여 모델법과 같은 내용으로 수정하였다.

---

10) 프랑스는 국제중재에 관하여 중재합의의 서면 요건을 전면 폐지하였고, 홍콩과 싱가포르는 모두 Option Ⅰ을 채택하였다.

11) 석광현, 앞(주 3)의 글, 544면; 정선주, 앞(주 5)의 글, 216면.

12) 구 중재법 제8조 제3항 제1호와 제2호는 "③ 다음 각 호의 어느 하나에 해당하는 경우는 서면에 의한 중재합의로 본다. 1. 당사자들이 서명한 문서에 중재합의가 포함된 경우. 2. 편지, 전보(電報), 전신(電信), 팩스 또는 그 밖의 통신수단에 의하여 교환된 문서에 중재합의가 포함된 경우."라고 규정하고 있었다.

Ⅳ. 중재인

구 중재법 제12조는 당사자 일방이 중재인 선정에 응하지 않는 경우 등 일정한 사유가 발생한 때에는 법원이 중재인을 선정하도록 하고 있다.

그러나 전문성, 신속성의 점을 고려할 때 법원이 중재인을 선정하도록 하는 것이 효율적인지 의문이라면서 대한상사중재원 등 중재기관이 권한을 가지도록 하자는 지적이 제기되었다.[13]

이에 대하여는 국내중재의 경우 법원에 선정권한을 부여하는 것이 적합하고 특정 중재기관에 그 권한을 부여할 경우 공정성 시비가 우려된다는 반론이 있었고, 절충적으로 당사자의 신청을 받아 법원이나 중재기관이 중재인을 선정하도록 하자거나, 법원이 선정권한을 가지도록 하되 필요한 경우 법원에서 중재인을 선정할 기관을 정할 수 있도록 하자는 의견 등이 제시되었다.

개정 중재법은 그 중 마지막 방안, 즉 법원이 선정권한을 가지도록 하되 필요한 경우 법원에서 중재인을 선정할 기관을 정할 수 있도록 하는 방안을 채택하였다. 이에 따라 위 제12조 제3항 및 제4항에서 단독중재인에 의한 중재에서 당사자들이 중재인의 선정에 관하여 합의하지 못하거나, 합의된 절차에 따라 중재인을 선정하지 아니하였을 때, 3명의 중재인에 의한 중재에서 어느 한쪽 당사자가 중재인을 선정하지 아니하거나, 선정된 2명의 중재인들이 나머지 1명의 중재인을 선정하지 못한 때, 양쪽 당사자 또는 중재인들이 합의된 절차에 따라 중재인을 선정하지 못하였을 때, 또는 중재인의 선정을 위임받은 기관 또는 그 밖의 제3자가 중재인을 선정할 수 없을 때 등 중재인 선정에 지장이 있고, 같은 조항에 정한 요건을 충족하는 경우로서 어느 한쪽 당사자의 신청이 있으면, "법원"만이 아니라 "법원 또는 그 법원이 지정한 중재기관"이 중재인 선정권한을 가지는 것으로 규정하고 있다.

개정 중재법에 의하여 법원이 국제중재 사건에 관하여 대한상사중재원과 같은 중재기관을 중재인 선정기관으로 지정하면서 그 선정권한을 사전적 포괄적으

---

13) 싱가포르 국제중재법 제8조는 선정권한을 SIAC에 부여하면서, 다만 대법원장은 다른 기관에 중재인 선정권한을 부여할 수 있다고 규정하고, 홍콩 중재법 제13조는 중재인 선정권한을 HKIAC에 부여하면서 해당 권한을 행사하기 위한 규칙은 대법원장의 승인을 받도록 규정하고 있다. 또한, 석광현, "국제상사중재에서 중재인선정 방식에 관한 연구", 중재연구 제20권 제1호(2010. 3.), 21면 이하 참조.

로 부여할 경우 당사자들이 직접 중재기관에 중재인의 선정을 신청할 수 있을 것이라는 논의가 있을 수 있으나, 위 조항에서 법원이 중재인을 선정할 수 있는 경우를 한정하여 규정하고 있음에 비추어 받아들이기 어렵다고 생각한다.

V. 중재판정부의 판정권한에 관한 결정에 대한 불복 확대

중재법 제17조는 당사자는 중재판정부의 권한에 대하여 이의를 제기할 수 있고(제2항, 제3항), 중재판정부는 그 이의에 대하여 선결문제(先決問題)로서 결정하거나 본안에 관한 중재판정에서 함께 판단할 수 있다고(제5항) 규정하고 있다. 이와 관련하여 구 중재법 제17조 제6항은 "⑥ 중재판정부가 제5항에 따라 선결문제로서 그 권한이 있다고 결정한 경우에 이의 제기 당사자는 그 결정을 통지받은 날부터 30일 이내에 법원에 중재판정부의 권한에 대한 심사를 신청할 수 있다." 라고 규정하여 중재판정부가 그 권한이 있다고 결정한 경우에 관하여서만 그 결정에 대하여 법원에 심사를 구할 수 있다고 규정하고 있으므로, 중재판정부가 스스로 판정권한이 없다는 소극적 확인의 판정을 한 경우에는 위 조항을 근거로 하여 이를 다툴 수 없는 것으로 보는 것이 일반적이고,[14] 모델법도 같은 입장이라고 보인다.[15]

그러나 이는 중재판정부가 권한이 있다고 하는 판단이 법원의 심사대상이 되는 것과 균형이 맞지 않고, 당사자 권리구제의 측면에서 어느 경우이든 법원에

---

14) 김갑유 외, 중재실무강의(개정판)(2016), 256면 및 註釋 仲裁法(주 4), 217면(孫容根·李鎬元 집필부분)은 중재판정부가 스스로 판정권한이 없다고 판단하여 각하판정을 내리게 되면 당사자는 이에 대하여 구 중재법 제17조에 기하여 법원에 권한심사를 구할 수 없고, 각하판정은 중재판정 취소의 소의 대상이 되지 않는다고 한다. 대법원 2004. 10. 14. 선고 2003다70249, 70256 판결 또한 "중재판정취소의 소는 중재판정을 취소하여 소급적으로 무효로 하는 것을 목적으로 하는 형성의 소로서, 법률이 정하는 형식적인 요건을 구비하고 그 본안에 대하여 종국적인 판단을 내린 중재판정에 대하여 중재법 제36조 제2항 각 호 중 하나에 해당할 때에 한하여 제기할 수 있는 것일 뿐이고, 중재인이 스스로 그 신청 대상인 분쟁에 대하여 판정을 할 권한이 없다는 이유로 신청을 각하한 중재판정은 취소의 소의 대상이 될 수 없다."라고 판시하고 있다. 그러나 註釋 仲裁法(주 4), 77면 (梁炳晦·鄭仙珠 집필부분)은 중재판정부가 자신의 판정권한을 부인하는 경우에는 법원의 소송판결에 상응하는 소송중재판정으로서 중재신청을 부적법한 것으로 각하하여야 하고, 이에 대해서는 취소절차를 통해 불복이 제기될 수 있다고 보고 있다.

15) Analytic commentary on draft text of a model law on international commercial arbitration : report of the Secretary-General(A/CN.9/264), p.123.

심사권이 있어야 하므로, 중재판정부가 스스로 판정권한이 없다는 판정을 한 경우에도 법원에 불복할 수 있는 방안을 마련하자는 제안이 있었고, 그와 같은 입법례도 있다.[16]

개정 중재법은 위 제안을 받아들여서, 중재판정부가 권한이 없다고 판단한 잘못된 결정에 대하여 다투지 못하면 법원이 아닌 중재판정부에 의하여 분쟁을 해결하고자 했던 당사자의 의사를 무시하는 것이고, 당사자들이 회피하고자 했던 법원에서의 소송을 강요하게 되어 부당하므로 이를 막기 위하여 이러한 결정에 대하여서도 법원에 대한 불복의 길을 열어두고 있다.[17] 개정 중재법은 위 조항을 개정하여 "⑥ 중재판정부가 제5항에 따라 선결문제로서 그 권한의 유무를 결정한 경우에 그 결정에 불복하는 당사자는 그 결정을 통지받은 날부터 30일 이내에 법원에 중재판정부의 권한에 대한 심사를 신청할 수 있다."라고 규정하는 한편, 같은 조 제9항을 신설하여 그 후속 조치에 관하여 "⑨ 제6항에 따른 신청을 받은 법원이 중재판정부에 판정 권한이 있다는 결정을 하게 되면 중재판정부는 중재절차를 계속해서 진행하여야 하고, 중재인이 중재절차의 진행을 할 수 없거나 원하지 아니하면 중재인의 권한은 종료되고 제16조에 따라 중재인을 다시 선정하여야 한다."라고 규정하고 있다.

위 제6항에서 "선결문제로서 그 권한의 유무를 결정한 경우"라고 규정하고 있는데, 중재판정부가 스스로 권한이 있다고 결정한 경우에는 선결문제로서 이를 결정할 수 있다 할 것이나, 그 권한이 없다고 결정한 경우에는 선결문제로서가 아니라 최종 판정으로서 중재신청을 각하하게 될 것이고, 이 점에서 위 문언은 적절하지 아니하다.[18] 그러나 위 규정의 입법취지에 비추어 이와 같은 각하판정에 대하여서도 제6항에 의하여 법원에 그 심사를 신청할 수 있다고 볼 것이다.[19]

그 개정 논의과정에서 독일법과 같이 중재절차의 개시 전 혹은 중재판정부

---

16) 영국 중재법 제30조, 프랑스 민사소송법 제1465조, 스위스 국제사법 제186조, 싱가포르 국제중재법 제10조 등이 위와 같은 절차를 규정하고 있다.

17) 석광현, 앞(주 8)의 글, 235면. 이에 대한 비판적 견해로 정선주, 앞(주 8)의 글, 36면.

18) 정선주, 앞(주 8)의 글, 37면.

19) 개정위원회의 중재법 제18조 제6항에 대한 개정안은 "⑥ 중재판정부가 제5항에 따라 선결문제로서 그 권한이 있다고 결정한 경우 또는 그 권한이 없다는 판정을 내린 경우에 그 결정이나 판정에 불복하는 당사자는 그 결정을 통지받은 날부터 30일 이내에 법원에 중재판정부의 권한에 대한 심사를 신청할 수 있다."라고 하고 있었으나, 그 입법과정에서 그 문언이 현행법과 같이 변경되어 위와 같은 문제가 발생하였다.

의 구성 전에 중재절차 위법확인의 소를 허용하자는 제안이 있었으나,[20] 개정사
항으로 선정되지 아니하였다.

VI. 중재판정부의 임시적 처분

1. 개정 모델법의 수용

(1) 구 중재법 제18조 제1항은 종전의 모델법 제17조를 그대로 수용하여 중
재판정부의 임시적 처분에 대하여 "당사자 사이에 다른 합의가 없는 경우에 중재
판정부는 어느 한쪽 당사자의 신청에 따라 결정으로 분쟁의 대상에 관하여 필요
하다고 인정하는 임시적 처분을 내릴 수 있다."라는 한 개의 조문을 두고 있었다.

그러나 개정 모델법은 중재판정부가 내릴 수 있는 임시적 처분의 범위를 확
대하고 그 형태를 다양화하기 위하여, 종전의 제17조 1개 조문을 제17조, 제17조
의 A 내지 J의 11개 조문으로 늘려서 "제4장 임시적 처분과 사전명령"을 신설하
고 "제1절 임시적 처분"에 임시적 처분을 명할 수 있는 중재판정부의 권한(제17
조), 임시적 처분을 하기 위한 조건(제17조의 A)에 관한 조항을, "제2절 사전명령"
에 사전명령의 신청과 사전명령을 하기 위한 조건(제17조의 B), 사전명령을 위한
특별제도(제17조의 C)에 관한 조항을, "제3절 임시적 처분과 사전명령에 적용되는
조항"에 변경, 정지, 종료(제17조의 D), 담보제공(제17조의 E), 개시(제17조의 F), 비
용과 손해배상(제17조의 G)에 관한 조항을, "제4절 임시적 처분의 승인과 집행"에
승인과 집행(제17조의 H), 승인 또는 집행의 거부사유(제17조의 I)에 관한 조항을,
"제5절 법원에 의한 임시적 처분"에 이에 관한 규정(제17조의 J)을 두고 있다.[21]

개정 중재법은 사전명령제도에 관한 제17조의 B, C 및 J를 제외한 개정 모델
법을 모두 수용하여 다음 표와 같이 제18조 내지 제18조의 8까지 8개의 조문을
두고 있다.

---

20) 독일 민사소송법 제1032조 제2항은 "중재판정부가 성립되기까지 중재절차의 적법 내지
   부적법확인신청이 법원에 제기될 수 있다."라고 규정하고 있다.
21) 개정 모델법상의 임시적 처분에 대한 해설로, 노태악, "UNCITRAL 모델 중재법 및 중재
   규칙 개정에 따른 국내법 개정의 필요성 검토", 국제사법연구 제16호(2010. 12.), 125면
   이하 참조.

	개정 모델법	개정 중재법
중재판정부의 임시적 처분권한	제17조	제18조
임시적 처분의 요건	제17조의 A	제18조의 2
임시적 처분의 변경·정지 또는 취소	제17조의 D	제18조의 3
담보의 제공	제17조의 E	제18조의 4
고지의무	제17조의 F	제18조의 5
비용 및 손해배상	제17조의 G	제18조의 6
임시적 처분의 승인 및 집행	제17조의 H	제18조의 7
승인 및 집행의 거부사유	제17조의 I	제18조의 8

개정 모델법 중 제18조의 J는 법원의 임시적 처분 즉 보전처분에 관한 규정인데, 우리 중재법상 이미 제10조에 같은 취지의 조항을 두고 있으므로 이를 도입하지 아니한 것이다.[22]

위와 같이 개정 모델법을 수용한 개정 중재법의 임시적 처분에 관한 조항들은 신설조항이 대부분이고 다소 생소한 제도이기는 하나, 일단 채택한 이상 개정 모델법을 채택한 다른 국가의 해석론 및 판례 등을 잘 살피면서 위 조항들을 해석하고 운용하여야 할 것이다.

(2) 개정 모델법은 앞서 본 바와 같이 "제2절 사전명령"에 제17조의 B와 제17조의 C를 신설하여 사전명령제도(preliminary orders)를 마련하였다. 이는 임시적 처분 신청사실을 상대방에게 알리면 그 목적을 달성하기 어려운 경우에 일방 당사자가 임시적 처분신청과 함께 사전명령을 신청할 수 있고, 그러한 경우 중재판정부는 상대방에게 알리지 아니하고 사전명령을 내릴 수 있으며, 사전명령의 유효기간을 20일로 제한하고, 그 기간 내에 상대방의 의견을 듣고 사전명령을 인용하거나 수정하는 임시적 처분을 할 수 있는 제도인데, 우리 민사집행법상 도입 여부가 검토되고 있는 일방적 잠정명령(Temporary Restraint Order) 제도와 유사한 제도이다.[23]

이에 대하여 현실적으로 필요하고 유익한 제도이고, 한국에서 개정 모델법을

---

22) 개정 모델법 제17조의 J(법원의 임시적 처분)는 "법원은 중재지가 이 국가에 있는지 여부와 관계없이 중재절차와 관련하여 법원의 절차에서 인정되는 임시적 처분을 할 권한이 있다. 법원은 국제중재의 특수성을 고려하여 법원이 절차에 따라서 그러한 권한을 행사하여야 한다."라고 규정하고 있다.

23) 이규호, "임시의 지위를 정하는 가처분과 관련하여 잠정명령 제도의 도입에 관한 연구", 民事訴訟 제27권 제2호(2013. 11.), 417면 이하 참조.

적극적으로 수용하고 있음을 나타낼 수 있으므로 이를 채택하자는 의견도 있으나,[24] 우리 민사집행법상의 보전처분 분야에서도 아직 도입 여부를 검토 중인 생소한 제도인 점, 사전명령에 대하여는 모델법도 집행력을 인정하지 않고 있어 그 실익이 적은 점 등을 감안하여 도입하지 않기로 하였다.[25] 2010년 개정 UNCITRAL 중재규칙도 개정 모델법상의 임시적 처분제도를 도입하였으나, 사전명령제도는 도입하지 아니하였다.[26]

이하 이번 중재법 개정시 임시적 처분과 관련하여 개정된 주요사항에 대하여 살핀다.[27]

2. 임시적 처분의 대상 확대

구 중재법은 임시적 처분의 대상을 분쟁의 대상으로 한정하고 있으나,[28] 개정 중재법은 개정 모델법 제17조를 전면적으로 받아들여서 임시적 처분의 대상에 관한 제한을 없애고 같은 조항에 규정된 유형의 임시적 처분을 모두 인정하기로 한 것이다. 이에 따라 개정 중재법 제18조 제2항은 "② 제1항의 임시적 처분은 중재판정부가 중재판정이 내려지기 전에 어느 한쪽 당사자에게 다음 각 호의 내용을 이행하도록 명하는 잠정적 처분으로 한다. 1. 본안에 대한 중재판정이 있을 때까지 현상의 유지 또는 복원. 2. 중재절차 자체에 대한 현존하거나 급박한 위험이나 영향을 방지하는 조치 또는 그러한 위험이나 영향을 줄 수 있는 조치의 금지.

---

24) 이강빈, "국제상사중재에서 중재판정부의 권한과 임시적 처분에 관한 연구", 중재연구 제18권 제2호(2008. 8.), 124면은 임시적 처분에 관한 개정 모델법을 조속히 수용할 것을 주장하고 있다.

25) 석광현, "2016년 중재법에 따른 중재판정부의 임시적 처분 – 민사집행법에 따른 보전처분과의 정합성에 대한 문제 제기를 포함하여 –", 國際去來法硏究 제26집 제1호(2017), 123면. 정선주, 앞(주 5)의 글, 233면은 이 제도를 도입하지 않더라도 중재판정부의 유연한 절차 운영을 통해 충분히 그 효과를 달성할 수 있으며, 대륙법계 국가에서는 법원의 보전처분을 통해서 사전명령과 동일한 효과를 거둘 수 있고, 법원의 보전처분은 그 자체로 집행 가능하다는 점에서 집행될 수 없는 사전명령제도보다 더 효율적이므로 받아들일 필요가 없다고 하고 있다.

26) 강병근, "국제분쟁해결절차규칙의 개정 – 2010년 UNCITRAL 중재규칙을 중심으로", 고려법학 제60호(2011. 3.), 158면.

27) 개정 중재법상의 임시적 처분에 대한 체계적이고 상세한 검토는 석광현, 앞(주 25)의 글, 107면 이하 참조.

28) 종전의 모델법 제17조 제1항이 "분쟁의 대상에 관하여(in respect of the subject matter of the dispute)" 임시적 처분을 규정하고 있는 것을 따른 것이다.

3. 중재판정의 집행 대상이 되는 자산에 대한 보전 방법의 제공. 4. 분쟁의 해결에 관련성과 중요성이 있는 증거의 보전."이라고 규정하여 다양한 종류의 임시적 처분을 허용하고 있다.[29] 그 결과 개정 중재법에 따르면 임시적 처분의 대상 내지 범위가 상당히 넓어져서 현행 민사보전법상의 보전처분보다 넓은 범위의 사항을 다루게 되는 결과로 될 것이다.[30]

3. 임시적 처분의 승인 및 집행 허용

(1) 이 부분에 관한 개정 모델법의 가장 중요한 변화 중의 하나는, 종전에는 법원을 통하여 승인이나 집행을 확보할 수 없었던 중재판정부의 임시적 처분에 대하여 법원을 통한 승인이나 집행을 가능하게 한 것이다.[31]

구 중재법 하에서는 중재판정부의 임시적 처분의 집행을 허용하지 않고 있었다. 구 중재법 제18조 제1항은 중재판정부의 임시적 처분을 본안에 관한 문제가 아닌 절차적 문제로 보아 '결정'의 형식으로 판단하도록 규정하고 있고, 구 중재법 제37조는 법원 집행판결의 대상을 "중재판정"으로 명시하고 있어서, 중재판정부의 임시적 처분은 원칙적으로 집행판결의 대상이 될 수 없다고 해석되고 있었다.[32] 그러나 개정 중재법은 중재판정 전에 필요한 임시적 조치를 모두 법원의

29) 위 제1호와 제2호는 민사보전법상의 가처분에 해당하는 내용, 제3호는 민사보전법상의 가압류에 해당하는 내용, 제4호는 민사소송법상의 증거보전절차에 해당하는 내용인바, 뒤에서 살피는 바와 같이 그와 같은 내용을 명하는 중재판정부의 임시적 처분의 집행을 인정할 경우 각기 그에 준하여 집행할 수 있는 규정의 신설 여부에 대한 검토가 필요하다.
30) 중재실무의 필요에 따라 언제든지 또 다른 유형의 임시적 처분 형태가 인정될 수 있는 가능성을 열어두어야 하므로 중재법에서 임시적 처분의 개념에 대해 명확한 정의는 하되 그 유형을 법에 구체적으로 명시하기보다는 해석 등을 통하여 정리해 나가는 것이 보다 효율적이라는 의견으로 정선주, 앞(주 5)의 글, 231면.
31) 모델법의 개정 이후 여러 나라가 중재법 개정과정에서 임시적 처분의 집행이 가능하도록 하는 조항들을 두게 되었는바, 예컨대, 홍콩, 오스트리아, 독일, 스위스, 영국 등은 임시적 처분의 집행에 관하여 별도의 규정을 두고 있고, 프랑스는 판정부가 임시적 처분에 대하여 벌금을 병과할 수 있도록 하고 있으며, 뉴질랜드는 개정 모델법 제17조 전체를 그대로 도입하고 있다.
32) 註釋仲裁法(주 4), 82면(양병회·정선주 집필부분). 그러나 중재판정부의 모든 명령은 당사자 간에는 구속력이 있으므로 중재판정부의 보전처분이 무의미한 것은 아니고, 분쟁의 본안을 판단할 중재판정부가 내린 보전처분을 당사자들이 의도적으로 무시하기는 사실상 어려우므로 중재판정부의 임시적 처분은 사실상 상당한 구속력이 있다고 한다. Nigel Blackaby et al., *Redfern and Hunter on International Arbitration(6th Ed.)*(2015), p. 425.

보전처분을 통하여 해결하도록 하는 것은 중재를 통하여 분쟁을 해결하고자 하는 당사자들의 의사 실현을 위축시키는 것이라는 점, 임시적 처분에 집행력을 부여하게 되는 경우 중재절차를 실효적으로 촉진하는 데에 도움이 될 것이라는 점, 중재 선진국의 대부분이 임시적 처분의 집행을 가능하게 하고 있다는 점 등의 이유로 임시적 처분의 집행을 허용함이 바람직하다고 보고 임시적 처분의 집행을 허용하는 개정 모델법을 전면적으로 수용하였다.

이에 따라 개정 중재법은 제18조의 7(임시적 처분의 승인 및 집행)을 신설하여 "① 중재판정부가 내린 임시적 처분의 승인을 받으려는 당사자는 법원에 그 승인의 결정을 구하는 신청을 할 수 있으며, 임시적 처분에 기초한 강제집행을 하려고 하는 당사자는 법원에 이를 집행할 수 있다는 결정을 구하는 신청을 할 수 있다. ② 임시적 처분의 승인 또는 집행을 신청한 당사자 및 그 상대방 당사자는 그 처분의 변경·정지 또는 취소가 있는 경우 법원에 이를 알려야 한다. ③ 중재판정부가 임시적 처분과 관련하여 담보제공 명령을 하지 아니한 경우나 제3자의 권리를 침해할 우려가 있는 경우, 임시적 처분의 승인이나 집행을 신청받은 법원은 필요하다고 인정할 때에는 승인과 집행을 신청한 당사자에게 적절한 담보를 제공할 것을 명할 수 있다. ④ 임시적 처분의 집행에 관하여는「민사집행법」중 보전처분에 관한 규정을 준용한다."라고 규정하고 있다.

이와 관련하여 개정 모델법 제17조의 H는 외국에서 이루어진 임시적 처분에 대한 국내에서의 집행을 허용할 수 있는 것으로 규정하고 있고,[33] 아래에서 보는 바와 같이 법원이 국내법상 허용되지 않는 처분을 변경할 권한을 갖게 되는 점 등을 감안하여 모델법의 규정대로 외국에서 이루어진 임시적 처분에 대한 국내에서의 집행도 허용하자는 의견도 있었다. 그러나 개정 중재법은 모델법에 따라 임시적 처분의 집행을 광범위하게 허용할 경우 예컨대 소송금지명령(anti-suit injunction)과 같이 국내에서 인정되지 아니하거나 과도한 내용의 임시적 처분의 집행을 허용할 것인지 여부 등 문제 발생이 우려되므로, 우선 중재지가 한국 내인 경우, 즉 중재가 한국 중재법에 따라 이루어진 경우에 한하여 그 집행을 허용하

---

33) 개정 모델법 제17조의 H 제1항은 "중재판정부가 내린 임시적 처분은 구속력 있는 것으로 승인되어야 하며 중재판정부가 달리 정하지 않은 경우, 제17조의 I의 규정에 따라 그 처분이 <u>어떤 국가에서 내려졌는지에 관계없이</u> 관할법원에 신청하여 집행하여야 한다." (밑줄은 필자가 붙인 것임)라고 규정하고 있다.

고, 한국을 보다 매력적인 중재지로 만들기 위해서는 일단 그것으로써 족하므로 신중한 접근방법을 취하여, 국내에서 내려진 임시적 처분에 한하여 그 집행을 허용하기로 한 것이다.

　　(2) 개정 중재법에도 개정 모델법 제17조 I와 같이 중재판정의 집행거부사유에 준하여 임시적 처분의 승인집행 거부사유를 별도로 명시할 필요가 있으므로, 제18조의 8(승인 및 집행의 거부사유)을 신설하여, "① 임시적 처분의 승인 또는 집행은 다음 각 호의 어느 하나에 해당하는 경우에만 거부될 수 있다. 1. 임시적 처분의 상대방 당사자의 이의에 따라 법원이 다음 각 목의 어느 하나에 해당한다고 인정하는 경우. 가. 임시적 처분의 상대방 당사자가 다음의 어느 하나에 해당하는 사실을 소명한 경우. 1) 제36조 제2항 제1호 가목 또는 라목에 해당하는 사실. 2) 임시적 처분의 상대방 당사자가 중재인의 선정 또는 중재절차에 관하여 적절한 통지를 받지 못하였거나 그 밖의 사유로 변론을 할 수 없었던 사실. 3) 임시적 처분이 중재합의 대상이 아닌 분쟁을 다룬 사실 또는 임시적 처분이 중재합의 범위를 벗어난 사항을 다룬 사실. 다만, 임시적 처분이 중재합의의 대상에 관한 부분과 대상이 아닌 부분으로 분리될 수 있는 경우에는 대상이 아닌 임시적 처분 부분만이 거부될 수 있다. 나. 임시적 처분에 대하여 법원 또는 중재판정부가 명한 담보가 제공되지 아니한 경우. 다. 임시적 처분이 중재판정부에 의하여 취소 또는 정지된 경우. 2. 법원이 직권으로 다음 각 목의 어느 하나에 해당한다고 인정하는 경우. 가. 법원에 임시적 처분을 집행할 권한이 없는 경우. 다만, 법원이 임시적 처분의 집행을 위하여 임시적 처분의 실체를 변경하지 아니하고 필요한 범위에서 임시적 처분을 변경하는 결정을 한 경우에는 그러하지 아니하다. 나. 제36조 제2항 제2호 가목 또는 나목의 사유가 있는 경우. ② 제18조의 7에 따라 임시적 처분의 승인이나 집행을 신청받은 법원은 그 결정을 할 때 임시적 처분의 실체에 대하여 심리해서는 아니 된다. ③ 제1항의 사유에 기초한 법원의 판단은 임시적 처분의 승인과 집행의 결정에 대해서만 효력이 있다."라고 규정하고 있다.[34)]

---

34) 개정 모델법 제17조 I에서 중재판정에 대한 승인·집행거부사유와 함께 임시적 처분에 대하여 특유한 승인·집행거부사유로서, 임시적 처분 신청인이 담보를 제공하지 않을 경우와 중재판정부 또는 중재지 관할법원에 의하여 임시적 처분이 취소 또는 정지된 경우를 규정한 것을 수용한 것이다. 다만 개정 모델법 제17조 I는 중재판정 승인·집행거부사유에 관한 같은 법 제36조를 원용하고 있으나, 개정 중재법은 중재판정 취소사유에 관한 우리 법 제36조를 원용하고 있는바, 개정 중재법도 중재판정 승인·집행거부사유에 관한

위 제18조의 8 제1항 제2호 가목은 본문에서 한국법상 인정되지 않는 형태의
임시적 처분에 대하여서는 "법원에 임시적 처분을 집행할 권한이 없는 경우"로서
그 집행을 거부할 수 있으나, 단서에서는 "법원이 임시적 처분의 집행을 위하여
임시적 처분의 실체를 변경하지 아니하고 필요한 범위에서 임시적 처분을 변경하
는 결정을 한 경우"에는 그 집행을 허용한다는 취지를 규정함으로써, 임시적 처
분의 집행의 허가 여부를 결정할 법원에 한국법상 인정되지 않는 임시적 처분을
실체에 대한 변경을 가하지 않는 한도 내에서 변경하여 그 집행을 허용할 수 있
는 권한을 인정한 것은 유의할 만하다.[35]

4. 일방적 임시적 처분의 허용 여부

우리 중재법상 중재판정부가 일방 당사자의 신청에 의하여 상대방에 심문
없이, 즉 상대방으로부터 이에 대한 의견진술이나 자료제출의 기회를 부여하지
아니하고 일방적으로(ex parte) 임시적 처분을 할 수 있는지 여부가 문제된다.

이에 대하여 이를 긍정하는 견해가 있으나,[36] 임시적 처분은 당사자들이 직
접 중재판정부를 구성한 후에 중재판정부가 내리는 처분이고, 중재법 제19조가
"양쪽 당사자는 중재절차에서 동등한 대우를 받아야 하고, 자신의 사안(事案)에
대하여 변론할 수 있는 충분한 기회를 가져야 한다."라고 규정하고 있으므로, 이
에 반하는 일방적 임시적 처분은 허용되지 아니한다고 봄이 타당할 것이다.[37]

앞서 본 바와 같이 개정 모델법은 상대방에게 의견진술 기회를 부여한 후에
내리는 임시적 처분(interim measures)과 그러한 기회를 부여하지 아니하고 일방적

제38조를 원용하는 것이 적절할 것으로 생각된다.

35) 제20차 중재법 개정위원회 참고자료집, 법무부(2014), 17면. 임시적 처분의 집행을 허용
하면서 법원에 임시적 처분의 내용을 변경할 권한을 부여한 입법례로, 독일 민사소송법
제1041조 제2항에서 임시적 처분의 집행을 위하여 중재판정부가 내린 임시적 처분의 내
용을 필요한 범위 내에서 바꿀 수 있는 권한을 법원에 부여하고 있는 것과 오스트리아
민사소송법 제593조 제3항에서 오스트리아 법제상 허용되지 않는 중재판정부의 임시적
처분을 상대방의 요청에 따라 오스트리아 법제상 허용되는 가장 유사한 처분에 따라 집
행할 수 있고, 임시적 처분의 목적 달성을 위하여 그 내용을 변경할 수 있는 권한을 법
원에 부여하고 있는 것을 들 수 있다.

36) 정선주, 앞(주 8)의 글, 43면은 중재법 제19조의 규정에 불구하고 중재판정부 역시 법원
과 마찬가지로 긴급한 경우에는 상대방 당사자에 대한 사전 심문 없이 일방적 임시적 처
분을 내릴 수 있다고 한다.

37) 김갑유 외, 앞(주 14)의 책, 275면; 석광현, 앞(주 25)의 글, 121면; Gary B. Born, *Inter-
national Commercial Arbitration(2nd Ed.)* Volume Ⅱ(2014), p. 2509.

으로 내리고 한시적 효력을 가지는 사전명령(preliminary orders)을 규정하고 있는데,[38] 개정 중재법은 그 중 임시적 처분제도만을 수용하였다는 점에 비추어 보아도 일방적 임시적 처분은 허용되지 아니한다고 볼 것이다.

따라서 중재판정부가 임시적 처분을 내리기 전에 양쪽 당사자에게 의견진술 기회를 부여하기 위하여 양쪽 당사자를 심문하여야 하는데, 반드시 심문기일을 열어야 하는 것은 아니고, 양쪽 당사자에게 적당한 방법으로 서면 또는 말로 개별적으로 진술할 기회를 주면 될 것이다.[39]

위와 같은 의견진술의 기회를 부여하지 아니하고 임시적 처분을 내리면 개정 중재법 제18조의 8 제1항 제1호 가목의 2)에 규정한 "2) 임시적 처분의 상대방 당사자가 중재인의 선정 또는 중재절차에 관하여 적절한 통지를 받지 못하였거나 그 밖의 사유로 변론을 할 수 없었던 사실"[40]에 해당하여 그 임시적 처분의 집행 거부사유가 있다고 보아야 할 것이다.

5. 긴급중재인 제도에 관하여

중재법 개정위원회에서 근래 각종 국제중재규칙에서 긴급중재인 제도를 두고 있고, 긴급중재인의 가장 주요한 역할의 하나가 임시적 처분을 내리는 것이므로, 긴급중재인에 관한 규정을 중재법에 신설하여야 할 것인지에 대한 논의도 이루어졌으나, 긴급중재인 제도는 각 중재기관의 중재규칙에서 다루어야 할 제도라는 점에 다수의견이 모아져서 이는 도입하지 않기로 하였다.[41]

---

38) 노태악, 앞(주 21)의 글, 127면은 개정 모델법은 *inter partes* 처분을 임시적 처분의 원칙으로 하고, *ex parte* 처분을 사전명령이라고 따로 구별하여 규정하고 있다고 한다.

39) 김갑유 외, 앞(주 14)의 책, 275면; 이시윤, 신민사소송법(제12판)(2018), 309면.

40) 더 엄밀하게 보면 위 조항에서 "변론을 할 수 없었던 사실"은 개정 모델법 제36조 (1)(a)(i)의 "unable to present his case"와 동일한 의미인데, 이는 심리절차로서의 변론을 할 수 없었다는 의미가 아니라, 단지 자신의 의견을 제시할 수 없었다는 것을 의미하는 것이므로, "자신의 의견을 제시할 수 없었던 사실"로 번역함이 보다 정확할 것이다. 이 문구는 뉴욕협약 제5조 제1항 b)와 동일한데, Albert Jan van den Berg, *The Arbitration Convention of 1958*(1981), p. 307는 이에 관하여 반드시 구술심리를 하여야 함을 의미하는 것은 아니고, 양 당사자에게 동등한 기회를 주는 한 서면심리도 가능하다고 한다.

41) 석광현, 앞(주 25)의 글, 116면.

Ⅶ. 증거조사에 관한 법원의 협조

모델법은 증거조사에 관한 법원의 협조는 각국의 절차법에 따라 규율될 문제라고 보고, 제27조에서 단지 "중재판정부나 중재판정부의 허락을 얻은 당사자는 해당 국가의 관할법원에 증거조사를 위한 협조를 신청할 수 있다. 법원은 자신의 권한 범위 내에서 증거조사의 규칙에 따라 그 신청에 응할 수 있다."라고만 규정하고, 그 구체적인 방안에 관한 규정은 두고 있지 아니하므로, 우리 중재법은 독자적으로 중재절차에서의 증거조사를 위한 법원의 협조방안에 대하여 규정하고 있다.

개정 중재법은 구 중재법보다 중재판정부의 증거조사에 대한 법원의 협조 범위를 넓히고, 법원에 의한 증거조사에 있어서 중재판정부의 참여 기회를 부여하는 등 개선을 도모하기 위하여 이에 관한 제28조(증거조사에 관한 법원의 협조)를 개정하여 "① 중재판정부는 직권으로 또는 당사자의 신청을 받아 법원에 증거조사를 촉탁(囑託)하거나 증거조사에 대한 협조를 요청할 수 있다. ② 중재판정부가 법원에 증거조사를 촉탁하는 경우 중재판정부는 조서(調書)에 적을 사항과 그 밖에 증거조사가 필요한 사항을 서면으로 지정할 수 있다. ③ 제2항에 따라 법원이 증거조사를 하는 경우 중재인이나 당사자는 재판장의 허가를 얻어 그 증거조사에 참여할 수 있다. ④ 제2항의 경우 법원은 증거조사를 마친 후 증인신문조서 등본, 검증조서 등본 등 증거조사에 관한 기록을 지체 없이 중재판정부에 보내야 한다. ⑤ 중재판정부가 법원에 증거조사에 대한 협조를 요청하는 경우 법원은 증인이나 문서소지자 등에게 중재판정부 앞에 출석할 것을 명하거나 중재판정부에 필요한 문서를 제출할 것을 명할 수 있다. ⑥ 중재판정부는 증거조사에 필요한 비용을 법원에 내야 한다."라고 규정하고 있다.

구 중재법상 중재판정부는 직권으로 또는 당사자의 신청을 받아, 법원에 증거조사를 촉탁할 수 있었고, 이는 사실조회나 문서송부촉탁 등의 경우에 이용할 수 있었는데, 이는 개정 중재법 아래에서도 당연히 할 수 있고, 이에 더하여 중재판정부가 법원에 증거조사에 대한 협조를 요청할 수 있도록 한 것이다(제1항). 이에 따라 법원은 증인이나 문서소지자 등에게 중재판정부 앞에 출석할 것을 명하거나 중재판정부에 필요한 문서를 제출할 것을 명할 수 있도록 하는 근거 규정을 신설하고(제5항), 중재판정부의 촉탁에 의하여 법원이 증거조사를 함에 있어 중재

인이나 당사자는 재판장의 허가를 얻어 그 증거조사에 참여할 수 있도록 한 것이
다(제3항). 증인신문의 경우 중재판정부가 법원에 증인에 대하여 중재판정부에 출
석을 명하는 등으로 협조만을 구하고, 그에 따라 중재판정부에 출석한 증인을 중
재판정부에서 직접 증인신문을 하는 것도 가능하고, 법원에 증인신문을 촉탁하여
법원에서 증인신문을 할 경우 중재판정부가 그 증인신문에 참여할 수도 있게 되
었다.[42]

중재법 개정위원회에서는 법원에 대한 증거조사 촉탁의 주체로 중재판정부
외에 중재판정부의 동의를 받은 당사자를 추가하자거나, 중재판정부의 승낙 없
이 양쪽 당사자의 동의만으로 어느 일방 당사자가 증거조사를 촉탁할 수 있게
하자는 제안도 있었으나, 증거의 채택 여부가 기본적으로 중재판정부의 권한이
고, 중재판정부가 당사자의 신청을 받아 촉탁하는 것도 가능하므로 채택되지 아
니하였다.

Ⅷ. 중재판정의 효력

1. 중재판정의 효력에 관한 제35조의 개정

구 중재법은 제35조에서 중재판정이 확정판결과 동일한 효력을 가진다고 선
언하고도, 제38조에서 그 승인 및 집행의 요건에 관하여 국내중재판정의 경우 중
재판정의 취소사유가 없을 것을 요구함으로써, 그 해석상 논란이 있었다.[43] 즉 제
38조에 의하면 중재판정에 취소사유가 있으면 그 승인을 거부할 수 있고, 중재판
정의 승인은 중재판정에 법적인 효력을 인정하는 것이므로[44] 중재판정 취소사유
가 있는 중재판정은 그 법적인 효력을 인정할 수 없다고 할 것임에 반하여, 제35
조에 따르면 아무런 제한없이 중재판정이 확정판결과 동일한 효력이 있다고 하고
있어서 서로 상충되는 결과가 초래되었다.

---

42) 그와 같은 입법례로 영국 중재법 제44조, 싱가포르 중재법 제13조 등을 들 수 있다.
43) 중재법 제35조와 제38조는 중재지가 대한민국인 경우의 중재판정, 즉 국내중재판정에 한
    하여 적용되는 규정이고(중재법 제2조 제1항), 외국중재판정의 효력은 제39조에 의하여
    규율된다는 점을 유의할 필요가 있다.
44) 졸고, "중재판정 승인의 개념, 효력 및 절차에 관한 연구", 중재연구 제23권 제1호(2013),
    3면〈이 책 201면〉; 석광현, "외국중재판정의 승인·집행제도의 개선방안", 國際私法과 國
    際訴訟 제5권(2012), 692면.

이에 대하여 중재판정에 취소사유가 있어도 취소되지 않는 한 당연히 확정
판결과 동일한 효력이 있다는 견해와,[45] 취소사유가 있으면 비록 취소되지 않더
라도 확정판결과 동일한 효력을 가지지 못한다는 견해가[46] 대립하고 하고 있었
다. 전자의 견해는 중재판정에 대하여 별도로 취소소송절차를 마련하고 그 제소
기간을 제한하고 있는 이상 그 취소절차를 밟지 아니하고 중재판정의 효력을 부
정하는 것은 부당하다는 입장인 것으로 보인다. 후자의 견해는 이에 대하여 중재
판정의 효력을 다투는 당사자로서는 별도로 그 취소절차를 밟지 아니하고 그 제
소기간이 지난 후라도 중재판정 집행의 단계에 가서 중재판정 취소사유가 있음을
주장하여 집행을 거부할 수 있다는 점을 전자의 견해에서는 설명하기 어렵다고
비판하면서, 중재판정의 취소는 이른바 형성적 효력을 가지는 것이 아니라 무효
임을 확인하는 선언적 효력만을 가지는 것이라고 보고, 취소되지 아니한 중재판
정이라 할지라도 중재판정 취소사유가 있다면 그 효력을 부정할 수 있는 것, 즉
무효라고 주장할 수 있다고 보고 있었다.[47] 또한, 위 제35조는 국내중재판정에만
적용되는 조문이고 외국중재판정의 경우에는 단지 제39조에서 뉴욕협약에 의하
거나 외국판결의 승인 또는 집행의 경우에 준한다는 취지로 규정하고 있을 뿐이
고, 뉴욕협약에는 중재판정의 효력에 관한 규정이 없으므로,[48] 국내중재판정과
외국중재판정을 동일하게 해석하는 것도 곤란하다는 점도 지적되었다.

개정 중재법은 위와 같은 논란을 해소하기 위하여 중재판정에 위와 같은 승
인 및 집행 거부사유가 있으면 취소되지 않더라도 확정판결과 동일한 효력이 없
다는 점을 명백히 규정한 것이다. 즉 개정 중재법 제35조는 중재판정이 확정판결
과 동일한 효력을 가진다고 선언함과 동시에 중재판정 승인 및 집행거부사유가
있으면 그러하지 아니함을 명시한 것이다. 중재법 개정위원회에서 제시한 구 중
재법 제35조에 대한 개정 법률안에는 "중재판정은 양쪽 당사자 간에 법원의 확정
판결과 동일한 효력을 가진다. 다만, 다음 각 호의 어느 하나(중재판정 승인 및 집

---

45) 김상수, "중재판정 취소의 소의 적법성", 중재 299호(2001), 111면.
46) 註釋仲裁法(주 4), 220면(이호원 집필부분).
47) 일본 중재법 제45조가 우리 조문과 약간 문언을 달리함에도 불구하고, 일본에서도 이에
    관하여 무효긍정설, 무효부정설 및 제한적 긍정설이 대립하고 있다. 三木浩一/山本和彦
    編, 新仲裁法の理論と實務,(2006), 372면 이하.
48) 모델법도 중재판정의 효력에 관한 규정을 두지 아니하고 있고, 뉴욕협약과 모델법 모두
    단지 중재판정의 승인 및 집행에 관하여서만 규정하고 있을 뿐이다.

행거부 사유임)에 해당하는 경우에는 그러하지 아니하다."라고 되어 있었으나, 유
감스럽게도 실제로 개정된 중재법 제35조는 "중재판정은 양쪽 당사자 간에 법원
의 확정판결과 동일한 효력을 가진다. 다만, 제38조에 따라 승인 또는 집행이 거
절되는 경우에는 그러하지 아니하다."라고 되어 있어서, 이 조문의 해석에 관한
논란이 계속되고 있다. 그러나 앞서 본 바와 같은 개정취지에 비추어 위 제35조
단서는 중재판정에 중재판정 승인 및 집행거부사유가 있으면 확정판결과 동일한
효력을 가질 수 없음을 의미한다고 봄이 타당하다. 이에 대한 필자의 견해는 다
른 글에서 상세히 밝힌 바 있으므로 이를 참조 바란다.[49]

2. 국내중재판정의 승인·집행에 관한 제38조의 정비

국내중재판정의 승인과 집행에 관하여 구 중재법 제38조(국내 중재판정)는
"대한민국에서 내려진 중재판정은 제36조 제2항의 사유가 없으면 승인되거나 집
행되어야 한다."라고 규정함으로써 중재판정 취소사유가 없으면 중재판정이 승인
또는 집행되어야 한다고 하고 있었으나, 개정 중재법은 이를 개정하여 "대한민국
에서 내려진 중재판정은 다음 각 호의 어느 하나에 해당하는 사유가 없으면 승인
되거나 집행되어야 한다. 1. 중재판정의 당사자가 다음 각 목의 어느 하나에 해당
하는 사실을 증명한 경우. 가. 제36조 제2항 제1호 각 목의 어느 하나에 해당하는
사실. 나. 다음의 어느 하나에 해당하는 사실. 1) 중재판정의 구속력이 당사자에
대하여 아직 발생하지 아니하였다는 사실. 2) 중재판정이 법원에 의하여 취소되
었다는 사실. 2. 제36조 제2항 제2호에 해당하는 경우."라고 규정하고 있다.

구 중재법상 국내중재판정의 중재판정 승인·집행거부사유로 규정된 중재법
상 취소사유에는 개정 중재법 제38조 제1호 나목의 사유들이 포함되어 있지 아니
하나, 당시에도 이들은 중재판정 승인·집행거부사유라고 해석되고 있었다. 중재
판정에 대하여 집행판결을 하기 위하여서는 중재판정이 확정되어 있고 그 효력이
현존하여야 할 것이 요구되는데, 구속력이 발생하지 아니한 중재판정이나 취소된
중재판정은 승인이나 집행의 대상이 될 수 없다고 해석되었기 때문이다.[50][51]

49) 졸고, "국내중재판정의 효력에 관하여─중재법 제35조의 해석을 중심으로", 民事訴訟 제
23권 제3호(2019. 10.), 333면 이하〈이 책 71면 이하〉.
50) 註釋仲裁法(주 4), 249면(李鎬元 집필부분).
51) 뉴욕협약의 적용을 받는 외국중재판정의 경우 이들 사유는 뉴욕협약 제5조 제1항 e)에
중재판정 승인·집행거부사유로 열거된 사유로서, 중재법 제39조 제1항에 의하여 중재판

또한, 앞서 본 바와 같이 중재판정의 효력은 중재판정을 승인한 결과 인정되는 효력이라는 점에 비추어, 제35조에서 중재판정의 효력을 부정할 사유와 제38조에서 중재판정의 승인 및 집행을 거부할 사유는 같아야 할 것이므로, 중재판정의 효력에 관한 제35조에서도 그 효력을 인정하지 아니할 사유로 중재판정 취소사유가 아닌 중재법 제38조를 원용한 것은 적절하다고 볼 것이다.

Ⅸ. 중재판정의 승인 및 집행

1. 중재판정의 승인제도

구 중재법 제37조 제1항은 "중재판정의 승인 또는 집행은 법원의 승인 또는 집행판결에 따라 한다."라고 규정하고 있었고, 승인에 관한 한 제1항은 중재판정의 승인은 법원의 승인판결에 따라 한다거나 중재판정의 승인은 법원의 승인에 따라 한다고 해석되는 수가 있었으나, 중재판정이 승인요건을 구비하면 당연히 효력을 발생하는 것이지 법원에서 별도의 재판절차를 거쳐서 승인을 받아야 효력이 발생하는 것은 아니므로,[52] 개정 중재법은 이를 명백하게 하는 의미에서 제37조 제1항 전단에서 "중재판정은 제38조 또는 제39조에 따른 승인 거부사유가 없으면 승인된다."라고 규정하였다.

위와 같이 중재판정은 승인요건을 구비하면 당연히 효력이 발생하므로 중재판정의 승인절차에 관한 규정을 별도로 둘 필요가 없다는 의견이 있으나,[53] 예컨대 집행할 수 없으나 기판력이 있는 중재판정과 같이 중재판정을 승인받을 필요가 있는 경우가 있을 수 있으므로, 개정법 제37조 제1항 후단에서 "다만, 당사자의 신청이 있는 경우에는 법원은 중재판정을 승인하는 결정을 할 수 있다."라고 규정하고 있다.

2. 중재판정 집행절차의 개선

구 중재법은 중재판정에 대한 집행 허용 여부 심사절차를 판결절차에 의하

정의 승인·집행거부사유로 삼고 있다고 보아야 할 것이다.

52) 이를 중재판정의 자동적 승인이라고 한다. 석광현, 앞(주 44)의 글, 698면; 졸고, 앞(주 44)의 글, 16면〈이 책 214면〉.

53) 모델법은 물론 독일법, 일본법 등에도 중재절차의 승인절차에 관한 규정은 존재하지 아니한다.

도록 하고 있다. 그러나 이에 대하여서는 상당수의 비판의견이 나와 있고, 대체로 그 절차가 과중하다는 점과 너무 장기화되는 경향이 있다는 점이 지적되고 있었다.[54] 1999년의 중재법 개정 당시에도 중재판정의 집행절차를 결정절차로 하자는 제안이 있었으나 채택되지 아니하였다.[55]

개정 중재법은 이와 같은 비판을 받아들이고 외국의 입법례 등을 종합적으로 검토하여 중재판정의 집행허용 여부의 심사절차를 판결절차에서 전면적으로 결정절차로 변경하기로 하여 제37조 제2항에서 "중재판정에 기초한 집행은 당사자의 신청에 따라 법원에서 집행결정으로 이를 허가하여야 할 수 있다."라고 규정한 후, 같은 조 제3항 내지 제8항에서 그 구체적인 절차를 규정하고 있다. 이미 중재절차라는 권리확정절차를 거친 후에 다시 집행판결절차라는 이중의 권리확정절차를 거치게 함은 지나친 것이라는 점, 실제 그 심사에 있어서도 본안의 심사는 원칙적으로 금지되어 있고, 단지 중재합의의 존재와 절차적 정의의 준수 여부 및 공공의 질서 위배 여부 등 특정 사항에 한정되어 있다는 점, 중재판정의 집행을 간이·신속하게 할 필요성이 지대하다는 점, 외국중재판정을 포함한 중재판정의 집행허가 여부의 재판을 거의 모든 국가가 판결절차가 아닌 간이한 절차에 의하여 재판하고 있는 점 등을 종합적으로 고려하면, 올바른 입법적 선택이라고 평가할 수 있을 것이다.[56]

---

54) 예컨대 황병일, "국내외 중재판정의 강제집행", 중재 제283호(1997 봄), 24면; 김봉석, "仲裁判定에 의한 執行判決의 節次와 그 問題點", 중재연구 제13권 제1호(2003. 8.), 171면; 이태희, "중재판정의 효율적 집행과 취소사유에 대한 고찰", 중재 제314호(2004 겨울), 8면 등 참조.

55) 1999년의 중재법 개정논의 당시도 중재판정의 집행절차를 결정절차로 하자는 제안이 있었으나, 결정에는 기판력이 없는 것이 원칙이고, 결정에 집행력을 인정하기 어려우며, 실무상 별다른 차이가 없다는 점 등을 고려하여 위 방안을 채택하지 아니하였다고 하나, 법리상의 문제는 집행결정에 대하여 중재법에 특별규정을 둠으로써 충분히 대처될 수 있고, 집행허용선언절차를 결정절차로 규정함으로써 그 절차의 간이신속화를 기대할 수 있을 것이라는 반론이 제기되어 있었다. 졸고, "중재판정 집행절차의 개선에 관한 연구", 법학연구(연세대학교 법학연구원) 제23권 제1호(2013. 3.), 84면〈이 책 260면〉; 석광현, 앞(주 44)의 글, 710면.

56) 졸고, 위의 글, 84면〈이 책 260면〉. 또한, 金洪奎·鄭圭相·鄭冀人·李康斌, "仲裁法 改正試案 및 解說", 仲裁學會誌 제2권(1992), 11면; 이태희, 앞(주 54)의 글, 11면; 이준상, "우리법원에서의 중재판정의 승인, 집행재판의 실무와 개선방안 ─ 월드뱅크그룹의 2010년 IAB 보고서의 검토를 겸하여 ─", 국제규범의 현황과 전망 ─ 2010년 국제규범연구반 연구보고 및 국제회의 참가보고(2011), 76면; 석광현, 앞(주 44)의 글, 700면; 정선주, 앞(주 5)의 글, 243면도 중재판정에 대한 집행허용선언절차를 결정절차로 하는 방안을 찬성하고

이에 따라 중재판정의 집행절차를 결정절차로 함에 따른 구체적인 절차규정을 정비하고 있는데, 개정 중재법에 따르면 ① 중재판정에 기초한 강제집행을 하려고 하는 당사자는 채무자를 상대방으로 하여 법원에 중재판정을 집행할 수 있다는 집행결정을 신청할 수 있고(절차의 개시 방법)(제37조 2항), ② 중재판정 승인 및 집행결정 신청사건은 임의적 변론을 하거나, 반드시 당사자들을 심문하도록 하는 필요적 심문제도를 채택하고(심리방식)(제37조 제4항), ③ 중재판정에 대한 승인 및 집행신청에 대하여는 결정의 형식으로 신청각하결정, 신청기각결정, 집행결정 및 승인결정을 하고, 결정에는 이유를 적어야 하되, 다만 변론을 거치지 아니한 경우에는 이유의 요지만을 적을 수 있도록 하며(재판의 형식)(제37조 제2항, 제5항), ④ 중재판정의 승인결정이나 집행결정에 대하여는 승인요건의 구비 여부에 대한 판단에는 기판력이 인정되고, 집행결정에 의하여 중재판정에 집행력이 부여되는 것으로 하고, 이러한 의미에서 중재판정에 대한 집행결정이 확정될 때는 중재판정의 취소를 구할 수 없다는 명문의 규정을 두고(집행력과 기판력의 유무)(제36조 제4항), ⑤ 모든 결정에 대하여 즉시항고에 의하여 불복할 수 있도록 하되(제37조 제6항), 이 즉시항고에는 집행정지의 효력이 없음을 규정하고, 다만 항고법원(재판기록이 원심법원에 남아 있는 때에는 원심법원)은 즉시항고에 대한 결정이 있을 때까지 담보를 제공하게 하거나 담보를 제공하게 하지 아니하고 원심재판의 집행을 정지하거나 집행절차의 전부 또는 일부를 정지하도록 명할 수 있으며, 담보를 제공하게 하고 그 집행을 계속하도록 명할 수 있도록 하는 한편(불복 방법)(제37조 제7항), 위 담보에 관한 결정에 대하여서는 불복할 수 없는 것으로(제37조 제8항) 규정하고 있다.

한편 중재판정에 대한 집행허용 여부에 대한 심사를 간소화하기 위하여 중재판정 자체를 집행권원으로 인정하여 중재판정에 대하여 집행문을 바로 부여하자는 입법론적 의견이 제시된 바 있으나,[57] 집행문 부여절차는 유효한 집행권원의 존재 및 집행당사자적격 등 일정한 사항에 대하여 집행에 문제가 없다는 것을 공증하기 위한 절차이므로, 그 과정에서 중재판정이 승인 및 집행요건을 갖추었

있었다. 다만 석광현 교수와 정선주 교수는 전면적으로 결정절차로 할 것을 제안하고 있으나, 다른 분들은 결정절차와 판결절차를 병용할 것을 주장하고 있었다.

57) 황병일, 앞(주 54)의 글, 24면; 김봉석, 앞(주 54)의 글, 197면; 손경한·김화진, "仲裁法 改正의 基本方向", 중재 제277호(1995 여름), 28면; 장문철, "중재법의 개정방향", 중재 제335호(2011 봄), 11면.

는지를 심사하는 것은 부적절하며, 그 담당자도 법관이 아니라 집행권원의 보관기관이므로 이 점에서도 집행문 부여 절차에서 중재판정이 그 집행요건을 갖추었는지를 심사할 수는 없다 할 것이어서[58] 개정위원회에서 채택되지 아니하였다.

3. 중재판정의 승인 및 집행을 위하여 제출할 서류

중재판정의 승인·집행 신청시 제출할 서류에 관하여 구 중재법 제37조 제2항은 개정전 모델법을 수용하여 "② 중재판정의 승인 또는 집행을 신청하는 당사자는 다음 각 호의 서류를 제출하여야 한다. 다만, 중재판정 또는 중재합의가 외국어로 작성되어 있는 경우에는 정당하게 인증된 한국어 번역문을 첨부하여야 한다. 1. 중재판정의 정본 또는 정당하게 인증된 그 등본. 2. 중재합의의 원본 또는 정당하게 인증된 그 등본."이라고 규정하고 있었으나, 개정 모델법 제35조 제2항은 "② 중재판정을 원용하거나 그 집행을 신청하는 당사자는 정당하게 인증된 중재판정문의 원본 또는 사본을 제출하여야 한다. 중재판정문이 해당국의 공용어로 작성되어 있지 아니한 경우에 당사자는 정당하게 증명된 해당국의 공용어 번역본을 제출하여야 한다."라고 규정하여 중재판정의 원본이나 그 사본만의 제출을 요구하고 있다.

중재판정의 승인·집행 신청시 제출할 서류에 관한 규정은 국제적으로 통일되고 투명한 중재판정 및 중재합의의 증명기준을 설정하기 위한 것이고, 형식적인 요건 아래 외국중재판정의 승인·집행을 편협하게 거부하는 것을 금지하기 위한 규정이므로, 이에 관한 개정 중재법 제37조 제3항은 개정 모델법을 전면적으로 수용하여 "③ 중재판정의 승인 또는 집행을 신청하는 당사자는 중재판정의 정본이나 사본을 제출하여야 한다. 다만, 중재판정이 외국어로 작성되어 있는 경우에는 한국어 번역문을 첨부하여야 한다."라고만 규정하여 그 제출 서류를 간소화하는 한편, 중재판정이 외국어로 작성되어 번역문을 제출할 경우 그 번역에 관하여 증명이나 인증을 요구하지 않기로 한 것이다.[59]

---

58) 졸고, 앞(주 55)의 글, 81면〈이 책 256면〉. 또한, 이태희, 앞(주 54)의 글, 10면; 석광현, 앞(주 3)의 글, 561면 이하 참조.

59) 정선주, 앞(주 5)의 글, 244면; 석광현, 앞(주 3)의 글, 556면; 졸고, "중재판정의 승인·집행을 위하여 제출할 서류", 중재연구 제23권 제2호(2013. 6.), 160면〈이 책 241면〉.

4. 중재판정 법원 보관제도의 개선

구 중재법 제32조 제4항은 "④ 제1항부터 제3항까지의 규정에 따라 작성·서명된 중재판정의 정본(正本)은 제4조 제1항부터 제3항까지의 규정에 따라 각 당사자에게 보내고, 중재판정의 원본은 그 송부 사실을 증명하는 서면을 첨부하여 관할법원에 송부하여 보관한다."라고 규정하여 중재판정의 원본은 의무적으로 관할법원에 송부하여 보관하도록 하였고, 이는 중재판정에 대한 공적인 인증의 의미를 지닌 제도이다. 이에 따라 대한상사중재원의 경우 중재판정의 원본은 관할법원에 보내고 그 사본만을 보관하고 있었고, 이후 다시 중재판정 정본을 받기 위하여서는 대한상사중재원이 아닌 관할법원에서 받아야 하였다.

그러나 임시중재의 경우나 외국중재기관이 주재하고 중재지가 대한민국인 중재의 경우 중재판정의 원본을 우리나라의 관할법원에 송부하여 보관하고 있는지는 의문이고, 기관중재의 경우에는 그 중재기관에서 손쉽게 원본을 보관할 수 있으므로, 이러한 경우 원본을 굳이 관할법원에 송부할 필요가 없으므로,[60] 개정 중재법은 중재판정 원본의 법원에의 필수적 송부제도를 폐지한 것이다.

다만 임시중재의 경우에는 중재판정을 법원이 보관할 필요가 있는 점 등을 고려하여,[61] 개정 중재법 제32조 제4항은 "④ 제1항부터 제3항까지의 규정에 따라 작성·서명된 중재판정의 정본(正本)은 제4조 제1항부터 제3항까지의 규정에 따라 각 당사자에게 송부한다. 다만, 당사자의 신청이 있는 경우에는 중재판정부는 중재판정의 원본을 그 송부 사실을 증명하는 서면과 함께 관할법원에 송부하여 보관할 수 있다."라고 규정하여, 당사자의 신청이 있는 경우에 한하여 중재판정의 원본을 법원에 송부하여 보관할 수 있도록 한 것이다.

X. 중재비용 및 지연이자

(1) 구 중재법은 중재비용이나 지연이자에 대하여 명시적인 규정을 두고 있지 아니하고, 모델법에도 없다.

먼저 중재비용의 경우에는 중재판정부가 이의 분담을 정하는 근거를 마련하

---

60) 정선주, 앞(주 5)의 글, 244면.
61) 석광현, 앞(주 3)의 글, 577면.

고 이때 기준이 되는 원칙 또는 고려되어야 할 사정의 존재 여부를 규정할 필요가 있으며, 당사자가 이에 대하여 달리 합의할 수 있는지 여부도 명확히 할 필요가 있으므로, 개정 중재법은 제34조의 2(중재비용의 분담)를 신설하여 "당사자 간에 다른 합의가 없는 경우 중재판정부는 중재사건에 관한 모든 사정을 고려하여 중재절차에 관하여 지출한 비용의 분담에 관하여 정할 수 있다."라고 규정하였다. 중재비용 분담에 있어서 기준이 되는 원칙 또는 고려되어야 할 사정으로서 패자 부담과 각자 부담을 상정할 수 있는데, 이에 관한 판단기준을 명시하기보다는 중재판정부에서 각개 중재사건에 관한 모든 사정을 고려하여 정하도록 함으로써 각개의 사건에 구체적 타당성이 있는 결론을 내릴 수 있다고 한 것이다.[62]

(2) 다음 지연이자의 경우에는 중재판정부가 이의 지급을 명하는 근거를 마련하고 이때 기준이 되는 원칙 또는 고려되어야 할 사정을 규정할 필요가 있으며, 당사자가 이에 대하여 달리 합의할 수 있는지 여부도 정할 필요가 있고, 실무적으로는 소송촉진 등에 관한 특례법이 중재절차에도 적용되는지 여부를 명백히 할 필요가 있으므로, 개정 중재법은 제34조의 3(지연이자)을 신설하여 "당사자 간에 다른 합의가 없는 경우 중재판정부는 중재판정을 내릴 때 중재사건에 관한 모든 사정을 고려하여 적절하다고 인정하는 지연이자의 지급을 명할 수 있다."라고 규정한 것이다.

실무상 특히 대한상사중재원 국내중재에 소송촉진 등에 관한 특례법을 적용하여 고율의 지연이자 지급을 명하는 판정이 종종 내려지고 있으나, 이는 법적 근거가 없으므로 중재법에 지연이자에 관한 조문을 신설하여 각개의 중재사건의 모든 사정을 고려하여 위 특례법의 적용 여부를 결정하는 것이 옳을 것이다.

XI. 2016년 개정 중재법에 반영되지 아니한 항목들

위에서 열거한 2016년 중재법에서 개정된 사항 이외에도 개정사항으로 제안되었으나 개정위원회에서 채택되지 아니하였거나, 개정위원회에서는 채택되었으나 입법과정에서 제외되는 등 반영되지 아니한 항목이 상당수 있다. 그중에는 필자로서는 위 개정에 반영하는 것이 바람직하였다고 생각하는 사항도 있고, 앞으

---

62) 중재비용에 관한 입법례로는 독일 민사소송법 제1057조, 일본 중재법 제49조, 영국 중재법 제61조, 홍콩 중재법 제74조 등을 들 수 있다.

로 다시 그 개정 여부가 재론될 수 있는 사항도 있으므로, 중요한 사항들을 추려
서 간략하게 소개하기로 한다.

1. 소비자, 근로자 보호규정의 신설

우리 중재법에는 중재에 있어서, 소비자나 근로자를 보호하는 규정이 없으
나, 일부 국가의 중재법규에서는 이에 관한 규정을 두고 있다.[63]

이에 대하여 사회적 약자에 대한 보호라는 의미에서, 특히 소비자나 근로자
의 경우 중재합의의 시기를 분쟁 발생 후로 제한하거나, 합의 방식을 서면으로
제한하는 보호규정을 신설하고, 기업 등 중재합의 체결의 상대방에게 합의체결
전에 중재합의의 법적 의미 등을 소비자 등이 충분히 이해할 수 있도록 설명의무
를 부과하는 방안에 대한 검토가 필요하다는 개정의견이 있었다.[64]

그러나 개정위원회에서 이에 대하여는 국제중재를 중심으로 생각할 경우 이
에 관한 별도의 규정은 필요 없다는 반론이 제기되었고, 이후 좀더 논의의 진전
을 거쳐 입법할 필요가 있다는 지적에 따라 개정위원회에서 개정사항으로 채택되
지 아니하였다.

2. 중재인의 사임에 관하여

중재법 제15조 제1항은 "중재인이 법률상 또는 사실상의 사유로 직무를 수행
할 수 없거나 정당한 사유 없이 직무 수행을 지체하는 경우에는 그 중재인의 사임
또는 당사자 간의 합의에 의하여 중재인의 권한은 종료된다."라고 규정하고 있다.

이에 대하여 중재인의 사임을 "정당한 사유"가 있는 경우로 제한하는 것은
중재인의 업무수행을 강제하는 것과 같은 결과를 초래하여 중재인의 권리를 부
당하게 제한하는 것이 되므로 중재인의 사임을 "기타 사유"로 규정하여 사임 가
능성을 확대하는 것이 바람직하다는 제안이 있었으나,[65] 중재인이 중요한 순간

---

63) 독일 민사소송법 제1031조 제5항은 "소비자가 관련된 중재합의는 반드시 당사자 중 1인
    의 자필서명이 문서에 포함되어야 한다."라고 규정하고 있다. 일본 중재법은 부칙 제3조
    에서 소비자가 체결한 중재합의를 해제할 수 있도록 규정하고, 부칙 제4조에서 개별 근
    로관계 분쟁에 관하여 근로자가 체결한 중재합의를 무효라고 규정하고 있다. 영국의
    1996년 중재법은 제89조 내지 제91조에서 소비자 중재합의에 관한 특칙을 두고 있다.
64) 정선주, 앞(주 5)의 글, 220면.
65) 정선주, 앞(주 5)의 글, 223면. 모델법 제14조 제1항과 독일 민사소송법 제1038조 제1항
    은 모두 중재인이 법률상 또는 사실상 자신의 직무를 이행할 수 없거나 다른 사유로 인

에 또는 당사자 일방을 위해서 사임하는 것을 방지하기 위하여 사임사유에 대한 제한이 필요하고, 중재인의 사임을 위해서는 법원의 승인을 요하도록 하여야 한다는 반대의견이 제시되어 개정위원회에서 개정사항으로 채택되지 아니하였다.[66]

3. 중재인 면책규정의 신설

우리 중재법상 중재인의 면책에 관한 규정은 없으나, 일부 국가의 중재법규에서는 중재인 면책규정을 찾아볼 수 있다.[67]

중재인에게 일반적인 민·형사책임을 인정하면 중재인 선정 수락을 받아내기가 쉽지 않을 것이고, 중재인의 책임을 묻는 소가 제기되면 실질적으로 분쟁에 대한 반복 심리가 가능해져 신속한 분쟁해결이라는 중재제도의 이상과도 맞지 않으므로, 중재인에 대한 면책 규정을 두자는 방안이 제시되었으나,[68] 중재인의 면책규정을 둔다고 하더라도 고의나 중과실이 있는 경우까지 면책할 것은 아니고, 구체적으로 어느 범위까지 면책을 인정할 것인지는 좀 더 검토를 요할 것으로 보인다는 점이 지적되어, 개정위원회에서 개정사항으로 채택되지 아니하였다.

4. 중재 비밀보장규정의 신설

일반적으로 중재의 특성으로 분쟁해결의 비밀보장을 들고 있으므로, 일부 입법례에서 볼 수 있듯이[69] 비밀유지조항을 신설할 필요가 있는지 여부를 검토할

하여 지체 없이 직무를 수행하지 아니하는 경우에 사퇴할 수 있다고 규정함으로써 정당한 사유를 요구하고 있지 않다.

66) 프랑스 민사소송법 제1457조는 중재인은 법률적으로 능력을 상실하거나, 또는 직무수행을 거부하거나 사임할 정당한 이유가 없는 한 그 임무가 완수될 때까지 업무를 계속하여야 한다고 규정하고 있고, 네덜란드 민사소송법 제1029조는 중재인이 사임하기 위해서는 법원의 승인을 얻어야 한다고 규정한다.

67) 다만 중재인 면책규정을 두는 경우에도 그 면책범위는 국가에 따라 다르다. 예컨대 영국 중재법 제29조는 중재인의 행위가 신의성실에 반하는(in bad faith) 경우가 아닌 이상 중재인을 면책할 수 있다고 규정하고, 싱가포르 국제중재법 제25조는 중재인에 대한 경과실(negligence)에 대한 면책을 명시적으로 규정하며, 홍콩 중재법 제104조는 중재인의 행위가 부정한(dishonestly) 경우가 아닌 한 면책할 수 있다고 규정하고 있다.

68) 정선주, 앞(주 5)의 글, 224면.

69) 예컨대 홍콩 중재법 제18조는 중재절차와 중재판정에 관한 정보의 공개를 금지하고 있

필요가 있다는 개정의견이 있었다.[70)]

그러나 대부분의 입법례는 이와 같은 규정을 두고 있지 않고, 2011년 개정된 프랑스 민사소송법은 국내중재와는 달리 국제중재에 있어서는 비밀유지 준수의무 조항의 적용을 배제하고 있으며,[71)] 비밀유지 여부는 당사자들이 선택한 기관의 중재규칙에 따르면 족하므로 별도로 위 조항을 신설할 필요가 없다는 반론이 제기되어,[72)] 개정위원회에서 개정사항으로 채택되지 아니하였다.

5. 중재판정 취소사유의 배제 합의에 관하여

우리 중재법은 모델 중재법을 충실히 반영하여, 중재판정의 취소사유를 중재합의시나 중재판정 전에 당사자들이 합의로써 중재판정 취소의 소를 전면 배제하거나 취소사유를 일부 배제할 수 있다는 규정을 두고 있지 아니하다. 뉴욕협약에서는 이에 관하여 아무런 규정을 두고 있지 아니하여 각국에서 이에 관하여 상이한 입법을 하고 있다.[73)]

이에 대하여 근자에 한국을 중재지로 하는 국제중재가 늘어나고 있으므로, 중재합의시나 중재판정 전에 당사자들이 합의로써 중재판정 취소의 소를 전면 배제하거나 취소사유를 일부 배제할 수 없음을 명시함으로써 법적 불확실성을 배제하는 것이 바람직하고, 현 단계로서는 한국과 별로 관련이 없는 분쟁에 관한 한 이를 배제하는 합의를 허용하는 정도는 고려할 수 있다는 의견이 있었으나,[74)] 이

고, 호주 중재법 제23조의 D 내지 제23조의 G는 중재절차와 중재판정에 관한 정보 공개 원칙 및 예외에 대하여 자세히 규정하고 있다.

70) 정선주, 앞(주 5)의 글, 248면은 중재제도의 가장 큰 장점 중의 하나로 들고 있는 것이 절차의 비공개라는 점을 고려하면 오스트리아 민사소송법 제616조 제2항과 같이 중재판정 취소절차를 비공개로 진행할 수 있음을 규정할 것을 제안하고 있다.

71) 안건형·유병욱, "프랑스 개정 민사소송법의 주요내용과 시사점", 민사소송 제15권 제2호(2011. 11.), 106면.

72) 석광현, 앞(주 3)의 글, 579면.

73) 예컨대 프랑스 민사소송법 제1522조 제1항은 국제중재의 당사자들이 프랑스 내에서 내려진 중재판정에 대해 취소의 소를 제기할 수 있는 권한을 합의에 의하여 명시적으로 포기할 수 있다고 규정하고 있다. 안건형·유병욱, 앞(주 54)의 글, 110면. 스위스 국제사법 제192조는 그러한 배제합의는 스위스 내에 당사자들의 거주지, 상거소 또는 영업소가 존재하지 않는 경우에만 유효하다고 규정한다. 이에 관한 논의는 졸고, "국제중재판정의 취소사유의 확장 또는 제한─법원에 의한 본안의 심사와 관련하여", 국제거래법연구 제21집 제2호(2012. 12.), 181면 이하〈이 책 177면 이하〉 참조.

74) 석광현, 앞(주 3)의 글, 572면.

에 대하여 현행의 모델법 체제를 유지함이 바람직하다는 반론이 제기되어, 개정
위원회에서 개정사항으로 채택되지 아니하였다.

6. 중재판정의 취소절차

구 중재법상 중재판정의 집행허가절차와 중재판정의 취소절차는 모두 판결
절차로 구성하고 있었는데, 개정 중재법은 중재판정의 집행허가절차를 결정절차
로 변경하여 신속 간이한 처리를 도모하고 있음은 앞서 살핀 바와 같다.

이와 관련하여 중재판정의 취소절차와 중재판정의 집행허가절차는 모두 중
재판정의 효력에 직접적으로 관련된 절차로서, 그 취소사유와 그 집행거부사유는
실질적으로 동일하며, 중재판정의 취소절차와 중재판정의 집행허가절차를 동시
에 진행하거나, 양 절차의 중복을 피할 필요성이 있으므로, 필자는 중재판정의 집
행허용선언을 판결절차 아닌 결정절차로 한다면, 중재판정 취소절차도 결정절차
로 하여야 한다고 제안하였고,[75] 실제로 우리와 민사소송 및 민사집행법제가 유
사한 독일과 일본은 모두 양 절차를 결정절차로 구성하고 있다. 그러나 중재판
정의 취소는 신중하게 할 것이므로 판결절차로 하고 있는 구 중재법 체제를 유
지하여야 한다는 견해가 우세하여, 개정위원회에서 개정사항으로 채택되지 아니
하였다.

이에 따라 종전에는 중재판정 취소의 소와 집행판결 청구의 소를 청구의 병
합이나, 반소의 형태로 병합하여 동일한 절차 내에서 진행할 수 있었으나, 이제는
양자가 판결절차와 결정절차라는 다른 종류의 소송절차로 되어서 그와 같은 병합
심리가 불가능하게 되었고,[76] 동시에 심리하거나 병행하여 진행할 수 있을 뿐이
다. 또한 중재판정 취소의 판결절차와 중재판정 집행의 결정절차가 별개로 진행
되어 서로 반대되는 판단이 내려질 가능성도 배제할 수 없다.

두 종류의 절차에서 주된 심리의 대상인 중재판정의 취소사유와 승인·집행
거부사유는 거의 동일한데,[77] 취소절차에서는 신중한 심리를 도모하고, 승인·집
행절차에서는 간이 신속한 처리를 지향한다는 것은 서로 상충되고 있는바, 중재

---

75) 졸고, 앞(주 55)의 글, 99면〈이 책 273면〉.
76) 이시윤, 앞(주 39)의 책, 700면.
77) 이를 고려하여 중재법 제36조 제4항은 "④ 해당 중재판정에 관하여 대한민국의 법원에서
내려진 승인 또는 집행 결정이 확정된 후에는 중재판정 취소의 소를 제기할 수 없다."라
고 규정하고 있다.

판정의 취소사유에 대하여 충분한 심리기회를 준다고 하더라도 예컨대 집행절차에서와 같이 필요적 심문을 시행하면 족하고, 중재판정의 취소절차 역시 간이 신속한 처리를 지향함이 바람직하다고 생각된다.[78]

결과적으로 중재판정의 취소절차를 판결절차로 할 경우 그 절차가 엄중하게 진행되어 중재판정의 집행이 지연될 우려가 있고, 중재판정의 집행절차와 취소절차는 동전의 앞뒷면으로까지 비유되는 절차임에 비추어 위 제안이 채택되지 않았음에 대하여 필자는 유감으로 생각하며 언젠가 다시 개정되어야 할 사항으로 생각하고 있다.

7. 중재판정 취소 후의 절차

중재판정이 취소된 경우 당사자들의 의사가 법원의 판단을 받기를 원하는지 아니면 중재에 의한 해결을 원하는지에 따라 취소 후의 절차가 달라질 것인바, 중재합의가 부활하는 것으로 규정하여 중재판정부로 사건을 환송하도록 하는 것이 바람직하다는 의견이 있었으나, 이에 대하여서는 해석론에 맡기는 것이 적절하다는 의견, 중재판정이 취소된 경우 중재합의의 효력 유무에 따라 이후의 절차가 달라지므로 이를 반영하여 달리 규정하여야 한다는 의견 등이 제시되어,[79] 개정위원회에서 개정사항으로 채택되지 아니하였다.

8. 뉴욕협약의 적용을 받지 않는 외국중재판정의 승인과 집행

우리 중재법 제39조 제2항은 "② 「외국 중재판정의 승인 및 집행에 관한 협약」을 적용받지 아니하는 외국 중재판정의 승인 또는 집행에 관하여는 「민사소송법」 제217조, 「민사집행법」 제26조 제1항 및 제27조를 준용한다."라고 규정하여 뉴욕협약을 적용받지 않는 외국중재판정은 외국판결의 승인 및 집행에 준하여 규율하고 있다(중재법 제39조 제2항).

그러나 외국판결의 집행요건을 외국중재판정의 집행에 준용함에 무리가 있고, 그 요건 중의 하나인 상호보증이 중재지 소재 국가에 있을 것을 요구할 의미

---

78) 석광현 교수는 중재판정의 취소절차를 결정절차로 함에 반대하고 있었으나, 견해를 바꾸어 찬성하는 듯하다. 석광현, "2016년 중재법에 따른 국내중재판정의 효력, 취소와 승인·집행에 관한 법리의 변화", 법학논총(한양대학교) 제34권 제1호(2017), 491면.

79) 이에 관한 논의는 목영준·최승재, 앞(주 4)의 책, 291면; 김갑유 외, 앞(주 14)의 책, 298면; 졸고, "改正仲裁法에 관한 小考", 중재 제302호(2001. 겨울), 15면〈이 책 65면〉 참조.

가 없으며, 실질적으로 전 세계의 모든 국가가 뉴욕협약에 가입하고 있는 점 등을 고려하면, 모든 외국중재판정에 대하여 뉴욕협약을 적용하자는 제안이 있었으나,[80] 일부 국가는 아직도 뉴욕협약에 가입하고 있지 아니하므로 구 중재법의 체제를 유지함이 바람직하다는 지적이 제기되어, 개정위원회에서 개정사항으로 채택되지 아니하였다. 현재 우리나라와 교역하는 국가 중 뉴욕협약에 가입하지 아니한 국가는 대만 외에는 없는 것이 실정이므로, 필자로서는 이 사항 역시 앞으로 시급히 개선할 사항이라고 생각한다.

한편 개정 중재법에 의하면 앞서 살핀 바와 같이 중재판정의 집행절차를 판결절차에서 결정절차로 변경하였는데, 중재법 제39조 제2항은 개정되지 아니한 채 외국판결의 집행판결절차에 관한 민사집행법 제26조 제1항과 제27조를 준용하고 있으므로, 뉴욕협약을 적용받지 않는 외국중재판정의 집행절차를 개정 중재법 제37조에 따라 결정절차로 할 것인가, 아니면 같은 법 제39조에 의하여 준용되는 민사집행법에 따라 판결절차로 할 것인가의 문제가 있고, 이에 대하여는 판결절차에 의하여야 한다는 견해와[81] 결정절차에 의하여야 한다는 견해가[82] 대립하고 있다. 이는 개정법에서 명확하게 규정할 필요가 있었음에도 이를 정하지 아니한 것은 잘못이라고 할 것이나, 중재법 제2조 제1항은 제37조는 뉴욕협약 가입여부에 관한 유보 없이 외국중재판정에 적용된다고 규정하고 있고, 민사집행법 제26조 제1항과 제27조는 단지 준용될 뿐인 점을 고려하면 결정절차에 의하여야 한다는 견해가 타당하고, 제37조를 개정한 취지에 부합한다고 생각한다.

9. 중재규칙 제정 등 승인제도의 폐지

중재법 제41조(중재규칙의 제정 및 승인)는 "같은 법 제40조에 따라 상사중재기관으로 지정받은 사단법인이 중재규칙을 제정하거나 변경할 때에는 대법원장의 승인을 받아야 한다."라고 규정하고 있다.

그러나 중재는 법원의 소송이 아닌 당사자들의 자치적인 분쟁해결방법이므로 가급적 법원의 관여를 배제하는 것이 원칙이고, 상사중재기관은 스스로 중재

---

80) 석광현, "改正仲裁法의 몇 가지 문제점－國際商事仲裁를 중심으로－", 國際私法과 國際訴訟 제2권(2001), 471면; 정선주, 앞(주 5)의 글, 249면.

81) 전병서, "중재판정의 집행결정절차에 관한 검토", 사법 제49호(2019), 137면.

82) 석광현, 앞(주 8)의 글, 258면.

규칙을 제정하여 시행할 수 있음은 당연한 것이므로 별도로 규정을 둘 필요 없다고 보아 개정위원회에서 개정사항으로 채택하여 위 위원회에서 제시한 개정 법률안에서는 위 규정을 삭제하고 있었다.

그러나 국회 심의과정에서 중재인 선정, 임시적 처분, 중재판정의 취소 및 집행 등 중재제도 전반에 걸쳐 법원의 관여가 인정되고 있고, 중재규칙에는 중재인의 선정, 적격 등 중재절차의 공정성 및 타당성을 담보하기 위한 핵심적인 내용이 다수 규정되어 있다는 점에서, 공정하고 적정한 중재절차 운영을 위해서는 처음부터 중재절차가 적정하게 운용될 수 있도록 할 필요가 있고, 또한 현행처럼 법무부 등 행정기관이 아닌 대법원이 중재규칙을 심사하는 경우에는 국제중재에 대해 국가가 직접적 관여한다거나 자국의 이익을 대변한다는 오해의 소지도 크지 않다는 점이 지적되어,[83] 개정사항으로 채택되지 아니하였다.

중재절차는 당사자 자치가 원칙이고, 세계 유수의 상설 중재기관이 각기 소재국 법원의 간섭 없이 독자적으로 중재규칙을 제정하고 있는 점 등을 고려하면 위 조항은 삭제하는 것이 바람직하고, 이번에 그 개정이 이루어지지 않은 점은 유감으로 생각한다.

XII. 맺음말

한국은 1999년 모델법을 수용함으로써 국제적으로 검증된 중재법을 가지고 있다고 평가할 수 있으나, 그 후 상당한 시일이 흐르는 사이 변화된 중재에 관한 인식과 여건, 구 중재법에 대한 비판의견, 개정된 모델법 등을 고려하면, 구 중재법을 발전적인 방향으로 개선한 개정 중재법의 채택은 올바른 선택으로 보인다. 특히 우리나라에서 중재절차의 이용이 활성화되는 가운데 중재에 관련된 여러 학계 및 실무가가 참여하여 공감대를 형성하여 이번 중재법 개정이 이루어진 점은 매우 뜻깊은 일이다. 필자로서는 이번 중재법 개정에 일부 미흡한 점도 있다고 생각하나, 이는 개정 중재법의 시행과 더불어 좀더 깊은 논의를 거치면서 앞으로 개선해 나갈 수 있으리라고 보인다.

이제는 2016. 5. 29. 개정된 중재법과 그 이후 2016. 12. 27. 제정된 중재산업

---

83) 국회 법제사법위원회, 중재법 일부개정법률안 심사보고서(2016. 4.), 45면.

진흥에 관한 법률을 바탕삼아 소송절차에 치우친 분쟁해결을 탈피하여 중재의 이용을 크게 활성화하고, 한국의 국제중재 중심지로서의 위상을 높이는 등 중재산업의 진흥을 위하여 전력을 다하여야 할 것이다.

제 **3** 장

중재판정의 효력과 취소

[4] 국내중재판정의 효력에 관하여

– 중재법 제35조의 해석을 중심으로 –

> 이 글은 民事訴訟 제23권 제3호(2019. 10.), 333-379면에 실린 글이다. 2016년 중재법을 전반적으로 개정하면서 제35조는 그 해석에 관한 의문사항을 해소하기 위하여 개정되었음에도 불구하고, 이후에도 논란이 지속되고 있어서 이 부분에 관한 필자의 견해를 상세히 밝힌 글이다.

I. 머리말

1. 중재법의 2016년 개정경과

한국의 중재법은 1966년 제정되었다가, 수차례 부분 개정을 거친 바 있다. 그러나 1999. 12. 31.에 이르러 1985년 제정된 국제상사중재에 관한 UNCITRAL 모델법(UNCITRAL Model Law on International Commercial Arbitration, 이하 모델법이라고 한다)을 전면적으로 수용하여 전문 개정되었다. 다만 모델법과 한국의 사법제도와의 충돌을 피하기 위하여 조문의 순서나 배열, 그리고 다소간의 내용을 수정 보완하는 식으로 개정하였다.[1] 이 중재법은 국제적인 추세에 따른 법으로서 비교적 성공적으로 운영되어 왔다고 평가할 수 있다.

한국은 아시아 지역에서의 지리적 이점과 높은 경제 개방성 등의 장점을 살려 서울국제중재센터를 개소하는 등 중재 허브로의 도약을 모색하고 있는데, 이를 위하여 중재법을 선진화할 필요성을 크게 느끼게 되어 법무부에서 중재법 개정위원회(이하 개정위원회라고 한다)를 구성하여 2013. 3. 29.부터 2014. 10. 31.까지 20차에 걸쳐 위원회를 개최하고, 그 논의결과를 종합하여 중재법 일부개정 법률안을 마련하였고, 이를 법무부에서 다듬어서 2015. 10. 8. 국회에 제출하여 심의한 결과 위 개정안의 거의 전부가 반영된 중재법 일부개정 법률이 2016. 5. 20. 공포되어서 같은 해 11. 30.부터 시행 중이다.

---

1) 장문철, "개정 중재법 해설", 인권과 정의 제284호(2000), 99면. 또한 하용득, "仲裁法의 改正經過 및 主要內容", 중재 295호(2000), 6면 이하 참조.

이번 중재법 개정은 중재법 전반을 검토하여 상당 부분이 개정되었는데, 중요한 개정사항으로는 첫째 2006년 개정된 모델법을 수용하여 중재합의의 서면성을 완화하고, 임시적 처분에 관한 규정을 대폭적으로 정비한 점, 중재판정의 집행을 위하여 제출할 서류를 간소화한 점, 둘째 종전에 문제점이 제기된 중재판정의 집행허가절차를 판결절차에서 결정절차로 변경한 점, 셋째 중재판정의 효력에 관한 규정을 정비한 점 등을 들 수 있을 것이다.

필자는 위 개정위원회의 위원장으로서 개정을 위한 논의의 전과정에 참여하였고, 2016년 중재법이 개정되기 이전에 위 중요한 개정사항 이외에도 개정의 대상이 된 전항목을 다룬 개정법률안에 대한 글을 이미 발표한 일이 있다.[2] 이 글은 그중에서 특히 그 개정 이후에도 논란이 되고 있는 국내중재판정의 효력에 관한 개정 중재법 제35조에 대한 해석론만을 다루기 위한 것이다. 즉 그 이전 중재법에 관하여 국내중재판정의 효력에 관한 제35조와 그 승인 및 집행에 관한 제38조의 해석을 둘러싸고 논란이 있어서, 이를 명백하게 정리하기 위하여 제35조와 제38조를 개정하면서 제35조에 단서를 추가하였는데, 개정 이후에도 특히 제35조 단서에 관한 논란이 계속되고 있어서 이 부분에 대한 필자의 견해를 다시 한번 밝힐 필요가 있다고 생각되어 이 글을 작성하게 되었음을 미리 밝힌다.[3]

2. 중재판정의 승인과 효력의 관계

중재판정의 효력에 관한 구체적인 논의에 들어가기 전에 먼저 중재판정의 효력은 중재판정을 승인한 결과 인정되는 효력이라는 점을 지적하고 싶다. 바꾸어 말하면 중재판정의 승인은 중재판정에 법적인 효력을 인정하는 것을 의미한다.[4]

---

2) 위 위원회 진행 중 그 논의사항을 소개한 글로 졸고, "한국의 최근의 중재법 개정논의 – 국제중재의 활성화를 위하여", 국제거래법연구 제22집 제2호(2013), 1면 이하 및 졸고, "중재법 개정 법률안의 주요내용", 민사소송 제19권 제1호(2015), 353면 이하 참조.

3) 따라서 이 글에는 중재판정의 구체적 효력인 기판력이나 집행력 등과 그 승인 및 집행절차에 대한 논의는 포함되어 있지 아니하다.

4) 졸고, "중재판정의 승인의 개념, 효력 및 절차에 관한 연구", 중재연구 제23권 제1호(2013), 3면〈이 책 201면〉. 또한 石光現, "외국중재판정의 승인·집행제도의 개선방안", 國際私法과 國際訴訟 제5권(2012), 692면은 외국중재판정의 승인은 우리 법원이 외국중재판정에 대하여 적법하게 내려진 것으로서 그 효력을 인정하는 것이라고 보고 있다. 목영준·최승재, 상사중재법(개정판)(2018), 298면은 중재판정의 승인은 법원이 중재판정에 우리 법원의 확정판결과 같은 효력을 인정하는 것을 말하고, 중재판정은 법원으로부터

중재판정은 근본적으로 사인의 재판행위이므로, 국가의 입장에서 그 법률적 효력을 인정하기 위하여서는, 당사자 사이에 적법 유효한 중재합의가 있었는지, 중재판정부의 구성이나 중재절차의 진행 등에 있어서 당사자들의 절차권이 보장 되었는지, 그리고 중재판정의 내용이 공공의 질서에 부합하는지 여부 등 중재판 정이 그 국가의 법질서에 적합한지 여부를 심사할 권한이 있다고 할 것이고, 이 에 따라 국가에서는 중재판정의 승인 또는 집행에 협력하여 주면서도 법질서에 부합하는지 여부를 심사하기 위한 최소한의 기준을 설정하여 놓고 이 기준에 부 합하는 중재판정만을 승인 또는 집행하여 주고 있는데,[5] 그 승인의 결과 중재판 정에 대하여 일정한 효력을 인정한다고 할 것이다.

우리 중재법상으로도 국내중재판정에 대하여서는 직접적으로 그 효력에 대 하여 규정한 제35조를 두고 있으나, 외국중재판정에 대하여서는 그와 같은 규정 이 없이 제39조에서 그 승인 및 집행에 대하여서만 규정하고 있으나, 그 승인의 결과 일정한 효력이 인정된다는 점에서도 중재판정의 효력과 승인은 동전의 앞뒷 면과 같은 관계에 있음을 알 수 있다. 따라서 중재판정의 승인에 대한 논의는 필 연적으로 그 승인의 결과로서의 중재판정의 효력에 관한 논의에 직결된다.

3. 국내중재판정과 외국중재판정의 효력의 구분

또한, 우리 중재법은 국내중재판정과 외국중재판정의 효력을 구분하여 규율 하고 있으므로, 양자를 나누어 논의할 필요가 있고, 근래 논의의 대상인 중재법 제35조는 국내중재판정의 효력에 관한 것이라는 점을 강조하고 싶다.

즉 우리 중재법 제35조는 "중재판정의 효력"이라는 표제 아래 "중재판정은 양쪽 당사자 간에 법원의 확정판결과 동일한 효력을 가진다."라고 규정하고 있는 데, 같은 법 제2조 제1항에서 "이 법은 제21조에 따른 중재지가 대한민국인 경우 에 적용한다. 다만, 제9조와 제10조는 중재지가 아직 정해지지 아니하였거나 대 한민국이 아닌 경우에도 적용하며, 제37조와 제39조는 중재지가 대한민국이 아닌 경우에도 적용한다."라고 규정하고 있으므로, 위 제35조의 규정은 중재지가 대한

승인받음으로써 기판력을 가지게 된다고 한다. 그러나 윤진기, "2016년 개정 중재법의 중재판정 집행에 관한 문제점", 중재연구 제26권 제4호(2016), 10면은 중재판정의 기판력 을 마치 법원의 승인에서 나오는 것처럼 서술하는 견해가 있으나, 이는 중재판정에 확정 판결과 동일한 효과를 부여한 중재법의 취지에 반한다고 하고 있다.

5) 목영준·최승재, 앞(주 4)의 책, 297면.

민국인 경우의 중재판정, 즉 국내중재판정에 한하여 적용되는 규정이고, 이는 2016년 개정 전후 모두 동일하다.

1999년 개정 이전의 중재법은 외국중재판정에 관한 규정을 두고 있지 아니하였으나, 그 이후에는 중재법상 국내중재판정과 외국중재판정을 구분하여 제39조에 외국중재판정의 승인과 집행에 관한 규정을 두고 있다.[6] 이러한 체제 아래에서 외국중재판정의 효력은 위 제35조에 의하여서가 아니라, 위 제39조에 의하여 외국중재판정이 승인된 결과 인정되는 것이라고 보아야 한다.[7] 따라서 현행법상 중재판정의 효력은 국내중재판정의 경우와 외국중재판정의 경우를 나누어서 고찰하여야 하며, 근래 주로 논의의 대상이 된 위 제35조에 관한 논의는 국내중재판정의 효력에 한정된 논의라고 볼 것이다.

참고삼아 국내중재판정이라고 하여 국내중재사건에 관한 것에 한정된 것은 아니고, 국내중재판정의 대상이 국제중재사건이라도 중재지가 대한민국인 경우에는 국내중재판정인 점을 유의할 필요가 있다. 예를 들면 미국 기업과 중국 기업 사이에서 중재지로 서울을 정한 중재사건에 대한 판정은 국내중재판정이나 국제중재사건에 대한 판정이라고 할 것이고, 이와 같은 국제중재사건에 대한 국내중재판정이 늘어나야 한국이 아시아권의 중재 허브로 발전하였다고 할 수 있을 것이다. 우리 중재법은 국제중재사건에 대한 정의를 두고 있지 아니하나, 모델법과 대한상사중재원의 중재규칙에는 국제중재사건에 관한 정의규정을 두고 있는 바,[8][9] 이는 이 글의 범위를 벗어나므로 이에 대한 논의는 생략한다.

---

6) 그 밖에도 중재법 제2조 제1항에서 제9조, 제10조, 제37조는 외국중재판정에 적용됨을 명시하고 있음은 앞서 본 바와 같다.

7) 졸고, 앞(주 4)의 글, 6면〈이 책 204면〉.

8) 모델법은 원칙적으로 국제상사중재사건만을 적용대상으로 삼아, 제1조(적용 범위)에서 "① 이 법은 당국과 타국 간에 체결된 모든 합의에 순응할 것을 조건으로 하고 국제상사중재에 이를 적용한다. ② 이 법의 규정은 제8조, 제9조, 제17조의 H, 제17조의 I, 제17조의 J, 제35조 및 제36조를 제외하고, 중재지가 해당국의 영역 내에 있는 경우에 한하여 적용한다. ③ 국제중재는 다음에 해당하는 경우이다. 1. 중재합의의 당사자가 중재합의를 체결할 당시 상이한 국가 내에 영업소를 두고 있는 경우. 2. 다음 장소 중 어느 한 장소가 당사자의 영업소 소재지국 외에 있는 경우. (i) 중재합의에서 결정되어 있거나 또는 그에 따라 결정되는 중재지. (ii) 상거래상 의무의 실질적인 부분이 이행되어야 할 장소 또는 분쟁의 본안사항과 가장 밀접하게 연결되어 있는 장소. 3. 중재합의의 본안사항이 2개국 이상과 관련되어 있다고 당사자들이 명시적으로 합의한 경우. ④ 제3항의 적용상 1. 일방당사자가 2개 이상의 영업소를 두고 있는 경우에는 중재합의와 가장 밀접한 관계가 있는 영업소를 지칭하고, 2. 일방당사자가 영업소를 두고 있지 아니하는 경우에는 상

이하에서는 중재판정의 효력에 관한 중재법상 규정의 변천과 2016년의 개정 경위(Ⅱ.)를 살펴보고, 이에 관련된 1958년 "외국중재판정의 승인 및 집행에 관한 국제연합협약"(United Nations Convention on the Recognition and Enforcement of Foreign Arbitral Awards, 이하 "뉴욕협약"이라 한다) 및 모델법의 입장과 외국의 입법례(Ⅲ.)를 검토한 후, 국내중재판정의 효력에 관한 중재법 제35조의 해석론(Ⅳ.)을 제시하는 순으로 논의를 전개하려고 한다.

Ⅱ. 중재판정의 효력에 관한 중재법상 규정의 변천과 2016년의 개정 경위

1. 중재판정의 효력에 관한 중재법상 규정의 변천

가. 1966년 제정된 중재법

1966년에 제정된 우리 중재법은 다음과 같이 규정하고 있었다.

제12조(중재판정의 효력) 중재판정은 당사자 간에 있어서는 법원의 확정판결과 동일한 효력이 있다.

이 법에는 외국중재판정에 관한 규정은 없었으나,[10] 한국이 1973. 2. 8. 뉴욕협약에 가입한 이후에는 그 적용을 받는 외국중재판정에 관하여서는 위 협약에 의한 승인의 효과로써 판정의 효력이 정하여진다고 할 것이고, 그 밖의 외국중재판정에 대하여서도 국제사법 및 국제민사소송법에 기초한 조리에 의하여 그 승인

거소를 참조하는 것으로 한다."라고 규정하고 있다.

9) 대한상사중재원의 국제중재규칙 제2조(정의) 제3항은 "'국제중재'란 다음 각 목의 어느 하나에 해당하는 중재를 말한다. 가. 중재합의를 할 당시 당사자들 중 1인 이상이 대한민국 외의 곳에 영업소를 두고 있는 경우. 나. 중재합의에서 정한 중재지가 대한민국이 아닌 경우."라고 규정하는 한편 제3조(적용범위)에서 "① 이 규칙은 다음 각 호의 어느 하나의 경우에 적용한다. 이 경우 이 규칙은 중재합의의 일부를 구성한다. 다만, 당사자들이 수정한 사항은 그에 따른다. 1. 당사자들이 이 규칙에 따라 중재를 진행하기로 서면으로 합의한 경우. 2. 당사자들이 분쟁을 중재에 의해 해결하기로 서면으로 합의한 경우로서 해당 중재가 국제중재인 경우."라고 규정하고 있다.

10) 1966년 제정된 중재법은 국내중재절차와 국내중재판정에 적용될 것을 전제로 제정된 것이라고 해석되었고, 다만 그 성질상 일부 조문은 외국중재판정에도 적용된다고 하고 있었다. 졸고, "外國仲裁判定의 承認과 執行-뉴욕協約을 중심으로-", 裁判資料 제34집 (1986), 662면〈이 책 8면〉.

및 집행이 이루어져야 한다고 해석하는 것이 일반적이었다.[11]

나. 1999년 개정된 중재법

1999. 12. 3. 모델법을 전면 수용하여 중재법을 전문개정하였는바, 모델법에는 중재판정의 효력에 관한 규정이 없는데도 개정된 중재법 제35조에 구법상의 제12조와 같은 취지의 규정을 두었고, 국내중재판정과 외국중재판정에 구분하여 제38조와 제39조에 각기 그 승인과 집행에 관한 규정을 둔 것이다. 위 각 규정 및 이들과 밀접한 관련이 있는 중재판정 취소의 소에 관한 제36조는 아래와 같다.

제35조(중재판정의 효력) 중재판정은 양쪽 당사자 간에 법원의 확정판결과 동일한 효력을 가진다.

제36조 (중재판정취소의 소) ① 중재판정에 대한 불복은 법원에 제기하는 중재판정취소의 소에 의하여만 할 수 있다.

② 법원은 다음 각호의 1에 해당하는 때에 한하여 중재판정을 취소할 수 있다.

　1. 중재판정의 취소를 구하는 당사자가 다음 각목의 1에 해당하는 사유를 증명하는 경우

　　가. 중재합의의 당사자가 그 준거법에 의하여 중재합의 당시 무능력자이었던 사실 또는 중재합의가 당사자들이 지정한 법에 의하여 무효이거나 그러한 지정이 없는 경우에는 대한민국의 법에 의하여 무효인 사실

　　나. 중재판정의 취소를 구하는 당사자가 중재인의 선정 또는 중재절차에 관하여 적절한 통지를 받지 못하였거나 기타의 사유로 인하여 본안에 관한 변론을 할 수 없었던 사실

　　다. 중재판정이 중재합의의 대상이 아닌 분쟁을 다룬 사실 또는 중재판정이 중재합의의 범위를 벗어난 사항을 다룬 사실. 다만, 중재판정이 중재합의의 대상에 관한 부분과 대상이 아닌 부분으로 분리될 수 있는 경우에는 대상이 아닌 중재판정 부분만을 취소할 수 있다.

　　라. 중재판정부의 구성 또는 중재절차가 이 법의 강행규정에 반하지 아니하는 당사자간의 합의에 따르지 아니하거나 그러한 합의가 없는 경우에는 이 법에 따르지 아니하였다는 사실

　2. 법원이 직권으로 다음 각목의 1에 해당하는 사유가 있다고 인정하는 경우

　　가. 중재판정의 대상이 된 분쟁이 대한민국의 법에 따라 중재로 해결될 수 없

---

11) 그 상세에 관하여서는 졸고, 앞(주 10)의 글, 696면〈이 책 38면〉.

는 때

　　나. 중재판정의 승인 또는 집행이 대한민국의 선량한 풍속 기타 사회질서에 위배되는 때

③ 중재판정취소의 소는 중재판정의 취소를 구하는 당사자가 중재판정의 정본을 받은 날부터 또는 제34조의 규정에 의한 정정·해석 또는 추가판정의 정본을 받은 날부터 3월이내에 제기하여야 한다.

④ 당해 중재판정에 관하여 대한민국의 법원에서 내려진 승인 또는 집행판결이 확정된 후에는 중재판정취소의 소를 제기할 수 없다.

제38조(국내 중재판정) 대한민국에서 내려진 중재판정은 제36조 제2항의 사유가 없으면 승인되거나 집행되어야 한다.

제39조(외국 중재판정) ①「외국 중재판정의 승인 및 집행에 관한 협약」을 적용받는 외국 중재판정의 승인 또는 집행은 같은 협약에 따라 한다.

②「외국 중재판정의 승인 및 집행에 관한 협약」을 적용받지 아니하는 외국 중재판정의 승인 또는 집행에 관하여는 「민사소송법」 제217조, 「민사집행법」 제26조 제1항 및 제27조를 준용한다.

다. 2016년 개정된 중재법

2016. 5. 29. 중재법을 전면적으로 개정할 당시 국내중재판정의 효력에 관한 제35조에 아래와 같이 단서를 추가하였고, 국내중재판정에 관한 제38조에 그 승인 및 집행의 거부사유를 개별적으로 열거하는 방식으로 명확하게 규정하였다. 그러나 외국중재판정의 승인 및 집행에 관한 제39조는 개정되지 아니하였고, 중재판정 취소의 소에 관한 제36조는 제2항 제1호 나목이 "중재판정의 취소를 구하는 당사자가 중재인의 선정 또는 중재절차에 관하여 적절한 통지를 받지 못하였거나 그 밖의 사유로 변론을 할 수 없었던 사실"로 수정되었을 뿐이다.

제35조(중재판정의 효력) 중재판정은 양쪽 당사자 간에 법원의 확정판결과 동일한 효력을 가진다. 다만, 제38조에 따라 승인 또는 집행이 거절되는 경우에는 그러하지 아니하다.

제38조(국내 중재판정) 대한민국에서 내려진 중재판정은 다음 각 호의 어느 하나에 해당하는 사유가 없으면 승인되거나 집행되어야 한다.

　　1. 중재판정의 당사자가 다음 각 목의 어느 하나에 해당하는 사실을 증명한 경우
　　　가. 제36조 제2항 제1호 각 목의 어느 하나에 해당하는 사실

　　나. 다음의 어느 하나에 해당하는 사실

　　　　1) 중재판정의 구속력이 당사자에 대하여 아직 발생하지 아니하였다는 사실

　　　　2) 중재판정이 법원에 의하여 취소되었다는 사실

　　2. 제36조 제2항 제2호에 해당하는 경우

2. 2016년 국내중재판정의 효력에 관한 규정의 개정경위

가. 2016년 개정 이전의 논의

　　2016년 개정 이전의 중재법은 제35조에서 아무런 유보 없이 중재판정이 확정판결과 동일한 효력을 가진다고 선언하고도, 제38조에서 국내중재판정에 대하여 제36조 제2항의 사유, 즉 중재판정의 취소사유가 없으면 승인되거나 집행되어야 한다고 규정함으로써, 그 해석상 논란이 있었다.

　　즉 중재판정 취소사유가 있는 국내중재판정의 경우 제38조에 따르면 승인거부할 수 있고, 그 승인이 거부되면 중재판정의 효력을 인정할 수 없다 할 것인데, 제35조에 따르면 아무런 제한 없이 중재판정이 확정판결과 동일한 효력이 있다고 하고 있으므로, 중재판정에 취소사유가 있는 경우 그 판정이 취소되지 않는 한 당연히 확정판결과 동일한 효력이 있다는 견해와,[12] 취소사유가 있으면 비록 취소되지 않더라도 확정판결과 동일한 효력을 가지지 못한다는 견해가[13] 대립하고

---

12) 김상수, "중재판정 취소의 소의 적법성", 중재 299호(2001), 111면은 이와 같은 입장에서 중재판정 취소의 소의 제소기간이 정하여져 있는 이상 중재판정 취소의 소를 제기하지 않은 당사자는 집행판결절차에서 중재판정의 당연무효사유나 청구이의사유를 제외한 중재판정 취소사유를 주장할 수 없다고 해석해야 한다고 한다. 또한 1999년 중재법 개정을 위한 논의과정에서 같은 해 7월 제시된 중재법 개정시안 중 국내중재판정의 승인과 집행에 대하여 규정한 제37조는 제2항에서 "당해 仲裁判定에 대한 仲裁判定取消의 訴가 大韓民國 法院에 의하여 棄却되어 確定되었거나 [중재판정 취소의 소 제기기간이] 도과한 경우에는 [중재판정 취소사유로써] 承認 또는 執行을 拒否할 수 없다."라고 규정하고 있었으나, 채택되지 아니하였다.

13) 註釋仲裁法(2005), 220면(이호원 집필부분)은 "중재판정 취소제도와 중재판정의 승인·집행제도는 별개의 목적을 지닌 별개의 제도이고, 중재판정 취소의 소의 출소기간을 지났다고 하는 절차적인 이유로 중재판정의 승인과 집행소송에 있어서 일체의 항변 제출을 봉쇄하는 것은 가혹하며, 제2항을 받아들인다면 중재판정에 공서양속 위반이라는 사유가 있어도 승인 내지 집행되어야 하는 결과가 되며, 특히 외국중재판정의 경우 외국에서 중재판정 취소의 소를 제기하여야 하는 난점이 있는 점 등을 고려하면, 위 소 제기기간이 도과된 경우 단지 중재판정 취소의 소를 제기할 수 없게 될 뿐이고, 중재판정에 대한 집행판결 청구소송이 제기된 경우에는 중재법 제38조에 기하여 중재판정에 중재판정 취소사유를 항변으로 제출할 수 있다고 보아야 할 것이다."라고 한다.

있었다.

전자의 견해는 중재판정에 대하여 별도로 취소소송절차를 마련하고 그 제소기간을 제한하고 있는 이상 그 취소절차를 밟지 아니하고 중재판정의 효력을 부정하는 것은 부당하다는 입장에 서 있는 것으로 보인다. 이에 대하여 후자의 견해는 중재판정의 효력을 다투는 당사자로서는 별도로 그 취소절차를 밟지 아니하고 그 제소기간이 지난 후라도 중재판정 집행의 단계에 가서 중재판정 취소사유가 있음을 주장하여 집행을 거부할 수 있다는 점을 전자의 견해에서는 설명하기 어렵다고 비판하고 있었다.

전자의 견해에 따르면 중재판정을 취소하는 판결은 이른바 형성적 효력을 가진다고 해석하게 될 것임에 반하여,[14] 후자의 견해에 따르면 중재판결을 취소하는 판결은 그와 같은 형성적 효력이 아니라 무효임을 확인하는 선언적 효력만을 가지는 것이라고 보게 될 것이다.

나. 개정위원회의 논의 및 제시 개정안

2013년도에 구성된 법무부의 중재법 개정위원회는 국내중재판정의 효력에 관한 위와 같은 논란을 해소하기 위하여 중재판정에 위와 같은 승인 및 집행 거부사유가 있으면 취소되지 않더라도 확정판결과 동일한 효력이 없다는 점을 명백히 규정하기로 하였다. 즉 개정 법률안 제35조에서 중재판정이 확정판결과 동일한 효력을 가진다고 선언함과 동시에 중재판정 승인 및 집행거부사유가 있으면 그러하지 아니함을 명시하기로 하였다.

다만 위 개정위원회에서 제35조와 제38조의 개정조문의 문안에 대한 의견이 대립되어 2015. 1. 아래와 같이 2개의 개정안을 제시하였다. 한편 외국중재판정에 관한 제39조는 그대로 유지하는 것으로 하였다.

(제1안)
제35조(중재판정의 효력) 중재판정은 양쪽 당사자 간에 법원의 확정판결과 동일한 효력을 가진다. 다만, 제36조 제2항의 사유가 있는 경우에는 그러하지 아니하다.
제38조(국내 중재판정) (개정하지 아니함)

---

14) 중재판정 취소의 소는 형성의 소라는 견해를 취한 것으로 목영준, 상사중재법(2011), 260면. 동서의 개정판인 목영준·최승재, 앞(주 4)의 책, 286면은 2016년 중재법 개정 이후에도 같은 견해를 유지하고 있다.

(제2안)

제35조(중재판정의 효력) 중재판정은 양쪽 당사자 간에 법원의 확정판결과 동일한 효력을 가진다. 다만, 다음 각 호의 어느 하나에 해당하는 경우에는 그러하지 아니하다. (이하에서 제35조에 제1호 및 제2호를 취소사유로 규정함)

　1. 당사자가 다음 각 목의 어느 하나에 해당하는 사실을 증명하는 경우

　　가. 중재합의의 당사자가 해당 준거법(準據法)에 따라 중재합의 당시 무능력자였던 사실 또는 중재합의가 당사자들이 지정한 법에 따라 무효이거나 그러한 지정이 없는 경우에는 대한민국의 법에 따라 무효인 사실

　　나. 중재판정이 불리하게 원용되는 당사자가 중재인의 선정 또는 중재절차에 관하여 적절한 통지를 받지 못하였거나 그 밖의 사유로 변론을 할 수 없었던 사실

　　다. 중재판정이 중재합의의 대상이 아닌 분쟁을 다룬 사실 또는 중재판정이 중재합의의 범위를 벗어난 사항을 다룬 사실. 다만, 중재판정이 중재합의의 대상에 관한 부분과 대상이 아닌 부분으로 분리될 수 있는 경우에는 대상이 아닌 중재판정 부분에 한한다.

　　라. 중재판정부의 구성 또는 중재절차가 이 법의 강행규정에 반하지 아니하는 당사자 간의 합의에 따르지 아니하였거나 그러한 합의가 없는 경우에는 이 법에 따르지 아니하였다는 사실

　　마. 중재판정이 당사자에 대한 구속력을 아직 발생하지 않았거나 법원에 의하여 취소 또는 정지된 사실

　2. 법원이 직권으로 다음 각 목의 어느 하나에 해당하는 사유가 있다고 인정하는 경우

　　가. 중재판정의 대상이 된 분쟁이 대한민국의 법에 따라 중재로 해결될 수 없는 경우

　　나. 중재판정의 승인 또는 집행이 대한민국의 선량한 풍속이나 그 밖의 사회질서에 위배되는 경우

제38조(국내 중재판정) 대한민국에서 내려진 중재판정은 제35조 단서 각호의 사유가 없으면 승인되거나 집행되어야 한다.

이 부분에 대한 개정위원회의 개정이유서는 다음과 같다.[15]

현행법상 제35조에서 중재판정이 확정판결과 동일한 효력을 가진다고 선언하고도, 제37조 제1항에서 중재판정의 승인 또는 집행은 법원의 승인 또는 집행판결에

---

15) 제20차 중재법 개정위원회 참고자료집(2014), 35면.

따른다고 하고, 그 승인 및 집행의 요건에 관하여 국내중재판정의 경우 중재판정의
취소사유가 없을 것(제38조) 내지 뉴욕협약상 승인 및 집행거부사유가 없을 것(제
39조 제1항)을 요구함으로써, 그 해석상 논란이 있으므로, 이를 해소하기 위하여
중재판정에 위와 같은 승인 거부사유가 있으면 취소되지 않더라도 기판력이 없다
는 점을 명백히 규정하기로 함.

이를 제35조에서 중재판정이 확정판결과 동일한 효력을 가진다고 선언함과 동시
에 중재판정 승인 및 집행거부사유가 있으면 그러하지 아니함을 명시함.

다만 중재판정 거부사유를 규정하는 방식으로는 의견의 대립이 있어서 제1안으로
중재판정 취소사유인 중재법 제36조 제2항의 사유로 규정하는 방식을 채택하고,
제2안으로 개개의 승인거부사유를 다시 열거하는 방식을 제안하기로 함.

다. 국회에서의 논의

법무부에서는 개정위원회의 제시안을 기초로 하여 2015. 10. 8. 국회에 중재
법 일부개정 법률안을 제출하였고, 이에 대한 심의결과 앞서 1. 다.항에서 본 바
와 같은 개정 법률안이 국회를 통과하게 되었다.

이에 대한 국회에서의 심의자료로는 법제사법위원회 전문위원의 2015. 12.
"중재법 일부개정 법률안 검토보고"와 법제사법위원회의 2016. 4. "중재법 일부개
정 법률안 심사보고서"를 들 수 있고, 그중 중재법 제35조와 제38조에 대한 보고
내용은 동일한데 아래와 같다.[16]

10. 중재판정의 효력(안 제35조 및 제38조)

안 제35조는 중재판정의 승인 및 집행 거부사유가 존재하는 경우 중재판정의 기판
력이 발생하지 않는다는 점을 명확히 하려는 것임.

현행법은 중재판정이 확정판결과 동일한 효력을 가진다고 규정하고 있으나, 중
재판정의 승인 및 집행을 위해서는 "중재판정 취소사유가 없을 것(제38조), 뉴욕
협약의 승인 및 집행 거부사유가 없을 것(제39조)"이 요구되어 중재판정이 취소되
지 않아 확정판결과 동일한 효력이 인정되더라도 승인 및 집행을 할 수 없는 경우
가 발생하는 문제가 발생하여 그 해석에 논란이 있음.

이러한 논란을 해소하기 위해 중재판정에 승인 및 집행의 거부사유가 존재하는
경우 중재판정이 취소절차에 의해 취소되지 않더라도 기판력이 발생하지 않는다는

---

16) 필자는 그 밖에도 이 부분에 대한 국회 본회의록이나 법제사법위원회의 회의록 등이 있
는지 찾아보았으나, 이에 관한 기록을 찾을 수 없었음은 유감으로 생각하고 있다.

점을 명확히 하려는 개정안은 적절함(중재법 제35조와 제38조·제39조 간의 관계
에서, 중재판정에 취소사유가 있어도 취소되지 않는 한 당연히 기판력이 있다는 견
해와 취소사유가 있으면 비록 취소되지 않더라도 기판력은 없다는 견해가 대립하
였으나, 중재판정은 취소되지 않아도 집행허용 여부를 정하기 위한 절차에서 그 판
정에 집행거부사유가 있음을 들어 얼마든지 집행을 거부할 수 있으므로 일본 중재
법과 같이 집행거부사유가 없는 경우에만 중재판정이 확정판결과 동일한 효력을
가진다는 점을 명시하기로 함).

　아울러 중재판정의 효력이 발생하는 경우와 중재판정의 승인 및 집행이 가능한
경우를 일치시켜 현행 중재법 제35조와 제38조·제39조의 해석에서 발생하는 중
재판정의 효력과 집행력의 불일치를 해소할 것으로 보임.

라. 중재법 제35조에 관한 개정위원회 안과 현행법의 차이점

　국회에서 심의를 통과하여 공포된 현행 중재법 제35조는 중재법 개정위원회
제안 중 제2안과 같이 중재판정이 확정판결과 동일한 효력을 가지지 아니하는 경
우로서 개개의 승인거부사유를 다시 열거하는 방식을 채택하지 아니하고, 제1안
과 같이 단서를 추가하는 방식을 채택하였으나, 그 단서의 문언을 조금 변경하였
다. 즉 개정위원회의 제35조에 대한 개정안 제1안 중 단서는 "다만, 제36조 제2항
의 사유가 있는 경우에는 그러하지 아니하다."라고 되어 있었는데, 법무부에서 국
회에 제출하여 국회에서의 심의대상이 된 법률안 및 현행 중재법 제35조 단서는
"다만, 제38조에 따라 승인 또는 집행이 거절되는 경우에는 그러하지 아니하다."
라고 하고 있다.

　먼저 중재판정이 확정판결과 동일한 효력을 가지는 경우에 대한 예외를 규
정한 단서가 전자에 의하면 "제36조 제2항의 사유가 있는 경우"로 되어 있으나,
후자에 의하면 "제38조에 따라 승인 또는 집행이 거절되는 경우"로 되어 있다.

　그 예외적인 사유로 전자는 중재판정 취소사유인 제36조 제2호의 사유를
들고 있고, 후자는 제38조에 규정된 중재판정의 승인 또는 집행 거부사유를 들
고 있는데, 양자가 규정하는 사유는 실질적으로 동일하므로 별다른 문제가 없다
고 할 수 있고,[17] 앞서 나온 바와 같이 중재법 개정위원회에서도 "제35조에서 중

---

17) 중재법 제36조 제2항에 규정된 중재판정 취소사유는 제38조 제1호 가목에 "제36조 제2항
　 제1호 각 목의 어느 하나에 해당하는 사실"이라고 하여 모두 중재판정 승인 또는 집행
　 거부사유로 규정되어 있고, 제38조 제1호 나목에 그 밖에 "1) 중재판정의 구속력이 당사

재판정이 확정판결과 동일한 효력을 가진다고 선언함과 동시에 중재판정 승인 및 집행거부사유가 있으면 그러하지 아니함을 명시"한 것이라고 설명하고 있으므로 이는 국회 심의과정에서 보다 명백하게 규정을 개선한 것으로 평가할 수 있다.

그러나 전자에 의하면 중재판정 취소사유가 "있는 경우"를 규정하고 있으나, 후자는 중재판정의 "승인 또는 집행이 거절되는 경우"라고 규정함으로써 승인 또는 집행거부사유가 있는 것만으로는 부족하고, 실제로 중재판정의 승인 또는 집행이 거절되어야만 중재판정의 효력이 없게 되는 것으로 해석할 여지를 남기게 되었다. 이에 대한 논의가 이 글의 핵심적인 대상이다.[18]

앞서 살핀 현행 중재법 제35조의 개정취지에 관한 중재법 개정위원회의 개정이유서와 국회 법제사법위원회의 심사보고서 등을 종합하여 보면, 국회 법제사법위원회에서 중재법 개정위원회의 개정이유를 그대로 받아들여서 구 중재법 제35조가 아무런 유보 없이 중재판정이 확정판결과 동일한 효력을 가진다고 규정하고 있어서 발생한 논란을 해소하기 위하여 중재판정에 승인 또는 집행거부사유가 없는 경우에만 중재판정이 확정판결과 동일한 효력을 가진다는 점을 명시하기 위하여 중재법 개정이 이루어졌음을 알 수 있다. 그러나 앞서 지적한 바와 같이 최종적으로 개정된 조문은 일부 논란의 여지를 남기고 있고, 아래에서 보는 바와 같이 실제로 이에 관한 논란이 있다.

자에 대하여 아직 발생하지 아니하였다는 사실"과 "2) 중재판정이 법원에 의하여 취소되었다는 사실"이 추가되어 있으나, 위 추가된 사유는 법조문에 명시되어 있지 아니하더라도 이론상으로도 중재판정 승인 또는 집행거부사유로 볼 수 있으므로 실질적으로 차이가 없다고 할 수 있다.

18) 그 밖에도 석광현, "2016년 중재법에 따른 국내중재판정의 효력, 취소와 승인·집행에 관한 법리의 변화", 법학논총(한양대학교) 제34권 제1호(2017), 469면은 현행법 제35조에서 중재판정이 "승인 또는 집행이 거절되는 경우"라고 하고 있으나, 제37조 제1항에서 "승인 거부사유"라는 문언을 쓰고 있으므로 "승인 또는 집행이 거부되는 경우"라고 하였어야 일관성이 있다고 지적하고 있고, 필자도 이에 동의한다.

III. 중재판정의 효력에 관한 뉴욕협약 및 모델법의 입장과 외국의 입법례

1. 중재판정의 효력에 관한 뉴욕협약 및 모델법의 입장

가. 뉴욕협약의 입장

뉴욕협약의 가장 큰 특징은 외국중재판정의 승인 및 집행의 실질적 요건들을 모두 승인과 집행의 거부사유로 규정함에 따라 승인 또는 집행을 구하는 당사자가 주장 및 입증책임을 지는 적극적 요건을 그 상대방이 주장 및 입증책임을 지는 소극적 요건으로 전환했다는 점에 있다. 뉴욕협약의 다른 특징은 제5조에 열거된 승인 및 집행거부사유는 예시적인 것이 아니라 제한적인 것이라는 점이다.[19]

뉴욕협약은 연혁적으로 국제연맹의 주도 아래 1923년 체결된 "중재조항에 관한 의정서" 이른바 제네바의정서와, 1927년 체결된 "외국중재판정의 집행에 관한 협약" 이른바 제네바협약을 대폭적으로 개선하기 위하여 체결된 것이다. 특히 뉴욕협약에서는 제네바협약상 외국중재판정을 집행하기 위하여서는 집행국에서뿐만 아니라 중재판정이 내려진 국가에서도 집행허가를 받아야 한다는 이중집행허가(double exequator)의 요건을 제거하고, 집행을 구하는 당사자의 무거운 입증책임을 완화하였다고 한다.[20] 뉴욕협약 아래에서는 이와 같이 집행을 구하는 당사자의 부담을 완화한 것에 대하여, 그 상대방에게는 집행거부사유를 주장 입장할 기회를 부여하여 당사자 사이의 균형을 도모한 것으로서, 이는 패소 당사자에 대한 절차적 보장방안으로서 불가결한 권한으로서 인정한 의미가 있다고 볼 수 있다.

뉴욕협약에 중재판정의 효력을 직접적으로 규정한 조문은 찾아볼 수 없으나, 뉴욕협약 제3조 전문은 "각 체약국은 중재판정을 다음 조항에 규정한 조건 하에서 구속력 있는 것으로 승인하고 그 판정이 원용될 영토의 규칙에 따라 그것을 집행하여야 한다."라고 규정하고 있고, 위 조문 문언상 중재판정의 승인은 중재판정을 구속력 있는 것으로 인정하는 것을 의미하는 것으로서, 이는 제네바협약상

---

19) 졸고, 앞(주 10)의 글, 669면〈이 책 14면〉.

20) Albert Jan van den Berg, *The Arbitration Convention of 1958*(1981), p. 9.

의 이중집행허가제도를 제거하기 위한 것이라고 한다.[21] 그 효과에 관하여서는
다음과 같은 설명을 들 수 있다.

> 뉴욕협약상 외국중재판정의 승인은 동일한 당사자 사이에 동일한 분쟁에 관한 법
> 원의 소송에서 발생할 수 있다. 피고는 중재판정을 근거로 삼아 그 소송에 대한 법
> 원의 관할권에 대하여 이의를 제기할 수 있다. 이는 피고가 외국중재판정에서 이미
> 결론이 내려진 분쟁에 관하여 그를 상대로 제기된 법원의 소송에서 중재판정의 기
> 판력을 원용하고, 일사부재리의 원칙을 주장할 수 있음을 의미한다.[22]

이는 외국중재판정이 승인되면 판결과 동일한 기판력이 발생한다는 입장으
로 보인다.[23] 그런데 뉴욕협약 제5조는 외국중재판정에 동조에 규정된 제한적으
로 열거된 거부사유가 있다고 인정되는 경우에는 그 승인 또는 집행을 거부할 수
있다고 규정하므로, 결국 그와 같은 거부사유가 존재하는 경우에는 중재판정 승
인을 거부할 수 있고, 따라서 그 효력인 기판력이 발생하지 아니한다고 봄이 타
당할 것이다.

뉴욕협약은 중재판정의 취소에 관하여서는 별도로 규정을 두지 아니하고, 다
만 중재판정의 승인 집행거부사유로 제5조 제1항 (e)에서 "(e) 판정이 당사자에
대한 구속력을 아직 발생하지 아니하였거나, 또는 판정이 내려진 국가 또는 판정
의 기초된 법이 속하는 국가의 권한 있는 기관에 의하여 취소 또는 정지된 경우"
라고 하고 있을 뿐이다. 이와 같이 뉴욕협약은 중재판정의 승인·집행에 관하여서
만 규정하고, 그 취소절차나 취소사유에 관하여는 아무런 규정을 두고 있지 아니
하므로, 이에 관하여서는 각국의 입법정책에 따라 자유로이 규정할 수 있다고 해
석되고 있고, 다만 뉴욕협약상 중재판정의 승인·집행의 거부사유로 인정받기 위
하여서는 그 중재판정의 취소가 "판정이 내려진 국가 또는 판정의 기초된 법이
속하는 국가의 권한 있는 기관"에 의하여 취소된 경우에 한정됨을 규정하고 있을
뿐이다.[24]

---

21) Albert Jan van den Berg, *supra* note 20, p. 337
22) Albert Jan van den Berg, *supra* note 20, p. 244.
23) 기판력의 범위는 국가에 따라서 상당히 다른데, 외국중재판정의 경우 그 효력을 중재지
 국의 법에 의할 것이라는 견해, 승인국의 법에 의할 것이라는 견해, 중재지국의 법을 원
 칙으로 하되 승인국법에 의한 제한을 인정할 것이라는 견해 등이 주장되고 있다. 이에
 대한 논의는 석광현, 앞(주 4)의 글, 697면.
24) Albert Jan van den Berg, *supra* note 20, p. 22; Gary B. Born, *International Commercial*

나. UNCITRAL 모델법의 입장

UNCITRAL에서 모델법 제정 당시 모델법은 국내중재판정과 외국중재판정 모두에 대하여 뉴욕협약과 완전하게 조화되도록 하는 정책을 취하였다고 한다.[25] 모델법의 중재판정 승인과 집행에 관한 제35조 제1항은 뉴욕협약 제4조를 모범으로 삼아 "중재판정은 판정을 내린 국가에 관계없이 구속력 있는 것으로 승인되어야 하며, 관할법원에 서면으로 신청한 때에는 본조와 제36조의 규정에 따라 집행되어야 한다."라고 규정하고 있다. 이는 단지 조문 작성의 편의를 위한 것이라기보다는, 성공적이고 널리 받아들여진 국제조약인 뉴욕협약과 일치시킨다는 기본적 정책의 반영이라고 설명되고 있다.[26] 따라서 앞서 본 뉴욕협약상의 외국중재판정에 관한 설명은 모델법상의 중재판정에 대하여도 모두 들어맞는다고 볼 것이다.

모델법 제정당시 "구속력 있는"이라는 문언을 "당사자 사이에 구속력 있는"으로 수정하자는 제안이 있었고, 이는 중재판정이 제3자에 대하여 구속력이 없고, 기판력이라는 개념을 나타내는 데 도움된다는 점을 내세웠으나, 논의결과 명시할 필요가 없으므로 채택되지 않았다고 한다.[27]

모델법은 뉴욕협약에는 없지만, 중재판정의 취소에 관하여서도 다음과 같은 조항을 두고 있다.

제34조(중재판정에 대한 유일한 불복방법으로서의 취소신청) ① 중재판정에 대하여 법원에 제기하는 불복은 본조 제2항과 제3항에 따른 취소신청에 의하여서만 가능하다.

② 중재판정은 다음 경우에 한하여 제6조에 명시된 법원이 취소할 수 있다.

  (a) 취소 신청인이 다음에 대한 증거를 제출하는 경우

    (i) 제7조에 규정된 중재합의의 당사자가 무능력 상태이었던 사실 또는 그

Arbitration Volume Ⅲ(2nd Ed.)(2014), p. 3164.

25) Analytical commentary on draft text of a model law on international commercial arbitration: report of the Secretary-General (A/CN.9/264) p. 139.

26) Howard M. Holtzmann·Joseph E. Neuhaus, *A Guide to the UNCITRAL Model Law on International Commercial Arbitration : Legislative History and Commentary*(1994), p. 1006.

27) Howard M. Holtzmann·Joseph E. Neuhaus, *supra* note 26, p. 1010. 또한 기판력이라는 용어는 널리 공유되고 있으나, 법제에 따라서는 인정하지 않는 수도 있으므로, 기판력이라는 용어를 사용하지 않은 것이라고 설명한다.

중재합의가 당사자들이 준거법으로서 선택한 법에 의하여 무효이거나 그러한 선택
이 없는 경우에는 해당 국가의 법에 의하여 무효인 사실

(ii) 취소신청을 한 당사자가 중재인의 선정 또는 중재절차에 관하여 적절
한 통지를 받지 못하였거나 기타 사유로 인하여 변론을 할 수 없었던 사실

(iii) 중재판정이 중재부탁 조항에 규정되어 있지 아니하거나 또는 그 조항
의 범위에 속하지 아니하는 분쟁에 관한 것이거나 또는 그 판정이 중재부탁의 범위
를 벗어나는 사항에 관한 결정을 포함하고 있다는 사실. 다만, 중재에 부탁된 사항
에 관한 결정이 부탁되지 아니한 사항에 관한 결정으로부터 분리될 수 있는 경우에
는 중재에 부탁되지 아니한 사항에 관한 결정을 포함하는 중재판정 부분에 한하여
취소될 수 있다.

(iv) 중재판정부의 구성이나 중재절차가 당사자 간의 합의에 따르지 아니
하였다는 사실 또는 그러한 합의가 없는 경우에 이 법에 따르지 아니하였다는 사
실. 다만, 그 합의는 당사자에 의해 배제될 수 없는 성격을 가진 본 법의 규정에 저
촉되어서는 아니된다.

(b) 법원이 다음의 사항을 인정하는 경우

(i) 분쟁의 대상인 사항이 해당국의 법령상 중재로 해결할 수 없는 경우

(ii) 중재판정이 해당국의 공공의 질서에 반하는 경우

③ 중재판정 취소의 신청인이 중재판정문을 수령한 날로부터 3개월이 경과하였거
나 또는 제33조에 의하여 신청하였을 경우에는 당해 신청이 중재판정부에 의해 처
리된 날로부터 3개월이 경과한 후에는 제기할 수 없다.

④ 중재판정 취소신청이 있을 경우에 법원은 당사자의 신청이 있고 또한 그것이 적
절한 때에는 중재판정부로 하여금 중재절차를 재개하게 하거나 중재판정부가 취소
사유를 제거하는데 필요한 기타의 조치를 취할 기회를 부여하기 위하여 일정한 기
간을 정하여 정지할 수 있다.

이에 관하여 UNCITRAL에서 공표한 주석에서는 다음과 같이 설명하고 있
다.[28]

---

28) Analytical commentary on draft text of a model law on international commercial arbi-
tration: report of the Secretary-General (A/CN.9/264), p. 137, 또한 Explanatory Note by
the UNCITRAL Secretariat on the Model Law on International Commercial Arbitra-
tion(1994), p. 23 역시 같은 내용으로서, "[취소신청은] 판정을 공격하는 수단이고, 여전
히 중재판정 집행절차에서 방어수단을 행사할 권리를 잃지 아니한다."라고 하고 있다.
후자는 https://www.uncitral.org/pdf/english/texts/arbitration/ml-arb/06-54671_Ebook.pdf 참
조(2019. 9. 24. 방문).

중재판정 취소신청은 판정을 공격하는 사법적 심사절차를 개시하는 단 하나의 수단이라는 점에서 판정에 대하여 법원에 불복하는 유일한 방법이다. 그러나 당사자는 여전히 상대방에 의하여 개시된 중재판정의 승인 또는 집행의 거부를 요청함으로써(제35조, 제36조) 자신을 방어할 권리를 보유한다.

특히 모델법 제정을 위한 논의 당시 중재판정의 취소를 신청하지 아니한 경우에는 승인 또는 집행거부사유를 제한하자는 제안이 있었으나, 다음과 같은 경위로 채택되지 아니하였다고 한다.

작업그룹에서 다음과 같은 조항을 넣을 것을 고려하였다.
"중재판정의 취소신청을 제34조 제3항에 정한 기간 내에 하지 않으면, 승인 또는 집행의 상대방인 당사자는 제36조 (a)(i) 또는 (v) 또는 (b) 이외의 거부사유를 주장할 수 없다."
… 이에 대한 지배적인 견해는 위와 같은 제안을 채택하지 않는 것이다. 제안된 승인 또는 집행거부사유의 제한은 당사자가 어떻게 판정에 불복할 것인지를 결정할 자유를 부당하게 침해한다는 점이 지적되었다. 중재판정 취소와 중재판정 승인 또는 집행거부의 다른 목적과 효과에 비추어, 당사자는 자유롭게 1959년 뉴욕협약에서 인정된 대체적인 방어체제를 이용할 수 있어야 한다. 더 나아가 이러한 거부사유의 제한이 국내판정의 승인과 집행에 한하여 적용된다 할지라도 이는 중재판정이 내려진 곳과 관계없이 통일적으로 판정을 취급하려는 모델법의 정책에 어긋난다는 점이 지적되었다.[29]

위와 같은 설명에 비추어 모델법 제34조에 의하여 중재판정의 취소신청을 하지 아니하였다고 할지라도 모델법 제36조에 기하여 중재판정의 승인이나 집행의 거부를 주장할 수 있다는 점은 명백하다.[30]

이와 같은 해석은 모델법을 채택하지 아니하였다 할지라도 뉴욕협약에 가입한 국가에서는 일반적으로 인정되는 법리이다. 참고삼아 영국에서 발간된 중재문헌 중 다음과 같은 부분을 인용한다.

중재판정에 불복하거나 취소하기 위한 쟁송과 중재판정의 집행을 거부하기 위한

---

29) UNCITRAL, Report of the Working Group on the Work of Its Seventh Session, U.N. Doc. A/ CN.9/246(1984) ¶153, 154. Howard M. Holtzmann·Joseph E. Neuhaus, *supra* note 26, p. 1009.
30) Gary B. Born, *supra* note 24, p. 3382.

쟁송의 차이점을 밝혀두는 것이 바람직하다. 중재판정에 대한 불복은 통상적으로 중재지의 법원에 제기되고, 이는 패소 당사자가 중재지 법률 아래에서 주장할 수 있는 법령상의 근거에 기하여 판정을 무효화하려는 시도이다. 대비적으로, 집행을 거부하는 쟁송은 승소 당사자가 판정의 집행을 구하는 어느 관할에서도 제기될 수 있다. 이 때 집행국이 뉴욕협약의 가입국인 한, 집행의 상대방인 당사자는 뉴욕협약 제5조에 열거된 제한된 예외적인 사유에 의지하여 그러한 집행을 막을 기회를 가지고 있다. 국내법상 판정을 다툴 수 있는 법령상의 근거는 대체로 뉴욕협약에서의 집행에 대한 거부사유와 거의 유사하다. 그 결과 중재의 결과에 불복하는 당사자는 판정에 효력이 부여되는 것을 방지하기 위하여 적어도 두 가지 방법을 가지고 있다: 그 당사자는 중재지의 법원에서 판정의 유효성을 적극적으로 다툴 수 있고, 이와 함께 또는 별도로 뉴욕협약 하에서 판정을 집행하려는 당사자에게 대항할 수 있다.[31]

2. 외국의 입법례 – 독일법과 일본법을 중심으로

가. 개관

중재판정의 효력에 관한 입법례로는 법문상 중재판정의 승인에 관한 규정 외에 중재판정의 효력에 관하여 직접적으로 규정하는 경우와 그러한 조항 없이 중재판정의 승인에 관한 규정만을 두는 경우로 나눌 수 있다.

전자의 예로는 우리 중재법 제35조 및 독일 민사소송법 제1055조과 일본 중재법 제45조에서 중재판정이 확정된 판결과 동일한 효력을 가진다는 취지의 규정을 두고 있는 것을 들 수 있다. 또한 프랑스 민사소송법 제1484조는 중재판정에 기판력이 발생한다고 규정하고 있다.[32]

후자의 예로는 뉴욕협약이나 모델법 및 미국 연방 중재법과 영국의 1996년 중재법을 들 수 있다. 그러나 영미법계에서도 중재판정에 기판력이 발생한다고

---

31) Nigel Blackaby et al., *Redfern and Hunter on International Arbitration(6th Ed.)*(2015), p. 570.

32) 프랑스 민사소송법 "제4권 중재, 제1편 국내중재, 제4장 중재판정"의 제1484조는 "① 중재판정은 내려지는 즉시 그 판정에서 판단된 청구에 관하여 기판력이 발생한다. ② 중재판정은 가집행할 수 있다고 선언될 수 있다."라고 규정하고 있다. 한편 같은 법 "제2편 국제중재. 제3장 국내 또는 국제중재에서 내려진 중재판정의 승인과 집행"의 제1514조는 "중재판정을 원용하는 당사자가 그 존재를 증명할 수 있고 그 중재판정의 승인 또는 집행이 국제적 공서양속에 명백히 반하지 않을 경우, 프랑스 내에서 승인되거나 집행되어야 한다."라고 규정하고 있다.

해석하는 것이 일반적이다.[33]

영국과 미국 및 프랑스는 모두 모델법을 수용하고 있지 아니하고 독자적인 중재에 관한 법제를 가지고 있다.[34]

우리와 같이 중재판정이 확정판결과 같은 효력이 있다는 규정을 두고 있는 국가인 독일과 일본은 양국은 모두 모델법을 수용하고 있으면서도, 중재판정의 효력에 관한 규정내용이 다르다는 점에서 우리 법의 해석에 있어서도 참조할 만 하므로, 위 양국의 관련된 법제에 대하여 별도로 상세히 살피기로 한다.

나. 독일법의 입장

독일은 1877년 민사소송법 제정 이래 독립된 중재법을 두지 않고 민사소송 법 "제10편 중재"에 중재에 관한 규정들을 두고 있었는데, 1997. 11. 25. 모델법의 내용을 대부분 그대로 수용하여 위 제10편을 전면적 개정하여 1998. 1. 1.부터 시 행하고 있고, 그 결과 개정된 규정들은 모델법의 내용과 거의 일치한다.[35] 독일 민사소송법상 중재판정의 효력에 관련된 조항인 제1055조, 제1059조, 제1060조, 제1061조는 다음과 같이 규정하고 있다.

제1055조(중재판정의 효력) 중재판정은 당사자에게 법원의 확정판결과 동일한 효 력이 있다.[36]
제1059조(취소신청) ① 중재판정에 대해서는 제2항과 제3항에 따른 법원의 취소 신청에 의해서만 불복할 수 있다
② 중재판정은 다음의 경우에 한하여 취소될 수 있다,
  1. 취소신청인이 다음의 사유를 증명하는 경우
    a) 제1029조와 제1031조의 중재합의의 당사자가 그의 준거법상 무능력자

---

33) 졸고, 앞(주 4)의 글, 10면〈이 책 268면〉; Gary B. Born, *supra* note 24, p. 3747.
34) 미국은 연방법 차원에서는 모델법을 채택하고 있지 아니하나, 주법 차원에서 캘리포니 아를 비롯한 8개주에서 모델법을 채택하고 있다. https://uncitral.un.org/en/texts/arbi-tration/modellaw/commercial_arbitration/status 참조(2019. 9. 24. 방문).
35) 장문철·정선주·강병근·서정일, UNCITRAL 모델중재법 수용론(1999), 66면(정선주 집필 부분).
36) 위 개정 이전에도 독일민사소송법은 제1040조에서 동일한 내용의 규정을 두고 있었던 것을 이어받은 것이라고 한다. Karl-Heina Böckstiegel·Stefan Michael Kröll·Partricia Nacimiento (eds), *Arbitration in Germany : The Model Law in Practice(2nd Ed.)*(2015), p. 349(Schlabrendorff/Sessler 집필부분).

인 경우, 또는 중재합의가 당사자들이 지정한 법이나 그러한 지정이 없는 경우에는 독일법에 따라 무효인 경우.

　　b) 취소신청인이 중재인의 선정나 중재절차에 관하여 적절한 통지를 받지 못한 경우 또는 그 밖의 사유로 변론을 하지 못한 경우.

　　c) 중재판정이 중재합의의 대상이 아닌 분쟁을 다룬 경우, 또는 중재합의의 범위를 벗어난 결정을 포함하고 있는 사실. 다만 중재에 회부된 문제에 대한 판정이 중재합의의 대상이 아닌 부분과 분리될 수 있는 경우에는 대상이 아닌 중재판정 부분만 취소될 수 있다.

　　d) 중재판정부의 구성과 중재절차가 이 법의 규정이나 당사자의 적법한 합의에 따르지 않고, 이것이 중재판정에 영향을 미쳤을 것으로 추정되는 경우.

　2. 법원이 다음의 사실을 확정한 경우,

　　a) 분쟁의 대상이 독일법에 따라 중재로 해결될 수 없는 경우.

　　b) 중재판정의 승인이나 집행이 공공의 질서에 반하는 결과를 초래하는 경우.

③ 당사자들이 달리 합의하지 않는 한, 중재판정의 취소신청은 3개월의 기간 내에 법원에 제기되어야 한다. 이 기간은 중재판정을 신청한 당사자가 중재판정서를 받은 송달된 날로부터 개시된다. 제1058조(중재판정의 정정 및 해석; 추가판정)에 따른 신청이 있는 경우, 이 기간은 그 신청에 대한 결정을 받은 날로부터 1개월이 넘지 않는 한도 내에서 연장된다. 독일법원이 중재판정이 집행가능하다는 선언을 한 경우에는 중재판정 취소신청은 허용되지 아니한다.

④ 중재판정의 취소신청이 있는 때, 법원은 적절하다고 인정하는 경우에는 중재판정을 취소하고, 사건을 중재판정부로 환송할 수 있다.

⑤ 중재판정의 취소는 달리 표시가 없는 한 분쟁의 대상에 관하여 중재합의를 다시 유효하게 만든다.

제1060조(국내중재판정) ① 강제집행은 중재판정에 대하여 집행허가 선언이 있는 경우에 행하여진다.

② 집행허가 선언의 신청은 제1059조 제2항의 취소사유 중 어느 하나가 존재하는 때에는 기각하여야 한다. 집행허가 선언의 신청서를 송달할 때 이미 그러한 취소사유에 근거한 중재판정 취소신청의 기각이 확정된 때에는 그러한 취소사유를 고려하여서는 아니된다. 제1059조 제2항 제1호의 취소사유는 집행허가 선언신청의 상대방이 중재판정의 취소신청을 하지 아니한 채 제1059조 제3항의 기간이 도과한 경우에도 고려되지 아니한다.

제1061조(외국중재판정) ① 외국중재판정의 승인과 집행은 1958년 6월 10일자 외국중재판정의 승인 및 집행에 관한 국제연합협약(연방관보 1961년 II, 121면)에

따른다. 중재판정의 승인 및 집행에 관한 기타 다른 조약의 규정들은 영향을 받지 않는다.

② 집행허가 선언의 신청을 기각할 경우, 법원은 그 중재판정이 독일에서 승인될 수 없다는 것을 결정하여야 한다.

③ 집행허가 선언 후 그 중재판정이 외국에서 취소된 때에는 집행허가 선언의 취소를 신청할 수 있다.

독일에서 중재판정은 민사소송법 제1055조에 의하여 확정판결과 동일한 효력이 인정되는데, 위 규정은 중재지가 독일인 국내중재판정에 한하여 적용되는 규정이다.[37] 외국중재판정은 같은 법 제10편 "제8장 중재판정의 승인과 집행의 요건"에 있는 제1061조에 의하여 뉴욕협약에 의하여 정하여진다고 한다.[38]

중재판정의 취소에 관한 위 제1059조는 국내중재판정에만 적용되는데, 이로 인하여 국내중재판정의 효력과 외국중재판정의 효력이 달라지게 된다.

이와 관련하여, 중재판정의 효력에 관한 독일법 체제와 모델법의 차이에 대하여서는 다음과 같은 설명을 찾아볼 수 있다.[39]

II. 독일법의 규정과 모델법

독일 민사소송법 제8편 제10장은 독일에서의 판정의 승인과 집행을 규정하고 있는데, 문언상 가장 모델법과 상이하다. 특히 독일 입법자들은 다음 두가지 점에서 모델법과 다른 접근방법을 채택하였다. 첫째 모델법은 국제중재사건에 관한 판정의 승인과 집행을 위하여 단일한 체제를 채택한다. 국제중재사건에 관한 한 중재지가 집행국에 있는, 즉 국내중재판정이든, 중재지가 외국에 있는 외국중재판정이든 관계없다. 대조적으로 독일법은 외국중재판정과 국내중재판정을 별도로 규율한다. 둘째 모델법은 제36조에서 외국중재판정의 집행을 위하여 완전히 독자적인 국

---

37) 독일 민사소송법 제10편 중재절차 제1장 총칙 규정의 첫 조항인 제1025조는 이 법의 적용범위에 관하여 규정하면서 "① 이 법의 규정은 제1043조 제1항에서 의미하는 중재지가 독일인 경우에 적용된다. ② 제1032조, 제1033조와 제1050조는 중재지가 외국이거나 아직 특정되지 아니한 때에도 적용된다. ③ 중재지가 아직 정해지지 아니하였을 때 피고나 원고의 주소나 거소가 독일이면 독일법원은 제1034조, 제1035조, 제1037조와 제1038조에 규정된 법원의 임무를 수행할 수 있다. ④ 외국중재판정의 승인과 집행에 대해서는 제1061조 내지 제1065조가 적용된다."라고 규정하고 있다.
38) Karl-Heina Böckstiegel · Stefan Michael Kröll · Partricia Nacimiento (eds), *supra* note 36, p. 358(Schlabrendorff/Sessler 집필부분).
39) Karl-Heina Böckstiegel · Stefan Michael Kröll · Partricia Nacimiento (eds), *supra* note 36, p. 424-426(Kröll 집필부분).

내법 체제를 규정하고, 원칙적으로 1958년 뉴욕협약 체제에 따라 작동하는 자체적인 거부사유를 규정한다. 독일법은 반대로 구 독일법하에서 있었던 외국중재판정의 집행을 위한 독자적인 국내법적인 체제의 구상을 대체로 포기하고, 뉴욕협약의 집행에 관한 규정을 따른다고 할 뿐이다.

실제로는 승인과 집행을 규율하는 두 체제의 핵심적인 요소, 즉 승인 및 집행에 대한 가능한 항변은 대체로 동일하므로, 이러한 접근방법의 차이는 경미하다.

A. 외국중재판정의 승인과 집행에 관한 차이점

외국중재판정의 승인과 집행에 관한 모델법과 독일법 체제의 차이는 경미하다. 모델법 제36조의 체제는 대체로 뉴욕협약의 집행 체제를 문자 그대로 수용한 것이다. 독일법은 단지 판정의 집행신청에 있어서의 절차적인 요건만을 경감하였다는 점에서만 상이하다. 독일법 제1064조는 당사자에게 그 신청시 중재합의서의 제출을 요구하지 아니하고, 판정의 인증을 간이하게 할 수 있도록 하고 있다.[40]

B. 국내중재판정에 관한 차이점

좀더 실제로 중요한 점은 국내중재판정의 승인과 집행과 관련된 차이점이다. 집행에 관련되지 아니한 승인과 관련하여, 특히 기판력에 관하여, 독일법은 전통적으로 모델법의 체제보다 좀더 판정에 우호적이다. 국내중재판정에 대한 이러한 우호적인 대우를 유지하기 위하여, 독일 입법자들은 모델법의 단일한 체제와는 달리 국내중재판정과 외국중재판정을 달리 다룬다.

모델법 체제 아래에서는 중재판정의 승인은 달리 특별한 절차를 요구하지 않고, 그 이슈가 발생할 때마다 개별적으로 문제된다. 그러나 이 효력은 승인과 집행을 거부할 사유가 없음을 조건으로 한다. 대조적으로 독일법 아래에서의 국내중재판정은 전통적으로 일종의 무조건적인 법률상의 승인을 인정하고 있다. 1998년 이전의 독일법 제1040조와 거의 동일한 문언으로 대체된 제1055조에 따르면, 모든 국내중재판정은 당사자 사이에 확정된 법원의 판결과 같은 효력을 가진다. 이러한 일반적인 판정 효력의 승인(제1060조가 사실상 집행권원을 구성하는 효과를 배제한다)은 있을 수 있는 하자의 부존재를 조건으로 삼지 않는다. 그러므로 판정이 사실상 취소되기 전에는 판정은 독법 제1059조에 의하여 판정의 취소를 정당화할 수 있는 사유의 존재 여부에 불구하고 당사자 사이에 기판력을 가진다.

국내중재판정의 집행에 관하여 독일법은 항변을 제기함에 시간적 제약을 두지 않는 모델법보다 좀더 우호적이다. 대조적으로 독일법 아래에서 취소절차를 제기

---

40) 독일 제1064조 제1항은 "중재판정에 대한 집행선고의 신청에는 중재판정서 원본이나 인증등본을 함께 제출하여야 한다. 공증은 법원의 재판을 대리할 수 있는 변호사에 의해서도 행해질 수 있다."라고 규정한다.

하기 위한 3개월의 시간적 제한은 집행가능선언을 위한 절차에서도 적용된다. 직권으로 고려되어야 할 항변(1059조 2항 2)을 예외로 하고, 당사자는 독법 1060조 제2항 3문에 의하여 중재판정의 취소사유로 삼을 수 있는 다른 항변을 제기할 수 없게 하고 있다.

이에 의하면 독일에서는 국내중재판정은 비록 취소사유가 있더라도 취소의 소에 의하여 취소되지 않는 한 원칙적으로 이를 주장할 수 없고, 단지 공공의 질서에 위반된 경우만 예외적으로 그 사유를 주장할 수 있도록 함으로써, 중재판정의 효력을 강화하고 있다고 평가할 수 있는데, 이는 앞서 인용한 글에 나오듯이 독일이 전통적으로 국내중재판정에 대해 더 우호적인 태도를 취하여 집행력 이외의 효력에 대하여 '일종의 무조건적인 법률상의 승인(a kind of unconditional statutory recognition)'을 부여하였기 때문이라고 한다.[41]

모델법과 대비하면서 이에 관한 독일의 법제와 한국의 법제를 비교하여 보면, 동일한 점으로는 국내중재판정에 대하여 확정된 판결과 동일한 효력을 가진다는 취지의 규정을 두고 있는 점, 모델법이 국제중재사건의 승인과 집행에 관한 국내중재판정이든 외국중재판정이 동일한 취급을 하는데 비하여, 국내중재판정과 외국중재판정을 별도로 규율하는 점, 모델법은 외국중재판정의 승인 및 집행을 위한 요건을 독자적으로 규정하고 있음에 비하여, 외국중재판정의 승인 및 집행에 관하여서는 뉴욕협약에 따른다고만 규정하고 있는 점 등을 들 수 있다. 그러나 차이점으로는 국내중재판정의 효력에 관하여 독일법은 아무런 유보 없이 확정판결과 같은 효력을 인정함에 비하여, 한국법은 중재법 제35조 단서에서 그 예외를 설정하고 있는 점에 차이가 있다.

다. 일본법의 입장

일본은 종래 민사소송법 제8편에 "중재절차"를 규정하면서 제800조에서 아무런 유보 없이 "중재판정은 당사자 간에 있어서 확정된 법원의 판결과 동일한 효력을 가진다."라고 규정하고 있다가,[42] 2003년 모델법을 수용하여 독립된 중재

---

41) 또한 석광현, 앞(주 18)의 논문, 466면 참조.
42) 일본은 1996년 민사소송법을 전문 개정하면서, 구민사소송법에 규정되어 있었으나, 개정 민사소송법에 포함되지 아니한 부분을 "공시최고 및 중재절차에 관한 법률"에 수용하여 제정하면서 위 제800조를 그대로 유지하였다.

법을 제정하면서 "제8장 중재판정의 승인 및 집행결정"의 제45조에 중재판정의
승인이라는 표제 아래 다음과 같이 중재판정의 효력에 관한 규정을 두고 있다.
이는 국내중재판정과 외국중재판정에 모두 적용되는 규정이다.[43]

> 제45조(중재판정의 승인) ① 중재판정(중재지가 일본 내에 있는지 여부를 묻지 않
> 는다. 이하 이 장에서 같다.)은 확정판결과 동일한 효력을 가진다. 단, 당해 중재판
> 정에 기하여 민사집행을 하기 위해서는 다음 조의 규정에 의한 집행결정이 없으면
> 아니 된다.
> ② 전항의 규정은, 다음에 드는 사유 중 어느 것이 있는 경우(제1호부터 제7호까지
> 의 사유는 당사자 중 일방이 당해 사유의 존재를 증명한 경우에 한한다.)에는 적용
> 하지 않는다.
>   1. 중재합의가 당사자의 능력 제한에 의하여 그 효력을 가지지 아니하는 것.
>   2. 중재합의가 당사자들이 합의에 의하여 중재합의에 적용할 것으로 지정한 법
> 령(당해 지정이 없는 때는 중재지가 속하는 국가의 법령)에 의하면 당사자의 능력
> 의 제한 이외의 사유에 의하여 그 효력을 가지지 아니하는 것.
>   3. 당사자가 중재인의 선임절차 또는 중재절차에 있어서 중재지가 속하는 국가의
> 법령 규정(그 법령의 공공의 질서에 관련되지 아니한 규정에 관한 사항에 관하여
> 당사자 간에 합의가 있는 때는 당해 합의)에 의하여 필요한 통지를 받지 않은 것.
>   4. 당사자가 중재절차에 있어서 방어하는 것이 불가능하였던 것.
>   5. 중재판정이 중재합의 또는 중재절차에서의 신청의 범위를 넘는 사항에 관한
> 판정을 포함하는 것인 것.
>   6. 중재판정부의 구성 또는 중재절차가 중재지가 속하는 국가의 법령 규정(그
> 법령의 공공의 질서에 관련되지 아니한 규정에 관한 사항에 관하여 당사자 간에
> 합의가 있는 때는 당해 합의)을 위반하는 것인 것.
>   7. 중재지가 속하는 국가(중재절차에 적용된 법령이 중재지가 속하는 국가 이외
> 의 국가의 법령인 경우에 있어서는 당해 국가)의 법령에 의하면 중재판정이 확정
> 되어 있지 아니한 것 또는 중재판정이 그 국가의 재판기관에 의하여 취소되거나
> 효력이 정지된 것.
>   8. 중재절차에 있어서의 신청이 일본의 법령에 의하면 중재합의의 대상으로 될

---

43) 일본 중재법 제3조(적용범위) 제3항은 "제8장의 규정은 중재지가 일본 내에 있는 경우
  및 중재지가 일본 국외에 있는 경우에 적용한다."라고 규정할 뿐만 아니라, 아래 제45조
  의 문언상 "중재판정(중재지가 일본 내에 있는지 여부를 묻지 않는다. 이하 이 장에서
  같다)"이라고 명시하고 있다.

수 없는 분쟁에 관한 것일 것.

　9. 중재판정의 내용이 일본에서의 공공의 질서 또는 선량한 풍속에 반하는 것.

그 입법취지에 관하여서는 다음과 같은 설명이 있다.[44]

중재판정은 일본 중재법 제45조 제2항 소정의 승인거부사유(동시에 집행거부사유이기도 하다.)가 없는 한 자동승인되고 확정판결과 동일한 효력이 인정된다. 거꾸로 승인 또는 집행의 거부사유가 있는 중재판정에는 구속력이 없다(즉 중재판정은 당연무효로 된다.)고 생각된다. 이 결론은 중재판정의 집행결정의 재판절차에서는 집행거부사유의 주장에 관하여서 시기적인 제한에 의한 실권이 없고 언제든지 이를 주장할 수 있다(단 소송법상의 공격방어방법에 관한 규율에 의한 제한에 의한 것은 제외한다.)는 규율과 맞춘 것이다.

일본의 법제는 한국이나 독일의 법제와는 달리 국내중재판정과 외국중재판정의 효력을 동일하게 다루고 있고, 독자적으로 그 승인 및 집행거부사유를 규정하고, 이를 외국중재판정에도 적용함으로써 한국이나 독일과 같이 단순히 뉴욕협약에 따른다고 하고 있지 아니하다. 다만 그 승인 및 집행거부사유는 뉴욕협약이나 모델법과 동일하며, 외국중재판정의 경우 뉴욕협약 가입 여부를 묻지 않고 동일하게 다루고 있으므로, 이 점에서는 독일과 동일하고, 한국과 다르다고 할 수 있다.

또한 일본법의 경우 국내중재판정이든 외국중재판정이든 승인 또는 집행거부사유가 있으면, 그 중재판정의 효력을 인정하지 않고 있으므로, 앞서 독일의 입법례에서 살펴본 바와 같이 국내중재판정에 대하여는 원칙적으로 그 효력을 인정하고, 외국중재판정의 경우에는 이와 달리 단지 뉴욕협약에 따른다고 하여 조건부로 그 효력을 인정하고 있는 것과는 차이가 있다.

한편 한국이나 독일의 경우 "중재판정의 효력"이라는 표제를 붙여서 중재판정에 확정판결과 동일한 효력이 있다는 규정을 두고 있으나, 일본의 경우는 동일한 취지의 규정의 표제를 "중재판정의 승인"이라고 하고 있다.

---

44) 近藤昌昭・後藤健・内掘宏達・前田洋・片岡智美, 仲裁法コンメンタール(2003), 264면.

IV. 국내중재판정의 효력에 관한 중재법 제35조의 해석론

1. 문제의 제기

앞서 서론에서 살핀 바와 같이 중재판정은 이를 승인함으로써 그 법적인 효력이 발생한다고 볼 것이므로. 중재판정의 효력과 중재판정의 승인은 같은 문제를 다른 각도에서 살피는 경우라고 할 수 있다.

우리 중재법은 외국중재판정의 경우에는 제39조에서 그 승인 또는 집행에 관한 규정만을 두고 별도로 그 효력에 관한 규정을 두고 있지 않아서 별문제가 없으나, 국내중재판정의 경우에는 제38조에서 중재판정의 승인에 관한 규정을 두면서도 제35조에서 다시 중재판정의 효력에 관한 규정을 두어서 결과적으로 같은 사항에 관하여 이중으로 규율하는 체제를 가지게 되어 발생하는 문제이다.

즉 국내중재판정의 경우 중재법 제38조는 모델법과 동일하게 같은 조에 열거된 승인이나 집행거부사유가 없으면 승인되거나 집행되어야 한다고 규정하고 있으므로, 승인이나 집행거부사유가 있으면 승인될 수 없고, 따라서 그 효력이 발생하지 않는다고 볼 것인데, 그 효력에 관한 중재법 제35조는 중재판정이 확정판결과 동일한 효력을 가진다고 규정하면서도 그 승인이나 집행이 거절된 경우에는 그러하지 아니하다고 규정하고 있는바, 위 양자의 규정을 어떻게 조화롭게 해석할 것인가라는 문제가 발생하게 된 것이다.

2. 중재법 제35조의 해석에 관한 견해의 대립

가. 서론

현행 중재법은 제35조에서 "중재판정은 양쪽 당사자 간에 법원의 확정판결과 동일한 효력을 가진다. 다만, 제38조에 따라 승인 또는 집행이 거절되는 경우에는 그러하지 아니하다."라고 규정하고 있다.

위 규정의 형식에 비추어 중재판정의 존재만으로 양쪽 당사자 간에 확정판결과 동일한 효력을 가지는 것으로 추정되고, 그 중재판정의 효력을 부정하는 쪽에서 위 단서에 해당하는 사유가 있음을 주장 입증하여야 할 것인데, 어떠한 경우가 위 단서에 해당하는 사유가 있는 경우에 해당하는지가 문제이다. 이와 관련하여서는 실제로 중재판정의 승인 또는 집행이 거부된 경우에 한하여 위 단서에 해당하는 사유가 있다는 견해와 중재판정에 대하여 실제로 승인 또는 집행이 거부되지 않더라도 그 승인 또는 집행거부사유가 있으면 위 단서에 해당하는 사유가 있다고 볼 수 있다는 견해가 대립하고 있다.[45]

나. 중재판정의 승인 또는 집행이 실제로 거절되어야 중재판정의 효력을 부정할 수 있다는 견해

현행법 제35조 단서의 "제38조에 따라 승인 또는 집행이 거절되는 경우"를 "당사자가 집행결정 신청을 하고 법원이 이에 대하여 중재판정 취소사유의 존재를 이유로 승인 또는 집행의 거절이 확정되는 경우"로 이해하여, 당사자가 실제로 집행결정 신청을 하고 법원이 이에 대하여 중재판정 취소사유의 존재를 이유로 집행신청을 기각한 뒤 그 재판이 확정된 경우로 해석하는 견해이다.[46] 이 견해에 따르면 제36조 제1항에서 "중재판정에 대한 불복은 법원에 중재판정 취소의 소를 제기하는 방법으로만 할 수 있다."라고 한 취지는 중재판정의 기판력을 없애고 싶으면 반드시 취소소송을 하라는 것이고, 취소소송으로 하지 않으면 기판력을 없앨 수 없다는 것으로 보아야 할 것이라고 한다.[47]

또한, 같은 입장에서 제35조 단서의 문언이나, 단순히 승인 집행거부사유가 존재하는 경우 확정판결과 동일한 효력이 인정되지 않아서 중재판정 취소의 소를 통하지 않고도 중재판정의 효력을 부정할 수 있다고 본다면, 중재판정 취소의 소와의 관계나 무효와 취소의 구별 등을 제대로 설명하기 어려운 문제가 발생하는 점 등에 비추어 위 단서의 의미는 '승인 및 집행이 법원에 의하여 거절되는 경우', 즉 '중재판정에 대한 승인·집행신청을 기각한 결정이 확정된 때'를 의미하는 것으로 해석하는 것이 가장 적법한 해석방법으로 생각된다고 하는 의견도 있다.[48]

---

45) 그 밖에, 정선주, "2016년 중재법 개정 소고", 민사소송 제21권 제1호(2017), 52면 이하는 취소사유에 해당하는 중대한 하자가 있더라도 당사자가 중재판정의 취소를 구하지 않는 한 중재판정의 효력은 유지되고, 중재판정의 집행이 거절되는 경우 당해 중재판정이 취소된다는 점을 명시적으로 규정한다면 제35조 단서는 필요없다고 하고 있다. 이 글 54면 주 56에서는 제35조 단서의 의미에 관한 논란이 있음을 소개하고, 이에 대하여 명시적으로 견해를 제시하고 있지 아니하나, 아래 나.의 견해에 가까운 것으로 생각된다.

46) 윤진기, 앞(주 4)의 글, 12면 이하; 윤진기, "2016년 중재법상의 중재판정의 효력에 대한 몇가지 의문과 별소의 심급 제한", 중재연구 제27권 제4호(2017), 7면.

47) 윤진기, 앞(주 4)의 글, 17면.

48) 성준호, "중재판정의 효력", 선진상사법률연구 제85호(2019), 134면.

다만 현행법 제35조 단서의 의미를 "승인·집행거부사유가 존재하는 경우"로 볼 것이 아니라, "승인·집행신청을 기각한 결정이 확정된 경우"를 의미하는 것으로 보면서도,[49] 취소소송의 제소기간이 경과한 후에도 승인·집행절차에서 취소사유에 해당하는 승인·집행거부사유를 주장하는 것 자체가 부정된다고 보기는 어려울 것이고, 다만 승인·집행절차의 피신청인이 중재판정에 대하여 취소의 소를 제기할 수 있었음에도 불구하고 제기하지 않았고, 이로 인해 집행허가신청인이 취소의 소를 제기당하지 않으리라는 기대를 가지게 된 때에는 피신청인이 승인·집행절차에서 취소사유에 해당하는 사유를 주장하는 것이 신의칙에 반하여 허용되지 않을 수도 있다고 하는 견해도 있다.[50]

다. 중재판정의 승인 또는 집행거부사유의 존재만으로 중재판정의 효력을 부정할 수 있다는 견해

필자는 현행법이 아니라 법무부 중재법 개정위원회의 개정안에 대한 것이기는 하나, 구 중재법상 중재판정의 효력에 관한 같은 논란을 해소하기 위하여 중재판정에 위와 같은 승인 및 집행 거부사유가 있으면 취소되지 않더라도 확정판결과 동일한 효력이 없다는 점을 명백히 규정하기로 한 것이라고 주장하였다. 즉 현행법 제35조는 중재판정이 확정판결과 동일한 효력을 가진다고 선언함과 동시에 중재판정 승인 및 집행거부사유가 있으면 그러하지 아니함을 명시하기로 한 것으로 보고 있다.[51]

또한 현행 중재법 제35조 단서의 문언, 중재법 개정의 배경, 국회 법제사법위원회의 심사보고서 등을 보면 제35조 단서의 취지는, 중재판정은 취소사유(이는 승인거부사유 또는 집행거부사유와 동일하다)가 있으면 비록 법원에 의하여 취소되지 않았더라도, 또한 취소의 소를 제기할 수 있는 기간이 도과되었더라도 과거와 달리 법원의 확정판결과 같은 효력을 가질 수 없다는 입장이고, 제35조를 우선시킴으로써 국내중재판정에 강한 효력을 부여하는 독일법의 태도를 따를지, 아니면 제38조를 우선시킴으로써 모델법을 충실히 따를지는 정책적으로 결정할 사항인데, 우리 입법자는 과거 1999년 중재법에서 모델법에 따른 제38조를 도입하면서

49) 강수미, "중재판정의 효력에 관한 연구", 중재연구 제27권 제1호(2017), 76면.
50) 강수미, 앞(주 49)의 글, 75면.
51) 졸고, "중재법 개정 법률안의 주요내용", 앞(주 2)의 글, 369면.

제35조를 존치함으로써 충돌을 초래하였으나, 2016년 중재법에서 제35조 단서를 추가함으로써 모델법을 따르는 방향으로 결론을 내린 것이라고 설명하는 견해가 있다.[52)53)]

라. 양 견해의 차이점

앞서 본 나.의 견해(이하 전자라고 한다.)와 다.의 견해(이하 후자라고 한다.)의 차이점을 요약하면 다음과 같다.

먼저 실제로 중재판정의 승인 또는 집행절차에서 그 승인이나 집행이 거부된 경우에는 중재판정이 판결로서의 효력을 가지지 아니함은 그 조문상 명백하다. 다만 이 경우 승인이나 집행거부사유는 이미 중재판정 성립시부터 존재하고 있었다고 할 터인데, 전자에서는 승인이나 집행의 거부재판이 확정되면 중재판정이 판결로서 효력을 가지지 않게 된다고 보고 있는 데 반하여,[54)] 후자에서는 그 승인이나 집행의 거부재판의 확정 이전부터 승인이나 집행거부사유가 존재하는 한 중재판정에는 확정판결로서의 효력이 없고, 그 승인이나 집행의 거부재판은 이를 확인하는 의미를 지닐 뿐이라고 보게 될 것이다. 두 견해는 이러한 경우 중재판정에 판결로서의 효력이 없다는 점에서 일치하고, 다만 중재판정의 판결로서의 효력을 부정할 수 있는 시점의 차이에 불과하므로 이를 논할 실익이 작다고 할 수 있다.

그러나 중재판정의 취소와 관련하여 두 견해는 커다란 차이를 보인다. 전자에 의하면 중재판정의 기판력을 없애고 싶으면 반드시 취소소송을 하라는 것이고, 취소소송으로 하지 않으면 기판력을 없앨 수 없다는 것으로 보아야 할 것이라고 함에 대하여,[55)] 후자에 의하면 중재판정은 취소사유가 있으면 비록 법원에

---

52) 석광현, 앞(주 18)의 글, 468면.
53) 그 밖에 임성우 국제중재(2016), 334면 중재법 제35조의 단서는 중재판정의 승인 집행거부사유가 있는 경우를 의미한다고 보고, 그 단서를 추가한 것은 매우 적절한 조치라고 하고 있다.
54) 전자의 견해에 의하면, 이 경우에도 집행결정 신청기각결정이 확정된 후 중재판정의 기판력이 처음 성립 당시에 소급하여 그때부터 소멸하는지, 아니면 이왕에 존재하던 중재판정의 기판력이 신청기각결정이 확정된 때부터 소멸하는 것인지에 대하여 이견이 있을 수 있다고 한다. 윤진기, 앞(주 4)의 글, 12면.
55) 전자의 견해 중 취소의 소를 제기하지 않았더라도, 승인·집행절차에서 취소사유에 해당하는 승인·집행사유를 주장하는 것 자체가 부정된다고 보기는 어려울 것이나, 다만 신의칙에 반하여 허용되지 않을 수도 있다는 견해에 의할지라도 취소소송을 하지 않은 경

의하여 취소되지 않았더라도, 또한 취소의 소를 제기할 수 있는 기간이 도과되었더라도 법원의 확정판결과 같은 효력을 가질 수 없다고 한다.

3. 검토의견

가. 중재법 제35조는 "중재판정은 양쪽 당사자 간에 법원의 확정판결과 동일한 효력을 가진다."라고 규정하고 있고, 2016년 중재법이 전면적으로 개정되면서 그 뒤에 덧붙인 "다만, 제38조에 따라 승인 또는 집행이 거절되는 경우에는 그러하지 아니하다."라는 단서의 해석을 둘러싼 논의가 이 글의 중심이다. 앞서 설명하였듯이 이는 국내중재판정의 효력에 관한 논의이고, 외국중재판정의 효력은 뉴욕협약에 따라 또는 외국판결에 준하여 결정된다. 뉴욕협약의 적용을 받는 외국중재판정의 경우 그 중재판정에 위 협약상 승인 또는 집행거부사유가 있는지 여부에 따라 이를 승인할지 여부가 결정되고, 그 거부사유가 있으면 승인 또는 집행을 할 수 없는, 즉 그 효력을 인정할 수 없는 판정이라고 보아야 할 것이고, 중재판정의 승인과 집행에 관한 모델법 제35조와 제36조도 같은 입장에 서 있다.

문제는 국내중재판정에 대하여 처음부터 외국중재판정과 같은 조건부 효력을 인정할 것인지, 아니면 원칙적으로 확정판결과 동일한 효력을 인정하고, 추후 그 중재판정에 승인 또는 집행거부사유가 있음이 밝혀진 경우에 한하여 그 효력을 부정할 것인지 여부이다. 더 나아가 중재판정의 효력을 부정하려면 반드시 중재판정 취소소송을 거쳐야 하고, 취소소송을 하지 아니하면 그 효력을 부정할 수 없다고 보아야 할 것인지 여부도 함께 문제된다.

그러나 아래에서 열거하는 모든 사정을 종합하여 보면, 중재법 제35조는 국내중재판정에 대하여 확정판결과 동일한 효력을 인정하되, 그 단서에 의하여 중재판정의 승인 및 집행거부사유가 존재하는 경우 국내중재판정의 효력을 부정하는 것으로 해석함이 타당하리라고 생각한다.

나. 가장 먼저 지적하고 싶은 것은 우리 중재법이 모델법을 수용하였으므로, 모델법의 입장을 존중하여야 한다는 점이다. 앞서 살핀 바와 같이, 모델법은 중재

우에는 피신청인이 상당히 불리한 처지에 있게 될 것이다.

판정의 승인과 집행에 관하여 뉴욕협약과 완전하게 조화되도록 하는 정책을 취하였다. 뉴욕협약 제5조는 외국중재판정에 동조에 규정된 제한적으로 열거된 거부사유가 있다고 인정되는 경우에는 그 승인 또는 집행을 거부할 수 있다고 규정하므로, 결국 그와 같은 거부사유가 존재하는 경우에는 중재판정 승인이 거부되고, 따라서 중재판정에 법적인 효력이 없다고 보아야 할 것이다.

모델법 역시 앞서 살핀 바와 같이 중재판정 취소신청 여부와 관계없이, 즉 중재판정의 패소 당사자가 중재판정 취소신청을 하지 아니하더라도 중재판정의 승인 및 집행의 과정에서 승인 또는 집행거부사유를 주장할 수 있다는 입장에 서 있는 것이 분명하다. 특히 모델법 제정을 위한 논의과정에서 중재판정의 취소를 신청하지 아니한 경우에는 승인 및 집행거부사유를 제한하자는 제안이 있었으나, 이는 패소한 당사자에게 뉴욕협약에서 인정한 대체적인 방어체제를 부인한다는 이유로 채택되지 아니한 것은 주목할 만하다.

다. 근본적으로 뉴욕협약은 역사적으로 제네바의정서와 제네바협약의 운영결과를 반영하여 중재판정의 승소 당사자와 패소 당사자 사이의 공격방어에 있어서 그 균형을 유지하기 위한 체제를 구축하고, 이를 토대로 모델법이 제정되었다고 볼 것이다. 즉 승소 당사자에게는 이중집행허가제도를 제거하고 형식적인 입증책임만을 부과하는 유리한 지위를 인정하는 반면, 실질적인 승인·집행거부사유의 입증책임을 부담하게 된 패소 당사자에게는 그의 권리보장 내지 방어를 위하여 중재지 국가에서 취소신청을 하는 수단과 집행지 국가에서 승인·집행을 거부하는 수단의 두 가지 방법을 인정함으로써 양자의 균형을 도모한 것이다. 이러한 해석은 모델법을 채택하지 아니한 국가에서도 일반적으로 인정되는 법리임은 앞서 본 바와 같다.

위와 같은 체제는 뉴욕협약과 모델법 제정 과정에서 다수의 국가가 참여하여 논의한 끝에 중재판정의 승소 당사자와 패소 당사자 사이의 공격방어에 관하여 균형을 잡은 결과로 볼 것인 만큼 이를 존중하여야 할 것이고, 우리 법에서 이를 벗어나 일방 당사자에게 유리한 방안을 채택하는 것은 국제적으로 한국 중재법의 법리에 대한 이해를 어렵게 하고 결과적으로 한국을 중재의 중심지로 양성하는데 도움되는 것이라고는 보기 어렵다.

라. 앞서 본 바와 같이 중재판정에 대한 승인 또는 집행거부사유가 있는 외국중재판정은 그 승인을 거부할 수 있고 따라서 그 법적인 효력이 부정됨에 비하여, 국내중재판정에 대하여 승인 또는 집행거부사유의 존재만으로는 그 효력을 부인할 수 없고, 실제로 승인 또는 집행이 거부되어야 그 효력을 부인할 수 있다면, 국내중재판정에 대하여 외국중재판정보다 강화된 효력을 부여하는 결과로 될 것이고, 이는 각국의 입법정책에 따라 정할 문제이다.

한국과 유사한 소송 및 집행법제를 유지하고 있고 모델법을 수용한 국가 중 독일은 국내중재판정에 대하여 일부 승인·집행거부사유에 관하여서는 중재판정 취소신청에서 주장하지 아니하면 승인·집행거부사유로 주장할 수 없도록 함으로써 국내국중재판정에 대하여 외국중재판정보다 강화된 효력을 인정하나, 일본은 국내중재판정과 외국중재판정을 동등하게 규율하여, 중재판정에 승인 또는 집행거부사유가 있는 경우에는 그 법적인 효력을 부인하고 있다.

한국은 2016년 이전에는 중재법 제35조에서 아무런 조건 없이 국내중재판정에 대하여 확정판결과 동일한 효력을 인정하는 규정을 두었다가, 2016년 개정하면서 "다만, 제38조에 따라 승인 또는 집행이 거절되는 경우에는 그러하지 아니하다."라는 단서만을 추가하고, 국내중재판정의 승인 및 집행에 대한 제38조에서는 그 규정의 실질적 내용을 변경함이 없이 단지 그 승인 및 집행거부사유를 구체적으로 열거하는 방식으로 문언만을 변경하였는데, 이와 같은 개정만으로 중재법 개정을 통하여 독일과 같이 국내중재판정에 외국중재판정보다 강화된 효력을 부여함을 명시한 것으로 보기는 매우 부족하다. 오히려 제35조에서 중재판정의 효력을 제한하는 단서를 추가하였고, 독일과 같이 중재판정 취소신청에서 주장하지 아니한 승인 및 집행거부사유의 주장에 대한 제한규정을 신설한 것도 아님에 비추어, 앞서 본 중재법 제35조 단서의 신설만으로 그와 같이 국내중재판정에 대하여 강화된 효력이 부여된 것으로 보는 것은 무리일 뿐만 아니라, 그 개정취지에도 어긋난다고 생각된다.

마. 또한, 중재판정의 효력을 부정하려면 반드시 중재판정 취소소송을 거쳐야 하고, 취소소송을 하지 아니하면 그 효력을 부정할 수 없다고 본다면 다음과 같은 문제가 발생할 수 있다.

첫째, 중재판정 취소의 소의 제기기간이 3개월에 불과하여 상당히 단기라고 보아야 하는데, 그 기간 내에 취소의 소를 제기하지 아니하였다고 하여 그 취소사유를 그 이후 주장할 수 없게 하는 것은 가혹하며, 특히 국제중재사건에 관한 국내중재판정의 당사자인 외국인이 한국의 법원에 3개월 이내에 소를 제기함에는 더 큰 어려움이 따를 수 있고, 그 국제중재사건에 대하여 한국이 아닌 다른 모델법을 수용한 국가에서 중재판정이 내려졌다면 그 이후에도 취소사유에 해당하는 승인이나 집행거부사유를 주장할 수 있다고 보는 것과 균형이 맞지 않는다고 보인다.

둘째, 중재판정 취소의 소를 제기하지 아니하면 중재판정 취소사유 중 법원이 직권으로 고려할 수 있는 공공의 질서 위반 사유까지 중재판정의 승인이나 집행절차에서 주장할 수 없게 하는 것은 불합리하다 할 것이다. 앞서 본 독일법에서도 공공의 질서에 위반한다는 주장은 중재판정 취소의 소를 제기하지 아니한 경우에도 그 후 주장을 허용하고 있음은 참고가 된다고 보인다.

셋째, 국제중재사건에 관한 국내중재판정에 승인이나 집행거부사유가 있다 할지라도 그 취소소송을 하지 아니하는 한 한국에서 승인이나 집행을 거부할 수 없다고 한다면, 이를 모델법에 따른 법제의 외국에서 집행할 경우에는 한국에서 취소소송을 하지 아니하였다고 하여도 집행거부사유가 있다고 하여 집행이 거부되는 경우가 있을 수 있는데, 이는 중재지인 한국과 그 집행지인 외국에서의 중재판정의 취급이 달라지는 결과로 될 우려가 있다.

바. 이러한 논란을 일으키는 중심에는 신설된 제35조의 단서가 중재법 개정위원회의 제안과 같이 중재판정의 승인 및 집행거부사유가 존재하는 경우 국내중재판정의 효력을 부인하는 취지가 아니라, 문언상 "다만, 제38조에 따라 승인 또는 집행이 거절되는 경우에는 그러하지 아니하다."라고 되어 있어서 실제로 승인 또는 집행이 거부되는 경우를 의미하는 것으로 읽힌다는 점이 있다. 그러나 2016년 중재법 개정을 위한 개정위원회의 개정이유서, 국회의 중재법 개정안에 대한 검토의견서에서 잘 나타나듯이 이번의 중재법의 개정취지는 모델법보다 국내중재판정의 효력을 강화하기 위한 것이 아니라 오히려 모델법의 법리에 따라 국내중재판정의 효력을 외국중재판정과 동일하게 제한함으로써 불필요한 논의를 막기 위한 것이었다는 점에 비추어, 위 문언에도 불구하고, 위 단서의 의미는 중재판정의 승인 및 집행거부사유가 존재하는 경우 국내중재판정의 효력을 부정하는

것으로 해석함이 온당하다 할 것이다.

사. 끝으로 중재판정의 취소는 일반적인 법리상 인정되는 취소와는 별개의 제도임을 지적하고 싶다. 앞서 본 바와 같이 UNCITRAL에서 공표한 주석에 의할지라도 중재판정의 취소신청은 중재판정에 대한 유일한 불복방법이기는 하나, 중재판정의 승인·집행을 거부할 수 있는 권리를 배제하는 것은 아니라는 것이므로, 뉴욕협약과 모델법에 의하여 설정된 특수한 성질의 제도로 볼 것이다.[56] 따라서 우리 법제상의 무효나 취소의 법리에 맞추어 그 법리 내지 법률적 해석을 바꾸려고 하는 것은 무리한 시도로 생각된다. 참고삼아 중재판정의 취소신청은 법리상으로는 유효한 판정을 무효로 하는 형성적인 신청이 아니라, 중재판정의 무효라는 선언을 구하는 확인적인 신청으로 볼 것이라는 점을 지적하여 둔다.[57]

V. 맺음말

이 글에서는 국내중재판정의 효력에 관한 제35조를 둘러싼 논란에 대하여 우리의 2016년 중재법 제35조의 개정경위 및 뉴욕협약과 모델법의 입장, 각국의 입법례 특히 독일과 일본의 입법례 등을 상세히 살펴서, 타당한 결론을 제시하려고 시도하였다.

중재판정의 취소소송과 중재판정의 승인 집행거부는 중재판정의 패소자에게 이에 불복할 수 있는 수단으로서 뉴욕협약이나 모델법 등을 통하여 국제적으로 공인된 방법이므로, 중재판정 취소소송을 하지 않고도 그 소송을 통하여 주장할 수 있었던 사유를 아무런 제한 없이 중재판정의 승인이나 집행이 문제된 경우에도 주장할 수 있다고 보아야 할 것이다.

결론적으로 중재법 제35조는 국내중재판정에 대하여 확정판결과 동일한 효

---

56) 三木浩一/山本和彦編, 新仲裁法の理論と實務(2006), 374면 谷口安平의 발언에 의하면 중재판정을 취소한다는 의미에서 모델법에서 사용하는 "set aside"라는 말 자체가 영어로서 상당히 의미가 넓은 말로서, 그 내용은 형성적 취소는 아니라고 해석하는 것이 옳다고 한다.

57) 필자는 註釋仲裁法(2005), 218면(이호원 집필부분)에서 중재판정 취소의 소의 성질은 형성의 소이고, 다만 중재판정에 의한 집행절차에서 항변으로 주장하는 것이 허용된다는 점에서 그 한도에서 형성의 소로서의 성질은 후퇴한다고 보았으나, 견해를 바꾸어 확인의 소라고 생각한다.

력을 인정하되, 그 단서에 의하여 중재판정의 승인 및 집행거부사유가 존재하는 경우 국내중재판정의 효력을 부정하는 것으로 해석함이 타당하고, 이러한 해석에 의하여 국내중재판정의 승인과 집행에 관한 제38조와 함께 조화로운 결론을 이끌어낼 수 있을 것이다.

이와 같이 개정취지에 반하여 논란을 일으킬 수 있는 문언으로 2016년 중재법 개정이 이루어진 점은 유감으로 생각하며, 다시 위 단서를 개정위원회의 제안에 부합하도록 "다만, 제38조의 승인 또는 집행거부사유 중 어느 하나에 해당하는 사유가 있는 경우에는 그러하지 아니하다."라고 재개정함이 바람직할 것이다.

[5] 중재판정의 취소

필자는 法曹 제575호(2004. 8.), 5-37면에 이 글과 같은 제목의 글을 발표한 일이 있다. 2016년 중재법이 대폭 개정되면서 중재판정 취소의 소에 관하여서는 중재법 제36조는 제2항 제1호 나목에 간단한 어구 수정만이 있었을 뿐이나, 중재판정의 취소와 밀접한 관련이 있는 중재판정의 효력에 관한 중재법 제35조가 개정되었고, 중재판정의 취소의 법적 성질에 관한 필자의 견해를 바꾸었으므로, 이번에 종전의 글을 기초로 하면서 상당 부분 그 내용을 바꾸어 다시 이 글을 작성하였다.

Ⅰ. 머리말

1. 중재판정 취소제도의 취지

중재판정은 법정의 형식적 요건을 구비하면 원칙적으로 확정판결과 동일한 효력을 발생하나(중재법 제35조), 중재절차의 기본적 요건을 결여하는 것으로서 취소사유가 있는 때에는 당사자는 중재판정 취소의 소를 법원에 제기할 수 있다(중재법 제36조 제1항).

위와 같이 중재판정의 취소를 인정하는 취지는, 국가의 입장에서 보면 중재판정은 국가의 의사와 아무런 관련 없이 선임된 중재인에 의하여 또한 국가가 제공하지 않은 쟁송절차에 따라 이루어진 것이기 때문에, 중재판정에 이른 절차가 형평의 원칙상 부당하거나 그 판정이 국가정책상 또는 공익상 허용될 수 없는 등 현저한 하자가 있을 때에는 그 집행에 협조하지 않음은 물론, 나아가 그러한 중재판정이 자국 내에서 내려졌을 때에는 그 책임 하에 그 판정의 효력을 상실시키기 위한 것이다.[1] 한편 당사자의 입장에서 보면, 특히 당사자로부터 소가 제기되어야 비로소 중재판정이 취소될 수 있다는 점을 고려하면, 당사자에 대한 구속력의 기초인 중재합의에 기한 중재절차의 기본적 요건을 결여할 경우 당사자의 주

---

1) 목영준·최승재, 상사중재법(개정판)(2018), 260면.

도아래 취소를 구할 수 있는 것으로 하였다고 볼 수 있을 것이다.[2] 결국 중재판정의 기초적 요건의 흠결을 이유로 하여 당사자가 구속력의 배제를 구할 수 있음과 동시에, 국가는 중재제도의 보호의 반면으로서 중재에 대한 감독권의 발동으로서 취소를 할 수 있다고 할 수 있을 것이다.[3]

2. 중재법상 중재판정의 취소에 관한 규정의 변천

가. 한국의 중재법은 1966년 제정되고 수차례 부분 개정을 거쳤으나 중재판정의 취소에 관한 제13조와 제16조는 실질적인 변동이 없었는데 다음과 같다.

제13조 (중재판정취소의 소) ① 당사자는 다음 각호의 1에 해당하는 경우에는 중재판정의 취소의 소를 제기할 수 있다. 〈개정 73.2.17〉
　　1. 중재인의 선정 또는 중재절차가 이 법이나 중재계약에 의하지 아니한 때
　　2. 중재인의 선정 또는 중재절차에 있어서 당사자가 소송무능력자이거나 대리인이 적법하게 선임되지 아니하였을 때
　　3. 중재판정이 법률상 금지된 행위를 할 것을 내용으로 한 때
　　4. 중재절차에 있어서 정당한 사유없이 당사자를 심문하지 아니하였거나 중재판결에 이유를 붙이지 아니하였을 때
　　5. 민사소송법 제422조 제4호 내지 제9호에 해당하는 이유가 있을 때
② 전항 제4호의 사유에 관하여 당사자간에 따로 합의하였을 때에는 중재취소의 소를 제기할 수 없다.
제16조(소제기기간) ① 중재판정취소의 소는 그 취소의 이유를 안 날로부터 30일 내 또는 집행판결이 확정된 날로부터 5년내에 제기하여야 한다.
② 전항의 취소의 이유를 안 날은 집행판결이 확정되기 전에는 진행하지 아니한다.
③ 제1항의 기간은 불변기간으로 한다.

나. 1999. 12. 31.에 이르러 중재법은 전문 개정하였는데, 이는 중재법 전조문의 구성과 내용을 모두 변경한 것이어서, 개정이라기보다 제정에 가까울 정도의 개혁적인 개정이라고 할 것이다. 이 신중재법의 특징은 무엇보다도 국제상사중재에 관한 UNCITRAL 모델법(UNCITRAL Model Law on International Commercial

---

2) 小島武司·猪股孝史, 仲裁法(2014), 472면.
3) 중재판정 취소에 관한 각국의 입법례에 관하여는 목영준·최승재, 앞(주 1)의 책, 260면 이하 참조.

Arbitration, 이하 모델법이라고 한다)을 전면적으로 수용한 점에 있다. 이는 중재법
의 국제화를 위하여 반드시 필요하고도 바람직한 선택으로 평가할 수 있고, 이를
통하여 한국의 중재제도를 이용하려는 외국인을 포함한 모든 관계자에게 한국의
중재법에 대한 이해와 신뢰를 높이기 위한 것으로 보인다.[4] 이 개정법은 중재판
정의 취소에 관하여도 그 이전의 중재법을 대폭 개정하여 모델법상의 조문을 거
의 그대로 수용하여 아래와 같이 규정하고 있다.

제36조 (중재판정취소의 소) ① 중재판정에 대한 불복은 법원에 제기하는 중재판
정취소의 소에 의하여만 할 수 있다.
② 법원은 다음 각호의 1에 해당하는 때에 한하여 중재판정을 취소할 수 있다.
　1. 중재판정의 취소를 구하는 당사자가 다음 각목의 1에 해당하는 사유를 증명
하는 경우
　　가. 중재합의의 당사자가 그 준거법에 의하여 중재합의 당시 무능력자이었
던 사실 또는 중재합의가 당사자들이 지정한 법에 의하여 무효이거나 그러한 지정
이 없는 경우에는 대한민국의 법에 의하여 무효인 사실
　　나. 중재판정의 취소를 구하는 당사자가 중재인의 선정 또는 중재절차에 관
하여 적절한 통지를 받지 못하였거나 기타의 사유로 인하여 본안에 관한 변론을 할
수 없었던 사실
　　다. 중재판정이 중재합의의 대상이 아닌 분쟁을 다룬 사실 또는 중재판정이
중재합의의 범위를 벗어난 사항을 다룬 사실. 다만, 중재판정이 중재합의의 대상에
관한 부분과 대상이 아닌 부분으로 분리될 수 있는 경우에는 대상이 아닌 중재판정
부분만을 취소할 수 있다.
　　라. 중재판정부의 구성 또는 중재절차가 이 법의 강행규정에 반하지 아니하
는 당사자간의 합의에 따르지 아니하거나 그러한 합의가 없는 경우에는 이 법에 따
르지 아니하였다는 사실
　2. 법원이 직권으로 다음 각목의 1에 해당하는 사유가 있다고 인정하는 경우
　　가. 중재판정의 대상이 된 분쟁이 대한민국의 법에 따라 중재로 해결될 수 없
는 때

---

4) 장문철, "개정중재법해설", 人權과 正義 284호(2000. 4.), 99면; 하용득, "仲裁法의 改正經
　過 및 主要內容", 중재 295호(2000. 봄), 7면. 그러나 모델법을 그 문언 그대로 받아들인
　것은 아니고 한국의 법체제에 맞추어 일부 모델법 규정을 수정 또는 보완하는 방식을 택
　하였다. 그러나 그 변경이나 추가의 정도는 경미하여 사실상 모델법을 채용하였다고 보
　아도 무방할 것으로 보인다.

나. 중재판정의 승인 또는 집행이 대한민국의 선량한 풍속 기타 사회질서에 위배되는 때

③ 중재판정취소의 소는 중재판정의 취소를 구하는 당사자가 중재판정의 정본을 받은 날부터 또는 제34조의 규정에 의한 정정·해석 또는 추가판정의 정본을 받은 날부터 3월 이내에 제기하여야 한다.

④ 당해 중재판정에 관하여 대한민국의 법원에서 내려진 승인 또는 집행판결이 확정된 후에는 중재판정취소의 소를 제기할 수 없다.

1999년 개정 중재법 제36조는 중재판정은 중재판정 취소의 소를 제기하여 승소판결을 받음으로써만 이를 취소할 수 있고, 그 취소는 동조 제2항에서 정하는 취소사유가 있는 경우에만 허용됨을 선언하고 있다. 즉 중재판정 취소의 소는 중재판정에 대하여 제한된 사유로만 이의를 제기할 수 있는 유일한 수단으로서 인정된 것이다.

개정법은 그 이전과 동일하게 중재판정은 중재판정 취소의 소를 제기하여 승소판결을 받음으로써만 이를 취소할 수 있고, 그 취소는 중재법에 열거된 취소사유가 있는 경우에만 허용된다는 점을 그대로 유지하고 있다. 그러나 그 취소사유를 모델법과 동일하게 규정하면서 대폭적으로 변경하였고, 중재판정취소의 소의 제소기간이 이전에는 "그 취소의 이유를 안 날로부터 30일내 또는 집행판결이 확정된 날로부터 5년내"(개정전 제16조 제1항)이었는데, 모델법과 같이 "중재판정의 취소를 구하는 당사자가 중재판정의 정본을 받은 날부터 또는 제34조의 규정에 의한 정정·해석 또는 추가판정의 정본을 받은 날부터 3월이내"로 대폭 단축되었다.

다. 1999년의 전면적 개정에 의한 중재판정 취소의 법적인 체제는 현재까지도 그대로 유지되고 있다. 다만 2010. 3. 31. 위 제36조는 아래와 같이 전문 개정되었으나, 그 조문내용을 변경하지 아니하고 법문장의 표기를 한글화하고, 어려운 법령 용어를 풀어쓰는 등 표현만을 바꾼 것이다.

제36조(중재판정 취소의 소) ① 중재판정에 대한 불복은 법원에 중재판정 취소의 소를 제기하는 방법으로만 할 수 있다.

② 법원은 다음 각 호의 어느 하나에 해당하는 경우에만 중재판정을 취소할 수 있다.

1. 중재판정의 취소를 구하는 당사자가 다음 각 목의 어느 하나에 해당하는 사실을 증명하는 경우.

　　가. 중재합의의 당사자가 해당 준거법(準據法)에 따라 중재합의 당시 무능력자였던 사실 또는 중재합의가 당사자들이 지정한 법에 따라 무효이거나 그러한 지정이 없는 경우에는 대한민국의 법에 따라 무효인 사실.

　　나. 중재판정의 취소를 구하는 당사자가 중재인의 선정 또는 중재절차에 관하여 적절한 통지를 받지 못하였거나 그 밖의 사유로 본안에 관한 변론을 할 수 없었던 사실.

　　다. 중재판정이 중재합의의 대상이 아닌 분쟁을 다룬 사실 또는 중재판정이 중재합의의 범위를 벗어난 사항을 다룬 사실. 다만, 중재판정이 중재합의의 대상에 관한 부분과 대상이 아닌 부분으로 분리될 수 있는 경우에는 대상이 아닌 중재판정 부분만을 취소할 수 있다.

　　라. 중재판정부의 구성 또는 중재절차가 이 법의 강행규정에 반하지 아니하는 당사자 간의 합의에 따르지 아니하였거나 그러한 합의가 없는 경우에는 이 법에 따르지 아니하였다는 사실.

2. 법원이 직권으로 다음 각 목의 어느 하나에 해당하는 사유가 있다고 인정하는 경우.

　　가. 중재판정의 대상이 된 분쟁이 대한민국의 법에 따라 중재로 해결될 수 없는 경우.

　　나. 중재판정의 승인 또는 집행이 대한민국의 선량한 풍속이나 그 밖의 사회질서에 위배되는 경우.

③ 중재판정 취소의 소는 중재판정의 취소를 구하는 당사자가 중재판정의 정본을 받은 날부터 또는 제34조에 따른 정정·해석 또는 추가 판정의 정본을 받은 날부터 3개월 이내에 제기하여야 한다.

④ 해당 중재판정에 관하여 대한민국의 법원에서 내려진 승인 또는 집행판결이 확정된 후에는 중재판정 취소의 소를 제기할 수 없다.

라. 2016. 5. 29. 중재판정 취소의 법적인 체제의 변화 없이 위 제36조 제2항 제1호 나목의 일부가 개정되었다. 그 이전에 위 나목은 "중재판정의 취소를 구하는 당사자가 중재인의 선정 또는 중재절차에 관하여 적절한 통지를 받지 못하였거나 기타의 사유로 인하여 본안에 관한 변론을 할 수 없었던 사실"로 규정하고 있었으나, 취소를 구하는 당사자가 본안에 관한 변론을 할 수 없었던 경우뿐만

아니라 예컨대 중재인의 권한을 다투는 경우와 같이 본안 이외의 사항에 대한 항
변을 하지 못한 경우도 위 경우에 해당한다고 볼 것이고, 위 문언은 모델법 제34
조 제2항 (a)(ii)의 "the party making the application was not given proper notice
of the appointment of an arbitrator or of the arbitral proceedings or <u>was other-
wise unable to present his case</u>"를 수용한 것인데, 위 밑줄 부분은 "<u>그 밖의 사유
로 변론을 할 수 없었던 사실</u>"이라고 함이 정확하므로,[5] 2016. 5. 29. 중재법 개정
시 위 조문의 문언 중 "본안에 관한"이라는 부분만 삭제하고, "중재판정의 취소를
구하는 당사자가 중재인의 선정 또는 중재절차에 관하여 적절한 통지를 받지 못
하였거나 그 밖의 사유로 변론을 할 수 없었던 사실"로 수정되었을 뿐이다.[6]

3. 모델법상 중재판정 취소의 법리

1999년 개정 중재법이 모델법을 전면적으로 수용하는 입법정책을 취하였고,
이는 현행 중재법에서도 그대로 유지되고 있으므로, 모델법 제정 당시에 제정경
과 및 입법취지가 우리의 중재법 해석에도 중요한 지침이 된다 할 것이다. 그리
고 모델법은 1958년 "외국중재판정의 승인 및 집행에 관한 국제연합협약"(United
Nations Convention on the Recognition and Enforcement of Foreign Arbitral Awards, 이
하 "뉴욕협약"이라 한다)과 완전하게 조화되는 중재법제를 모델법으로 제시하는 정
책을 취하였다고 하므로,[7] 중재판정의 취소에 관한 뉴욕협약과 모델법의 법리를
먼저 살필 필요가 있다.

뉴욕협약의 특징으로는 외국중재판정의 승인 및 집행의 실질적 요건들을 모

---

5) 더 엄밀하게 보면 위 밑줄 부분은 심리절차로서의 변론을 할 수 없었다는 의미가 아니
라, 단지 자신의 의견을 제시할 수 없었다는 것을 의미하는 것이므로, "자신의 의견을 제
시할 수 없었던 사실"이라고 함이 보다 정확할 것이다. 이 문구는 뉴욕협약 제5조 제1항
b)와 동일한데, Albert Jan van den Berg, *The Arbitration Convention of 1958*(1981), p.
307는 이에 관하여 반드시 구술심리를 하여야 함을 의미하는 것은 아니고, 양 당사자에
게 동등한 기회를 주는 한 서면심리도 가능하다고 한다.

6) 제20차 중재법 개정위원회 참고자료집, 법무부(2014), 37면; 졸고, "改正 仲裁法에 대한
小考", 중재 302호(2001. 겨울), 15면〈이 책 65면〉; 석광현, "개정중재법의 몇 가지 문제
점", 중재 298호(2000. 겨울), 27면.

7) A/CN.9/264(25 March 1985)—International Commercial Arbitration: Analytical commentary
on draft text of a model law on international commercial arbitration: report of the
Secretary-General, p. 139. 이는 UNCITRAL 모델법에 대한 예비보고서이다. 그중 일부에
대한 한글 번역문이 장문철·정선주·강병근·서정일, UNCITRAL 모델중재법의 수용론
(1999), 308면 이하에 실려 있다.

두 승인과 집행의 거부사유로 규정함에 따라 승인 또는 집행을 구하는 당사자가 주장 및 입증책임을 지는 적극적 요건을 그 상대방이 주장 및 입증책임을 지는 소극적 요건으로 전환했다는 점과 제5조에 열거된 승인 및 집행거부사유는 예시적인 것이 아니라 제한적인 것이라는 점을 들 수 있다.8) 그러나 뉴욕협약은 중재판정의 승인·집행에 관하여서만 규정하고, 그 취소절차나 취소사유에 관하여는 아무런 규정을 두고 있지 아니하므로, 이에 관하여서는 각국의 입법정책에 따라 자유로이 규정할 수 있다고 해석되고 있고, 다만 뉴욕협약상 중재판정의 승인·집행의 거부사유로 인정받기 위하여서는 그 중재판정의 취소가 "판정이 내려진 국가 또는 판정의 기초된 법이 속하는 국가의 권한 있는 기관"에 의하여 취소된 경우에 한정됨을 규정하고 있을 뿐이다.9)

모델법은 이와 같은 뉴욕협약을 존중하면서 중재판정의 취소제도를 설계하였고, 이는 그대로 우리 법에도 반영되어 있다. 모델법에 관하여 UNCITRAL에서 공표한 주석에서는 모델법은 중재판정 취소사유로서 뉴욕협약 제5조에 규정된 집행거부사유와 본질적으로 동일한 사유를 설정하고, 그 문언도 거의 동일하게 함으로써 해석상의 통일을 기도한 것이라고 하면서,10) "중재판정 취소신청은 판정을 공격하는 사법적 심사절차를 개시하는 단 하나의 수단이라는 점에서 판정에 대하여 법원에 불복하는 유일한 방법이다. 그러나 당사자는 여전히 상대방에 의하여 개시된 중재판정의 승인 또는 집행의 거부를 요청함으로써(제35조, 제36조) 자신을 방어할 권리를 보유한다."라고 설명하고 있다.11) 특히 모델법 제정을 위한 논의 당시 중재판정의 취소를 신청하지 아니한 경우에는 승인 또는 집행거부사유를 제한하자는 제안이 있었으나, 다음과 같은 이유로 채택되지 아니하였다고 한다.

---

8) 졸고, "外國仲裁判定의 承認과 執行-뉴욕協約을 중심으로-", 裁判資料 제34집(1986), 669면〈이 책 14면〉.

9) Albert Jan van den Berg, *supra* note 5, p. 22; Gary B. Born, *International Commercial Arbitration* Volume Ⅲ(2nd Ed.)(2014). p. 3164.

10) A/CN.9/264, *supra* note 7, p. 137.

11) A/CN.9/264, *supra* note 7, p. 137, 또한 Explanatory Note by the UNCITRAL Secretariat on the Model Law on International Commercial Arbitration(1994), p. 23 역시 같은 내용으로서, "[취소신청은] 판정을 공격하는 수단이고, 여전히 중재판정 집행절차에서 방어수단을 행사할 권리를 잃지 아니한다."라고 하고 있다. 후자는 https://www.uncitral.org/pdf/english/texts/arbitration/ml-arb/06-54671_Ebook.pdf(2019. 9. 24. 방문) 참조.

제안된 승인 또는 집행거부사유의 제한은 당사자가 어떻게 판정에 불복할 것인지를 결정할 자유를 부당하게 침해한다는 점이 지적되었다. 중재판정 취소와 중재판정 승인 또는 집행거부의 다른 목적과 효과에 비추어, 당사자는 자유롭게 1959년 뉴욕협약에서 인정된 대체적인 방어체제를 이용할 수 있어야 한다. 더 나아가 이러한 거부사유의 제한이 국내판정의 승인과 집행에 한하여 적용된다 할지라도 이는 중재판정이 내려진 곳과 관계없이 통일적으로 판정을 취급하려는 모델법의 정책에 어긋난다는 점이 지적되었다.[12]

위와 같은 설명에 비추어 모델법 제34조에 의하여 중재판정의 취소신청을 하지 아니하였다고 할지라도 모델법 제36조에 기하여 중재판정의 승인이나 집행의 거부를 주장할 수 있다는 점은 명백하다.

이와 같은 해석은 모델법을 채택하지 아니하였다 할지라도 뉴욕협약에 가입한 국가에서는 일반적으로 인정되는 법리이다.[13]

근본적으로 뉴욕협약은 가입한 국가들의 협상 내지 타협을 통하여 판정의 승소 당사자와 패소 당사자 사이의 공격방어에 있어서 그 균형을 유지하기 위한 체제를 구축하고, 이를 토대로 모델법이 제정되었다고 볼 것이다. 즉 승소 당사자에게는 이중집행허가제도(double exequatur)를 제거하고 형식적인 입증책임만을 부과하는 유리한 지위를 인정하는 반면, 실질적인 승인·집행거부사유의 입증책임을 부담하게 된 패소 당사자에게는 그의 권리보장 내지 방어를 위하여 중재지 국가에서 취소신청을 하는 수단과 집행지 국가에서 승인·집행을 거부하는 수단의 두 가지 방법을 인정함으로써 양자의 균형을 도모한 것이다. 이러한 해석은 우리 중재법상 중재판정의 취소제도의 해석에 있어서도 존중되어야 할 것이다.[14]

위와 같은 법리를 기초로 삼아 본다면 취소사유가 존재하는 중재판정은 취소되지 않더라도, 그 중재판정의 승인이나 집행단계에서 그 취소사유를 주장하여

---

12) UNCITRAL, Report of the Working Group on the Work of Its Seventh Session, U.N. Doc. A/CN.9/246(1984) ¶153, 154; Howard M. Holtzmann·Joseph E. Neuhaus, *A Guide to the UNCITRAL Model Law on International Commercial Arbitration : Legislative History and Commentary*(1994), p. 1009.

13) 임성우, 국제중재(2016), 346면; Gary B. Born, *supra* note 9, p. 3382; Nigel Blackaby et al., *Redfern and Hunter on International Arbitration(6th Ed.)*(2015), p. 570; 近藤昌昭·後藤健·內掘宏達·前田洋·片岡智美, 仲裁法コンメンタール(2003). 264면.

14) 졸고, "국내중재판정의 효력에 관하여 ─ 중재법 제35조의 해석을 중심으로", 民事訴訟 제23권 제3호(2019. 10.), 375면〈이 책 140면〉.

중재판정의 승인이나 집행을 거부할 수 있다는 것이므로, 중재판정이 취소되지 않았다 할지라도 유효하다고 볼 수 없다고 할 것이다. 따라서 중재판정의 취소는 중재판정의 효력을 상실하게 하는 형성적인 성질의 것이 아니라, 중재판정이 효력이 없음을 확인하는 성질의 것이고, 중재판정 취소의 소는 형성의 소가 아닌 확인의 소라고 봄이 타당할 것이다.[15]

우리 법제상 취소는 민법상 법률행위의 취소가 일단 유효하게 성립한 법률행위의 효력을 행위시에 소급하여 무효로 하는 특정인의 의사표시로 해석되고,[16] 민사소송법상으로도 일반적으로 유효하게 성립한 소송행위를 소급하여 무효로 하는 행위를 의미하고 있으나,[17] 중재판정의 취소에서의 취소는 모델법상의 "set aside"를 번역한 용어로서, 상당히 의미가 넓은 말로서 한국어상 취소라고 번역함이 불가피하다 할지라도 반드시 형성적 취소라고 해석할 것은 아니고,[18] 앞서 본 바와 같은 법리를 고려하여 그 법률적 성질을 판단함이 옳을 것이다.

Ⅱ. 중재판정의 취소사유

1. 취소사유의 의의와 근거

가. 중재판정의 취소사유는 중재판정 또는 그 기초로 된 중재절차에 하자가 있기 때문에 중재판정을 취소하여 그 효력이 없음을 주장할 수 있는 정도의 중대한 하자 사유이다. 중재판정에는 확정판결과 동일한 효력으로서 기판력이 인정되고, 중재판정의 취소사유는 중재판정의 기판력을 배제하는 것이라는 점에서는 확정판결에 대한 재심사유와 다를 바 없으므로, 중재판정에 대한 취소사유는 확정

---

15) 필자는 註釋仲裁法(2005), 217면 이하에서 중재판정 취소의 소는 형성의 소이고, 중재판정에 대한 집행판결 청구의 소에 대한 항변으로서 취소사유의 주장이 허용하는 점에 비추어 실체법상의 소에서도 항변이나 재항변으로서 이를 주장하는 것이 허용된다고 해석할 것이고, 이에 따라 중재판정 취소의 소의 형성의 소로서의 성질은 그 한도에서 후퇴하는 것으로 된다고 하였으나, 견해를 바꾼다.
16) 김준호, 민법강의(제20판)(2014), 383면.
17) 예컨대 민사소송법 제416조에서 "항소법원은 제1심 판결을 정당하지 아니하다고 인정한 때에는 취소하여야 한다."라고 규정한 것을 비롯하여, 같은 법 제417조 등.
18) 三木浩一/山本和彦編, 新仲裁法の理論と實務(2008), 374면 谷口安平의 발언 참조. set aside와 유사한 의미를 지닌 영문 법률용어로 "cancel", "revoke", "invalidate", "vacate" 등을 들 수 있다.

판결에 대한 재심사유와 유사한 점이 있다.[19] 그러나 확정판결은 재심제도에 의하여 취소되기 전까지는 유효하다고 할 것이나, 중재판정은 그 취소사유가 있는 한 중재판정의 취소제도에 의하여 취소되지 않더라도 그 효력을 부인할 수 있는 방법이 있다는 점에서 다르다고 할 것이다.

1999년 개정 이전의 중재법상의 중재판정 취소사유는 특히 재심사유와 유사한 점이 있었으나, 1999년 개정 중재법은 모델법에 따르게 됨에 따라 재심사유와는 그 내용이 상당히 달라지게 되었다.[20]

나. 구체적인 중재판정의 취소사유

우리 중재법은 원고에게 입증책임이 있는 취소사유로서 제36조 제2항 제1호에 네 가지의 취소사유를, 법원이 직권으로 조사할 수 있는 취소사유로서 같은 항 제2호에 두 가지의 취소사유를 열거하고 있다. 이는 모델법 제34조 2항을 그대로 받아들인 것으로서 모델법은 중재판정 취소사유로서 뉴욕협약 제5조에 규정된 집행거부사유와 본질적으로 동일한 사유를 설정한 것임은 앞서 살핀 바와 같다. 따라서 뉴욕협약상의 집행거부사유에 대한 해석은 우리 중재법상의 중재판정 취소사유의 해석에도 크게 도움이 된다 할 것이다.[21]

중재판정의 취소원인을 크게 보면 중재계약이 유효하지 않고 중재의 기초를 결여하는 것, 당사자에 대한 절차보장을 결여하는 것, 중재판정부에 권한이 없는 사항에 관하여 판정이 내려진 것, 중재절차가 당사자의 합의 또는 법률의 규정에 반하여 행하여진 것, 중재가능성을 결여하는 것 및 중재판정이 공서양속에 반하는 것이라고 할 수 있을 것이다.

이들 사유는 제한적인 열거이고, 그 밖의 사유는 중재판정의 취소사유로서

---

19) 別册 NBL no.71, 仲裁法制に關する中間とりまとめと解說(2002), 70면; 注解仲裁法(1988), 184면(吉村德重 집필부분).

20) 그러나 1999년 개정 이전의 중재법상의 중재판정 취소사유는 대체로 신법상의 취소사유에도 해당된다고 해석된다. 註釋仲裁法(2005), 213면 이하(이호원 집필부분) 참조.

21) 중재법 제36조 제2항 및 모델법 제34조 제2항에 규정된 중재판정 취소사유가 뉴욕협약 제5조 제2항에 규정된 중재판정 승인 및 집행거부사유와 다른 점은, 중재판정에 구속력이 없다든지 권한 있는 기관에 의한 취소 혹은 정지되었음을 규정한 뉴욕협약 제5조 제1항 (e)의 사유가 취소사유로 규정되어 있지 않다는 점이다. 이는 중재판정에 구속력이 없다든지 권한 있는 기관에 의한 취소 혹은 정지되었음을 주장하여 판정의 취소를 주장할 수는 없기 때문이다.

주장할 수 없다고 볼 것이다.[22]

다. 제36조 제2항의 문언상 "중재판정을 취소할 수 있다."라고 되어 있다.[23] 이는 취소사유가 존재한다고 인정되는 경우도 법원의 재량에 의하여 취소청구를 기각할 수 있는 것을 의미한다. 중재판정 취소사유에 해당하는 사실이 존재하는 경우이어도 그것이 중대하지 아니하고 법원이 중재판정을 취소하지 아니하는 것이 적절하다고 인정하는 경우에는 중재판정 취소청구를 기각할 수 있을 것이다.[24]

2. 중재합의 당사자의 무능력 또는 중재합의의 무효

가. 중재법 제36조 제2항 제1호 가목은 "중재합의의 당사자가 해당 준거법 (準據法)에 따라 중재합의 당시 무능력자였던 사실 또는 중재합의가 당사자들이 지정한 법에 따라 무효이거나 그러한 지정이 없는 경우에는 대한민국의 법에 따라 무효인 사실"을 중재판정의 취소사유로서 규정하고 있다.

나. 위 조항은 두 가지 취소사유를 규정하고 있으므로 이를 나누어 살핀다. 먼저 "중재합의의 당사자가 해당 준거법(準據法)에 따라 중재합의 당시 무능력자였던 사실"이라는 취소사유는 무능력자 보호를 위한 규정으로서, 중재합의 당시가 그 기준시가 된다.[25] 중재판정 취소소송의 원고는 중재합의의 당사자가 그 준거법에 의하여 중재합의 당시 무능력자이었던 사실을 입증하여야 한다.

우선 중재합의의 당사자가 그들에 대한 준거법 아래에서 행위능력이 없는 경우인바, 여기에서의 준거법은 당사자 간의 합의유무에 불구하고 취소소송이 제기된 법정지국인 우리나라의 국제사법에 따라 결정된다.[26] 우리 국제사법에 의하면 사람의 능력은 그의 본국법에 따르고(제11조, 제13조 1항), 법인 또는 단체는 그 설립의 준거법에 따르도록 하고 있다(제16조). 따라서 법인을 대표하는 권한의 유

---

22) A/CN.9/264, *supra* note 7, p. 137.

23) 모델법 제34조 제2항도 "An arbitral award may be set aside…"라고 하여 동일한 문언을 사용하고 있다.

24) 예컨대 5. 다.항 참조. 近藤昌昭 외 4인, 앞(주 13)의 책, 249면은 동일한 규정을 둔 일본법의 해석상 중재판정을 취소하는 것에 의한 이해득실을 감안하여 법원이 재량적인 판단을 하는 것을 허용하는 취지이고, 그 판단에 있어서는 취소사유의 중대성, 취소사유와 본안판단의 내용과의 인과관계 등이 고려요소가 될 것이라고 한다.

25) 注解仲裁法(1988), 379면(岩崎一生·高桑昭 집필부분).

26) 목영준·최승재, 앞(주 1)의 책, 127면.

무에 관하여 원칙적으로 그 법인의 속인법, 즉 설립준거법에 의하여 결정될 것이다. 당사자가 정부 또는 정부관계기관, 공법인 등의 경우도 그 속하는 국가의 법령에 의하여 대표권한의 유무에 관하여 판단한다. 일반적으로는 판정의 취소를 구하는 원고 스스로가 중재합의 당시 행위능력이 없었다고 주장할 것이나, 원고가 중재합의 당시 피고의 무능력을 주장할 수도 있다.

당사자가 제한능력자(미성년자, 피성년후견인 등)인 경우 취소권 등의 행사가 필요한가 아니면 제한능력자가 중재합의를 체결하였다는 것만으로 당연히 중재판정 취소사유로 되는가가 문제로 되나, 중재합의가 무효인 사실이 중재판정 취소사유이고, 예컨대 기망에 의하여 중재합의가 체결되었다고 하여도 중재판정 취소사유로서 중재합의가 무효인 경우에 해당하기 위하여서는 기망에 의한 의사표시로서 취소권 등이 행사된 결과 중재합의가 무효로 된 것이 필요하다고 보이는 점과의 균형상 당사자가 제한능력자인 것만으로는 부족하고, 능력의 제한을 이유로 취소권 등이 행사된 경우에만 중재판정 취소사유가 인정될 수 있다고 봄이 타당할 것이다.[27]

다. 다음의 취소사유는 "중재합의가 당사자들이 지정한 법에 따라 무효이거나 그러한 지정이 없는 경우에는 대한민국의 법에 따라 무효인 사실"이다. 중재합의가 위와 같은 실질법 아래에서 부존재, 무효이거나 효력을 상실한 경우 또는 이행불능인 경우를 말한다. 즉 중재합의가 외관상 존재하더라도 그것이 당사자의 의사에 기하지 않아 부존재한 것이거나 무효 또는 취소사유가 있는 경우에는 중재판정은 부존재하거나 효력이 없는 중재합의에 기한 것으로서 취소되어야 한다.

중재합의가 무효인 경우로서 문제되는 것은 당사자 사이의 의사의 불일치의 경우, 즉 허위표시, 사기 또는 강박에 의한 의사표시 등으로서 중재합의가 그 효력이 문제되는 경우를 들 수 있다. 그와 같은 사유로 중재합의가 당연무효로 되는 경우는 그와 같은 사유의 존재만으로 충분하나, 취소권이나 철회권이 인정될 뿐인 경우에는 실제로 취소권이나 철회권이 실제로 행사되어 중재합의의 효력이 소멸하였어야 할 것이다. 실제로는 대부분의 중재합의는 서면으로 이루어지므로 의사의 불일치가 문제되는 경우는 드물 것으로 예상된다. 또한 대부분의 입법례에서

---

27) 近藤昌昭 외 4인, 앞(주 13)의 책, 250면.

중재조항의 독립성을 인정하고 있고,[28] 이 경우 중재조항을 포함하고 있는 주된 계약이 무효일지라도 그 중재조항의 효력에 아무런 영향을 미치지 아니한다고 해석되므로 중재합의상 의사의 불일치가 문제되는 경우는 더욱 적어질 것이다.

중재합의는 중재신청이 행하여진 때로부터 중재판정이 내려진 때까지 유효하여야 한다. 중재신청 전에 효력을 잃거나 또는 중재신청 후 중재판정이 행하여질 때까지 효력을 잃은 때는 중재판정은 그 근거를 잃는 것으로 되기 때문이다.[29]

3. 패소한 당사자의 방어권의 침해

중재법 제36조 제2항 제1호 나목은 "중재판정의 취소를 구하는 당사자가 중재인의 선정 또는 중재절차에 관하여 적절한 통지를 받지 못하였거나 그 밖의 사유로 변론을 할 수 없었던 사실"을 중재판정의 취소사유로서 규정하고 있다.

중재판정 취소소송의 원고는, 그가 중재인의 선정 또는 중재절차에 관하여 적절한 통지를 받지 못하였거나 그 밖의 사유로 인하여 변론을 할 수 없었던 사실을 입증하여야 한다.

중재절차는 소송절차와 마찬가지로 사법적 절차이므로, 중재인의 선정과정 및 중재절차에서 모든 분쟁당사자에게 충분한 참여와 변론의 기회가 보장되어야 한다. 그리고 이를 위하여 분쟁당사자는 절차에 관한 적절한 통지를 받아야 하고, 심리기일에서 균등하고도 공정한 기회를 부여받아야 한다. 이러한 적정절차(due process)의 보장은 모든 입법례에 있어서 요구되는 최소한의 절차적 기준이다.[30]

구체적으로 보면 중재인의 선임 및 중재절차의 개시는 당사자에게 있어서 중요한 의미를 가지는 것이므로, 이에 관하여 적절한 통지가 행하여지지 않았다면 당사자의 공평을 현저하게 침해하는 것으로 볼 것이다. 법문상 "중재절차에

---

28) 우리 중재법 제17조(중재판정부의 판정 권한에 관한 결정) 제1항은 "① 중재판정부는 자신의 권한 및 이와 관련된 중재합의의 존재 여부 또는 유효성에 대한 이의에 대하여 결정할 수 있다. 이 경우 중재합의가 중재조항의 형식으로 되어 있을 때에는 계약 중 다른 조항의 효력은 중재조항의 효력에 영향을 미치지 아니한다."라고 규정함으로써 이를 인정하고 있다. 또한 독일 민사소송법 제1040조, 영국 1996년 중재법 제7조, 일본 중재법 제13조 제6항. 미국에서도 위와 같이 해석되고 있다. Jack J. Coe J., *International Commercial Arbitration: American Principles and Practice in a Global Context*(1997), p. 132.
29) 注解仲裁法(1988), 380면(岩崎一生·高桑昭 집필부분).
30) 목영준·최승재, 앞(주 1)의 책, 277면.

관하여"라고 되어 있으나, 중재절차의 전부에 관하여 통지를 요한다고 해석되지는 않는다. 중재절차의 개시의 통지만으로 족한 경우도 있을 것이고, 그 후의 주요한 절차에 관하여 통지할 것을 요할 경우도 있을 것이다. 적절한 통지라고 함은 당사자로 하여금 방어를 위한 방법을 강구하는 것을 가능하도록 하는 내용의 통지가 준비가능한 기간을 두고 행하여진 것을 의미하고, 반드시 우리 법에 따르고 있어야 하는 것이 아닌 것은 물론 반드시 중재지법에서 정하는 바에 따르고 있을 필요도 없을 것이다. 통지의 발송인이 당사자인가 중재판정부인가는 묻지 않는다. 또한 중재절차에서 적법하게 대리되어 있었는지 여부는 중재절차의 준거법에 의하여 판단할 것이다.[31]

그러나 당사자가 심리기일에 관한 적법한 통지를 받고도 정당한 이유 없이 심리기일에 불참한 경우에는 당사자에 대한 심문 없이 중재판정을 하였더라도 취소사유로 삼을 수 없고, 한편 패소당사자가 설사 '적절한 통지를 받지 못하였다'고 하더라도 실제로 중재인선정이나 중재절차를 알았고 이에 대비할 충분한 시간적 여유가 있었음에도 고의로 변론하지 않았다면 이는 취소사유에 해당하지 않는다.[32] 우리 대법원도 '적절한 통지를 받지 못하였을 때'란 위와 같은 사유로 당사자의 방어권이 침해된 모든 경우를 말하는 것이 아니라 그 방어권침해의 정도가 현저하여 용인될 수 없는 경우에 한정된다고 한다.[33]

또한 이러한 적정절차위반은 절차적 정의에 반한 것으로서, 공공의 질서위반에도 해당되는바, 이는 중재법 제36조 제2항 제2호 나목의 중재판정 취소사유에도 해당된다.

4. 중재합의의 범위 일탈

중재법 제36조 제2항 제1호 다목은 "중재판정이 중재합의의 대상이 아닌 분쟁을 다룬 사실 또는 중재판정이 중재합의의 범위를 벗어난 사항을 다룬 사실"을 중재판정의 취소사유로서 규정하면서 "다만, 중재판정이 중재합의의 대상에 관한 부분과 대상이 아닌 부분으로 분리될 수 있는 경우에는 대상이 아닌 중재판정 부분만을 취소할 수 있다."라고 규정하고 있다.

---

31) 注解仲裁法(1988), 381면(岩崎一生・高桑昭 집필부분).
32) 목영준・최승재, 앞(주 1)의 책, 277면.
33) 대법원 1990. 4. 10. 선고 89다카20252 판결.

중재판정 취소소송의 원고는, 중재판정이 중재합의의 대상이 아닌 분쟁을 다룬 사실 또는 중재판정이 중재합의의 범위를 벗어난 사항을 다룬 사실을 입증하여야 한다. 즉 중재합의의 효력범위를 넘어 중재판정이 내려졌다면 그 중재판정은 권한 없는 자에 의하여 이루어진 것으로 취소되어야 한다. 중재합의의 대상으로 되어 있는 사항 또는 분쟁인지 여부는 중재합의의 해석문제이다. 당사자의 합의에 기초를 두지 아니하는 중재판정은 중재인에게 권한이 없음에도 불구하고 내려진 중재판정이므로 이를 취소할 수 있을 것이다.[34)]

이에 관하여 주의할 점은 중재판정부는 자신의 권한에 대하여 결정할 권한을 가지고 있으나(중재법 제17조 제1항), 중재는 법원의 관할을 배척하는 것이므로 중재인의 권한 유무는 최종적으로는 법원이 판단한다는 점이다.[35)] 예컨대 중재사건과 동일한 사건에 관하여 법원에 소가 제기된 경우, 법원은 독자적 입장에서 중재인의 권한 유무를 판단하여 중재인의 권한이 있다고 인정되면 그 소를 각하할 것이고, 중재인의 권한이 없다고 인정되면 중재절차의 진행과는 관계없이 그 사건을 심리하게 될 것이다. 마찬가지로 중재인이 이미 판정을 내린 사항이 중재조항의 범위 내에 속한다고 결정하였을 경우에도, 법원은 독자의 입장에서 중재인의 권한 범위를 심사하여 중재인이 권한 범위를 넘었다고 인정되면 그 중재판정을 취소할 수 있을 것이다.

중재판정이 중재합의의 대상에 관한 부분과 대상이 아닌 부분으로 분리될 수 있는 경우에는 대상이 아닌 중재판정 부분만을 취소할 수 있다. 이는 중재합의의 대상이 아닌 부분에 대한 중재판정 부분을 이유로 하여 중재판정 전부를 취소하는 것을 방지하기 위한 규정이다. 부분 취소의 허용여부는 법원의 재량에 속하는 사항이다.

5. 중재판정부 구성 또는 중재절차의 위반

가. 중재법 제36조 제2항 제1호 라목은 "중재판정부의 구성 또는 중재절차가 이 법의 강행규정에 반하지 아니하는 당사자 간의 합의에 따르지 아니하거나 그러한 합의가 없는 경우에는 이 법에 따르지 아니하였다는 사실"을 중재판정의 취소사유로서 규정하고 있다.

---

34) 注解仲裁法(1988), 381면(岩崎一生·高桑昭 집필부분).
35) Albert Jan van den Berg, *supra* note 5, p. 312.

중재판정 취소소송의 원고는, 중재판정부의 구성이나 중재절차가 이 법의 강행규정에 반하지 아니하는 당사자 간의 합의에 따르지 아니하거나 그러한 합의가 없는 경우에는 이 법에 따르지 아니하였다는 사실을 입증하여야 한다.[36]

중재절차라 함은 중재인 또는 중재기관의 선정까지도 포함하여 중재의 신청으로부터 중재판정까지의 절차를 말한다. 그 밖에 중재신청의 방법, 주장의 정리, 증거조사 등이 포함되는 것은 말할 것도 없다. 당사자에 의한 중재인 또는 중재기관의 선정 및 당사자의 합의에 의한 절차는 중재의 본질적 요소이므로, 이에 관하여 당사자의 합의가 있는 때에는 먼저 그에 따라야 한다. 당사자의 합의에는 개개의 사항에 관한 합의뿐 아니라 중재규칙 또는 특정국의 법률규정을 일괄하여 지정하는 것도 포함된다. 실제로는 일정한 중재기관의 중재규칙 또는 널리 이용되는 중재규칙(예를 들면 국제상거래법위원회가 작성한 중재규칙 등)을 지정하는 예가 많다. 이와 같은 경우에는 당사자가 지정한 중재규칙, 법률규정이 당사자의 합의를 구성하는 것으로 된다. 또 특정중재기관의 중재에 의할 것을 당사자가 합의하고 있는 경우에는 특히 그 기관의 중재규칙에 의할 것을 명시하고 있지 않아도 통상은 그 중재기관의 중재규칙 및 절차 관행에 따를 것을 합의하였다고 해석할 것이다.[37]

당사자자치의 원칙에 입각한 중재제도에 비추어 볼 때, 중재인의 선정 또는 중재절차가 이 법의 강행규정에 반하지 않는 당사자 간의 유효한 합의에 위반한 경우 그에 기한 중재판정이 유지될 수 없음은 당연하다.

나. 중재판정 취소소송의 관할법원이 우리 법원이어서 취소소송이 우리나라에서 이루어지고 있다면, 중재판정부의 구성이나 중재절차에 관하여 당사자 간에 합의가 없을 때에는 우리 중재법이 보충적인 절차법이 되므로,[38] 중재절차가 우리 중재법에 위반한 것이 취소사유가 된다.[39]

---

36) 목영준·최승재, 앞(주 1)의 책, 278면.
37) 注解仲裁法(1988), 382면(岩崎一生·高桒昭 집필부분).
38) 우리 법원이 중재판정 취소소송의 관할권을 가지려면, 중재지가 우리나라 영토내이거나 중재절차법이 우리 법이어야 하는바(뉴욕협약 제5조 제1항 (e)), 후자의 경우에는 당연히 중재절차가 우리 중재법을 따라야 하고, 전자의 경우에도 우리 중재법이 보충적인 절차법이 되므로(뉴욕협약 제5조 제1항 (d)) 당사자 간의 합의가 없는 한 중재절차가 우리 중재법에 의하여 이루어져야 한다.
39) 목영준·최승재, 앞(주 1)의 책, 279면.

다. 위반이 중재판정에 영향을 미쳐야 하는지 여부

중재판정부의 구성이나 중재절차가 당사자 간의 합의 또는 중재법에 위반함으로써 중재판정 취소사유가 되는 것인지, 아니면 그것이 중재판정의 결과에 영향을 미쳐야 하는 것인지가 문제된다. 독일은 '중재판정에 영향을 미쳤던 사실'을(독일 민사소송법 제1059조 제2항 제1호 d호), 영국은 '실질적 부정의를 초래한 사실'을(영국 1996년 중재법 제68조 제2항) 부가하고 있다. 우리 중재법은 이에 관한 명시적 규정을 두지 않았지만, 중재판정부 구성이나 중재절차의 위반이 중재판정에 영향을 미치지 않았다면 취소사유에 포함시키지 않아야 할 것이다.[40] 그러나 이는 엄격하게 적용되어야 할 것인바, 절차상 하자가 없었더라도 동일한 중재판정에 이르렀을 것임이 객관적으로 명백하여 의문의 여지가 없을 때 한하여 취소사유가 없다고 볼 것이다. 또한 법원으로서는 중재판정의 본안을 심사할 수 없으므로 절차상 하자가 없었더라면 중재인이 어떠한 판정을 내렸을 것인가를 판단하기 위한 심사범위에는 이에 따른 한계가 있다고 볼 것이다.[41]

6. 중재가능성 결여

중재법 제36조 제2항 제2호 가목은 "중재판정의 대상이 된 분쟁이 대한민국의 법에 따라 중재로 해결될 수 없는 경우"를 중재판정의 취소사유로서 규정하고 있다. 중재판정 취소소송의 수소법원이 위 사유를 발견하였을 때에는 직권으로 중재판정을 취소하여야 한다.

중재법 제1조는, "이 법은 중재에 의하여 사법상의 분쟁을 적정·공평·신속하게 해결함을 목적으로 한다."라고 규정하여 중재합의의 대상을 '사법상의 분쟁'으로 한정하고, 제3조 제1호에서 "'중재'란 당사자 간의 합의로 재산권상의 분쟁 및 당사자가 화해에 의하여 해결할 수 있는 비재산권상의 분쟁을 법원의 재판에 의하지 아니하고 중재인의 판정에 의하여 해결하는 절차를 말한다."라고 정의하고, 같은 조 제2호에서 모델법 제7조 제1항과 같이, "'중재합의'란 계약상의 분쟁인지 여부에 관계없이 일정한 법률관계에 관하여 당사자 간에 이미 발생하였거나 앞으로 발생할 수 있는 분쟁의 전부 또는 일부를 중재에 의하여 해결하도록 하는 당사자 간의 합의를 말한다."라고 정의하고 있다. 우선 중재합의의 대상은 사법상

---

40) 목영준·최승재, 앞(주 1)의 책, 280면.

41) 졸고, 앞(주 8)의 글, 684면〈이 책 28면〉.

의 분쟁이므로 민사에 관한 것이든 상사에 의한 것이든 묻지 않으나, 공법상의
법률관계, 예컨대 형사소송법이나 행정소송법상의 권리, 재산에 관련되지 않은
친족법상의 법률관계, 기타 강제집행법상의 권리 등은 중재합의의 대상이 될 수
없으므로 중재가능성이 없다.[42] 다만 공법이 관련된 분쟁이라도 사법상의 분쟁이
실제로 다툼의 대상이라면 중재가능성이 있고, 그 기준은 재산권상의 분쟁 및 당
사자가 화해에 의하여 해결할 수 있는 비재산권상의 분쟁에 해당하는지 여부에
의할 것이라고 해석할 수 있을 것이다.[43]

또한 "계약상의 분쟁인지의 여부와 관계없이"라고 규정하고 있음에 비추어
일정한 법률관계에 관한 분쟁인 한 불법행위로 인한 손해배상청구도 중재합의의
대상이 될 수 있다고 볼 것이다.[44][45]

7. 공공의 질서 위반

중재법 제36조 제2항 제2호 나목은 "중재판정의 승인 또는 집행이 대한민국
의 선량한 풍속 그 밖의 사회질서에 위배되는 경우"를 중재판정의 취소사유로서
규정하고 있다. 중재판정 취소소송의 수소법원이 위 사유를 발견한 경우에는 직
권으로 중재판정을 취소하여야 한다. 위 조항의 "선량한 풍속 기타 사회질서" 또
는 "공서양속"은 모델법이나 뉴욕협약상의 "공공의 질서(public policy)"에 해당하
는 용어이므로 이하 이 글에서는 공공의 질서라는 용어를 사용한다.

공공의 질서에 위배되는 경우로는 ① 중재판정이 직접 법률에 의하여 금지
되어 있는 행위를 명하는 경우, 예를 들면 금제품의 인도를 명하는 중재판정의
경우, ② 행위 그 자체는 법률상 금지되어 있지 않으나 그 근거가 법률상 금지되
어 있는 경우, 예를 들면 도박계약상의 도금의 지급을 명한 경우, 수출입관련 법
령 등 경제거래를 규제하는 법률에 의하여 금지된 행위의 대가로서 금전의 지급
을 명하는 경우, ③ 행위 자체는 적법하나 이를 명하는 것이 공공의 질서에 반하

---

42) 목영준·최승재, 앞(주 1)의 책, 76면. 이에 대하여 장문철, 앞의 글(주 3), 102면은 공법적
　　요소가 포함된 분쟁이라도 배제되지 않는 것이 타당하다고 본다고 한다.
43) 국회 법제사법위원회, 중재법 일부개정법률안 심사보고서(2016. 4.), 4면; 졸고, "2016년
　　개정 중재법의 주요내용", 중재연구 제30권 제1호(2020. 3.), 8면〈이 책 76면〉.
44) 목영준·최승재, 앞(주 1)의 책, 76면; Albert Jan van den Berg, *supra* note 5, p. 148.
45) 2016년 중재법 제3조의 개정경위 및 취지에 관련된 상세한 논의는 석광현, "2016년 중재
　　법의 주요 개정내용과 문제점", 법학연구(전북대학교) 제53집(2017), 217면 이하 참조.

는 경우, 예를 들면 주주총회에서 특정 내용의 투표를 행할 것을 명하는 경우, ④ 공공의 질서의 위배 여부가 중재판정의 판단 내용이 아니라 그 기초로 된 절차에 관련하여 문제되는 경우 등을 들 수 있다. 예컨대 증인의 위증, 중재인의 뇌물수수 등이 문제될 수 있을 것이다.[46] 이를 판단함에 있어서는 공공의 질서에 관련된 법규의 적용 여부보다는 중재판정이 명하는 결과가 공공의 질서에 위배되는지 여부에 중점을 두어야 할 것이다.[47]

공공의 질서에 위배되는지 여부의 판단은 중재판정 취소소송의 구두변론종결시를 기준으로 하므로 중재판정 후의 새로운 사실을 고려하는 것이 허용된다. 법원은 이를 판단함에 있어서 중재인의 의견에 구속되지 아니하고 사후적 심사로서의 법원의 역할에 비추어 독자적으로 판단하여야 하며, 변론주의에 의하지 아니하고 직권에 의하여 근거로 된 사실을 인정할 수 있다.[48]

Ⅲ. 중재판정 취소의 소

1. 소의 성질

가. 중재판정취소의 소는 앞서 Ⅰ. 3.항에서 살핀 바와 같이 중재판정에 중재판정 취소사유가 있음을 확인하는 확인의 소이다. 우리 대법원 판례는 "중재판정 취소의 소는 중재판정을 취소하여 소급적으로 무효로 하는 것을 목적으로 하는 형성의 소"라고 하고 있으나,[49] 앞서 모델법상 중재판정 취소의 법리에서 살핀 바와 같이 취소사유가 존재하는 중재판정은 취소되지 않더라도, 그 중재판정의 승인이나 집행단계에서 그 취소사유를 주장하여 중재판정의 승인이나 집행을 거부할 수 있으므로, 중재판정이 취소되지 않았다 할지라도 유효하다고 볼 수 없다고 할 것이므로 확인의 소로 보는 것이 타당할 것이다.

---

46) 小島武司·猪股孝史, 앞(주 2)의 책, 517면 이하.

47) 注解仲裁法(1988), 190면(吉村德重 집필부분). 小島武司·猪股孝史, 앞(주 2)의 책, 517면 은 같은 관점에서 경미한 계약위반에 대하여 과대한 위약벌을 명하거나 거꾸로 중대한 계약 위반에도 불구하고 근소한 배상을 명한 중재판정 등이 문제될 수 있다고 한다.

48) 小島武司·猪股孝史, 앞(주 2)의 책, 528면; 高橋宏志, "仲裁判斷の執行許容宣言", 現代仲裁法の論点(1998), 357면.

49) 대법원 2004. 10. 14. 선고 2003다70249, 70256 판결. 이를 지지하는 견해로 목영준·최승재, 앞(주 1)의 책, 286면.

나. 중재판정 취소의 소의 대상으로 된 중재판정은 중재판정으로서의 형식적 요건을 갖추고(제32조), 사건의 본안에 관하여 종국적인 판단을 내린 중재판정으로서 확정되어 있어야 한다.[50] 중재판정이 그 형식적 요건을 구비하고 있지 아니한 경우에는 소송법상 의미있는 중재판정으로서는 성립하고 있지 않으므로 이에 대한 취소의 소는 허용되지 않는다. 중재판정이 형식적 요건을 구비하고 있어도 상소가 가능한 중재판정이거나 중간적인 중재판정인 것과 같이 형식적으로 확정된 종국적 판단이 아닌 경우에는 역시 취소의 소의 대상으로 되지 않는다.[51]

따라서 중재판정부가 스스로 판정권한이 없다는 이유로 중재신청을 각하한 판정은 중재판정 취소의 소의 대상으로 될 수 없다.[52]

다만 중재법 제17조는 당사자는 중재판정부의 권한에 대하여 이의를 제기할 수 있고(제2항, 제3항), 중재판정부는 그 이의에 대하여 선결문제로 결정하거나 본안에 관한 중재판정에서 함께 판단할 수 있다고(제5항) 하면서, 제6항에서 "⑥ 중재판정부가 제5항에 따라 선결문제로서 그 권한의 유무를 결정한 경우에 그 결정에 불복하는 당사자는 그 결정을 통지받은 날부터 30일 이내에 법원에 중재판정부의 권한에 대한 심사를 신청할 수 있다."라고 규정하고 있으므로,[53] 중재판정

---

50) 김갑유·임수현·김홍중·김준우 외, 중재실무강의(개정판)(2016), 296면.
51) 注解仲裁法(1988), 178면(吉村德重 집필부분).
52) 김갑유 외, 앞(주 50)의 책, 256면 및 註釋 仲裁法(주 4), 217면(孫容根·李鎬元 집필부분). 대법원 2004. 10. 14. 선고 2003다70249, 70256 판결 또한 "중재판정취소의 소는 중재판정을 취소하여 소급적으로 무효로 하는 것을 목적으로 하는 형성의 소로서, 법률이 정하는 형식적인 요건을 구비하고 그 본안에 대하여 종국적인 판단을 내린 중재판정에 대하여 중재법 제36조 제2항 각 호 중 하나에 해당할 때에 한하여 제기할 수 있는 것일 뿐이고, 중재인이 스스로 그 신청 대상인 분쟁에 대하여 판정을 할 권한이 없다는 이유로 신청을 각하한 중재판정은 취소의 소의 대상이 될 수 없다."라고 판시하고 있다. 그러나 註釋 仲裁法(주 4), 77면(梁炳晦·鄭仙珠 집필부분)은 중재판정부가 자신의 판정권한을 부인하는 경우에는 법원의 소송판결에 상응하는 소송중재판정으로서 중재신청을 부적법한 것으로 각하하여야 하고, 이에 대해서는 취소절차를 통해 불복이 제기될 수 있다고 보고 있다.
53) 종전의 중재법 제17조(중재판정부의 판정 권한에 관한 결정) 제6항은 "⑥ 중재판정부가 제5항에 따라 선결문제로서 그 권한이 있다고 결정한 경우에 이의 제기 당사자는 그 결정을 통지받은 날부터 30일 이내에 법원에 중재판정부의 권한에 대한 심사를 신청할 수 있다."라고 규정하여 중재판정부가 권한이 없다고 판단한 경우 위 조항을 근거삼아 다툴 수 없었으나, 2016. 5. 29. 그와 같은 경우에도 다툴 수 있는 방법을 마련하기 위하여 위 조항을 본문과 같이 개정하는 한편, 제9항을 신설하여 "제6항에 따른 신청을 받은 법원이 중재판정부에 판정 권한이 있다는 결정을 하게 되면 중재판정부는 중재절차를 계속해서 진행하여야 하고, 중재인이 중재절차의 진행을 할 수 없거나 원하지 아니하면 중재인의

부가 스스로 그 권한이 없다고 하여 중재신청을 각하한 중재판정에 대하여서는 위 조항에 따라 법원에 그 심사를 구할 수 있다 할 것이다.[54]

다. 중재판정의 취소에 관한 중재법 제36조는 국내중재판정에 한하여 적용되는 규정이므로(중재법 제2조 제1항), 외국중재판정에 대하여 중재판정의 취소에 관한 소가 국내 법원에 제기된 때에는 한국 법원의 재판권이 없는 사건이므로 그 소를 각하하여야 할 것이다.[55] 이는 뉴욕협약 제5조 제1항 (e)에서 중재판정의 승인·집행의 거부사유로 인정받기 위하여서는 그 중재판정의 취소가 "판정이 내려진 국가 또는 판정의 기초된 법이 속하는 국가의 권한 있는 기관"에 의하여 취소된 경우에 한정됨을 규정하고 있다는 점에 부합하는 조치일 것이다.

라. 취소사유가 존재하는 중재판정은 취소되지 않더라도, 그 중재판정의 승인이나 집행단계에서 그 취소사유를 주장하여 중재판정의 승인이나 집행을 거부할 수 있음은 앞서 살핀 바와 같으나, 중재판정이 취소되지 않더라도 중재판정의 효력을 전제로 하는 실체법상의 소에서 항변이나 재항변으로서 중재판정 취소의 소를 제기하지 아니하고 중재판정에 취소사유가 있음을 주장하는 것이 허용되는지가 문제된다.[56]

중재법 제35조(중재판정의 효력)는 "중재판정은 양쪽 당사자 간에 법원의 확정판결과 동일한 효력을 가진다. 다만, 제38조에 따라 승인 또는 집행이 거절되는 경우에는 그러하지 아니하다."라고 규정하고 있는데, 이는 사실상 취소사유와 동일한 중재판정 승인 또는 집행거부사유가 있는 경우에는 중재판정에 효력이 없음을 의미한다고 보아야 하는 점,[57] 중재판정이 취소되지 않았다 할지라도 중재판

권한은 종료되고 제16조에 따라 중재인을 다시 선정하여야 한다."라고 규정하고 있다.

54) 위 제6항의 문언은 "선결문제로서 그 권한의 유무를 결정한 경우"라고 하고 있으나, 중재판정부의 권한이 없음을 이유로 한 중재각하판정도 위 경우에 해당한다고 볼 것이다.

55) 김갑유 외, 앞(주 50)의 책, 295면. 대법원 2003. 2. 26. 선고 2001다77840 판결.

56) 예컨대 갑이 을을 상대로 한 건물명도 청구의 소의 청구원인으로서 갑의 소유권을 인정한 중재판정을 원용하는 것에 대하여 을이 그 중재판정에 대한 취소사유를 항변으로서 제출하는 것이나, 갑의 을에 대한 건물명도청구 소에서 을이 자신의 건물임차권을 인정한 중재판정을 원용하여 항변하는 것에 대하여 갑이 그 중재판정에 취소사유가 있음을 재항변으로 주장하는 것이 허용되는지 여부이다.

57) 그 상세에 관하여는 졸고, 앞(주 14)의 글, 333면 이하〈이 책 109면 이하〉 참조.

정에 대한 집행결정절차에서 취소사유와 동일한 중재판정의 집행거부사유를 주장할 수 있는 점 등에 비추어 허용된다고 봄이 타당할 것이다. 이 경우 별도로 중재판정 취소의 소를 제기하는 것도 가능할 것이나,[58] 중재판정 취소의 소의 제기기간이 3개월에 불과하므로 실제로는 거의 없을 것이다.

　마. 중재판정의 취소사유를 주장하여 중재판정 무효확인의 소를 제기하는 것은 허용되지 않는다. 이는 중재법 제36조 제1항에서 "중재판정에 대한 불복은 법원에 중재판정 취소의 소를 제기하는 방법으로만 할 수 있다."라고 규정하고 있기 때문이다. 그러므로 중재판정 무효확인의 소가 제기된 때에는 중재판정취소의 소라고 선해할 것이고, 청구의 취지를 그와 같이 고치도록 석명할 것이다.[59] 또한 거꾸로 중재판정 유효확인의 소 역시 중재판정의 승인결정 또는 집행결정을 구할 수 있으므로 소의 이익이 없어 허용되지 않는다고 할 것이다.[60]

　바. 한편 취소의 소에서는 중재판정에 취소사유가 있으면 그 취소가 가능할 뿐이고 그 이상 본안 자체에 관하여 심판을 하여 중재판정을 변경할 수 없다. 이는 중재판정의 승인 및 집행을 요구받은 법원은 원칙적으로 중재판정의 내용, 즉 본안을 심사할 수 없는 것과 마찬가지이다.[61] 이 점에서 재심의 소가 확정 판결을 취소할 뿐 아니라 본안에 관하여서도 재심리를 하여 이를 변경하는 것을 목적하는 것과 크게 다르다. 그렇다고는 하나 취소의 소에 본안 자체의 소를 병합 제기하여 동시에 본안의 심판을 구할 수 있다. 다만 뒤에서 보는 바와 같이 중재판정의 취소 후에도 중재합의의 효력이 여전히 존속하는 경우에는 본안에 관하여 판결할 수 없는 것으로 될 것이다.[62]

---

58) 小島武司, 仲裁法(2000), 331면; 注解仲裁法(1988), 177면(吉村德重 집필부분).
59) 注解仲裁法(1988), 177면(吉村德重 집필부분).
60) 小島武司・猪股孝史, 앞(주 2)의 책, 502면.
61) 그러나 판정의 승인이나 집행이 대한민국의 선량한 풍속 기타 사회질서에 반하는지 여부를 판단하기 위하여 또는 중재절차상 하자가 없었더라도 동일한 중재판정에 이르렀을는지 여부를 판단하기 위하여 필요한 범위내에서는 중재판정의 본안을 검토할 수 있다 할 것이다.
62) 注解仲裁法(1988), 179면(吉村德重 집필부분).

2. 소송물

중재판정 취소의 소의 소송물에 관하여도 재심의 소와 동일한 견해의 대립이 있다.

전통적인 구소송물 이론을 따를 경우 중재판정취소의 소의 소송물은 중재판정 취소권이고 중재법 제36조 제2항에 열거된 취소사유가 청구원인으로 되며 취소사유마다 청구원인이 다른 소송물이라 할 것이고, 따라서 취소의 소가 수개의 취소사유에 기한 경우에는 소의 병합이 있고 어느 취소사유에 기한 취소의 소의 계속 중에 다른 취소사유를 추가적으로 또는 교환적으로 청구원인으로 하는 경우에는 소의 변경으로 된다. 어느 취소사유에 기한 취소의 소를 기각하는 판결이 확정된 경우에도 다른 취소사유에 의한 취소의 소가 전소판결의 기판력에 의하여 차단되는 일은 없는 것으로 된다.

이에 대하여 신소송물이론을 따를 경우 취소의 소에 의하여 취소가 신청된 중재판정이 동일하면 소송물도 동일하고 취소사유마다 소송물이 다른 것은 아니고 취소의 소가 수개의 취소사유를 원인으로 하는 경우에도 청구의 병합이 있다고 볼 것은 아니라고 한다. 그러므로 취소의 소의 계속 중에 취소사유를 변경하여도 소의 변경으로 되지 않고 더욱이 취소청구기각 판결의 기판력은 전소에 제출된 취소사유뿐만 아니라 제출되지 아니한 취소사유에 관하여도 원칙적으로 이를 차단하는 것으로 된다.[63]

3. 소의 제기

가. 중재판정취소의 소도 통상의 소제기와 동일하게 소장을 법원에 제출하여 소를 제기한다. 소장에는 당사자 및 그 법정대리인, 취소를 구하는 중재판정의 표시 및 그 중재판정의 취소를 구하는 취지 그리고 그 중재판정의 취소사유를 특정하여 기재하여야 한다.

또 중재판정 취소의 소는 중재판정에 대한 불복신청의 하나로서 상소나 재심의 소와 유사하므로 불복의 이익의 존재를 소제기의 요건으로 해석할 것이다. 따라서 당사자는 중재판정이 자기에 불이익한 경우에만 중재판정 취소의 소를 제

---

63) 注解仲裁法(1988), 182면(吉村德重 집필부분).

기할 수 있다.

나. 당사자적격

중재판정 취소의 소는 중재판정의 효력을 부정하는 것을 목적으로 하므로 소 제기시에 중재판정의 효력이 미치는 자가 당사자로서 적격을 가진 자이다. 원고로 될 수 있는 자는 중재판정의 효력을 받아 중재판정의 내용에 불복의 이익을 가지는 자, 즉 중재판정에서 전부 또는 일부 패소한 자이다. 피고로 될 수 있는 자는 원칙적으로 중재판정의 전부 또는 일부의 승소 당사자이다. 또한 중재절차 상 당사자가 아니었던 제3자라 할지라도 민사소송법 제218조에 의하여 기판력이 확장되는 제3자에 해당하는 자에게는 중재판정의 효력이 미친다고 볼 것이므로,[64] 그와 같은 제3자도 당사자적격을 가진다고 할 것이다.

다. 관할

중재법 제7조 제3항 제2호는 중재판정취소의 소를 관할하는 법원으로 중재합의에서 지정한 법원을, 그 지정이 없는 때에는 중재지를 관할하는 법원을 규정하고 있다.

라. 소 제기기간

중재판정취소의 소는 중재판정의 취소를 구하는 당사자가 중재판정의 정본을 받은 날부터 또는 제34조의 규정에 의한 정정·해석 또는 추가판정의 정본을 받은 날로부터 3월 이내에 제기하여야 한다(제36조 제3항). 1999년 개정 이전의 중재법 제16조 제1항은 중재판정 취소의 소의 제기기간을 "그 취소의 이유를 안 날로부터 30일내 또는 집행판결이 확정된 날로부터 5년내"로 규정하고 있었던 것에 비하면 크게 바뀌었다고 볼 것이다. 이는 모델법을 따른 것으로서 중재판정의 조기확정을 도모하기 위한 취지에서 나온 것이다.

이와 관련하여 위 소 제기기간이 도과한 경우 "중재법 제36조 제2항에 규정

---

64) 註釋仲裁法(2005), 182면 이하(손용근 집필부분). 이에 대하여 青山善充, "仲裁判斷の效力", 現代仲裁法の論点(1998), 337면은 중재판정은 중재계약을 전제로 하고 있으므로 판결효의 주관적 범위와 반드시 동일하게 해석할 필요는 없고, 중재계약의 효력이 그 자에게 미치는가를 기준으로 결정할 것이라고 한다. 또한 貝瀬幸雄, "仲裁契約の效力の範圍 −主觀的範圍を中心に−", 現代仲裁法の論点(1998), 140면 참조.

된 중재판정 취소사유로써 승인 또는 집행을 거부할 수 있는가"라는 문제가 있다.

이에 대하여 제36조 제1항에서 "중재판정에 대한 불복은 법원에 중재판정 취소의 소를 제기하는 방법으로만 할 수 있다."라고 한 취지는 중재판정의 기판력을 없애고 싶으면 반드시 취소소송을 하라는 것이고, 취소소송으로 하지 않으면 기판력을 없앨 수 없다는 것으로 보아야 할 것이라는 견해가 있고, 이에 따르면 중재판정이 실제로 취소되지 않는 한 그 효력을 부인할 수 없으므로, 중재판정 취소의 소 제기기간이 도과한 경우 중재법 제36조 제2항에 규정된 중재판정 취소사유로써 승인 또는 집행을 거부할 수 없다고 할 것이라는 견해가 있다.[65]

그러나 앞서 살핀 바와 같이 우리가 수용한 모델법은 이를 긍정하는 입장에서 설계된 것이고, 나아가 중재판정 취소제도와 중재판정의 승인·집행제도는 별개의 목적을 지닌 별개의 제도이고, 중재판정 취소의 소의 출소기간을 지났다고 하는 절차적인 이유로 중재판정의 승인과 집행소송에 있어서 일체의 항변의 제출을 봉쇄하는 것은 가혹하며, 제2항을 받아들인다면 중재판정에 공서양속 위반이라는 사유가 있어도 승인 내지 집행되어야 하는 결과가 되는 점 등의 난점이 있으므로 위 소 제기기간이 도과된 경우 단지 중재판정 취소의 소를 제기할 수 없게 될 뿐이고, 중재판정에 대한 집행판결 청구소송이 제기된 경우에는 중재법 제38조에 기하여 중재판정에 중재판정 취소사유를 항변으로 제출할 수 있다고 보아야 할 것이다.[66][67]

참고삼아 독일 민사소송법은 기본적으로 모델법을 수용하고 있으나, 중재판정의 취소에 대하여서는 모델법을 따르지 아니하고 제1060조 제2항에서 중재판

---

65) 윤진기, "2016년 개정 중재법의 중재판정 집행에 관한 문제점", 중재연구 제26권 제4호 (2016), 12면; 성준호, "중재판정의 효력", 선진상사법률연구 제85호(2019), 134면. 2016년 이전의 중재법하에서 동일한 견해로는 김상수, "중재판정 취소의 소의 적법성", 중재 299호(2001), 111면 참조.

66) 졸고, 앞(주 14)의 글, 368면 이하〈이 책 135면 이하〉; 석광현, "2016년 중재법에 따른 국내중재판정의 효력, 취소와 승인·집행에 관한 법리의 변화", 법학논총(한양대학교) 제34권 제1호(2017), 468면 이하.

67) 그 밖의 견해로 강수미, "중재판정의 효력에 관한 연구", 중재연구 제27권 제1호(2017), 76면은 취소소송의 제소기간이 경과한 후에도 승인·집행절차에서 취소사유에 해당하는 승인·집행거부사유를 주장하는 것 자체가 부정된다고 보기는 어려울 것이고, 다만 승인·집행절차의 피신청인이 중재판정에 대하여 취소의 소를 제기할 수 있었음에도 불구하고 제기하지 않았고, 이로 인해 집행허가신청인이 취소의 소를 제기당하지 않으리라는 기대를 가지게 된 때에는 피신청인이 승인·집행절차에서 취소사유에 해당하는 사유를 주장하는 것이 신의칙에 반하여 허용되지 않을 수도 있다고 하고 있다.

정 취소신청을 하지 아니한 채 그 신청기간이 도과한 경우 취소신청인이 증명하여야 인정할 수 있는 중재판정 취소사유는 그 중재판정의 집행허가 선언절차에서 고려되어서는 아니된다고 규정하고 있다.[68] 위와 같은 규정을 두지 아니한 우리 법상 위와 같은 법리를 따를 수 없을 것이다.

마. 소제기에 대한 제한

중재법 제36조 제4항은 "④ 해당 중재판정에 관하여 대한민국의 법원에서 내려진 승인 또는 집행 결정이 확정된 후에는 중재판정 취소의 소를 제기할 수 없다."라고 규정하고 있다. 그 이유는 우리 중재법의 중재판정 취소사유는 우리나라에서 내려진 중재판정의 승인 또는 집행거부사유와 동일하므로, 중재의 패소당사자로 하여금 위 승인 또는 집행결정절차에서 승인 또는 집행거부사유를 모두 주장하게 하여 소송경제를 꾀하고 같은 사안에 대한 법원의 판단이 달라지는 것을 방지하기 위함이다.[69]

4. 심판

가. 중재판정 취소의 소는 중재판정에 관하여 취소사유의 존재를 주장하여 그 취소를 구하는 소이나 그 심리절차는 소의 적법 요건의 심리절차와 취소사유의 존부에 관한 심리절차로 된다. 그러나 재심의 소에 있어서와 같이 나아가 본안 자체의 심리가 이루어지는 일은 없다.

소의 적법 요건의 심리와 취소사유의 심리는 그 순서가 법정되어 있는 것은 아니고 동시에 이루어지므로 소의 적법 요건도 구두변론시에 구비되어 있으면 충분하다.[70] 취소의 소의 심리절차는 일반의 소송절차와 마찬가지로 처분권주의, 변론주의에 의하여 규율된다. 다만 일반의 소송요건 및 취소의 소의 적법 요건의 존부는 직권조사 사항이고 적법 요건을 구비한 경우에만 중재판정을 취소하는지

---

68) 그러나 법원이 중재판정 취소절차에서 직권으로 인정할 수 있는 중재판정 취소사유, 예컨대 공공의 질서에 위배되는 경우 등에는 예외로 인정됨을, 즉 취소의 소를 제기하지 않았더라도 중재판정 집행허가절차에서 고려할 수 있음을 명백히 하고 있다. 독일의 이에 관한 법제의 상세에 관하여서는 졸고, 앞(주 14)의 글, 359면 이하〈이 책 128면 이하〉 참조.

69) 목영준·최승재, 앞(주 1)의 책, 289면.

70) 注解仲裁法(1988), 182면(吉村德重 집필부분).

여부의 본안 판결을 할 수 있다.

나. 일반의 소송요건 외에 중재판정취소의 소에 필요한 적법 요건으로서는 취소신청의 대상이 확정된 종국적 국내중재판정일 것, 소 제기기간 내에 제기되었을 것, 법원에 관할권이 있을 것, 법정의 취소사유가 주장되어 있을 것 등이 있다. 이들 적법 요건은 일반의 소송요건과 함께 직권조사 사항이고 직권에 의하여 판단되어 이를 결여하는 경우에는 취소의 소는 부적법한 것으로서 각하된다.[71]

다. 취소사유의 심리절차는 당사자가 제출한 사실이나 증거에 기하여 법정의 취소사유가 인정되는지 여부를 둘러싸고 행하여진다. 원칙적으로 변론주의에 따라서 당사자가 제출한 사실이나 증거만이 심판의 기초가 된다. 즉 당사자가 변론기일에서 진술한 사실 및 당사자가 신청한 증거조사의 결과에 기하여 취소사유의 존부가 심판되는 것이다. 취소의 소의 청구원인으로서 원고가 진술하는 취소사유의 존부가 심판되는 것은 말할 것도 없으나 피고 쪽에서 이것과 다른 취소사유를 주장하는 것도 허용된다. 또 당사자가 제출한 사실에 의하여 인정된 취소사유가 있으면 당사자의 명시적인 진술이 없어도 그 취소사유의 존부를 인정할 수 있다고 해석할 것이다.[72]
그러나 제36조 제2항 제2호에 규정된 취소사유는 법원이 직권으로 인정할 수 있음은 앞서 살핀 바와 같다.

라. 취소사유의 심리에 기하여 취소사유에 해당하는 사실의 존재를 인정할 수 있는 때에는 중재판정을 취소하는 판결을 할 것이다. 그러나 그 이상 중재판정의 내용을 변경하는 판결을 할 수는 없다. 취소사유가 다수의 청구의 일부 청구에만, 또는 양적으로 가분적인 청구의 일부에만 존재할 경우에는 중재판정의 일부만을 취소하고 다른 부분을 존속시킬 수 있다. 중재판정의 취소사유에 해당하는 사실의 존재가 인정되지 아니하는 때에는 취소청구 기각판결을 할 것이다. 이들 종국판결에 대하여 상소할 수 있는 것은 당연하다.

71) 小島武司, 앞(주 48)의 책, 364면; 注解仲裁法(1988), 182면(吉村德重 집필부분).
72) 注解仲裁法(1988), 183면(吉村德重 집필부분).

5. 확정판결의 효력

가. 중재판정 취소의 소에서의 종국 판결에는 이와 같이 소각하판결, 청구기각판결 및 청구인용판결(취소판결)이 있고 각각의 판결이 확정되면 그 내용에 따른 효력이 발생한다. 먼저 소각하 판결이 확정되면 각하의 이유로 된 소의 적법요건 내지 소송요건을 결여하여 소가 부적법하다는 점에 대하여 다툴 수 없다고 하는 효력(기판력)이 발생한다.

나. 중재판정의 취소청구 기각판결이 확정되면 그 중재판정은 변론종결시를 기준으로 하여 기판력에 의하여 차단되는 취소사유에 의하여서는 취소할 수 없는 것이 확정된다. 다만 이 기판력이 전소에서 제출되지 않은 취소사유까지도 차단하는가를 둘러싸고는 전술한 바와 같이 다툼이 있다. 구소송물이론을 따르는 입장에서는 이를 부정하게 될 것이나, 신소송물이론을 따르는 입장에서는 원칙적으로 차단효가 미친다고 볼 것이다. 그러나 신소송물이론을 따르면서도 전소에서 제출된 취소사유에 해당하는 사실관계가 제출되지 않은 취소사유에 해당하는 사실관계와 상호 밀접한 관련성을 지니기 때문에 통상의 주의 의무를 다하면 용이하게 제출을 기대할 수 있는 한도 내에서 당사자의 제출책임을 인정하여 차단효가 미친다고 하는 견해도 있다.[73]

다. 중재판정을 취소하는 확정판결에는 중재판정 취소사유의 존재를 확정하여 중재판정의 효력이 없음을 확인하는 효력이 발생한다.

라. 중재판정을 취소하는 판결이 확정된 때에는 중재에 회부된 구체적인 분쟁에 관하여 다시 통상법원에 소를 제기할 수 있는지 여부가 문제된다. 이를 긍정하는 입장에서는 중재계약은 이미 중재판정의 선고에 의하여 목적을 달성하여 효력을 잃고 있으므로 중재절차를 재개할 수는 없고 중재판정이 취소되어도 그 사이의 사정은 다르지 않기 때문에 소를 제기할 수 있다고 한다. 그러나 중재계약이 중재판정의 선고에 의하여 효력을 잃는지 여부는 기본적으로 중재계약의 해

---

73) 注解仲裁法(1988), 183면(吉村德重 집필부분). 이 견해에 따르면 전소의 변론종결 후에 비로소 제출할 수 있었던 사유를 주장하는 것은 차단되지 않는다고 한다.

석의 문제이고 특히 중재판정이 취소된 이유에 따라서는 중재계약이 목적을 달성하여 효력을 잃었다고 할 수 없는 경우가 있다. 예를 들면 중재절차의 당사자가 적법하게 대리되어 있지 않은 경우나 중재인이 적법하게 선정되어 있지 아니한 경우가 그러하다. 무권대리인이 중재절차를 행하거나 또는 중재계약에 예정된 중재인이 아닌 자가 중재판정을 하여도 중재계약이 목적을 달성하여 효력을 잃는 것은 아니기 때문이다. 중재인이 중재에 부탁되지 않은 사항에 관하여 중재판정을 한 경우도 마찬가지이다. 그러므로 중재판정이 이들 취소사유에 의하여 취소된 경우에는 중재계약은 여전히 존속하는 것이고 통상법원에 소를 제기할 수 없다. 그 밖에도 당사자가 중재계약에서 중재판정이 취소되는 경우를 예정한 별도의 합의를 하고 있거나 취소 후에 새로운 중재계약을 체결한 경우에도 중재절차에 의할 것임은 말할 것도 없다.[74] 반면 중재합의가 무효라든가, 공서양속에 반한다는 사유로 중재판정이 취소된 경우에는 중재합의 자체의 효력이 상실되므로, 당사자는 바로 법원에 대하여 소를 제기할 수 있다고 할 것이다.

우리 중재법은 이를 해석에 맡기기 위하여 이에 관한 규정을 두지 않았으나,[75] 결국 중재판정취소판결이 확정된 경우에 그 취소사유가 중재합의 당사자의 무능력 또는 중재합의의 무효인 때(제36조 제2항 제1호 가목), 중재가능성이 없는 때(제36조 제2항 제2호 가목), 공공의 질서에 위배되는 때(제36조 제2항 제2호 나목)에는 중재합의까지도 효력을 상실하고, 그 이외의 사유로 중재판정이 취소된 때에는 중재합의가 유효하게 존속한다고 해석하여야 할 것이다.[76]

마. 이와 관련하여 모델법 제34조 제4항은 "중재판정 취소신청을 받은 법원은 당사자의 신청이 있고 또한 그것이 적절한 때에는 중재판정부로 하여금 중재절차를 재개하게 하거나 중재판정부의 의견에 따라 취소사유를 제거할 만한 다른 조치를 취할 기회를 부여하기 위하여 일정 기간을 정하여 취소절차를 정지시킬 수 있다."라고 규정하고 있고, 이는 중재판정부가 일정한 흠결을 치유하고 그에 따라서 법원이 판정을 취소하지 않도록 할 수 있다는 점에 그 유용성이 있다고

---

74) 注解仲裁法(1988), 184면(吉村德重 집필부분).
75) 목영준·최승재, 앞(주 1)의 책, 292면; 하용득, 앞의 글(주 4), 23면. 모델법 제34조에서도 이에 관한 규정을 두지 않았다.
76) 목영준·최승재, 앞(주 1)의 책, 292면; 김갑유 외, 앞(주 50)의 책, 299면.

한다.[77]

　　그러나 우리 법은 이러한 중재판정 취소절차 정지 및 중재판정부에의 환송 제도를 인정하지 않고 있는바,[78] 법원과 중재판정부 사이에 법적인 관계가 없고, 법원이 취소절차를 정지하여도 중재판정부가 취소사유를 제거하는 것을 기대하기 어렵고, 또 중재판정부가 취소사유를 제거할 것을 사실상 기대한다고 하여도 법원이 어떠한 취소사유가 있다고 판단하는가를 명시할 필요가 있는데 그 판단을 중재판정부에 전달하는 것이 적절한지의 여부 및 방법 등도 문제로 될 수 있으며, 취소결정을 한 후 사후의 대응을 당사자(경우에 따라서는 중재판정부를 포함한다)에게 위임하는 것이 간명하므로,[79] 올바른 선택으로 생각된다.

Ⅳ. 보론 – 중재판정 취소절차의 결정절차화 필요성

　　구 중재법상 중재판정의 집행허가절차와 중재판정의 취소절차는 모두 판결절차로 구성하고 있었는데, 개정 중재법은 중재판정의 집행허가절차를 결정절차로 변경하여 신속 간이한 처리를 도모하고 있음은 앞서 살핀 바와 같다.

　　이와 관련하여 중재판정의 취소절차와 중재판정의 집행허가절차는 모두 중재판정의 효력에 직접적으로 관련된 절차로서, 그 취소사유와 그 집행거부사유는 실질적으로 동일하며, 중재판정의 취소절차와 중재판정의 집행허가절차를 동시에 진행하거나, 양 절차의 중복을 피할 필요성이 있으므로, 필자는 중재판정의 집행허용선언을 판결절차 아닌 결정절차로 한다면, 중재판정 취소절차도 결정절차로 하여야 한다고 제안하였고,[80] 실제로 우리와 민사소송 및 민사집행법제가 유사한 독일과 일본은 모두 양 절차를 결정절차로 구성하고 있다. 그러나 중재판정의 취소는 신중하게 할 것이므로 판결절차로 하고 있는 구 중재법 체제를 유지하여야 한다는 견해가 우세하여, 2016년 중재법 개정을 위한 개정위원회에서 개정사항으로 채택되지 아니하였다.

---

77) A/CN.9/264, *supra* note 7, p. 138.
78) 일본의 중재법도 이를 인정하지 않고 있으나, 독일 민사소송법 제1059조 제4항은 위 제도를 채택하고 있다.
79) 近藤昌昭 외 4인, 앞(주 13)의 책, 255면.
80) 졸고, "중재판정 집행절차의 개선에 관한 연구", 법학연구(연세대학교 법학연구원) 제23권 제1호(2013. 3.), 99면〈이 책 273면〉.

이에 따라 종전에는 중재판정 취소의 소와 집행판결 청구의 소를 청구의 병합이나, 반소의 형태로 병합하여 동일한 절차 내에서 진행할 수 있었으나, 이제는 양자가 판결절차와 결정절차라는 다른 종류의 소송절차로 되어서 그와 같은 병합심리가 불가능하게 되었고,[81] 동시에 심리하거나 병행하여 진행할 수 있을 뿐이다. 또한 중재판정 취소의 판결절차와 중재판정 집행의 결정절차가 별개로 진행되어 서로 반대되는 판단이 내려질 가능성도 배제할 수 없다.

두 종류의 절차에서 주된 심리의 대상인 중재판정의 취소사유와 승인·집행 거부사유는 거의 동일한데,[82] 취소절차에서는 신중한 심리를 도모하고, 승인·집행절차에서는 간이 신속한 처리를 지향한다는 것은 서로 상충되고 있는바, 중재판정의 취소사유에 대하여 충분한 심리기회를 준다고 하더라도, 예컨대 집행절차에서와 같이 필요적 심문을 시행하면 족하고, 중재판정의 취소절차 역시 간이 신속한 처리를 지향함이 바람직하다고 생각된다.[83]

결과적으로 중재판정의 취소절차를 판결절차로 할 경우 그 절차가 엄중하게 진행되어 중재판정의 집행이 지연될 우려가 있고, 중재판정의 집행절차와 취소절차는 동전의 앞뒷면으로까지 비유되는 절차임에 비추어 위 제안이 채택되지 않았음에 대하여 필자는 유감으로 생각하며 언젠가 다시 개정되어야 할 사항으로 생각하고 있다.

---

81) 이시윤, 新民事訴訟法(제12판)(2018), 700면.
82) 이를 고려하여 중재법 제36조 제4항은 "④ 해당 중재판정에 관하여 대한민국의 법원에서 내려진 승인 또는 집행 결정이 확정된 후에는 중재판정 취소의 소를 제기할 수 없다."라고 규정하고 있다.
83) 석광현 교수는 중재판정의 취소절차를 결정절차로 함에 반대하고 있었으나, 견해를 바꾸어 찬성하는 듯하다. 석광현, 앞(주 66)의 글, 491면.

[6] 국제중재판정의 취소사유의 확장 또는 제한
- 법원에 의한 본안의 심사와 관련하여 -

이 글은 國際去來法研究 제21집 제2호(2012), 181-200면에 실린 글이다. 국제중재판정의
취소절차에 있어서 법원에 의한 본안심사 범위 및 UNCITRAL 모델법과 관련하여 중재판정의
취소사유가 확장되거나 제한된 입법례, 이에 관한 합의의 효력 등을 검토한 글이다.

I. 문제의 제기

외국중재판정의 승인 및 집행을 요구받은 법원은 중재판정의 내용, 즉 본안
을 심사할 수 없다는 것은 일반적으로 인정된 해석이다. 이는 전세계의 거의 모
든 국가가 가입하고 있는 1958년 국제연합의 "외국중재판정의 승인 및 집행에 관
한 협약(United Nations Convention on the Recognition and Enforcement of Foreign
Arbitral Awards)", 이른바 뉴욕협약 제5조는 외국중재판정의 승인 및 집행거부사유
를 제한적으로 열거하고 있으나 중재인의 사실인정 또는 법률적용의 잘못을 들고
있지 아니하기 때문이다.[1]

그러나 뉴욕협약상 위 협약 제5조 제1항에 규정된 외국중재판정의 승인 및
집행거부사유 유무를 판단하기 위하여 각국의 법원이 필요한 경우에 중재판정의
본안을 검토하는 것까지 금지하는 것은 아니라 할 것이다. 예컨대 법원이 뉴욕협
약 제5조 제1항 (c)가 규정하는 바와 같이 중재판정이 중재조항에 규정되어 있지
아니한 분쟁이나 중재부탁의 범위를 벗어나는 사항에 관한 결정을 포함하는지 여
부를 심리하기 위하여, 또는 제5조 제2항 (b)가 규정하는 바와 같이 판정의 승인
이나 집행이 공공의 질서에 반하는지 여부를 판단하기 위하여 필요한 범위 내에
서는 중재판정의 본안을 검토할 수 있다 할 것이다. 그러나 위 경우에도 이를 넘

---

1) Albert Jan van den Berg, *The Arbitration Convention of 1958*(1981), p. 269; 졸고, "外國
仲裁判定의 承認과 執行 - 뉴욕協約을 中心으로 -", 재판자료 제34집(1986), 670면〈이 책
15면〉.

어 중재인의 사실인정과 법률적용상의 하자유무를 문제삼을 수 없다고 보는 것이 일반적이다.[2]

또한 위 협약에 의하면 외국중재판정의 승인 및 집행거부사유를 규정한 제5조 제1항 (e)는 "판정이 당사자에 대한 구속력을 아직 발생하지 아니하였거나, 또는 판정이 내려진 국가 또는 판정의 기초된 법이 속하는 국가의 권한 있는 기관에 의하여 취소 또는 정지된 경우"를 승인 및 집행거부 사유의 하나로 들고 있고, 이 경우 중재판정의 취소 내지 정지사유에 관하여는 아무런 제한을 두고 있지 아니하며, 이는 각국의 입법정책에 따라 자유로이 규정할 수 있다고 해석되고 있다.[3]

따라서 중재판정이 내려진 국가 또는 판정의 기초된 법이 속하는 국가의 중재법이 중재판정의 취소신청이 있을 경우 법원에 의한 중재판정의 본안에 대한 사법적 심사를 인정한다면, 즉 중재판정의 실체적 판단에 있어서 법률의 적용이나 사실의 인정에 관하여 잘못이 있음을 법원에 의한 중재판정의 취소사유로 인정할 경우에는 실질적으로 중재판정의 본안의 심사를 인정하는 결과로 될 것이다.

물론 각국의 법률이 중재판정의 취소절차에서 본안의 심사를 금지한다면 문제가 없을 것이고, 아래에서 보는 바와 같이 국제무역법위원회가 1985년 채택한 "국제상사중재에 관한 모델법(UNCITRAL Model Law on International Commercial Arbitration, 이하 UNCITRAL 모델법이라고만 한다)"[4]은 그와 같은 입장을 취하고 있으나, 실제 각국의 법률이 일치하고 있는 것은 아니다. 크게 말하자면 사실인정에 관한 한 원칙적으로 본안의 재심사를 인정하지 않는다는 것이 일반적인 경향이기는 하나, 일부 국가는 아래에서 살피는 바와 같이 한정된 범위이기는 하나 법원에 의한 중재판정의 본안에 대한 사법적 심사를 인정하고 있다.

그 결과 위와 같이 중재판정에 대하여 일정한 범위 내에서 사법적 심사를 인

---

2) van den Berg, *supra* note 1, p. 269.
3) van den Berg, *supra* note 1, p. 22; Gary B. Born, *International Commercial Arbitration Volume* Ⅱ (2009). p. 2552. 뉴욕협약과 달리 1961년 국제상사중재에 관한 유럽 협약 제9조 제1항은 뉴욕협약에 가입하고 있는 체약국 사이에서는 뉴욕협약 제5조 제1항 (e)는 유럽협약에 규정된 사유(뉴욕협약 제5조 제1항의 사유와 유사함)로 취소된 경우에만 적용된다고 규정하고 있다. 따라서 뉴욕협약에 집행거부사유로 규정된 사유로 판정이 취소된 경우에만 집행을 거부할 수 있다는 결과로 된다.
4) 2006년 개정되었으나, 중재판정의 취소에 관한 부분은 개정되지 않았다.

정하는 국가에서 내려진 외국중재판정이 실질적으로 확정된 것이라고 말하기 위하여서는 다시 그 국가의 법원에 의한 사법적 심사의 결과를 기다릴 수밖에 없는 경우가 있을 수 있다. 그리고 위와 같은 국가의 입법정책 내지 태도에 대하여 타국의 입장에서 그 당부를 논하거나 그 개선을 요구함에는 한계가 있을 수밖에 없다.

예컨대 영국에서 내려진 중재판정에 대하여 영국의 법원에 그 판정에 대한 취소신청이 제기되어 그 절차가 진행되고 있다면, 영국의 법원에 판정의 본안을 심사할 권한이 있는지 여부는 영국법에 따라 결정될 문제이고, 한국의 중재법이 별 도움이 될 수 없음은 분명하다.

만일 그 판정이 취소되었다면 다음 단계로 그 판정을 집행할 수 있는지를 검토하여야 할 것이며, 이 경우 영국에서 그 판정이 취소되었다 할지라도 외국중재판정으로 영국 이외의 제3국에서 집행을 구하는 경우에는 앞서 본 뉴욕 협약 제5조 제1항 (e)의 집행거부사유가 존재한다고 할지라도, 위 협약상 그와 같은 경우 제3국에서 반드시 집행을 거부하도록 규정하고 있는 것은 아니고, 다만 "집행이 거부될 수 있다(may be refused)"라고만 규정하고 있을 뿐이므로, 그 제3국에서 집행될 수 있는 가능성이 있기 때문이다. 예컨대 프랑스 민사소송법상 규정된 외국중재판정의 집행요건을 갖추었다면, 영국에서 그 판정이 취소되었더라도 프랑스에서의 집행이 가능할 수도 있다.[5]

위와 같은 국제중재의 특수성에 비추어 어느 1개 국가의 중재법만을 기준으로 국제중재판정의 취소를 고찰하는 것은 한계가 있을 수밖에 없고, 다수의 국가의 중재법제를 비교법적으로 고찰하여야 할 것이고, 이 경우 각 국마다 그 입법정책과 법의 운용이 다름을 알 수 있고, 나아가 그 중에서도 어떠한 기준이 국제적으로 인정되고 통용될 수 있는가를 판단할 수 있을 것이다.[6]

본고는 이러한 국제중재판정의 취소절차에 있어서 각국의 법원이 중재판정의 본안을 심사할 수 있는지, 즉 사실인정이나 법률적용의 잘못을 중재판정의 취소사유로 삼을 수 있는지 여부를 중심으로 각국에 있어서 중재판정의 취소사유가 어떻

---

5) Emmanuel Gillard and John Savage, *Fouchard, Gillard, Goldman on International Commercial Arbitration*(1999), p. 914. 이를 둘러싼 찬반 논의에 관하여서는 이상원, "취소된 외국중재판정의 승인과 집행", 사법연수원논문집제4집(2007. 1.), 173-202면 참조.
6) 어느 국가에서 일반적으로 국제적으로 인정되고 통용되는 기준에 따르지 아니하고 중재법을 입법한다든지, 그 운용을 한다면 국제적으로 그 국가의 신용이 떨어지고, 그 후 국제중재지로서 회피될 처지에 놓이게 될 경우도 있을 수 있다.

게 확장되어 있는지 또는 제한되어 있는지에 관하여 살피고자 한다.[7] 먼저 국제중
재판정 취소에 관한 일반적 법리에 관하여 살핀 후, UNCITRAL 모델법과 주요국
가의 이에 관한 법제 내지 실제 판례에 나타난 운용의 실제를 검토하고자 한다.

Ⅱ. 중재판정 취소의 법리의 기초

1. 중재판정 취소의 근거

국제중재판정은 기본적으로 당사자 사이의 법률관계에 대하여 최종적이고
구속력이 있는 것이 원칙이다. 이에 대하여 법정의 형식적 요건을 구비하면 확정
판결과 동일한 효력을 발생하는 것으로 보는 법제도 있고,[8] 미국과 같이 1년 이
내에 법원에 중재판정확인명령을 신청할 수 있고, 이 신청이 있으면 법원은 중재
판정의 취소, 재심리명령, 변경, 경정의 사유를 심사하여 그 사유가 없는 한 위 명
령을 허가하여야 하며,[9] 중재판정확인명령에 따른 판결은 통상의 소송에서의 판
결과 동일한 효력을 가지고, 판결에 관한 모든 법률상의 정함에 따르도록 되어
있는 법제도 있다.[10]

어느 경우이든 승소 중재판정을 받은 당사자가 이를 실현하기 위하여서는
특정 국가에서 패소 당사자를 상대로 그 중재판정을 승인받고 집행할 수 있어야
할 것이나, 그와 같은 집행은 중재판정의 고유한 효력에 의하여 이루어지는 것이
아니라, 그 판정을 승인하는 특정국가의 국가권력을 통하여 이루어지는 것이다.
이와 같이 중재판정의 집행을 위하여 국가권력의 행사를 허용하는 특정국가로서
는 중재판정이라는 사인의 재판행위에 대하여 중재판정이 그 국가의 법질서에 적
합한지 여부를 심사할 권한을 가지고 있다고 볼 것이고, 따라서 판정이 그 국가
의 법질서에 반한다고 인정할 때에는 그 판정의 집행을 거부하거나, 그 판정이

---

7) 앞서 본 바와 같이 각국의 법원이 예컨대 법원이 뉴욕협약 제5조 제1항 (c) 및 제2항 (b)
에 의거하여 판정이 당사자가 중재에 회부하지 아니한 분쟁을 다루었거나, 판정이 공공
의 질서에 반하는지 여부를 판단하기 위하여 본안에 대하여 심사하는 경우는 본고에서
다루지 아니한다. 위와 같은 경우는 위 조항의 적용 여부를 결정하기 위하여 부수적으로
본안을 심사하는 것으로서, 그 사실인정이나 법률인정이 잘못되었는지 여부를 심사하는
것은 아닐 것이다.
8) 한국 중재법 제35조, 독일 민사소송법 제1055조 등.
9) 미국 연방 중재법 제9조. 뒤의 주 19 참조.
10) 미국 연방 중재법 제13조.

자국 내에서 내려졌을 때에는 그 책임 하에 그 판정을 취소할 수도 있다 할 것이다.11) 나아가 어떠한 판정이 국가의 법질서에 반하는 것으로서 취소의 대상이 되는가 즉 어떠한 사유를 중재판정의 취소사유로 할 것인가는 각국에서 자국의 법질서에 비추어 결정할 문제로서, 결국 각국의 법률에 의하여 결정된다고 볼 것이다.12)

2. 국제중재의 판정취소사유

국제중재에 있어서 국제중재판정의 취소사유는 원칙적으로 각국의 법률에 규정되어 있다. 국제중재에 관한 국제적인 조약은 일반적으로 중재판정의 취소사유에 대한 제한을 두고 있지 아니하고,13) 그리하여 이에 관하여는 거의 전적으로 각국의 법률에 일임되어 있는 것이 실정이다.

예컨대 우리 중재법 제36조는 중재판정의 취소에 대하여 규정하며 그 제2항에서 6개의 중재판정취소사유를 규정하고 있기는 하나, 제2조는 중재지가 대한민국 안인 경우에 한하여 우리 중재법이 적용됨을 명시하고 있으므로, 우리나라에서 집행을 구하는 중재판정이라 할지라도 그 판정이 대한민국 안에서 내려진 판정이 아니라면 우리 법원에는 중재판정 취소권한이 없고, 위 제36조가 적용될 여지가 없다.

우리 중재법은 그 밖에 중재지가 대한민국 밖인 외국중재판정에 대한 취소에 관하여서는 아무런 직접적인 규정을 두고 있지 아니하나, 우리 법 제39조 제1항은 "「외국중재판정의 승인 및 집행에 관한 협약」의 적용을 받는 외국중재판정의 승인 또는 집행은 같은 협약에 따라 한다."라고 규정하고 있고, 앞서 본 뉴욕협약 제5조 제1항 (e)는 판정이 내려진 국가 또는 판정의 기초된 법이 속하는 국가의 권한 있는 기관에 의하여 취소된 경우에는 그 판정의 승인 및 집행이 거부

---

11) 목영준, 상사중재법(2011), 236면; 小島武司, 仲裁法(2000), 328면.
12) 목영준, 앞(주 11)의 책, 236면은 중재판정 취소제도를 지나치게 넓게 적용한다면 중재제도는 아무도 이용하려 하지 않는 명목상의 제도가 될 수밖에 없을 것이고, 여기에 중재판정취소의 내재적 한계가 있다고 지적하고 있다.
13) Gary B. Born, *supra* note 3, p. 2553. 다만 앞의 주 3에서 본 바와 같이 1961년 국제상사중재에 관한 유럽 협약 제9조 제1항은 뉴욕협약에 가입하고 있는 체약국 사이에서는 뉴욕협약 제5조 제1항 (e)는 유럽협약에 규정된 사유(뉴욕협약 제5조 제1항의 사유와 유사함)로 취소된 경우에만 적용된다고 규정함으로써 간접적으로 그 취소사유에 관하여 제한을 두고 있다고 할 수 있다.

될 수 있다고 규정하고 있으므로, 우리나라에서 뉴욕협약의 적용을 받는 외국중
재판정의 승인 내지 집행을 거부하기 위하여서는 그 중재판정이 어느 국가에서든
취소되어도 상관없는 것이 아니라, 그 판정이 "그 판정이 내려진 국가" 또는 "판
정의 기초된 법이 속하는 국가" 즉 중재절차의 준거법이 된 국가의 권한 있는 기
관, 통상적으로는 그 국가의 법원에 의하여 취소된 경우에 한정되는 것으로 해석
된다.[14] 그러나 앞서 본 바와 같이 뉴욕협약에 의할지라도 중재판정취소사유에
대하여는 아무런 규정을 두고 있지 아니하므로, 결국 우리나라에서 집행을 구하
는 외국중재판정의 취소사유는 중재판정이 내려진 국가 등의 법률에 따라 결정된
다고 볼 것이다. 이는 우리나라뿐만 아니라 뉴욕협약에 가입하고 있는 세계 각국
에서 동일하다고 할 것이다.

Ⅲ. UNCITRAL 모델법상의 중재판정 취소사유

국제연합무역위원회에서 각국의 중재법을 통일시킬 것을 목적으로 UNCITRAL
모델법을 채택하였고, 한국, 일본, 독일, 러시아 등 상당수의 국가에서 이를 수용
하여 국내입법을 함으로써 세계에서 가장 영향력 있는 모델법이 되었다.[15] 중재
판정의 취소사유를 규정한 UNCITRAL 모델법 제34조는 외국 판정의 승인을 다루
는 UNCITRAL 모델법 제35조와 실질적으로 동일한 예외가 있는 경우가 아닌 한
국제중재판정의 유효성을 추정한다. 이러한 사유는 뉴욕 협약의 승인거부 사유와
동일하고 좁게 해석된다.

UNCITRAL 모델법 제34조는 "중재판정에 대한 유일한 불복방법으로서의 취
소신청"이라는 표제하에 다음과 같이 규정하고 있다. "(1) 중재판정에 대하여 법
원에 제기하는 불복은 본조 2항과 3항에 따른 취소신청에 의해서만 할 수 있다.
(2) 중재판정은 다음 경우에 한하여 제6조에 명시된 법원이 취소할 수 있다. (a)
신청 당사자가 다음 사항에 대한 증거를 제출하는 경우. (i) 제7조에 규정된 중재
합의의 당사자가 무능력자이거나, 그 중재합의가 당사자가 준거법으로 정한 법에

---

14) 대법원 2003. 2. 26. 선고 2001다77840 판결; van den Berg, *supra* note 1, p. 350.
15) 이 논문을 작성한 2012. 10. 1. 현재 전세계 국가 중 66개국이 UNCITRAL모델법을 기초로
   입법을 하였다. http://www.uncitral.org/uncitral/en/uncitral_texts/arbitration/1985Model_
   arbitration_status.html.

의하여 무효이거나 그것이 없는 때에는 이 국가의 법에 의하여 무효인 것. (ii) 신청 당사자가 중재인의 선정 또는 중재절차에 관한 적절한 통지를 받지 못하였거나 기타의 이유로 변론을 할 수 없었던 것. (iii) 중재판정이 중재부탁의 내용에서 의도되지 않은 분쟁을 다루었거나, 그 판단이 중재부탁의 범위를 넘는 사항에 관한 것인 것. 다만 중재에 부탁된 사항과 부탁되지 않은 사항이 분리될 수 있는 경우에는 중재에 부탁되지 아니한 사항에 관한 판단을 포함하는 부분만이 취소될 수 있다. (iv) 중재판정부의 구성이나 중재절차가 당사자의 합의에 따르지 아니하거나 그러한 합의가 없을 때에는 이 법에 따르지 아니한 것. 다만 그러한 합의가 당사자에 의하여 배제될 수 없는 이 법의 규정에 반하여서는 아니된다. (b) 법원이 다음 사항을 인정할 경우. (i) 분쟁의 대상이 이 나라의 법상 중재에 의하여 해결될 수 없을 것. (ii) 중재판정이 이 나라의 공공질서에 반하는 것.”

위와 같은 위 제34조는 중재판정 취소사유로 배제적이고 망라적인 사유를 특정하여 제시하고 있다고 할 것이다. 제34조에 규정된 사유는 UNCITRAL 모델법 제36조나 뉴욕협약 제5조에서 판정의 승인거부사유로 규정된 사유들과 동일하다. 다만 구속력이 없는 판정이나 중재지에서 취소된 판정에 관한 뉴욕협약 제5조 제1항 (e)와 제36조 제1항 (a)(5)는 규정되어 있지 않다.

위와 같은 UNCITRAL 모델법상의 배제적이고 망라적인 중재판정의 취소사유에 중재판정의 법률적용이나 사실인정의 잘못이 포함되어 있지 아니함이 명백하므로, 그 결과인 중재판정의 본안판단의 잘못은 중재판정 취소사유가 되지 아니한다고 볼 것이다.[16]

다만 UNCITRAL 모델법은 어디까지나 각국의 입법 모델로서 이를 채택한 국가에 따라서는 모델법상의 취소사유를 약간씩 변형하여 입법한 경우도 있으나, 그 차이는 대동소이하여 무시할 수 있을 정도라고 볼 것이다.[17]

---

16) UNCITRAL 모델법 제34조에 대한 입안 당시의 참고자료 A/CN.9/264(25 March 1985) – International Commercial Arbitration: Analytic commentary on draft text of a Model Law on International Commercial Arbitration pp. 136-139 참조. 이는 UNCITRAL 모델중재법에 대한 예비보고서로서, 원문은 http://www.uncitral.org/en-index.htm에서 볼 수 있다. 이에 관련한 해설로는 장문철·정선주·강병근·서정일, UNCITRAL 모델중재법의 수용(1999), 418-423면 참조.
17) 예컨대 독일 민사소송법 제1059조 제2항은 중재판정의 취소사유로 모델법과 거의 동일하게 규정하고 있으나, 일본 중재법 제44조 제1항은 UNCITRAL 모델법을 약간 변형시켜 규정하고 있다.

Ⅳ. UNCITRAL 모델법보다 확장된 중재판정 취소사유를 인정하는 입법

1. 서설

앞서 본 바와 같이 UNCITRAL 모델법은 뉴욕협약 제5조에 포함된 사유에 준하여 제한되고 한정적인 중재판정취소사유를 규정하고 있다.

이에 대하여 일부 국가에서는 UNCITRAL 모델법 제34조나 뉴욕협약 제5조에 포함되지 않은 추가적인 사유로 중재판정을 취소하는 것을 허용하고 있다. 뉴욕협약이 중재지에서의 중재판정 취소사유에 제한을 두고 있지 않음은 앞서 살핀 바와 같다. 즉 각국의 법률에 따라 뉴욕협약 제5조에 규정되지 아니한 사유에 기한 판정의 취소를 인정하고 있다고 볼 것이다.

국제중재판정의 취소사유로서 UNCITRAL 모델법에 없는 취소사유로 가장 많이 부딪치게 되는 것은 중재인의 본안판단, 즉 사실인정이나 법률적용에 대한 실체적인 심사이다. 중재인의 판단에 대한 실체적인 심사는 여러 가지 형태로 나타나고, 중재인의 판단을 존중하는 정도에 따라 차이가 있다. 이러한 여러 가지 형태의 실체적인 심사는 모두 근본적으로 UNCITRAL 모델법 제34조의 중재판정 취소사유나 뉴욕협약 제5조의 승인거부 사유와는 다르다. 이들은 중재절차, 중재인의 권한과 중립성이나 공공질서의 문제보다는 중재인의 최종적인 판단을 중시하고 있다.

그러나 아래에서 보는 바와 같이 중재판정의 본안판단에 대한 사법심사를 인정하는 국가에서도, 이러한 심사는 통상적으로 극도로 한정되고 주로 사실인정이 아닌 법률적용의 잘못에 대하여 적용되고 있다.[18]

2. 미국법

미국은 중재판정의 취소사유로 뉴욕협약 제5조에 규정된 이외의 사유를 허용하는 국가이다. 미국의 연방 중재법 제9조 내지 제11조[19]는 미국에서 중재판정

---

18) Gary B. Born, *supra* note 3, p. 2638.

19) 미국 중재법 제9조는 "당사자가 중재합의에서 중재절차에 따라 내려진 중재판정에 대하여 법원에 의한 확인을 요하는 취지의 합의를 하고 그 법원을 특정한 경우에는, 중재판정이 내려진 때로부터 1년 이내이면 언제라도 어느 당사자든 그 특정된 법원에 대하여 중재판정의 확인명령을 구하는 신청을 할 수 있다. 위 신청이 있는 경우에는 법원은 그

의 취소, 변경 및 수정를 구할 수 있는 사유를 한정적으로 규정하고 있으나, 미국 법원은 위와 같은 연방법상의 취소사유 외에도 판례법상 형성된 보통법상의 추가적인 취소사유로 "명백한 법의 무시(manifest disregard of law)"를 인정하고 있고 이는 국내판정은 물론 국제판정에도 일반적으로 적용될 수 있다.[20] "명백한 법의 무시" 기준은 최초로 1953년의 미국 대법원 Wilko v. Swan사건의 판결에서 제시되었는데, 이 판결에서 미국 대법원은 "명백한 법의 무시와 대조적으로 중재인에 의한 법률의 해석에 잘못이 있는지 여부에 대하여서는 사법심사의 대상이 되지 아니한다."고 선언하였다.[21]

　　미국 법원은 연방 중재법 아래에서 수십년간에 걸쳐서 미국에서 내려진 국제 중재판정에 대한 취소신청에 있어서 "명백한 법의 무시" 기준을 적용하여 왔고, "명백한 법의 무시" 기준에 관한 상당량의 미국 판례가 있으나, 판례의 지배적인 경향은 중재인의 실체적인 법률 판단에 대한 사법심사권은 매우 좁게 인정

중재판정에 대하여 이 편 제10조 및 제11조에 의한 취소, 변경 또는 정정이 행하여진 경우를 제외하고 확인명령을 발하여야 한다 … "라고 규정하고, 제10조는 "(a) 중재판정지를 관할하는 법원은 아래와 같은 사유가 있는 경우 당사자의 신청에 의하여 중재판정을 취소하는 명령을 내릴 수 있다. (1) 중재판정이 매수, 사위 기타 부당한 수단에 의하여 얻어진 경우. (2) 중재인 전원 또는 일부에게 명백한 편파성이나 독직이 있는 경우. (3) 충분한 이유가 제시되었음에도 불구하고 중재인들이 심문의 연기를 거부하였거나 분쟁에 관련있는 중요한 증거를 듣는 것을 거부하였거나 당사자의 권리를 침해하는 비리를 행하는 등 중재인에게 유죄가 될 위법행위가 있는 경우. (4) 중재인들이 그들의 권한을 유월하거나 그 권한을 불완전하게 행사함으로써 분쟁의 대상에 관한 공통적이고 최종적이며 명확한(definite) 중재판정이 내려지지 않은 경우."라고 규정하고 있으며, 제11조는 "중재판정이 내려진 곳을 관할하는 법원은 아래와 같은 사유가 있는 경우 당사자의 신청에 의하여 중재판정을 변경하거나 수정하는 결정을 내릴 수 있다. (a) 숫자에 관하여 명백하고 중요한 계산의 잘못이 있는 경우나 중재판정에 기재된 사람, 물건이나 재산의 특정에 관하여 명백하고 중요한 잘못이 있는 경우. (b) 중재인이 중재부탁을 받지 아니한 사항에 관하여 중재판정을 한 경우에, 그것이 부탁사항에 대한 판정의 본안에 영향을 미치지 않는 사항이 아닌 경우. (c) 분쟁의 본안에 영향을 미치지 않는 중재판정의 형식사항이 불완전한 경우. 중재판정을 변경하거나 수정하는 결정은 중재판정의 의도를 살리고, 당사자 사이의 정의를 촉진하도록 행하여져야 한다."라고 규정하고 있다.

20) 미국의 판례상 제정법에 규정된 사유 이외에 중재판정 취소사유로 다루어지는 사유로는 "명백한 법의 무시" 외에도 "중재판정이 미국의 공서양속과 직접적으로 충돌하거나", "중재판정이 자의적이거나 일관성이 없는 경우"와 "중재판정이 완전히 불합리한 경우" 등을 들 수 있다. 김진현, 정용균, "미국의 중재판정 취소에 관한 연구 : 판례법과 제정법의 조화를 중심으로", 중재연구, 제22권 제2호(2012. 8.), 138면. 그러나 그 중 본안심사로서 주로 문제되는 사유는 "명백한 법의 무시"라고 한다. Gary B. Born, *supra* note 3, p. 2639.

21) *Wilko v. Swan*, 346U.S.427, 436-437(1953).

하고 거의 행사하지 않는 편이다.22)

　　최근에 미국 대법원은 Hall Street Assoc., LLC v. Mattel Inc. 사건에서 "명백한 법의 무시" 기준은 연방 중재법의 중재판정의 확인과 취소에 관한 실정법적 체계와 상충된다고 하면서, "연방 중재법 제10조와 제11조는 각각 신속하게 중재판정을 취소하거나 수정하기 위한 한정적인 근거이고", "위 Wilko 사건의 판결은 새로운 심사의 근거가 아니라 제10조의 취소사유를 포괄적으로 언급한 것일 뿐"이라고 설시하였다.23) 이러한 연방중재법에 규정된 실정법적인 중재판정 취소사유가 한정적이라는 미국 대법원의 판단을 기준삼아 본다면, 그 외에 별도로 중대한 법의 무시라는 중재판정의 취소사유를 인정할 수는 없으리라고 보인다.24)

　　위 판결 이후 미국의 일부 법원에서는 명백한 법의 무시를 중재판정 취소사유에서 인정하지 않는 입장을 취하고 있으나,25) 일부 법원에서는 여전히 명백한 법의 무시를 판례법상의 별도의 독립적인 취소 사유로 인정하고 있다고 한다.26) 따라서 앞으로도 미국법원에 있어서의 판례의 전개를 잘 살펴볼 필요가 있다.

3. 영국법

　　영국법은 넓게 보아 미국의 "명백한 법의 무시" 기준과 유사하게 중재판정의 본안에 대한 사법심사를 규정하고 있다. 역사적으로 영국법은 근래까지도 명백한 반대의 합의가 없는 한 중재판정의 실체에 대하여 비교적 광범위한 사법심사를 인정하여 왔다. 그러나 이러한 접근방식은 1996년 영국중재법에 의하여 상당히 변경되었다.

　　1996년의 중재법 제69조는 중재판정의 법률적용의 실체적인 잘못이 영국법원의 사법심사의 대상이 될 수 있다고 규정한다.27) 다만 제69조에는 몇 가지 주

---

22) Jack J. Coe Jr., *International Commercial Arbitration : American Principles and Practice in a Global Context*(1997), p. 304; 김진현, 정용균, 앞(주 20)의 글, 139면.

23) *Hall Street Assoc., LLC v. Mattel Inc.*, 128S.Ct.1396(2008).

24) Gary B. Born, *supra* note 3, p. 2641

25) *Prime Therapeutices LLC v. Omnicare, Inc*, 555F.Supp.2d993(D. Minn. 2008).

26) 김진현, 정용균, 앞(주 20)의 글, 147면.

27) 위 제69조는 법률문제에 관한 상소라는 표제하에 다음과 같이 규정하고 있다. "(1) 당사자들이 달리 합의하지 않는 한, 중재절차의 당사자는 (상대방 및 중재판정부에 대하여 통지와 동시에) 중재판정상의 법률문제(question of law)에 관하여 법원에 항소할 수 있다. 그러나 당사자들이 중재판정에 이유를 기재하지 않기로 합의한 경우에는 이러한 항소권을 배제한 것으로 간주한다. (2) 본조에 기한 항소는 다음의 경우를 제외하고는 행

요한 제한이 있다. 위 조문은 "당사자들이 달리 합의하지 않는 한" 적용되는데, ICC 상사중재규칙이나, 런던상사중재법원 중재규칙과 같이 법이 허용한 한도에서 불복의 권리를 제한하는 기관의 규칙을 채택한 경우 그 적용이 배제된다. 당사자들이 명시적으로나 묵시적으로 그 적용을 배제하지 아니한 경우에도, 제69조는 영국법에 대하여서만 적용되고, 타국의 법이나 사실인정에 대하여서는 적용되지 아니하며, 영국법 문제가 광범위하게 공공적인 중요성을 가지거나 판정이 명백하게 잘못된 경우에만 적용된다. 제69조에 의한 불복은 모든 당사자의 합의나 제69조 제3항이 요구하는 특정한 실정법상의 조건이 충족될 경우만 내려지는 법원의 허가에 의하여 제기될 수 있다. 마지막으로 제69조는 심사 법원이 중재판정을 취소하는 것이 "정당하고 적절한 것"라고 인정할 수 있는 경우에만 판정의 취소를 허용한다.[28]

1996년 중재법 제69조의 주된 목적은 중재절차에 대한 법원의 간섭 정도를 획기적으로 줄이는 것에 있다고 하며, 이에 관한 영국법원 판례의 지배적인 경향은 중재인의 영국법률 적용에 대한 제한된 범위의 불복만을 허용한다고 한다.[29]

할 수 없다. (a) 그 중재절차의 모든 다른 당사자의 동의, 또는 (b) 법원의 허가(leave to appeal). 항소의 권리는 제70조 (2) 및 (3)을 준수하여야 한다. (3) 법원은 다음 사항을 인정할 수 있을 경우에만 상소를 허가할 수 있다. (a) 법률문제에 관한 결정이 1인 이상의 당사자의 권리에 실질적인 영향을 미칠 것, (b) 그 문제가 중재판정부에 대하여 결정하도록 요청되었던 것일 것, (c) 중재판정상 사실인정을 기초삼아 (ⅰ) 그 문제에 관한 중재판정부의 결정이 명백히 잘못되었거나, (ⅱ) 그 법률문제가 공적으로 중요한 것으로서 이에 관한 중재판정부의 결정이 매우 의심스러울 것, (d) 중재에 의하여 문제를 해결한다는 당사자들의 합의에도 불구하고 모든 상황에 비추어 그 문제에 관하여 법원이 판단하는 것이 정당하고 적절한 것. (4) 본조에 의한 항소의 허가신청은 결정되어야 할 법률문제를 특정하고, 항소가 허가되어야 할 이유를 진술하여야 한다. (5) 법원은 본조에 의한 항소허가의 신청에 대하여 심문이 필요하다고 인정하지 않는 한 심문 없이 재판하여야 한다. (6) 본조에 의하여 항소를 허가하거나 이를 허가하지 않는 재판에 대하여 항소하려면 법원의 허가를 받아야 한다. (7) 본조에 의한 항소에 의하여 법원은 다음 사항을 명할 수 있다. (a) 중재판정의 확인, (b) 중재판정의 변경, (c) 법원의 결정에 따라 재심사하도록 중재판정의 전부 또는 일부를 중재판정부에 환송, (d) 중재판정의 전부 또는 일부의 취소. 법원은 문제를 중재판정부에 재심사하도록 환송하는 것이 부적절하다고 인정하지 않는 한, 중재판정의 전부나 일부를 취소할 권한을 행사하지 아니하여야 한다. (8) 본조에 의한 법원의 항소에 관한 재판은 이후의 항소에 있어서 판결로 취급된다. 그러나 법원이 그 문제가 일반적으로 중요하거나, 항소법원이 심사하여야 할 다른 특별한 이유가 있다고 인정하는 경우에 한하여 내려지는 허가가 없는 한, 항소할 수 없다."

28) Gary B. Born, *supra* note 3, p. 2647
29) Gary B. Born, *supra* note 3, p. 2647

V. UNCITRAL 모델법보다 제한된 중재판정 취소사유를 인정하는 입법

1. 서설

일부 국가에서는 UNCITRAL 모델법 제34조나 뉴욕협약 제5조에 포함되지 않은 추가적인 사유로 중재판정의 취소를 허용하고 있음에 반하여, 오히려 UNCRTRAL 모델법 제34조에 규정된 취소사유보다 제한된 취소사유만을 인정함으로써 중재선호정책을 취한 나라도 있다. 아래에서 보는 바와 같이 프랑스는 제한된 취소사유만을 인정하는 국가이고, 벨기에는 한 때 중재판정의 취소를 구하는 신청을 금지하는 입법을 한 일이 있다.

2. 프랑스법

프랑스 민사소송법은 국내중재와 국제중재를 별도로 규정하고 있는데, 국제중재에 관하여서는 동법 제1502조에서 다음과 같은 다섯 가지 사유를 중재판정에 대한 취소사유로 규정하고 있다. "① 중재인이 중재합의가 없거나 무효 또는 효력을 상실한 중재합의에 기하여 판정을 내린 때; ② 중재판정부가 부적법하게 구성되거나 단독 중재인이 부적법하게 선정된 때; ③ 중재인이 그에게 부여된 권한을 유월하였을 때; ④ 당사자 대립주의의 원칙이 지켜지지 않은 때; ⑤ 그 중재판정의 승인 또는 집행이 국제적 공공질서에 배치되는 때."

이를 프랑스 국내중재의 취소사유와 비교하면 ① 내지 ④의 사유는 국내중재의 경우와 동일하나, ⑤의 사유는 프랑스 국내중재의 경우 "공공질서를 위반하였을 때"라고만 규정된 것보다 제한적이며, 프랑스 국내중재에 관하여 인정되는 취소사유인 "중재판정이 제1480조에 열거된 형식을 결한 때, 즉 중재판정에 이유가 없거나 중재인의 이름, 중재판정일자, 중재인 전원의 서명 등 형식적 요건을 갖추지 못하였을 때"라는 사유는 제외되어 있다.[30]

이러한 프랑스의 중재판정 취소사유는 뉴욕협약에서 인정하는 판정승인 또는 집행 거부사유보다도 제한적인 것이다.[31]

---

30) Emmanuel Gillard and John Savage, *supra* note 5, p. 924.

31) Emmanuel Gillard and John Savage, *supra* note 5, p. 922. 프랑스는 국제중재판정에 대하여 최소한의 감독을 하는 나라라는 평가도 있다. Nigel Blackaby et al., *Redfern and*

이들 취소사유는 망라적이고 배제적이며, 위 제1502조에 열거되지 아니한 어떠한 취소사유의 주장도 인정되지 아니한다. 이에 따라 프랑스 법원은 중재판정 취소소송에서 분쟁의 본안을 심리할 수 없고, 중재판정부의 판단의 잘못은 사실상의 것이든 법률상의 것이든 그 자체로서 판정이 취소되거나 집행이 거부될 사유가 아니며, 이는 중재판정부가 서류증거의 의미를 잘못 이해한 경우에도 동일하다는 입장을 취하고 있다.[32]

또한 프랑스는 국내중재의 경우, 중재판정에 대한 법원에의 抗訴를 인정하고 있으나,[33] 국제중재에 있어서는 국내중재와 달리 판정에 대한 항소는 허용되지 아니한다.[34]

3. 벨기에법

벨기에는 1985년 중재법을 개정하여 벨기에인이 아닌 당사자들 사이에 내려진 판정에 관하여 벨기에 법원에 그 취소를 신청할 권리를 허용하지 않는 입법을 하였다.[35] 이는 결과적으로 국제중재판정 중 상당 부분에 관하여 중재판정의 취소사유를 인정하지 않는 것이 되어 판정의 본안에 대한 심리가 불가능함은 물론 UNCITRAL 모델법보다 극도로 제한된 취소사유를 인정하는 셈이 된다. 결국 이 입법은 상당한 회의론을 야기하였고 이를 적용할 중재사건도 거의 없었으므로,[36] 벨기에는 그 후 1998년 중재법을 개정하여 당사자가 취소신청을 배제하거나 제한하기로 합의한 경우 외에는 벨기에에서 내려진 중재판정의 취소를 구할 권리를 회복시켰다.[37]

Hunter on International Arbitration(5th Ed.)(2009), p. 607.

32) Emmanuel Gillard and John Savage, *supra* note 5, p. 923.

33) 프랑스 민사소송법 제1482조는 국내중재에 관하여 "당사자가 중재약정에서 항소하기로 하는 권리를 포기한 경우를 제외하고 중재판정에 대하여 항소할 수 있다. 그러나 중재인이 우의적 조정인으로서 판단할 임무가 주어진 경우에는 당사자가 명시적으로 항소권을 유보한 때를 제외하고는 중재판정에 대하여 항소할 수 없다."라고 규정하고 있다.

34) Emmanuel Gillard and John Savage, *supra* note 5, p. 916.

35) 1985년 개정된 벨기에의 재판법 제1717조 제4항은 "벨기에 법원은 적어도 판정에 의하여 결정된 분쟁의 당사자 중 1인이 벨기에 국적자이거나 벨기에에 주소를 가지고 있는 사람이거나 벨기에에서 설립되거나 벨기에에 지점이나 영업소를 가진 법인인 경우에 한하여 취소신청을 심리할 수 있다."라고 규정하고 있었다.

36) Nigel Blackaby et al., *supra* note 31, p. 607.

37) 벨기에의 재판법(Code Judiciarie 19 May 1998) 제1717조 제4항은 "당사자 중 누구도 벨기에 국적을 가지거나 벨기에에 거주하는 사람이거나 벨기에에 본점이나 지점을 둔 법

Ⅵ. 국제중재판정의 취소사유를 확장하거나 제한하는 합의의 효력

1. 서설

일부 중재합의는 중재판정의 취소사유를 변경할 것을 약정한다. 먼저 중재판정의 취소사유를 확장하기로 약정함으로써 법원에 의한 중재판정의 심사범위를 넓히는 합의가 있고, 이 경우 중재판정에 대한 본안의 심사에 관련된 취소사유를 합의하는 경우가 종종 있다. 반대로 중재판정의 취소를 구할 권리를 포기하거나 취소사유를 제한함으로써 판정의 취소를 구하기 어렵게 하는 합의가 이루어지는 수도 있다. 양자 모두 집행가능성의 문제를 제기하고 각국의 입법과 뉴욕협약 아래에서의 해석에 관한 문제를 야기한다.

2. 국제중재판정에 대한 사법적 심사를 강화하는 합의

당사자들이 중재판정에 대한 좀더 광범위한 사법적 심사를 규정하는 합의를 하는 수가 있다. 당사자들은 중재인들의 무능을 염려하고, 잘못된 판정을 바로잡을 추가적인 절차적 권리를 바라기 때문이다. 그러나 이러한 합의의 유효성 내지 집행가능성에 관하여서는 각국에 따라 다른 입장을 취하고 있다.

먼저 강화된 사법적 심사에 관한 합의에 관하여 가장 많은 판례를 가진 나라는 미국인데, 미국의 일부 법원들은 역사적으로 그러한 조항을 지지하여 왔다.[38] 미국 대법원은 최근 앞서 본 Hall Street Assoc., LLC v. Mattel Inc. 사건에서 국내 중재판정의 강화된 사법적 심사를 규정한 합의의 유효성를 검토하면서, 연방 중재법상의 판정 취소사유는 한정적인 것이고, 실정법상의 신속한 중재판정 취소사유는 계약에 의하여 보충될 수 없다고 판시하였다.[39]

인이 아닌 경우에는 당사자는 중재약정이나 그 뒤의 약정에서 명시적으로 중재판정에 대한 취소신청권을 배제할 수 있다."라고 규정하고 있다.

38) 예컨대 *Kyocera Corp. v. Prudential Bache Trade Servs.*, 299F.3d769(9th Cir. 2002).

39) *supra* note 25. 위 판결은 연방 중재법은 중재인들의 선정 방법, 중재인들이 갖추어야 할 자격, 중재에 다룰 쟁점 및 절차와 실체법의 선택을 포함하여 계약에 의하여 중재의 일부 및 많은 특징에 대하여 합의하는 것을 허용함을 인정하였다. 나아가 그러나 중재합의를 집행가능한 것으로 보는 일반적인 판례에 따라 이 사건을 결정하는 것은 문제를 회피하는 것이고, 이 사건의 쟁점은 연방 중재법의 문언적 구조가 중재에 대한 사법적 심사를 강화하는 계약을 집행하는 것과 배치되는지 여부라고 하였다. 그 다음 강제적이고 불

또한 앞서 나온 바와 같이 영국에서는 1996년의 중재법 제69조에 의하여 모든 당사자의 합의나 법원의 허가에 의하여 제한된 범위에서 중재판정의 법률적용의 실체적인 잘못이 영국법원의 사법심사의 대상이 될 수 있다.

이에 반하여 프랑스에서는 신민사소송법에 규정된 취소사유를 확장하는 내용의 약정을 할 수 없다고 하며, 이는 프랑스에서의 불복수단의 구성은 공공의 질서의 문제로 보고 있기 때문이라고 한다.[40]

독일 역시 법에 열거된 중재판정 취소사유는 폐쇄적인 것이어서 당사자의 합의에 의하여 그보다 확장된 취소사유를 약정할 수 없다고 보는 것이 일반적으로 인정되는 견해이다.[41]

한국 중재법의 해석상으로도 한국법 제36조에 규정된 중재판정사유는 제한적인 열거이고, 그 밖의 사유는 중재판정의 취소사유로서 주장할 수 없다고 볼 것이다.[42] 또한 당사자가 중재합의에서 중재판정취소사유를 추가 또는 확대하기로 하는 내용의 합의를 할 수 없고, 그러한 합의를 하더라도 무효라고 할 것이다.[43]

3. 국제중재판정의 취소신청을 배제하거나 제한하는 합의

일부 국가의 입법은 판정의 취소를 구하는 당사자의 권리를 배제하거나 제한하는 합의를 인정한다.

영국의 1996년 중재법은 앞서 살핀 바와 같이 당사자들이 중재판정의 실체

가변적인 제9조와 제10조의 문언을 제5조(중재인 또는 심판관의 선정)와 대비하면서 연방 중재법의 문언은 오직 한정된 취소사유에 따라(제10조) 판정을 확인할 것을 강제하고 있다(제9조)고 결론지었다.

40) Emmanuel Gillard and John Savage, *supra* note 5, p. 923

41) Sänger, *Zivilprozessordnung Handkommentar(4. Auflage)*(2011), p, 2074.

42) 졸고, "仲裁判定의 取消", 법조 575호(2004. 8.), 11면〈이 책 154면〉; 石光現, 國際商事仲裁法研究 제1권(2007), 198면.

43) 양병회 외 8인, 註釋仲裁法(2005), 204면(이호원 집필부분); 石光現, 앞(주 42)의 책, 231면. 이에 대하여 우리나라에서도 사법심사의 확대를 기하는 중재조항은 중재판정에 대한 사법적인 재심절차를 확보함으로써 중재판정에 대한 신뢰성을 확보하고자 하는 당사자의 자구적 노력의 일환으로 이해되어야 할 것이며, 중재판정에 대한 사법심사의 결여는 당사자의 사법제도에 대한 접근성을 보장하고 있는 헌법상의 권리를 박탈하는 것으로 해석될 수도 있다는 견해도 있다. 박원형, "당사자합의에 의한 중재판정의 사법심사 확대에 관한 연구 — 미국판례를 중심으로 —", 商事判例研究, 제21집 3권(2008. 8.), 363면.

에 대한 사법적 심사를 구할 권리를 포기하는 배제조항을 허용한다. 그러나 관할에 대한 이의, 중재판정부나 절차에 영향을 미치는 중대한 잘못을 이유로 중재판정의 취소를 구하는 권리를 널리 포기하는 것을 허용하지는 아니한다고 한다.[44)

또한 벨기에의 1998년 재판법은 앞서 본 바와 같이 벨기에와 관련없는 당사자가 명시적인 합의에 의하여 중재판정에 대한 중재판정의 취소신청을 배제하는 것을 인정하는 조항을 두고 있다.

현행 스위스 법도 개정된 벨기에 입법과 유사하다. 스위스 국제사법 제192조는 스위스인이 아닌 당사자는 스위스에서 내려진 판정에 대한 취소신청권을 배제하거나 제한하는 합의를 할 수 있다고 규정한다. 따라서 스위스인이 아닌 당사자는 실정법상 제190조에 특정된 취소사유의 일부 또는 전부를 포기할 권한을 인정받는다. 스위스법은 취소를 구할 권리의 포기는 서면으로 명시되어야 할 것을 요구한다.[45)

전술한 취소신청을 제한하거나 배제를 허용하는 입법은 당사자 자치를 존중함에 그 입법취지가 있다고 한다. 당사자들이 중재하기로 합의함으로써 제1심 법원에 제소할 권리를 포기하거나 형평과 선에 의하여 중재할 것을 합의하는 것이 허용되는 것과 동일하게, 당사자들은 중재판정의 사법적 심사를 포기하는 것이 허용된다고 한다.[46)

프랑스의 법원은 당사자가 중재판정의 취소신청권을 포기하였다고 할지라도 당사자가 공공의 질서가 문제되는 판정에 대하여 취소신청을 제기하거나 프랑스 신민사소송법에 의하여 집행의 정지를 구할 경우 그 권리를 박탈당하지 않는다는 입장을 취하고 있는데, 프랑스법상 불복절차의 구성은 전통적으로 공공의 질서의 문제로 보고 있기 때문이라고 한다.[47)

---

44) Gary B. Born, *supra* note 3, p. 2661
45) 스위스 국제사법 제192조는 "① 당자자 중 아무도 스위스에 주소, 상거소 또는 거소를 가지고 있지 아니한 경우, 중재합의시 또는 사후의 서면에 의한 합의에서 명시적인 의사 표시에 의하여, 중재판정의 취소신청권을 전적으로 포기하거나, 중재판정의 취소사유를 제190조 제2항에 열거된 사유 중 하나 또는 그 이상의 사유로 제한할 수 있다. ② 당사자가 중재판정의 취소 신청권을 전적으로 포기하였고, 그 판정이 스위스에서 집행할 것인 때는, 외국중재판정의 승인 및 집행에 관한 1958. 6. 10. 뉴욕협약이 유추 적용된다." 라고 규정하고 있다.
46) Gary B. Born, *supra* note 3, p. 2663
47) Emmanuel Gillard and John Savage, *supra* note 5, p. 917.

독일법에서도 미리 중재판정에 대한 취소신청권을 전적으로 포기하는 것은 법원에 의한 심사를 배제하게 되므로 무효라고 보고 있다. 법원에 의한 심사를 전적으로 배제한다면 공공의 이익을 보호할 수 없기 때문이라고 한다.[48]

각국에 따라 다른 결론이 나올 수는 있으나, 일반적으로 관할이나 공공의 질서가 관련된 경우에는 중재판정의 취소신청을 배제하는 합의는 허용되지 않을 것으로 보이며, 그와 관련된 한도 내에서는 법원에 의한 본안의 심사가 불가피하게 이루어지는 경우가 있을 수 있다. 먼저 중재절차는 법원의 재판권을 박탈하는 결과로 되므로 법원에서 당사자의 합의가 있다고 하여 당사자에 의하여 중재판정부에 수여된 권한의 범위를 심사할 것을 포기한다는 것을 생각하기는 어렵고, 이는 중재판정부가 스스로 판정부에 권한이 있다고 판정을 내린 경우에도 동일하다 할 것이다. 또한 각국에서 중재판정을 승인 또는 집행하는 것은 판정이 그 국가의 법질서에 반하지 않는 것을 전제로 하는 것이므로, 판정이 각국의 공공의 질서에 반하는지 여부에 대한 심사를 합의에 의하여 포기하는 것을 허용할 수는 없을 것이다.

VII. 맺음말

1. 종합적 고찰

앞서 살핀 바와 같이 국제중재에 있어서 중재판정에 대한 각국 법원에 의한 간섭의 정도는 다양하다. 중재판정의 취소사유에 관한 한 다수의 국가가 UNCITRAL 모델법에 규정된 사유를 그대로 또는 약간 변형하여 채택하고 있으나, 한편으로는 영국이나 미국과 같이 취소사유를 확장하여 인정하는 국가가 있고, 그 반대로 프랑스나 벨기에와 같이 제한된 취소사유를 규정하거나 아예 취소신청을 배제하는 수도 있다. 주로 문제되는 것은 취소사유를 확장하여 중재판정에 대하여 각국의 법원에 의한 본안의 심사를 허용하는 경우인데, 이는 (1) 영국과 같이 법의 규정에 의하여, (2) 미국에서와 같이 판례에 의하여, (3) 당사자의 합의에 의하여 중재판정의 취소사유를 확장하는 형태로 나타난다. 대체로 대륙법계 국가에서는 일반적으로 법원에 의한 중재판정의 본안의 심사를 허용하지 않는 입장을 취하고

---

48) Sänger, *supra* note 41, p 2074.

있고, 영미법계에서는 이를 제한적으로 허용하는 입장을 취하고 있다고 할 수도 있을 것이다.

국제중재에서 중재판정부의 실체적인 본안의 판단에 대하여 사법적인 심사를 허용하여야 한다는 입장에서는 중재인의 판단의 실체에 대한 사법적 심사는 자의적이거나 기본적으로 부당한 판정에 대한 필수적인 방지책이고, 중재절차에 대한 필요하고 바람직한 감독수단으로서 중재의 수준을 보장하는 방법이라고 주장하고 있다. 이 관점에서 보면 중재판정부가 완전히 당사자의 의사와 적용할 법률을 무시하고 당사자들의 권리를 중재인들 자신의 주관적인 선호에 의하여 결정하여 버리는 경우에 대비하여 실체적인 사법적 심사의 가능성을 유보하여 두는 것이 바람직하다고 한다.[49]

그러나 국제중재판정의 본안에 대한 법원의 심사를 허용하여서는 안된다는 입장에서는 이를 허용한다면 당사자로서는 자신들이 관여하여 선정하고, 신속하게, 상업적 전문성을 적용하여 판단을 내릴 수 있는 중립적이고 각국에 속하지 아니한 중재판정부의 판단을 바라고 있음에도 불구하고, 이를 특정 국가 법원의 판사의 판단으로 대체하는 것은 당사자의 의사와 어긋나며, 그 과정에서 당사자는 원하지 않는데도 공개적인 법정에 서야 하는 수가 있고, 분쟁해결에 걸리는 시간을 장기화하며 경우에 따라서는 분쟁해결을 지연시키려는 당사자의 책략에 이용될 수도 있다고 주장한다.[50]

필자로서는 국제적인 중재사건에서는 분쟁을 효율적으로 해결하고 길고 비싼 소송을 회피한다는 것에 중점이 있음에 비추어 사건의 실체에 대한 사법적 심사의 범위를 엄격하게 제한하는 것이 필수적이고, 국제중재판정의 본안에 대한 각국의 법원에 의한 심사를 허용하여서는 안 될 것이라고 생각하며, 그것이 뉴욕협약의 취지에도 부합할 것이다.[51]

그러나 이 문제는 결국 어느 견해가 옳으냐에 의하여 결론내릴 수 있는 성질의 것이 아니다. 각 국제중재판정마다 그 중재지 국가와 그 판정을 집행할 국가의 법령과 판례에 의하여 그 결론이 나오고 각국에 따라 그 결론이 다를 수 있는 문제이기 때문이다.

---

49) Gary B. Born, *supra* note 3, p. 2651.
50) Nigel Blackaby et al., *supra* note 31, p. 607.
51) van den Berg, *supra* note 1, p. 262.

다만 현단계에서는 국제중재판정에 있어서 중재판정 취소절차를 통하여 그 본안의 심사를 인정하는 국가라 할지라도, 앞서 살핀 바와 같이 그 심사는 극히 예외적 한정적으로 이루어지고 있으며, 실제로 단순한 사실인정이나 법률적용의 잘못만을 이유로 판정을 취소하는 경우는 극히 드물다는 점을 지적할 수 있고, 앞으로도 이러한 경향은 지속될 것으로 예측되고 있다.

2. 유의사항

결국 이 문제에 대하여 어느 국가에서나 일반적으로 통용될 수 있는 결론을 내기는 곤란하다고 하여도 국제중재에 있어서 다음 세 가지 점을 유의하여야 함을 지적하면서 이 글을 매듭짓고자 한다.

첫째, 국제중재에 관련된 모든 국가의 중재법 내지 판례를 지속적으로 세심하게 살펴서 추후에 발생할 중재판정 취소의 논란을 피하는 것이 바람직하며, 그 점에서 각국의 법제 내지 판례를 지속적으로 검토할 필요가 있다.

둘째, 중재합의의 합의단계에서부터 그 합의 내용을 잘 검토하여, 중재판정 취소사유를 확장하여 합의하는 것은 가급적 피하는 것이 바람직하다. 예컨대 영국이 관련된 경우에는 그 판정에 대한 법원의 심사를 포기하기로 하는 합의를 미리 하여 두는 것이 좋을 것이다.

셋째, 아무리 위와 같이 주의한다 하여도 앞서 지적한 바와 같이 중재판정부의 관할이나 공공의 질서가 문제되는 경우에는 본안의 심사를 피할 수 없는 경우가 발생한다는 점이다.

모두에서 살핀 바와 같이 국제거래에 있어서 국제중재는 거의 필수불가결의 수단이기는 하나 각국의 주권이 존재하고 각국의 중재판정의 취소 내지 본안의 심사에 관한 통일된 국제중재법이나 조약이 없는 이상은 앞서 본 바와 같은 불확실성은 불가피한 것으로 볼 수밖에 없다.

제 **4** 장

중재판정의 승인과 집행

[7] 중재판정의 승인

이 글은 중재연구 제23권 제1호(2013. 3.), 1-23면에 실린 "중재판정 승인의 개념, 효력 및 절차에 관한 연구"라는 글을 그 제목을 "중재판정의 승인"으로 바꾸고, 최소한의 수정을 가한 것이다. 이 글은 2016년 중재법이 전면적으로 개정되기 이전의 중재판정의 승인에 관한 논의이기는 하나, 이에 관련된 기본법리에는 변함이 없고, 2016년의 개정경위 내지 취지를 이해하는데 도움이 되므로, 그대로 옮긴 것이다.
다만, 후기로써 2016년 개정된 중재법 제37조(중재판정의 승인과 집행) 중 중재판정의 승인 부분에 관하여 간단한 설명을 덧붙였다.

I. 머리말

중재라 함은 법원의 재판에 의하지 아니하고 당사자 사이의 합의에 의하여 선출된 중재인의 중재판정에 의하여 분쟁을 해결하는 절차이다(중재법 제3조 제1호).

분쟁해결방법으로서의 중재의 실효성을 보장하기 위해서는 중재판정의 승인과 집행을 확보하는 것이 긴요하다. 종래 중재판정의 집행에 관하여서는 여러 가지로 논의가 이루어져 왔으나, 중재판정의 승인에 대하여서는 그 논의가 부족하며, 그 승인요건에 관하여서는 집행요건과 더불어 많이 취급되었으나, 그 승인절차에 관하여는 거의 논의가 없었다고 할 수 있다. 이 글은 주로 중재판정의 승인의 개념 및 근거와 효력을 살핀 후 그 승인을 위하여 별도의 절차를 요하는지 여부를 중심으로 각국의 입법례를 살핀 후 이에 관한 우리 법의 해석론과 입법론적 의견을 제시하고자 하며, 중재판정 승인의 요건은 다루지 아니함을 미리 밝혀둔다.

먼저 중재판정의 승인을 논함에 있어서는 다음과 같은 두 가지 이유로 국내중재판정[1]과 외국중재판정을 나누어 고찰할 필요가 있음을 지적하고자 한다.

---

1) 국내중재판정을 내국중재판정이라고 하는 수도 있으나, 본고에서는 중재법 제38조에 따라 모두 국내중재판정이라는 용어를 사용한다.

첫째, 국내중재판정과 외국중재판정의 승인은 뒤에서 살피는 바와 같이 각기 그 승인의 근거 및 그 요건과 효력을 달리 고찰할 필요가 있다는 점이다. 또한 국내중재판정의 승인에 관한 한 국내법만이 문제되나, 외국중재판정의 경우에는 그 중재판정지법 및 준거법까지도 살필 필요가 있다.[2]

둘째, 국내중재판정의 승인과 외국중재판정의 승인은 그 효용을 발휘하는 분야가 다르다는 점이다.

중재는 소송에 의하지 아니한 분쟁해결방법, 이른바 대체적 분쟁해결제도(Alternative Dispute Resolution, ADR) 중에서도 가장 역사가 길고, 가장 중요한 대체적 분쟁해결제도이고,[3] 세계적으로도 대체적 분쟁해결제도의 개선 내지 활용방안이 강구되고 있는 중이다.[4] 이 점에 있어서는 주로 국내중재판정의 승인이 문제된다.

또한 각종 국제거래에 있어서 분쟁해결의 방법으로서의 중재의 중요성은 날이 갈수록 커지고 있다. 중재는 국제거래상 발생하는 분쟁해결방법으로서 소송에 비하여, 분쟁해결 기관으로서 당사자 국가의 법원이 아닌 제3의 중립적인 법정을 제공하며, 외국중재판정의 승인 및 집행이 "외국중재판정의 승인 및 집행에 관한 1958년 국제연합협약"(United Nations Convention on the Recognition and Enforcement of Foreign Arbitral Awards)(이하 "뉴욕협약"이라 한다)에 의하여 국제적으로 보장된다는 점에서 그 장점이 있다는 점에 대하여는 이론이 없다. 이 점에 있어서

---

2) 예컨대 중재법 제36조 제2항 라목은 "중재판정부의 구성 또는 중재절차가 이 법의 강행규정에 반하지 아니하는 당사자 간의 합의에 따르지 아니하였거나 그러한 합의가 없는 경우에는 이 법에 따르지 아니하였다는 사실"을 중재판정 취소사유로 규정하고 있고, 제38조는 위 사유가 없어야 국내중재판정이 승인될 수 있음을 규정하고 있는데, 위 규정에 상응하는 뉴욕협약 제5조 제1항 (d)는 "중재기관의 구성이나 중재절차가 당사자 간의 합의와 합치하지 아니하거나, 또는 이러한 합의가 없는 경우에는 중재를 행하는 국가법령에 합치하지 아니하는 경우"라고 규정하고 있으므로, 이를 판단하기 위하여서는 판정지법 및 당사자들이 합의한 준거법까지 살필 필요가 있다.

3) 국내 분쟁에 관한 조정, 알선 등 다른 ADR에 비하여 중재는 당사자에 대한 구속력이 있는 분쟁해결방법이라는 점에 특징이 있는데, 뒤에서 보는 바와 같이 중재판정을 승인받음으로써 그 구속력이 법적으로 인정되게 된다.

4) 예컨대 미국에서는 ADR이 소송제도 이상 널리 활용되고 있어서 민사사법의 민영화라고 하고 있으며, 독일에서도 1991년 민사소송법 개정시 재판외 분쟁해결의 제고를 위해 변호사화해제도를 도입하고, 1999년에는 ADR촉진법을 제정한 바 있다. 일본도 2004년 "재판외 분쟁해결절차 이용의 촉진에 관한 법률"을 제정하여 ADR의 활성화를 도모하고 있다. 이시윤, 新民事訴訟法(제6증보판)(2012), 16면 참조.

는 주로 외국중재판정의 승인이 문제된다.

Ⅱ. 중재판정 승인의 개념 및 근거

1. 중재판정 승인의 개념

중재판정의 승인은 중재판정에 법적인 효력을 인정하는 것을 말한다. 중재판정에 어떠한 법적인 효력을 인정할 것인지는 중재판정의 법적 성질을 어떻게 보는가에 따라 달라질 수 있다.

중재판정의 법적 성질에 관하여는 판결설과 계약설이 대립하고 있다. 판결설에 의하면 중재인의 권한은 중재계약에 기인한다고 하고 있지만 궁극적으로는 중재절차를 허용하는 법률에서 유래하는 것이고, 또 당사자의 의사에 의하여 중재인이 선임된다고 하지만 당사자의 의사는 중재인선정의 수단에 불과하고 중재인 권한의 연원이 아니므로, 중재인은 고유한 의미에서 법관이고 따라서 중재판정의 성질은 판결에 준하는 것으로 볼 것이라고 한다. 계약설에 의하면 중재계약은 분쟁이 생길 경우 중재판정에 승복하고 다툼을 그칠 것을 목적으로 하는 채권계약으로서 다툼을 그치고 당사자 사이의 법률관계를 확정하는 것을 목적으로 하는 화해계약에 유사한 성질을 가지는 실체법상의 계약이라고 하고, 따라서 중재판정권은 중재인이 국가로부터 위탁받은 재판권의 행사가 아니라 중재계약에 표시된 당사자 의사의 구체화를 의미하는 것이므로, 당사자는 원칙적으로 그 절차를 정할 자유를 가지고 국가기관인 법원이 관여하는 것은 중재계약에 나타난 당사자의 사의 실현에 협력하는 의미를 가짐에 지나지 않는 것이라고 한다.[5]

위와 같은 계약설에 의할 경우 당사자들은 중재계약에 의하여 당사자 사이의 분쟁을 중재인의 판정에 따라 해결할 의무를 지게 되고, 중재판정의 승인은 그 중재판정의 내용에 따라 당사자 사이의 법률관계가 확정되는 것임을 인정하는 것으로 될 것이며, 이 경우 그 확정된 법률관계를 실현시키기 위하여서는 원칙적으로 별도로 소송을 제기함을 요한다고 볼 것이다. 영국에서는 법원의 허가에 의한 간이절차에 의한 중재판정의 집행 이외에도, 판례법상 인정되고 있던 중재판

---

5) 그 상세에 관하여는 金洪奎, 外國仲裁判定의 國內에서의 承認 및 執行(商事仲裁硏究叢書 Ⅶ)(1975), 29면 이하 참조.

정을 청구원인으로 하는 소송(action on the award)을 인정하고 있는바,[6] 이는 계약설의 입장에 서있는 것이라고 보인다.

　그러나 중재계약은 소송의 배척을 목적으로 하는 것이므로 중재계약이 존재함에도 불구하고 당사자 일방이 이를 무시하고 소송을 제기한다면 법원으로서는 그 소를 각하하여야 하고, 최종적으로 얻어진 유효한 중재판정은 당사자 사이의 법률관계에 대하여 최종적이고 구속력이 있는 것이 원칙이고, 각국의 법률에 의하여 기판력(res judicata)을 지니게 되는 것이 일반적이므로,[7] 그와 같은 점에 있어서 중재판정은 판결에 준하는 것으로 볼 것이다.

　우리 중재법 제35조도 "중재판정은 양쪽 당사자 간에 법원의 확정판결과 동일한 효력을 가진다."라고 규정함으로써 중재판정의 법적 성질에 관한 한 판결설의 입장에 서있는 것으로 보인다.[8]

　다만 위 규정은 국내중재판정에만 적용되는 조문이고(중재법 제2조), 우리 중재법상 외국중재판정 승인의 의미 내지 효력에 관하여 직접적으로 규정하는 조문은 없으므로, 결국 중재판정의 승인은 중재판정이 적법하게 내려진 것으로서 당사자 사이의 법률관계를 확정하는 효력이 있음을 인정하는 것을 의미한다고 볼 것이다.[9]

---

6) 중재에서 진 당사자가 중재판정을 자발적으로 이행하지 않는 경우 중재판정에 내재되어 있는 '중재계약'을 위반한 것을 소인(cause of action)으로 하여 소송을 제기하는 것인데, 중재계약은 명시적으로 중재판정이 내려지자마자 중재판정금을 즉시 지급하도록 중재에서 진 당사자에게 의무로서 규정하는 것이므로, 중재에서 진 당사자는 중재판정금에 근거한 채무지급의무를 지게 되는 것이고, 묵시적으로도 중재판정금지급 의무를 위반한 것이 되어 이에 대한 손해배상금을 지급할 의무를 부담하는 것이라고 한다. 강병근, "국제중재 판정의 취소 및 승인, 집행과 우리 중재법의 개정", 계간 국제법률경영(1996. 여름), 204면.

7) 중재판정의 효력으로 논의되는 res judicata는 본래 기판사항, 즉 이미 판단된 사항(a thing ajudicated)을 의미하는 라틴어로서, 뒤에서 보는 바와 같이 각국에 따라 그 인정되는 효력의 범위가 다름을 유의할 것이다.

8) 그렇다고 하여 판결설을 전적으로 따라야 하는 것은 아니다. 예컨대 중재절차에 원칙적으로 당사자 의사자치의 원칙이 적용된다고 보는 것은 계약설의 입장에 서있는 것으로 보아야 할 것이다. 외국중재판정의 승인과 집행의 문제를 다룸에 있어 어느 한 견해에 치우쳐서 해석하는 것은 일방적인 공론으로 될 우려가 있다. 상세는 졸고, "外國仲裁判定의 承認과 執行 – 뉴욕協約을 中心으로 –", 재판자료 제34집(1986), 659면 이하〈이 책 5면 이하〉 참조.

9) Margaret L. Moses, The Principles and Practice of International Commercial Arbitration (2008), p. 203는 법원이 판정을 승인하면, 판정이 유효하고 구속력이 있음을 인정하는

이에 대하여 중재판정의 승인은 "법원이 중재판정에 대해 우리 법원의 확정판결과 같은 효력을 인정하여 주는 것"이라는 견해가 있으나,[10] 중재판정에 법원의 확정판결과 동일한 효력을 인정한 제35조는 앞서 본 바와 같이 외국중재판정의 경우에는 적용되지 아니하므로, 이 점에서 외국중재판정의 승인은 "우리 법원이 외국중재판정에 대하여 적법하게 내려진 것으로서 그 효력을 인정하는 것"이라는 지적은 타당하다고 할 것이다.[11]

또한 뉴욕협약의 적용을 받는 외국중재판정의 경우, 뉴욕협약 제3조 전문은 "각 체약국은 중재판정을 다음 조항에 규정한 조건하에서 구속력 있는 것으로 승인하고 그 판정이 원용될 영토의 규칙에 따라 그것을 집행하여야 한다."라고 규정하고 있을 뿐이므로 이 경우 승인은 중재판정을 구속력 있는 것으로 인정하는 것을 의미하는 것으로 보인다.

그러나 중재는 본래 사법상의 분쟁을 해결함을 목적으로 하고 이 점에 있어서 판결절차와 동일한 목적과 기능을 지니고 있으므로, 그 결과물인 중재판정도 판결에 준하는 것으로 볼 수 있다.[12] 또 뉴욕협약 제3조 후문은 "이 협약이 적용되는 중재판정의 승인 또는 집행에 있어서는 내국 중재판정의 승인 또는 집행에 있어서 부과하는 것보다 실질적으로 엄중한 조건이나 고액의 수수료 또는 과징금을 부과하여서는 아니된다."라고 규정하고 있으므로 뉴욕협약의 적용을 받는 외국중재판정의 경우 결과적으로 국내중재판정보다 불리하지 않게, 즉 국내중재판정에 준하여 승인 내지 집행하여야 하고, 한편 뉴욕협약에 가입한 우리나라로서는 우리 중재법상 국내중재판정에 대하여 확정판결과 동일한 효력을 가진다고 보고 있으므로 위 협약의 적용을 받는 외국중재판정에 대하여도 국내중재판정과 동등하게 확정판결과 동일한 효력을 인정하여야 할 것이며, 더구나 2012. 12. 1. 현재 148개국이 뉴욕협약에 가입하고 있으므로 실질적으로 전세계의 모든 국가가

것이고, 그에 의하여 법원의 판결과 유사한 효력을 가지게 되며, 승인된 판정은 관련된 소송이나 중재절차에서 상계나 항변으로서 원용될 수 있다고 설명한다.

10) 목영준, 상사중재법(2011), 270면.

11) 石光現, "외국중재판정의 승인·집행제도의 개선방안", 國際私法과 國際訴訟 제5권(2012), 692면.

12) 우리 중재법 제39조 제2항도 그와 같은 입장에서 뉴욕협약의 적용을 받지 않는 외국중재판정에 관하여 외국판결의 승인에 관한 민사소송법 제217조, 민사집행법 제26조 제1항 및 제27조를 준용하고 있는 것으로 보인다.

가입하고 있다고 하여도 과언이 아닌 점을[13] 고려하면, 앞서 본 중재판정의 승인의 개념에 대한 견해의 대립은 그 논의의 실익이 별로 없다고 볼 것이다.

중재판정의 승인은 집행 없이도 허용될 수 있지만, 집행은 승인됨을 전제로 허용되는 것이므로, 집행은 승인을 포함하는 개념이라고 할 수 있다.[14]

2. 중재판정 승인의 근거

가. 중재판정 승인의 일반적 근거

중재판정에 대하여 그 법률적 효력을 인정하는 근거는 중재에 의하여 분쟁을 해결하기로 한 당사자 사이의 의사의 합치에 있다고 할 것이다. 즉 국가로서는 소송절차에 의하지 아니하고 자주적으로 중재에 의하여 분쟁을 해결하기로 한 당사자들의 의사를 존중하고, 소송절차 외에 다양한 분쟁해결방안을 촉진한다는 의미에서 중재판정에 대하여 그에 알맞은 법률적 효력을 인정하는 것이다.

그러나 중재판정은 근본적으로 사인의 재판행위이므로, 국가의 입장에서 그 법률적 효력을 인정하기 위하여서는, 당사자 사이에 적법 유효한 중재합의가 있었는지, 중재판정부의 구성이나 중재절차의 진행 등에 있어서 당사자들의 절차권이 보장되었는지 그리고 중재판정의 내용이 공공의 질서에 부합하는지 여부 등 중재판정이 그 국가의 법질서에 적합한지 여부를 심사할 권한이 있다고 할 것이다. 이에 따라 국가에서는 중재판정의 승인 또는 집행에 협력하여 주면서도 법질서에 부합하는지 여부를 심사하기 위한 최소한의 기준을 설정하여 놓고 이 기준에 부합하는 중재판정만을 승인 또는 집행하여 주고 있다.[15] 이는 국내중재판정과 외국중재판정 모두에 대하여 동일하다고 볼 것이다.

나. 외국중재판정 승인의 근거

중재법 제38조는 국내중재판정이라는 표제 하에 "대한민국에서 내려진 중재

13) http://www.uncitral.org/uncitral/en/arbitration/NYConvention_status.html(2013. 12. 1. 방문) 참조.
14) 목영준, 앞(주 10)의 책, 270면. 石光現, 앞(주 11)의 논문, 693면은 중재판정의 집행은 논리적으로 승인을 전제로 한다고 표현하는데 위와 동일한 의미로 받아들일 수 있을 것이다. 또한 Nigel Blackaby et al., *Redfern and Hunter on International Arbitration*(5th Ed.)(2009), p. 627 참조.
15) 목영준, 앞(주 10)의 책, 269면.

판정은 제36조 제2항의 사유가 없으면 승인되거나 집행되어야 한다."라고 규정하고, 제39조는 외국중재판정에 대한 별다른 정의 없이 외국중재판정의 집행요건에 관하여 규정하고 있으므로, 중재법상 중재판정이 내려진 곳을 기준으로 하여 그곳이 대한민국 내이면 국내중재판정이고, 그곳이 대한민국 외이면 외국중재판정으로 보아야 할 것이다.16)

외국중재판정은 우리 중재법에 따라 내려진 것이 아니고, 중재판정의 효력을 정한 중재법 제35조도 적용되지 아니하므로 앞서 가.항에서 본 바와 같은 근거만으로 외국중재판정 본래의 효력이 우리 법률상으로도 당연히 인정된다고 볼 수는 없다. 그러나 외국중재판정도 외국판결의 경우와 동일하게 첫째 외국중재판정에 의하여 얻어진 분쟁해결의 종국성 확보라는 실체적 필요성이 있다는 점과 둘째 국제적인 파행적 법률관계의 발생을 방지하고 섭외적 법률관계의 안정을 도모한다는 점에서 우리나라에서 외국중재판정의 효력을 인정하여 이를 승인하고 집행할 수 있다 할 것이다.17)

또한 대법원 2010. 4. 29. 선고 2009다68910 판결은 "민사집행법 제26조 제1항에서 정한 집행판결 제도는, 재판권이 있는 외국의 법원에서 행하여진 판결에서 확인된 당사자의 권리를 우리나라에서 강제적으로 실현하고자 하는 경우에 다시 소를 제기하는 등 이중의 절차를 강요할 필요 없이 그 외국의 판결을 기초로 하되, 단지 우리나라에서 그 판결의 강제실현이 허용되는지 여부만을 심사하여 이를 승인하는 집행판결을 얻도록 함으로써 당사자의 원활한 권리실현의 요구를 국가의 독점적·배타적 강제집행권 행사와 조화시켜 그 사이에 적절한 균형을 도모하려는 취지에서 나온 것"이라고 판시하였는바, 외국판결에 대한 판시이기는 하나, 외국중재판정에 대한 집행판결에 대하여도 들어맞는 내용이라고 볼 것이다.

그리고 우리나라도 가입한 뉴욕협약 제3조는 "각 체약국은 중재판정을 다음 조항에 규정한 조건 하에서 구속력 있는 것으로 승인하고 그 판정이 원용될 영토의 규칙에 따라서 그것을 집행하여야 한다."라고 규정하고 있고, 이는 국내법으로

---

16) 국내중재판정과 외국중재판정의 구분에 관한 상세한 논의는 양병회 외 8인, 註釋仲裁法(2005), 247면 이하(李鎬元 집필부분) 및 石光現, 國際商事仲裁法研究 제1권(2007), 5면 이하 참조.
17) 崔公雄, "外國判決의 效力", 司法論集 제18집(1987), 331면; 석광현, 국제민사소송법(2012), 344면.

서의 효력을 지니므로 위 규정이 외국중재판정의 승인 내지 집행의 실정법적 근거가 될 수 있을 것이다.

Ⅲ. 중재판정 승인의 효력

1. 국내중재판정의 경우

국내중재판정의 경우에는 중재법 제35조가 "중재판정은 양쪽 당사자 간에 법원의 확정판결과 동일한 효력을 가진다."라고 규정하고 있으므로, 민사소송법에 규정된 확정판결의 효력, 즉 기판력과 집행력을 가진다고 보아야 할 것이다.

국내중재판정의 당사자는 국가재판권이 확립된 국내법질서를 전제로 소송과 비교하여 중재를 선택한 것이고, 그 분쟁의 해결에 있어서 외국법과의 충돌 내지 준거법 선택의 문제도 발생하지 않으며, 국내중재는 우리 중재법 등에 의하여 규율되고 국내 법원이 일정한 원조나 감독을 할 수 있기 때문에,[18] 중재판정의 기판력의 주관적, 객관적 범위 등도 우리 민사소송법상의 확정판결의 기판력에 준하여 정하더라도 특별히 문제될 것은 없다.[19][20]

다만 중재판정은 국가법원에 의한 공권적인 판단인 판결과 달리 사인 사이의 합의에 의하여 중립적인 제3자가 내린 판단이므로 판결의 기판력과 다음 두 점에서 차이가 있다. 첫째, 판결의 기판력은 당사자로부터의 주장이 없어도 법원은 직권으로 참작하여야 하나, 중재판정의 기판력은 직권으로는 참작되지 않는다.[21] 둘째, 당사자가 집행판결이 확정될 때까지는 당사자의 합의에 의하여 중재판정을 해소하고 그 기판력을 소멸시킬 수 있다는 점이다.[22]

또한 외국중재판정은 물론 국내중재판정이라도 그 집행을 위하여서는 집행

---

18) 예컨대 중재법 제28조 제1항은 증거조사에 관한 법원의 협조에 관하여 "중재판정부는 직권으로 또는 당사자의 신청을 받아 법원에 증거조사를 촉탁할 수 있다."라고 규정하고 있는 반면, 중재법 제36조는 같은 조에 규정된 사유가 있을 때 법원은 중재판정을 취소할 수 있음을 규정하여 법원의 중재판정에 대한 감독권한을 인정하고 있다고 볼 수 있을 것이다.

19) 渡部美由紀, "國際仲裁における仲裁判斷の效力について", 民事訴訟雜誌58号(2012), 164면.

20) 우리 중재법상 인정되는 중재판정의 기판력의 주관적 범위, 객관적 범위, 시적 범위 등에 관한 구체적인 논의는 註釋仲裁法(주 16), 181면 이하(孫容根 집필부분) 참조.

21) 註釋仲裁法(주 16), 180면(孫容根 집필부분).

22) 註釋仲裁法(주 16), 180면(孫容根 집필부분); 小島武司/高桑昭編, 注解仲裁法(1988), 164면(福永有利 집필부분). 다만 이에 대하여는 반대견해가 있다고 한다.

판결을 받아야 한다는 집행절차상의 특칙이 적용되는 점에서 판결과 다르다고 할 것이다.

2. 외국중재판정의 경우

외국중재판정의 경우 그 승인의 효력은 개념적으로는 판결의 승인과 유사하다. 승인의 결과 중재판정의 가장 중요한 효력인 기판력(res judicata)이 발생하거나 외국의 중재판정의 기판력이 우리나라에까지 확장되는 것이 승인의 효력 또는 효과이다.23) 다만 외국중재판정이 외국에서 집행력이 있더라도 이는 우리나라에 당연히 미치는 것은 아니고 국내에서 집행판결을 받아야 비로소 발생하며, 이 점에서는 국내중재판정과 마찬가지이다.

이에 관하여 외국 중재판정의 경우는 우리나라의 확정판결과 동일한 효력을 인정하여 주는 것이냐 아니면 우리 법원이 외국중재판정에 대하여 적법하게 내려진 것으로서 그 효력을 인정하는 것이냐에 대한 다툼이 있기는 하지만, 앞서 본 바와 같이 중재는 본래 사법상의 분쟁을 해결함에 목적으로 하고 이 점에 있어서 판결절차와 동일한 목적과 기능을 지니고 있으므로, 그 결과물인 중재판정도 판결에 준하는 것으로 볼 수 있으므로, 실제로는 거의 동일하게 보아야 할 것이며, 특히 뉴욕협약의 적용을 받는 경우에는 우리나라의 확정판결과 동일한 효력을 인정하여야 할 것이다.

외국중재판정의 효력은 그 판단기준에 관하여 외국판결의 경우와 같이 ① 외국판결의 경우처럼 중재지국의 법에 의할 것이라는 견해, ② 승인국법에 의할 것이라는 견해와 ③ 중재지국의 법을 원칙으로 하되 승인국법에 의한 제한을 인정하는 견해 등이 가능한데, ①설에서는 중재지국의 법상 중재판정이 당해 국가의 판결과 동일한 효력이 있다면 그것이 우리나라에 확장되는 것이라고 설명하고, ②설에서는 외국중재판정에 대해 우리 중재판정에 상응하는 효력을 부여한다고 설명할 수 있을 것이라고 한다.24) 이에 관하여는 아직까지 국내에서 그 논의가 부족한 형편이어서 앞으로 그 논의의 전개를 기다려야 할 것이다.25)

---

23) 石光現, 앞(주 11)의 논문, 696면; Albert Jan van den Berg, *The Arbitration Convention of 1958*(1981), p. 244.
24) 石光現, 앞(주 11)의 논문, 697면.
25) 金能煥/閔日榮 편, 註釋民事訴訟法(Ⅲ)(제7판)(2012), 389면(강승준 집필부분)은 외국법원의 확정판결의 기판력이 미치는 인적·물적 범위, 나아가 그 시간적 한계 등도 모두 당해

기판력의 범위는 국가에 따라서 상당히 다르다. 대륙법계 국가에서는 대체로 기판력에 우리 소송법상의 기판력에 상응하는 "*res judicata*" 또는 "claim pre-clusion"(청구차단효 또는 청구실권효)이 있다고 보는 것이 일반적이나, 영미법계 국가에서는 그 밖에 "issue preclusion"(쟁점차단효 또는 쟁점실권효) 또는 "collateral estoppel"(부수적 금반언)이라고 하여 실제로 변론과 판단의 대상이 된 판결이유 중의 법률상 및 사실상의 판단에까지 효력이 미치는 것을 인정하는 수가 있다.[26] 그러나 미국의 경우 모든 중재판정에 "issue preclusion"의 효력이 인정되는 것은 아니며,[27] 영국에서 인정되는 "issue preclusion"의 효력은 미국보다 그 범위가 좁다고 한다.[28] 기판력에 이러한 효력까지 인정하는 국가에서 내려진 중재판정에 대하여 우리나라에서 위와 같은 넓은 효력을 인정할 경우 외국중재판정이 우리 민사소송법상 인정되는 기판력보다 광범위한 효력을 한국에서 가지게 되어 외국 중재판정에 수반되는 위험성, 예컨대 당사자의 심문청구권 내지는 방어기회가 침해될 가능성이 커지게 되므로[29] 이를 인정하기는 어려울 것으로 생각된다.

중재판정의 기판력은 그 후의 동일 사항에 대한 소송에서뿐만 아니라 중재에서도 문제될 수 있다. 이와 관련하여 각국의 법원에 대한 것이 아니라 중재판정부에 대한 권고사항이기는 하나, 국제법협회(International Law Association, ILA)의 국제상사중재위원회가 2006년 제시한 국제상사중재에 있어서의 기판력과 중재에

외국의 소송법규가 정하고 있는 바에 따른다고 하면서, 근래에는 기판력의 범위에 관하여 승인국의 기준에 따라야 한다는 설이 유력해지고 있는 실정이고, 기판력의 존재가 직권조사사항인가, 항변사항인가 및 그 효과로서 소를 각하하는가 아니면 청구를 기각하는가 하는 문제는 승인국의 법에 따른다고 한다. 이 점에 관하여 좀더 상세한 논의는 석광현, 앞(주 17)의 책, 409면 이하 및 鈴木正裕/靑山善充編, 注釋民事訴訟法(4)(1997), 2면 이하(高田裕成 집필부분) 참조.

26) 석광현, 앞(주 17)의 책, 410면. Jack J. Coe Jr., *International Commercial Arbitration : American Principles and Practice in a Global Context*(1997), p. 299는 미국에서 확인명령을 받은 중재판정은 위 두 가지 효력이 있다고 설명한다. 이에 관한 비교법적인 상세한 논의는 Gary B. Born, *International Commercial Arbitration* Volume Ⅱ (2009), p. 2880 이하 참조.

27) "issue preclusion"의 효과는 중재절차에서 그 쟁점이 충분하고 공정한 심리를 거쳐서 판단된 경우에만 발생하며, 판정에 이유가 없거나, 사실상 및 법률상의 쟁점을 명백하게 판단하지 아니한 경우와 중재의 대상이 될 수 없는 청구가 관련된 경우에는 위와 같은 효과는 발생하지 아니한다고 한다. Gary B. Born, *supra* note 26, p. 2899.

28) Gary B. Born, *supra* note 26, p. 2904.

29) 석광현, 앞(주 17)의 책, 410면.

관한 다음과 같은 권고(Recommendations)와 이에 관한 최종보고서는30) 주목할 만하다.

　　이는 국제상사중재의 효율성과 종국성을 촉진하기 위하여 중재판정은 장래의 중재절차에서 종국적이고 배제적인 효력(conclusive and preclusive effects)을 지닌다고 하면서, 특정국가의 법률만으로는 용이하게 처리할 수 없는 국제상사중재판정의 기판력 문제에 관한 실무상의 곤란을 피하기 위한 지침으로서 각국의 기판력 제도로부터 공통점을 추출하여, 당사자의 합의를 기초로 한 국제상사중재에 있어서의 중재판정의 기판력에 관한 각국의 법률(national law)과는 다른 국제적인 규율(international rules)의 바람직한 방안을 설정하여 권고한 것이다. 특히 그 객관적 범위에 관하여는 주문과 이유라고 하는 구별은 형식적이고, 대륙법계 국가에서도 법문이나 해석에 의하여 주문의 판단에 필요한 한 이유 중의 판단에 구속력을 인정하고 있는 국가도 있는 점 등에 비추어 실제로 다투어지고 판단된 사실 또는 법률상의 쟁점으로서 중재판정의 주문의 판단에 이르기 위하여 필요불가결한 것에 관하여서는 이유 중의 판단에도 구속력을 인정할 것을 권고하고 있다.

3. 중재판정 승인의 효력의 원용방법

　　앞서 본 바와 같은 중재판정 승인의 효력은 다음과 같은 모습으로 실제 소송에서 원용된다.

　　먼저 중재판정의 승인은 집행과는 달리 주로 방어적 목적을 위하여 이용된다고 할 수 있다. 예를 들면, 중재신청인이 중재피신청인을 상대로 중재를 신청하였으나 그 중재신청이 기각되었음에도 불구하고, 다시 동일한 청구를 내용으로 하는 소송을 제기한 경우, 피신청인은 법원에 위 중재판정의 존재를 주장하면서 기판력의 항변을 하고, 법원이 위 중재판정이 승인요건을 갖추었다고 판단하여 그 판정을 승인하면 기판력의 항변을 받아들여 원고의 청구를 기각하게 될 것이다.31)

---

30) 그 구체적인 내용에 대하여서는 http://www.ila-hq.org/en/committees/index.cfm/cid/19 참조(2013. 1. 14. 방문).

31) 목영준, 앞(주 10)의 책, 271면은 이 경우 보다 적극적인 피신청인은 위 중재판정의 승인 판결을 받아둔 후, 신청인이 같은 소송물에 관하여 다시 소를 제기하면 수소법원에 이러한 사유를 주장하여 원고의 청구가 기판력 때문에 기각되게 할 수 있다고 한다. Nigel Blackaby et al., *supra* note 14, p. 628는 중재판정의 승인은 일반적으로 위와 같이 중재

그 밖에 피신청인이 신청인을 상대로 다른 청구를 할 경우 신청인은 그 청구채권에 대한 반대채권으로서 중재판정에 의하여 인정된 채권을 자동채권으로 삼아 상계를 할 수 있을 것이다.[32] 다만 외국에서 위와 같은 상계를 주장할 경우 그 상계를 허용하지 않는 국가가 있을 수 있다.[33]

또한 기판력이 인정되는 이상 패소한 피신청인이 중재판정에서 확정된 권리관계에 반대되는 권리관계를 전제로 하는 새로운 청구를 할 경우 승소한 신청인은 중재판정에서 확정된 권리관계에 배치되는 권리관계를 주장할 수 없다고 내세울 수 있을 것이다. 예컨대 특정 목적물의 소유권에 관한 분쟁이 발생하여 그 목적물이 신청인의 소유라는 중재판정이 확정된 경우, 그 후 피신청인이 그 목적물이 자신의 소유임을 전제로 신청인에게 그 인도를 구할 경우에는 그 목적물이 신청인의 소유임이 중재판정에 의하여 확정되었음을 내세워 피신청인의 청구를 거부할 수 있을 것이다. 나아가 이 경우 신청인은 그 후 목적물의 인도를 구하는 소송을 제기하면서 그 목적물이 신청인의 소유라는 점에 대하여 위 중재판정의 기판력을 주장할 수도 있을 것이다.

Ⅳ. 중재판정의 승인의 절차

1. 서론 - 문제의 제기 -

우리 중재법 제37조 제1항은 "중재판정의 승인 또는 집행은 법원의 승인 또는 집행판결에 따라 한다."라고 하고 있으므로, 중재판정의 승인을 받기 위하여 법원에 중재판정에 대한 승인판결 청구의 소를 제기할 수 있다는 점에 대하여는

판정이 내려진 중재절차에서 이미 결정된 쟁점을 다시 새로운 절차에서 제기하려는 기도를 막기 위하여 이용되므로 방패에 비유될 수 있고, 이에 반하여 중재판정의 집행은 검의 역할을 한다고 비유하고 있다.

32) 뒤의 입법례에서 보는 바와 같이 영국의 1996년 중재법 제101조, 싱가포르 국제중재법 제19조B와 홍콩 중재령 제87조 제2항은 뉴욕협약의 적용을 받는 중재판정을 원용하여 상계할 수 있다고 명문으로 규정하고 있다.

33) 국제중재에 있어서 상계는 매우 복잡한 문제를 야기한다. 국제소송에 있어서의 상계에 관한 글로 김용진, "반소 및 상계의 국제관할", 民事訴訟 제3권(2000), 11면 이하 및 석광현, "한국의 국제재판관할규칙의 입법에 관하여", 국제거래법연구 제21권 제2호(2012), 173면 참조. 또한 van den Berg, *supra* note 23, p. 244는 입법례에 따라서는 중재판정상의 채권이 법원에 제기된 소송상의 청구와 일정한 관련이 있을 경우에 한하여 상계를 인정하는 수가 있다고 한다.

이론이 없다.

그러나 중재판정에 승인거부사유가 없는 경우 우리나라 법원의 승인판결이 없이 자동적으로 승인되는지에 대하여 이론이 제기되어 있다.

예컨대 "중재인들에 의하여 내려진 중재판정은 당사자 간에는 법원의 확정판결과 동일한 효력을 가진다. 하지만, 패소한 당사자가 스스로 그 판정을 이행하지 아니할 경우에는 중재판정은 법원에 의한 <u>승인 및 집행절차를 통하여만</u> 기판력과 집행력을 가질 수 있게 된다. 즉, 법원은 승인절차를 통하여 중재판정에 대해 우리 법원의 확정판결과 같은 효력을 인정해 주게 되고, 집행을 통하여 판정내용을 법적으로 실현시키도록 허용한다."(밑줄은 필자가 그은 것임)라는 견해와,[34] 외국중재판정의 경우 "한국 중재법 제37조 제1항은 외국중재판정의 승인 또는 집행은 법원의 승인 또는 집행판결에 따라 한다고 명백히 규정하고 있고, 따라서 외국중재판정에 대하여 한국 법원의 집행판결이 없으면 외국중재판정은 한국에서 실질적으로 아무런 법적 효과를 가지지 않을 수 있다."라는 견해가 제시되어 있다.[35]

또한 중재법 제37조 제1항에 따르면 중재판정의 집행은 법원의 집행판결에 의하므로 그것과의 균형상 중재판정의 승인은 법원의 '승인판결'에 의한다는 취지로 볼 수도 있고, 그렇다면 중재판정의 승인은 우리 법원의 승인판결을 요하고, 중재판정의 집행은 우리 법원의 집행판결을 요한다는 것이 되는데 제37조 제1항을 위와 같이 해석하면, 이 경우 선행 중재판정의 기판력을 인정하기 위해서는 먼저 법원의 승인판결을 받아야 한다는 것이 되는 것으로 해석될 수도 있다는 지적이 있다.[36]

즉 중재판정의 승인을 받기 위하여서는 그 절차상 반드시 법원에 승인판결 청구의 소를 제기하여야 하는지 아니면 그와 같은 소의 제기 내지 아무런 절차

---

34) 김갑유, "중재판정의 승인과 집행 실무상 쟁점과 개선을 위한 제언", 중재 330호(2006. 6.), 11면.

35) Beomsu Kim and Benjamin Hughes, "*South Korea: Receptive to Foreign Arbitration Awards?*", Asian-Counsel(December 2009/January 2010), p. 27은 "It should be noted that Section 37(1) of the Act clearly provides that the recognition or enforcement of a foreign arbitral award shall be granted by the judgment of a court. Thus, absent a judgment from a Korean court granting enforcement, a foreign arbitral award may have no practical legal effect in Korea."라고 하고 있다.

36) 石光現, 앞(주 11)의 논문, 694면.

없이도 중재판정을 승인받을 수 있는지가 문제된다. 본고에서는 먼저 이에 관한 입법례를 살피고, 중재판정을 자동적으로 승인할 수 있는지 여부를 살핀 후 이에 대한 입법론적 의견을 밝히고자 한다.

2. 입법례 – 중재판정의 승인절차를 중심으로 –

가. 독일과 일본

먼저 우리와 유사한 소송체제를 갖추고 있는 일본 및 독일의 중재법은 중재판정의 집행절차에 대하여서만 규정을 두고 있고, 중재판정의 승인절차에 대하여는 별다른 규정을 두고 있지 않다.

독일 민사소송법 "제10편 중재절차"는 "제6장 중재판정과 중재절차의 종료" 중 제1055조에서 "중재판정의 효력"이라는 표제 하에 "중재판정은 당사자에게 법원의 확정판결과 동일한 효력을 가진다."라고 규정한 후, "제8장 중재판정의 승인과 집행의 요건" 중 제1060조에서 국내중재판정에 대하여 규정하면서 그 승인에 대하여는 아무런 언급 없이 집행절차에 대하여서만 규정하고, 제1061조에서 국제중재판정에 대하여 규정하면서, "① 외국중재판정의 승인과 집행은 1958. 6. 10.자 외국중재판정의 승인과 집행에 관한 협약(연방관보 1961년 Ⅱ, 121면)에 따른다. 중재판정의 승인과 집행에 관한 기타 다른 국가 간 조약규정은 그대로 존속한다."라고 규정하고 있는바, 그 승인을 위해서는 특별한 절차를 요하지 않는다.[37]

일본 중재법은 "제8장 중재판정의 승인 및 집행결정" 중 제45조에서 "중재판정의 승인"이라는 표제 하에 "① 중재판정(중재지가 일본국 내에 있는지 여부를 묻지 않는다. 이하 이 장에서 같다)은 확정판결과 동일한 효력을 가진다. 단, 당해 중재판정에 기하여 민사집행을 하기 위해서는 다음 조의 규정에 의한 집행결정이 없으면 아니된다."라고 규정하고 있다. 그 조문상 중재판정이 국내중재판정이든 외국중재판정이든 동일하게 취급됨이 명백하며, 중재판정이 위 제45조 제2항에 규정된 승인거부사유가 없는 한 중재판정의 효력이 인정되며, 그 승인을 위하여 별도의 절차를 필요로 하지 않는다.[38]

---

37) Sänger, *Zivilprozessordnung Handkommentar*(4. Auflage)(2011), p. 2088; 石光現, 앞(주 11)의 논문, 695면.
38) 小島武司/高桑昭編, 注釋と論点仲裁法(2007), 260면(高桑昭 집필부분).

나. 미국과 영국

미국 연방 중재법 제9조는 "당사자가 중재합의에서 중재절차에 따라 내려진 중재판정에 대하여 법원에 의한 확인을 요하는 취지의 합의를 하고 그 법원을 특정한 경우에는, 중재판정이 내려진 때로부터 1년 이내이면 언제라도 어느 당사자든 그 특정된 법원에 대하여 중재판정의 확인명령(an order confirming the award)을 구하는 신청을 할 수 있다. 위 신청이 있는 경우에는 법원은 그 중재판정에 대하여 이 편 제10조 및 제11조에 의한 취소, 변경 또는 정정이 행하여진 경우를 제외하고 확인명령을 발하여야 한다.…"라고 규정하고, 제13조는 당사자는 위 확인명령에 대하여 법원에 판결등록(entry of the judgment)을 신청할 수 있고, 그 등록 후에는 위 확인명령은 모든 점에서 판결과 동일한 효력을 지닌다고 규정하고 있다. 그러므로 위 확인명령은 중재판정의 승인 및 집행의 효력을 모두 지니게 되며, 제207조에서 뉴욕협약의 적용을 받는 중재판정에 대하여도 동일한 절차를 적용하도록 규정하고 있다. 그러나 중재판정에 대한 확인명령을 받기 전이라도 그 승인요건을 갖추면 기판력을 가진다고 한다.[39]

영국의 1996년 중재법은 제66조에서 중재판정의 집행절차에 대하여서 규정하고 있을 뿐, 달리 승인절차에 대한 규정을 두고 있지 아니하다.[40] 그러나 제101조에서 "뉴욕협약의 적용을 받는 중재판정은 판정이 내려진 당사자 사이에서 구속력이 있는 것으로 승인되고, 당사자들은 항변, 상계 기타 방법으로 잉글랜드, 웨일즈나 북 아일랜드의 모든 법적 절차에서 이를 원용할 수 있다."라고 규정함으로써, 이 경우 중재판정의 효력을 주장함에는 별도의 승인절차를 요하지 않음을 명시하고 있다.[41]

---

39) Gary B. Born, *supra* note 26, p. 2895.

40) Arbitration Act of 1996. 영국에 있어서의 중재판정의 승인에 관하여는 Gary B. Born, *supra* note 26, p. 2905 이하 참조. 또한 강병근, "우리 중재법의 개정방향과 1996년 잉글랜드 중재법", 중재학회지 제6권(1996), 112면 이하 참조.

41) 영국법계인 싱가포르의 국제중재법은 제19조B에서 "중재합의에 따라 중재판정부에서 내려진 판정은 최종적이고 당사자 및 (그들을 통하여 또는 그들 아래에서 주장하는 어느 사람)에 대하여도 최종적이고 구속력이 있으며, 누구든지 그 판정을 항변, 상계의 방법으로 또는 권한 있는 법원의 어떠한 절차에서든지 원용할 수 있다."라고 규정하고, 홍콩의 중재령 역시 제87조 제2항에서 "… (뉴욕)협약상의 중재판정은 모든 목적을 위하여 판정이 당사자들에 대해 구속력을 가지고, 그에 따라 그러한 자 중 누구든지 홍콩의 모든 법적 절차에서 항변, 상계 기타의 방법으로 원용할 수 있다."라고 규정하여 영국의 중재법과 동일 취지의 규정을 두고 있다.

다. 프랑스

프랑스 민사소송법 "제4편 중재"는[42] 제1484조 제1항에서 "중재판정은 내려지는 즉시 그 판정에서 판단된 청구에 관하여 기판력이 발생한다."라고 규정하여 별도의 절차 없이 중재판정 성립시에 기판력이 발생함을 명시하고 있고, 위 규정은 국내중재판정과 외국중재판정 모두에 적용된다. 또한 같은 편 "제3장 외국 또는 국제중재에서 내려진 중재판정의 승인 및 집행" 중 제1514조에서 "중재판정을 원용하는 당사자가 그 존재를 증명할 수 있고 그 중재판정의 승인 또는 집행이 국제적 공공의 질서에 명백히 반하지 않을 경우, 프랑스 내에서 그 중재판정은 승인되거나 집행되어야 한다."라고 규정하고 있다. 프랑스에서는 중재의 존재와 일견 국제적 공공의 질서와 부합하는 것(*prima facie* compliance with international public policy)이 증명된 경우 중재판정의 기판력이 인정된다고 한다.[43]

라. 소결

위 입법례를 종합하여 보면, 중재판정의 승인요건에 관하여서는 모르되, 중재판정의 승인절차에 관하여서 별도의 절차를 두고 있는 나라는 거의 없고,[44] 더욱이 중재판정의 승인을 위하여 별도의 소를 제기하여 판결을 받도록 하는 제도를 두는 국가는 없음을 알 수 있다.

3. 중재판정의 자동적 승인 여부

가. 자동적 승인의 타당성

중재법 제35조에 따르면 국내중재판정은 우리 법원의 확정판결과 같은 효력을 가지고, 한편 외국중재판정에 대하여 중재법은 명시적으로 규정하지 않으나, 외국중재판정도 승인요건을 구비하면 당연히 효력을 발생하는 것이지, 법원의 승

---

42) 프랑스는 2011. 1. 13. 위 중재편을 전면적으로 개정하였다. 이에 관하여 소개한 논문으로, 안건형/유병욱, "2011 프랑스 개정민사소송법의 주요 내용과 시사점 – 국제중재법을 중심으로", 민사소송 제15권 2호(2011), 93면 이하 참조.

43) Emmanuel Gaillard/John Savage(eds.), *Fouchard, Gaillard, Goldman on International Commercial Arbitration*(1999), p. 890.

44) 앞서 본 바와 같이 미국 연방 중재법 제9조 및 제207조에 의하면 중재판정의 당사자로 하여금 관할 법원에 승인과 집행의 효력을 모두 가지는 '확인명령(an order confirming the award)'을 구할 수 있도록 하고 있으나, 별도로 승인을 위한 제도가 아님에 비추어 큰 의미를 두기는 어렵다.

인판결이 있어야 효력이 발생하는 것은 아니며, 이를 자동적 승인 또는 자동승인
이라고 한다. 외국판결의 경우 역시 민사소송법 제217조에서 규정한 요건을 갖추
면 그 외국판결이 우리나라에서 승인되는 것이지 달리 어떠한 법원의 승인조치
내지 승인판결이 있어야 하는 것은 아니며, 외국판결이 관련사건이 계속된 법원
에 현출되면 그 법원으로서는 그것이 승인요건을 구비하였는지 여부를 심리 판단
하여야 할 뿐이다.[45)]

　중재판정의 효력을 규정한 중재법 제35조는 중재판정이 확정판결로서의 효
력이 있음을 인정하고 있으며 달리 그 효력을 인정받기 위한 절차를 규정하고 있
지 아니하고, 위 규정이 국내중재판정에 관한 규정이기는 하나, 외국중재판정의
경우를 달리 보아야 할 이유가 없으며, 중재법 제37조에서 국내중재판정과 외국
중재판정을 구분하지 않고 동일하게 규정하고 있음에 비추어서도 그리 보아야 할
것이다. 다만 외국판결과는 달리 국내중재판정이든 외국중재판정이든 중재판정
의 경우에는 관련 사건의 계속법원에서 판단 받는 방법과 별도로 승인판결을 구
할 수 있는 방법이 마련되어 있음에 불과하다고 볼 것이다. 따라서 중재판정을
원용하려는 당사자는 승인판결 청구의 소를 제기하여 그 승소판결을 받아 둘 수
도 있지만,[46)] 승인판결을 받지 않고서도 관련사건에서 주장으로 외국중재판정을
포함한 중재판정의 승인의 효력을 주장할 수 있다고 볼 것이다.[47)]

　외국중재판정의 승인의 효력발생 시기를 포함한 승인의 절차적 문제는 법정
지법에 따를 사항이고[48)] 승인요건을 구비한 외국중재판정은 당해 외국에서 효력
을 발생한 시점에서 한국 내에서도 효력을 발생한다고 볼 것이다.[49)] 우리의 구
중재법 제14조 제1항과[50)] 독일 민사소송법 제1060조 제1항은 그와 같은 입장에

---

45) 註釋民事訴訟法(Ⅲ)(제7판)(주 25), 396면(강승준 집필부분).
46) 이러한 승인판결 청구의 소는 확인의 소라고 볼 것이고, 이 점에서 형성의 소라고 할 집
　　행판결 청구의 소와 그 성질을 달리한다.
47) 독립된 판결에 의하여 중재판정을 승인하게 할지는 입법론의 문제인데, 우리 중재법은
　　항변으로서 중재판정의 승인을 주장하는 것과 함께 법원에 중재판정의 승인판결을 구할
　　수 있게 한 것이라고 한다. 목영준, 앞(주 10)의 책, 271면; 졸고, "仲裁判定의 執行判決
　　節次", 民事訴訟 제9권 제1호(2005), 265면.
48) van den Berg, *supra* note 23, p. 244.
49) 石光現, 앞(주 11)의 논문, 695면.
50) 1999. 12. 31. 전문 개정 이전의 중재법(1995. 3. 16. 법률 제1767호) 제14조 제1항은 "중
　　재판정에 의하여 하는 강제집행은 법원의 집행판결로 그 적법함을 선고한 때에 한하여
　　할 수 있다."라고만 규정하고 있었다. 위 구 중재법상 중재판정의 승인에 관한 규정은 없

서 중재판정의 승인에 관하여 규정하지 아니하고 집행만을 규정하는 것으로 볼 것이며, 이 점은 일본의 중재법도 같다.[51][52]

따라서 외국중재판정의 승인판결이 있을지라도 이는 단지 선언적 의미를 가질 뿐이고, 그 때에 비로소 국내에서 효력을 발생하는 것은 아니며, 이는 국내중재판정의 경우에도 동일하게 볼 것이다.

또한 중재법 제39조 제2항을 보면 뉴욕협약을 적용받지 않는 외국중재판정의 승인에 대하여는 외국판결의 승인에 대한 민사소송법 제217조가 준용되는데, 외국판결의 승인이 별도의 승인판결을 요하지 않는 이상 그러한 외국중재판정도 자동승인된다고 하여야 할 것이며, 이 점에서도 자동승인이 타당함을 알 수 있다.

나. 자동승인에 관한 대법원 판례

우리의 판례 역시 외국중재판정이 별도의 승인판결 없이 자동적으로 승인됨을 인정하고 있다.

대법원 2009. 5. 28. 선고 2006다20290 판결은 "뉴욕협약이 적용되는 외국중재판정의 일방 당사자에 대하여 외국중재판정 후에 구 회사정리법에 의한 회사정리절차가 개시되고 채권조사기일에서 그 외국중재판정에 기하여 신고한 정리채권에 대하여 이의가 제기되어 정리채권확정소송이 제기된 경우, 외국중재판정은 확정판결과 동일한 효력이 있어 기판력이 있으므로, 정리채권확정소송의 관할 법원은 위 협약 제5조에서 정한 승인 및 집행의 거부사유가 인정되지 않는 한 외국중재판정의 판정주문에 따라 정리채권 및 의결권을 확정하는 판결을 하여야 한다."고 판시하였다.

즉 당해 사건에서 홍콩중재판정에 대한 우리 법원의 별도의 승인판결은 없

었다.

51) 石光現, 앞(주 11)의 논문, 695면.
52) 우리나라가 수용한 UNCITRAL 모델법 제35조 제1항은 단지 "중재판정은 판정을 내린 국가에 관계없이 구속력 있는 것으로 승인되어야 하며, …"라고 규정하고 있는바, 그 입안 당시의 참고자료 A/CN.9/264(25 March 1985) – International Commercial Arbitration: Analytic commentary on draft text of a Model Law on International Commercial Arbitration p. 139에 의하면, 중재판정이 구속력 있는 것으로 승인되어야 한다는 것은, 명시되어 있지는 아니하나 중재판정은 당사자 사이에서 판정일로부터 구속력이 있음을 의미한다고 해설하고 있는바, 이 역시 같은 입장으로 생각된다.

었는데, 위 대법원판결은 그럼에도 불구하고 홍콩중재판정은 뉴욕협약의 승인거
부사유가 없는 한 우리 법원의 승인판결이 없이도 기판력이 있다고 판시한 것이
다. 즉 위 대법원판결은 그러한 외국중재판정에 대하여는 별도의 절차 없이 자동
적으로 승인됨을 분명히 판시한 것으로서 타당하다.[53]

4. 중재판정 승인절차에 대한 입법론적 의견

가. 기존의 비판론 및 개선안

중재판정의 승인절차에 대하여는 그 집행절차에 비하여 그 비판론 및 개선
안은 별로 제기되어 있지 아니한 편이다.

다만 앞서 본 바와 같이 그 해석론상 승인판결을 받아야만 중재판정을 승인
받을 수 있다는 견해가 있으나, 앞서 본 바와 같이 주류적인 견해와 판례는 중재
판정은 국내중재판정이든, 외국중재판정이든 불문하고 그 승인요건을 구비하면
당연히 효력을 발생하는 것이지, 법원의 승인판결이 있어야 효력이 발생하는 것
은 아니라고 보고 있다.

이에 관하여 중재법 제37조 제1항의 "중재판정의 승인 또는 집행은 법원의
승인 또는 집행판결에 따라 한다."라는 문언을 강조하면 중재판정이 승인받기 위
하여서는 법원의 승인판결을 받아야만 한다고 해석할 여지가 있으나, 외국중재판
정은 승인요건이 구비되면 자동승인된다고 보아야 하므로 제37조 제1항의 문언
은 잘못이라는 지적과 함께,[54] 그 취지를 명확히 하기 위하여 제37조 제1항에서
'승인'을 삭제하고 "중재판정의 집행은 법원의 집행판결에 의한다."고 수정하는
것이 옳다는 개선안을 제시하는 의견이 있다.[55]

이에 대하여는 뉴욕협약이 관할법원으로 하여금 집행은 물론 승인에 관한
판단을 하도록 하고 있는 점(제3조, 제5조)과 미국 연방 중재법 제9조, 제207조도
중재판정의 당사자로 하여금 관할 법원에 승인과 집행의 개념을 포함한 확인명령
을 구할 수 있도록 한 점에 비추어, 중재당사자로 하여금 독립된 승인판결을 받

---

53) 石光現, 앞(주 11)의 논문, 698면은 위 대법원 판결이 '확정판결'이라고 한 것은 아마도
우리 법원의 확정판결을 지칭하는 것으로 짐작되는데, 그렇다면 홍콩 중재판정이 우리
법원의 판결과 같은 효력을 가지는지 근거가 무엇인지 궁금하며, 위 판결이 그 근거를
제시하지 않는 점은 유감이라고 지적한다.
54) 石光現, 앞(주 11)의 논문, 694면.
55) 石光現, 앞(주 11)의 논문, 698면.

을 수 있게 한 것이라는 반론과,[56] 중재판정의 승인이 집행을 위한 전제일 뿐만
아니라 중재판정을 다른 절차에서 원용하는 경우에 대비하기 위하여 승인판결제
도에 독자적 존재가치가 있다고 하는 반론이 제기되어 있다.[57]

나. 사견

중재법상 중재판정에 대한 집행판결 청구의 소 이외에 승인판결 청구의 소
를 제기할 수 있음은 위 제37조 제1항의 문언상 분명하다. 그러나 이러한 소를 인
정하는 것이 바람직한지 여부는 다시 검토할 필요가 있다.

뉴욕협약상 제1조 제1항과 제3항, 제3조, 제4조 제1항 및 제5조 제1항과 제5
항은 모두 중재판정의 집행뿐만 아니라 중재판정의 승인에 관하여 함께 규정하고
있기는 하나,[58] 이는 형식의 문제로서 외국 판결 및 외국중재판정에 관련된 국제
적인 협약에서 승인과 집행을 함께 규정하는 것이 전통이었기 때문이라고 한
다.[59] 뉴욕협약상의 위 각 규정의 내용은 주로 외국중재판정의 승인 및 집행의
요건에 관한 것이거나 그 승인이든 집행이든 국내중재판정보다 더 불리하게 다루
어서는 아니된다는 점만을 규정하고 있고, 그 구체적인 절차에 대하여서는 아무
런 규정을 두고 있지 아니하며, 이 점은 UNCITRAL 모델법에서도 같다. 즉 기본적
으로 외국중재판정의 승인의 절차적 문제는 법정지법에 따를 사항인데, 뉴욕협약
이나 UNCITRAL 모델법이 승인을 위한 별도의 제도를 만들 것을 요구하는 것은
아니고, 다만 우리의 중재법이 중재판정에 대한 승인판결 청구의 소를 인정하는
정책을 채택하였을 뿐이라고 보아야 할 것이다.

그러나 실제로 중재판정에 대하여 승인판결 청구의 소가 제기된 사례를 찾
을 수 없고, 중재판정의 효력이 문제되는 소송 등에서 직접 문제된 중재판정의
승인요건 구비여부를 심사하게 되는 것이 통례이고, 그로써 충분히 승인제도의
기능을 수행하고 있다고 생각된다. 또 중재판정이 그 승인요건을 갖추는 한 별도
의 결정이나 판결 등 없이도 자동승인된다고 봄이 주류적 견해이고 판례인 이상
별도로 중재판정의 승인판결을 받을 필요성도 극히 적다. 그렇다면 앞서 본 바와

---

56) 목영준, 앞(주 10)의 책, 271면.
57) 註釋仲裁法(주 16), 230면(李鎬元 집필부분).
58) 다만 중재판정의 집행의 연기에 관한 뉴욕협약 제6조는 집행에 관하여서만 규정하고, 승
     인에 대하여서는 언급이 없다.
59) van den Berg, *supra* note 23, p. 244.

같이 해석론상의 의문을 야기하면서까지 중재판정에 대한 승인판결제도를 유지해야 하는 것인지에 대하여 의문이 있다.

앞서 본 입법례에 의할지라도 중재판정의 승인절차에 대하여 규정하고 있는 국가는 거의 찾을 수 없으며, 별도의 절차 없이 승인요건을 갖추는 한 중재판정의 효력을 주장할 수 있다고 보는 것이 일반적이다.

위와 같은 제반 사정을 종합하여 보면 국내중재판정이든 외국중재판정이든 불문하고 중재판정의 집행에 관한 제도 외에 중재판정의 승인을 위한 제도를 둘 필요는 없다고 생각되므로, 이를 명백하게 하는 의미에서 중재법 제37조 제1항을 "중재판정의 승인 또는 집행은 법원의 승인 또는 집행판결에 의한다."고 규정한 것에서 '승인'을 삭제하여 단지 "중재판정의 집행은 법원의 집행판결에 의한다."라고 개정하는 것이 바람직하다는 입법론적 의견에 찬성한다.

V. 맺음말

중재판정의 승인은 중재판정이 적법하게 내려진 것으로서 당사자 사이의 법률관계를 확정하는 효력이 있음을 인정하는 것을 의미한다고 볼 것이다. 중재판정이 승인요건을 갖추게 되면, 국내중재판정은 법원의 확정판결과 동일한 효력을 가지고, 뉴욕협약의 적용을 받는 외국중재판정도 동일하며, 그 밖의 외국중재판정은 법원의 확정판결과 유사한 효력을 가지게 된다고 볼 것이다. 중재판정의 효력으로는 기판력이 발생하며, 국내중재판정의 경우는 우리 민사소송법상의 확정판결의 기판력에 준한다 할 것이다. 그러나 외국중재판정의 경우 기판력으로서 일반적으로 청구실권효가 인정되는 외에, 영미법계 국가에서는 그 밖에 쟁점실권효까지 인정하는 수가 있는바, 우리나라에서 그 효력까지 발생한다고 보기는 어려울 것이다.

중재판정의 효력이 인정되는 범위는 위와 같이 국가에 따라 다를 수 있고, 국제적으로 이에 관한 통일적인 해석을 도출하려는 움직임이 있으며, 근래 상사거래에 관한 분쟁을 넘어서 이른바 국제적인 국가와 사인 간의 투자분쟁(Investor State Dispute)에 이르기까지 중재가 활용되기에 이르렀다는 점 등을 고려할 때 세계 각국에서의 중재판정의 승인에 관한 법리에 관한 해석 및 운용을 잘 살피면서 이에 관한 논의를 전개해 나갈 필요성이 크다 하겠다.

중재법 제37조 제1항은 중재판정에 대한 집행판결 청구의 소 이외에 승인판결 청구의 소를 제기할 수 있음을 규정하고 있다. 이는 중재판정이 승인받기 위하여서는 법원의 승인판결을 받아야만 하는지 라는 의문을 제기하고 있으나, 중재판정이 그 승인요건을 갖추는 한 별도의 결정이나 판결 등 없이도 자동승인된다고 봄이 주류적 견해이고 판례이다. 위와 같은 해석론상의 의문을 해소할 필요가 있는 점과 중재판정의 승인만을 다루는 입법례가 없는 점 등을 종합하여 보면, 국내중재판정이건 외국중재판정이건 중재판정의 집행에 관한 절차 외에 중재판정의 승인을 위한 절차를 별도로 둘 필요는 없다고 생각된다.

〈후기〉

이 글 작성 이후인 2016. 5. 29. 중재법이 전면적으로 개정되면서 중재법 제37조가 아래와 같이 변경되었다.

제37조(중재판정의 승인과 집행) ① 중재판정은 제38조 또는 제39조에 따른 승인 거부사유가 없으면 승인된다. 다만, 당사자의 신청이 있는 경우에는 법원은 중재판정을 승인하는 결정을 할 수 있다.

이 글(IV)에서 살핀 바와 같이 중재판정이 승인요건을 구비하면 당연히 효력을 발생하는 것이지 법원에서 별도의 재판절차를 거쳐서 승인을 받아야 효력이 발생하는 것이 아니므로, 개정 중재법은 이를 명백하게 하는 의미에서 제37조 제1항 전단에서 "중재판정은 제38조 또는 제39조에 따른 승인 거부사유가 없으면 승인된다."라고 규정하였다. 또한, 예컨대 집행할 수 없으나 기판력이 있는 중재판정과 같이 중재판정을 승인받을 필요가 있는 경우가 있을 수 있으므로, 개정법 제37조 제1항 후단에서 "다만, 당사자의 신청이 있는 경우에는 법원은 중재판정을 승인하는 결정을 할 수 있다."라고 규정하고 있다.

또한 그 승인절차를 판결절차가 아닌 결정절차로 변경하였음을 유의할 것이다.

[8] 중재판정의 승인·집행을 위하여 제출할 서류

이 글은 중재연구 제23권 제2호(2013. 6.) 141-164면에 실린 글이다. 중재판정의 승인·집행을 위하여 제출할 서류를 간소화한 2016년 중재법의 개정 이전의 글이기는 하나, 그 개정의 필요성과 취지를 이해함에 도움이 되고, 그 개정 이전의 조항과 거의 동일한 요건을 규정하고 있는 뉴욕협약의 이해를 위하여서도 검토할 가치가 충분히 있다고 생각되어, 그대로 옮긴 것이다. 이 글에서 현행법이라고 한 부분은 2016년 개정 이전의 중재법을 가르킨다.
이 글 끝부분에 후기로써 2016년 개정된 중재법 제37조 제3항에 관한 간략한 설명을 덧붙였다.

Ⅰ. 머리말

1. 현행 중재법의 개관

현행 중재법 제37조 제2항은 "중재판정의 승인 또는 집행을 신청하는 당사자는 다음 각 호의 서류를 제출하여야 한다. 다만, 중재판정 또는 중재합의가 외국어로 작성되어 있는 경우에는 정당하게 인증된 한국어 번역문을 첨부하여야 한다. 1. 중재판정의 정본 또는 정당하게 인증된 그 등본. 2. 중재합의의 원본 또는 정당하게 인증된 그 등본."이라고 규정하고 있다.

한편 제39조는 "① 「외국중재판정의 승인 및 집행에 관한 협약」을 적용받는 외국중재판정의 승인 또는 집행은 같은 협약에 따라 한다. ② 「외국중재판정의 승인 및 집행에 관한 협약」을 적용받지 아니하는 외국중재판정의 승인 또는 집행에 관하여는 「민사소송법」 제217조, 「민사집행법」 제26조 제1항 및 제27조를 준용한다."라고 규정하고, 중재법 제2조 제1항 후문은 "제37조와 제39조는 중재지가 대한민국이 아닌 경우에도 적용한다."라고 규정하고 있으므로 위 제37조 제2항은 국내중재판정뿐만 아니라 외국중재판정에도 적용되나, 국제연합의 "외국중재판정의 승인 및 집행에 관한 협약(United Nations Convention on the Recognition and Enforcement of Foreign Arbitral Awards)"(이하 "뉴욕협약"이라 한다)의 적용을 받는 외국중재판정의 경우에는 뒤에서 살필 뉴욕협약 제4조가 적용되므로, 결국 중재법 제37조 제2항은 국내중재판정과 뉴욕협약의 적용을 받지 아니하는 외국 중재판정의 승인·집행의 경우에 적용된다.[1]

　　한편 뉴욕협약의 적용을 받는 외국중재판정에 대하여는 뉴욕협약 제4조는 외국중재판정의 승인·집행을 구하는 당사자가 제출할 서류에 관하여 "① 전조에 서 언급된 승인과 집행을 얻기 위하여 승인과 집행을 신청하는 당사자는 신청시 다음의 서류를 제출하여야 한다. (a) 정당하게 서명의 진정함이 증명된 판정 원 본[2] 또는 정당하게 증명된 그 등본. (b) 제2조에 규정된 합의의 원본 또는 정당하 게 증명된 그 등본. ② 전기 판정이나 합의가 원용될 국가의 공용어로 작성되어 있지 아니한 경우에는, 판정의 승인과 집행을 신청하는 당사자는 그 문서의 공용 어 번역문을 제출하여야 한다. 번역문은 공적기관인 번역관 또는 선서한 번역관, 외교관 또는 영사관에 의하여 증명되어야 한다."라고 규정하고 있는바, 우리 중재 법은 뉴욕협약을 다시 우리 법조문으로 만들지 않고, 뉴욕협약에 따른다고만 하 고 있으므로,[3] 위 뉴욕협약의 조문 역시 한국법의 일부로서 직접 적용된다 할 것 이다.

2. 문제의 제기

　　위에서 본 바와 같이 우리 법은 중재판정의 승인·집행을 위하여 제출할 서 류를 이원적으로 규정하고 있고, 그 문언상 바로 알 수 있는 바와 같이 양자는 일 치하지 아니한다. 또한 뉴욕협약을 우리 법조문으로 바꾸지 않고 그대로 적용하 고 있으며, 위 협약 제16조 제1항이 이 조약은 중국어, 영어, 프랑스어, 러시아어 및 스페인어 본을 동등하게 정문으로 한다고 하고 있는바,[4] 그 정문의 의미가 정 확하게 번역되어 전달되고 있는지 의문이 있다.

　　현행 중재법은 1999년 전면 개정 당시 국제연합 무역법위원회(United Nations Commission on International Trade Law, UNCITRAL)에서 1985년 채택한 국제상사중

---

1) 양병회 외 8인, 註釋仲裁法(2005), 236면(李鎬元 집필부분); 石光現, "외국중재판정의 승 인·집행제도의 개선방안", 國際私法과 國際訴訟 제5권(2012), 719면.
2) "The duly authenticated original award"는 통상 정당하게 인증된 판정원문으로 번역되고 있으나, 이 글 Ⅲ. 2.에서 보는 바와 같이 정당하게 서명의 진정함이 증명된 판정 원본으 로 번역함이 정확할 것이다.
3) 목영준, 상사중재법(2011), 15면.
4) 이 글에서는 영어 정본을 기준으로 살핀다.

재에 관한 모델법(Model Law on International Commercial Arbitration)(이하 "UNCITRAL 모델법"이라 한다)을 전면적으로 수용한 것이고, 위 모델법 제35조 제2항은 중재판정의 승인·집행을 위하여 제출할 서류에 관하여 위 뉴욕협약 제4조와 실질적으로 동일하게 규정하고 있는데, 우리나라는 위 모델법을 수용한다고 하면서도 이를 그대로 따르지 아니한 결과 위와 같이 이원적인 규정을 두게 되었다. 한편 UNCITRAL에서는 이에 관한 논의를 계속하여 2006년에는 UNCITRAL 모델법 제35조 제2항을 "중재판정을 원용하거나 그 집행을 신청하는 당사자는 판정의 원본 또는 그 등본(the original award or a copy thereof)을 제출하여야 한다. 중재판정이 해당국의 공용어로 작성되지 아니한 경우에 법원은 당사자에게 해당국의 공용어 번역문을 제출하도록 요청할 수 있다."라고 개정함으로써 그 제출서류를 간소화하고 있다. 이는 중재판정의 집행에 관한 절차적인 요건을 완화하고, 중재합의의 형식에 관한 UNCITRAL 모델법 제7조의 개정사항을 반영하기 위한 것이라고 한다.5) UNCITRAL 모델법을 수용한 우리 중재법의 입장에서도 개정된 위 조항을 수용할 것인지 여부에 대하여 검토할 필요성이 발생하게 되었다.

이 글은 중재판정의 승인·집행을 위하여 제출할 서류들에 대하여 제기된 의

---

5) 2006년 개정된 UNCITRAL 모델법 제7조는 선택사항 Ⅰ(Option Ⅰ)로서 「(1) "중재합의"는 계약상의 분쟁이든 아니든 관계없이 일정한 법률관계에 관하여 당사자 간에 이미 발생하였거나 또는 발생할 수 있는 모든 분쟁 또는 특정한 분쟁을 중재에 부탁하는 당사자들의 합의이다. (2) 중재합의는 서면으로 하여야 한다. (3) 중재합의 또는 계약이 구두로, 행위에 의하여 또는 다른 수단에 의하여 체결되었던 관계없이, 그 내용이 어떠한 형태로든 기록된 경우에는 중재합의는 서면으로 한 것이다. (4) 중재합의가 서면이어야 한다는 요건은 그것에 포함된 정보가 이후 이를 원용하기 위하여 출력할 수 있는 것인 경우에는 전자통신(an electronic communication)에 의하여 충족된다. "전자통신"은 당사자들이 데이터 메시지(data massages) 수단으로 만드는 모든 통신을 의미한다. "데이터 메시지"는 전자문서교환(EDI), 이메일, 전보, 텔렉스 또는 모사전송을 포함하되 이에 한정되지 않는 전자적, 자기적, 광학적 또는 유사한 수단에 의하여 생성되고, 발신되며, 수신되거나 저장된 정보를 의미한다. (5) 또한 중재합의가 신청서와 답변서의 교환 속에 포함되어 중재합의의 존재가 일방 당사자에 의하여 주장되고 상대방에 의하여 부인되지 않는 경우 중재합의는 서면으로 한 것이다. (6) 중재조항을 포함하는 어떤 서류이든 다른 계약에서 언급하고 있는 경우 그 중재조항을 계약의 일부로 하는 때에는 서면으로 한 중재합의가 성립한다.」라고 규정하고, 선택사항 Ⅱ(Option Ⅱ)로서 「"중재합의"는 계약상의 분쟁이든 아니든 관계없이 일정한 법률관계에 관하여 당사자 간에 이미 발생하였거나 또는 발생할 수 있는 모든 분쟁 또는 특정한 분쟁을 중재에 부탁하는 당사자들의 합의이다.」라고 규정하고 있다. 이에 관한 상세는 이강빈, "국제상사중재에 관한 UNCITRAL 모델법의 개정동향", 중재연구 제16권 제3호(2006. 12.), 73면 이하 및 손경한·심현주, "중재합의에 대한 새로운 고찰", 중재연구 제23권 제1호(2013. 3.), 66면 이하 참조.

견들을 종합하여 정리하고, 우리 법의 일부로서 직접 적용하여야 할 뉴욕협약을 정확하게 해석하며, 그 개선방안을 모색함을 목적으로 한다. 이를 위하여 먼저 현행 중재법과 뉴욕협약상 중재판정의 승인·집행을 위하여 제출할 서류를 검토하고, 각국의 이에 관한 입법례를 살핀 후 현행법에 대한 비판에 이어 개선방안을 제기하는 순으로 논의를 전개하고자 한다.

Ⅱ. 현행 중재법상 중재판정의 승인·집행을 위하여 제출할 서류

1. "중재판정의 정본 또는 정당하게 인증된 그 등본"

먼저 정본과 정당하게 인증된 등본의 의미를 살핀다. 문서의 원본은 일정한 사상을 표현하기 위하여 최초에 확정적으로 작성된 문서이고, 등본은 원본의 내용을 인식할 수 있게 하기 위하여 원본을 완전히 옮겨 쓴 문서, 즉 원본 전부의 사본이다. 등본 중에서 권한 있는 자가[6] 직무상 작성하고 원본과 동일함을 증명한 것을 인증등본이라고 하고, 정본은 등본의 일종으로서 권한 있는 자가 작성하고 법률상 원본과 동일한 효력을 가지는 것을 말한다.[7]

따라서 중재판정의 정본은 권한 있는 자가 중재판정의 원본 전부를 복사하고 정본임을 표시한 서면으로서 원본에 갈음하여 그와 동일한 효력을 가지는 것을 의미하며, 정당하게 인증된 그 등본은 권한 있는 자가 작성한 것으로서 원본과 동일하다는 취지의 문언이 기재되어 있는 중재판정문 전부의 복사본을 의미한다. 중재판정에 대하여 인증문언을 작성할 권한 있는 자로는 중재판정부, 중재판정부의 의장중재인, 기관중재의 경우 그 기관의 사무국 등 판정문 관리권한자 및 중재판정문의 원본의 기탁, 예치, 등록 등의 제도가 있는 국가에서 내려진 중재판정의 경우에는 그 국가의 권한 있는 기관 등을 들 수 있을 것이다.

중재인의 서명이 있는 중재판정문과 그 서명이 진정한 것임을 공증인이 인증한 문서는 중재판정의 정본에 준하는 서류로 볼 것이다.

---

6) 예컨대 인증을 할 권원이 있는 자로는 소송서류에 대하여는 법원의 사무관 등, 공정증서에 대하여는 공증인, 가족관계증명서에 대하여는 동장, 읍면장 등을 들 수 있다.

7) 金能煥·閔日榮(編), 註釋民事訴訟法(Ⅴ)(제7판)(2012), 395면(김용상 집필부분).

2. "중재합의의 원본 또는 정당하게 인증된 그 등본"

중재합의의 원본이라 함은 중재합의가 기재되어 있는 문서를 말한다. 중재합의는 계약서에 기재되는 수가 많으나 독립한 문서에 기재되는 수도 있고, 또 교환된 전보, 텔렉스에 있어도 무방하다.[8] 요컨대 중재합의의 존재가 인정되는 문서이면 좋다. 이와 같은 문서는 그 성질상 인증을 요하지 않는다.

정당하게 인증된 중재합의의 등본이라고 함은 권한있는 자가 원본과 동일하게 작성되었다는 취지의 문언을 기재한 중재합의 전부의 복사본을 말한다. 중재합의의 경우, 당사자들이 대부분 중재합의 원본을 보유하므로 인증된 등본을 제출할 실제적인 필요성은 적으나, 당사자들이 원본의 제출을 원치 않는 경우 인증된 등본을 제출할 수 있을 것이다.

3. "정당하게 인증된 한국어 번역문"

중재판정 또는 중재합의가 외국어로 작성되어 있는 경우에는 한국어 번역문을 제출하여야 하고, 번역문은 정당하게 인증된 것이어야 한다. 예컨대 외국중재판정이 내려진 국가에 주재하는 우리나라의 외교관 또는 영사관에 의한 증명을 받은 번역문이 이에 해당한다. 그러나 대법원 2004. 12. 10. 선고 2004다20180 판결에 의하면 뉴욕협약의 적용을 받는 중재판정의 경우 중재판정의 승인과 집행을 신청하는 당사자가 제출하여야 하는 번역문을 반드시 뉴욕협약에서 정한 엄격한 형식을 갖춘 것만으로 한정할 것은 아니고, 만약 당사자가 위와 같은 형식에 따르지 않은 번역문을 제출하였는데 그 내용이 부실하다고 인정되는 경우에는 그 서증제출자의 비용부담으로 전문번역인에게 번역을 의뢰하는 등의 방법에 의하여 이를 보완시킬 수도 있는 것이라고 볼 것이라고 판시하고 있는바, 이는 우리 법 제37조 제2항의 해석에 있어서도 동일하게 보아야 할 것이다.

4. 중재판정문 및 중재합의서의 제출 및 그 효과

중재판정의 승인·집행을 구하는 당사자가 제출할 서류는 위 세 가지 서류뿐

---

8) 중재법 제8조 제3항 제2호는 "편지, 전보(電報), 전신(電信), 팩스 또는 그 밖의 통신수단에 의하여 교환된 문서에 중재합의가 포함된 경우"도 서면에 의한 중재합의로 보고 있다.

이고, 중재판정이 한국어로 작성된 경우에는 번역문을 제외한 두 가지 서류를 제출하면 된다. 이 서류들에 의하여 중재판정과 그 전제로 된 중재합의의 존재를 증명하는 것을 요하고 이것으로 족하다. 그 밖의 증거에 의하여 중재판정, 중재합의의 존재를 입증하는 것은 허용되지 않으나, 중재판정, 중재합의의 원본 또는 등본인 것을 증명하기 위한 증거제출은 허용된다고 할 것이다.[9]

    이에 관하여 앞서 살핀 대법원 2004. 12. 10. 선고 2004다20180 판결에 의하면 뉴욕협약 제4조 제1항에서 정한 서류들의 제출을 집행판결사건의 소의 적법요건으로서 법원이 직권으로 판단하여야 할 사항이라거나, 당사자들 사이에 중재판정이나 중재합의의 존재 및 그 내용에 관한 다툼이 없는 경우에까지 그 제출이 반드시 요구되는 것이라고 볼 수는 없고, 이는 당사자들 사이에 중재판정이나 중재합의의 존재 또는 그 내용에 관한 다툼이 있는 경우에 있어서 그에 대한 증명은 오로지 위 조항에 정한 서류로써만 하여야 한다는 증거방법에 관한 규정이라고 봄이 상당하며, 나아가 여기서 원본이나 등본을 제출하여야 한다는 것은 반드시 그 실물을 신청서 등에 첨부하여 제출하여야 한다는 의미가 아니고, 원본이나 등본의 제출에 갈음하여 그 사본을 제출하고 상대방이 아무런 이의를 제기하지 않으면서 그에 대하여 '성립인정'으로 인부하였다면, 이는 위 협약의 해석상으로도 적법한 원본이나 등본의 제출에 해당한다고 보아야 할 것이라고 판시하고 있다.[10]

    위와 같은 법리는 우리 중재법 제37조 제2항에서 정한 서류의 제출에 관하여서도 동일하다고 볼 것이다.[11]

    위 판결에서 설시하는 바와 같이 이들 서류의 제출이 집행판결사건의 소의 적법요건은 아니므로, 이들 서류는 제소 후 소송절차에서 제출해도 된다. 집행판결 청구의 소 제기시에 위 각 서류 중 일부를 제출하지 아니하였다 할지라도 법원으로서는 바로 청구를 기각할 것은 아니고 일정한 기간을 두어 보정할 것을 명

9) 小島武司·高桑昭(編), 注解仲裁法(1988), 376면(岩崎一生·高桑昭 집필부분).
10) 이 판결은 뉴욕협약이 기본적으로 체약국들 사이에 서로 다른 나라에서 성립한 중재판정에 대한 집행을 용이하게 해주려는 취지에서 출발한 협약이라는 점에다가 국제적으로도 위 협약 제4조의 요건을 완화하여 해석하려는 경향이 강하다는 점까지 감안하여 위와 같이 해석하고 있다.
11) 졸고, "仲裁判定의 執行判決節次", 民事訴訟 제9권 제1호(2005), 268면; 김상호, "한국에서의 외국중재판정의 승인과 집행", 중재연구 제17권 제3호(2007. 12.), 12면.

함이 타당할 것이다.[12]

Ⅲ. 뉴욕협약상 외국중재판정의 승인·집행을 위하여 제출할 서류

1. 개관

우리나라에서 뉴욕협약을 적용받는 외국중재판정의 집행을 구할 경우 제출할 서류에 관하여는 앞서 본 바와 같이 중재법 제37조 제2항이 적용되지 않고, 뉴욕협약 제4조가 직접 적용된다. 특히 우리 법은 뉴욕협약을 번역하여 우리 조문으로 만들지 아니하고, 뉴욕협약을 직접 적용하고 있으므로, 그 정문의 해석이 중요하다. 뉴욕협약 제4조의 영어 정문은 "To obtain the recognition and enforcement mentioned in the preceding article, the party applying for recognition and enforcement shall, at the time of the application, supply; (a) The duly authenticated original award or a duly certified copy thereof; (b) The original arbitration agreement referred to in article Ⅱ or a duly certified copy thereof. ② If the said award or agreement is not made in an official language of the country in which the award is relied upon, the party applying for recognition and enforcement of the award shall produce a translation of these documents into such language. The translation shall be certified by an official or sworn translator or by a diplomatic or consular agent."라고 규정하고 있다.

뉴욕협약 이전의 제네바협약 제4조는 외국중재판정의 집행을 구하는 당사자는 판정의 원본 또는 판정이 내려진 국가의 법령의 요건에 따라 정당하게 인증된 그 등본 및 판정이 내려진 국가에서 그 판정이 확정되었음을 증명하는 서증 기타 증거와 그 밖에도 필요한 경우에는 중재판정이 제네바 협약의 적용을 받는 판정일 것, 준거법에 의하여 유효한 중재합의에 의하여 중재판정이 내려졌을 것과 중재판정이 중재합의에서 정한 중재판정부에 의하여 또는 당사자가 합의한 방식에 따라 중재절차에 적용되는 법령에 의거하여 구성된 중재판정부에 의하여 내려졌을 것 등을 증명하는 서증 기타 증거를 제출하여야 한다고 규정하고 있었다.[13] 양자를 비교하여 보면, 뉴욕협약은 외국중재판정의 집행을 용이하게 하기 위하여

---

12) 石光現, 앞(주 1)의 글, 715면.
13) 이에 대한 해설로 小島武司·高桑昭(編), 앞(주 9)의 책, 352면 이하(高桑昭 집필부분) 참조.

집행을 구하는 당사자의 부담을 최대한 줄임으로써 제네바협약을 대폭 개선한 것
이다. 특히 제네바협약상 요구되던 외국중재판정 집행의 실체적 요건을 증명하는
서증 등을 요구하지 아니함으로써 집행을 구하는 당사자가 이행하여야 할 적극적
요건으로서 형식적, 절차적인 것만을 규정함에 뉴욕협약의 특징이 있다. 외국중
재판정의 집행을 구하는 당사자는 뉴욕협약 제4조에 규정된 서류만을 제출함으
로써 판정이 집행받을 자격이 있다는 일응의 증거를 제출한 셈이 되고 그 때부터
는 상대방이 집행거부사유를 입증할 책임을 지게 된다.14)

이와 같이 외국중재판정의 집행을 구하는 당사자는 뉴욕협약 제4조에 규정
된 서류만 제출하면 족하고 달리 이행할 적극적 요건은 없고, 더 엄중한 적극적
요건을 정하고 있는 국내법 등의 규정에 우선하여 적용된다 할 것이다.

뉴욕협약 제4조는 외국중재판정의 집행을 구하는 당사자가 이행할 최소의
요건이므로 당사자 사이의 합의에 의하여 그 중 일부를 줄일 수는 없고, 또한 중
재판정 또는 중재합의의 등본을 제출하는 경우 등본은 원본 전체에 대한 것이어
야 하고, 원문 중 발췌 부분에 대한 것이어서는 아니된다.15)

위와 같은 중재합의에 관한 서면을 제출하지 못한 경우 외국중재판정의 승
인 또는 집행은 거부될 수 있다.16)

또한 뉴욕협약 제4조에서 정한 서류들의 제출 역시 앞서 우리 중재법 제37조
제2항에 정한 서류들과 마찬가지로 집행판결 청구의 소의 적법요건으로서 법원
이 직권으로 판단하여야 할 사항이라거나, 당사자들 사이에 중재판정이나 중재합
의의 존재 및 그 내용에 관한 다툼이 없는 경우에까지 그 제출이 반드시 요구되
는 것이라고 볼 수는 없고,17) 이는 당사자들 사이에 중재판정이나 중재합의의 존

---

14) 졸고, "外國仲裁判定의 承認과 執行-뉴욕協約을 中心으로-", 재판자료 제34집(1986),
    672면〈이 책 17면〉; Gary B. Born, *International Commercial Arbitration* Volume Ⅱ
    (2009), p. 1702.
15) Albert Jan van den Berg, *The Arbitration Convention of 1958*(1981), p. 250.
16) 대법원 2004. 12. 10. 선고 2004다20180 판결은 뉴욕협약의 적용이 문제되는 사안에서
    당사자 일방이 외국의 상사중재원에 중재판정을 신청하고 이에 대하여 상대방이 아무런
    이의를 제기하지 않았다는 사정만으로는 당사자 사이에 위 협약 제2조에 정한 유효한
    중재합의가 있었다고 볼 수 없다고 판시하여 외국중재판정의 집행을 거부한 사안이다.
    이에 대하여는 대법원이 위 사건에서 중재합의의 서면성을 부정한 것은 뉴욕협약에 금
    반언의 법리가 포함되어 있음을 간과한 것으로서 잘못이라는 비판이 제기되어 있다. 石
    光現, 國際商事仲裁法研究 제1권(2007), 366면.
17) Dr Peter Binder, *International Commercial Arbitration and Conciliation in UNCITRAL*

재 또는 그 내용에 관한 다툼이 있는 경우에 그에 대한 증명은 오로지 위 조항에
정한 서류로써만 하여야 한다는 증거방법에 관한 규정이라고 할 것이다.[18]

아래에서는 뉴욕협약 제4조에 규정된 서류를 순차로 살핀다.

2. "The duly authenticated original award or a duly certified copy thereof"

뉴욕협약은 중재판정으로 "The duly authenticated original award or a duly
certified copy thereof"를 제출할 것을 요구하고 있다. "authentication"(형용사는
authenticated)은 문서의 경우 그 제출자가 주장하는 작성자가 작성한 것, 즉 문서
의 진정 성립을 증명하는 것이므로,[19] "the authenticated original award"는 중재
판정에 기재된 중재인들의 서명의 진정함이 증명된 중재판정문 원본을 의미하
고,[20] "the duly authenticated original award"은 그러한 중재판정문 원본임이 정
당하게 증명된 것임을 의미한다고 할 것이다. 따라서 이를 "정당하게 인증된 판
정 원본"이라고 하는 것만으로는 그 인증 내지 증명의 대상이 무엇인지 명확하게
그 의미를 전달하지 못하고 있으므로, 중재인들의 서명의 진정함이 정당하게 증
명된 판정 원본이라고 함이 정확할 것이다. "a duly certified copy thereof"는 정
당하게 원본과 동일함이 증명된 중재판정문을 의미한다고 할 것이다.[21] 따라서

Model Law Jurisdictions(2010), p. 409.

18) Emilia Onyema, "*Formalities of the Enforcement Procedure(Articles Ⅲ &Ⅳ)*", Enforcement
of Arbitration Agreements and International Arbitral Awards－The New York Convention
in Practice(2010), p. 606.

19) 영미 증거법상 "authentication"은 광의로는 어떤 주장에 관련된 물질적인 목적물이 인적
인 관련이 있을 때 그와 같은 관련성을 인정하기에 충분한 증거를 제출하여 법정에 증거
로서 제시할 수 있도록 하는 것을 의미하고, 그 이후 증거로서의 가치가 평가될 수 있다
고 하는데, 예컨대 범죄 현장에서 발견된 의류의 경우 범인의 소유임을 증명하는 것, 문
서의 경우에는 그 제출자가 주장하는 작성자가 작성한 것임을 증명하는 것을 의미한다
고 한다. Paul C. Giannelli, *Understanding Evidence(2nd Ed.)*(2005), p. 385. McCormick,
On Evidence(4th Ed.)(1992), p. 402. 또한 Black's Law Dictionary(6th Ed.)(1990), p. 132는
"authentication of a writing means (a) the introduction of evidence sufficient to sustain
a finding that it is the writing that the proponent of the evidence claims it is or (b) the
establishment of such facts by any other means provided by law"라고 한다.

20) Albert Jan van den Berg, *supra* note 15, p. 251; Emilia Onyema, *supra* note 18, p. 608.
또한 石光現, 앞(주 1)의 글, 715면.

21) Black's Law Dictionary, *supra* note 19, p. 228는 "Certified copy. A copy of document or
record signed and certified as a true copy by the officer to whose custody the original

이 조항에 있어서 "authentication"은 서명에 관한 것이고 "certification"은 전체로서의 문서에 관한 것이다.[22]

뉴욕 협약은 이들 서류에 대하여 모두 "정당하게" 서명의 진정함이나 원본과 동일함이 증명되었음을 요구하고 있는바, 이는 증명할 권한 있는 자에 의하여 위 사항의 증명을 요구한다고 볼 것이고, 그 증명하는 방법은 각국의 법제에 따라 다를 수 있으므로 구체적인 증명방법을 규정하지 아니한 채 정당하게 증명될 것만을 규정하고 있다.[23]

중재판정문에 대하여 위와 같이 정당하게 증명을 할 권한 있는 자는 중재지 소재국 또는 집행신청을 받은 국가 중 어느 국가의 법에 따라서든 권한이 있으면 된다.[24] 그 권한 있는 자는 국가에 따라 상이하나 대체로 법원공무원, 공증인 또는 외교관이나 영사관이 될 수 있다. 따라서 판정의 집행을 구하는 당사자는 집행신청을 받은 국가에 주재하고 있는 중재지 소재국의 외교관이나 영사관에게 위와 같은 증명을 요청할 수도 있고, 중재지 소재국에 주재하고 있는 집행신청을 받은 국가의 외교관이나 영사관에게 요청할 수도 있다.[25] 실무상으로는 중재지 소재국에 있는 집행신청을 받은 국가의 외교관 또는 영사관에 의한 증명을 받는 것이 안전하다고 한다.[26]

중재판정문의 등본이 제출된 경우 상설 중재기관이 그 원본을 보관하고 있고 그 중재기관의 사무국이 원본과 동일함을 증명하는 경우에는 정당하게 증명된 것으로 볼 수 있을 것이다.[27]

중재판정의 등본의 경우 위 문언 해석상 그 원본은 서명의 진정함이 증명된 것이어야 하는가 라는 문제가 있으나, 정당하게 증명할 권한 있는 자에 의하여 원본과 동일하다고 증명된 등본이 제출되는 이상 서명의 진정함이 증명된 원본의

---

is intrusted."라고 한다.
22) Albert Jan van den Berg, *supra* note 15, p. 251; 石光現, 앞(주 1)의 글, 715면.
23) Emilia Onyema, *supra* note 18, p. 610.
24) Emilia Onyema, *supra* note 18, p. 610는 종전의 제네바 협약 제4조 제1항은 판정이 내려진 곳의 법에 따라 그 서명의 진정함이 증명되어야 함을 규정하고 있었으나, 승인 또는 집행을 요구받은 국가의 법원에 더 넓은 재량을 인정하기 위하여, 그와 같은 제한이 삭제되었다고 설명하고 있다.
25) Albert Jan van den Berg, *supra* note 15, p. 253.
26) Albert Jan van den Berg, *supra* note 15, p. 253; 石光現, 앞(주 1)의 글, 716면.
27) 石光現, 앞(주 1)의 글, 716면.

등본이 아니어도 위 규정상 정당하게 증명된 중재판정의 등본에 해당한다고 할 것이다.28)

위와 같이 해석할 경우 정당하게 원본과 동일함이 증명된 등본이 제출된 경우에는 별 문제가 없으나, 판정 원본을 제출할 경우에는 그 중재인들의 서명의 진정함을 정당하게 증명할 부담이 있고, 예컨대 3인의 중재인들의 국적 내지 소재지가 다른 경우 중재판정이 내려진 이후 이를 충족시키기에는 현실적으로 어려움이 있으리라고 보인다. 다만 중재의 당사자들이 대부분의 경우 성립의 진정, 즉 서명의 진정함을 인정할 것으로 예상되고, 실제로 그 서명의 진정함을 증명하여야 할 경우는 드물 것이다.

3. "The original arbitration agreement or a duly certified copy thereof"

"The original arbitration agreement"는 중재합의의 원본을 의미하고, "a duly certified copy thereof"는 정당하게 원본과 동일함이 증명된 등본을 의미한다. 중재판정의 등본을 증명할 수 있는 자는 중재합의의 등본을 증명할 수 있고, 중재합의의 등본은 공증인도 증명할 수 있는데, 공증인은 중재지 소재국의 공증인이든 집행을 구하는 국가의 공증인이든 관계없다.29)

4. 뉴욕협약에 따른 번역문의 증명

뉴욕협약 제4조 제2항은 전문에서 "전기 판정이나 합의가 원용될 국가의 공용어로 작성되어 있지 아니한 경우에는, 판정의 승인과 집행을 신청하는 당사자는 그 문서의 공용어 번역문을 제출하여야 한다."라고 규정한 후, 후문에서 "번역문은 공적기관인 번역관 또는 선서한 번역관, 외교관 또는 영사관에 의하여 증명되어야 한다."라고 규정하고 있다. 우리나라에는 '공적인 번역관'(official translator) 또는 '선서한 번역관'(sworn translator) 제도가 없다. 종래 번역문에 대하여 중재판정지국에 있는 우리 외교관 또는 영사관에 의한 증명을 받아오는 수가 있고 이는 위 협약상의 규정에 부합한다고 볼 것이다. 그러나 실무상으로는 중재판정 번역문을 외교관이나 영사관에게 증명받아 제출하는 경우는 드물고, 공증인으로부터 소위 번역공증을 받아 제출하는 것이 일반적이고, 번역공증을 받은 중재판정이나

---

28) Albert Jan van den Berg, *supra* note 15, p. 257; Emilia Onyema, *supra* 18, p. 609.
29) 서동희, "外國仲裁判定의 한국내 집행과 관련된 몇 가지 문제", 중재 제298호(2000), 66면.

중재합의 번역문에 대해서는 번역요건을 특별히 문제삼지는 않는 것으로 보인다
고 한다.[30] 그러나 뉴욕협약상 공증인은 번역문을 증명할 수 있는 자가 아니라는
문제가 있다.[31]

뉴욕협약 이전의 제네바 협약에서는 "번역문을 요구할 수 있다."라고 규정하
면서도 번역문은 그 내용이 정확하다는 점에 대하여 집행을 구하는 국가의 외교
관이나 영사관 또는 공적인 또는 선서한 번역관에 의하여 증명할 것을 요구하고
있었으나, 뉴욕협약은 단순히 이들에 의한 증명만을 규정하고 있으므로, 번역문
의 내용이 정확하다는 점에 대하여 증명이 있어야만 하는 것은 아니다.[32] 또한
그 증명의 주체는 중재지 소재국 또는 집행신청을 받은 국가 중 어느 국가의 법
에 따라서든 권한이 있으면 된다.[33]

대법원 1995. 2. 14. 선고 93다53054 판결 역시 뉴욕협약 제4조 제2항의 취지
는 번역관 또는 외교관들에 의해서 중재판정 등이 직접 번역되어야 한다는 것은
아니고, 그들에 의해서 당해 중재판정의 번역문임이 증명되면 족하고, 위 규정에
서 증명이란 당해 중재판정을 번역한 번역문이라는 사실 확인일 뿐 외교관 또는
영사관의 서명이 반드시 필요한 것은 아니고, 또한 그 번역의 정확성까지 증명하
여야 하는 것은 아니라고 판시하고 있다.

5. 현행 중재법과 뉴욕협약의 비교

위에서 본 것처럼 중재판정의 승인·집행을 위하여 제출할 서류에 관하여 뉴
욕협약 제4조와 우리의 현행 중재법 제37조는 다소 달리 규정하고 있다. 이를 비
교하면 아래 표와 같다.

한편 1985년 UNCITRAL 모델법 제35조 제2항은 중재판정과 중재합의에 관하
여서는 뉴욕협약과 동일하게 규정하고 있으나,[34] 번역문에 관하여서는 단지 "정

---

30) 김갑유 대표집필, 중재실무강의(2012), 298면.
31) 石光現, 앞(주 1)의 글, 716면.
32) 김상호, 앞(주 11)의 글, 12면; Albert Jan van den Berg, *supra* note 15, p. 260. 그러나 石
   光現, 앞(주 1)의 글, 716면은 뉴욕협약 제4조 제2항이 번역문의 증명을 요구하는 취지는
   번역문의 정확성을 증명하라는 것이라고 주장하고 있다.
33) Emilia Onyema, *supra* 18, p. 610.
34) 위 조항의 중재판정에 관한 부분의 영어 원문은 "the duly authenticated original award
   or a duly certified copy thereof, and the original arbitration agreement referred to in ar-
   ticle 7 or a duly certified copy thereof"로서 뉴욕협약의 영어 정문과 일치한다.

당하게 증명된 번역문(a duly certified translation)"이라고만 규정하여 뉴욕협약보다 그 요건을 완화하고 있다.[35] 결과적으로 위 모델법을 수용한 우리 법은 적어도 중재판정에 관한 한 UNCITRAL 모델법을 수정하여 받아들였으나, 중재합의와 번역문 부분은 거의 그대로 받아들인 셈이다.

뉴욕협약(제4조)	중재법(제37조 제2항)
서명의 진정함이 증명된 판정 원본 또는 정당하게 증명된 그 등본	중재판정 정본 또는 정당하게 인증된 그 등본
중재합의 원본 또는 정당하게 증명된 그 등본	중재합의 원본 또는 정당하게 인증된 그 등본
(중재판정/중재합의) 공적인 또는 선서한 번역관이나 외교관·영사관에 의하여 증명된 번역문	(중재판정/중재합의) 정당하게 인증된 번역문

다음 현행 중재법 제37조 제2항과 뉴욕협약 제4조상 제출할 서류를 서류별로 검토한다.

중재판정의 경우는 우리 법은 중재판정 정본을 규정하나, 뉴욕협약은 서명의 진정함이 증명된 판정 원본을 규정하는 점에서 다르다. 뉴욕협약의 적용을 받는 외국중재판정을 승인받거나 이를 집행하기 위하여서는 뉴욕협약에 따라 서명의 진정함이 증명된 판정 원본을 제출함이 원칙일 것이다. 그러나 이 경우 외국중재판정의 정본, 즉 중재판정의 등본으로서 원본과 동일한 효력이 있음을 기재하고 이를 증명한 서면이 제출되었다 할지라도 뉴욕협약 제4조 제1항 (a) 후단의 "정당하게 증명된 그 등본"으로 평가할 수 있을 것이다. 거꾸로 우리 법이 적용되는 국내중재판정의 승인 또는 집행의 경우 중재판정의 정본이 아니라 서명의 진정함이 증명된 중재판정의 원본이 제출되더라도 이는 우리 법상 규정된 중재판정의 정본에 준하는 것으로 취급하여야 할 것이다. 위와 같이 볼 경우 이 부분에 관한 한 우리 중재법 제37조 제2항과 뉴욕협약은 결과적으로는 차이가 없다고 볼 것이다.

중재합의 원본을 규정한 부분은 중재법과 뉴욕협약이 일치하고, 중재판정이나 중재합의의 등본을 제출할 경우에 관한 규정은 실질적으로 동일하다. 다만 이

---

35) 이는 각국의 실무상 차이가 많으므로 번역에 관한 상세 규정을 두지 않은 것이라고 한다. Dr Peter Binder, *supra* note 17, p. 410.

경우 뉴욕협약은 등본이 정당하게 증명될 것임을 요구하나, 우리 법은 등본이 정당하게 인증될 것임을 요구하는 점이 다르다.

번역문의 경우에는 뉴욕협약은 그 증명의 주체를 공적인 또는 선서한 번역이나 외교관 또는 영사관으로 한정하고 있음에 반하여, 우리 법상으로는 단순히 인증만을 요구하고 그 인증의 주체에 대한 제한이 없으므로 우리 법이 더 넓은 범위의 번역문을 인정하고 있다고 볼 것이다. 이 경우 역시 뉴욕협약은 증명을 요구하나, 우리 법은 인증을 요구하는 점은 다르다.

IV. 각국의 입법례

미국은 뉴욕협약의 적용을 받는 외국중재판정의 경우 그 제출서류에 관하여 뉴욕협약 제4조를 직접 적용하고 있다.[36) 영국은 1996년 중재법 제102조에 뉴욕협약 제4조와 동일한 취지의 규정을 두고 있다.[37)

프랑스는 외국 또는 국제중재에서 내려진 중재판정을 승인집행하기 위해서는 중재판정의 원본과 중재합의 또는 그 서명의 진정함이 증명된 등본들(the original award, together with the arbitration agreement, or duly authenticated copies of such documents)을 제출하여야 한다고 규정하나,[38) 중재판정 원본에 대하여 그 서명의 진정함의 증명을 요구하지 아니한다. 프랑스어로 작성되지 아니한 경우에는 프랑스어 번역문의 제출이 요구되는데, 종전에는 법원이 지정한 전문가의 명단에 있는 번역인에 의하여 증명된 번역문의 제출을 요구하였으나, 2011년 민사소송법을 개정하여 그러한 제한 없이 번역문을 제출하여야 한다고만 규정하여 이를 완화하였다.[39)

---

36) Jack J. Coe Jr., *International Commercial Arbitration : American Principles and Practice in a Global Context*(1997), p. 330.
37) 영국법계인 홍콩은 중재령 제85조에 뉴욕협약 제4조와 동일한 취지의 규정을 두고 있고, 싱가포르는 국제중재법 제3조에서 UNCITRAL 모델법이 원칙적으로 직접 적용된다고 규정하고, 별표 1(First Schedule)로 위 모델법을 그대로 인용하고 있으므로, 모델법 제34조를 직접 적용하고 있다.
38) 프랑스 민사소송법 제4편 중재 제3장 외국 또는 국제중재에서 내려진 중재판정의 승인 및 집행 제1515조 제1항.
39) 프랑스 민사소송법 제1512조 제4항은 그와 함께 법원은 신청자에게 법원이 지정한 전문가의 명단에 있는 번역인 또는 유럽연합의 타 회원국, 유럽경제지역의 체약국 또는 스위스의 행정 또는 사법 당국이 공인한 번역인에 의한 번역문의 제출을 요구할 수 있다고

독일은 국내외 모든 중재판정에 대한 집행신청의 경우 그 제출서류 요건을 완화하여 중재합의 제출을 요구하지 않고, 중재판정도 그 원본 또는 인증된 등본 (der Schiedsspruch oder eine beglaubigte Abshrift des Schiedsspruchs)의 제출을 요구하며, 그 인증을 법원의 소송절차를 대리할 수 있는 변호사도 할 수 있는 것으로 규정하고 있다.40) 즉 판정 원본의 서명의 진정함의 증명을 요구하지 않으며, 그 등본에 대하여서 인증만을 요구하며, 번역문에 관한 요건은 별도로 규정하고 있지 않다.

일본은 국내외 모든 중재판정에 대한 집행신청의 경우 그 제출서류 요건을 완화하여 중재판정문의 사본, 당해 사본의 내용이 중재판정문과 동일한 것을 증명하는 문서 및 중재판정문의 일본어에 의한 번역문을 요구하나,41) 중재판정의 서명의 진정함의 증명을 요구하지 아니한다. 번역문에 대한 제한은 없으며, 이는 그 정확성은 다툼이 발생한 경우 그 집행결정 절차에서 확정할 수 있기 때문이라고 한다.42)43)

V. 현행법에 대한 비판론 및 개선방안

1. 현행법에 대한 비판론

가. 이원적 구성으로 인한 혼란

앞서 본 바와 같이 현행 중재법은 중재판정의 승인·집행을 위하여 제출할 서류를 제37조에서 규정하면서도, 뉴욕협약의 적용을 받는 외국중재판정에 대하

규정하고 있다. 이에 관하여는 안건형·유병욱, "프랑스 개정 민사소송법의 주요내용과 시사점", 민사소송 제15권 2호(2011), 108면 참조.

40) 독일 민사소송법 제10편 중재절차 제9장 법원의 절차 제1064조.

41) 일본 중재법 제46조 제2항.

42) 近藤昌昭 외 4인, 仲裁法コンメンタール(2003), 270면; 小島武司·高桑昭 (編), 注釋と論点仲裁法(2007), 278면(高田裕成 집필부분). 또한 일본에서의 논의는 김언숙, "일본법상 외국중재판정의 승인집행-적용법규와 승인거부사유를 중심으로-", 중재연구 제20권 제3호(2010. 12.), 25면 이하 참조.

43) 그 밖에 각국의 입법례에 관하여서는 A/CN.9/656 Report on the survey relating to the legislative implementation of the Convention on the Recognition and Enforcement of the Foreign Arbitral Awards(New York, 1958), p. 14 이하에 실려 있는 UNCITRAL에서 뉴욕협약 가입국에 대하여 뉴욕협약의 제4조 제1항의 이행을 위한 입법에 관하여 조사한 결과 참조.

여는 뉴욕협약의 정함에 따르도록 함으로써 이원적으로 규정하고 있음으로 인하여 혼란이 발생한다는 점이다. 특히 외국중재판정의 경우는 비록 뉴욕협약이 적용되는 경우가 거의 대부분일 것으로 예상되나, 뉴욕협약의 적용을 받는지 여부에 따라 그 승인·집행을 위하여 제출할 서류가 달라진다는 점은 개선할 필요가 있다.

나. 중재판정 정본과 원본의 제출에 관하여

우리 중재법은 제32조에서 "중재판정은 서면으로 작성하여야 하며, 중재인 전원이 서명하여야 한다."라고 한 후(제1항), 이에 따라 "작성·서명된 중재판정의 정본(正本)은… 각 당사자에게 보내고, 중재판정의 원본은 그 송부 사실을 증명하는 서면을 첨부하여 관할법원에 송부하여 보관한다."라고 규정하고 있다(제4항).[44] 대한상사중재원의 중재규칙 제55조 역시 그와 동일하게 규정하고 있다.[45]

그러나 대한상사중재원의 국제중재규칙 제35조 제1항은 중재판정부가 서명한 중재판정문(the written Award signed by the Arbitral Tribunal)을 당사자에게 통지한다고 규정하고 있다. 즉 중재판정문에 대하여 별도로 정본을 작성하지 아니하고 원본을 각 당사자에게 보내는 것으로 하고 있다.[46] 대표적인 국제중재기관인 국제상업회의소(ICC)의 중재규칙 제28조 제1항도 동일하게 중재판정부가 서명한 판정문(the text signed by the Arbitral Tribunal)을 당사자에게 통지한다고 규정하고 있다.[47]

---

44) 중재법에 의하면 각 당사자가 중재판정의 정본을 받은 날을 기준으로 그 날부터 30일 이내에 중재판정의 정정, 해석 또는 추가 판정을 중재판정부에 신청할 수 있고(제34조 제1항), 그 날부터 3개월 이내에 중재판정 취소의 소를 제기하여야 하며(제36조 제3항), 중재판정의 승인·집행을 위해서는 중재판정의 정본 또는 정당하게 인증된 그 등본을 제출하여야 한다(제37조 제2항)고 규정하고 있다.

45) 다만 대한상사중재원에서 2010년 발간한 중재법규집에 의하면 중재판정의 정본을 "a duly authenticated arbitral award"라고 번역하고 있는데, 앞서 본 바와 같이 authentication이 서명의 진정함의 증명을 의미함에 비추어, "a formal copy of the award"라고 번역함이 정확할 것이다.

46) 위 국제중재규칙상 중재판정의 원본을 별도로 관할법원에 보낸다는 규정은 없고, 이는 중재법 제32조가 중재지가 대한민국이 아닌 경우에는 적용되지 아니함을 고려한 것으로 보이나, 국내에서 위 국제중재규칙에 의한 중재가 행하여질 수도 있으므로(같은 규칙 제2조 제4호) 이 경우 위 중재법 제32조가 적용된다는 문제가 있다고 보인다. 한편 같은 규칙 제35조 제2항은 "중재판정부와 사무국은 중재판정에 추가적으로 요구되는 형식성을 구비할 수 있도록 당사자들을 지원하여야 한다."라고 규정하고 있다.

47) 같은 규칙 제28조는 이어서 제2항에서 요청이 있을 때는 언제든지 사무총장에 의하여 진

또한 UNCITRAL 중재규칙 제34조 제6항은 중재인이 서명한 중재판정문 등본 (copies of the award signed by the arbitrators)을 당사자에게 보낸다고 규정하고 있고, 싱가포르 국제중재센터 중재규칙 28.65는 중재판정의 증명된 등본(certified copies)을 당사자에게 보낸다고 규정하고 있다.

따라서 국내를 중재지로 하되 대한상사중재원의 국제중재규칙이나 국제상업 회의소의 중재규칙에 따른 중재가 행하여질 경우 당사자는 중재판정 정본이 아닌 중재판정 원본을 받게 되고, 국내중재판정인 그 중재판정을 승인·집행받기 위하여서는 중재법 제37조 제2항에 따라 중재판정의 정본 또는 정당하게 인증된 그 등본을 제출하여야 하나, 위 각 기관으로부터 받은 중재판정의 원본을 그대로 제출할 경우 상대방이 다툰다면 그 원본에 대하여 그 서명의 진정함을 증명할 것을 요한다고 해석할 것인데, 그 증명에 어려움이 있을 수 있다.[48]

다음 뉴욕협약의 적용을 받는 외국중재판정의 경우 대한상사중재원이나 국제상업회의소로부터 중재판정의 원본을 송부받은 경우에는 이를 승인·집행받기 위하여서는 뉴욕협약에 따라 그 중재판정의 서명이 진정함을 증명할 것을 요한다고 할 것이고, UNCITRAL 중재규칙에 의한 중재의 경우에는 단지 중재판정문의 등본을 받을 뿐이므로 정당하게 증명된 등본임을 입증하여야 한다는 문제가 발생할 수 있다.

위와 같이 각국의 중재법이나 중재기관에 따라 중재판정의 원본이나 정본을 받게 되는지, 그에 대하여 인증 내지 증명이 붙어 있는지가 상이하고, 그 중재판정의 승인·집행을 위하여서는 우리 법상 규정된 요건을 충족할 필요성이 생기게 되는데, 이와 같은 사항은 모든 형식 내지 절차상의 문제로서 중재판정의 승인·집행에 장애가 되는 요소로 될 것이다.

실하다고 증명된 판정문의 추가 등본(Additional copies certified true by the Secretariat General)이 당사자들에게 제공되어야 하며, 제5항에서 중재판정부와 사무국은 당사자가 추가로 필요한 절차를 이행하는 데 협조하여야 한다고 규정하고 있다. 이에 관한 해석서 로는 Michael W. Bühler and Thomas H. Webster, *Handbook of ICC Arbitration*(2nd Ed.)(2008), p. 392 이하 참조.

48) 다만 이 경우 대한상사중재원이나 국제상업회의소로부터 원본과 동일하다는 내용의 증명을 받아서 제출한다면 중재법 제37조 제2항 제1호 후단의 정당하게 인증된 중재판정의 등본으로서 인정받을 수 있을 것이다.

다. 인증에 대하여

인증이라 함은 권한 있는 자가 문서의 서명이나 동일성 등을 증명하는 것을 말하고, 권한 있는 자라 함은 각 문서마다 정하여지는데, 중재판정의 경우에는 외교관, 공증인 및 중재판정부 내지 중재기관의 사무국 등이 될 것이다.

그러나 인증에 관한 법제는 각국에 따라 다르므로 외국에서 한 인증이 바로 한국법상으로도 인증으로 인정될 수 있는 것은 아니다. 대법원 2002. 8. 23. 선고 2000다66133 판결에 의하면 홍콩 공증인의 사문서 인증에 대하여 우리나라 공증인의 인증과 같은 효력을 인정하지 아니하고 있다.[49] 이를 중재판정 집행의 경우에 그대로 적용한다면 외국중재판정에 대하여 그 서명의 진정함이나 원본과 동일함에 대하여 외국 공증인의 인증을 받았다 할지라도 한국법상의 인증으로 곧바로 인정받을 수는 없을 것이다.

이러한 어려움을 피하기 위하여서는 중재판정이나 중재합의의 등본을 제출할 경우 한국법에 의한 인증을 의미하는 것인지의 여부에 관한 논란을 막고 상당한 방법으로 증명하면 족하다는 것을 명시하기 위하여 "인증"이라는 용어보다 "증명"이라는 용어를 사용함이 적절할 것이다. 또한 뉴욕협약이나 UNCITRAL 모델법상의 "duly certified"라는 용어는 "정당하게 인증된"보다는 "정당하게 증명된"으로 번역함이 각국에 따라 증명하는 방법이 다를 수 있다는 점을 고려한 모델법의 취지를 보다 정확하게 전달할 수 있을 것이다.[50]

라. 간략화의 필요성

중재판정의 승인·집행을 위하여 중재판정이나 중재합의를 제출하도록 한

---

49) 위 판결은 원고가 서증의 원본을 제출하지 아니하고 사본을 제출하면서 그에 대하여 홍콩 공증인의 인증을 받고 다시 홍콩주재 한국영사관 영사의 인증을 받은 경우에 관하여 "사서증서에 대한 공증인의 인증제도는 우리나라 공증인법의 규정(제3조, 제12조, 제13조, 제57조 내지 제61조)에 따라 자격을 갖춰 임명된 공증인이 그의 면전에서 사서증서 원본에 서명날인토록 시키거나 이미 서명날인된 사서증서의 경우에는 서명날인한 촉탁인의 확인이나 대리촉탁인의 확인 및 그의 대리권의 증명 등의 소정절차를 거쳐서 이루어지는 엄격성에 기하여 원본인 사서증서의 진정 성립이 추정되게 하는 것이어서, 홍콩 공증인이 인증한 서증 사본의 인증에 의한 원본의 성립인부에 위의 법리가 적용될 수 있다는 근거에 관하여 아무런 주장입증이 없는 이 사건에서 우리나라 공증인의 사문서 인증에서의 증거력 법리를 마찬가지로 적용시킬 수는 없"다고 판시하고 있다.

50) 石光現, 앞(주 1)의 글, 718면. 일본 중재법 제46조 제2항도 "중재판정문의 사본, 당해 사본의 내용이 중재판정문과 동일한 것을 증명하는 문서"라고 하고 있다.

취지는 그 중재판정이나 중재합의가 유가증권과 같이 그 자체에 권리관계가 화체되어 있기 때문이 아니라 단지 중재판정이나 중재합의가 존재한다는 것을 증명하기 위한 것으로서, 형식적 내지 절차적인 요건으로 보아야 할 것이다.[51] 그러므로 그와 같은 형식적 내지 절차적인 요건을 들어서 중재판정의 승인이나 집행을 거부하는 것은 편협하다고 할 수밖에 없다.

1985년 UNCITRAL 모델법 제정 당시에도 중재판정의 집행을 위하여 제출할 서류에 관하여 뉴욕협약과 동일하게 규정하면서, 그 해설에서 이는 가장 엄격한 기준을 설정하려고 한 것이고, 모델법보다 완화된 요건을 정하는 것은 모델법의 취지에 반하는 것은 아니라고 하고 있었는데,[52] 2006년에 다시 이를 대폭 개정하여 간소화하면서 그 제출할 서류에 관한 형식적인 요건을 완화하기 위한 것임을 밝히고 있다.

우리 법도 이와 같이 중재판정의 승인·집행을 위하여 필요한 형식적인 요건을 완화함으로써 그 승인·집행을 촉진하기 위하여 현행 중재법보다 제출서류를 간략하게 할 필요가 있다.

2. 개선방안

가. 제출서류의 일원화

먼저 중재판정의 승인 또는 집행을 위하여 제출하여야 할 서류를 국내중재판정이든, 뉴욕협약을 받는 외국중재판정이든, 그 밖의 외국중재판정이든 관계없이 동일하게 규정함이 바람직할 것이다.

다음 항에서 보는 바와 같이 제출서류를 간략화하고, 이를 모든 중재판정에 적용됨을 중재법에 명시하면 될 것이다.[53]

---

51) 중재판정의 승인·집행을 위하여 제출할 서류에 관하여 Dr Peter Binder, *supra* note 17, p. 409는 승인과 집행을 위한 형식적 요건(Formal requirements for recognition and enforcement)이라는 표제 아래, Emilia Onyema, *supra* note 18, p. 597는 집행절차의 형식적 사항(Formalities of the Enforcement Procedure)이라는 표제 아래 설명하고 있다.
52) A/CN.9/264(25 March 1985) – International Commercial Arbitration: Analytical commentary on draft text of a Model Law on International Commercial Arbitration, p. 139.
53) 중재법 제37조 제2항에 간략화된 제출서류를 규정한 후, 제2조에서 제37조가 뉴욕협약의 적용을 받는 경우를 포함하여 모든 외국중재판정에 적용됨을 규정하는 방식을 취하면 될 것이다.

나. 제출서류를 간략화하는 방안

(1) 제출서류를 요구하지 않는 방안

제출서류를 일체 요구하지 않는 방안이 있을 수 있다. 제출서류를 일체 요구하지 않더라도 승인·집행을 구하는 당사자는 그 대상인 중재판정을 특정하기 위하여 중재판정을 제출할 것이며, 상대방이 중재합의의 효력을 다투는 경우에는 중재합의가 당연히 제출될 것이다. 이 방안을 채택할 경우 제출서류의 흠결이라는 형식적인 사항으로 승인·집행이 거부되는 것을 방지하고, 그 제출서류의 완비 및 그 심사를 위하여 걸리는 시간 및 경제적 부담을 줄일 수 있을 것이다.

중재판정이나 중재합의를 제출할 경우 그 제출방법은 "법원에 문서를 제출하거나 보낼 때에는 원본, 정본 또는 인증이 있는 등본으로 하여야 한다."라는 민사소송법 제55조 제1항에 따라 중재판정이나 중재합의의 원본, 정본 또는 인증이 있는 등본으로 하게 될 것이고, 이 경우 그 진정 성립 여부, 원본의 존재 및 원본과의 일치 여부, 번역문의 정확성 등은 통상의 서증과 동일하게 서증의 인부절차 및 그 형식적 증거력의 입증절차를 통하여 충분히 담보될 수 있을 것이다.

앞서 본 대법원 판례에 의할지라도 중재판정이나 중재합의의 원본이나 등본 제출에 갈음하여 그 사본을 제출하고 상대방이 그에 대하여 성립인정으로 인부하였다면, 이는 적법한 원본이나 등본의 제출에 해당한다고 보고 있고, 이미 위 판례에 따라 실무가 운영되고 있으므로 아무런 문제가 없으리라고 생각된다.

외국판결에 대한 집행판결 청구의 경우 그 외국판결의 원본, 정본 또는 그 인증등본의 제출이 그 집행을 위한 요건이 아님에도 불구하고 문제없이 운영되고 있는 점에 비추어, 중재판정의 집행절차에서도 같은 방안을 채택하여도 무방할 것이다.

(2) 인증이나 증명을 요구하지 않는 방안

단순하게 중재판정이나 중재합의를 제출하여야 한다고 규정하고, 개정된 UNCITRAL 모델법이 규정하는 바와 같이 뉴욕협약이나 현행법이 요구하는 인증이나 증명의 요건을 생략하는 방안이 있고, 이 방안을 채택한다면 중재합의의 인증 내지 증명으로 인한 번거로움을 피할 수 있을 것이다.

이 경우에도 그 실제의 운영은 위 가. 방안에서 본 바와 같이 별다른 문제가 없을 것으로 예상된다.

(3) 중재합의의 제출을 요구하지 않는 방안

중재합의가 없으면 중재판정이 없을 것이고, 중재합의 존부에 대하여 다툼이 있을 경우에는 당연히 중재합의가 제출될 것이므로 중재판정만의 제출만을 요구하는 방안이 제안되어 있다.[54] 중재판정의 집행을 구하는 것이므로 중재합의를 제출하지 않더라도 그 집행절차에는 아무런 지장이 없을 것이다. 개정된 UNCITRAL 모델법과 독일법, 일본법이 그와 같은 입장을 취하고 있다.

(4) 번역문에 관하여

번역문의 경우 중재판정의 번역문의 정확성은 각기 상대방 당사자가 점검하게 되고, 현행법상으로도 번역문의 정확성의 증명이 요구되고 있는 것도 아니며, 실무상 뉴욕협약의 적용을 받는 외국중재판정의 경우 그 협약상 인정되지 않는 공증인에 의한 번역문이 제출되어도 현실적으로 문제삼지 않고 있다는 점 등을 고려하면 독일법과 같이 번역문을 요구하는 규정을 두지 않거나, 일본법과 같이 아무런 제한 없이 번역문의 제출만을 요구하는 것으로 규정하여도 별다른 문제가 없을 것이다. 중재법에서 번역문을 요구하지 않더라도 민사소송법 제277조는 "외국어로 작성된 문서에는 번역문을 붙여야 한다."라고 규정하고 있으므로, 그에 따라 번역문을 제출하게 될 것이다.

다. 사견

앞서 본 바와 같이 중재판정의 승인·집행을 위하여 제출할 서류를 일원적으로 규정함이 필요한 점, 개정된 UNCITRAL 모델법을 포함하여 모든 국가의 입법이 중재판정문의 제출을 요구하고 있는 점, 중재판정 및 중재합의의 인증이나 증명과 관련하여 앞서 본 바와 같이 어려움이 있는 점, 중재판정의 존재는 중재합의의 존재를 추정하게 하고, 중재합의의 서면제출 여부를 불문하고 유효한 중재합의가 존재하는지 여부는 승인·집행의 거부사유로서 심리의 대상이 될 수 있는 점 등을 종합적으로 고려하면, 중재판정의 승인·집행을 위하여 제출할 서류는 국내중재판정이든 외국중재판정이든 관계없이 개정된 UNCITRAL 모델법과 같이 인증이나 증명을 요구하지 아니하고 "중재판정의 원본이나 그 등본"만으로 한정하

---

54) 石光現, 앞(주 1)의 글, 720면. 정선주 "우리나라의 중재법 개정방향", 28면. 이는 2012. 12. 10. 대한상사중재원에서 개최된 "중재 활성화를 위한 워크숍"에서 발표된 논문인데 아직 공간되어 있지 아니하다.

고, 중재합의는 제외함이 바람직 할 것이다.

번역문의 경우는 그 제출을 요구하지 아니하여도 민사소송법상 그 제출이 요구되므로 중재법상 규정하지 아니하여도 무방하나, 개정된 UNCITRAL 모델법과 같이 번역문에 아무런 제한을 두지 않고 있다는 점을 명시하기 위하여 아무런 조건 없이 번역문의 제출을 요구함이 좋을 것으로 보인다.

Ⅵ. 맺음말

중재판정의 승인·집행을 위하여 제출하여야 할 서류는 중재판정의 승인·집행에 관한 형식적인 사항이므로, 이에 대한 심사를 간략화하여 중재판정의 승인·집행을 촉진할 필요가 크다.

우리의 현행법은 중재판정의 승인·집행을 위하여 전체적으로 뉴욕협약에서 정한 서류 내지 그에 준하는 서류를 제출할 것을 요구하고 있다 할 것인데, 뉴욕협약이 비록 그 이전의 중재에 관한 국제협약에 비하여 중재판정의 승인 및 집행을 구할 때 가급적 의무사항을 줄이기 위하여 제정되었다고는 하나, 1958년에 제정된 협약으로서 그 이후 반세기 이상에 걸쳐 국제화가 진행되어 그 당시 상상할 수 없었을 만큼 전세계적으로 교류와 교역이 이루어지고 있는 현재로서는 뉴욕협약의 정함에 집착할 필요는 없으며, 개정된 UNCITRAL 모델법이 실제로 그러하다.

우리나라도 2006년 개정된 UNCITRAL 모델법에 따라 "중재판정의 원본이나 그 등본"과 단순히 번역문의 제출만을 요구하는 것으로 개정함으로써 친중재 정책을 택하고 있음을 홍보하는 효과를 거둠과 동시에 중재 이용자들이 중재판정을 승인·집행함에 있어서 편의를 도모할 수 있을 것이다.

⟨후기⟩

2016. 5. 29. 중재법을 전면적으로 개정할 당시, 중재판정의 승인·집행을 위하여 제출할 서류에 관한 중재법 제37조 제3항은 개정된 UNCITRAL 모델법을 그대로 수용하여 "③ 중재판정의 승인 또는 집행을 신청하는 당사자는 중재판정의 정본이나 사본을 제출하여야 한다. 다만, 중재판정이 외국어로 작성되어 있는 경

우에는 한국어 번역문을 첨부하여야 한다."라고 개정되었다. 이는 그 제출 서류를
간소화하는 한편, 중재판정이 외국어로 작성되어 번역문을 제출할 경우 그 번역
에 관하여 증명이나 인증을 요구하지 않기로 한 것이다.

[9] 중재판정 집행절차의 개선에 관한 연구

이 글은 법학연구(연세대학교) 제23권 제1호(2013) 1-36면에 실린 것이다. 필자는 2012년 법무부로부터 연구용역을 받아 "중재판정의 승인 및 집행절차의 개선방안 연구"라는 보고서를 제출하였는데, 그 중 핵심적인 중재판정 집행절차의 개선에 관한 부분을 논문으로 작성한 것이다. 2016년 중재법 개정시 위 연구용역 결과가 거의 그대로 반영된 것은 큰 보람으로 생각하고 있다. 이 글에서 현행 중재법 또는 현행법이라는 부분은 2016년 개정 이전의 중재법을 가리킨다.

Ⅰ. 머리말

1. 중재판정의 집행절차 개관

(1) 중재라 함은 법원의 재판에 의하지 아니하고 당사자 사이의 합의에 의하여 선출된 중재인의 중재판정에 의하여 분쟁을 해결하는 절차이다(중재법 제3조 제1호).

중재는 소송에 의하지 아니한 분쟁해결방법, 이른바 대체적 분쟁해결제도 (Alternative Dispute Resolution, ADR) 중에서도 가장 역사가 길고, 기본적인 대체적 분쟁해결제도로 알려져 있으며, 세계적으로도 대체적 분쟁해결제도의 개선 내지 활용방안이 강구되고 있는 중이다.[1] 더구나 민사소송사건이 급증하고 있는 우리나라에서는 단순히 민사소송에 의하여 모든 분쟁을 해결할 것이 아니라, 중재제도를 정비하여 분쟁 당사자들이 이해하기 쉽고 사용하기 쉽게 만듦으로써 상당수의 분쟁을 중재로 흡수하여 해결할 필요성이 크다고 하겠다.

또한 국제거래에 있어서 분쟁해결방법으로서의 중재는 거의 필수적이라고 할 수 있다. 중재는 국제거래상 발생하는 분쟁해결 기관으로서 당사자 국가의 법

---

[1] 예컨대 미국에서는 ADR이 소송제도 이상 널리 활용되고 있어서 민사사법의 민영화라고 하고 있으며, 독일에서도 1991년 민사소송법 개정시 재판외 분쟁해결의 제고를 위해 변호사화해제도를 도입하고, 1999년에는 ADR촉진법을 제정한 바 있다. 일본도 2004년 "재판외 분쟁해결절차 이용의 촉진에 관한 법률"을 제정하여 ADR의 활성화를 도모하고 있다. 이시윤, 新民事訴訟法(제6증보판)(2012), 16면 참조.

원이 아닌 제3의 중립적인 법정을 제공하며, 중재판정의 승인 및 집행이 "외국중 재판정의 승인 및 집행에 관한 1958년 국제연합협약"(United Nations Convention on the Recognition and Enforcement of Foreign Arbitral Awards, 이하 "뉴욕협약"이라 한다) 에 의하여 국제적으로 보장되어 있다는 점에서2) 그 장점이 있다는 점에 대하여 는 이론이 없다.

중재판정은 중재절차의 결과물이라는 점에서 민사소송절차의 결과물인 판결 에 대응하는 것이라고 할 수 있으나, 판결의 경우는 우리 법원의 판결이 주된 논 의의 대상이라고 할 것임에 비하여, 중재판정의 경우, 특히 그 집행에 있어서는 외국중재판정이 큰 비중으로 다루어지게 된다.3)

(2) 중재절차는 크게 보아 둘로 나눌 수 있다. 첫째, 당사자 사이의 분쟁에 대한 해결책을 제시하는 절차인데, 중재의 신청부터 당사자 사이의 주장전개 및 증거제시단계를 거쳐 중재판정부가 당사자 사이에 다툼이 된 권리관계에 대한 판 단으로서 중재판정을 내리기까지의 절차이다. 이는 당사자 사이의 권리관계를 확 정하는 절차라고 할 수 있고, 민사소송법상의 판결절차에 상응하는 부분이다. 둘 째, 중재판정부의 중재판정에 의하여 확정된 당사자 사이의 권리관계를 현실적으 로 실현하는 절차로서, 이는 민사집행법상의 강제집행절차에 상응하는 부분이다.

이 두 단계의 절차 모두 중요하나, 중재판정에 의하여 당사자 사이에 적정한 분쟁해결방법이 제공되었다 할지라도, 당사자가 그 중재판정에 제시된 결론을 임 의적으로 이행하지 않을 경우 이를 실현할 방법이 없다면 중재신청부터 판정에 이르기까지의 절차는 모두 무용지물이라고 할 수 밖에 없다. 그러므로 이러한 경 우 중재판정의 내용을 강제적으로 실현할 수 있어야 하는데, 중재절차는 본질적 으로 사인 간의 합의에 의하여 성립하는 것이므로 강제력이 있을 수 없고, 결국 국가권력의 도움을 받아 이를 실현할 수밖에 없는 것이다.

국가로서는 소송절차에 의하지 아니하고 자주적으로 중재에 의하여 분쟁을 해결하기로 한 당사자들의 의사를 존중하고, 소송절차 외에 다양한 분쟁해결방안 을 촉진하기 위하여, 중재판정에 대하여 그에 알맞는 법률적 효력을 인정하고 그

---

2) 우리나라는 1973년 가입하였다. 2012. 12. 1. 현재 148개국이 뉴욕협약에 가입하고 있으 므로 실질적으로 전세계의 모든 국가가 가입하고 있다고 하여도 과언이 아니다. http:// www.uncitral.org/uncitral/en/arbitration/NYConvention_status.html 참조.

3) 가사분쟁을 제외한 상거래분쟁 분야에 있어서는 외국판결의 집행을 구하는 사례보다 외 국중재판정의 집행을 구하는 사례가 상대적으로 더 많음이 현실이다.

집행을 위하여 국가권력을 이용하는 것을 허용하고 있다. 그러나 중재판정은 근본적으로 사인의 재판행위이므로, 국가의 입장에서 그 법률적 효력을 인정하기 위하여서는, 당사자 사이에 적법 유효한 중재합의가 있었는지, 중재절차의 진행에 있어서 당사자들의 절차권이 보장되었는지 그리고 중재판정의 내용이 공공의 질서에 부합하는지 여부 등 중재판정이 국가의 법질서에 적합한지 여부를 심사할 권한이 있다고 할 것이다. 이에 따라 국가로서는 중재판정의 승인 또는 집행에 협력하여 주면서도 법질서에 부합하는지 여부를 심사하기 위한 최소한의 기준을 설정하여 놓고 이 기준에 부합하는 중재판정만을 승인 또는 집행하여 주고 있다.[4] 이는 국내중재판정과 외국중재판정 모두에 대하여 동일하다고 볼 것이다

　(3) 강제집행은 국가의 공권력을 행사하여 확정판결 등 집행권원이 된 사법상의 청구권을 강제적으로 실현시키기 위한 절차로서, 그 집행권원 등 강제집행의 형식적인 요건을 갖추었는지 여부만을 심사하고, 실체법상의 청구권의 존부를 따지지 않고 국가의 집행청구권이 발동되는 것이 원칙이다.[5] 그러나 중재판정을 집행하는 경우에는 그 밖에도 앞서 살핀 바와 같이 중재판정이 국가의 법질서에 적합한지 여부를 심사하기 위한 절차를 거치게 되고, 이에 중재판정 집행절차의 특징이 있다 할 것이다.

　따라서 중재판정의 집행절차는 통상의 강제집행에 앞서 먼저 중재판정을 심사하여 법질서에 적합한지 여부를 심사하고 이에 적합한 경우 그 집행을 허용함을 선언 또는 확인하는 절차를 별도로 거친 후, 그에 기해서 실제로 통상의 강제집행을 하는 절차로 나아가게 된다.[6] 후자, 즉 중재판정에 기한 실제의 강제집행절차는 민사집행법이 정한 바에 따르므로 통상의 강제집행과 다를 바 없다. 문제는 전자, 즉 중재판정의 집행 허용 여부를 심사하는 절차인데, 이를 신속하고 효율적인 절차로 구성하고, 적정하게 운용하는 것이 가능하여야만 중재절차의 실효성을 높이고 그 이용을 촉진할 수 있을 것이다.

---

　4) 목영준, 상사중재법(2011), 269면.
　5) 李時潤, 民事執行法(제5판)(2009), 7면,
　6) 石光現, "외국중재판정의 승인·집행제도의 개선방안", 國際私法과 國際訴訟 제5권(2012), 698면.

2. 문제의 제기

현행 중재법 제37조는 중재판정의 집행은 법원의 집행판결에 따라 함을 선언하고, 이어서 제38조에서 국내중재판정의 집행요건으로서 중재법 제36조 제2항에 열거된 중재판정 취소사유가 없을 것을 규정하고, 제39조에서 외국중재판정 중 뉴욕협약의 적용을 받는 외국중재판정의 집행에 관하여는 뉴욕협약에 따르도록 하는 한편, 뉴욕협약의 적용을 받지 못하는 중재판정은 외국판결과 동등하게 취급하여 그 집행에 외국판결의 집행에 관한 민사소송법 및 민사집행법의 규정을 준용하도록 하였다.

현행법은 중재판정이 법질서에 부합하는지 내지 그에 기한 집행을 허용할 것인지 여부에 대한 심사를 판결절차에 의하도록 하고 있는바, 이는 그 심사를 집행기관의 판단에 맡기는 대신 신중을 기하여 법원이 심사한 후 판결로써 집행을 허가하도록 한 것이다.[7]

이에 대하여서는 뒤에서 살피는 바와 같이 현행 중재법에 의한 중재판정에 대한 집행판결절차가 과중하고 너무 지연되고 있다고 하면서 심지어 중제제도 자체에 대한 회의감까지 표현하는 등 강력한 비판론이 제기되어 있고, 중재판정의 집행허용 여부에 대한 심사를 간소화하자는 여러 가지 제안이 나와 있다.

본고는 먼저 중재판정의 집행절차에 관한 각국의 입법례를 살핀 후, 현행법 상의 중재판정 집행절차에 대한 각종 비판적 의견 내지 개선안을 살피고, 각 주장 내지 방안의 타당성을 검토한 다음 구체적인 개선방안을 제안하고자 한다.

II. 각국의 입법례 – 중재판정의 집행절차를 중심으로 –

1. 미국

미국 연방 중재법 제9조에 의하면 국내중재판정에 관하여 중재판정이 내려진 후 1년 이내에 관할 연방법원에 확인명령(an order confirming the award)을 신청할 수 있고, 법원은 중재판정이 취소 또는 수정되지 않은 한 확인명령을 발하여야 한다고 규정하고 있다. 이 확인명령은 법원의 판결과 마찬가지로 집행력을 가

---

7) 양병회 외 8인, 註釋 仲裁法(2005), 229면(李鎬元 집필부분); 石光現, 위의 글, 699면.

진다.

외국중재판정에 대하여서도 대체로 동일한 절차가 적용된다. 즉 미국의 연방 중재법은 제2장에서 뉴욕협약의 적용을 받는 외국중재판정의 승인 및 집행에 관한 규정을 두고, 제3장에서 국제상사중재에 관한 미주간 협약(Inter-American Convention on International Commercial Arbitration)의 적용을 받는 중재판정의 승인과 집행에 관하여 별도로 규정하고 있는바, 이들 외국중재판정은 중재판정이 내려진 후 3년 이내에 관할법원에 중재판정의 확인명령을 구할 수 있고(제207조, 제302조), 그 확인절차는 뉴욕협약에 반하지 않은 한 국내중재판정의 확인절차가 적용된다(제208조, 제307조).[8]

2. 영국

영국의 1996년 중재법 제66조에 의하면 간이절차에 의한 중재판정 집행의 경우 명령으로 법원의 허가(an order of leave)를 받으면 중재판정을 집행할 수 있고, 뉴욕협약에 의한 외국중재판정의 집행도 동일하다(같은 법 제101조).[9] 판례법상 인정되는 중재판정을 청구원인으로 한 소송에 의한 집행의 경우에는 판결을 받아 집행할 수 있게 된다.[10] 영국법계인 싱가포르[11]와 홍콩[12] 역시 법원의 허가명령을 받으면 중재판정을 집행할 수 있다.

---

8) 미국의 중재판정 집행절차에 관하여는 United States Federal Arbitration Act of 1925, United States Code Annotated Title 9 Arbitration 및 Jack J. Coe Jr., *International Commercial Arbitration : American Principles and Practice in a Global Context*(1997), p. 294 이하, Ruffus v. Rhoades/Daniel M. Kolkey/Richard Chernick, *Practitioner's Handbook on International Arbitration and Mediation(2nd Ed.)*(2007), p. 273 이하 참조.

9) 영국에 있어서의 중재판정의 집행에 관하여는 Arbitration Act of 1996 및 Ruffus v. Rhoades/Daniel M. Kolkey/Richard Chernick, *supra* note 8, p. 658 이하 참조. 또한 강병근, "우리 중재법의 개정방향과 1996년 잉글랜드 중재법", 중재학회지 제6권(1996), 112면 이하 참조. 또한 영국의 구제도에 관하여는 小島武司/高桑昭編, 注解仲裁法(1988), 491면 이하(谷口安平 집필부분) 참조.

10) 강병근, "국제 중재 판정의 취소 및 승인, 집행과 우리 중재법의 개정", 계간 국제법률경영(1996 여름호), 204면.

11) 싱가포르에 있어서의 중재판정의 집행에 관하여는 Arbitration Act (Chapter 10), International Arbitration Act (Chapter 143A) 및 Robert Merkin/Johanna Hjalmarsson, *Singapore Arbitration Legislation: Annotated*(2009), p. 51 이하 참조.

12) 홍콩에 있어서의 중재판정의 집행절차에 관하여는 Arbitration Ordinance(Chapter 609) 및 Michael Moser/John Choong, *Asia Arbitration Handbook*(2012), p. 253 이하; Ruffus v. Rhoades/Daniel M. Kolkey/Richard Chernick, *supra* note 8, p. 628 이하 참조.

영미법 계통에서 명령(order)는 단순히 법원의 명령(simply a command of the court)을 의미하며, 말이나 서면으로 할 수 있으며, 판결(judgment, decree)보다 간이한 형식의 재판으로서, 증거의 채부나 절차상의 문제 등에 관하여 행하여지는 것이 통례라고 한다.[13)]

3. 프랑스

프랑스는 민사소송법 제4편에 중재에 관한 규정을 두고 있는데, 세계에서 가장 중재친화적인 국가 중 하나로 인식되어 왔다.[14)] 프랑스 민사소송법은 먼저 중재판정이 내려지는 즉시 그 판정에서 판단된 청구에 기판력이 발생한다고 규정한다(제1484조 제1항). 국내중재판정은 판정이 내려진 곳의 지방법원이 발한 집행명령(exequatur)에 의해서만 집행될 수 있다(제1487조 제1항). 집행명령의 절차는 대심 방식으로 이루어지지 않는다(제1487조 제2, 3항).

국제중재판정에 대하여는 같은 법 제1516조에서 중재판정은 법원의 집행명령(exequatur)에 의하여서만 집행될 수 있다고 규정하고 있다.[15)]

4. 독일

우리나라처럼 중재판정의 집행을 위하여 집행판결제도를 두고 있던 독일은 1998년 UNCITRAL모델법을 수용하여 민사소송법 제10편 중재편을 전문 개정하면서, 중재판정의 집행절차를 전면적으로 결정절차로 바꾸었다.

독일의 경우 국내중재판정과 외국중재판정의 집행절차는 동일하나, 양자의 승인 및 집행의 요건은 달리 정하고 있다(제1060조, 제1061조).

중재판정의 집행을 허가하는 절차는 집행결정을 구하는 신청에 의하여 개시되고, 집행결정 신청을 받은 법원은 반드시 구술변론을 해야 하는 것은 아니지만,

---

13) Richard H. Field/Benjamin Kaplan/Kevin M. Clermont, *Civil Procedure(10th Ed.)*(2010), p. 16.

14) 프랑스는 2011. 1. 13. 위 중재편을 전면 개정하였다. 이에 관하여는 안건형/유병욱, "2011 프랑스 개정민사소송법의 주요 내용과 시사점－국제중재법을 중심으로", 民事訴訟 제15권 제2호(2011), 95면 이하 참조.

15) 프랑스에 있어서의 중재판정의 집행절차에 관하여는 프랑스 민사소송법 제4편 중재 및 Emmanuel Gaillard/John Savage(eds.), *Fouchard, Gillard, Goldman on International Commercial Arbitration*(1999), p. 888 이하; Ruffus v. Rhoades/Daniel M. Kolkey/Richard Chernick, *supra* note 8, p. 685 이하 참조.

재판에 앞서 상대방을 심문하여야 한다(제1063조 제1항 2문). 그러나 중재판정 취소의 소가 제기되거나 또는 중재판정의 승인 또는 집행의 신청시 중재판정 취소사유가 고려되는 때에는 법원은 반드시 구술변론을 명하여야 한다(제1063조 제2항).

외국중재판정의 집행을 허가하거나 그 신청을 기각하는 재판을 결정으로 하여야 한다(제1063조 제1항 1문).16)

5. 일본

우리나라처럼 중재판정의 집행을 위하여 집행판결제도를 두고 있던 일본 역시 2003년 UNCITRAL모델법을 수용하여 종래 민사소송법 제8편에 있던 중재편을 독립된 중재법으로 제정하면서, 독일과 같이 중재판정의 집행절차를 전면적으로 결정절차로 바꾸었다. 일본은 국내중재판정과 외국중재판정에 대하여 그 승인 및 집행의 요건과 집행절차를 모두 동일하게 규정하고 있다.

중재판정에 기하여 집행결정을 신청하면, 법원은 구술변론 또는 당사자 쌍방이 입회할 수 있는 심문의 기일을 거쳐야만 집행신청에 대하여 결정할 수 있다(제46조 제10항, 제44조 제5항). 즉, 법원은 반드시 구술변론을 해야 하는 것은 아니나 당사자에게 심문의 기회를 주어야 한다. 집행의 상대방이 될 채무자의 절차보장을 적절하게 배려하였기 때문이다.17) 집행을 허가하는 재판은 집행결정에 의한다(제45조 제1항, 제46조 제1항).18)

Ⅲ. 현행 중재판정 집행절차에 대한 비판론과 개선안

1. 비판론

현행법은 앞서 본 바와 같이 중재판정을 집행하기 위하여서는 소송절차를

---

16) 독일에 있어서의 중재판정의 집행절차에 관하여는 독일 민사소송법 제10편 중재 및 Sänger, *Zivilprozeßordnung Handkommentar(4. Auflage)*(2011), p. 2083 이하; Ruffus v. Rhoades/Daniel M. Kolkey/Richard Chernick, *supra* note 8, p. 758 이하 참조. 또한 石光現, 앞(주 6)의 글, 703면 이하에 관련조문의 번역과 함께 비교적 상세한 설명이 있다.

17) 小島武司/高桑昭編, 注釋と論点仲裁法(2007), 275면(高田裕成 집필부분).

18) 일본에 있어서의 중재판정의 집행절차에 관하여는 일본 중재법 제8장 중재판정 승인과 집행결정 및 中野貞一郎, 民事執行法(增補新訂6版)(2010), 199면 이하; 小島武司/高桑昭編, 위의 책, 273면 이하(高田裕成 집필부분) 참조.

통하여 중재판정에 대한 집행판결을 받도록 하고 있는바, 이에 대하여는 여러 가지 비판론이 제기되어 있다.

황병일 변호사는 중재판정 자체에 대하여 집행권원으로 인정하지 않고, 따로 집행판결 청구소송을 제기하도록 한 것은 자기모순이며, 모처럼 중재제도를 이용하여 판정까지 얻어낸 신청자로 하여금 배신감을 느끼게 할 뿐만 아니라, 사회감정상으로도 참을 수 없는 부당한 불편을 초래하는 일이라고 하고 있다.[19]

김봉석 박사는 중재판정에 의하여 강제집행을 하기 위해서는 당사자는 법원에 집행판결 청구의 소를 제기하여야 하고, 법원에서는 민사소송법에 따라 일반 민사사건과 동일한 절차에 의해 심리를 한 후 집행판결을 받고, 집행판결에 집행문을 부여받아 강제집행을 하도록 한 것은 당사자로써는 이중의 소송비용과 긴급성을 요구하는 강제집행에 장시간을 소비하여야 하는 고통을 감수하여야 하고, 그것이 중재제도의 활성화를 방해하는 요인으로 작용하고 있다고 지적하고 있다.[20]

이태희 변호사는 일반인들로 하여금 중재를 법원에 가기 이전의 전심절차 또는 불필요한 사전절차로 인식하게 만들어 결과적으로 중재를 기피하게 만드는 원인이 되고 있다고 하고 있다.[21]

석광현 교수는 1999. 2. 6. 베트남 상사중재원에서 내려진 중재판정에 대한 집행판결을 청구한 사건에서 세 차례의 대법원판결을 거쳐 최종판결이 나기까지 중재판정일 이후 7년 8개월이 걸렸으나 결국 목적을 달성하지 못한 사례와[22] 1998. 7. 14. 홍콩에서 ICC 중재규칙에 따라 내려진 중재판정에서 인정된 채권을 회사정리절차에 채권신고를 하였으나 관리인이 이를 부인함에 따라 제기된 정리채권 확정청구 사건에서 두 차례의 대법원판결을 거쳐 그 최종판결이 확정되기까지 중재판정일 이후 거의 12년이 걸린 사례를[23] 예로 들면서 국제상사중재가 과연 최종적이고 신속한 분쟁해결수단인지를 의심하게 하는 사건이라고 함과 동시

---

19) 황병일, "국내외 중재판정의 강제집행", 중재 제283호(1997 봄), 24면.
20) 김봉석, "仲裁判定에 의한 執行判決의 節次와 그 問題點", 중재연구 제13권 제1호(2003), 171면.
21) 이태희, "중재판정의 효율적 집행과 취소사유에 대한 고찰", 중재 제314호(2004 겨울), 8면.
22) 대법원 2003. 4. 11. 선고 2001다20134 판결; 대법원 2004. 12. 10. 선고 2004다20180 판결; 대법원 2006. 10. 13. 선고 2005다69342 판결.
23) 대법원 2009. 5. 28. 선고 2006다20290 판결; 대법원 2010. 4. 29. 선고 2010다3148 판결.

에, 우리 법원은 종래 외국중재판정의 승인 및 집행에 있어서 매우 우호적인 태도를 보여주고 있으나, 실제로 외국중재판정 후 집행판결을 받는 데까지 너무 오랜 기간이 걸린 사안도 있다고 지적하고 있다.[24]

이들은 모두 현행 중재법에 의한 중재판결절차가 과중하고 너무 장기화되는 경향을 지적하면서 심지어 중제제도 자체에 대한 회의감까지 표현하는 등 커다란 불만을 표시하고 있다는 점에 공통점이 있고, 이러한 중재판결절차의 과중 및 지연을 해소하는 것이 시급한 과제임을 실감하게 하고 있다.

2. 개선안

앞서 본 의견들에 의하면 중재판정의 집행절차의 과중 및 지연을 막기 위하여 중재판정에 대한 집행허용 여부에 대한 심사를 간소화하자는 제안이 나와 있고, 그 간소화 방안으로서는 크게 보아 중재판정 자체를 집행권원으로 인정하자는 의견과 집행절차를 판결절차에서 결정절차로 바꾸자는 의견이 나와 있다.

황병일 변호사,[25] 김봉석 박사,[26] 손경한·김화진 교수,[27] 장문철 교수[28]의 의견은 중재판정이 확정판결과 동일한 효력을 가짐을 근거삼아 중재판정 자체를 집행권원으로 인정하여, 집행판결 없이 중재판정에 바로 집행문을 부여받아 바로 강제집행 절차를 진행하면 된다고 주장하는 점에서 공통된다.

중재판정에 대한 집행허용 여부에 대한 심사를 판결절차가 아닌 결정절차로 하는 개선안은 김홍규, 정규상, 정기인, 이강빈 교수(이하 김홍규 교수 등이라고만 한다),[29] 이태희 변호사,[30] 이준상 부장판사[31] 및 석광현 교수[32]에 의하여 제시

24) 石光現, 앞(주 6)의 글, 701면.
25) 황병일, 앞(주 19)의 글, 24면.
26) 김봉석, 앞(주 20)의 글, 197면.
27) 손경한/김화진, "仲裁法 改正의 基本方向", 중재 제277호(1995 여름), 28면.
28) 장문철, "중재법의 개정방향", 중재 제335호(2011 봄), 11면.
29) 金洪奎/鄭圭相/鄭冀人/李康斌, "仲裁法 改正試案 및 解說", 仲裁學會誌 제2권(1992), 11면 이하. 김홍규 교수 등은 1992년 상세한 중재법 전체에 대한 개정시안을 작성하고 그에 대한 해설과 함께 발표하였으며, 이는 1999년 중재법 개정시 크게 참고가 되었다.
30) 이태희, 앞(주 21)의 글, 11면.
31) 이준상, "우리법원에서의 중재판정의 승인, 집행재판의 실무와 개선방안 - 월드뱅크그룹의 2010년 IAB 보고서의 검토를 겸하여 -", 국제규범의 현황과 전망 - 2010년 국제규범 연구반 연구보고 및 국제회의 참가보고(2011), 75면.
32) 石光現, 앞(주 6)의 글, 700면.

되어 있는바, 그 중에서 김홍규 교수 등, 이태희 변호사 및 이준상 부장판사의 제
안은 결정절차와 판결절차를 병용한다는 점에서 공통되고, 석광현 교수는 전면적
으로 결정절차로 할 것을 제안하고 있다.[33]

3. 중재판정 집행절차의 과중 및 지연의 원인에 대한 검토

앞서 본 비판론 및 개선안의 공통된 점은 현행 중재판정의 집행절차의 과중
및 그로 인한 지연에 대한 불만에 있다고 볼 수 있다.

현행 중재법에 의한 중재판정의 집행절차가 과중하고 지연된다는 지적을 받
는 근본적인 원인은 중재판정만으로는 집행력이 인정되지 아니하므로, 그 집행력
부여 여부를 결정하기 위한 절차를 판결절차로 한 점에 있다고 할 것이다. 판결
절차는 대등한 쌍방 당사자를 전제로 하여 당사자에게 모든 절차상 권리를 허용
하여 필요적 변론절차를 통하여 신중한 심리를 거치도록 되어 있다. 그러나 이미
승패가 결정나서 일방의 우위가 결정되어 있는데도 불구하고, 승소한 중재판정을
집행하려고 하는 당사자에 대하여 중재판정의 집행과정에서 다시 판결절차를 밟
도록 하는 것은 과중한 절차로서 부당하게 부담을 지우는 결과가 된다. 즉 중재
절차나 판결절차나 모두 분쟁의 대상이 된 권리관계의 확정절차인데, 이미 당사
자가 당초에 권리관계의 확정을 중재판정부의 판단에 따라 하기로 한 중재합의에
의하여 진행된 권리확정절차로서의 중재절차에 따라 권리관계가 확정되었음에도
불구하고, 다시 권리확정절차인 민사소송법상의 판결절차에 의하여 중재판정의
집행을 허용할 것인지 여부를 심사하게 되는 결과, 2중의 권리확정절차를 거치게
되며, 그로 인하여 2중으로 시간과 비용이 소모된다는 점에 문제가 있다고 할 것
이다.

문제는 위와 같은 과중한 중재판정의 집행절차를 어떻게 간소화할 것이냐인
데, 그 방안에 대하여 아래에서 차례로 검토하기로 한다.

---

33) 그 밖에도 엄덕수, "중재판정에 기한 강제집행절차의 문제점", 民事執行法研究 제5권
(2009), 35면은 중재판정의 내용이 금전 그 밖의 대체물이나 유가증권의 일정한 수량의
지급을 목적으로 하는 경우에는 즉시 피고에게 '중재판정에 따른 지급명령'을 발송하고
피고가 공시송달이 아닌 방법으로 '적법하게 송달받은 후 2주 내에 중재판정 취소소송
을 제기하지 아니하면 바로 집행문을 병기한 집행판결문'을 원고에게 송달하는 제도의
도입(민사소송법 제462조 이하의 준용)이 필요하다고 제안하고 있는바, 이는 현행 집행
판결제도를 유지하는 방안의 하나로 보이므로, 본고에서는 별도로 다루지 아니하기로
한다.

Ⅳ. 중재판정 자체를 집행권원으로 인정하자는 의견에 대하여

1. 기존의 제안

앞서 본 바와 같이 황병일 변호사, 김봉석 박사, 손경한·김화진 교수, 장준철 교수의 의견은 중재판정이 확정판결과 동일한 효력을 가짐을 근거삼아 중재판정 자체를 집행권원으로 인정하여, 집행판결 없이 중재판정에 바로 집행문을 부여받아 바로 강제집행 절차를 진행하면 된다고 주장하는 점에서 일치한다.

이에 대하여 이태희 변호사는 다른 나라의 입법례를 살펴보면 중재판정 그 자체로 집행력을 인정하는 입법례를 찾기는 쉽지 않음을 들어 중재판정 자체만으로는 집행력을 부여하는 것은 부적절해 보인다고 하고 있고,[34] 석광현 교수 역시 중재인의 중재판정 그 자체에 집행력을 인정하는 것은 너무 나간 것이며, 외국의 입법례에서 보지 못하였다고 지적하고 있다.[35]

이하 이에 대하여 중재판정 자체에 집행력을 인정할 수 있는지 여부와 집행문 부여 단계에서 중재판정의 집행요건을 심사할 수 있는지 여부로 나누어 살피기로 한다.

2. 중재판정 자체에 집행력을 인정할 수 있는지 여부

중재판정에 대하여 바로 집행력을 인정하지 아니한 근본적 이유는 이미 앞에서 살핀 바와 같이 중재판정은 근본적으로 사인의 재판행위이므로, 국가의 입장에서 그 법률적 효력을 인정하기 위하여서는, 당사자 사이에 적법 유효한 중재합의가 있었는지, 중재판정부의 구성이나 중재절차의 진행 등에 있어서 당사자들의 절차권이 보장되었는지 그리고 중재판정의 내용이 공공의 질서에 부합하는지 여부 등 중재판정이 그 국가의 법질서에 적합한지 여부를 심사할 필요가 있으므로, 법원에서 그 집행을 허용할지 여부를 판단하는 심사절차를 거치게 함으로써 신중을 기하기 위한 것이다. 그와 같은 심사의 요건으로 중재법 제38조는 국내중재판정에 대하여는 중재판정 취소사유가 없을 것을, 제39조는 외국중재판정에 대하여는 뉴욕협약 제5조에 규정된 승인 및 거부사유가 없거나 외국판결의 승인요

---

34) 이태희, 앞(주 21)의 글, 10면.
35) 石光現, 앞(주 6)의 글, 709면.

건을 갖출 것을 각기 규정하고 있는바, 이들 사유는 유효한 중재합의의 존재, 절차적 정의의 준수, 공공의 질서에 반하지 않을 것 등으로서 그 요건의 심사가 단순하다고만은 할 수 없고, 또 그와 같은 집행요건의 심사없이 중재판정을 승인하거나 이에 기하여 강제집행을 행한다면 당사자 사이의 공정을 해하거나 나아가 우리나라의 법질서에 반할 우려가 있다 할 것이다

각국의 입법례를 보더라도 국내중재판정이든 외국중재판정이든 그 집행을 위하여 미국은 법원의 확인명령을 받아야하고, 영국은 법원의 허가명령을 받음을 원칙으로 하며, 프랑스 역시 법원의 집행명령을 받아야 하고, 독일과 일본은 법원의 집행결정을 받아야 하는 등 어느 나라든 각기 그 절차는 상이할지라도 중재판정이 자국의 법질서에 어긋나지 않는지 내지 그 집행을 허용할 것인지 여부에 대한 법원의 심사를 받도록 되어 있다. 뉴욕협약 제3조 역시 "각 체약국은 중재판정을 다음 조항에 규정한 조건하에서 구속력 있는 것으로 승인하고 그 판정이 원용될 영토의 규칙에 따라 그것을 집행하여야 한다."라고 규정하여 외국중재판정에 있어서 각국에서 정한 절차에 따른 심사를 전제로 규정하고 있다고 볼 것이다.

그러므로 국내외 중재판정을 불문하고 집행요건의 구비 여부에 대한 법원의 심사없이 중재판정에 직접 집행력을 부여하는 것은 무리라고 볼 것이고, 문제는 그 집행요건의 구비 여부를 심사하는 절차가 어떠한 절차로 구성되어 있는지, 유효·적법한 중재판정의 간이·신속한 집행을 보장하기에 적합한지 여부가 된다 할 것이다.

3. 집행문 부여 단계에서 중재판정의 집행요건을 심사할 수 있는지 여부

다음 손경한·김화진 교수와 김봉석 박사 및 장문철 교수는 중재판정에 대하여 바로 집행문을 부여함으로써 집행을 허용하자는 구체적인 의견을 제시하고 있으므로, 집행문 부여절차에서 중재판정의 집행요건을 심사할 수 있는지 여부에 대하여 살핀다.

우리 민사집행법은 판결절차 등 집행권원의 작성절차와 집행권원의 실현절차인 강제집행절차를 명확히 구분하여 강제집행을 효율적으로 할 것을 도모하고 있고, 이를 위하여 판결절차는 신중을 기하는 의미에서 필요적 변론을 거쳐 판결로 매듭을 짓지만, 민사집행절차는 간이·신속한 처리를 위하여 임의적 변론을

거쳐 결정으로 매듭을 짓는 것을 원칙으로 하고 있다.[36]

한편 민사집행법상 강제집행절차에서는 확정된 판결 등 이미 집행력이 발생한 집행권원에 대하여는 집행력이 현재 있다는 것과 누가 집행당사자인가를 집행권원의 끝에 덧붙여 적은 공증문서인 집행문을 부여받은 후 집행이 가능하도록 하고 있다. 일반적으로 집행권원을 취득하여 이를 바탕으로 강제집행을 행하기까지는 상당한 시간적 간격이 생길 수밖에 없으며 그사이에 권리관계 주체의 변동, 조건부 청구권의 조건성취, 재심·상고 등에 의한 판결의 취소·변경 등의 사유가 생길 가능성이 있는데, 사건기록도 갖고 있지 아니한 집행기관이 이러한 것까지 조사하여 제시된 집행권원이 집행력이 있는가를 판단토록 하는 것은 부적당하고 신속한 집행을 저해하기 때문에 현재 기록을 보관하는 기관인 제1심 법원의 법원사무관 등이나 집행증서를 보관하는 공증인 등으로부터 문제의 집행권원에 의한 강제집행을 실시하는데 아무런 문제가 없다는 점을 공권적인 확정 보충받도록 하는 취지에서 마련된 제도이다.[37]

집행문 부여절차는 위와 같이 공증의 기능을 수행할 뿐이므로, 단순집행문이 아닌 조건성취집행문 및 승계집행문은 사법보좌관의 집행문부여명령이 있어야 부여할 수 있으며(민사집행법 제32조), 집행문의 부여나 부여거절에 대하여 불복이 있을 때에는 집행문부여에 대한 이의절차(민사집행법 제34조), 집행문부여의 소(민사집행법 제33조), 집행문부여에 대한 이의의 소(민사집행법 제45조) 등 절차가 마련되어 있다.

따라서 집행문이 부여되는 것은 유효한 집행권원의 존재를 전제로 하는 것인데 그 집행요건의 구비 여부에 관계없이 중재판정 자체에 집행력을 부여하는 것은 앞서 살핀 바와 같이 곤란할 뿐만 아니라, 앞서 본 바와 같은 집행문 부여절차는 유효한 집행권원의 존재 및 집행당사자적격 등 일정한 사항에 대하여 집행에 문제가 없다는 것을 공증하기 위한 절차이므로, 그 과정에서 중재판정이 승인 및 집행요건을 갖추었는지를 심사하는 것은 부적절하며, 그 담당자도 법관이 아니라 집행권원의 보관기관이므로 이 점에서도 집행문 부여 절차에서 중재판정이 그 집행요건을 갖추었는지를 심사할 수는 없다 할 것이다.

또한 중재판정에 바로 집행문을 부여하자는 주장은 중재법 제35조가 "중재

---

36) 李時潤, 앞(주 5)의 책, 8면; 中野貞一郎, 앞(주 18)의 책, 269면.
37) 李時潤, 위의 책, 138면.

판정은 양쪽 당사자 간에 법원의 확정판결과 동일한 효력을 가진다."고 규정하고 있음을 그 근거로 제시하고 있으나, 중재법은 그와 동시에 제37조 제1항에 의하여 중재판정에 대하여 집행판결을 받아야 집행력이 발생하도록 규정하고 있으므로, 제35조는 중재판정이 기판력을 가진다는 취지만을 규정한 것으로 보아야 할 것이고, 따라서 위 제35조를 중재판정에 바로 집행력이 발생한다는 근거로 삼을 수는 없다고 보아야 할 것이다.

V. 중재판정의 집행절차를 결정절차로 할 필요성

1. 결정절차로 할 필요성

앞서 본 바와 같이 중재판정의 집행절차의 과중 및 지연을 막기 위하여 중재판정 자체를 집행권원으로 하자는 주장 외에 이를 간이 · 신속화하기 위하여 중재판정의 집행절차를 결정절차로 하자는 제안, 즉 중재판정에 대한 집행허용 여부를 심사하는 절차를 판결절차가 아닌 결정절차로 하자는 의견이 제시되어 있고, 이에 대한 반대의견도 있다.

본고에서는 먼저 중재판정의 집행절차를 결정절차로 하는 것이 필요한 이유를 밝힌 후 이에 대하여 반대하는 의견을 검토하고, 앞서 본 각국의 입법례를 기초삼아 비교법적인 검토를 하기로 한다.

근본적으로 어떠한 사항을 판결절차에 의하여 재판하고, 결정절차에 의하여 재판할지는 그 재판대상의 성질에 비추어 판단할 일이다. 원칙적으로 판결은 중요사항, 특히 소송에 대한 종국적 · 중간적 판단을 할 때 쓰이고, 결정 · 명령은 소송절차의 부수파생된 사항 · 강제집행사항 · 가압류 가처분사건 · 비송사건을 판단할 때 쓰인다.[38] 따라서 상대방에 대하여 특정한 청구의 당부에 관하여 심판을 요구하는 본안신청인 소가 제기된 경우 필요적 변론을 거쳐야 하는 판결절차에 의하여 권리확정 절차를 거쳐야 할 것이다. 예컨대 대여금 청구나 매매목적물의 인도청구 등 실체법상의 권리관계에 대한 다툼이 있는 경우에는 판결절차에 의하여 당사자들에게 주장과 증거를 제출할 충분한 기회를 준 다음 그 자료에 기초하여 판결로써 그 권리관계를 확정지어야 할 것이지, 간이한 재판절차인 결정절차

---

38) 이시윤, 앞(주 1)의 책, 566면.

로 할 수는 없는 것이며, 이를 결정절차로 한다면 헌법상 법관으로부터 재판을
받을 권리나, 공개재판을 받을 권리의 침해로서 문제될 수도 있다. 그러나 실체법
상의 권리관계에 대한 다툼이라 할지라도 독촉절차와 같이 금전 그 밖의 대체물
이나 유가증권의 일정 수량의 지급을 목적으로 하는 청구권에 관하여 채무자가
다투지 않을 것으로 예상될 경우에 채권자가 간이·신속·저렴하게 집행권원을
얻게 하기 위하여 지급명령을 신청하여 결정절차에 의하여 재판하는 일도 있을
수 있다.[39] 다만 이 경우에도 채무자가 이의신청을 제기하면 판결절차로 이행되
며, 이 경우까지 결정절차로 재판할 수는 없을 것이다.

　한편 강제집행절차는 간이·신속한 처리를 위하여 임의적 변론으로 결정으
로 매듭을 짓는 것을 원칙으로 하나,[40] 그 재판사항의 비중으로 보아 중요하거나
집행기관에서 판단함이 부적당하다고 판단되는 사항에 대하여는 청구이의의 소
(민사집행법 제44조), 집행문부여에 대한 이의의 소(같은 법 제45조), 배당이의의 소
(같은 법 제154조)와 같이 판결절차에 의하여 재판할 것으로 하는 경우도 있다.

　중재판정의 집행절차 중 그 집행허부에 관한 재판은 그 이전에 중재절차를
통하여 소송절차에 갈음하는 권리확정절차를 마친 상태이고, 실체법상의 권리관
계를 확정하는 절차라고 볼 수는 없으므로, 그 성질상 반드시 판결절차에 의할
것은 아니라고 할 것이다.

　이를 판결절차에 의할 것이냐, 결정절차에 의할 것이냐는 신중한 심리가 중
요한지 아니면 간이·신속한 재판의 요구가 큰지 등 제반 사정을 종합적으로 고
려하여 결정하여야 할 것이다. 현행법상 집행판결이 요구되는 다른 경우인 외국
판결의 집행허부절차는 판결절차에 의하도록 되어 있고, 이에 대하여는 별다른
이견이 없는바, 이는 외국판결은 간이·신속한 집행보다 그 집행 여부를 신중하
게 판단할 것이 요구되는 경우로 평가된 결과로 볼 것이다.[41]

　외국중재판정을 포함한 중재판정의 집행허부의 재판에 관하여서는 이미 각
국의 입법례에서 본 바와 같이, 중재선진국을 포함하여 대부분의 국가가 판결절

---

39) 재판내용을 고려하여 명령이라는 명칭이 붙여져 있으나, 그 성질은 결정이다. 이시윤, 위
　　의 책, 565면.
40) 李時潤, 앞(주 5)의 책, 10면. 민사집행법 제3조 제2항은 "집행법원의 재판은 변론없이
　　할 수 있다."라고 규정하고 있고, 예컨대 강제집행의 취소·정지신청, 경매개시결정에
　　대한 이의신청, 매각허가결정에 대한 이의신청 사건 등은 결정절차에 의하여 재판한다.
41) 본고 Ⅶ. 2. 참조.

차가 아닌 간이한 절차에 의하여 재판하고 있는바, 이에 비추어 보아도 중재판정의 집행허부에 관한 절차가 반드시 판결절차에 의하여야 할 사항으로 볼 수는 없다.

중재판정에 대한 집행허부의 심사가 그 집행허가요건을 갖추었는지 여부에 대한 신중한 심리를 요한다 할지라도, 이미 중재절차라는 권리확정절차를 거친 후에 다시 집행판결절차라는 이중의 권리확정절차를 거치게 함은 지나친 것이라는 점, 실제 그 심사에 있어서도 본안의 심사는 원칙적으로 금지되어 있고, 단지 중재합의의 존재와 절차적 정의의 준수여부 및 공공의 질서 위배 여부 등 특정된 사항에 한정되어 있다는 점, 중재판정의 집행을 간이·신속하게 하여 중재의 실효성을 높이고 그 이용을 넓혀야 할 필요성이 크다는 점 등을 종합적으로 고려하면, 이제는 우리도 중재판정에 대한 집행허부의 심사절차를 판결절차에서 결정절차로 전환함이 옳을 것이다.[42]

2. 결정절차로 함에 반대하는 의견에 대한 검토

가. 반대하는 의견의 개요

1999년 중재법의 전면 개정 당시 중재판정의 집행절차를 결정절차로 할 것인지에 대하여 검토가 이루어졌는바, 그 개정과정에 참여한 목영준 헌법재판관은 ① 중재판정의 집행을 쉽게 하기 위하여 법원의 집행판결이 아닌 결정으로 하더라도 반드시 심문을 거치도록 할 경우 시간적으로나 심사의 범위로나 결정과 판결 사이에 실질적인 차이가 없고, ② 우리 민사소송법 및 소송촉진 등에 관한 특례법상 재산상 청구에는 상당한 이유가 없는 한 가집행을 붙여야 하므로 판결로 하더라도 1심판결 선고 후에는 집행의 실효를 거둘 수 있으며, ③ 개정시안대로 하면 필요적 심문규정, 집행신청의 각하사유, 이의신청시의 집행정지효력유무, 가집행선고 있는 집행결정 등의 부분에서 민사소송의 기본체계와 혼동을 일으킬 우려가 있으므로 구법상의 집행판결제도를 유지하였다고 한다.[43]

---

42) 일본의 경우 구법상의 중재판정에 대한 집행판결제도에 대하여는 다액의 비용과 시간이 들므로 소송에 의하지 아니한 간이한 분쟁해결수단으로서의 중재절차의 존재의의에 비추어 입법론적으로 문제라는 지적을 반영하여 보다 간이한 집행을 위하여 집행결정 제도로 바꾼 것이라고 한다. 小島武司/高桑昭編, 앞(주 17)의 책, 274면(高田裕成 집필부분); 高橋宏志, "仲裁判斷の執行許容宣言", 現代仲裁法の論点(1998), 343면.

43) 목영준, "민사소송의 실무적 관점에서 본 중재법 개정시안", 중재 제276호(1995 여름),

또한 위 중재법의 개정과정에 참여한 하용득 검사는 그 과정에서 집행판결절차를 결정의 형식으로 하자는 견해도 있었지만, 그 과정에 ① 결정의 집행력의 처리에 어려움이 있고, ② 또한 결정에는 기판력이 없으므로 또 다른 문제를 야기할 소지가 있으며, ③ 판결로 하더라도 실무상 결정으로 하는 경우와 별다른 차이가 없다는 점을 고려하여 판결의 형식을 취하였다고 한다.[44]

이들 의견을 살펴보면, 중재판정의 집행허부의 심사가 반드시 판결절차에 의하여 행하여져야 한다고 주장하고 있는 것이 아니라 이를 결정절차로 할 경우 어려움이 있다는 것을 이유로 하고 있는데, 이는 집행결정의 결정이라는 성질을 이유로 하는 비판과 실무상 차이점이 없다는 비판으로 나누어볼 수 있으므로, 차례로 이를 나누어 검토한다.

나. 집행결정의 결정이라는 성질로 인한 비판에 대한 검토

먼저 중재판정의 집행허부의 재판을 결정절차에 의할 경우, 집행결정이 결정이라는 성질에서 비롯된 비판, 즉 ① 결정의 집행력의 처리에 어려움이 있고, ② 또한 결정에는 기판력이 없으므로 또 다른 문제를 야기할 소지가 있으며, ③ 필요적 심문규정, 집행신청의 각하사유, 이의신청시의 집행정지효력 유무, 가집행선고 있는 집행결정 등의 문제와 관련하여 민사소송의 기본체계와 혼동을 일으킬 우려가 있다는 주장에 관하여 본다.

이러한 비판은 집행결정을 통상의 결정으로 본다면 타당하다고 볼 수 있으나, 집행결정을 통상의 결정으로 구성하지 아니하고, 중재법에 특별규정을 둠으로써 통상의 결정과 달리 취급함으로써 충분히 해소될 수 있는 문제이다. 현재의 집행판결을 집행결정으로 대체하더라도 그에 대해 민사소송법상 결정에 관한 법리를 전면적으로 적용할 것이 아니라 특칙을 도입하여 충분히 해결할 수 있을 것으로 판단된다.[45] 반대론이 지적하는 사항을 차례로 검토한다.

1) 결정의 집행력의 처리에 어려움이 있다고 하나, 현행법상으로도 확정된 지급명령은 집행권원으로 인정되고(민사집행법 제56조 제3호), 소액사건에서 이행권고결정이 확정되면 확정판결과 같은 효력을 가지므로(소액사건심판법 제5조의 7

41면.

44) 하용득, "仲裁法의 改正經過 및 主要內容", 중재 제295호(2000 봄), 23면.

45) 石光現, 앞(주 6)의 글, 713면.

제1항) 집행력이 있다고 보고 있으며, 그 밖에도 화해권고결정은 재판상 화해와
같은 효력을 갖게 되므로(민사소송법 제231조) 집행권원이 되고, 조정에 갈음하는
결정 역시 재판상 화해와 같은 효력이 있으므로(민사조정법 제34조 제4항) 집행권
원으로 인정된다. 이와 같은 점에 비추어 중재판정의 집행결정도 집행권원으로
인정하는 규정을 두면 집행력을 인정함에 아무런 지장이 없을 것이다.[46]

　　2) 또한 결정에는 기판력이 없으므로 또 다른 문제를 야기할 소지가 있다고
하나, 민사소송법상 결정은 원칙적으로 기판력이 없는 것이 원칙이지만, 예컨대
소송비용에 관한 결정(민사소송법 제110조, 제114조)과 간접강제 수단으로 하는 배
상금의 지급결정(민사집행법 제261조)과 같이 실체관계를 종국적으로 해결하는 결
정은 예외적으로 기판력이 있고,[47] 집행결정에서의 중재판정의 집행요건 구비 여
부에 대한 판단에는 뒤에서 살피는 바와 같이 기판력이 인정된다고 봄이 타당하
므로 이 역시 결정절차화를 반대하는 이유로 될 수 없다.

　　3) 필요적 심문규정, 집행신청의 각하사유, 이의신청시의 집행정지효력유무,
가집행선고 있는 집행결정 등의 문제와 관련하여 민사소송의 기본체계와 혼동을
일으킬 우려가 있다는 주장에 대하여 검토한다.

　　결정절차 중에서도 예컨대 가압류 결정에 대하여 이의신청이 있는 때에는
변론기일 또는 당사자 쌍방이 참여할 수 있는 심문기일을 필요적으로 열어야 하
고(민사집행법 제286조 제1항), 임시의 지위를 정하기 위한 가처분 재판에는 변론기
일 또는 채무자가 참석할 수 있는 심문기일을 필요적으로 열어야 하도록 되어 있
는바(같은 법 제304조), 중재판정의 집행결정절차에서도 당사자를 필요적으로 심
문하도록 규정하더라도 아무런 문제가 없다 할 것이다.[48]

　　중재판정 집행신청의 각하사유는 현행법상의 집행판결 청구의 소의 각하사
유와 동일하게 보면 될 것이다.

　　한편 결정은 즉시 집행력이 발생하므로 가집행선고를 붙일 필요가 없고,[49]

---

46) 실제로 일본 민사집행법 제22조 6의 2호는 "확정된 집행결정이 있는 중재판정"을 집행권
　　원의 하나로 규정하고 있다.
47) 이시윤, 앞(주 1)의 책, 592면.
48) 실제로 일본 중재법은 중재판정에 대한 집행결정을 구하는 신청이 있으면 구두변론 또
　　는 당사자 쌍방이 참여할 수 있는 심문기일을 필요적으로 열도록 규정하고 있다. 제46조
　　제10항, 제44조 제5항.
49) 이시윤, 앞(주 1)의 책, 633면.

이에 대하여 불복하면서 적절한 소명이 있으면 당사자의 신청에 따라 담보를 제공하게 하거나 담보를 제공하게 하지 아니하고 강제집행을 정지하도록 할 수도 있는 문제이다.[50]

결론적으로 문제는 어떻게 집행결정제도를 구성하느냐에 달린 것이지 결정절차이기 때문에 문제가 발생하는 것은 아니다. 우리와 민사소송의 기본체계를 같이하는 독일과 일본에서도 중재판정의 집행허부 재판은 판결절차가 아닌 결정절차에 의하고 있음에 비추어 보아도 민사소송의 기본체계와 혼동을 일으킬 우려가 있다는 지적은 설득력이 떨어진다.

다. 실무상 차이가 없다는 비판에 대한 검토

다음 중재판정의 집행허부 재판을 판결로 하던 결정으로 하던 실무상 별 차이가 없다는 점에 관하여 본다. 판결은 신중을 기하기 위하여 원칙적으로 필요적 변론, 즉 변론을 거칠 것을 요하며(민사소송법 제134조 제1항 본문), 결정은 간이·신속을 요하기 때문에 원칙적으로, 임의적 변론, 즉 변론을 거칠 것이냐의 여부는 법원의 재량에 일임되어 있다(같은 항 단서). 결정절차에서 필요적 심문을 한다 할지라도 결정절차로 한 취지 즉 간이·신속을 기한다는 취지를 존중하여 운영하여야 할 것이다. 결정절차를 도입한다 할지라도 그 실제의 운영에서 절차를 지연시킨다면 결정절차를 도입하는 취지를 무색하게 만들 것이고, 결국 이는 실제 제도를 운영하는 법관의 의지에 달린 문제일 것이다.

실례로서 종전에 판결절차로 심리하도록 하던 가압류·가처분에 대한 이의신청사건과 그 취소신청사건을 2005. 1. 27. 민사집행법을 개정하여 전면적으로 결정절차에 의하도록 하면서, 원칙적으로 변론기일이나 당사자 쌍방이 참여할 수 있는 심문기일을 정해 심리하도록 하였는데(민사집행법 제286조 제1항, 제288조 제3항), 실무상 법관들이 이를 반영하여 종전에 비하여 대폭적으로 신속하게 가압류·가처분에 대한 이의신청사건과 그 취소신청사건을 운영하고 있다고 하니, 중재결정의 집행허부에 관하여도 결정절차를 도입하면 동일하게 그 처리가 신속하여질 것으로 기대된다.

실무상 중요한 것은 외국중재판정에 기한 집행재판을 하거나 외국중재판정

---

50) 예컨대 민사집행법 제15조 제6항은 같은 법상의 즉시항고에 관하여 위와 같이 규정하고 있다.

을 승인하는 우리 법원의 인식의 전환이다. 즉 법원의 역할은 외국중재판정에 대한 실질재심사를 하는 것이 아니라 승인요건의 구비 여부만을 심사하는 것인데, 그 경우 실질재심사를 할 수 있지만 실질재심사도 전면적인 것이 아니라 제한적인 것이라는 점을[51] 법원이 분명히 인식해야 한다는 점이다.[52]

사안에 따라서는 중재판정의 집행에 관하여 집행결정제도를 채택한다고 할지라도 그 집행을 구하는 중재판정에 대하여 외국에서 중재판정 취소 신청이 제기되어 있어서 그 결과를 기다리기 위하여 집행결정이 지연되는 경우와 같이 집행허부에 관한 재판에 상당 시일이 걸리는 수가 있을 수 있으나, 이는 사건의 성질상 불가피한 것이지 중재판정의 집행절차 자체에 문제가 있어서 지연되는 것은 아니다.

또한 반드시 법정에서의 구술변론의 기회를 거쳐 판결로 중재판정의 집행의 허용 여부를 결정하게 되면 그 절차의 성질상 지연될 가능성이 높아지는데 집행결정 절차를 도입한다면 이를 방지할 수 있다는 점에서 실익이 있다.

---

51) 예컨대 대법원 2009. 5. 28. 선고 2006다20290 판결은 "…집행국 법원이 당해 외국중재판정의 편취 여부를 심리한다는 명목으로 실질적으로 중재인의 사실인정과 법률적용 등 실체적 판단의 옳고 그름을 전면적으로 재심사한 후 그 외국중재판정이 사기적 방법에 의하여 편취되었다고 보아 집행을 거부하는 것은 허용되지 않는다. 다만, 그 외국중재판정의 집행을 신청하는 당사자가 중재절차에서 처벌받을 만한 사기적 행위를 하였다는 점이 명확한 증명력을 가진 객관적인 증거에 의하여 명백히 인정되고, 그 반대당사자가 과실 없이 신청당사자의 사기적인 행위를 알지 못하여 중재절차에서 이에 대하여 공격방어를 할 수 없었으며, 신청당사자의 사기적 행위가 중재판정의 쟁점과 중요한 관련이 있다는 요건이 모두 충족되는 경우에 한하여, 외국중재판정을 취소·정지하는 별도의 절차를 거치지 않더라도 바로 당해 외국중재판정의 집행을 거부할 수 있다."라고 판시하고 있다.
　　또한 뉴욕협약상 위 협약 제5조 제1항에 규정된 외국중재판정의 승인 및 집행거부사유 유무를 판단하기 위하여 각국의 법원이 필요한 경우에 중재판정의 본안을 검토하는 것까지 금지하는 것은 아니라 할 것인바, 예컨대 법원이 뉴욕협약 제5조 제1항 (c)가 규정하는 바와 같이 중재판정이 중재조항에 규정되어 있지 아니한 분쟁이나 중재부탁의 범위를 벗어나는 사항에 관한 결정을 포함하는지 여부를 심리하기 위하여, 또는 제5조 제2항 (b)가 규정하는 바와 같이 판정의 승인이나 집행이 공공의 질서에 반하는지 여부를 판단하기 위하여 필요한 범위 내에서는 중재판정의 본안을 검토할 수 있다 할 것인데, 이 경우에도 이를 넘어 중재인의 사실인정과 법률적용상의 하자유무를 문제삼을 수 없다고 보는 것이 일반적이다. 졸고, "국제중재판정의 취소사유의 확장 또는 제한-법원에 의한 본안의 심사와 관련하여", 국제거래법연구 제21권 제2호(2012), 181면〈이 책 177면〉.

52) 石光現, 앞(주 6)의 글, 714면. 이태희, 앞(주 21)의 글, 9면은 집행판결 단계의 재심화를 막기 위해서는 법원은 중재판정의 절차적 하자의 검증에 그쳐야 한다고 지적하고 있다.

라. 중재판정 집행절차를 결정절차로 할 경우 위헌 여부

중재법에서 중재판정의 집행절차를 종래의 판결절차로부터 결정절차로 개정함에 대하여, 이는 국민의 재판을 받을 권리를 정한 헌법 제27조 및 재판공개의 원칙을 규정한 헌법 제109조에 반한다는 논의가 있을 수 있다.

중재판정 그 자체는 기판력을 가지고 국민의 권리의무를 최종적으로 확정하는 것이고, 그 취소나 집행의 재판은 그 중재판정의 효력을 좌우하는 것이므로 간접적으로 국민의 권리의무에 관한 재판이라고 할 것이나, 일단 국민의 권리의무를 확정하는 판단이 내려진 후 그 효력을 좌우하는 재판을 별도로 하는 것 자체에 앞서 본 헌법상의 보장이 미치는 것은 아니라고 볼 것이다.[53] 다만 국민의 권리의무와 밀접한 관련을 가지는 것은 부정할 수 없으므로, 신중한 절차가 필요하다고 볼 것이다.[54]

3. 비교법적 검토의견

앞서 각국의 입법례에서 살핀 바와 같이 중재판정을 위한 집행절차는 각국마다 상이하여 미국은 법원의 확인명령을 받아야 하고, 영국 및 싱가포르, 홍콩은 원칙적으로 법원의 허가명령을 받아야 하며, 프랑스 역시 집행명령을 받아야 하고, 독일과 일본은 집행결정을 받아야 한다.

먼저 재판의 일반적 형식에 관하여 보면 앞서 본 바와 같이 판결과 결정을 엄격하게 구별하는 국가는 한국과 독일, 일본뿐이고[55] 재판의 형식과 내용도 각국의 소송제도에 따라 모두 다르므로, 각국에서 중재판정에 대하여 그 승인 및 집행요건에 대하여 사법적 심사, 즉 각국의 법관에 의한 심사를 한다는 것 외에는 그 심사절차나 중재판정에 대한 집행을 허가하는 재판의 형식과 내용은 모두 다르며 그 점에서 각국의 제도를 정확히 비교하는 것은 불가능하다. 그러나 적어도 대부분의 국가에서 본안청구에 대한 기본적 재판형식인 판결에 의하지 않고 있다는 점에서는 일치된다 할 것이다.

특히 우리나라와 동일한 민사소송 및 민사집행체제를 채택하고 있고 중재판

---

53) 예컨대 확정된 형사판결에 대한 재심절차는 결정절차에 의하여 재심의 개시여부를 결정한다(형사소송법 제433조 내지 제435조).
54) 이에 관한 일본에서의 논의는 山本和彦/山田文, ADR仲裁法(2008), 342면 참조.
55) 三木浩一/山本和彦編, 新仲裁法の理論と實務(2006), 355면의 三木浩一 발언.

정에 대한 심사절차를 판결절차로 하고 있던 독일과 일본이 이를 결정절차로 전환함에 따라, 집행판결절차에 의하는 우리의 방식은 비교법적으로 볼 때 매우 예외적인 법제로 되었다고 볼 것이다.

Ⅵ. 중재판정의 집행절차를 결정절차로 하는 구체적인 방안

1. 기존의 제안

여기에서는 앞서 검토한 결과를 종합하여 중재판정의 집행절차, 정확하게는 중재판정 집행허용 여부에 관한 재판을 결정절차로 하는 구체적인 제도를 구상하여 보기로 한다.

이전에 중재판정에 대한 집행허용 여부에 대한 심사를 판결절차가 아닌 결정절차로 하는 개선안은 김홍규 교수 등, 이태희 변호사, 이준상 부장판사 및 석광현 교수의 안이 제시되어 있다.

그 중에서 김홍규 교수 등, 이태희 변호사 및 이준상 부장판사의 제안은 결정절차와 판결절차를 병용한다는 점에서 공통되고, 석광현 교수의 제안은 전면적 결정절차 안으로서 가장 구체적이고 상세한 설명을 곁들이고 있다.

먼저 결정절차와 판결절차 병용안에 대하여 살핀 후, 새로운 안을 제시하기로 한다.

2. 결정절차 및 판결절차 병용안에 대한 검토

김홍규 교수 등이 작성한 중재법 개정시안 및 그 해설에 의하면 전적으로 독일 민사소송법 규정을 도입한 것이라고 밝히면서 중재판정의 집행을 용이하게 하고자 원칙적으로 법원의 집행결정에 의하도록 하고, 법원이 특히 필요하다고 인정하거나 또는 집행결정에 대하여 이의가 제기된 경우 예외적으로 판결절차에 의하도록 하고 있고,[56] 이태희 변호사의 안에 의하면 집행력을 부여하는 단계에서는 독일처럼 서면심리에 의한 간이한 절차에 의하여 집행명령을 하고, 다만 집행명령 신청 자체에서 집행취소사유가 발견되거나, 상대방이 집행취소의 소를 제기하는 경우에만 변론절차를 거쳐 판결의 형식으로 집행력을 부여하며, 집행취소사

---

56) 金洪奎/鄭圭相/鄭冀人/李康斌, 앞(주 29)의 글, 11면 및 40면.

유가 사후에 발견되어 상대방이 회복할 수 없는 손해를 입을 것에 대비하여 담보를 제공받는 방안을 검토하자고 제안하고 있으며,[57] 이준상 부장판사 역시 중재판정 집행절차는 원칙적으로 임의적 심문절차에 의한 결정절차로 하되, 상대방이 그 결정을 다투거나, 법원이 직권으로 판단하여 볼 때 필요하다고 인정하는 경우에는 변론절차에 의하여 판결을 받도록 하자고 주장하고 있다.[58] 세 안 모두 구 독일민사소송상 결정절차 및 판결절차의 병용안을 모델로 하고 있는 것으로 보인다.

이들 안의 약점은 무엇보다도 집행허가 여부에 관하여 결정절차에 의한다고 하나, 상대방이 이의를 제기하거나 중재판정 취소의 소를 제기하면 판결절차에 의하도록 하고 있어서, 중재판정의 집행 상대방에게 간단히 판결절차로 갈 수 있는 길을 열어 줌으로써 집행허가 여부의 재판을 결정절차로 하는 취지를 무색하게 하고 있다는 점이다. 즉 현행법상으로도 중재판정 집행판결 신청사건에 있어서 당사자 사이에 다툼이 없는 경우에는 신속하게 처리되고 있으며, 문제는 집행의 상대방이 다투는 경우인데, 위 제도를 채택할 경우 다투는 당사자는 이의를 제기하거나 중재판정 취소의 소를 제기하는 것만으로 판결절차를 이용할 수 있으므로 결과적으로 현행 절차에 비하여 나은 결과를 기대하기는 매우 어려울 것이다.

또한 그 모델이 된 독일의 민사소송법상의 중재판정에 대한 집행허부에 대한 재판절차가 전면적으로 결정절차로 바뀌었으므로, 굳이 독일의 구제도를 따를 의의가 없어졌다 할 것이다. 그러므로 결정절차와 판결절차 병용안을 채택하는 것은 중재판정 집행절차의 간이·신속화를 위하여 큰 의미가 있다고 볼 수는 없다.

3. 중재판정 집행절차를 결정절차로 하는 구체적 방안의 제안

가. 절차의 개시 방법

중재판정을 집행하기 위하여서 현행법과 같은 집행판결이 아니라 집행결정을 받도록 한다면 중재판정을 집행하기 위하여서는 소의 제기가 아니라 집행결정의 신청을 함으로써 절차가 개시되게 된다.

---

57) 이태희, 앞(주 21)의 글, 11면. 이태희 변호사는 위 논문에서 집행취소사유가 발견되거나 집행취소의 소를 제기하는 경우를 상정하나, 이는 집행거부사유가 발견되거나 중재판정 취소의 소를 제기하는 경우를 의미하는 것으로 이해된다.

58) 이준상, 앞(주 31)의 글, 75면.

나. 심리의 방식 – 필요적 심문

중재판정의 집행허가 여부에 대한 심사절차는 그 나름대로 그 존재의의가 있고 그 심사할 사항도 간단하지 아니한 경우가 있을 수 있으며, 궁극적으로는 국가의 재판절차에 의하지 아니하고 국민의 권리의무에 영향을 미치는 절차이고, 이러한 점에 비추어 현행법이 판결절차에 의하는 것으로 하고 있었던 만큼, 간이·신속한 진행만을 강조할 것이 아니라 적정하고 공평한 심리에 의하여 당사자의 절차권을 보장할 필요성도 크다 할 것이다.

그러므로 이 절차를 결정절차로 전환한다 하더라도, 법원의 재량에 의하여 변론을 열 것인지 여부를 정하는 임의적 변론을 하거나, 반드시 당사자들을 심문하도록 하는 필요적 심문제도를 채택함이 옳을 것이다. 일반적으로는 쌍방이 참가할 수 있는 심문기일을 열면 될 것이나, 법원에서 집행거부사유가 존재한다는 합리적인 의심을 가지게 되는 경우에는 재량에 따라 구술변론을 열 수 있도록 함이 바람직할 것이다.[59]

중재판정의 집행절차를 판결절차에서 결정절차로 전환한 독일 중재법 제1063조 제1항과 일본 중재법 제46조 제10항 및 제44조 제5항도 필요적 심문제도를 채택하고 있다.

다. 중재판정 집행결정절차에서 청구이의의 사유의 주장 가부

현행 중재판정에 대한 집행판결 체제 아래에서 집행판결 청구소송에서 피고가 중재판정 성립 후의 청구권의 소멸·변경 등을 주장할 수 있는가 라는 문제가 있고, 이에 관하여서 적극설과[60] 소극설이[61] 대립하고 있었고 이에 대하여는 적극설을 취하는 것이 다수설이고 판례이었다.[62] 그러나 중재판정에 대한 집행절차를 결정절차로 전환할 경우 청구이의 소송절차와 집행결정 신청사건의 절차는 그 성질을 달리하므로 종전과는 달리 집행결정 신청사건에서는 청구이의의 사유를

---

59) 石光現, 앞(주 6)의 글, 711면.
60) 金能煥/閔日榮編, 註釋民事執行法(Ⅱ)(제3판)(2012), 127면(이원 집필부분); 小島武司, 仲裁法(2000), 377면; 蔣尚均, "외국중재판정에 대한 집행재판과정에서의 청구이의사유의 주장", 대법원판례해설 제44호(2004), 107면; 채동헌, "청구이의사유와 외국중재판정에 대한 집행판결 거부", 중재 제300호(2001 여름), 111면.
61) 趙連浩, "뉴욕協約下의 外國仲裁判定의 承認과 執行", 재판자료 제47집(1989), 428면.
62) 대법원 2010. 4. 29. 선고 2010다3148 판결.

주장할 수 없다고 보아야 할 것이다. 일본에서도 이렇게 보는 것이 다수설이다.[63]

라. 재판의 형식 – 결정

결정절차로 전환하는 이상 그 재판의 형식은 결정이 될 것이다. 즉 중재판정에 대한 집행결정의 신청에 대하여 그 신청요건을 결여한 경우에는 신청을 각하하는 결정을 하고,[64] 집행요건을 갖추지 못한 경우에는 그 신청을 기각하는 결정을 하게 될 것이다. 그 집행요건을 갖추었다고 인정되는 경우는 중재판정에 대한 집행결정을 하게 될 것이다. 임의적 변론절차를 거치더라도 그 재판은 결정의 형식에 의하게 될 것이다(민사소송법 제134조 제1항 단서).

집행결정으로 할 경우, 민사소송법 제224조 제1항은 "성질에 어긋나지 아니하는 한, 결정과 명령에는 판결에 관한 규정을 준용한다. 다만, 법관의 서명은 기명으로 갈음할 수 있고, 이유를 적는 것을 생략할 수 있다."라고 규정하고 있으므로, 집행결정에는 그 이유 기재를 생략할 수도 있게 된다. 그러나 중재판정의 집행허부에 대한 재판을 신중하게 하고, 판례의 집적을 도모한다는 의미에서 결정에는 이유를 적어야 하도록 하되, 다만 변론을 거치지 아니한 경우에는 이유의 요지만을 적을 수 있도록 함으로써 유연성 있게 운영하도록 함이 바람직하리라고 보인다.[65]

마. 집행력과 기판력의 유무

민사소송법상 결정은 원칙적으로 기판력이 없지만, 앞서 본 바와 같이 예컨대 소송비용에 관한 결정(제110조, 제114조)과 간접강제 수단으로 하는 배상금의 지급결정(민사집행법 제261조)과 같이 실체관계를 종국적으로 해결하는 결정은 예외적으로 기판력이 있다. 따라서 결정이라고 하여 당연히 기판력이 없다고 할 수는 없고, 그 재판사항에 따라 기판력이 있는지 여부를 판단하여야 할 것이다.

---

63) 小島武司/高桑昭編, 앞(주 17)의 책, 277면; 三木浩一/山本和彦編, 앞(주 55)의 책, 389면의 三木浩一의 발언. 中野貞一郎, 앞(주 18)의 책, 201면은 중재판정의 집행결정 사건에 관하여서는 소극설을 취하면서도, 외국판결의 집행판결 사건에 관하여서는 적극설을 취하고 있다. 같은 책, 197면.

64) 예컨대 당사자능력이나 소송능력을 갖추지 못한 신청인의 신청 등을 말한다.

65) 민사집행법상 보전처분에 대한 이의신청에 대한 재판이나 사정변경 등에 따른 보전처분 취소신청에 대한 재판에 관하여 같은 취지의 규정을 두고 있다. 민사집행법 제286조 제4항, 제288조 제3항.

중재판정의 집행신청에 대하여 그 신청 기각결정이 내려진 경우 다시 집행결정을 신청하거나, 집행결정이 내려졌는데 그 중재판정에 대하여 취소를 구하는 것은 실질적으로 동일한 분쟁의 반복으로서 허용할 수 없다고 할 것이므로, 집행결정이나 그 기각결정 중 그 집행요건의 구비여부에 대한 판단에는 기판력이 발생한다고 봄이 옳을 것이다.[66]

중재판정 집행허가절차를 결정절차로 전환한 독일의 경우에도 집행허부결정은 실질적 확정력, 즉 기판력을 가진다고 해석되고 있다.[67] 즉 결정의 형식으로 내려지는 재판이지만 기판력을 가지므로 집행결정 신청이 기각되었음에도 불구하고 다시 집행결정 신청을 하면 기판력에 저촉되며, 집행결정은 당연히 집행력을 가진다.[68]

일본의 경우에도 그 집행허부결정에 대하여는 기판력이 발생하는 것으로 보는 것이 일반적으로서, 집행신청 기각결정이 확정된 경우에는 집행거부사유인 중재판정 취소사유의 존재를 기판력을 가지고 확정하는 것이고, 집행결정이 확정되면 중재판정 취소사유가 존재하지 않는 것이 확정되는 것이라고 해석하고 있다.[69]

일본은 중재판정의 취소에 관한 중재법 제44조 제2항에서 중재판정에 대한 집행결정이 확정될 때는 중재판정의 취소신청을 할 수 없다는 명문의 규정을 두고 있는바, 우리도 해석상의 혼란을 피하기 위하여 중재판정에 대한 집행결정이 확정될 때는 중재판정의 취소를 구할 수 없다는 취지를 규정함이 좋을 것이다.[70]

바. 불복방법과 집행방법

결정으로 재판하는 이상 그 불복방법은 항고가 될 것이다. 항고에는 항고기간의 정함이 있는지 여부에 따라 항고기간에 아무런 제한이 없는 항고를 통상항고라 하고, 재판이 고지된 날부터 1주일의 불변기간 안에 제기하여야 하는 항고

---

66) 石光現, 앞(주 6)의 글, 711면.
67) Sänger, *supra* note 16, p. 2086.
68) 石光現, 앞(주 6)의 글, 705면.
69) 小島武司/高桑昭編, 앞(주 17)의 책, 281면; 三木浩一/山本和彦編, 앞(주 55)의 책, 55), 356면의 三木浩一의 발언.
70) 현행법 제36조 제4항에서 중재판정에 대한 승인 또는 집행판결이 확정된 경우에 관하여 같은 취지를 규정하고 있으므로, 위 조항을 개정하면 될 것이다.

를 즉시항고라 하며, 법률에 명문의 규정을 둔 경우에 한하여 예외적으로 즉시항고가 인정되는데, 집행결정은 조속한 확정을 기할 필요가 있으므로 이에 대하여서는 즉시항고할 수 있다는 명문의 규정을 두어야 할 것이다.

그리고 민사집행법 제15조 제6항에 따르면 집행절차에 관한 집행법원의 재판에 대한 즉시항고는 원칙적으로 집행정지의 효력이 없다고 규정하고 있으나, 이는 집행절차에 관한 집행법원의 재판에 대하여서만 적용되는 것이고, 중재판정에 대한 집행허부의 재판은 민사집행법이 아닌 중재법에 규정된 재판이므로, 위 규정이 적용되지 아니한다고 볼 것이다. 즉 이 경우 그 즉시항고에는 민사소송법상의 항고에 관한 규정이 적용된다고 보아야 할 것이므로, "즉시항고는 집행을 정지시키는 효력을 가진다."라고 규정한 민사소송법 제447조가 적용될 것이다. 한편 민사집행법 제56조 제1호가 "항고로만 불복할 수 있는 재판"을 집행권원으로 인정하고 있으므로, 집행결정은 바로 집행권원으로 인정되어 집행력을 발생하나, 즉시항고로 그 집행을 정지시킬 수 있게 되므로, 중재판정의 신속한 집행에 장애가 될 수 있다.

따라서 중재법에 집행결정에 대하여 즉시항고할 수 있음과 동시에 민사집행법 제15조 제6항과 같이 그 즉시항고는 집행정지의 효력이 없음을 규정함으로써, 즉시항고가 있더라도 집행력을 발생하게 할 필요가 있다. 이와 같이 제도를 구성한다면 집행결정에 대하여 굳이 가집행선고를 붙일 필요가 없게 될 것이다.

일본의 경우에는 민사집행법 제22조의 6 제2호는 "확정된 집행결정이 있는 중재판정"을 집행권원으로 규정함으로써 집행결정이 확정되기까지는 집행력이 발생하지 않고 집행결정이 확정되어야 집행권원이 될 수 있다고 규정하고 있다. 그러나 간이·신속한 중재판정의 집행을 실현시키기 위하여서는 일단 집행결정이 내려지면 그 확정 여부에 관계없이 집행할 수 있는 것으로 하는 것이 바람직하리라고 보인다. 따라서 일본의 경우와 같이 "확정된 집행결정이 있는 중재판정"만을 집행권원으로 인정하는 규정을 두지 않으면 될 뿐이다.

석광현 교수는 이와 관련하여 여기에서 말하는 결정이 집행력이 있다고 하더라도, 집행결정이 즉시 외국중재판정에 대해 집행력을 발생시키는 것은 아니라고 보고, 집행결정에는 가집행을 붙일 수 있어야 하고, 원칙적으로 가집행을 붙이는 방향으로 실무처리를 해야 한다고 주장한다.[71] 그러나 집행결정이 있는 중재판정을 위와 같이 바로 집행력이 발생하는 집행권원으로 구성한다면, 굳이 이를

가집행할 수 있음을 고지하지 않더라도 바로 집행할 수 있을 것이고, 사실상 가
집행선고가 있는 경우와 동일한 결과로 될 것이다. 위와 같이 집행결정을 구성할
경우 외국중재판정에 대한 집행결정에 다른 결정과 달리 집행력이 발생하지 않는
다고 볼 이유나 근거는 없는 것으로 보인다.

그러나 모든 사안에 예외없이 이를 관철하다 보면 무리한 경우도 발생할 수
있으므로, 나아가 민사집행법 제15조 제6항 단서와 같이 "다만 항고법원(재판기록
이 원심법원에 남아 있는 때에는 원심법원)은 즉시항고에 대한 결정이 있을 때까지
담보를 제공하게 하거나 담보를 제공하게 하지 아니하고 원심재판의 집행을 정지
하거나 집행절차의 전부 또는 일부를 정지하도록 명할 수 있으며, 담보를 제공하
게 하고 그 집행을 계속하도록 명할 수 있다."라는 규정을 둠이 바람직할 것이다.

이에 대하여 석광현 교수는 이 경우 변론을 열지 않은 경우에는 반드시 담보
를 제공하도록 하는 방안도 고려할 수 있고, 아니면 가집행선고에 관한 일반이론
에 따라 담보부가집행선고를 할지 무담보부가집행선고를 할지는 법원의 재량에
속하므로 법원의 결정에 맡길 수도 있을 것이라고 하고 있으나,[72] 위 두 가지 방
안 중 변론을 열지 않은 경우에는 반드시 담보를 제공하도록 하는 전자의 방안보
다는 이 제도의 융통성 있는 운영을 도모하고, 사례의 집적에 따라 일정한 기준
이 형성됨을 기다린다는 의미에서 그와 같은 제한이 없는 후자의 방안을 채택하
여 위와 같이 법원의 재량을 널리 인정하는 방안이 보다 바람직할 것으로 보인다.

사. 종합

이상에서 살핀 개선 방안을 종합하여 보면 다음과 같다.

1) 절차의 개시 방법 : 중재판정에 기초한 강제집행을 하려고 하는 당사자
는 채무자를 상대방으로 하여 법원에 집행결정의 신청, 즉 중재판정을 집행할 수
있다는 결정을 구하는 신청을 할 수 있는 것으로 한다.

2) 심리방식 : 결정의 원칙에 따라 법원의 재량에 의하여 변론을 열 것을
정하여 임의적 변론을 하거나, 반드시 당사자들을 심문하도록 하는 필요적 심문
제도를 채택한다.

3) 재판의 형식 : 중재판정에 대한 집행결정의 신청에 대하여는, 그 신청요

---

71) 石光現, 앞(주 6)의 글, 711면.
72) 石光現, 앞(주 6)의 글, 712면.

건을 결한 경우에는 신청을 각하하는 결정을 하고, 집행요건을 갖추지 못한 경우에는 그 신청을 기각하는 결정을 하며, 그 집행요건을 갖추었다고 인정되는 경우는 중재판정에 대한 집행결정을 한다.

결정에는 이유를 적어야 하도록 하되, 다만 변론을 거치지 아니한 경우에는 이유의 요지만을 적을 수 있도록 한다.

4) 집행력과 기판력의 유무 : 집행결정 중 집행요건의 구비 여부에 대한 판단에는 기판력이 인정되어야 하고, 집행결정에 의하여 중재판정에 집행력이 부여되어야 한다. 이를 명시하기 위하여 중재판정에 대한 집행결정이 확정될 때는 중재판정의 취소를 구할 수 없다는 명문의 규정을 신설한다.

5) 불복방법 : 모든 결정, 즉 신청각하나 신청기각의 결정 및 집행결정에 대하여는 즉시항고에 의하여 불복할 수 있도록 한다. 집행결정에 대한 즉시항고에는 집행정지의 효력이 없음을 규정하고, 다만 항고법원은 즉시항고에 대한 결정이 있을 때까지 담보를 제공하게 하거나 담보를 제공하게 하지 아니하고 원심재판의 집행을 정지하거나 집행절차의 전부 또는 일부를 정지하도록 명할 수 있으며, 담보를 제공하게 하고 그 집행을 계속하도록 명할 수 있도록 한다.

Ⅶ. 여론

1. 중재판정 취소절차를 결정절차로 할 필요성

중재판정의 취소절차와 중재판정의 집행허가절차는 모두 중재판정의 효력에 직접적으로 관련된 절차로서, 서로 대립되는 제도이고, 그 취소사유와 그 집행거부사유는 실질적으로 동일하며, 중재판정의 취소절차와 중재판정의 집행허가절차를 동시에 진행하거나, 양 절차의 중복을 피할 필요성이 있으므로, 양 절차 모두 동일한 성질의 절차로 구성함이 옳을 것으로 생각된다. 따라서 중재판정의 집행절차를 결정절차로 할 경우에는 중재판정의 취소절차도 결정절차로 바꿀 필요가 있다. 실제로 독일과 일본은 모두 양절차를 결정절차로 구성하고 있다. 본고는 중재판정의 집행절차만을 대상으로 한 것이므로, 이 점을 지적하는데 그치고, 추후 중재판정의 취소절차를 결정절차로 전환하는 점에 대하여도 신중한 논의가 있기를 기대한다.

2. 외국판결의 집행

현행법상 외국판결은 중재판정과 동일하게 집행판결을 받으면 이를 국내에서 집행할 수 있다. 그런데 중재판정에 대하여는 집행판결이 아닌 집행결정을 받으면 이를 집행할 수 있도록 개정하면, 외국판결에 대한 집행절차도 집행결정에 의하도록 하여야 하는가 라는 의문이 발생한다.

그러나 외국판결은 외국의 주권행사의 산물로서 외국 법원의 공권적인 강제적 판단임에 대하여, 중재판정은 당사자 사이의 분쟁을 사인인 중재판정부의 판단에 따라 해결하기로 하는 합의에 그 근거를 두고 있다는 점에서 양자 사이에는 본질적인 차이가 있다 할 것이다. 중재판정은 원칙적으로 당사자가 처분할 수 있는 법률관계 중 당사자 사이에 중재에 해결하기로 합의가 이루어진 경우만을 대상으로 하고 있으나, 판결은 공법적인 법률관계, 이혼을 비롯한 가족관계 등 모든 법률관계를 대상으로 하고 있으므로, 모든 외국판결에 대하여 간이 신속한 집행을 보장할 수는 없고, 그 국내에서의 집행 허용여부에 대하여는 신중하게 검토할 필요가 있다 할 것이다.

또한 외국중재판정은 뉴욕협약에 의하여 그 집행이 실질적으로 전세계적으로 보장되어 있는 점, 중재판정의 집행에 있어서는 당사자의 의사를 존중하여 간이 신속하게 처리할 필요성이 큰 점, 각국의 입법례를 보더라도 중재판정의 집행을 위하여 판결절차를 거치도록 함은 예외적이라는 점 등에 있어서, 중재판정과 외국판결을 동일하게 다룰 수는 없다고 할 것이다.

이와 같은 모든 사정을 종합하여 보면, 외국중재판정을 포함한 모든 중재판정의 집행에 대하여 집행결정제도를 도입하더라도 외국판결에 대하여는 현행 민사집행법상의 집행판결제도를 유지함이 타당하리라고 생각된다.[73]

---

73) 石光現, 앞(주 6)의 글, 712면. 석광현 교수는 장차 우리나라가 외국판결의 집행에 관하여 양자조약 또는 다자조약을 체결할 경우 그러한 조약에 기한 외국판결의 집행 시 집행결정을 자연스럽게 받아들일 수 있을 것이라고 한다.

제 5 장

국제중재

[10] 국제상사분쟁해결방법으로서의 국제중재에 관하여

— 실무적 절차의 흐름과 장단점을 중심으로 —

이 글은 법학연구(연세대학교) 제27권 제3호(2017. 9.), 209-238면에 실린 글이다. 국제중재의 심리절차를 실무의 흐름에 따라 설명하고, 국제상사분쟁해결방법으로서의 국제중재의 장단점을 객관적으로 평가하고자 한 글이다.

Ⅰ. 머리말

각종 국제거래에 관련된 분쟁해결의 방법으로서 가장 대표적인 제도로는 국제소송과 국제중재를 들 수 있다.

각종 국제계약의 국적을 달리하는 당사자 사이에 분쟁해결방법에 관한 합의가 없는 경우에는 국제소송을 이용할 수밖에 없으나, 상사분쟁해결을 위한 국제법원이 존재하지 아니하는 이상 분쟁과 관련 있는 특정 국가의 법원을 이용할 수밖에 없고 대표적으로 분쟁해결을 구하는 상대방이 거주하는 국가의 법원에 제소하는 방법을 생각할 수 있다. 그러나 이 경우 그 국가의 법원이 국제적인 분쟁에 관하여 공정한 입장에서 재판한다는 제도적 보장이 없고, 상대방 국가에 가서 소송을 수행하여야 한다는 어려움이 뒤따른다.

그러나 국제계약의 체결 당시 그로 인하여 발생하는 분쟁을 국제중재에 의하여 해결하기로 하는 중재합의를 하여 둔다면, 특정 국가의 법원이 아니라, 당사자들이 선정하여 분쟁해결 방법에 관한 최종결정권한을 부여한 중재인들로 구성된 중재판정부가 특정 국가의 법원보다 공정한 제3의 중립적인 사설 법정의 역할을 수행할 수 있다. 또한 그 결과물인 중재판정은 1958년 제정된 "외국중재판정의 승인 및 집행에 관한 국제연합협약"(United Nations Convention on the Recognition and Enforcement of Foreign Arbitral Awards), 이른바 뉴욕협약에 의하여 그 승인 및 집행이 국제적으로 보장된다는 점이 큰 장점이다.

전세계의 경제권이 일원화하면서 확대일로에 있는 현대에 있어서 각종 국제거래가 상상을 초월할 정도의 규모로 이루어지고 있음에 수반하여 국제거래에 관련된 상당수의 분쟁의 발생이 불가피한 상황 하에서, 위와 같은 장점을 가진 국제중재의 활용도 비약적으로 증가하고 있고, 이제는 이를 넘어 각종 자유무역협정(FTA, Free Trade Agreement)상의 국가 투자자 간 분쟁해결방법(ISDS, Investor State Dispute Settlement)으로도 중재가 이용되는 등 그 대상인 영역도 확대되는 추세이다.[1]

또한 국제중재에서는 소송이나 조정 등 그 어느 분쟁해결분야에 비하여 국제적으로 그 중재법이 통일화되고 있는 경향을 보이는 것이 특징이며, 장점이다. 이는 뉴욕협약에 전세계의 거의 모든 국가가 가입하여 있고, 국제연합 국제무역법위원회(UNCITRAL, United Nations Commission on International Trade Law)에서 위 뉴욕협약을 기초삼아 1985년 제정하고 2006년 개정한 "국제상사중재에 관한 모델법"(UNCITRAL Model Law on International Commercial Arbitration)을 수용한 국가가 많고, 이를 수용하지 아니한 국가의 중재법에도 큰 영향을 주고 있기 때문이다. 한국 역시 1999년에 1985년 UNCITRAL 모델법을 수용하여 중재법을 전문 개정한 바 있고, 다시 2016년에는 개정된 모델법을 받아들이는 개정을 실시하였다.

이 글에서는 중재합의와 중재지·중재기관의 선택(Ⅱ), 중재절차의 개시와 중재판정부의 선정(Ⅲ), 절차협의 및 일정결정, 주장서면과 서증제출, 문서제출절차, 증인과 전문가의 증언을 포함한 심리기일을 거쳐 중재판정까지 이르는 전 과정에 걸친 중재절차의 진행(Ⅳ)을 실무의 흐름에 따라 개관한 후, 중재판정의 취소와 승인·집행(Ⅴ), 국제중재의 장단점(Ⅵ) 등을 살피고자 한다.

그 밖에도 중재판정부의 임시적 처분 및 중재합의에 적용될 법, 중재에 관한 절차법 및 분쟁의 실체에 적용될 법에 관한 준거법의 문제도 중요한 쟁점들이나 이 글에서 다루지 아니한다.

---

[1] 국제상사중재와 ISDS 중재는 별개의 범주의 중재이기는 하나, 국제상사중재의 발전에 힘입어 ISDS 중재도 발전하고 있고, 이는 국제상사중재에 관한 각종 문헌에서도 ISDS 중재를 함께 다루고 있는 점에서도 나타나 있다. 김갑유/임수현/김홍중/김준우 외, 중재실무강의(개정판)(2016), 7면; 임성우, 국제중재(2016), 409면; Gary B. Born, *International Arbitration: Law and Practice*(2012), p. 411.

II. 중재합의와 중재지·중재기관의 선택

1. 중재합의의 중요성

중재는 당사자 간의 합의로 분쟁을 법원의 재판에 의하지 아니하고 중재인의 판정에 의하여 해결하는 절차인데, 여기에서 '당사자 간의 합의'가 바로 중재합의이다(중재법 제3조 제2호). 중재합의는 중재제도의 존립의 법적 기초가 되는 것이고, 중재인이 중재절차를 개시, 진행하여 중재판정을 내리는 권한의 근거가 된다.[2]

중재합의는 본질적으로 분쟁해결에 대한 각 국가의 재판권을 배제하고 당사자의 의사에 의하여 선정한 제3자에게 그 판단권한을 부여하는 것이다. 분쟁 당사자는 중재합의의 효력에 기하여 분쟁을 소송절차가 아닌 중재절차에 회부하고 판결에 해당하는 중재판정을 얻어낼 수 있고, 그 과정에서 법원의 협조를 구할 수 있다. 그리고 중재합의 대상인 분쟁에 관하여 소가 제기된 경우에 피고가 중재합의가 있다는 항변을 하였을 때 법원은 그 소를 각하하여야 한다.

그러므로 국제중재에 있어서는 중재합의가 그 출발점이기도 하고, 이후 중재판정의 효력을 다투는 경우에도 가장 중요한 쟁점의 하나가 되기도 한다. 먼저 중재합의에 관하여 뉴욕협약이나 모델중재법에서 보는 바와 같이 서면 요건을 요구하는 것이 일반적이므로 그 요건을 갖추었는지 문제가 된다.[3] 다음 당사자 사이에 분쟁을 중재에 의하여 해결하고자 하는 의사의 합치가 있었는지 여부, 나아가 문제된 사안이 중재합의의 대상인 분쟁에 포함되는지 여부가 다투어지는 경우가 종종 있다.

이는 다음과 같은 네 가지 국면에서 문제로 된다. (1) 중재절차 내에서 중재합의의 효력을 다투는 경우로서 이 경우는 중재판정부가 그 권한유무를 결정하여 중재절차를 진행할 수 있다고 보는 것이 일반적이다. (2) 어느 당사자가 중재합의의 무효를 주장하면서 같은 분쟁에 관하여 법원에 소를 제기하고 상대방이 중재합의의 존재를 방소항변으로 주장할 경우이다. (3) 중재판정이 내려진 후 중재합

---

2) 김갑유 외, 앞(주 1)의 책, 37면.
3) 졸고, "중재판정의 승인·집행을 위하여 제출할 서류", 仲裁研究 제23권 제2호(2013. 6.). 133면 이하〈이 책 221면 이하〉 참조.

의의 효력을 다투면서 중재판정 취소의 소를 제기하는 경우가 있을 수 있다. (4) 또한 중재판정의 집행을 구하는 절차에서 중재합의의 효력을 다투어 집행거부사유로 내세울 수 있다.[4]

이와 관련하여 어떠한 분쟁이 중재에 의하여 해결될 성질의 분쟁인지 여부를 분쟁대상의 중재가능성(arbitrability)이라고 한다. 중재가능성이 문제되는 분쟁으로는 상사분쟁이면서 공적인 법률과 관련된 분야인데, 지적재산권, 독점금지법, 증권거래법, 도산법에 관한 분쟁을 들 수 있고, 전세계적으로는 점차 중재가 가능한 분야를 확대하여 가는 경향이 있다.[5]

2. 중재합의에 포함할 사항

중재합의를 하는 경우 당사자는 중재지와 심리장소, 중재기관, 중재규칙, 중재인의 수, 중재절차에 사용할 언어, 준거법, 비밀유지, 증거조사방법, 중재비용 등에 관한 사항을 모두 합의하여 결정할 수 있다.[6] 그러나 실제로는 본계약을 체결하면서, 예컨대 대금이나 계약조건 등을 중심으로 협상이 먼저 이루어지고, 최종단계에서야 분쟁해결에 관한 조항을 마련하게 되므로, 중재조항에 관하여서는 그 논의가 부족한 상태에서 결정되는 일이 종종 있으며, 위와 같은 사항 중 일부에 관한 합의만 이루어진 상태에서 계약체결이 마무리되는 일이 있다고 한다.

그러나 그 중에서도 중재지와 중재기관의 선택은 가장 중요한 사항이므로 이에 관하여 살피기로 한다.

3. 중재지

중재지(arbitral seat, place of arbitration)는 중재의 법적 주소라 할 수 있고, 중재판정이 내려진 장소를 의미한다. 중재지는 순전히 법적인 개념으로 실제로 중재절차가 이루어진 장소, 예컨대 심리기일이 열린 장소, 증인신문이 행하여진 장

---

4) 谷口安平·鈴木五十三(編), 國際商事仲裁の法と實務(2016), 56면(早川吉尚 집필부분).
5) 그 상세에 관하여는 김갑유 외, 앞(주 1)의 책, 79면 이하 및 임성우, 앞(주 1)의 책, 121면 이하 참조.
6) 김갑유 외, 앞(주 1)의 책, 105면; Gary B. Born, *supra* note 1, p. 35. 또한 정홍식, "국제상사계약 체결에서 중재합의조항에 관한 실무적 고려사항", 통상법률 제115호(2014. 2.), 47면 참조.

소와는 구별하여야 한다.[7)]

중재지는 중재절차나 중재판정의 집행 및 취소절차 전반에 걸쳐 법률적으로 중요한 의미가 있다. 중재절차에 적용되는 법으로서 중재판정부가 이른바 법정지법(lex forum)으로서 중재지의 법률(lex arbitri)을 준거법으로 삼는 경우가 대부분이다. 또한 국제중재판정의 취소는 그 중재지가 소재하는 국가의 법원에 전속적 관할권이 있다고 보는 것이 일반적이다. 중재지법은 중재절차에 관하여 당사자가 합의하지 못한 사항을 보완하는 것과 같이 보충규범으로서의 기능을 가지는 한편, 당사자들이 사적 자치에 의하여 합의하였더라도 중재지법의 강행규정에 위반되는 경우에는 그 효력을 인정받을 수 없는 경우와 같이 사적 자치의 한계를 설정하는 기준으로 작용하기도 한다.[8)]

영국의 Queen Mary 대학의 국제중재대학원에서는 주기적으로 전세계의 중재 수요자들을 대상으로 국제중재에 관한 설문조사를 진행하고 있는데,[9)] 그 2015년 설문조사 결과(이하 Queen Mary 2015년 설문조사 결과라고 함)에 의하면 선호도가 높은 중재지는, (1) 런던, (2) 파리, (3) 홍콩, (4) 싱가포르, (5) 제네바, (6) 뉴욕, (7) 스톡홀름 순으로 나타났다.[10)] 그 중재지를 선택함에 있어서 고려사항으로, (1) 중재지에 대한 높은 평판과 인지도, (2) 계약의 준거법 국가와의 일치, (3) 산업별 특성 및 분쟁유형과의 관련성, (4) 중재지에 대한 개인적 선호도, (5) 회사의 정책이나 지침, (6) 상대방의 요구, (7) 외부 법률전문가의 권유의 순으로 나타났음은 참고할 만하다.[11)] 위 설문결과는 그 이전의 결과에 비하여 홍콩과 싱가포르의 선호도가 크게 향상된 결과라고 한다.

---

7) 석광현, 국제상사중재법연구 제1권(2007), 157면; 목영준, 상사중재법(2011), 119면; 김갑유 외, 앞(주 1)의 책, 120면.

8) 임성우, 앞(주 1)의 책, 44면.

9) http://www.arbitration.qmul.ac.uk/research/index.html(2017. 5. 12. 검색).

10) 2015 International Arbitration Survey : Improvements and Innovations in International Arbitration, School of International Arbitration, Queen Mary University of London(이하 Queen Mary 2015 Survey(*supra* note 10)라고 인용한다), p. 12. http://www.arbitration. qmul.ac.uk/research/2015/index.html(2017. 5. 12. 검색). Queen Mary 2015 Survey, p. 51에 의하면 위 조사는 전세계에 있는 중재관계인사 763명(그 중 49%는 중재실무가(private practitioner), 중재인 11%, 중재실무가 겸 중재인(동일 비중) 12%, 사내변호사 8%, 학계 4%, 중재기관 종사자 2%이었다고 한다)에 대한 온라인 설문조사와 105명에 대한 면담 내지 전화 인터뷰를 통하여 수집한 자료를 바탕으로 작성한 것이라고 한다.

11) Queen Mary 2015 Survey(*supra* note 10), p. 13.

한국에서 2016년 실시한 국제중재에 관한 설문조사 결과에 의하면 한국의 중재관련업무 종사자들이 선호하는 중재지는, (1) 싱가포르, (2) 서울, (3) 홍콩, (4) 런던, (5) 뉴욕, (6) 파리 순으로 나타났다.[12] 결과적으로 한국에서는 아시아 지역의 중재지를 유럽이나 미국보다 상대적으로 선호한다 할 것이다. 그 이유로는 지리적 이점과 절차적 유연성을 들 수 있다고 하는데, 예를 들자면 싱가포르와 한국의 시차가 유럽과 한국의 시차에 비하여 짧고, 중재는 그 중재지의 소송방식에 따르는 수가 많은데, 런던에서의 중재는 영국의 전통적인 민사소송 방식을 기초로 하여 진행되는 것이 통상적이나, 싱가포르에서는 전통적인 소송방식을 떠나 비교적 유연한 방식의 중재절차 운영이 가능하다는 점 등을 가리킨다고 한다.

4. 중재기관

중재에는 중재를 관리하는 기관의 감독 하에 행하여지는 기관중재(institutional arbitration)와 중재기관의 관여 없이 이루어지는 비기관중재(ad hoc arbitration, 임의 중재, 임시중재라고 하기도 함)가 있는데, 기관중재가 일반적으로 이용되므로, 본고에서는 기관중재만을 다루기로 한다.

중재합의에 있어서 중재지의 선택과 더불어 결정하여야 할 다른 중요한 요소는 중재기관 및 중재규칙의 선택인데, 중재기관을 선택하면 대부분 그 중재기관의 중재규칙을 적용하게 된다.[13]

앞서 나온 영국 Queen Mary의 2015년 설문조사 결과에 의하면 가장 선호되는 중재기관은 (1) ICC(International Chamber of Commerce), (2) LCIA(London Court of International Arbitration), (3) HKIAC(Hong Kong International Arbitration Centre), (4) SIAC(Singapore International Arbitration Centre), (5) SCC(Stockholm Chamber of Commerce), (6) ICSID(International Centre for Settlement of Investment Disputes), (7) ICDR/AAA(International Centre for Dispute Resolution/American Arbitration Association) 순으

---

12) 한국의 2016년 국제중재 설문조사 연구보고서(책임연구원 이호원)(2017), 26면〈이 책 443면〉. 같은 보고서 1면과 47면에 의하면 위 조사는 국내의 중재관계 변호사 및 중재전문가 148명(그 중 76명은 사내변호사를 포함한 기업 내부 종사자, 72명은 법무법인 및 법률사무소를 포함한 기업 이외의 조직 종사자이었다)에 대한 설문조사와 그 중 10명에 대한 인터뷰를 통하여 수집한 자료를 바탕으로 작성한 것이라고 한다.

13) Gary B. Born, *supra* note 1, p. 36. 김갑유 외, 앞(주 1)의 책, 112면은 당사자들이 중재기관과 중재규칙을 달리하여 중재조항을 작성하는 경우가 있으나 많은 혼란을 일으킬 수 있으므로 바람직하지 않다고 한다.

로 나타났다.[14][15] 유의할 점은 중재지를 정하였다고 하여 반드시 그 중재지 소재 중재기관을 선택하여야 하는 것은 아니라는 것이다. 예컨대 싱가포르를 중재지로 선택하더라도 중재기관은 ICC를 선택할 수도 있고, 실제 그와 같은 경우도 매우 많다고 한다.[16]

　　같은 설문조사 결과에 의하면 위와 같은 중재기관을 선호하는 이유는 (1) 수준급 사무처리(적극성, 시설, 직원의 질 포함), (2) 중립성/국제성, (3) 세계적 존재(global presence)/세계 어디에서나 사무처리할 수 있는 능력, (4) 중재인의 자유로운 선택(예컨대 제한적인 기관의 중재인 리스트 배제), (5) 조기의 절차 회합, (6) 중재기관에 의한 판정의 정밀한 조사, (7) 지역적 존재/지식(regional presence/knowledge), (8) 특정유형 사건에 대한 전문성, (9) 전반적 서비스비용, (10) 중재인 기피 결정의 투명성 순으로 나타났음은 참고할 만하다.[17]

Ⅲ. 중재절차의 개시와 중재판정부의 구성

1. 중재절차의 개시

　　기관중재의 경우 중재는 중재합의 당사자 일방인 신청인(claimant)이 중재기관에 중재신청서(request for arbitration)를 제출하는 것으로써 중재가 개시되고, 중재기관이 중재신청서를 피신청인(Respondent)에게 송달하게 된다. 중재신청서에 기재할 사항은 각 중재기관에 따라 조금씩 다르나, 신청의 취지 및 신청의 이유 이외에도 중재인 선정에 대한 의견, 중재절차의 언어, 중재지에 대한 합의내용 또는 의견 등의 기재를 요구하는 것이 일반적이다.[18] 피신청인은 중재규칙의 정함에 따라 중재신청서에 대한 답변서(answer)를 기재하여 제출하게 된다.[19]

---

14) Queen Mary 2015 Survey(*supra* note 10), p. 17.
15) 위 각 중재개관에 대한 소개로는 김갑유 외, 앞(주 1)의 책, 8면 이하; 谷口安平·鈴木五十三(編), 앞(주 4)의 책, 65면 이하(早川吉尚 집필부분); Gary B. Born, *supra* note 1, pp. 29-34 참조.
16) Queen Mary 2015 Survey(*supra* note 10), p. 18에 의할지라도 가장 선호도가 높은 중재지는 런던이나, 가장 선호되는 중재기관은 런던에 본부를 둔 LCIA가 아니라 파리에 본부를 둔 ICC로 나타났다.
17) Queen Mary 2015 Survey(*supra* note 10), p. 18.
18) 예컨대 ICC 중재규칙 제4조 제3항.
19) 그러나 답변서를 제출하지 않음으로 인한 법률상의 불이익은 없다. 김갑유 외, 앞(주 1)의 책, 20면.

피신청인은 답변서의 제출 외에 중재규칙의 정함에 따라 신청인에 대한 반대신청(counterclaim)을 할 수 있는데, 중재규칙에 따라서는 제출기한이 정하여져 있는 경우가 있으므로 주의가 필요하다.[20]

2. 중재판정부의 구성

기관중재의 경우 신청서와 답변서가 제출된 후 중재판정부(arbitral tribunal)가 구성되는 것이 보통이다.

국제분쟁에서 그 해결방법으로 중재를 선택하는 것은 특정 국가의 법원이 아닌 제3의 중립적이고 공정한 사설 판정기관에 의한 해결방안의 제시를 구하기 위한 것이므로, 그 중재판정부의 구성은 국제중재에 있어서 핵심적인 사항의 하나라고 할 것이다. 소송의 경우에는 법원에서 당사자의 의사와는 관계없이 담당 재판부를 정하나, 중재의 경우에는 당사자들이 중재판정부를 구성하는 중재인(arbitrator)의 선정에 직접 참여할 수 있다는 점이 큰 장점이라 할 수 있다.

중재판정부는 1인 또는 3인의 중재인으로 구성되는 것이 통상적인데, 상당한 경제적 이해관계가 걸린 사건에서는 3인의 중재인으로 중재판정부를 구성하는 것이 일반적이다. 3인의 중재인 선정방식은 중재 당사자들이 합의한 중재기관의 규칙에 따르게 되고 그 구체적인 방식은 중재기관에 따라 차이가 있는데, 통상적으로는 신청인과 피신청인이 각 1인씩의 중재인을 선정하고, 그 2인의 중재인이 협의하여 의장중재인을 선정하되 그 협의가 이루어지지 않을 경우에는 중재기관이 선정하는 방식을 취하고 있다. 국제중재에서는 단독중재인 또는 의장중재인에 대하여 분쟁당사자와는 다른 국적을 가질 것을 요구하는 것이 일반적이다.[21]

각 당사자에게 있어서 중재인의 선정은 최종결정권자의 선정에 관여할 수 있는 중요한 기회이므로, 그 선정에 있어서 국적, 해당 중재인이 익숙한 법체계, 분쟁에 적용될 법에 대한 이해도, 분쟁내용이 된 거래에 관한 이해도, 중재언어나 증인들이 사용할 언어나 서류에서 사용되는 언어에 대한 이해도, 문화적 배경, 상대방 측에서 이미 선정한 혹은 향후 선정할 중재인과의 관계, 의장중재인이 될

---

20) 예컨대 ICC 중재규칙 제5조 제5항은 피신청인의 반대신청은 답변서와 함께 제출되어야 한다고 규정하고 있다.

21) ICC 중재규칙 제13조 제4항. UNCITRAL 중재규칙 제6조 제7항.

후보들과의 관계 등 여러 가지 요소와 상황을 종합적으로 고려하는 것이 필요하다고 한다.[22]

　　중재인은 판정뿐만 아니라 절차진행에서도 공정성을 유지해야 하며, 중재 당사자들을 비롯하여 중재 결과에 대한 이해관계를 가지는 모든 당사자들로부터 독립성을 유지하여야만 한다. 그러나 소송의 경우는 판사가 각국의 법률에 따라 정하여진 엄격한 요건을 충족하는 자격을 지닌 사람이라는 보장이 있으나, 중재의 경우는 중재인에 대한 국제적인 자격요건이 있을 수 없다. 특히 중재인 업무만을 담당하는 사람은 드물고, 대체로 중재사건에서 당사자의 대리업무나 자문업무 등을 담당하던 사람이 중재인으로 선정되는 경우가 종종 있다는 것이다. 또한 국제중재에 있어서 중재인으로 선정할 만한 능력과 평판을 지닌 사람의 수는 제한적이어서, 중재당사자 중 어느 일방과 과거에 일정한 관계나 교섭이 있었던 경우가 발생하고 있는데 이 경우 중재인으로서의 공정성과 독립성에 의심을 야기할 수 있는 사유가 있다는 지적이 종종 제기되고 있다.[23]

　　대부분의 중재규칙은 이러한 의심을 배제하기 위한 방안의 하나로 중재인에의 취임을 의뢰받은 사람에게 자신의 공정성 또는 독립성에 의심을 발생하게 할 우려가 있는 사실을 개시할 것을 요구하고 있고, 당사자는 이를 검토하게 된다.[24]

　　선정된 중재인에게 독립성 등을 의심할 만한 사유가 존재하는 경우 당사자는 중재규칙의 정함에 따라 기피(challenge)를 신청할 수 있다.[25] 기피신청이 받아들여지지 아니하는 경우라도, 경우에 따라서는 그와 같은 의심을 받는 중재인을 배제하지 아니한 채 내려진 판정은 중재판정 취소의 대상이 되거나, 중재판정집행청구 소송에서 집행거부사유가 있는 것으로 인정되는 수가 있다.

　　중재인의 공정성과 독립성에 관하여 실무적으로는 IBA(International Bar Asso-

---

22) 김갑유 외, 앞(주 1)의 책, 157면.
23) 임성우, 앞(주 1)의 책, 28면은 종래의 실무상 일정한 규모 이상의 중요한 국제분쟁에 중재인으로 선정되는 이들은 대체로 50세 이상의 백인, 남자, 변호사 또는 교수 등으로서 그 수가 매우 제한적인데다가, 이들은 마치 사교클럽의 멤버처럼 때로는 중재인이나 중재사건의 대리인으로서의 역할을 번갈아 담당하거나 각종 중재대회를 통해 서로 교류하면서, 국제중재절차에 관한 각종 주요 정책의 결정을 주도하고 있는데, 고액의 중재인 수당 또는 변호사 보수 등 경제적인 이해관계에서 자유롭지가 않은 이들 소수의 국제중재 실무가들에 의하여 중재절차의 공정성이 훼손되는 경우가 자주 발생하는 것은 물론, 국제중재계 전반이 점점 상업화되고 있다는 비판이 끊임없이 제기되어 왔다고 한다.
24) ICC 중재규칙 제11조 제2항. UNCITRAL 중재규칙 제11조.
25) ICC 중재규칙 제14조. UNCITRAL 중재규칙 제12조.

ciation)가 작성한 "국제중재에서의 이해관계 상충에 관한 IBA지침"(IBA Guideline on Conflicts of Interest in International Arbitration)이 국제중재에서 자주 이용되고 있다. 위 지침에서는 중재인의 중재 당사자들에 대한 이해관계를 포기 불가능한 적색 목록(non-waivable red list), 포기 가능한 적색 목록(waivable red list), 황색 목록(orange list), 녹색 목록(green list)의 4개의 범주로 나누어 각 범주에 해당하는 사례의 처리방법에 관한 지침을 제공하고 있다. 예를 들면, 포기 불가능한 적색 목록 중 하나는 "중재인이 어느 일방 당사자들에 대하여 … 상당한 경제적 또는 개인적 이해관계를 가지고 있는 경우"로서 이 경우 중재인은 취임 수락을 거절하거나 선정되더라도 사임하여야 하며, 포기 가능한 적색 목록 중 하나는 "중재인이 현재 당사자 중 어느 일방 … 을 대리하거나 또는 그들에게 자문을 제공하는 경우"로서 모든 중재 당사자들이 해당 중재인 선정에 합의하는 경우에 한하여 중재인으로 선임될 수 있으며, 황색 목록 중 하나는 "중재인이 속한 로펌이 현재 당사자들 중 어느 일방 … 에 불리하게 사건을 진행하는 경우"로서 중재인은 이들 사유를 즉시 공개해야 하고 일정한 기간 내에 이의제기가 없을 경우 이의를 포기한 것으로 볼 수 있고, 녹색 목록 중 하나는 "중재인이 일방 당사자의 대리인과 함께 공동중재인이나 공동대리인으로 활동한 적이 있는 경우"로서 중재인은 고지의무를 부담하지도 않고 중재인의 직무를 수행함에 아무런 문제가 없다고 한다. 이와 같은 상세한 지침이 있다는 것 자체로부터 중재인의 공정성과 독립성에 관한 논란이 적지 않음을 엿볼 수 있다.

위 IBA지침과 뒤에 나오는 "국제상사중재에 있어서의 증거조사에 관한 IBA 규칙"(IBA Rules on the Taking of Evidence in International Commercial Arbitration) 및 "중재절차 진행에 관한 UNCITRAL 문서"(UNCITRAL Notes on Organizing Arbitral Proceedings) 등을 soft law라고 하는데, 국제적으로 통일되고 완벽한 중재법이 존재하지 아니하는 현실에 비추어 중요한 역할을 담당하고 있는데, 앞서 나온 Queen Mary의 2015년 설문조사 결과에 의하면 상당히 다수의 사건에서 이용되고 있고 그 유용성을 인정받고 있다고 한다.[26]

---

26) Queen Mary 2015 Survey(*supra* note 10), pp. 35-36.

IV. 중재절차의 진행

1. 서론

중재사건은 일반적으로 다음과 같은 단계에 따라 진행된다.

중재절차의 개시(중재신청) > 피신청인의 답변 > 중재판정부의 구성 >
사전준비기일 > 주장서면 교환 및 증거제출, 문서제출절차 >
심리기일(증인 및 전문가의 증언 포함 > 절차의 종결 및 중재판정

중재절차의 기본원칙으로는 먼저 당사자자치의 원칙을 들 수 있다. 즉 당사
자들은 원칙적으로 중재절차에 관하여 자유로이 합의할 수 있으며 합의를 하지
못한 경우에만 중재판정부가 적절하다고 판단하는 방식으로 중재절차를 진행시
킬 수 있다는 것이다. 이는 소송에서 임의소송이 엄격하게 금지된다는 원칙과는
상당히 다르다 할 것이다.

그러나 어떠한 경우에도 UNCITRAL 모델법 제18조에서 규정한 바와 같이
"양쪽 당사자는 중재절차에서 동등한 대우를 받아야 하고, 자신의 사안에 대하여
변론할 수 있는 충분한 기회를 가져야 한다."라는 절차적 정의가 지켜져야 하며,
이에 위배될 경우에는 중재판정 취소 내지 집행거부의 사유가 될 수 있다.

중재절차의 공개 여부에 관하여 중재기관의 규칙들은 비공개를 원칙으로 규
정하고 있는 경우가 많으나,[27] 반드시 비공개로 진행되는 것은 아니며, 국제투자
중재에서는 공개로 진행되는 수가 많다고 한다.[28] 이 점에서 재판의 경우 그 심
리의 공개가 대부분의 국가에서 헌법적 차원에서 요구되는 것과는 다르다.

그리고 중재판정부가 법원과 같이 상설기관이 아니라 각국에 흩어져 있는
중재인들이 일시를 정하여 모여서 중재절차를 진행하게 되므로, 미리 주장과 증
거관계를 모두 정리하여 일정 기간 동안 집중적으로 심리기일을 진행하게 되고,
이를 위하여 아래에 보듯이 절차협의 및 일정결정이 미리 이루어질 필요가 있다.
이 점에서는 일정 기간 배심원을 모아서 집중심리를 하여야 하는 영미식 배심재
판의 경우와 유사성이 있다고 할 수 있다.

---

27) 대한상사중재원 국제중재규칙 제57조. LCIA 중재규칙 제30조.
28) 김갑유 외, 앞(주 1)의 책, 179면.

중재절차는 중재판정부를 구성하는 중재인이나 당사자 대리인에게 익숙한 법률제도에 따라 진행되는 수가 많으며, 중재지의 소송제도도 큰 영향을 미치는 수가 많다고 한다. 예컨대 한국에서 진행되는 국내중재사건의 경우에는 중재인이 모두 한국인인 경우가 대부분인데 이 경우 중재절차도 한국의 민사소송절차에 준하여 진행되는 것이 통상적이다.

이하 중재절차의 진행순서에 따라 그 개관을 살피기로 한다.

2. 절차협의 및 일정결정

국제중재사건의 경우 중재판정부는 구성 후 사전준비기일(preliminary meeting)을 개최하는 경우가 많다고 한다.29) 사전준비기일은 중재판정부와 당사자들이 모두 모여 진행하는 것이 일반적이나, 경우에 따라서는 전화회의 또는 화상회의를 통해 진행되기도 한다. 이를 통하여 주장서면 제출일정, 문서제출절차 진행일정 및 심리기일일정 등을 미리 정한 절차 일정표(procedural timetable)을 작성하게 된다. 그 중에서 심리기일은 특별한 사정이 없는 한 바꾸지 않는 것이 관행이라고 한다.30)

또한 중재판정부는 문서제출절차의 허용범위, 주장서면의 제출방식, 증인신문의 방식, 구두변론 방식 등 당해 중재사건의 여러 진행절차에 관한 세부적인 사항을 정하는 절차명령(procedural order)을 작성하여 당사자에게 교부하는 것이 일반적이다.31)

특히 ICC 중재에는 중재위탁요지서(Terms of Reference, TOR)를 작성하는 독특한 절차가 있는데, 중재위탁요지서는 중재판정부가 각 당사자의 주장 및 신청취지, 사안의 쟁점, 적용될 절차적 규정 등을 포함하여 당해 중재에 관한 전반적인 사항을 간략한 형태로 정리하는 문서이다.32)

중재에서는 실제 진행과정에서 절차에 관한 다툼이 자주 발생한다. 이는 각 당사자가 자신의 국가의 민사절차법에 따른 진행을 주장하는 수가 있고, 민사소

---

29) 임성우, 앞(주 1)의 책, 219면. ICC 중재규칙 제24조는 사건관리회의(case management conference)라고 한다.
30) 김갑유 외, 앞(주 1)의 책, 190면; 中川直政, "國際仲裁手續における實務の流れ", The Lawyers(2016. 11.), 25면.
31) 김갑유 외, 앞(주 1)의 책, 192면.
32) ICC 중재규칙 제23조.

송법은 대체로 상세한 규정이 있으나, 중재법 내지 중재규칙은 이에 비하여 간략한 규정만이 있고 모든 절차들을 완벽하게 규정하고 있지 아니하기 때문에 발생하는 당연한 현상이라고 한다.[33]

3. 주장서면과 서증 제출

국제중재에서는 많은 경우 초기 단계에 결정된 일정표와 절차명령에 정한 방식에 따라 진행되는데, 대체로 심리기일 전에 쌍방은 각 2차례 정도씩 주장서면(brief/memorial)을 제출하는 방식이 실무상 많이 이용된다.[34]

구체적인 주장서면의 제출방식에 관해서는 신청인이 주장서면을 먼저 제출하고 피신청인이 반박서면을 내면 다시 신청인이 이에 대한 반박서면을 내고, 이에 대해 피신청인이 다시 반박서면을 내는 방식으로 진행되기도 하고, 신청인과 피신청인이 동시에 주장서면을 내고 그 후 다시 동시에 각자 상대방 주장서면에 대한 반박서면을 내는 방식으로 진행되기도 하는 등 구체적인 진행방식은 중재판정부와 당사자의 선택에 따라 달리 정해진다. 또한 주장서면을 내면서 서증을 함께 제출하는 것이 일반적이기는 하지만, 이 경우 증인진술서나 전문가 보고서까지 모두 붙여서 함께 제출하는지 여부는 사건에 따라 다르다고 한다.[35]

4. 문서제출절차

국제중재에서 당사자들은 서로 상대방에 대하여 특정 문서에 대한 제출을 요청할 수 있고, 중재판정부가 필요하다고 인정할 경우 그 제출을 명하는 문서제출절차는 매우 일반적으로 이용되고 있다.

국제중재에서는 문서제출이 자신에게 불리하다는 이유로 특정 문서의 존재를 부인하거나 이를 숨기는 것이 거의 불가능하고 오히려 해당 계약이나 해당 분쟁에 관련된 거의 모든 문서들이 진행과정에서 공개되어 실체적 진실 발견에 큰 도움이 된다. 특히 상대방과 서로 주고받은 문서들뿐만 아니라 상대방에게 전혀 공개되지 않았던 내부적인 의사결정사항이나 또는 그러한 의사결정에 이르는 과

33) 김갑유 외, 앞(주 1)의 책, 21면.
34) 임성우, 앞(주 1)의 책, 222면.
35) 김갑유 외, 앞(주 1)의 책, 23면. 임성우 앞(주 1)의 책, 222면은 실무상 누가 마지막으로 서면을 내는지에 대하여 논란이 생기기도 한다고 한다.

정을 보여주는 내부 문서들도 상대방이나 중재판정부에게 공개될 수 있기 때문에 진실과 다른 주장을 하는 것은 매우 위험하다고 한다.[36]

중재에서의 문서제출명령은 미국 소송의 증거개시제도(discovery)에 비하여 상대적으로 제한적으로 이루어지는 것이 일반적이나, 어느 범위까지 문서제출을 명할 것인지 여부는 중재판정부의 재량에 속하는 문제이기 때문에, 결국 어떤 법제에 익숙한 중재인들로 중재판정부가 구성되는지, 당사자나 대리인이 어떤 법제에 속해 있는지에 따라 문서제출명령의 범위도 적지 않은 차이를 보인다.[37]

실무적으로는 국제중재에서 문서제출과 관련하여 흔히 발생하는 쟁점들에 대하여 중재판정부 및 당사자들이 IBA가 정한 "국제상사중재에 있어서의 증거조사에 관한 IBA규칙"(IBA Rules on the Taking of Evidence in International Commercial Arbitration)을 적용하기로 합의하는 수가 많다고 한다.[38] 이는 엄격한 규칙으로 보다는 지침으로 적용되지만 실제로는 중요한 증거규칙으로서의 역할을 하고 있다. 이는 광범위한 증거개시절차를 허용하는 영미법 계통국가의 입장과 문서제출 요구에 매우 소극적인 대륙법 계통 국가의 입장을 절충하여 보다 중립적인 기준을 제시하고 있다는 평가가 있다.[39]

문서제출요청과 관련되어 실무상 자주 제기되는 문제로서 영미법계에서 일반적으로 인정되는 비밀유지특권(legal privilege)에 의하여 문서제출을 거부할 수 있는지 여부의 문제가 있다. 이는 민·형사소송이나 기타 분쟁해결절차 등에서 특정한 문서나 정보의 공개를 거부하거나 다른 사람이 공개하지 못하도록 할 수 있는 권리를 의미하는데, 국제중재에서 주로 논의되는 특권의 유형은 고객과 변호사가 법률문제에 관한 조언을 위해 주고받은 비밀 서신에 적용되는 변호사-고객 간 특권(attorney-client privilege)과 변호사가 현재 계속 중인 다른 소송절차를 준비하기 위하여 작성한 문서에 적용되는 변호사의 직무성과물(attorney work-product)에 대한 예외 등이 있다.[40]

---

36) 김갑유 외, 앞(주 1)의 책, 22면.
37) 김갑유 외, 위의 책, 198면.
38) 김갑유 외, 위의 책, 199면; 中川直政, 앞(주 30)의 글, 26면; Gary B. Born, *supra* note 1, p. 185.
39) 임성우, 앞(주 1)의 책, 226면; 정홍식, "국제중재 절차내에서 증거조사: 국제변호사협회 (IBA)의 2010 증거규칙을 중심으로", 仲裁硏究 제21권 제3호(2011. 12.), 26면.
40) 그 구체적인 내용은 김갑유 외, 앞(주 1)의 책, 203면 이하 및 谷口安平·鈴木五十三(編), 앞(주 4)의 책, 241면 이하((飛松純一집필부분) 참조. 또한 김갑유·양성우, "국제중재절

위 IBA 증거규칙도 위와 같은 특권을 인정할지 여부에 관하여서도 역시 영미법계와 대륙법계의 절차를 절충한 접근방법을 제시하고 있다고 한다.[41]

이에 따라 당사자의 대리인인 변호사로서는 자신의 당사자가 보유한 모든 문서를 검토하여 제출 대상인지 여부를 확인하고, 특권 등을 이유로 제출거부 대상이 아닌지 여부 등을 검토하는 과정에서 매우 많은 시간과 변호사비용이 소요되는 것이 통상이라고 한다.[42]

우리 민사소송법 제344조 제2항 제2호에서는 문서의 일반적 제출의무에 대한 예외로 이른바 자기사용문서, 즉 "오로지 문서를 가진 사람이 이용하기 위한 문서"를 규정하고 있으나, 위 IBA 증거규칙에 따를 경우 이를 제출거부사유로 규정하고 있지 아니하므로 자기사용문서인 것을 이유로 그 개시대상에서 제외되는 것을 기대할 수는 없다고 할 것이다.[43]

5. 증인 및 전문가 증언절차

법원의 재판의 경우의 증인 및 감정인 신문과 같이, 국제중재에서도 증인의 증언이나 전문가의 증언은 상당히 중요하다.

국제중재의 경우는 앞서 본 바와 같이 중재인들이 미리 모이기로 정한 기간 동안 집중적으로 심리가 이루어지므로, 수일간 진행되는 심리기일 동안 모든 증인들에 대한 신문이 순차적으로 이루어진다.

또한 중재의 경우는 특정한 전문 분야에 대한 전문가 증인을 쌍방이 각자 신청하여 이들이 공방을 펼치는 경우가 일반적이라는 특색이 있다.[44] 예컨대 건설관련 분쟁의 경우 건설업무에 관련된 과실여부 및 공기를 판단하기 위하여 이에 관한 건설관계 기술전문가의 증언이 필요하고, 손해배상을 구하는 중재에서도 회계법

차에서의 서류공개의무와 그 예외로서 변호사-고객간 특권에 관한 연구", 법학평론(서울대학교) 제1권(2010), 469면 참조.

41) 김갑유 외, 앞(주 1)의 책, 202면; 정홍식, 앞(주 39)의 글, 47면; 眞鍋佳奈, "仲裁手續きではどこまで企業秘密が保たれるのか", The Lawyers(2016. 11.), 34면.

42) 김갑유 외, 앞(주 1)의 책, 198면.

43) 谷口安平·鈴木五十三(編), 앞(주 4)의 책, 244면(飛松純一집필부분); 中川直政, 앞(주 30)의 글, 34면.

44) 위 IBA 증거규칙 제5조 제5항은 "당사자가 선정한 전문가가 출석을 요청받고도 정당한 사유 없이 증언을 위하여 출석하지 아니할 때에는, 중재판정부는 그 당사자 선정 전문가의 보고서를 무시하여야 한다 … "라고 규정하고 있다.

인 등과 같은 손해액 산정 전문가의 도움을 받는 것이 필수적인 경우가 있다.[45]

6. 심리기일의 진행

국제중재의 경우는 중재인과 당사자 및 대리인이 기간을 특정하여 집중적으로 개최되는 심리기일(hearing)을 단 한번 개최하는 것이 일반적이다. 다만 중재 진행과정에서 관할에 대한 다툼이 치열할 경우 관할에 대한 부분과 본안에 대한 부분을 분리하여 진행하거나 또는 책임의 존부에 대한 부분과 구체적인 손해액 산정에 대한 부분을 분리하여 진행하는 수도 있고, 사안이 복잡하거나 심리할 사항이 방대한 경우 등에는 심리기일이 2회 이상 열리는 수도 있다.[46]

국제중재의 심리기일의 기간에 대하여는 통상 일주일 이내 그리고 특별히 복잡한 사건의 경우에도 2주일을 넘지 않는 범위 내에서 진행된다는 기술,[47] 보통 5-10일 정도의 기간 동안 집중적으로 진행된다는 기술,[48] 보통 짧게는 3일, 길게는 2주 이상의 기간 동안 집중적으로 진행된다는 기술[49] 등을 찾아 볼 수 있는데, 대체로 사건의 경제적 규모, 사안의 복잡한 정도, 당사자의 사정 등 제반 사정을 종합하여 그 기간이 정하여지는 것으로 보인다.[50]

심리기일에서는 양측이 사건의 개요를 설명하는 모두진술(opening statement)을 진행하고, 그 후 사실관계에 관한 증인에 대한 증인신문과 전문가들에 대한 증인신문을 진행하는 것이 일반적이다. 실무상으로는 심리기일의 진행개요, 신문할 증인 채택, 증인들에 대한 신문 순서와 시간 배정, 전문가 증인에 대한 신문방식, 통역인의 이용방식 등의 절차적인 이슈들에 관하여 대리인들 사이에 합의를 하여 중재판정부의 최종승인 및 결정을 받아 여기서 정해진 대로 심리기일을 진

---

45) 김갑유 외, 앞(주 1)의 책, 211면.
46) 김갑유 외, 위의 책, 25면.
47) 임성우, 앞(주 1)의 책, 234면.
48) 김갑유 외, 앞(주 1)의 책, 25면.
49) 김갑유 외, 위의 책, 213면.
50) 영국의 저명한 중재인이자 변호사인 Gary B. Born이 2017. 6. 16.부터 23.까지 연세대학교 법학전문대학원에서 국제중재에 관한 강의를 진행하였는데, 당시 필자가 심리기간에 대하여 질문한 결과, Gary B. Born으로부터 심리기일이 2주일 이상 진행되는 경우는 대단히 드문데, 이는 세계 각지에 흩어져 있는 중재인들의 일정을 맞추기 어렵고, 또한 장기간의 심리기일의 진행을 위한 사무적 준비가 곤란하기 때문이라고 하면서, 2주 이상의 심리가 필요한 경우에는 심리기일을 2회로 나누어 진행하는 수가 많다는 답변을 들은 바 있다.

행하는 것이 일반적이다. 증인 등에 대한 신문이 종료된 후 당사자들의 합의 또
는 중재판정부의 선택에 따라 심리기일의 과정에서 드러난 핵심 쟁점 또는 중재
판정부가 확인을 요하는 쟁점들에 대하여 쌍방이 변론을 교환하는 종결진술
(closing statement)을 하는 경우도 있다. 그 구체적인 진행방식은 중재인이 영미법
계 배경을 가지고 있는지, 대륙법계 배경을 가지고 있는지에 따라 다를 수도 있
다고 한다.51)

국제중재에서는 심리기일 이후에 심리기일에 나타난 여러 증거들을 정리하
고 전체적인 주장내용을 다시 정리하는 형태의 심리 후 주장서면(post-hearing brief)
을 제출하는 경우가 있다고 한다.52)

7. 중재판정

소송에서 판사가 판결문을 작성하는 것과 마찬가지로 중재에서는 모든 절차
가 완료되면 중재판정부가 최종적인 합의를 거쳐 중재판정(arbitral award)을 작성
하게 된다. 다만 소송에서는 법원이 선고기일을 정하여 판결내용을 선고한 후 판
결문을 송달해 주는 반면, 중재의 경우는 이러한 판정 선고 절차 없이 바로 판정
문의 송달이 이루어지며 판정문의 정본이 아니라 중재인들이 모두 서명한 판정문
원본을 수통 작성하여 송달하는 것이 일반적이다.

판정문에는 사건번호와 당사자, 작성일자와 중재지 등 형식적 기재사항 외
에, 주문 및 판정이유를 기재하는데, 그 이유 중에는 중재합의와 준거법, 절차진
행에 관한 사항들, 당사자들 주장의 요지 및 이에 대한 판정부의 결정과 판정의
근거, 반대의견 등이 기재되는 것이 보통이다.53)

중재판정에는 해당 중재에 소요된 비용에 대한 부담에 관한 명령을 내리는
경우가 대부분인데, 판정 이전에 쌍방이 실제 지출한 변호사 보수를 포함한 각종
비용에 관한 내역을 작성하여 제출하고, 중재판정부가 이러한 실제 지출 내역을
기초로 합리적인 범위에서 패소자가 승소자에게 보상해야 할 중재비용에 관한 판
정을 내리는 것이 일반적이라는 특색이 있다.54)

---

51) 김갑유 외, 앞(주 1)의 책, 213면; 임성우, 앞(주 1)의 책, 234면.
52) 김갑유 외, 앞(주 1)의 책, 216면.
53) 김갑유 외, 위의 책, 231면.
54) 김갑유 외, 위의 책, 217면; 임성우, 앞(주 1)의 책, 311면.

V. 중재판정의 취소와 승인 및 집행

1. 서론

중재판정은 근본적으로 국가의 의사와 아무런 관련 없이 선임된 중재인에 의하여 또한 국가가 제공하지 아니한 쟁송절차에 따라 이루어진 것이므로, 국가의 입장에서는 무조건 그 효력을 인정하기에 앞서 중재판정에 이른 절차가 형평의 원칙상 부당하거나 그 판정이 국가정책상 또는 공익상 허용될 수 없는 등 현저한 하자가 있는지 여부를 심사할 필요가 있다.

또한 중재인들이 법원의 재판권을 배제하고 해당 분쟁에 대하여 판결의 효력이 있는 중재판정을 내린 것이기는 하나, 중재인들은 사인으로서 그 판정을 집행할 권력이 없으므로 결국 특정 국가의 공권력을 통하여 중재판정의 집행을 하게 되는데, 그 과정에서 위와 같은 사항을 심사할 필요가 있게 된다.[55]

특히 국제중재의 결과물인 외국중재판정의 경우에는 국내중재판정에 비하여 그 효력을 국내에서 인정할 것인지 여부 또는 그 집행을 허용할 것인지 여부를 결정함에 있어서는 위와 같은 심사의 필요성이 더 크다고 할 수 있다.

이와 같이 국가의 입장에서 심사한 결과 자국 내에서 내려진 중재판정에 앞서 본 현저한 하자가 있다고 인정될 경우 그 판정의 효력을 상실시키는 절차가 중재판정의 취소절차이고, 위와 같은 하자 유무를 심사하여 중재판정의 효력을 인정하고 집행을 허가하는 절차가 중재판정의 승인 및 집행절차라고 할 수 있다.

중재판정의 취소절차와 승인·집행절차는 각국의 법제에 따라 다르다. 예컨대, 한국과 독일·일본은 중재판정의 집행절차를 판결절차가 아니라 결정절차로 하고 있음은 동일하나, 중재판정 취소절차의 경우 독일과 일본은 결정절차로 하고 있음에 반하여 한국은 판결절차에 의하도록 하고 있다는 점에 차이가 있다.

2. 중재판정의 취소

국제중재에 있어서 국제중재판정의 취소사유는 원칙적으로 각국의 법률에 규정되어 있다. 국제중재에 관한 국제적인 조약은 일반적으로 중재판정을 취소사

---

55) 梁炳晦 외, 註釋仲裁法(2005) 197면(이호원 집필부분); 小島武司·猪股孝史, 仲裁法(2014), 471면.

유에 대한 제한을 두고 있지 아니하고, 그리하여 이에 관하여는 거의 전적으로 각국의 법률에 일임되어 있다고 할 수 있다.[56]

그러나 UNCITRAL 모델법은 그 취소사유로 뉴욕협약 제5조에서 중재판정의 승인·집행거부사유로 규정된 사유만을 한정적으로 규정하고 있고, 따라서 위 모델법을 수용한 국가에서는 사실상 중재판정 취소사유와 중재판정의 승인·집행사유가 동일하다고 할 수 있다.

다만 미국이나 영국 등과 같이 UNCITRAL 모델법보다 확장된 중재판정 취소사유를 인정하는 국가가 있거나, 프랑스나 스위스와 같이 그보다 제한된 중재판정 취소사유를 인정하는 국가가 있기도 하나, 기본적으로는 본안에 대한 일반적인 재심사를 인정하는 국가는 없다는 점에서 UNCITRAL 모델법에서 크게 벗어난 것은 아니라고 평가할 수 있을 것이다.[57]

그리고 뉴욕협약 제5조 제2항 (e)는 중재판정의 취소와 관련된 집행거부사유로 "(e) 판정이 … 판정이 내려진 국가 또는 판정의 기초된 법이 속하는 국가의 권한 있는 기관에 의하여 취소 또는 정지된 경우"라고 규정하여 중재판정의 취소 또는 정지에 관하여서는 판정이 내려진 국가 또는 판정의 기초된 법이 속하는 국가의 법원이 배타적인 권한을 가지는 것으로 해석되고 이는 국제적으로 일반적으로 인정받는 법리임을 유의할 필요가 있다. 위 규정 중 중재판정의 기초된 법이 속하는 국가는 예컨대 중재지는 한국인데 중재절차의 준거법은 미국법인 경우 미국을 의미하는 것이나, 이와 같은 경우는 매우 드물기 때문에 사실상 중재지 소재 국가의 법원이 중재판정의 취소권한을 전속적으로 가진다고 보아도 무방할 것이다.

3. 중재판정의 승인 및 집행

국제중재에서 내려진 중재판정은 그 중재지 소재 국가에서는 물론, 그 밖의 국가에서도 뉴욕협약에 의하여 그 승인 및 집행이 보장되어 있다는 점이 최대의 장점이며, 따라서 외국판결에 비하여 외국중재판정의 집행이 수월하다고 할 수 있다.

---

56) 졸고, "국제중재판정의 취소사유의 확장 또는 제한―법원에 의한 본안의 심사와 관련하여", 國際去來法硏究 제21집 제2호(2012. 12.), 182면〈이 책 178면〉.
57) 그 상세에 관하여는 졸고, 위의 글, 181면 이하〈이 책 177면 이하〉 참조.

　　뉴욕협약은 기본적으로 중재친화적이고, 외국중재판정의 승인 및 집행을 쉽게 하는데 그 목적이 있다고 할 수 있는데, 그 특징으로는 다음과 같은 점을 들수 있다. (1) 외국중재판정의 승인 또는 집행을 구하는 당사자는 뉴욕협약 제4조에 따라 중재판정과 중재합의 서면만을 제출하면 되고, 외국중재판정의 승인 및집행의 실질적 요건들을 모두 승인과 집행의 거부사유로 규정함으로써 그 승인또는 집행의 상대방이 그 승인 내지 집행 거부사유를 주장 입증하여야 하는 것으로 되었다. 단지 공공질서에 위반될 경우 등에 법원에서 직권으로 그 거부사유를인정할 수 있도록 규정하고 있을 뿐이다. (2) 뉴욕협약 제5조에 열거된 승인 및집행거부사유는 예시적인 것이 아니라 제한적이다. 즉, 제5조에 열거된 사유에의하여서만 집행의 거부가 가능하고, 그 밖의 다른 사유는 집행을 거부할 사유가되지 못한다는 것이다.[58) 그 제5조에 열거된 승인 및 집행거부사유를 살펴보면,중재합의의 무효, 당사자의 방어권 침해, 권한을 벗어난 판정, 중재기관 구성 또는 중재절차의 하자, 공공의 질서 위반 등 중재절차와 중재판정에 있어서의 중대한 하자가 있는 경우로 제한되어 있음을 알 수 있다. 위와 같은 승인 및 집행거부사유가 어떠한 경우에 인정되는지에 관하여서는 많은 논의가 있고, 그 사례도 많이 집적되어 있으나 이 글에서는 이에 관한 논의는 생략한다.

VI. 국제중재의 장단점

　　소송의 경우는 특정 국가가 그 국민들 간의 자력구제를 금하고 국가구제를실현하기 위한 제도이므로, 국민의 세금으로 법원를 설치하고, 적절한 자격을 가진 재판관을 선임하여 분쟁해결에 있어서의 절차적 정의를 보장하면서 분쟁의 해결을 도모할 수 있다. 반면에 중재는 중재당사자가 모든 비용을 부담하여 사설법정을 설치하고 중재인에 대한 보수를 지급하여야 하므로, 그 절차를 밟는 것이번잡할 뿐 아니라 그 비용이 상당히 고액이 된다는 점이 가장 큰 결점이라 할 수있다. 필자가 다룬 사건 중 한국의 선박부품제조업자가 노르웨이의 선박사업자에게 1억원 상당의 선박부품을 수출하고 그 대금지급에 관하여 분쟁이 발생한 경우가 있었는데, 그 계약에 관하여 분쟁이 발생한 경우 노르웨이 베르겐 소재 상공

---

58) 졸고, "外國仲裁判定의 承認과 執行 – 뉴욕協約을 中心으로", 裁判資料 제34집(1986), 669면〈이 책 14면〉.

회의소의 중재에 의하여 해결하도록 하는 조항이 있었고, 위 분쟁금액에 비하여 그 중재절차를 진행할 경우 소요될 비용이 너무 커서 결국 그 청구를 포기하도록 권유한 경우가 있을 정도이다.

그러나 국제상사분쟁 해결을 위하여 소송을 이용할 경우에는 국제법원이 존재하지 아니하는 이상 특정국가의 법원에 소송을 제기할 수밖에 없는데, 중재는 이를 피하여 제3의 중립적인 사설법정을 통하여 그 해결을 도모할 수 있다는 점이 최대의 장점이다. 그리고 그 분쟁 금액이 커지면 중재절차비용도 충분히 부담할 수 있으므로 그 비용을 부담하고서라도 중재를 택할 수 있을 것이다.

앞서 나온 Queen Mary의 2015년도 설문조사에서도 국제중재의 장점으로는 (1) 중재판정의 수월한 집행가능성, (2) 특정 국가의 법정이나 법률제도의 회피, (3) 절차상의 유연성, (4) 당사자의 중재인 선정, (5) 비밀과 프라이버시 보호, (6) 중립성, (7) 종국성, (8) 신속한 해결, (9) 합리적 비용 순으로 나타났고, 그 단점으로는 (1) 높은 중재비용, (2) 신속한 중재절차를 방해하는 당사자에 대한 효과적인 제재의 결여, (3) 중재인의 효율성에 대한 정보 부족, (4) 신속하지 못한 절차 진행, (5) 중재지 법원의 간섭, (6) 제3자의 당사자 추가절차 제도의 결여, (7) 본안에 대한 상소절차가 없음, (8) 각 중재기관의 효율성 여부에 대한 정보 부족, (9) 절차의 유연성 결여 순으로 나타났다.59)

위 조사결과에 의하면 비용 다음으로 "신속한 중재절차를 방해하는 당사자에 대한 효과적인 제재의 결여"가 그 단점으로 지적되고 있는데, 그 원인의 하나로 적법절차 편집증(due process paranoia)이 종종 지적되고 있다고 한다. 즉 중재판정부가 적법절차를 의식한 나머지 충분한 변론의 기회를 가지지 못한 당사자가 판정에 불복할 것에 대한 두려움 때문에 특정한 상황 아래에서 단호한 대응을 취하는 것을 주저하는 경향이 있다고 한다.60) 이는 중재인들이 국가 법원과 달리 당사자들에 대한 절차적 제재권한을 가지고 있지 않고, 최대한 당사자들의 협조

---

59) Queen Mary 2015 Survey(*supra* note 10), pp. 6-7. 위 결과에 의하면 '(9) 합리적인 비용'이 장점인 동시에 '(1) 높은 중재비용'이 단점으로 나타나 있고, '(3) 절차상의 유연성'이 장점인 동시에 '(9) 절차의 유연성 결여'가 단점으로 나타나 서로 상충되는 듯하나, 그 내용을 살펴보면 비용에 관하여 장점으로 지적한 비율은 2%이나, 단점으로 지적한 비율은 68%이고, 절차상의 유연성에 관하여 장점으로 지적한 비율은 38%이나 단점으로 지적한 비율은 3%로 나타나, 비용은 단점으로 절차상의 유연성은 장점으로 지적하는 비율이 훨씬 더 높음을 알 수 있다.

60) Queen Mary 2015 Survey(*supra* note 10), p. 7.

를 얻어서 그 절차를 진행하여야 한다는 점에서 유래한다고 볼 수 있을 것이다.

그 밖에도 국제중재의 장점으로는 각국의 상이한 소송절차를 통한 분쟁해결의 불확실성을 최소화하고, 그 예측가능성을 높일 수가 있다는 점,[61] 당사자들이 우호적인 분위기에서 중재절차를 진행할 수 있고, 당사자들이 합의하면 비법률적 요소를 고려한 우의적 판단도 가능하고, 중재판정에 의하여서도 선의의 이행을 받을 가능성이 높아지는 점 등을 들 수 있다.[62] 한편 그 밖의 단점으로는 소송에 비해 상대적으로 결과에 대한 예측가능성이 떨어진다는 불확실성, 법원에 비해 중재판정부의 증거조사능력이 떨어질 수 있는 문제로 인한 진실발견의 제한성, 판단이 중재판정부의 재량에 전적으로 의존되기 때문에 발생할 수 있는 비법률적 해결이나 법리적으로 타당하지 않은 중재판정의 가능성, 중재판정에 대한 임의 이행을 거부할 경우 별도 절차를 통하여 집행허가를 다시 받아야 하는 절차적인 복잡성을 들기도 한다.[63]

결국 중재가 결코 국제분쟁 해결의 완벽한 제도라고 하기는 어려우나, 국제분쟁을 특정 국가의 법원의 재판에 의하여 해결하는 것보다는 단점이 적고, 다른 종류의 분쟁해결방법에 비하여 실용적이고 효율적이며 중립적인 수단을 당사자에게 제공한다고 평가할 수 있을 것이다.[64] 실제로 국제분쟁의 해결수단을 선택함에 있어서는 각각의 구체적 사안마다 앞서 본 장점과 단점을 종합적으로 고려하여 국제소송과 국제중재 중에 선택할 수밖에 없는 것이 현실이다.

Queen Mary 2015년의 설문조사 결과에 의하면 일반적인 국제상사분쟁의 해결방법 중 선호되는 방법으로 국제중재가 56%, 국제중재와 ADR 병행이 34%로 나타나 도합 90%의 압도적인 비율로 중재 선호경향을 보여준 반면 국제소송과 국제소송 및 ADR 병행은 각기 2%씩 도합 4% 정도만이 중재보다 소송을 선호하는 비율로 나타났으며, 국제조정을 선호하는 비율은 5% 정도로 나왔다고 한다.[65]

한편 Queen Mary의 2013년도 국제중재에 관한 설문조사의 결과에 의하면 건설업 및 에너지 산업분야에서는 다른 분야에 비하여 상대적으로 국제중재가 높

61) 임성우, 앞(주 1)의 책, 15면.
62) 목영준, 앞(주 7)의 책, 7면; 김갑유 외, 앞(주 1)의 책, 27면.
63) 목영준, 앞(주 7)의 책, 9면; 김갑유 외, 앞(주 1)의 책, 28면.
64) Gary B. Born, *supra* note 1, p. 9; Nigel Blackaby et. el., *Redfern and Hunter on International Arbitration(6th Ed.)*(2015), p. 37.
65) Queen Mary 2015 Survey(*supra* note 10), p. 5.

게 선호되고 있다고 하면서, 이 분야 분쟁의 높은 기술적 성질에 비추어 당사자
들이 전문가를 중재인으로 선정할 수 있는 중재를 선호하고 있기 때문이라고 지
적하고 있다. 그러나 같은 조사결과에 의하면 국제금융 분야에서는 중재보다 소
송이 선호되는 경향이 있다고 하면서, 국제금융상의 많은 분쟁이 법률적인 판단
을 요하는 점 및 대출계약의 불이행으로부터 발생하는 상당수의 분쟁이 실질적으
로는 단순한 채무추심의 문제로서 소송을 통하여 해결하는 것이 비용 면이나 결
론적인 면에서 유리한 면이 있는 점 등에 기인한다고 지적하고 있다.[66] 이는 국
제소송과 국제중재의 선택에 있어서 참고할 만한 결과라고 할 수 있다.

Ⅶ. 맺음말

지난 30년간 세계경제는 점점 더 일원화하는 경향을 보이고 있고, 국제중재
도 훨씬 더 일반화하여 오늘날에 이르러서는 중재가 국제상사분쟁의 표준적인 분
쟁해결방법이라고 말할 수 있을 것이다.

그 사이 전통적으로 국제중재의 중심지였던 유럽의 런던, 파리, 스톡홀름, 제
네바 등 외에도 지구의 각 권역별로, 예컨대 아시아의 싱가포르와 홍콩의 국제중
재지로서의 이용은 놀랄 만큼 커진 것으로 보인다. 지금은 세계 각지에서 국제중
재의 허브도시로 발돋움하기 위하여 노력이 경쟁적으로 행하여지고 있다.

세계 제2, 3위의 경제규모를 가지고 있는 중국, 일본과 제12위 정도의 한국
이 모여 있는 동북아시아 지역에서도 국제상사분쟁의 원활한 해결을 위하여 이
지역 내에서 국제중재를 원활하게 수행할 수 있는 여건과 능력을 키워나갈 필요
성이 있다.

한국은 2013년 동북아지역 최초의 국제중재 전문시설로서 최첨단 시스템을
구비한 서울국제중재센터(SIDRC, Seoul International Dispute Resolution Center)를 개
소하는 한편,[67] 2016년에는 UNCITRAL 2006년 개정 모델법을 대폭 수용하면서 중
재법을 전반적으로 개정하였고, 대한상사중재원(KCAB, Korean Commercial Arbitra-

---

66) 2013 International arbitration Survey, Corporate choices in International Arbitration,
   School of International Arbitration, Queen Mary University of London, p. 7. http://www.
   arbitration.qmul.ac.uk/research/2013/index.html(2017. 5. 12. 검색).

67) http://www.sidrc.org/main/main.php(2017. 5. 12. 검색).

tion Board)도 같은 해 국제중재규칙을 세계적인 흐름에 맞추어 대폭 개정하는 등 서울을 국제중재의 허브도시로 육성하기 위한 노력을 경주하고 있다.

2016년 우리나라에서 국제중재실무에 종사하는 기업 내외의 중재관계인들을 대상으로 설문조사한 결과에 의하면, 서울이 중재지로 선택되기 위한 개선사항으로는 (1) 서울에 익숙한 수준급 중재인의 확보, (2) 대한상사중재원의 역량 강화, (3) 한국 법률제도의 중립성과 공정성 증진, (4) 최상의 중재전문 변호사의 이용가능성 제고, (5) 중재합의와 중재판정의 집행기록 증대, (6) 보다 편리한 심리시설 확충, (7) 중재비용을 합리화하기 위한 제도개선 마련, (8) 항공편 등의 접근성 확대의 순으로 나타났다.[68] 우리나라의 경우 국제중재의 중심지로 되기 위한 시설 및 법제는 비교적 완비되어 있다고 할 수 있으나, 실제로 수준급 중재인이 관여하는 중재사건을 서울로 유치하고, 국제적으로 중립적이고 공정한 중재절차의 진행에 관한 신뢰를 쌓아올려 나가는 꾸준한 노력이 필요하다고 할 수 있을 것이라는 점을 지적하면서 이 글을 마치고자 한다.

---

68) 한국의 국제중재 설문조사 연구보고서(주 12), 43면〈이 책 444면〉.

[11] 국제중재절차에서의 법원의 역할

이 글은 사법(사법발전재단) 제29호(2014), 69-106면에 같은 제목으로 실린 글을 기초삼아, 2016년 중재법 개정사항을 모두 반영하여 대폭적으로 수정하여 재작성한 것이다.

I. 머리말

각종 국제거래에 있어서 분쟁해결의 방법으로서의 중재의 중요성은 날이 갈수록 커지고 있다. 중재는 국제거래상 발생하는 분쟁해결방법으로서 소송에 비하여, 분쟁해결 기관으로서 당사자 국가의 법원이 아닌 제3의 중립적인 법정을 제공하며, 외국중재판정의 승인 및 집행이 "외국중재판정의 승인 및 집행에 관한 1958년 국제연합협약"(United Nations Convention on the Recognition and Enforcement of Foreign Arbitral Awards)(이하 "뉴욕협약"이라 한다)에 의하여 국제적으로 보장된다는 점에 그 장점이 있다는 점에 대하여는 이론이 없다.

중재는 소송절차에 의하지 아니한 자치적인 분쟁해결방법으로서 법원의 관여를 가급적 배제하는 것이 원칙이고, 관련 국가의 부당한 관여를 회피하여야 하는 국제적인 분쟁해결방법으로서의 중재에서는 이 점이 더욱 강조된다.

그러나 중재는 화해, 조정이나 알선 등과 함께 소송절차에 의하지 아니한 이른바 대체적 분쟁해결방법 중의 하나인데, 다른 대체적 분쟁해결방법에 비하여 당사자의 합의가 아니라 제3자의 판단에 의하여 분쟁을 해결한다는 점에 특징이 있다. 중재절차를 거쳐서 내려진 결론인 중재판정의 실효성을 거두기 위하여서는 국가권력에 의한 집행절차를 거치지 않을 수 없을 뿐만 아니라, 일방 당사자가 중재절차의 개시와 진행 등에 자발적으로 협조하지 않는 경우에는 중재제도의 목적을 달성하기 위하여 국가권력의 개입이 필요하므로, 이를 위하여 법원이 중재절차에 관여하게 된다. 이를 위하여 중재법은 법원이 중재절차에 관여할 수 있는 경우에 관하여 상세한 규정을 두면서도, 제6조에서 "법원은 중재법이 정한 경우를 제외하고는 중재법에 관한 사항에 관여할 수 없다."라는 선언규정을 두고 있

다.[1]

　　결국 중재제도를 원만히 운영하고 활성화하기 위해서는, 중재절차의 개시 및 진행 그리고 중재판정의 실현과정에 있어 당사자자치의 원칙에 따라 법원의 관여를 자제하되, 필요하다고 인정될 경우에는 법원이 효율적으로 관여하도록 함이 필요하다 할 것인데, 이는 국내중재에서는 물론 국제중재에 있어서도 대단히 중요하다. 또한 법원이 어떠한 범위 내에서 어떠한 정도로 중재에 관여하는가를 명백히 하여, 중재를 둘러싼 관계자들에게 예측가능성을 부여할 필요성이 크다 할 것이다.

　　국제중재에 있어서는 각국의 중재법의 통일을 위하여 국제무역법위원회가 1985년 제시한 "국제상사중재에 관한 모델법"(UNCITRAL Model Law on International Commercial Arbitration)(이하 UNCITRAL 모델법이라고 한다)이 각국의 중재법에 커다란 영향을 미치고 있는바, 우리나라도 1999년 이를 수용하여 중재법을 전면 개정하였다.[2] UNCITRAL 모델법은 2006년 개정되었는데, 우리나라는 이를 대부분 수용하여 2016. 5. 26. 중재법을 다시 개정하였다.[3]

　　이 글은 국제중재에 있어서의 우리나라 법원의 역할을 검토함을 목적으로 한다. 이를 위하여 먼저 국제중재의 의의와 구분필요성을 살핀 후, 중재절차의 진행절차 순에 따라 중재합의, 중재판정부의 구성 및 권한심사, 임시적 처분, 증거조사, 중재판정의 취소 및 중재판정의 승인과 집행 순으로 법원이 담당하게 되는 역할을 살피기로 한다.[4]

---

1) 위 조항에 대한 해설로는 註釋仲裁法(2005), 26면 이하(張文哲·朴榮吉) 및 石光現, "仲裁節次에서의 法院의 역할", 辯護士(서울地方辯護士會) 제37집(2007), 50면 이하 참조.
2) UNCITRAL 모델법은 국제상사중재만을 대상으로 한 것이나, 우리는 1999년 중재법 개정시 국제중재에 한정하지 않고 국내중재에도 이를 수용하는 입법을 하였다.
3) 그 구체적인 개정내용은 졸고, "2016년 중재 법률안의 주요내용", 仲裁硏究 제30권 제1호(2020. 3.), 33면 이하〈이 책 71면 이하〉참조.
4) 국제중재에 한정된 글은 아니나, 중재절차에서의 법원의 역할을 다룬 글로는 安秉熙, "仲裁法院과 國家法院과의 相關關係에 관한 硏究", 연세대학교 대학원 법학박사학위논문(2000); 鄭仙珠, "중재절차에서 법원의 역할과 한계-개정 중재법과 UNCITRAL 모델법 등을 중심으로-", 仲裁學會誌 10권(2000), 65면; 睦榮埈, "仲裁에 있어서 法院의 役割에 관한 硏究", 연세대학교 대학원 법학박사학위논문(2005); 박은옥, "중재에 있어서 법원의 역할", 무역상무연구 제30권(2006. 5.), 91면; 石光現, 앞(주 1)의 글, 47면 등을 들 수 있다.

II. 국제중재의 의의와 구분필요성

1. 국제중재의 의의

국제중재란 어떤 외국적 요소가 있는 중재를 말하는 것으로서, 국내중재와 국제중재를 구분하는 기준으로는 분쟁의 성질 또는 당사자의 국적 내지 상거소를 드는 것이 일반적이다.[5)

국내중재와 국제중재를 분쟁의 성질을 기준으로 구분하는 입법례로는 프랑스 민사소송법 제1504조가 중재가 국제거래의 이해관계(the interests of international trade)에 관련된 경우 국제중재로 보고 있는 것을 들 수 있다.[6) 당사자의 주소 내지 상거소를 기준으로 한 입법례로는 스위스 국제사법 제176조 제1항이 당사자 중 적어도 일방이 스위스에 주소도 없으면서 상시 거주하지도 않으면 이를 국제중재로 보고 있는 것을 들 수 있다.

한편 UNCITRAL 모델법 제1조 제3항은 위 두 가지 구별기준을 혼합하여, (a) 중재합의체결 당시 당사자들이 다른 국가에 영업소를 두고 있는 경우, (b) 당사자들이 영업지를 가진 국가 밖에 중재지, 주된 의무이행지나 분쟁대상관련지가 있는 경우, 또는 (c) 당사자 간에 중재합의대상이 한 국가 이상에 관계된다고 명백히 합의한 경우를 모두 국제중재라고 보고 있다.

근본적으로 어떠한 범위의 중재를 국제중재로 보고 어떠한 규율을 할 것인가는 각 국가의 입법정책에 따라 결정할 문제이다. 그러나 우리나라 중재법은 국제중재를 위한 별도의 규정을 두지 아니하고 국내중재와 국제중재를 동일하게 규율하며,[7) 단지 제2조에서 원칙적으로 중재법은 중재지가 대한민국인 경우에 한하여 적용한다고 규정함에 따라 중재지가 대한민국이 아닌 중재에는 원칙적으로 적용되지 않음을 명백히 하고 있을 뿐이다.[8) 따라서 우리 중재법의 적용에 있어

5) 石光現, 國際商事仲裁法研究 제1권(2007). 6면; 목영준, 상사중재법(2011), 21면; 김갑유 외, 중재실무강의(개정판)(2012), 5면.
6) 2011 1. 13. 개정 전의 구 프랑스 민사소송법 제1492조와 같은 취지의 규정이다. 개정된 프랑스 민사소송법 중재편을 소개한 논문으로, 안건형·유병욱, "2011 프랑스 개정민사소송법의 주요 내용과 시사점－국제중재법을 중심으로", 민사소송 제15권 2호(2011), 93면 이하 참조.
7) 일본 중재법이나 독일 민사소송법상의 중재에 관한 규정도 동일한 태도를 취한다.
8) 그러나 위 제2조는 제9조(중재합의와 법원에의 제소)와 제10조(중재합의와 법원의 보전

서는 국내중재와 국제중재를 구분할 실익이 적다고 할 것이다.

한편 대한상사중재원의 국내중재규칙에 의하면 제2조 제1호에서 "'국내중재'란 국내에 주된 영업소나 상거소를 두고 있는 당사자 간의 중재로서, 중재원 국제중재규칙에서 정한 국제중재에 해당하지 아니하는 중재를 말한다."라고 규정하고 있고, 대한상사중재원의 국제중재규칙 제2조 제3호는 "'국제중재'란 다음 각 목의 어느 하나에 해당하는 중재를 말한다. 가. 중재합의를 할 당시 당사자들 중 1인 이상이 대한민국 외의 곳에 영업소를 두고 있는 경우. 나. 중재합의에서 정한 중재지가 대한민국이 아닌 경우."라고 규정하여 별도의 기준을 제시하고 있다.[9]

2. 국내중재와 국제중재의 구분 필요성

국내중재는 한 국가의 국민 사이에 소송 대신 이루어지는 것이 일반적이므로, 이른바 대체적 분쟁해결방법으로서의 기능이 중시됨에 비하여, 국제중재에 있어서 중재지는 당사자의 선택에 의하여 정하여지는 것이므로 중재지와 중재지 국가의 관련성이 작거나 없을 수도 있는 것이어서, 국제중재에 있어서는 국가 내지 법원이 중재에 관여하여야 할 정도가 보다 탄력적이거나 너그러워진다고 한다.[10]

또한 중재판정의 취소사유 내지 승인·집행의 거부사유로 인정되는 공공의 질서의 경우도 국내중재의 경우보다 국제중재의 경우에는 이를 보다 좁게 보는 것이 일반적이다.[11]

따라서 실무적으로는 국내중재와 국제중재를 구분하여 규율할 필요성이 발생하게 된다.

처분)는 중재지가 아직 정해지지 아니하였거나 대한민국이 아닌 경우에도 적용하며, 제 37조(중재판정의 승인과 집행)와 제39조(외국중재판정)는 중재지가 대한민국이 아닌 경우에도 적용한다고 규정하고 있다.

9) 그 결과 같은 중재가 대한상사중재원의 국내중재와 국제중재 양자에 모두 해당할 수 있는데, 이 경우는 당사자의 선택에 따라 적용될 규칙이 정해지게 될 것이다. 이와 같이 동일한 기관의 규칙이 상이한 기준을 규정한 것은 부적절하다는 지적으로 石光現, 앞(주 5)의 책, 7면 참조.

10) 목영준, 앞(주 4)의 글, 21면; 石光現, 앞(주 5)의 책, 8면. 이런 의미에서 Nigel Blackaby et al., *Redfern and Hunter on International Arbitration(6th Ed.)*(2015), P. 7은 소비자 보호의 요소가 국내중재를 규율하는 중재법의 한 부분이 됨을 지적한다.

11) 목영준, 앞(주 4)의 글, 310면; 石光現, 앞(주 5)의 책, 8면.

3. 우리 법원이 국제중재에 관여하게 되는 경우

우리 법원이 가장 대표적으로, 그리고 가장 많이 국제중재에 관여하게 되는 경우는 외국중재판정에 대한 집행판결 청구의 소가 제기된 경우가 될 것이고, 이 경우에는 뉴욕협약상의 외국중재판정에 대한 승인·집행거부사유가 존재하는지 여부가 쟁점이 되는 경우가 대부분일 것이다.

그러나 국제중재에 있어서 중재지가 한국 내에 있는 경우에는 우리 중재법이 적용되는 결과 우리 법원이 중재의 전단계에 걸쳐서 관여할 여지가 있게 되는 것은 국내중재와 동일하다 할 것이다. 즉 뒤에서 보는 바와 같이 중재절차 개시 단계 내지 중재절차 진행단계에서 우리 법원이 이에 대하여 감독 내지 협조하는 역할을 담당하게 되며, 중재판정이 내려진 뒤에는 그 중재판정 취소에 관하여 국제적으로 전속적으로 권한을 가지게 된다. 현재로서는 위와 같은 경우가 많다고 할 수는 없으나, 예컨대 서울이 외국기업들 사이의 국제적인 분쟁의 중재지로 지정될 경우가 증가한다면 그만큼 이에 관련된 우리 법원의 역할이 중요하게 될 것이다. 다만 국제중재의 대부분을 차지하는 기관중재의 경우에는 각 중재기관이 제정한 중재규칙이 우선적으로 적용되므로 그만큼 우리 중재법 내지 우리 법원의 관여 여지가 줄어든다 할 것이나, 비기관중재(임시중재, 임의중재라고도 한다)의 경우에는 상대적으로 그 관여 정도가 커질 것으로 예상된다.

Ⅲ. 중재합의의 효력과 법원의 역할

1. 중재합의의 항변

중재법 제3조 제2호는 "'중재합의'라 함은 계약상의 분쟁인지의 여부에 관계 없이 일정한 법률관계에 관하여 당사자 간에 이미 발생하였거나 장래 발생할 수 있는 분쟁의 전부 또는 일부를 중재에 의하여 해결하도록 하는 당사자 간의 합의를 말한다."고 하면서, 제9조에서 "① 중재합의의 대상인 분쟁에 관하여 소가 제기된 경우에 피고가 중재합의 존재의 항변을 하는 때에는 법원은 그 소를 각하하여야 한다. 다만, 중재합의가 부존재·무효이거나 효력을 상실하였거나 그 이행이 불가능한 경우에는 그러하지 아니하다. ② 피고는 제1항의 항변을 본안에 관한 최초의 변론을 할 때까지 하여야 한다."라고 규정하고 있는데, 이 규정은 국내중재와 국제중재 모두에 적용되는 규정이다. 따라서 국제중재의 대상이 된 분쟁에 대하여 우리 법원에 소가 제기되고, 그 대상인 분쟁에 대하여 중재합의가 있다는 항변이 제기된 경우 중재합의가 부존재·무효이거나 효력을 상실하였거나 그 이행이 불가능한 경우에 해당하지 않는 한 소를 각하하여야 할 것이다.

　　이와 같은 경우 뉴욕협약 제2조 제3항이나 UNCITRAL 모델법 제8조 제1항은 법원은 당사자들을 중재로 회부하여야 한다고 규정하고 있으나, 법원이 구체적으로 어떠한 조치를 취하여야 하는지에 관하여서는 아무런 규정을 두고 있지 않은 바, 이 경우 법원은 소송절차를 중지하고 중재판정을 기다리거나, 또는 소를 각하할 수도 있는 것이므로, 결국 이는 각국의 입법에 일임되어 있다고 할 것이고,12) 우리 법은 소를 각하하는 것으로 한 것이다.13)

　　중재합의의 존재는 이른바 소극적 소송요건이기는 하나, 법원이 직권으로 조사하여 참작할 사항이 아니라, 피고의 주장을 기다려서 비로소 조사하게 되는 항변사항이며,14) 위 항변은 본안에 관한 최초의 변론을 할 때까지 하여야 함을 유의하여야 한다. 중재합의의 항변은 본안에 관한 최초의 변론을 하기 전에 제출하거나 최초의 변론과 동시에 제출할 수 있다.15)

　　중재법 제9조 제1항 단서에서 중재합의가 부존재·무효이거나 효력을 상실하였거나 그 이행이 불가능한 경우에는 예외적으로 법원은 소를 각하할 수 없다고 하고 있으므로, 이 경우에 법원으로서는 중재합의의 항변을 배척하고 소송절차를 진행하여야 할 것이다.

　　중재법 제9조 제3항은 "제1항의 소가 법원에 계속 중인 경우에도 중재판정부는 중재절차를 개시 또는 진행하거나 중재판정을 내릴 수 있다."라고 규정하고 있는바, 이는 중재절차의 지연을 목적으로 법원에 소송을 제기하는 것을 억제하고, 중재절차의 신속한 진행과 분쟁해결을 가능하게 하기 위한 것이다.16) 이 경우 중재판정부에서 중재합의가 무효일 가능성이 높다고 판단할 경우에는 중재절차를 정지하고 법원의 판단을 기다릴 수도 있을 것이다.

---

12) 목영준, 앞(주 4)의 글, 65면.
13) 이는 일본법, 독일법도 동일하다. 그러나 영국의 1996년 중재법 제9조 제1항은 이러한 경우 소송절차를 중지하도록 규정하고 있다.
14) 이시윤, 新民事訴訟法(제12판)(2018), 215면.
15) 목영준, 앞(주 4)의 글, 76면; 石光現, 앞(주 1)의 글, 55면.
16) 近藤昌昭 외 4인, 仲裁法コンメンタール(2003), 57면.

2. 중재합의의 적극적 효력

한편 중재합의에 의하여 당사자는 분쟁을 중재절차에 회부할 수 있고, 중재인은 중재절차를 진행하고, 중재판정을 내릴 권한을 가지게 된다. 이는 중재합의의 절차법적 효력이며, 적극적 효력이다. 또한 당사자는 중재합의의 내용에 따라 신속한 중재절차의 진행을 위하여 협력할 의무를 부담하는데, 이것이 당사자의 협력의무이다.17) 이러한 협력의무는 국가법원에 의해 이행이 강제될 수 없는 성질의 것이라는 점에서 엄밀하게는 의무가 아니라, 그 행위를 할 것인지의 여부는 당사자의 재량에 맡겨져 있는 이른바 소송상의 부담으로 보는 것이 옳을 것이다.18)

3. 본안에 대한 소극적 확인소송과 중재합의의 항변

위와 같이 특정 분쟁에 관하여 중재합의가 있는 경우 적극적 이행을 구하는 당사자가 소를 제기하면 그 소의 상대방은 중재합의의 항변을 제기하여 그 소를 배척할 수 있을 것이다. 그러나 거꾸로 적극적 이행을 구하는 상대방이 될 당사자가 미리 그 특정 분쟁에 관하여 의무가 존재하지 아니한다는 소극적 확인의 소를 제기하고, 그 소의 상대방이 다시 중재합의의 항변을 제기하는 경우가 문제된다.

이 경우 법원은 그 중재합의의 존재가 인정된다면 그 소극적 확인의 소를 각하함이 옳을 것이다. 그러나 중재합의가 부존재·무효이거나 효력을 상실하였거나 그 이행이 불가능한 경우에 해당한다고 인정되는 경우에는 법원으로서는 그 중재합의의 항변을 배척하고 소송절차를 진행함이 옳을 것이다.19) 이는 상대방 당사자가 외국에서 중재절차를 진행하려고 할 경우 방어적 목적으로 한국에서 소극적 확인의 소를 제기하는 경우 발생할 수 있는 문제로 생각된다.

---

17) 목영준, 앞(주 4)의 글, 78면; 정선주, "당사자의 무자력과 중재합의관계의 해소", 중재연구 제12권 1호(2002. 8.), 256면.
18) 오창석, "파산절차에 있어서의 중재합의의 효력과 중재절차", 중재연구 제15권 1호(2002. 8.), 131면.
19) 石光現, 앞(주 1)의 글, 80면은 중재판정부가 구성된 후에도 피신청인은 예컨대 본안에 관한 소극적 확인을 구하는 소송을 제기하고 거기에서 중재합의의 무효를 주장함으로써 중재판정부의 판단을 거치지 아니하고 중재합의의 유효성과 중재인의 권한에 관한 법원의 판단을 받을 수 있다고 설명하고 있다.

IV. 중재판정부의 구성과 관련된 법원의 역할

1. 중재인의 선정과 관련하여

중재법 제12조는 중재인의 선정에 관하여 다음과 같이 정하고 있다.

먼저 중재인의 선정절차는 당사자 간의 합의로 정함을 원칙으로 하되(제2항), 다만 위 합의가 있더라도 어느 한쪽 당사자가 합의된 절차에 따라 중재인을 선정하지 아니하였을 때, 양쪽 당사자 또는 중재인들이 합의된 절차에 따라 중재인을 선정하지 못하였을 때 및 중재인의 선정을 위임받은 기관 또는 그 밖의 제3자가 중재인을 선정할 수 없을 때에 해당하면 당사자의 신청에 따라 법원 또는 그 법원이 지정한 중재기관이 중재인을 선정하도록 한다(제4항).

당사자 간에 중재인의 선임에 관하여 합의가 없는 경우, 단독중재에서는 어느 한쪽 당사자가 상대방 당사자로부터 중재인 선정을 요구받은 후 30일 이내에 당사자들이 중재인 선정에 합의하지 못한 경우에는 어느 한쪽 당사자의 신청을 받아 법원 또는 그 법원이 지정한 중재기관이 중재인을 선정하며, 3인 중재인에 의한 중재에서는 각 당사자는 1명씩 중재인을 선정하고, 이에 따라 선정된 2인의 중재인들이 합의하여 나머지 1명의 중재인을 선정하되, 이 경우에 어느 한쪽 당사자가 상대방 당사자로부터 중재인의 선정을 요구받은 후 30일 이내에 중재인을 선정하지 아니하거나, 선정된 2인의 중재인들이 선정된 후 30일 이내에 나머지 1명의 중재인을 선정하지 못한 때에는 어느 한쪽 당사자의 신청을 받아 법원 또는 그 법원이 지정한 중재기관이 그 중재인을 선정하도록 한다(제3항).

즉 중재인의 선정절차는 당사자 간의 합의에 의함을 원칙으로 하고, 그 합의가 없는 경우 중재법이 정한 선정절차에 따르되, 어느 경우에도 위 각 절차에 의하여 중재인을 선정할 수 없는 경우에는 법원 또는 법원이 지정하는 중재기관이 중재절차에 협력하는 의미에서 중재인을 선정하도록 하고 있다고 할 수 있다.

또한 중재법 제16조는 중재인의 권한이 종료되어 중재인을 다시 선정하는 경우 그 선정절차는 대체되는 중재인의 선정에 적용된 절차에 따르도록 규정하고 있으므로, 이 경우에도 법원 또는 법원이 지정한 중재기관이 중재인을 선정하는 경우가 있을 수 있을 것이다.

그리고 위와 같은 중재인 선정에 관한 법원 또는 법원이 지정한 중재기관의 결정에 대하여서는 항고할 수 없다(제5항). 이는 중재절차의 신속성을 위하여 불복방법을 봉쇄한 것이고, 이같이 선정된 중재인들이 내린 중재판정에 대하여 중재인 선정을 문제삼아 중재판정 취소사유로 삼을 수 없다.[20]

위와 같은 규정은 중재지가 한국 내에 있는 국제중재에 적용된다.

2. 중재인의 기피와 관련하여

중재절차에 있어서 중재인은 법관과 동일한 책무를 지니고 있으므로 중재인이 중재합의 또는 법에서 정한 자격요건을 갖추지 못하였거나 그 공정성과 독립성에 관하여 의심의 여지가 있는 때에는 그 중재인의 지위를 박탈함으로써 향후 분쟁의 소지를 없애는 것이 중재제도의 경제성과 효율성 그리고 신뢰성을 위하여 바람직한 반면, 중재인에 대한 기피를 지나치게 광범위하게 인정한다면 중재절차의 진행을 지연시키려는 일방 당사자의 남용이 우려된다.[21]

그러므로 우리 중재법은 UNCITRAL 모델법을 받아들여서 중재인의 기피사유를 중재인의 공정성이나 독립성에 관하여 의심을 살 만한 사유가 있을 때와 당사자들이 합의한 중재인의 자격을 갖추지 못한 사유가 있는 경우로 한정하였다(제13조). 중재인에 대한 기피절차는 원칙적으로 당사자 간의 합의로 정하도록 하되(제14조 제1항), 중재인을 기피하려는 당사자는 일단 중재판정부에 기피신청을 하도록 하고(제2항), 중재판정부가 기피신청을 기각하는 경우 즉시 법원에 기피신청을 할 수 있도록 하며, 절차의 지연을 피하기 위한 장치로서 법원에 대한 기피신청기간을 제한하고, 기피신청이 법원에 계속 중인 때에도 중재판정부에게 중재절차를 진행하거나 중재판정을 내릴 수 있는 재량을 부여하고(제3항), 법원의 기피결정에 대한 항고를 금지하고 있다(제4항).

위와 같은 중재법의 규정들은 국내중재와 중재지가 한국 내에 있는 국제중재에 동일하게 적용될 것이다.

또 중재법 제27조는 당사자 간에 다른 합의가 없는 경우 중재판정부는 특정 쟁점에 대한 감정을 위하여 감정인을 지정할 수 있다고 규정하고 있는데, 중재판정부가 지정한 감정인에 대하여 중재인의 기피에 관한 중재법 제13조와 제14조를 준용함으로써 감정인에 대하여 기피신청이 있을 경우 최종적으로 법원에 판단권

---

20) 목영준, 앞(주 4)의 글, 144면.
21) 목영준, 앞(주 4)의 글, 146면.

한을 부여하고 있다.

V. 중재판정부의 권한심사에 관련된 법원의 역할

1. 중재판정부의 자기권한 심사권한

가. 당사자가 중재판정부의 권한을 다툴 경우 중재판정부로 하여금 중재절차를 중지하고 법원이 우선적으로 중재판정부에게 권한이 있는지를 판단하게 할 것인지 또는 중재판정부가 그에 대하여 스스로 판단하고 중재절차를 진행할 수 있도록 할 것인지가 문제된다. 우리 중재법은 대부분의 다른 중재법이나[22] 국제협약[23] 및 중재규칙[24]과 같이 'Kompetenz-Kompetenz의 원칙',[25] 즉 중재판정부가 자신의 권한에 관하여 판단할 수 있다는 원칙을 채택하여 제17조 제1항에서 "중재판정부는 자신의 권한 및 이와 관련된 중재합의의 존재 여부 또는 유효성에 대한 이의에 대하여 결정할 수 있다. 이 경우 중재합의가 중재조항의 형식으로 되어 있을 때에는 계약 중 다른 조항의 효력은 중재조항의 효력에 영향을 미치지 아니한다."라고 규정하고 있다.

중재합의의 당사자는 본안에 관한 답변서를 제출할 때까지 중재판정부의 권한에 관한 이의를 제기할 수 있고, 이 경우 당사자는 자신이 중재인을 선정하였거나 선정절차에 참여하였더라도 이의를 제기할 수 있으며(제2항), 또한 중재판정부가 중재절차 진행 중에 그 권한의 범위를 벗어났다는 이의를 그 사유가 중재절차에서 다루어지는 즉시 제기할 수 있으며(제3항), 다만 중재판정부는 이러한 이의가 위 각 시기보다 늦게 제기되었더라도 그 지연에 정당한 이유가 있다고 인정하는 경우에는 이를 받아들일 수 있다(제4항). 이러한 이의에 대하여, 중재판정부

---

22) 프랑스 민사소송법 제1466조, 독일 민사소송법 제1040조, 영국 중재법 제30조 제1항, 일본 중재법 제23조.

23) 유럽협약 제5조 제3항, 제6조 제3항, 워싱턴협약(Convention on the Settlement of Investment Disputes between States and Nationals of other States of 1965) 제41조 제2항.

24) UNCITRAL 중재규칙 제21조 제1항, 1998년 1월 1일 개정된 국제상업회의소(ICC)의 중재규칙 제6조.

25) Kompetenz-Kompetenz는 '자기권한심사' 또는 '재판권의 재판권' 문제(목영준, 앞(주 4)의 글, 148면), '권한확정권한'(安秉熙, 앞(주 4)의 글, 49면), '중재판정부의 판정권한에 관한 결정'(鄭仙珠, 앞(주 4)의 글, 77면), '권한판단권한' 또는 '권한-권한'(石光現, 앞(주 1)의 글, 67면) 등으로 표현되고 있는바, 이 글에서는 '자기권한심사'라는 용어를 사용하기로 한다.

는 선결문제로서 결정의 형식으로 판단할 수도 있고, 본안에 관한 중재판정에서 함께 판단할 수도 있다(제5항).

나. 먼저 중재판정부가 선결문제로서 결정의 형식으로 그 자신에게 권한이 있다고 판단한 경우에 관하여 살핀다. 중재판정부의 결정에 불복하는 당사자는 당해 결정의 통지를 받은 때로부터 30일 이내에 법원에 중재판정부의 권한에 대한 심사를 신청할 수 있고(제6항), 법원은 이에 대하여 결정하여야 하며, 법원의 이러한 결정에 대하여는 항고할 수 없다(제8항).

위와 같이 법원에 의한 중재판정부의 권한심사가 이루어지는 동안에도 중재판정부는 중재절차를 진행하거나 중재판정을 내릴 수 있다(제7항). 이 경우 중재판정부가 자신의 권한에 대해 판단할 수 없는 것으로 한다면, 중재판정부는 그의 권한에 대한 법원의 판단이 있을 때까지 기다려야 하는데, 이는 중재절차에 불만이 있는 당사자가 중재절차를 지연시키는 전략으로 이용할 우려가 있으므로, 이를 방지하기 위한 것이다.

위와 같은 중재법의 규정들은 UNCITRAL 모델법 제16조를 그대로 수용한 것인데, 모델법 제정과정에서 중재판정부에 권한이 없음에도 불구하고 중재절차가 진행됨에 따른 시간과 비용의 낭비를 막기 위하여 법원이 조기에 심사할 수 있어야 한다는 견해와, 당사자가 중재절차를 지연하고 방해하기 위한 목적으로 법원의 심사를 남용할 가능성이 있으므로 법원의 심사는 중재판정이 내려진 후로 미루어야 한다는 견해가 대립하였는바, 그 타협의 산물이라고 한다.26)

중재판정부가 권한이 있다고 판단하여 선결문제로서 권한이 있다는 결정을 내리고, 당사자가 법원에 대하여 중재판정부의 권한에 대한 심사를 신청한 때의 진행경과를 다음과 같이 나누어 살핀다. (1) 먼저 법원이 중재판정부에 권한이 있다고 판단한 경우에는 당사자의 신청을 기각하는 결정을 하게 될 것이고, 이에 따라 중재절차가 진행되어 중재판정이 내려질 것이다. 그러나 중재판정부에 권한이 있다는 결정에는 기판력이 인정될 수 없다고 볼 것이다. 즉 이 결정이 있을지라도 그 이후 중재판정에 대한 취소소송이나 집행판결소송절차에서 당사자로서

26) A/CN.9/264(25 March 1985)—International Commercial Arbitration: Analytic commentary on draft text of a Model Law on International Commercial Arbitration, p. 122; 石光現, 앞(주 1)의 글, 72면.

는 위 결정에 반하여 중재판정부에 권한이 없음을 주장할 수 있고, 그 절차를 담당한 법원도 위 결정에 기속되지 아니하고, 이에 반하는 판단을 할 수 있다고 볼 것이다.[27] 이는 제17조 제6항에 따른 절차는 중재판정 취소소송이나 집행판결소송에 비하여 그 심리방식이나 불복의 허부 등의 면에서 당사자에 대한 절차보장이 불충분하고, 결정에는 기판력이 없음이 원칙이기 때문이다. 따라서 이 경우 법원의 결정은 사실상의 효력을 지님에 지나지 않는다고 봄이 상당할 것이다.[28] (2) 다음 법원에서 중재판정부에 권한이 없다고 판단한 경우에는 법원은 결정의 형식으로 중재판정부의 결정을 취소하고 중재판정부에게 권한 없음을 선언할 것이다. 이 경우 중재판정부는 중재신청을 부적법한 것으로서 각하하는 소송중재판정을 하여야 할 것이고, 이에 대하여서는 아래 다.항의 경우와는 달리 다시 법원에 불복할 수 없다고 볼 것이다.

중재판정부가 선결문제로서가 아니라 최종 중재판정으로 자신에게 권한이 있다고 판단한 경우에도 이는 최종적인 것이 아님을 유의할 것이다. 즉 중재판정부에 권한이 있음을 전제로 중재판정이 내려진 후에도 중재판정의 취소절차나 승인 및 집행절차에서 중재판정부의 권한에 대한 법원의 심사가 가능하고, 그 판단이 중재판정부의 이에 관한 판단에 우선하는 효력을 가지게 된다.

다. 다음 중재판정부가 자신에게 권한이 없다고 판단한 경우를 살핀다. 이 경우 중재판정부는 중재절차를 종료시켜야 할 것이므로, 선결문제로서 결정을 내리는 것을 상정하기는 어렵고, 소송판결에 상응하는 소송중재판정으로 중재신청을 부적법한 것으로서 각하하여야 할 것이고,[29] 그로써 중재절차는 종료되며 그 판정에 대한 취소의 소는 허용되지 않는다고 할 것이다.[30]

---

27) 졸고, "改正仲裁法에 관한 小考", 중재 제302호(2001. 겨울), 11면〈이 책 59면〉.

28) 小島武司/高桑昭編, 注釋と論点仲裁法(2007), 146면. 이에 대한 반론으로 三木浩一·山本和彦編, 新仲裁法の理論と實務(2006), 190면 中村達也의 발언.

29) 石光現, 앞(주 1)의 글, 75면; 註釋仲裁法(주 1), 77면(梁炳晦·鄭仙珠 집필부분). 위와 같은 경우 일본 중재법 제23조 제4항 제2호는 중재판정부에서 중재절차 종료의 결정을 하도록 규정하고, 그 불복을 허용하지 않고 있다. 이는 중재판정부가 스스로 권한이 없다고 판단한 이상 사실상 중재절차의 속행을 기대하기 어려우며, 법원이 반대되는 판단을 하여도 중재판정부에 대하여 중재절차를 행하도록 직접 강제할 수 없기 때문이라고 한다. 近藤昌昭 외, 앞(주 16)의 책, 108면.

30) 대법원 2004. 10. 14. 선고 2003다70249, 70256 판결. 졸고, "仲裁判定의 取消", 법조 575호(2004. 8.), 27면〈이 책 164면〉; 石光現, 앞(주 1)의 글, 75면; 김갑유 외, 앞(주 5)의 책,

2016년 중재법 개정 이전의 중재법은 UNCITRAL 모델법과 동일하게 중재판정부가 권한이 없다고 판단한 경우 이를 다툴 방법이 없는 것으로 보고 있었다. 그러나 중재판정부가 권한이 없다고 판단한 잘못된 결정에 대하여 다투지 못하면 중립적인 재판부에 의하여 분쟁을 해결하고자 했던 당사자의 합의된 분쟁해결을 무시하는 것이고, 당사자들이 꺼려했던 어느 한쪽 국가에서의 소송을 강요하는 셈이 되므로, 이러한 결정에 대하여서도 불복의 길을 열기 위하여, 중재판정부가 권한이 없다고 판단한 경우에도 선결문제로서 권한이 있다고 판단한 경우와 동일한 절차에 의하여 다툴 수 있도록 2016년 중재법이 개정되었다. 이에 따라 중재법 제17조 제6항를 "중재판정부가 제5항에 따라 선결문제로서 그 권한이 있다고 결정한 경우에 이의 제기 당사자는 그 결정을 통지받은 날부터 30일 이내에 법원에 중재판정부의 권한에 대한 심사를 신청할 수 있다.라고 규정하였던 것을 "중재판정부가 제5항에 따라 선결문제로서 그 권한의 유무를 결정한 경우에 그 결정에 불복하는 당사자는 그 결정을 통지받은 날부터 30일 이내에 법원에 중재판정부의 권한에 대한 심사를 신청할 수 있다."라고 개정함과 동시에,[31] 제9항을 신설하여 "법원이 제6항에 따라 중재판정부가 판정권한이 있다는 결정을 하게 되면 중재판정부는 중재절차를 계속해서 진행해야 한다. 다만, 중재인이 중재절차의 진행을 할 수 없거나, 원하지 아니하면 중재인의 권한은 종료되고, 제16조에 따라 중재인이 선정되어야 한다."라고 규정하였다.[32]

256면. 그러나 註釋仲裁法(주 1), 77면(梁炳晦·鄭仙珠 집필부분)은 이에 대하여 취소절차를 통해 불복이 제기될 수 있다고 한다.

[31] 중재판정부에서 권한이 없다고 결정한 경우에는 선결문제로서가 아니라 최종 판정으로서 중재신청을 각하하게 될 것이고, 이 점에서 위 제6항의 "중재판정부가 제5항에 따라 선결문제로서 그 권한의 유무를 결정한 경우"라는 문언은 적절하지 아니하다. 그러나 위 규정의 입법취지에 비추어 이와 같은 중재각하판정에 대하여서도 제6항에 의하여 법원에 그 심사를 신청할 수 있다고 볼 것이다. 중재법 제18조 제6항에 대하여 국회에 제출한 개정안은 "⑥ 중재판정부가 제5항에 따라 선결문제로서 그 권한이 있다고 결정한 경우 또는 그 권한이 없다는 판정을 내린 경우에 그 결정이나 판정에 불복하는 당사자는 그 결정을 통지받은 날부터 30일 이내에 법원에 중재판정부의 권한에 대한 심사를 신청할 수 있다."라고 하고 있었으나, 그 입법과정에서 그 문언이 현행법과 같이 변경되어 위와 같은 문제가 발생하였다.

[32] 중재판정부에서 권한이 없다고 판정한 경우에 대하여 불복을 인정하는 입법례로는 영국 중재법 제30조, 프랑스 민사소송법 제1465조, 스위스 국제사법 제186조, 싱가포르 국제중재법 제10조 등을 들 수 있다.

라. 당사자가 합의하여 중재판정부의 자기권한 심사권한을 배제할 수 있는지 여부에 대하여 UNCITRAL 모델법을 따라 중재법은 이를 명시하지 않지만, 강행적인 원칙이고 따라서 당사자들은 중재판정부의 자기권한 심사권한을 제한할 수 없다고 볼 것이다.[33]

이와 관련하여 중재판정부의 자기권한 심사권한을 긍정하더라도, 당사자가 명시적인 합의에 의하여 최종적인 심사권한을 중재판정부에게 주고 법원의 심사를 배제할 수 있는지도 문제되고, 종전의 독일 판례상으로는 이를 긍정하였다고 하나,[34] 중재법상 중재판정부의 권한 유무에 대하여서는 법원이 최종적인 판단권한을 지니는 것으로 규정하고 있고, 만일 이를 긍정한다면 중재합의 방식이나 중재적격성의 규정에 대한 위반 여부에 대한 중재판정부의 판단을 법원이 받아들여야 하는 것으로 되므로, 위와 같은 합의는 무효라고 볼 것이다.[35]

2. 중재절차의 진행을 막기 위한 법원의 가처분과 소송의 허부

중재판정부의 권한심사와 관련하여, 위에서 본 바와 같이 중재절차 내에서 다투는 방법 외에 별도로 법원에 가처분 신청을 하거나 소를 제기하여 법원의 판단을 구하는 방안이 허용되는지 라는 문제가 있다.

중재절차의 중지를 구하는 가처분에 대하여는 구 중재법 아래의 판례이기는 하나 대법원 1996. 6. 11. 자 96마149 결정에서 "중재인은 당사자가 중재절차를 허용할 수 없는 것이라고 주장하는 경우에도 중재절차를 속행하여 중재판정을 할 수 있다고 규정한 중재법 제10조의 취지에 비추어 보면, 설사 당해 중재절차가 허용될 수 없는 경우에 해당한다고 하더라도 당사자가 상대방에 대하여 법원에 그 중재절차의 위법 확인을 구하는 본안소송을 제기하거나 중재판정이 있은 후에 중재판정취소의 소를 제기하여 중재절차의 위법을 다투는 것은 별론으로 하고, 곧바로 그 중재절차의 위법을 들어 법원에 중재절차정지의 가처분을 구할 수는 없다."라고 판시한 바 있다.[36]

---

33) 石光現, 앞(주 1)의 글, 68면.
34) BGHA 68, 356 = 1977, ZZP 91, 470.13. 安秉熙, 앞(주 4)의 글, 52면에서 재인용.
35) 安秉熙, 앞(주 4)의 글, 55면; 鄭仙珠, 앞(주 4)의 글, 78면. 그러나 石光現, 앞(주 1)의 글, 69면은 위와 같은 조항이 유효한지 여부는 중재합의의 준거법에 따를 사항이라고 한다.
36) 위 판례에 대한 해설로 김수형, "법원에 의한 중재절차정지의 가처분이 가능한지 여부", 대법원판례해설 제25호(1996), 264면 이하 참조.

현행 중재법 아래에서도 제17조가 중재판정부의 자기권한 심사권한에 대하여 이의가 있는 경우 중재판정부에게 일차적 판정권한을 부여하고, 그에 불복하는 경우 종국적인 사법적 통제권한을 법원에 부여하고 있으므로, 중재판정부가 구성된 이상 중재절차의 진행 여부는 중재인이 판단해야지, 중재판정부의 판단에 앞서 법원이, 그것도 종국적이 아닌 가처분의 형태로 당사자에게 중재절차의 금지를 명할 수는 없다고 봄이 옳을 것이다.[37]

다음 위 대법원 결정에서 언급하고 있는 바와 같이 법원에 중재절차의 위법확인을 구하는 본안소송을 제기할 수 있는지 여부가 문제될 수 있는바, 이를 긍정하는 견해도 있으나,[38] 대법원 2004. 6. 25. 선고 2003다5634 판결은 중재합의가 없었음에도 중재절차를 진행시키는 경우에는 중재절차 위법확인의 소를 제기하는 것은 부적법하다고 하면서, 중재합의가 없이 중재절차가 진행되는 경우 중재법 제17조에 따라 법원에 중재판정부의 권한에 대한 심사청구를 할 수 있고, 중재판정 취소의 소를 제기하여 중재합의 여부를 심리 받을 수 있으며, 중재판정에 대한 승인 집행 판결 시 그 절차에서 중재합의 존부를 심리하는 방법으로 다툴 수 있고, 위 세 가지 경우를 제외하고는 법원은 중재절차에 대한 사법적 통제를 할 수 없다고 할 것인바, 중재절차 위법확인의 소는 중재절차에 대한 사법적 통제의 일종이라 할 것이어서 이는 중재법에 정한 경우를 제외하고는 법원의 관여를 금지하고 있는 중재법 제6조에 의하여 허용되지 아니한다고 판시하고 있다. 앞서 본 바와 같이 현행 중재법 제17조는 일차적으로 중재판정부에게 판정권한을 부여하고 그에 불복하는 경우 법원에 종국적인 재판권한을 부여하고 있으므로, 위와 같은 본안소송 역시 위 조문의 취지에 반하여 허용할 수 없다고 볼 것이다.[39]

---

37) 안병희, "仲裁人의 權限確定權限(Kompetenz-Kompetenz)에 관한 연구", 중재학회지 제11권(2001. 12.), 107면; 石光現, 앞(주 1)의 글, 77면.

38) 睦榮埈, 앞(주 4)의 글, 96면. 近藤昌昭 외, 앞(주 16)의 책, 110면은 모델법을 수용한 일본 중재법의 해석론으로서 중재합의의 부존재·무효확인 청구소송을 제기할 수 있고, 당해 소송의 판결에 의하여 중재합의의 존부나 효력이 기판력을 지니고 확정된다고 한다.

39) 安秉熙, 앞(주 37)의 글, 108면; 石光現, 앞(주 1)의 글, 78면. 독일 민사소송법 제1032조 제2항은 중재판정부의 구성 이전에는 중재의 허용 여부에 관한 결정을 법원이 할 수 있도록 규정하고 있으나, 그와 같은 규정을 두지 아니한 우리 중재법의 해석상으로는 허용되지 아니한다고 볼 것이다.

Ⅵ. 임시적 처분에 관련된 법원의 역할

1. 서론

중재에 있어서도 일반의 소송사건과 동일하게 본안에 대한 중재판정이 내려지기까지 오랜 시간이 흐르면 뒤에 중재판정이 내려져도 권리실현이 어렵게 될 위험 내지 손해를 방지하기 위한 사전적 조치가 필요하다.

이러한 사전적 조치가 필요한 경우 당사자가 법원에 보전처분을 신청하여 법원이 내린 보전처분에 의하는 방법과 중재판정부에 보전처분에 해당하는 임시적 처분을 신청하는 방법이 있다.

중재판정부의 임시적 처분에 관하여서 2016년 중재법을 개정하면서 종전에 18조 한 개 조문이던 것을, 2006년 개정된 모델법에서 수정 추가된 부분을 대폭 수용하여 제18조에서 제18조의 8까지 9개 조문으로 늘려서 상세한 규정을 두게 되었고,[40] 그에 따라 이에 관련된 법원의 역할도 상당히 크게 되었다고 할 수 있다. 개정된 현행법상 임시적 처분에 관하여서는 종전의 제18조를 개정하여 제1항에서 임시적 처분을 '결정'으로 한다는 제한을 없애고, '분쟁의 대상에 관하여'라는 임시적 처분의 대상에 대한 제한부분도 삭제하여 임시적 처분의 대상을 확대하고, 제2항을 신설하여 임시적 처분의 종류를 구체적으로 열거하는 한편, 모델법의 내용과 동일하게 임시적 처분의 요건(제18조의 2), 임시적 처분의 변경, 정지, 취소(제18조의 3), 임시적 처분에 대한 담보의 제공(제18조의 4), 처분이나 신청의 기초가 되는 사정의 변경이 생긴 경우의 당사자의 고지의무(제18조의 5), 부당한 임시적 처분과 관련된 손해 및 비용의 부담(제18조의 6), 임시적 처분의 승인 및 집행(제18조의 7), 임시적 처분의 승인 및 집행에 대한 거부 사유(제18조의 8) 등의 조항을 신설하였다. 다만 2006년 개정 모델법 중 사전명령제도(preliminary orders)에 관한 조항은 도입하지 아니하였다.[41]

---

40) 이에 관하여는 노태악, "UNCITRAL 모델중재법 및 중재규칙 개정에 따른 국내법 개정의 필요성 검토", 國際私法研究 제16호(2010), 125면 이하 참조.

41) 이는 임시적 처분 신청사실을 상대방에게 알리면 그 목적을 달성하기 어려운 경우에 일방 당사자가 임시적 처분신청과 함께 사전명령을 신청할 수 있고, 그러한 경우 중재판정부는 상대방에게 알리지 아니하고 사전명령을 내릴 수 있으며, 사전명령의 유효기간을 20일로 제한하고, 그 기간 내에 상대방의 의견을 듣고 사전명령을 인용하거나 수정하는

이하 법원의 보전처분과 중재판정부의 임시적 처분을 나누어 살핀다.

2. 법원의 보전처분

중재법 제10조(중재합의와 법원의 보전처분)는, "중재합의의 당사자는 중재절차의 개시 전 또는 진행 중에 법원에 보전처분을 신청할 수 있다."라고 규정하여 중재의 당사자도 법원의 보전처분을 이용할 수 있음을 명시하였다. 따라서 중재의 어느 당사자가 법원에 보전처분을 신청하였다고 하여 중재합의를 포기한 것으로 볼 수는 없다. 이에 관한 UNCITRAL 모델법 제9조는 "어느 한쪽의 당사자가 중재절차 전이나 진행 중에 법원에 보전처분을 … 신청하는 것은 중재합의에 반하지 아니한다."라고 명시적으로 규정하고 있다.

법원에 보전처분을 신청하는 이상 민사집행법이 정한 가압류, 다툼의 대상에 관한 가처분, 임시지위를 명하는 가처분 모두를 신청할 수 있다 할 것이다.

또한 중재법 제10조는 중재지가 정해지지 아니하였거나 한국이 아닌 경우에도 적용되므로(중재법 제2조 제1항 단서), 가사 중재지가 외국이더라도 당사자는 우리 법원에 보전처분을 신청할 수 있다.[42]

다만 이 경우 우리 법원이 보전처분을 명하기 위해서는 국제재판관할권을 가지고 있어야 한다. 민사집행법의 보전처분에 관한 토지관할규정을 참작하면 가압류와 가처분의 경우 본안관할을 가지는 국가의 법원에 국제재판관할권이 있고, 가압류의 경우에는 가압류 목적물 소재지에, 가처분의 경우에는 다툼의 대상 소재지의 법원에 국제재판관할이 있다고 볼 것이다.[43]

중재합의의 당사자들이 법원에 대한 보전처분을 배제하는 합의를 할 수 있는지 여부에 관하여 중재법 제10조는 UNCITRAL 모델법과 마찬가지로 규정하지 않고 있으나, 부제소의 합의가 허용됨에 비추어, 당사자들이 계약서에 명시하거

임시적 처분을 할 수 있는 제도인데, 우리 민사집행법상 도입 여부가 검토되고 있는 일방적 잠정명령(Temporary Restraint Order) 제도와 유사한 제도이다. 노태악, 앞(주 40)의 글, 127면은 개정 모델법은 *inter partes* 처분을 임시적 처분의 원칙으로 하고, *ex parte* 처분을 사전명령이라고 따로 구별하여 규정하고 있다고 한다.

42) 2006년 개정 UNCITRAL 모델법 제17조의 J는 중재지 이외의 다른 국가의 법원도 보전처분을 명할 수 있음을 명시한다.

43) 韓忠洙, "國際保全訴訟의 裁判管轄權－直接管轄을 중심으로－", 國際私法研究 제4호 (1999), 74면; 정선주, "중재절차에 있어서의 보전처분에 관하여", 중재 제18권 제7호 (1994), 13면.

나 또는 이런 내용의 중재규칙을 선택함으로써 보전처분을 배제하는 합의를 할 수 있을 것이다.[44]

3. 중재판정부의 임시적 처분

중재법 제18조는 "임시적 처분"이라는 표제 아래 "① 당사자 간에 다른 합의가 없는 경우에 중재판정부는 어느 한쪽 당사자의 신청에 따라 필요하다고 인정하는 임시적 처분을 내릴 수 있다. ② 제1항의 임시적 처분은 중재판정부가 중재판정이 내려지기 전에 어느 한쪽 당사자에게 다음 각 호의 내용을 이행하도록 명하는 잠정적 처분으로 한다. 1. 본안에 대한 중재판정이 있을 때까지 현상의 유지 또는 복원. 2. 중재절차 자체에 대한 현존하거나 급박한 위험이나 영향을 방지하는 조치 또는 그러한 위험이나 영향을 줄 수 있는 조치의 금지. 3. 중재판정의 집행 대상이 되는 자산에 대한 보전 방법의 제공. 4. 분쟁의 해결에 관련성과 중요성이 있는 증거의 보전"이라고 규정하여 당사자가 중재판정부에 보전처분에 해당하는 임시적 처분을 신청할 수 있음을 명시하고 있다. 따라서 중재합의에서 명시적으로 배제하지 않는 한 당사자는 중재판정부에 임시적 처분을 신청할 수 있다.

2016년 개정 전의 중재법 제18조 제1항은 "당사자간에 다른 합의가 없는 경우에 중재판정부는 일방 당사자의 신청에 따라 결정으로 분쟁의 대상에 관하여 필요하다고 인정하는 임시적 처분을 내릴 수 있다."라고 규정하고 있었으므로, 중재판정부가 할 수 있는 임시적 처분은 '분쟁의 대상'에 관한 것에 한정되었고, 따라서 다툼의 대상에 관한 처분금지가처분이나 점유이전금지가처분 등을 할 수는 있으나, 중재의 대상이 아닌 피신청인의 다른 재산에 대한 가압류 기타의 처분을 할 수는 없다고 해석되고 있었다.[45] 이제는 분쟁의 대상에 관한 것이라는 제한이 없어졌고, 제18조 제2항에 다양한 종류의 임시적 처분을 규정하고 있으므로, 중재의 대상이 아닌 피신청인의 다른 재산에 대한 가압류 기타의 처분을 할 수 있다고 보아야 할 것이다.[46]

---

44) 石光現, 앞(주 1)의 글, 88면.
45) 목영준, 앞(주 4)의 글, 187면; 石光現, 앞(주 1)의 글, 82면.
46) 다만 그 개정 이전에도 당사자는 합의에 의하여 중재판정부가 할 수 있는 임시적 처분의 범위를 제한하거나 확장할 수 있고, 이는 임시적 처분의 범위를 달리 규정하고 있는 중재규칙의 지정에 의하여도 가능하다고 해석되었다. 예컨대 ICC 중재규칙 제23조 제1항은 당사자가 달리 합의하지 않는 한 중재판정부는 당사자의 신청에 따라 적절하다고 간

그러나 당사자 간의 합의에 기초한 사적 분쟁해결수단이라는 중재의 성질상 중재판정부의 임시적 처분은 중재절차의 당사자에게만 효력이 미치므로, 중재판정부는 제3자에게 임시적 처분을 명할 수는 없다.[47] 따라서 중재판정부가 은행과 같은 제3자에게 지급 금지를 명하는 것은 불가능하다.

2016년 임시적 처분에 관한 개정사항 중 가장 중요한 점의 하나로 종전법에서는 임시적 처분의 집행을 허용하지 않고 있었으나,[48] 그 집행을 가능하게 한 점을 들 수 있다. 이는 중재판정 전에 필요한 임시적 조치를 모두 법원의 보전처분을 통하여 해결하도록 하는 것은 중재를 통하여 분쟁을 해결하고자 하는 당사자들의 의사 실현을 위축시키는 것이라는 점, 임시적 처분에 집행력을 부여하게 되는 경우 중재절차를 실효적으로 촉진시키는 데에 도움이 될 것이라는 점, 중재 선진국의 대부분이 임시적 처분의 집행을 가능하게 하고 있다는 점 등을 고려한 것이라고 한다.[49]

이와 같은 입장에서 현행 중재법 제18조의 7(임시적 처분의 승인 및 집행)은 "① 중재판정부가 내린 임시적 처분의 승인을 받으려는 당사자는 법원에 그 승인의 결정을 구하는 신청을 할 수 있으며, 임시적 처분에 기초한 강제집행을 하려고 하는 당사자는 법원에 이를 집행할 수 있다는 결정을 구하는 신청을 할 수 있다. ② 임시적 처분의 승인 또는 집행을 신청한 당사자 및 그 상대방 당사자는 그 처분의 변경·정지 또는 취소가 있는 경우 법원에 이를 알려야 한다. ③ 중재판정부가 임시적 처분과 관련하여 담보제공 명령을 하지 아니한 경우나 제3자의 권리를 침해할 우려가 있는 경우, 임시적 처분의 승인이나 집행을 신청받은 법원은

주되는 임시적 처분을 취할 수 있다고 하여 UNCITRAL 모델법보다 광범위한 권한을 중재판정부에 부여하는데, 당사자가 ICC 중재규칙을 적용하기로 하였다면 중재판정부는 그에 따른 임시적 처분을 할 수 있다는 것이다. 石光現, 앞(주 1)의 글, 83면.

47) Nigel Blackaby et al., *supra* note 10, p. 422.

48) 2016년 개정 이전의 중재법에 따르면 제18조 제1항에서 중재판정부의 임시적 처분을 '결정'의 형식으로 내리도록 규정하고, 제37조에서 법원의 집행판결의 대상이 되는 것은 '중재판정'으로 한정하여 규정하고 있었으므로, 중재판정부가 임시적 처분으로써 하는 '결정'은 집행판결의 대상이 되지 않는다고 해석되고 있었다. 石光現, 앞(주 1)의 글, 84면; 註釋仲裁法(주 1), 82면(梁炳晦·鄭仙珠 집필부분). Nigel Blackaby et al., *supra* note 10, p. 425는 중재판정부가 내린 임시적 처분을 집행할 수 없다 할지라도, 중재판정부의 모든 명령은 당사자 간에는 구속력이 있으므로 중재판정부의 보전처분이 무의미한 것은 아니고, 분쟁의 본안을 판단할 중재판정부가 내린 보전처분을 당사자들이 의도적으로 무시하기는 사실상 어려우므로 중재판정부의 임시적 처분은 사실상 상당한 구속력이 있다고 한다.

49) 졸고, "2016년 개정 중재법의 주요내용", 중재연구 제30권 제1호(2020. 3.), 15면〈이 책 84면〉.

필요하다고 인정할 때에는 승인과 집행을 신청한 당사자에게 적절한 담보를 제공할 것을 명할 수 있다. ④ 임시적 처분의 집행에 관하여는「민사집행법」중 보전처분에 관한 규정을 준용한다."라고 규정하고, 이어서 제18조의 8(승인 및 집행의 거부사유)은 "① 임시적 처분의 승인 또는 집행은 다음 각 호의 어느 하나에 해당하는 경우에만 거부될 수 있다. 1. 임시적 처분의 상대방 당사자의 이의에 따라 법원이 다음 각 목의 어느 하나에 해당한다고 인정하는 경우. 가. 임시적 처분의 상대방 당사자가 다음의 어느 하나에 해당하는 사실을 소명한 경우. 1) 제36조 제2항 제1호 가목 또는 라목에 해당하는 사실. 2) 임시적 처분의 상대방 당사자가 중재인의 선정 또는 중재절차에 관하여 적절한 통지를 받지 못하였거나 그 밖의 사유로 변론을 할 수 없었던 사실. 3) 임시적 처분이 중재합의 대상이 아닌 분쟁을 다룬 사실 또는 임시적 처분이 중재합의 범위를 벗어난 사항을 다룬 사실. 다만, 임시적 처분이 중재합의의 대상에 관한 부분과 대상이 아닌 부분으로 분리될 수 있는 경우에는 대상이 아닌 임시적 처분 부분만이 거부될 수 있다. 나. 임시적 처분에 대하여 법원 또는 중재판정부가 명한 담보가 제공되지 아니한 경우. 다. 임시적 처분이 중재판정부에 의하여 취소 또는 정지된 경우. 2. 법원이 직권으로 다음 각 목의 어느 하나에 해당한다고 인정하는 경우. 가. 법원에 임시적 처분을 집행할 권한이 없는 경우. 다만, 법원이 임시적 처분의 집행을 위하여 임시적 처분의 실체를 변경하지 아니하고 필요한 범위에서 임시적 처분을 변경하는 결정을 한 경우에는 그러하지 아니하다. 나. 제36조 제2항 제2호 가목 또는 나목의 사유가 있는 경우. ② 제18조의 7에 따라 임시적 처분의 승인이나 집행을 신청받은 법원은 그 결정을 할 때 임시적 처분의 실체에 대하여 심리해서는 아니 된다. ③ 제1항의 사유에 기초한 법원의 판단은 임시적 처분의 승인과 집행의 결정에 대해서만 효력이 있다."라고 규정하고 있다. 위 제18조의 8 제1항 제2호 가목에서는 임시적 처분에 대한 집행을 담당한 법원에 임시적 처분을 실체에 대한 변경을 가하지 않는 한도 내에서 변경할 권한을 부여하고 있는바, 이는 한국법상 인정되지 않는 형태의 임시적 처분에 대하여는 그 집행을 거부할 권한을 부여하는 것이 타당하다는 점과 임시적 처분의 집행을 허용하는 국가들이 법원에 그와 같은 권한을 부여하고 있는 점 등을 감안한 것이라고 한다.[50]

---

50) 졸고, 위의 글, 17면〈이 책 87면〉.

다만 외국에서 이루어진 임시적 처분의 경우 모델법에서는 그 집행도 허용하고 있으나, 보다 신중한 접근방법을 취하기로 하여 그 집행을 허용하지 아니하고, 국내에서 이루어진 임시적 처분에 한하여 그 집행을 허용하기로 하였다.51)

중재판정부의 임시적 처분을 일방 당사자가 제출한 서류만을 심리하여(ex parte) 결정할 수 있는가에 대하여서는 논란이 있으나,52) 임시적 처분은 당사자들이 미리 합의한 절차에 따라, 또는 당사자들이 직접 중재판정부를 구성한 후에 중재판정부가 내리는 처분이라는 점, 중재절차에서 양당사자는 동등한 대우를 받아야 하고 자신의 사안에 대하여 변론할 수 있는 충분한 기회를 가져야 한다는 점을 감안하면, 중재판정부가 일방 당사자의 신청만으로 상대방의 참여 기회 없이 임시적 처분을 내리는 것은 허용되지 않는다고 볼 것이다.53)

4. 중재판정부의 임시적 처분과 법원의 보전처분의 관계

법원의 보전처분과 중재판정부의 임시적 처분은 ① 인적인 대상범위에 있어서 전자는 보전처분의 당사자가 아닌 제3자에게도 그 효력이 미치는 수가 있으나, 후자는 중재의 당사자에게 한정적으로 효력이 미치는 점, ② 전자는 당사자의 합의에 의하여 배제할 수 없으나, 후자는 당사자의 합의에 의하여 배제할 수 있는 점에서 다르다.54) 또한 ③ 전자는 중재판정부의 구성 이전에도 가능하나, 후자

---

51) 졸고, 위의 글, 16면〈이 책 85면〉.
52) 정선주, "2016년 개정 중재법 소고", 民事訴訟 제21권 제1호(2017. 5.), 43면은 중재법 제19조의 규정에 불구하고 중재판정부 역시 법원과 마찬가지로 긴급한 경우에는 상대방 당사자에 대한 사전 심문 없이 일방적 임시적 처분을 내릴 수 있다고 한다.
53) 김갑유 외, 앞(주 5)의 책, 275면; 석광현, "2016년 중재법에 따른 중재판정부의 임시적 처분-민사집행법에 따른 보전처분과의 정합성에 대한 문제 제기를 포함하여-", 國際去來法研究 제26집 제1호(2017), 121면; Gary B. Born, *International Commercial Arbitration(2nd Ed.) Volume* II(2014), p. 2509. 또한 앞서 본 바와 같이 2006년 개정된 UNCITRAL 모델법상의 일방 당사자 신청에 의한 사전명령제도를 도입하지 아니한 취지에 비추어서도 허용되지 않는다고 볼 것이다.
54) 박은옥, "중재에 있어서 법원의 역할", 무역상무연구 제30권(2006. 5.), 105면. 그 밖에 2016년 중재법 개정 이전에는 1) 전자는 강제집행할 수 있음에 대하여 후자는 당사자가 자발적으로 이행하지 않는 경우 이를 집행할 수 없다는 차이점이 있었으나, 앞서 본 바와 같이 후자도 법원의 집행결정을 받아 집행이 가능하게 되었고, 2) 물적인 대상범위에 있어서 전자는 민사집행법이 정한 모든 가압류, 가처분을 활용할 수 있었음에 대하여 후자는 당사자의 합의에 의하되, 합의가 없으면 분쟁의 대상인 목적물에 관하여 필요한 조치로 한정되는 점도 차이점의 하나이었으나, 2016년 개정에 의하여 중재판정부의 임시적 처분이 분쟁의 대상으로 제한되지 아니하게 되었으므로, 모두 큰 차이가 없게

는 중재판정부의 구성 이후에만 가능하며,[55] 전자는 본안에 대한 판단 전에만 가능하지만, 후자는 중재판정 이후에도 가능한 점,[56] ④ 전자는 신청한 당사자의 상대방에게 의견진술의 기회를 주지 아니하고도 가능한 경우가 있으나, 후자는 쌍방의 의견을 들은 후에만 가능한 점 등에서 차이가 있다.

그러므로 양자는 동일하지 아니하고, 당사자로서는 위와 같은 차이점을 고려하여 자신에게 유리한 보전처분의 방법을 선택하게 될 것이고, 경우에 따라서는 양자를 모두 신청할 수도 있을 것이다.[57] 예컨대 법원에 대하여서는 가압류를 신청하고, 중재판정부에 대하여서는 분쟁의 대상인 목적물의 현상보존을 구하는 임시적 처분을 신청할 수도 있을 것이다. 다만 중재판정부의 구성 후에는 중재판정부가 할 수 없는 처분이 아니라면 중재판정부에 임시적 처분을 신청하는 것이 적절하다는 견해가 있다.[58]

중재판정부가 임시적 처분을 내린 경우 법원에 그 임시적 처분과 동일한 내용의 보전처분을 구할 경우를 예상할 수 있고,[59] 그러한 보전처분은 우리 현행법상 인정되지 않는 것일 수도 있다. 이러한 경우 법원으로서는 민사집행법상의 피보전권리와 보전의 필요성 등 보전처분의 요건의 충족 여부를 심리하여 보전처분을 발령할 수 있을 것이다. 예컨대 제소금지가처분 같이 우리 법상 인정되지 아니하는 형태의 가처분을 신청하는 경우에는 이를 기각하여야 할 것이고, 만족적 가처분을 신청하는 경우라면 우리 민사집행법상의 요건의 구비 여부를 심리하여 그 발령 여부를 결정하여야 할 것이다.

되었다.

55) 다만 당사자 사이의 합의에 의하여 긴급중재인 제도를 이용하기로 하거나, 긴급중재인 제도를 규정한 중재규칙을 따르기로 한 경우에는 중재판정부 구성 이전이라도 별도의 긴급중재인을 선정하여 임시적 처분을 할 수 있다.

56) 법원의 보전처분은 본안에 대한 판단 전에만 가능하지만 중재판정부의 임시적 처분은 중재판정 후에도 가능하다고 한다. 註釋仲裁法(주 1), 81면(梁炳晦·鄭仙珠 집필부분).

57) 목영준, 앞(주 4)의 글, 186면.

58) Nigel Blackaby et al., *supra* note 10, p. 425. 이와 함께 국가에 따라 당사자의 합의가 있는 경우, 긴급한 필요가 있는 경우, 또는 중재판정부에 임시적 처분을 신청한 이후 등에 한하여 법원의 보전처분을 신청할 수 있다는 등 제한을 두는 입법례가 있음을 지적하고 있다.

59) 다만 중재판정부가 중재법 제18조 제2항 제4호의 "분쟁의 해결에 관련성과 중요성이 있는 증거의 보전"을 위한 임시적 처분을 내린 경우에는 우리 법상 보전처분이 아니라 증거보전신청을 신청하여야 할 것이다.

VII. 증거조사에 관련된 법원의 역할

국가 주권의 일부인 재판권에 기초한 법원의 권한과 달리 중재판정부의 권한은 사인 간의 중재합의에 기초한 것이므로 중재판정부는 강제력을 가지지 않는다.[60] 중재법상 중재판정부는 구술심리기일에 출석한 증인을 신문할 수 있지만, 증인이 자발적으로 출석하지 않는 한 그의 출석을 강제할 수 없을 뿐 아니라, 출석한 증인도 선서시킬 수 없고,[61] 제3자의 수중에 있는 중요한 증거 또는 제3자가 관리하는 현장의 검증도 그가 제출 또는 협조를 거부할 경우에는 할 수 없다. 이러한 제한 때문에 중재절차의 증거조사에 의해서는 실체적 진실발견이라는 목적을 달성할 수 없게 되므로, 법원은 일정한 범위 내에서 중재판정부의 증거조사에 협조하고 있다.[62]

중재법 제28조는 증거조사에 관한 법원의 협조에 관하여 "① 중재판정부는 직권으로 또는 당사자의 신청을 받아 법원에 증거조사를 촉탁(囑託)하거나 증거조사에 대한 협조를 요청할 수 있다. ② 중재판정부가 법원에 증거조사를 촉탁하는 경우 중재판정부는 조서(調書)에 적을 사항과 그 밖에 증거조사가 필요한 사항을 서면으로 지정할 수 있다. ③ 제2항에 따라 법원이 증거조사를 하는 경우 중재인이나 당사자는 재판장의 허가를 얻어 그 증거조사에 참여할 수 있다. ④ 제2항의 경우 법원은 증거조사를 마친 후 증인신문조서 등본, 검증조서 등본 등 증거조사에 관한 기록을 지체 없이 중재판정부에 보내야 한다. ⑤ 중재판정부가 법원에 증거조사에 대한 협조를 요청하는 경우 법원은 증인이나 문서소지자 등에게 중재판정부 앞에 출석할 것을 명하거나 중재판정부에 필요한 문서를 제출할 것을

---

60) 石光現, 앞(주 1)의 글, 160면.
61) 그러나 영국의 1996년 중재법 제43조는 중재절차의 당사자는 소송절차상 이용 가능한 법원절차를 통해 증인의 출석을 강제하여 중재판정부에 구두증언을 하도록 하거나, 서증 및 기타 중요한 증거를 제출하도록 할 수 있고, 이는 중재판정부의 허가 또는 상대방 당사자의 동의가 있어야 가능하다고 규정하고 있고, 제44조는 당사자 사이에 다른 합의가 없는 한 법원은 증인신문, 증거보전, 검증 등 소송절차에서와 동일한 명령을 할 수 있다고 규정하고 있다. 이를 거절하는 경우에는 법정모욕죄로 처벌할 수도 있다고 한다. 또한 제38조 제5항은 중재인은 증인 또는 당사자로 하여금 선서하고 증언 또는 진술하게 할 수 있다고 규정한다. 이에 관하여는 목영준, 앞(주 4)의 글, 77면 참조.
62) 목영준, 앞(주 4)의 글, 174면.

명할 수 있다. ⑥ 중재판정부는 증거조사에 필요한 비용을 법원에 내야 한다."라
고 규정하고 있다.

2016년 개정 이전의 중재법 제28조는 증거조사에 관한 법원의 협조에 관하
여 중재판정부가 법원에 증거조사를 촉탁하는 경우만 규정하고 있었고,[63] 이는
사실조회나 문서송부촉탁 등의 경우에는 유효한 방법이나, 예컨대 증인을 신문하
는 경우에는 법원이 증인에 대하여 중재판정부에 출석을 명하는 등으로 협조만
하고, 중재판정부에서 직접 증인신문을 하는 것이 중재판정부의 올바른 심증 형
성을 위하여 바람직하다고 보이므로, 2016년 개정을 통하여 이를 가능하게 하는
방안을 추가한 것이다. 즉 위 제28조에 의하면 중재판정부는 직권으로 또는 당사
자의 신청을 받아, 법원에 증거조사를 촉탁하는 외에 법원에 대하여 증거조사에
대한 협조를 요청할 수 있고, 이 경우 법원은 증인이나 문서소지자 등에게 중재
판정부 앞에 출석할 것을 명하거나 중재판정부에 필요한 문서를 제출할 것을 명
할 수 있으며, 중재판정부의 촉탁에 의하여 법원이 증거조사를 함에 있어 중재인
이나 당사자는 재판장의 허가를 얻어 그 증거조사에 참여할 수 있도록 하고 있
다.[64]

UNCITRAL 모델법 제27조는 중재판정부나 당사자는 법원에 대해 증거조사에
대한 협조를 요청할 수 있다고만 규정하고 있으나, 우리 법은 좀더 상세히 구체
적인 증거조사에 관한 법원의 협조방식을 규정하고 있다.[65]

중재지가 한국 내에 있는 국제중재에서도 법원에 대하여 당연히 같은 조항
에 따른 증거조사에 관한 협조를 요청할 수 있을 것이다. 다만 중재지가 외국인
경우 그 외국의 중재법에 따라 당사자가 직접 우리 법원에 증거조사를 신청하거
나, 중재지가 한국일지라도 우리 법에서 인정하지 않는 방식의 증거조사를 신청

---

63) 2016년 개정전의 중재법 제28조(증거조사에 관한 법원의 협조)는 "① 중재판정부는 직권
   으로 또는 당사자의 신청을 받아 법원에 증거조사를 촉탁할 수 있다. ② 제1항의 경우
   중재판정부는 조서에 적을 사항과 그 밖에 증거조사가 필요한 사항을 서면으로 지정할
   수 있다. ③ 수탁법원은 증거조사를 마친 후 증인신문조서 등본, 검증조서 등본 등 증거
   조사에 관한 기록을 지체 없이 중재판정부에 보내야 한다. ④ 중재판정부는 증거조사에
   필요한 비용을 수탁법원에 내야 한다."라고 규정하고 있었다.

64) 그와 같은 입법례로 영국 중재법 제44조, 싱가포르 중재법 제13조 등을 들 수 있다.

65) 鄭仙珠, 앞(주 4)의 글, 74면은 우리 중재법이 모델법에 비하여 구체적으로 법원에 대한
   협조신청을 어떻게 할 것이며, 또한 법원이 이를 어떻게 처리할 것인지에 대해 상세히
   규정하고 있다는 점에서 진일보한 것이라고 한다.

한 경우에는 이를 받아들일 수 없을 것이다.

Ⅷ. 중재판정의 취소와 법원의 역할

1. 서론

중재법 제35조는 중재판정은 당사자 간에 있어서 법원의 확정판결과 동일한 효력을 가진다고 규정한 후, 제36조 제1항에서 "중재판정에 대한 불복은 법원에 중재판정 취소의 소를 제기하는 방법으로만 할 수 있다."라고 규정하여 법원의 심사에 의하여 중재판정을 취소할 수 있음을 규정하고 있다.

중재는 본질적으로 중재인의 판단에 의하여 분쟁을 해결하기로 하는 사인 간의 합의에 의하여 성립한 것이므로 강제력이 있을 수 없고, 중재인의 판단인 중재판정은 당사자 사이에 합의된 분쟁해결방안으로서, 당사자들이 그에 따라 분쟁을 해결할 사법상 의무를 지게 됨에 불과하다고 볼 수 있으나,[66] 중재법은 중재판정에 그와 같은 사법적인 효력을 넘어서 법원에 의한 확정판결과 동일한 효력을 부여하고 있는 것이다. 즉 국가로서는 소송절차에 의하지 아니하고 자주적으로 중재에 의하여 분쟁을 해결하기로 한 당사자들의 의사를 존중하고, 소송절차 외에 다양한 분쟁해결방안을 촉진하기 위하여, 중재판정에 대하여 그에 알맞은 법률적 효력으로서 확정판결과 동일한 효력을 인정하고 나아가 그 집행을 위하여 국가권력을 이용하는 것을 허용하고 있다.

그러나 중재판정은 근본적으로 사인의 재판행위이므로, 국가의 입장에서 그 법률적 효력을 인정하기 위하여서는, 당사자 사이에 적법 유효한 중재합의가 있었는지, 중재절차의 진행에 있어서 당사자들의 절차권이 보장되었는지 그리고 중재판정의 내용이 공공의 질서에 부합하는지 여부 등 중재판정이 국가의 법질서에

---

66) 영국에서는 당초 판례법상 중재판정을 청구원인으로 하는 소송(action on the award)을 인정하고 있었다. 즉 중재에서 진 당사자가 중재판정을 자발적으로 이행하지 않는 경우 중재판정에 내재되어 있는 중재계약을 위반한 것을 소인(cause of action)으로 하여 소송을 제기하는 것인데, 중재계약은 명시적으로 중재판정이 내려지자마자 중재판정금을 즉시 지급하도록 중재에서 진 당사자에게 의무로서 규정하는 것이므로, 중재에서 진 당사자는 중재판정금에 근거한 채무지급의무를 지게 되는 것이고, 묵시적으로도 중재판정금 지급의무를 위반한 것이 되어 이에 대한 손해배상금을 지급할 의무를 부담하는 것이라고 한다. 강병근, "국제 중재 판정의 취소 및 승인, 집행과 우리 중재법의 개정", 국제법률경영(1996), 204면.

적합한지 여부를 심사할 권한이 있다고 할 것이다. 이에 따라 국가로서는 중재판정의 승인 또는 집행에 협력하여 주면서도 법질서에 부합하는지 여부를 심사하기 위한 최소한의 기준을 설정하여 놓고, 그 기준을 충족하지 못하는 경우에는 이를 취소할 수도 있는 것이다.[67]

2. 중재판정 취소사유

가. 중재법은 제36조(중재판정 취소의 소)에서 중재판정의 취소사유에 관하여 "② 법원은 다음 각 호의 어느 하나에 해당하는 경우에만 중재판정을 취소할 수 있다. 1. 중재판정의 취소를 구하는 당사자가 다음 각 목의 어느 하나에 해당하는 사실을 증명하는 경우. 가. 중재합의의 당사자가 해당 준거법에 따라 중재합의 당시 무능력자였던 사실 또는 중재합의가 당사자들이 지정한 법에 따라 무효이거나 그러한 지정이 없는 경우에는 대한민국의 법에 따라 무효인 사실. 나. 중재판정의 취소를 구하는 당사자가 중재인의 선정 또는 중재절차에 관하여 적절한 통지를 받지 못하였거나 그 밖의 사유로 변론을 할 수 없었던 사실. 다. 중재판정이 중재합의의 대상이 아닌 분쟁을 다룬 사실 또는 중재판정이 중재합의의 범위를 벗어난 사항을 다룬 사실. 다만, 중재판정이 중재합의의 대상에 관한 부분과 대상이 아닌 부분으로 분리될 수 있는 경우에는 대상이 아닌 중재판정 부분만을 취소할 수 있다. 라. 중재판정부의 구성 또는 중재절차가 이 법의 강행규정에 반하지 아니하는 당사자 간의 합의에 따르지 아니하였거나 그러한 합의가 없는 경우에는 이 법에 따르지 아니하였다는 사실. 2. 법원이 직권으로 다음 각 목의 어느 하나에 해당하는 사유가 있다고 인정하는 경우. 가. 중재판정의 대상이 된 분쟁이 대한민국의 법에 따라 중재로 해결될 수 없는 경우. 나. 중재판정의 승인 또는 집행이 대한민국의 선량한 풍속이나 그 밖의 사회질서에 위배되는 경우"라고 규정함으로써, 취소를 구하는 당사자가 주장·입증하여야 하는 사유 네 가지(제1호)와, 법원이 직권으로 판단할 수 있는 사유 두 가지(제2호)를 제한적으로 열거하고 있다.[68] 이는 UNCITRAL 모델법 제34조를 그대로 따른 것이고, 이는 뉴욕협약상의 외국중재판정의 승인 및 집행 거부사유와 실질적으로 동일하다.[69]

---

67) 목영준, 앞(주 4)의 글, 269면.
68) A/CN.9/264, *supra* note 26, p. 72.
69) 다만 뉴욕협약 제5조 ① (e)의 "판정이 당사자에 대한 구속력을 아직 발생하지 아니하였

나. 국제중재에 있어서 국제중재판정의 취소사유는 원칙적으로 각국의 법률에 규정되어 있다. 국제중재에 관한 국제적인 조약은 일반적으로 중재판정의 취소사유에 대한 제한을 두고 있지 아니하고,[70] 이에 관하여는 거의 전적으로 각국의 법률에 일임되어 있는 것이 실정이다.

우리 중재법은 그 밖에 중재지가 대한민국 밖인 외국중재판정에 대한 취소에 관하여서는 아무런 직접적인 규정을 두고 있지 아니하나, 우리 법 제39조 제1항은 "「외국중재판정의 승인 및 집행에 관한 협약」의 적용을 받는 외국중재판정의 승인 또는 집행은 같은 협약에 따라 한다."라고 규정하고 있고, 앞서 본 뉴욕협약 제5조 제1항 (e)는 판정이 내려진 국가 또는 판정의 기초된 법이 속하는 국가의 권한 있는 기관에 의하여 취소된 경우에는 그 판정의 승인 및 집행이 거부될 수 있다고 규정하고 있으므로, 우리나라에서 뉴욕협약의 적용을 받는 외국중재판정의 승인 내지 집행을 거부하기 위하여서는 그 중재판정이 어느 국가에서든 취소되어도 상관없는 것이 아니라, 그 판정이 "그 판정이 내려진 국가" 또는 "판정의 기초된 법이 속하는 국가" 즉 중재절차의 준거법이 된 국가의 권한 있는 기관, 통상적으로는 그 국가의 법원에 의하여 취소된 경우에 한정되는 것으로 해석된다.[71] 그러나 앞서 본 바와 같이 뉴욕협약에 의할지라도 중재판정취소사유에 대하여는 아무런 규정을 두고 있지 아니하므로, 결국 우리나라에서 집행을 구하는 외국중재판정의 취소사유는 중재판정이 내려진 국가 등의 법률에 따라 결정된다고 볼 것이다. 이는 우리나라뿐만 아니라 뉴욕협약에 가입하고 있는 세계 각국에서 동일하다고 할 것이다.[72] 따라서 국제중재의 경우 예컨대 미국이 중재지인 중재판정을 미국이 아닌 다른 국가의 법원에서 취소하였다 할지라도 이는 뉴욕협약상 중재판정의 승인·집행의 거부사유에 해당한다고 볼 수 없으며, 또한 미국

거나, 또는 판정이 내려진 국가 또는 판정의 기초된 법이 속하는 국가의 권한 있는 기관에 의하여 취소 또는 정지된 경우"는 중재판정 취소사유에 열거되어 있지 아니한 점이 다르다.

70) Gary B. Born, *supra* note 53, p. 2553. 다만 1961년 국제상사중재에 관한 유럽 협약 제9조 1항은 뉴욕협약에 가입하고 있는 체약국 사이에서는 뉴욕협약 제5조 제1항 (e)는 유럽협약에 규정된 사유(뉴욕협약 제5조 제1항의 사유와 유사함)로 취소된 경우에만 적용된다고 규정함으로써 간접적으로 그 취소사유에 관하여 제한을 두고 있다고 할 수 있다.

71) 대법원 2003. 2. 26. 선고 2001다77840 판결. Albert Jan van den Berg, *The Arbitration Convention of 1958*(1981), p. 350.

72) 졸고, "국제중재판정의 취소사유의 확장 또는 제한 — 법원에 의한 본안의 심사와 관련하여", 國際去來法研究 제21집 제2호(2012. 12.), 184면〈이 책 181면〉.

법원에 의하여 중재판정이 취소되었다면 우리나라의 중재판정 취소사유에 해당하지 않는 "명백한 법의 무시(manifest disregard of law)"를 이유로 하여 중재판정이 취소되었다 할지라도 적법하게 취소된 것으로 보아야 할 것이다.

다. 당사자들이 합의하여 중재판정의 취소사유를 확장하거나 제한할 수 있는지가 문제된다. 먼저 중재판정의 취소사유를 확장하여 사법적 심사를 강화하는 합의에 대하여 보면, 제36조에 규정된 중재판정 취소사유는 제한적인 열거이고, 그 밖의 사유는 중재판정의 취소사유로서 주장할 수 없다고 볼 것이다.73) 또한 당사자가 중재합의에서 중재판정취소사유를 추가 또는 확대하기로 하는 내용의 합의를 할 수 없고, 그러한 합의를 하더라도 무효라고 할 것이다.74) 프랑스75)와 독일76)에서도 동일한 입장을 취하고 있으나, 영국에서는 1996년의 중재법 제69조에 의하여 모든 당사자의 합의나 법원의 허가에 의하여 제한된 범위에서 중재판정의 법률적용의 실체적인 잘못이 영국법원의 사법심사의 대상이 될 수 있다.77)

다음 중재판정의 취소사유를 배제하거나 제한하는 합의에 관하여 보면, 법원의 재판권이나 공공의 질서가 관련된 경우에는 중재판정의 취소신청을 배제하는 합의는 허용되지 않는다고 보아야 할 것이다. 중재합의는 법원의 재판권을 배제하는 효력을 지니게 되므로 법원에서 당사자의 합의가 있다고 하여 중재합의의 유효 여부에 대한 심사를 포기할 수는 없는 것이고, 국가의 입장에서 중재판정을 승인 또는 집행하는 것은 판정이 그 국가의 법질서에 반하지 않는 것을 전제로 하는 것이므로, 판정이 각국의 공공의 질서에 반하는지 여부에 대한 심사를 합의에 의하여 포기하는 것을 허용할 수는 없기 때문이다. 또한 중재판정의 취소사유는 중재판정의 효력을 인정하기 위하여 법률상 규정된 최소요건이므로 우리 법의 해석상으로는 당사자의 합의에 의하여 취소사유를 배제하거나 제한하는 합의는

---

73) 졸고, 앞(주 30)의 글, 10면〈이 책 154면〉; 석광현, "國際商事仲裁에서 중재판정의 취소", 國際去來法研究 제16집 제1호(2007), 225면.
74) 졸고, 앞(주 72)의 글, 193면〈이 책 191면〉; 석광현, 앞(주 73)의 글, 251면. 이에 대하여 반대하는 견해로 박원형, "당사자합의에 의한 중재판정의 사법심사 확대에 관한 연구-미국판례를 중심으로-", 商事判例研究, 제21집 3권(2008. 8.), 363면.
75) Emmanuel Gaillard/John Savage(eds.), *Fouchard, Gillard, Goldman on International Commercial Arbitration*(1999), p. 923.
76) Sänger, *Zivilprozeßordnung Handkommentar(4. Auflage)*(2011), p. 2074.
77) 졸고. 앞(주 72)의 글, 189면〈이 책 186면〉.

허용할 수 없다고 봄이 옳을 것이다.[78)

3. 중재판정의 취소절차

중재판정취소의 소에 대하여는 앞서 본 바와 같이 중재지국 또는 중재절차의 준거법 소속국이 전속적 국제재판관할을 가진다고 볼 것이다. 우리 중재법상으로도 중재판정의 취소에 관한 제36조는 중재지가 대한민국인 경우에 한하여 적용되므로(제2조 제1항), 우리 법원에 제기하는 중재판정취소청구의 소는 중재지가 한국인 중재판정에 대하여만 가능하다.

중재법 제36조 제3항은 중재판정취소의 소는 취소를 구하는 당사자가 중재판정의 정본을 받은 날부터 또는 제34조에 의한 정정·해석 또는 추가판정의 정본을 받은 날부터 3월 이내에 제기하여야 한다고 규정하고 있는데, 당사자들은 위 기간을 단축하거나 연장할 수 없다.[79)

중재판정에 관하여 우리 법원의 승인 또는 집행결정이 확정된 후에는 중재판정취소의 소를 제기할 수 없다(제36조 제4항).[80) 중재법상 취소사유는 국내중재판정의 승인 또는 집행거부사유와 동일하고, 뉴욕협약의 승인 또는 집행거부사유와도 실질적으로 동일하므로, 중재에서 진 당사자로 하여금 승인 또는 집행결정절차에서 승인 또는 집행거부사유를 모두 주장하게 함으로써 소송경제를 도모하고 재판결과의 상충을 막기 위함이다.[81)

4. 중재판정 취소소송절차의 중지와 중재절차의 재개

UNCITRAL 모델법 제34조 제4항은 "중재판정취소의 소가 제기된 법원은 당사자의 신청이 있고 또한 그것이 적절하다고 판단하는 때에는 중재판정부로 하여금 중재절차를 재개하거나 또는 스스로 취소사유를 제거할 다른 조치를 취할 수 있는 기회를 주기 위하여 일정기간 소송절차를 중지할 수 있다"고 규정한다. 이는 취소의 소가 계속 중 중재판정부에게 하자를 스스로 치유할 기회를 부여하는

---

78) 석광현(주 73), 251면은 중재판정 취소의 소는 중재판정에 절차적 또는 실체적으로 중대한 하자가 있어서 법원의 통제가 필요하다고 판단하는 경우이므로 사전 포기를 허용할 것은 아니라고 한다.
79) 石光現, 앞(주 1)의 글, 100면.
80) 독일 민사소송법 제1059조 제3항과 일본중재법 제44조 제2항도 동일하게 규정하고 있다.
81) 졸고, 앞(주 30)의 글, 32면〈이 책 170면〉.

일종의 '환송(remission)'을 규정한 것으로 주로 영미법계 국가에서 인정되는데, 법원이 중재판정을 취소하고 환송하는 것이 아니라, 중재판정을 취소하는 대신 환송할 수 있게 하는 데 특색이 있다.82) 그러나 우리 중재법은 이를 채택하지 않았는데, 이는 법원과 중재판정부 간에 법적인 관계가 없고, 법원이 취소절차를 정지하여도 중재판정부가 취소사유를 제거하는 것을 기대하기 어려우며, 또 기대할 수 있더라도 법원이 중재판정부가 고려할 사항을 전달하는 것이 적절한지 여부 및 그 방법도 문제될 수 있으며, 취소결정을 한 뒤의 대응을 당사자나 중재판정부에게 위임하는 것이 간명하기 때문이다.83)

중재판정이 취소되면 중재판정은 소급적으로 효력을 상실하는데 이 경우 중재에 회부된 구체적인 분쟁에 관하여 통상법원에 소를 제기할 수 있는지 여부가 문제된다.

이는 취소사유에 따라 나누어 검토할 필요가 있다. 즉 당사자의 무능력, 중재합의의 부존재, 무효, 이행불능, 중재가능성의 결여, 공서위반, 또는 중재판정이 법률상 금지된 행위를 할 것을 내용으로 한 때에는 중재합의의 효력이 없으므로 중재판정이 취소됨과 동시에 중재절차는 종료되고 이후에는 법원에 제소할 수밖에 없지만, 그 밖의 사유, 예컨대 중재절차 위반, 중재판정상의 과오, 당사자가 적법하게 대리되지 않은 때, 중재인이 적법하게 선정되지 않은 때, 중재인의 권한을 넘은 중재판정 등으로 인하여 중재판정이 취소된 경우에는 중재합의의 효력이 여전히 존속하므로 중재인으로 하여금 다시 심리하게 함이 타당할 것이다.84)

IX. 중재판정의 승인 및 집행과 법원의 역할

1. 개관

중재법 제37조(중재판정의 승인과 집행)는 "① 중재판정은 제38조 또는 제39조에 따른 승인 거부사유가 없으면 승인된다. 다만, 당사자의 신청이 있는 경우에는 법원은 중재판정을 승인하는 결정을 할 수 있다. ② 중재판정에 기초한 집행은

82) 石光現, 앞(주 1)의 글, 201면.
83) 近藤昌昭 외, 앞(주 16)의 책, 255면.
84) 목영준, 앞(주 4)의 글, 264면; 石光現, 앞(주 1)의 글, 103면; 졸고, 앞(주 30)의 글, 35면 〈이 책 172면〉.

당사자의 신청에 따라 법원에서 집행결정으로 이를 허가하여야 할 수 있다."라고 규정하여 중재판정을 승인 또는 집행할 수 있음을 명시하고 있다.

앞서 중재판정의 취소에서 살핀 바와 같이, 중재절차는 본질적으로 사인 간의 합의에 의하여 성립하는 것이므로 강제력이 있을 수 없고, 결국 국가권력의 도움을 받아 이를 실현할 수밖에 없는 것인데, 국가로서는 중재판정의 승인 또는 집행에 협력하여 주면서도 법질서에 부합하는지 여부를 심사하기 위한 최소한의 기준을 설정하여 놓고 이 기준에 부합하는 중재판정만을 승인 또는 집행하여 주고 있다.[85]

위 제37조는 중재지가 대한민국인 국내중재판정과 중재지가 대한민국이 아닌 외국중재판정 모두에 적용되는 규정이다(중재법 제2조 단서). UNCITRAL 모델법 제35조 제1항 역시 "중재판정은 판정을 내린 국가에 관계없이 구속력 있는 것으로 승인되어야 하며 관할 법원에 서면으로 신청한 때에는 본조와 제36조의 규정에 따라 집행되어야 한다."라고 규정하여 중재지에 관계없이 중재판정의 승인 및 집행을 인정하고 있다. 다만 UNCITRAL 모델법은 국내중재판정과 외국중재판정 모두 동일한 요건과 절차에 따라 승인 및 집행하도록 하고 있으나, 중재법은 UNCITRAL 모델법을 따르지 않고 국내중재판정과 외국중재판정에 대하여 별도로 규정을 두고 있는바, 국내중재판정에 대하여서는 제38조에서 "대한민국에서 내려진 중재판정은 다음 각 호의 어느 하나에 해당하는 사유가 없으면 승인되거나 집행되어야 한다. 1. 중재판정의 당사자가 다음 각 목의 어느 하나에 해당하는 사실을 증명한 경우. 가. 제36조 제2항 제1호 각 목의 어느 하나에 해당하는 사실. 나. 다음의 어느 하나에 해당하는 사실. 1) 중재판정의 구속력이 당사자에 대하여 아직 발생하지 아니하였다는 사실. 2) 중재판정이 법원에 의하여 취소되었다는 사실"이라고 규정하고, 외국중재판정에 대하여서는 뉴욕협약의 적용여부에 따라 그 요건을 달리하여 제39조에서 "① 「외국 중재판정의 승인 및 집행에 관한 협약」을 적용받는 외국 중재판정의 승인 또는 집행은 같은 협약에 따라 한다. ② 「외국 중재판정의 승인 및 집행에 관한 협약」을 적용받지 아니하는 외국 중재판정의 승인 또는 집행에 관하여는 「민사소송법」 제217조, 「민사집행법」 제26조 제1항 및 제27조를 준용한다."라고 규정하고 있다.

---

85) 목영준, 앞(주 4)의 글, 269면.

2. 중재판정의 승인에 관하여

중재판정의 승인은 중재판정에 법적인 효력을 인정하는 것을 말한다. 중재절차에 의하여 최종적으로 얻어진 유효한 중재판정은 당사자 사이의 법률관계에 대하여 최종적이고 구속력이 있는 것이 원칙이고, 각국의 법률에 의하여 기판력(*res judicata*)을 지니게 되는 것이 일반적이므로, 그와 같은 점에 있어서 중재판정은 판결에 준하는 것으로 볼 것이다.

우리 중재법 제35조도 "중재판정은 양쪽 당사자 간에 법원의 확정판결과 동일한 효력을 가진다. 다만, 제38조에 따라 승인 또는 집행이 거절되는 경우에는 그러하지 아니하다."라고 규정하고 있다.[86]

다만 위 규정은 국내중재판정에만 적용되는 조문이고(중재법 제2조), 우리 중재법상 외국중재판정 승인의 의미 내지 효력에 관하여 직접적으로 규정하는 조문은 없으므로, 결국 중재판정의 승인은 중재판정이 적법하게 내려진 것으로서 당사자 사이의 법률관계를 확정하는 효력이 있음을 인정하는 것을 의미한다고 볼 것이다.[87] 따라서 외국중재판정의 승인은 "우리 법원이 외국중재판정에 대하여 적법하게 내려진 것으로서 그 효력을 인정하는 것"이라고 볼 것이다.[88]

이에 따라 국제중재에서 내려진 중재판정을 승인할 경우의 효력도 국내중재판정과 외국중재판정을 나누어 구별하여야 할 것이다. 먼저 국내중재판정을 승인할 경우 중재법 제35조에 의하여 법원의 확정판결과 동일한 효력, 즉 민사소송법에서 정한 기판력과 집행력을 가지게 된다고 할 것이다.[89] 다만 중재판정은 국가법원에 의한 공권적인 판단인 판결과 달리 사인 사이의 합의에 의하여 중립적인 제3자가 내린 판단이므로 판결의 기판력과 다음 두 점에서 차이가 있다. 첫째, 판

---

86) 이와 관련된 논의는 졸고, "중재판정 승인의 개념, 효력 및 절차에 관한 연구", 중재연구 제23권 제1호(2013. 3.), 3면 이하〈이 책 199면 이하〉 참조.

87) 이에 대하여 목영준, 앞(주 4)의 글, 270면은 중재판정의 승인은 법원이 중재판정에 대해 우리 법원의 확정판결과 같은 효력을 인정하여 주는 것이라고 하나, 외국중재판정의 경우에는 그 근거가 없다.

88) 石光現, "외국중재판정의 승인·집행제도의 개선방안", 國際私法과 國際訴訟 제5권(2012), 692면.

89) 국내중재판정의 효력에 관하여서는 졸고, "국내중재판정의 효력에 관하여 – 중재법 제35조의 해석을 중심으로", 民事訴訟 제23권 제3호(2019. 10.), 333면 이하〈이 책 109면 이하〉 참조.

결의 기판력은 당사자로부터의 주장이 없어도 법원은 직권으로 참작하여야 하나, 중재판정의 기판력은 직권으로는 참작되지 않는다.[90] 둘째, 당사자가 집행판결이 확정될 때까지는 당사자의 합의에 의하여 중재판정을 해소하고 그 기판력을 소멸시킬 수 있다는 점이다.[91]

외국중재판정을 승인할 경우의 효력은 외국의 중재판정의 기판력이 우리나라에까지 확장되는 것이라고 볼 것이다.[92] 다만 외국중재판정이 외국에서 집행력이 있더라도 이는 우리나라에 당연히 미치는 것은 아니고 국내에서 집행판결을 받아야 비로소 발생하며, 이 점에서는 국내중재판정과 마찬가지이다.

유의할 점은 기판력의 범위는 국가에 따라서 상당히 다르다는 것이다. 대륙법계 국가에서는 대체로 기판력에 우리 소송법상의 기판력에 상응하는 "*res judicata*" 또는 "claim preclusion(청구차단효 또는 청구실권효)"이 있다고 보는 것이 일반적이나, 영미법계 국가에서는 그 밖에 "issue preclusion(쟁점차단효 또는 쟁점실권효)" 또는 "collateral estoppel(부수적 금반언)"이라고 하여 실제로 변론과 판단의 대상이 된 판결이유 중의 법률상 및 사실상의 판단에까지 효력이 미치는 것을 인정하는 수가 있다.[93] 그러나 미국의 경우 모든 중재판정에 "issue preclusion"의 효력이 인정되는 것은 아니며,[94] 영국에서 인정되는 "issue preclusion"의 효력은 미국보다 그 범위가 좁다고 한다.[95] 기판력에 이러한 효력까지 인정하는 국가에서 내려진 중재판정에 대하여 우리나라에서 위와 같은 넓은 효력을 인정할 경우 외국중재판정이 우리 민사소송법상 인정되는 기판력보다 광범위한 효력을 한국에서 가지게 되어 외국중재판정에 수반되는 위험성, 예컨대 당사자의 심문청구권

---

90) 서세원, "중재판정의 기판력에 관한 고찰", 중재연구 제17권 제2호(2007. 8.), 12면; 註釋仲裁法(주 1), 180면(孫容根·李鎬元 집필부분).

91) 註釋仲裁法(주 1), 180면(孫容根·李鎬元 집필부분); 注解仲裁法(1988), 164면(福永有利 집필부분). 다만 이에 대하여는 반대견해가 있다고 한다.

92) 石光現, 앞(주 88)의 글, 696면; Albert Jan van den Berg, *supra* note 71, p. 244.

93) 석광현, 국제민사소송법(2012), 410면. Jack J. Coe Jr., *International Commercial Arbitration : American Principles and Practice in a Global Context*(1997), p. 299는 미국에서 확인명령을 받은 중재판정은 위 두 가지 효력이 있다고 설명한다. 이에 관한 비교법적인 상세한 논의는 Gary B. Born, *supra* note 53, p. 2880 이하 참조.

94) "issue preclusion"의 효과는 중재절차에서 그 쟁점이 충분하고 공정한 심리를 거쳐서 판단된 경우에만 발생하며, 판정에 이유가 없거나, 사실상 및 법률상의 쟁점을 명백하게 판단하지 아니한 경우와 중재의 대상이 될 수 없는 청구가 관련된 경우에는 위와 같은 효과는 발생하지 아니한다고 한다. Gary B. Born, *supra* note 53, p. 2899.

95) Gary B. Born, *supra* note 53, p. 2904.

내지는 방어기회가 침해될 가능성이 커지게 되므로 이를 인정하기는 어려울 것으로 생각된다.[96]

3. 중재판정의 집행에 관하여

중재법은 국내중재판정에 대하여서는 중재판정 승인 내지 집행거부사유가 없으면 그 집행을 허용하고, 외국중재판정 중 뉴욕협약의 적용을 받는 판정의 집행에 대하여서는 같은 협약에 따르도록 하는 한편, 뉴욕협약을 적용받지 아니하는 판정은 외국판결에 준하여 그 집행을 허용하고 있다.[97] 국제중재에 있어서의 중재판정은 상당수 외국중재판정일 것이 예상되고, 거의 모든 국가가 뉴욕협약에 가입하고 있으므로 대부분 뉴욕협약에 따라 그 집행허용 여부가 결정될 것이다.[98] 국제중재에서 국내중재판정이 내려진 경우에도 우리 법의 중재판정 승인 및 집행거부사유가 뉴욕협약상의 집행거부사유와 사실상 동일하므로 외국중재판정의 경우와 달리 볼 경우는 거의 없을 것이다.

중재법 및 뉴욕협약상의 중재판정 승인 및 집행요건의 특징은 외국중재판정의 승인 및 집행의 실질적 요건들을 모두 승인과 집행의 거부사유로 규정함에 의하여 승인 또는 집행을 구하는 당사자가 주장 및 입증책임을 지는 적극적 요건이 아니라 그 상대방이 주장 및 입증책임을 지는 소극적 요건으로 규정하고 있는 점에 있다. 그 결과 중재판정의 승인 또는 집행을 구하는 당사자는 중재판정과 중재합의 서면만을 제출함으로써 그 중재판정이 승인 및 집행의 적격을 지닌다는 일응의 증거(*prima facie* evidence)를 제시한 것이 된다.[99]

다른 특징은 중재법 제38조의 중재판정 승인 및 집행거부사유나 뉴욕협약 제5조에 열거된 승인 및 집행거부사유는 예시적인 것이 아니라 제한적인 것이라는 점이다. 즉 위 각조에 열거된 사유에 의하여서만 집행의 거부가 가능하고, 그밖의 다른 사유는 집행을 거부할 사유가 되지 못한다는 것이다. 따라서 외국중재

---

96) 석광현, 앞(주 93)의 책, 410면.

97) 이에 대한 비판으로는 석광현, "개정중재법의 몇 가지 문제점－국제상사중재를 중심으로－", 국제사법과 국제소송 제2권(2001), 495면 및 졸고, 앞(주 27)의 글, 17면〈이 책 68면〉 참조.

98) 2020. 2. 14. 현재 전세계 국가 중 161개국이 뉴욕협약에 가입하였다. http://www.uncitral.org/uncitral/en/uncitral_texts/arbitration/NYConvention_status.html(2020. 2. 14. 방문). 우리와 국제적인 상거래가 있는 국가 중에는 대만이 미가입국으로 남아 있다.

99) 崔公雄, 國際訴訟(改訂版)(1988), 411면.

판정의 집행상대방은 중재의 준거법상 중재판정의 효력을 다툴 수 있는 사유라 할지라도 위에 열거된 사유에 해당하지 않는 한 그와 같은 사유를 들어 집행을 거부할 수 없다 할 것이다. 또한 중재법 제38조나 뉴욕협약 제5조에 열거된 승인 및 집행거부사유를 살펴보면, 중재합의의 무효, 당사자의 방어권 침해, 권한을 넘어선 판정, 중재기관 구성 또는 중재절차의 하자, 공공의 질서 위반 등 중재절차와 중재판정에 있어서 중대한 하자가 있는 경우로 제한되어 있음을 알 수 있다.

　　중재법 제36조에 규정된 중재판정 취소사유와 중재법 제38조 및 뉴욕협약 제5조에 열거된 중재판정 승인 및 집행거부사유를 비교하여 보면, 중재판정 승인 및 집행거부사유로는 중재판정 취소사유 이외에 중재법 제38조 제1호 나목에서 "1) 중재판정의 구속력이 당사자에 대하여 아직 발생하지 아니하였다는 사실. 2) 중재판정이 법원에 의하여 취소되었다는 사실."을 더 열거하고 있고, 이는 뉴욕협약 제5조 제1항 (e)의 "판정이 당사자에 대한 구속력을 아직 발생하지 아니하였거나 또는 판정이 내려진 국가의 권한 있는 기관이나 또는 그 국가의 법령에 의거하여 취소 또는 정지된 경우"에 해당한다. 중재판정이 아직 구속력을 발생하지 아니하거나 판정이 적법하게 취소 또는 정지된 경우에는 집행할 중재판정이 존재하지 아니하거나 집행을 구할 수 없는 것은 당연하다 할 것이다.[100]

　　이와 관련하여 중재법 제36조 제3항은 중재판정취소의 소는 중재판정의 취소를 구하는 당사자가 중재판정의 정본을 받은 날부터 또는 제34조의 규정에 의한 정정·해석 또는 추가판정의 정본을 받은 날부터 3개월 이내에 제기하여야 한다고 규정하고 있으므로 위 기간 내에 중재판정 취소의 소를 제기하지 아니한 당사자는 중재판정의 승인·집행절차에서 중재판정 취소사유에 해당하는 승인·집행거부사유를 주장할 수 없다고 해석하여야 한다는 견해가 있다.[101] 그러나 중재

---

100) 2016년 개정 이전의 중재법 제38조는 "대한민국에서 내려진 중재판정은 제36조 제2항의 사유가 없으면 승인되거나 집행되어야 한다."라고 규정하여, 중재판정 취소사유만을 승인 및 집행거부사유로 규정하고 있었으나, 해석상 개정법과 동일한 결론이 도출되었다. 註釋仲裁法(주 1), 249면(李鎬元 집필부분).

101) 윤진기, "2016년 개정 중재법의 중재판정 집행에 관한 문제점", 중재연구 제26권 제4호 (2016), 12면; 성준호, "중재판정의 효력", 선진상사법률연구 제85호(2019), 134면. 한편, 강수미, "중재판정의 효력에 관한 연구", 중재연구 제27권 제1호(2017), 76면은 취소소송의 제소기간이 경과한 후에도 승인·집행절차에서 취소사유에 해당하는 승인·집행거부사유를 주장하는 것 자체가 부정된다고 보기는 어려울 것이고, 다만 승인·집행절차의 피신청인이 중재판정에 대하여 취소의 소를 제기할 수 있었음에도 불구하고 제기하지 않았고, 이로 인해 집행허가신청인이 취소의 소를 제기당하지 않으리라는 기대를 가지

판정 취소제도와 중재판정의 승인·집행제도는 별개의 목적을 지닌 별개의 제도이고, 중재판정 취소의 소의 출소기간을 지났다고 하는 절차적인 이유로 중재판정의 승인과 집행절차에서 일체의 항변의 제출을 봉쇄하는 것은 가혹하며, 제2항을 받아들인다면 중재판정에 공서양속 위반이라는 사유가 있어도 승인 내지 집행되어야 하는 결과가 되며, 특히 외국중재판정의 경우 외국에서 중재판정 취소의 소를 제기하여야하는 난점이 있는 점 등을 고려하면, 위 소 제기기간이 도과된 경우 단지 중재판정 취소의 소를 제기할 수 없게 될 뿐이고, 중재판정에 대한 승인·집행절차에서 중재법 제38조에 기하여 중재판정에 중재판정 취소사유에 해당하는 승인·집행거부사유를 제출할 수 있다고 보아야 할 것이다.[102]

또한 중재판정에 대한 취소의 소에 의하여 중재판정이 취소되지 아니하여도, 그 중재판정에 대한 승인·집행절차에서는 물론 중재판정의 승인 여부가 쟁점이 된 소송에서 항변으로 취소사유를 주장할 수 있고, 이 점에서 확정판결에 대한 재심의 소의 경우에는 재심에 의하여 그 판결이 취소되지 않는 한 그 판결의 효력을 부인할 수 없다는 것과 다르다고 볼 것이다.

X. 맺음말

한국은 수출액과 수입액을 합하여 1조 달러가 넘어 세계 10위권 내의 무역대국이 되었고, 2019. 11. 현재 세계 각국과 16개의 FTA를 체결한 상태이고, 계속적으로 확대하려는 노력을 하고 있는 중이다.[103] 이는 한국의 국제거래가 전세계적으로 확대되었고, 한국의 경제가 국제거래에 의존하고 있음을 단적으로 나타내고 있다. 그 결과 필연적으로 국제거래를 둘러싼 분쟁도 상당히 증대될 수밖에 없다. 이러한 국제적인 분쟁을 해결하는 방법은 여러 가지 있을 수 있으나, 그 중에서 중재가 가장 중요한 분쟁해결방법 중의 하나라고 할 수 있을 것이다.

이러한 점에서 우리 법원이 중재에 있어서의 법원의 역할을 정확하게 인식하고 있으며, 국제적으로 신뢰할 만한 역할을 수행하고 있다고 인정받는 것이 한

게 된 때에는 피신청인이 승인·집행절차에서 취소사유에 해당하는 사유를 주장하는 것이 신의칙에 반하여 허용되지 않을 수도 있다고 하고 있다.
102) 이에 관한 상세한 논의는 졸고, 앞(주 89)의 글, 368면 이하〈이 책 135면 이하〉 참조.
103) 한국의 FTA 체결현황에 대하여서는 https://www.fta.go.kr/main/situation/fta/world/(2019. 11. 8. 방문) 참조.

국이 국제거래에 있어서 믿을 수 있는 파트너로서 인정받는데 불가결하다고 생각된다. 지금까지 한국의 법원은 종래 외국중재판정의 승인 및 집행에 대하여 매우 우호적인 태도를 취하는 것으로 평가받는 등 중재절차에 있어서 역할을 공정하게 수행하고 있다고 평가받아 왔다.[104] 앞으로도 외국중재판정에 기한 승인과 집행뿐만 아니라, 한국에서 국제중재가 진행될 경우 중재절차에 관여를 자제하면서 필요한 경우 그 절차의 진행에 적극 협조하는 등 중재우호적인 입장을 견지할 필요가 있으리라고 보인다.

　앞으로 한국이 아시아 지역에서의 지리적 이점과 높은 경제 개방성 등의 장점을 살려 중재 허브로 도약할 것을 기대하면서, 이를 위하여 이 글이 조금이라도 도움이 되기 바란다.

---

104) 한국 법원 판례가 중재친화적인 태도를 취하고 있다는 점을 잘 보여주는 서적으로 Joongi Kim, *International Arbitration in Korea*(2017) 참조.

제 **6** 장

미국판례 소개

[12] 뉴욕협약의 적용을 받는 외국중재판정의 승인 및 집행에 관한 미국의 판례
(2009 - 2010년 선고)

이 글은 金文煥先生停年紀念論文集 1권(2011), 627-644면에 "뉴욕협약하 외국중재판정의 승인 및 집행에 관한 미국의 최신판례"라는 제목으로 실린 글을 제목만 일부 바꾼 것이다. 필자가 2010년 가을 학기에 미국 University of Washington에 visiting scholar로 가 있을 당시 살펴본 미국의 연방법원에서 내려진 뉴욕협약의 적용을 받는 외국중재판정의 승인 및 집행에 관한 판례를 소개하고 약간의 평석을 붙인 글이다.

1. 머리말

법은 실제 사례에 적용될 때에 의미가 있다. 일관된 성문법 속에 법리가 들어 있다고 보는 대륙법 체계에서도 그 법은 실제 사건에 적용됨으로써, 그 모습을 구체적으로 들어내면서 타당성을 검증받게 되고, 판례속에 법리가 들어 있고, 판례의 변화와 함께 법리가 진화하는 것으로 보는 영미법의 입장에서는 더욱더 그러하다.

중재의 경우에는 국제거래에서 일어나는 다툼의 해결을 위하여 이용되는 것이 일반화됨에 따라 어느 법 분야보다도 세계적으로 법을 통일하려는 움직임이 활성화되어 있고, 이는 1958년의 외국중재판정의 승인과 집행에 관한 국제연합협약, 이른바 뉴욕협약(New York Convention)의 체결, UNCITRAL의 모델중재법의 제안과 이에 따른 각국 중재법의 제정 내지 개정의 증가에서 명백하게 들어나고 있다. 이러한 과정을 통하여 대륙법 체계의 국가와 영미법 체계의 국가가 서로의 입장 내지 합리적 근거를 이해하면서 실효성있게 법을 적용하고 집행할 수 있도록 국제협약 내지 국내법을 체결하고 제정하는 사례가 증가하고 있다.

이러한 중재법의 국제적 통일화 경향에도 불구하고, 세계적으로 공통된 중재법 체제 내지 이해가 완성되었다고 볼 수는 없을 뿐만 아니라, 국제거래를 둘러싼 중재의 경우에는 어느 특정국가의 법체제 내지 법리가 지배적인 경우보다는

서로 상충되는 법체제 내지 법리의 이해와 타협 속에 구체적인 중재절차가 진행
되고, 중재판정이 내려지게 되므로, 이러한 경우에는 추상적인 법리보다는 구체
적인 사건에서 어떻게 중재절차가 진행되고, 중재판정이 집행되는지 구체적인 사
건을 통하여 살피는 것이 중요하다 할 것이다.

그와 같은 의미에서 국제중재에 관한 판례의 연구는 국제중재의 연구에 있
어서 필수적인 의미를 가지게 되며, 특히 판례법 국가인 미국의 국제중재에 관한
법리의 검토에 있어서는 결정적인 의미를 갖는다. 필자는 종래 약 10여개의 미국
판례를 소개하고 이에 대하여 평석한 일이 있는데,[1] 이번에는 근래 미국에서 나
온 뉴욕협약의 적용을 받는 중재사건에 관한 2009년 내지 2010년의 판례 12개를
소개하고자 한다. 아래에서는 이들 판례들을 순차로 그 사건경위와 판결의 요지
를 밝힌 후 간단하게 필자의 평석을 붙이는 방식으로 소개한다.

2. 외국 법원에 소 제기를 금하는 가처분
- Amaprop Ltd.v. Indiabulls Financial Services Ltd (S.D.N.Y. 2010. 3. 23.)[2]

가. 사건경위

원고 Amaprop는 피고 Indiabulls 및 피고 Finance Comany와 인도의 사업지
분을 매수하기로 하면서, 분쟁이 발생하면 뉴욕에서 AAA/ICDR 중재에 의하여 해
결하기로 약정하였다. 피고들이 계약을 이행하지 아니하자, 원고는 뉴욕에서 중
재절차를 개시하였고, 피고들은 그 절차에 출석하였다. 피고들은 인도 법원에서
원고에게 중재절차를 진행하는 것을 금지하는 두 개의 일방적 결정을 받았다. 원
고는 뉴욕 남부의 연방 지방법원에 피고들에 대하여 중재를 명하면서 소 제기를
금지하는 가처분을 구하였다.

---

1) Parsons & Whittmore Overseas Co. v. Societe Generale de L'Industrie du papier, 508 F.2d
969(1974) (仲裁 209호(1989. 6.) 32면 이하 게재): Imperial Ethiopian Government v.
Baruch-Foster Corp., 535 F.2d. 334(1976) (仲裁 211호(1989. 7.) 32면 이하 게재): Bergesen
v. Joseph Muller Corp., 710 F.2d 928(1983) (仲裁 211호(1989. 8.) 29면 이하 게재): La
Societe Nationale Pour La Recherche, et al. v. Shaheen Natural Resources Co. Inc., 585
F.Supp. 57(S.D.N.Y. 1984) (仲裁 213호(1989. 10.) 29면 이하 게재): I/S Stavborg v.
National Metal Converters, Inc., 505 F.2d 424(1974) (仲裁 216호(1990. 1.) 31면 이하 게
재): Diapulse Corp. of America v. Carba, Ltd., 626 F2d 1108(1980) (仲裁 217호(1990. 2.)
31면 이하 게재) 등〈이 책 359면 이하 참조〉.
2) 2010 WL 1050988.

나. 판결의 요지

법원은 피고들에게 중재를 명하는 결정을 내리면서, (1) 중재를 하기로 하는 유효한 합의가 있었고, (2) 인도 법원에서 원고에 대하여 중재절차의 진행을 금지하는 일방적인 결정을 받음으로써, 피고들은 중재절차에 출석하면서도 중재할 것을 거부하였다고 인정하였다.

법원은 또한 소 제기를 금지하는 가처분을 내리기 위하여 판례상 요구되는 다음과 같은 기본적 요건들이[3] 구비되었다고 인정하였다. (1) 양 소송의 당사자들이 동일할 것. (2) 가처분을 내리는 법원에서 사건을 해결하는 것이 금지의 대상인 소송을 최종적으로 결정하기에 적합할 것.

법원은 나아가 같은 법원의 선례에 따라 다음과 같은 5개 점을 심리하였다. (1) 가처분을 명하는 법원의 정책(미국의 중재선호 정책)에 반하는지, (2) 외국에서의 소송에 어려움이 있는지, (3) 외국의 절차가 가처분 법원의 물적 내지 준물적 관할권(*in rem* or quasi *in rem* jurisdiction)을 침해하는지, (4) 외국 법원에서의 절차가 다른 형평적인 고려사항에 반하는지, (5) 별개 소송의 동일 쟁점에 대한 판단이 지연, 불편, 불일치 또는 판결받기 경쟁을 초래하는지. 법원은 이들 모든 요인을 고려할 때 피고에 대하여 인도에서 이 사건 계약과 관련된 모든 소송의 제기를 금지하는 것이 상당하다고 판단하였다.

다. 평석

피고가 중재지 법원이 아닌 자신의 국가 법원에서 중재를 금지하는 일방적 결정을 받은 경우 중재를 명하는 신청과 소송을 금지하는 가처분 신청의 관계를 다룬 소송이다. 외국인 당사자의 부당한 본국에서의 조치에 대하여 미국 법원이 적극적으로 나서서 오히려 외국에서의 소제기를 금지하는 가처분을 내린 사례로서, 양국 법원에서 상반적인 조치가 내려진 특이한 사안이다.

---

3) China Trade & Dev. Corp. v. M.V. Choong Yong, 837 F.2d 33, 35 (2d Cir.1987) (citing United States v. Davis, 767 F.2d 1025, 1038 (2d Cir.1985)).

3. 중재판정 취소사유인 명백한 법의 무시(manifest disregard of law)
- Republic of Argentina v. BG Group PLC (D.D.C. 2010. 6. 7.)[4]

가. 사건경위

2000년 영국과 원고 아르젠틴은 양국투자협정을 체결하면서, 각국의 투자자에게 공정하고 적정한 대우, 완전한 보호와 보장 및 정당한 보상 없는 수용금지를 확약하였다. 위 조약은 UNCITRAL규칙에 의한 중재를 규정하였다. 피고인 영국 회사 BG Group PLC는 가스 공급사업을 하는 MetroGAS라는 아르젠틴 회사에 투자하였다. 원고인 아르젠틴은 2002년 경제 위기를 겪으면서 MetroGAS에 대한 피고의 이익에 부정적으로 영향을 미치는 여러 가지 규제적인 조치를 취하였다. 피고는 양국투자협정에 따른 중재를 개시하였고, 중재판정부는 피고 승소 판정을 내렸다. 원고인 아르젠틴은 Washington DC의 연방지방법원에 중재판정의 취소 또는 변경을 신청하였고, 피고는 연방 중재법과 뉴욕협약에 따라 판정을 확인하여 줄 것을 반대신청하였다.

나. 판결의 요지

법원은 판정을 취소하거나 변경하여 달라는 신청을 기각하고, 판정을 확인하였다. 첫째, 판정의 집행이 구하여진 미국에서 두 외국 당사자에 관련된 판정은 내국 판정이라고 인정되지 않으므로 이 판정은 뉴욕협약 제1조 (1)이 적용되는 판정이고, 둘째, 법원은 아르젠틴이 제기한 여러 가지 근거를 배척하면서, 이들은 중재판정 취소의 근거가 될 수 없는 중재판정부의 과오에 대한 주장에 불과하다고 판시하였다. 법원은 중재판정부는 양국투자협정을 무시한 것이 아니라 해석하였을 뿐이므로 미국 연방 중재법에 따른 중재판정 취소근거인 명백한 법의 무시에 해당하지 않는다고 판시하였다.

다. 평석

양국투자협정에 따른 국제 중재판정의 취소를 구하고, 상대방은 그 중재판정의 확인을 구한 사안이다. 미국법상의 특이한 중재판정 취소사유인 명백한 법의

---

4) 715 F.Supp.2d 108.

무시(manifest disregard of law)를 엄격하게 적용한 점에서 의미있는 판결이다.5)

4. 뉴욕협약의 적용대상인 비국내판결
- Astra Oil Trading NV v. Petrobras America Inc. (S.D.Tex. 2010. 3. 10.)6)

가. 사건경위
이 사건은 네덜란드 법인인 원고와 미국 법인인 피고가 공동으로 투자한 두 개의 합작기업(정련소와 정련소에 재료를 공급하는 회사)의 운영과정에서 발생한 분쟁에 관한 것이다. 중재판정부는 원고 승소 판정을 내렸으나, 피고는 판정금액의 지급을 거절하였다. 원고는 판정을 확인할 것을 신청하였고, 피고는 원고가 주된 영업장소를 미국 내에 가지고 있다고 주장하면서, 미국 연방법원에 사물관할권(subject matter jurisdiction)이 없으므로 원고의 신청을 기각하거나, 판정을 취소 내지 변경할 것을 신청하였다.

나. 판결의 요지
미국의 연방 법원은 제한된 관할권을 가지고 있고, 주 법원은 일반적인 관할권을 가지고 있다. 원고는 연방 중재법 제203조가 연방 법원에 뉴욕협약의 적용을 받는 판정에 대한 관할권을 부여하였으므로 텍사스 남부 지구 연방 법원이 관할권을 가진다고 주장하였다. 뉴욕협약 제1조 (1)은 승인과 집행이 구하여진 국가에서 국내판정이라고 인정되지 않는 판정에 뉴욕협약이 적용된다고 규정하고 있다. 연방 중재법 제202조에 의하면 판정이 전적으로 미국인 사이에 관한 것이 아니면 비국내판정이고, 특히 법인은 미국에서 설립되었거나 미국에 주된 영업 기반을 가지고 있으면 미국의 시민이다

법원은, 피고의 주된 영업장소를 정하기 위하여 미국 대법원의 판례에 의하여 확립된 신경 중심의 기준(nerve center test)을 적용하였다.7) 이 기준에 의하면 법인의 주된 기반 장소는 법인의 전반적인 지시, 조종 및 조절의 중심이다. 이는 법인의 임원이 법인의 활동을 지시하고 조종하며 조절하는 곳이고, 일반적으로 본부가 실질적인 지시, 조종 및 조절의 중심 즉 신경의 중심이고, 단순히 법인이

5) Telenor Mobile Communications AS v. Storm LLC, 584 F.3d 396. 본고 12. 참조.
6) 718 F.Supp.2d 805.
7) Hertz Corp. v. Friend, 130 S.Ct. 1181, 1192-93 (2010).

이사회를 개최하는 곳이 아니라, 법인이 그 본부를 유지하는 곳이다. 결국 법원은 원고의 신경의 중심은 미국 밖에 있다고 판단하였다. 따라서 이 판정은 뉴욕협약의 적용을 받고, 법원은 이 사건에 대한 사물관할권(subject matter jurisdiction)을 가지고 있다.

다. 평석

뉴욕협약 제1조 (1)에 따르면 뉴욕협약은 중재판정은 그 승인과 집행이 구하여진 나라에서 비국내판정이라고 인정되는 판정에 적용된다. 미국 연방 중재법 제202조는 무엇보다도 판정이 전적으로 미국인 사이에 관한 것이 아니면 그 판정은 비국내판정이라고 규정한다. 법원은 원고 법인의 국적을 결정하기 위하여 신경 중심의 기준을 적용하였다. 미국 법원에서 1차적으로 문제되는 미국 연방법원의 재판권 내지 사물관할권을 다룬 사건으로서, 법인의 국적을 결정하기 위한 기준을 보여주는 판결이다.

5. 중재합의와 판정을 집행할 권리의 포기
- Belcourt v. Grivel, S.L.R. (D.Utah 2009. 11. 9.)[8]

가. 사건경위

미국인인 원고와 이태리 법인인 등산장비 회사 및 그 소유자들인 피고들은 중재조항을 포함한 일련의 계약을 체결하였다. 원고는 계약 위반을 원인으로 한 청구를 포함하여 여러 가지 소송을 미국 법원에 제기하였다. 피고들은 답변서를 제출하면서, 법원의 재판권과 관할(jurisdiction and venue)에 동의하였고, 새로운 당사자를 끌어 들이는 제3자 소송인입신청과 반소를 제기하였다. 몇 달 후 피고들은 중재를 명할 것을 신청하였다.

나. 판결의 요지

유타 주의 연방지방법원은 피고들이 법원에 절차를 정지할 것을 요청하지 않았고, 그들이 관할에 동의하며 중재에 관한 권리를 언급하지 아니하고 여러 가지 신청을 함으로써 반대 당사자는 피고들이 유타의 법원에서 이 사건을 소송하

---

8) 2009 WL 3764085.

리라고 믿게 되었다고 보았다. 법원은 나아가 피고들이 제3의 당사자(third parties)를 소송에 끌어 들인 것이 피고들이 중재를 포기하였다고 보는 다른 중요한 요소라고 판시하였다.

다. 평석

미국 판례법의 일반적인 법리에 따르면, 국제적인 분쟁을 중재에 회부할 것을 요청받았을 때 법원은 먼저 (1) 분쟁의 대상을 중재하기로 하는 서면의 합의가 있는지, (2) 그 합의가 뉴욕협약의 체약국 영토 내에서의 중재를 규정하고 있는지, (3) 그 합의가 계약상의 것이든 아니든 상사라고 인정되는 법률관계로부터 발생한 것인지, (4) 그 합의의 당사자가 미국 시민이 아니거나, 상업상 관계에서 적어도 하나 이상의 외국과 어떤 합리적인 관계를 가지고 있는지를 조사한다. 만일 이를 긍정할 수 있으면, 그 중재 합의는 뉴욕협약의 적용을 받고, 법원은 그것이 무효이거나, 집행할 수 없는 경우에 한하여 그 집행을 거부할 수 있다.9)

미국 법원은 피고가 절차에서 뒤늦게 유효한 중재 합의가 있다는 이의를 제기하면 피고는 이 이의권과 뉴욕협약에 따라 중재합의와 판정을 집행할 권리를 포기한 것으로 일관되게 보고 있다.10)

6. 중재판정 확인청구소송의 변호사비용 지급을 명한 사례
- Bunge Agribusiness Singapore Pte. Ltd. v. San He Hope Full Grain Oil Foods Production Co. Ltd. (S.D.N.Y. 2009. 11. 23.)11)

가. 사건경위

원고 Bunge와 피고 San He는 5개의 대두 매매계약을 체결하였다. 5개의 모든 계약의 이행에 관한 분쟁이 FOSFA(the Federation of Oils, Seeds, and Fats Associations Ltd) 중재에 회부되었다. 피고는 패소하여 FOSFA 중재규칙에 의거하여 항소하였다. FOSFA는 피고에게 원고에 대하여 손해배상을 명하는 5개의 항소심 판정을 내렸고, 원고는 항소심 판정을 확인할 것을 신청하였다.

9) Riley v. Kingsley Underwriting Agencies, Ltd., 969 F.2d 953, 959 (10th Cir.1992).
10) Tok v. Royal Caribbean Cruises, Ltd., 2010 WL 1433175 (S.D.Fla. 2010): China Nat. Bldg. Material Inv. Co., Ltd. v. BNK I'ntl LLC, 2009 WL 4730578 (W.D.Tex. 2009).
11) 2009 WL 3050058.

나. 판결의 요지

뉴욕 남부 연방지방법원은 판정을 확인하는 판결을 내리면서, 법원은 "법원은 그 고유한 형평법상의 권리에 따라 반대 대리인이 악의로, 근거 없이, 함부로 또는 억압적인 이유로 행동할 때에는 승소한 당사자의 변호사 비용을 지급할 것을 명할 수 있다."고 하면서, 중재판정의 확인을 구하는 소송에서 정당한 사유 없이 중재인의 판정을 따르기를 거부할 때에는 승소 당사자의 변호사 비용의 지급을 명할 수 있다고 판시하였다. 따라서 피고는 확인 소송과 관련된 원고의 소송비용과 변호사비용을 지급할 것을 명령받았다.

다. 평석

미국에서의 일반적인 견해는 변호사 비용을 포함한 소송비용은 원칙적으로 그 지급한 자가 부담하고 상대방에게 전가되지 않으며, 변호사비용의 지급을 명하는지 여부는 법원의 재량에 달려 있다. 예컨대 같은 뉴욕 남부지방법원의 다른 재판부는 같은 쟁점에 대하여 미국의 연방 소송에서의 지배적인 견해는 법령상의 근거가 없는 한 승소한 당사자의 변호사 비용은 배상받을 수 없다는 것이라고 판시한 일이 있으나,[12] 이 사건 재판부는 피고가 중재판정을 따르지 않을 아무런 정당화 사유가 없다고 보고 뉴욕협약의 적용을 받는 판정을 승인하고 집행하는 소송에서 변호사 비용의 지급을 명하였다.

7. 뉴욕협약 제6조에 의한 집행결정 연기
- China Nat. Chartering Corp. v. Pactrans Air & Sea, Inc. (S.D.N.Y. 2009. 11. 13.)[13]

가. 사건경위

원고 China Nat. Chartering Corp.는 피고 Pactrans Air & Sea, Inc.에게 상품 운송을 위하여 선박을 용선하여 주었다. 원고는 그 선박이 손상되었다고 하여, 그 분쟁을 당사자의 용선계약에 따라 중재에 회부하였다. CMAC(the China Maritime Arbitration Commission)는 원고 승소 판정을 내렸다. 원고는 뉴욕 남부 연방지방법원에 판정의 집행을 신청하였다. 피고는 그 후 중국의 티안진 해사법원에 판정을

12) Chi Ho Maritime S.A. v. C & Merchant Marine Co. Ltd., 2010 WL 1253720 (S.D.N.Y. 2010)
13) 2009 WL 3805596.

취소하기 위한 신청을 제기하였다.

나. 판결의 요지

법원은 원고의 중재판정을 승인하고 집행하여 달라는 신청을 받아들였다. 법원은 중재지에서 판정을 취소하기 위한 신청이 이루어진 경우 연방 지방법원은 뉴욕협약 제6조에 의하여 집행절차를 연기할 재량이 있음을 인정하였다. 그러나 확인의 연기는 중재에서 패소한 당사자의 남용적인 책략을 부추기는 것이 되지 않도록 가볍게 허용되어서는 아니된다고 하면서, 연방 제2순회 항소법원의 Europcar 사건의 판결에 설시된 다음과 같은 6개의 경합하는 요소를 검토하였다.14) (1) 중재의 일반적 목적-분쟁의 신속한 해결이 지연되고 비용이 많이 드는 것의 회피. (2) 외국 절차의 상태와 추정 소요 기간. (3) 판정이 외국절차에서 덜 존중받고 좀더 엄격한 심사를 받을지 여부. (4) 외국절차가 판정을 집행하기 위한 것인지, 취소하기 위한 것인지, 외국절차가 국제적인 상호예양(international comity)의 관점을 불러일으키기 위하여 집행절차 전에 개시되었는지 여부 및 외국절차가 분쟁의 해결을 방해하거나 지연시킬 의도인지 여부 등 그 절차의 성격. (5) 각 당사자에게 있을 수 있는 어려움의 균형. (6) 그 균형에 영향을 미칠 수 있는 모든 사정.

다. 평석

뉴욕협약 제6조는 당사자가 중재지에서 취소신청의 대상이 된 판정을 승인하고 집행할 것을 구하는 경우, 그 승인과 집행이 구하여진 법원은 그 결정을 연기할 수 있다고 규정한다. 이 사건 판결은 뉴욕 연방법원이 이러한 재량권을 행사함에 있어서 고려되어야 할 요소들을 열거하고 있다.15)

---

14) Europcar Italia, S.p.A. v. Maiellano Tours, Inc., 156 F.3d 310, 316 (2d Cir.1998).

15) 또한 Continental Transfert Technique Ltd. v. Federal Government of Nigeria, 697 F.Supp.2d 46 (D.D.C.,2010)도 동일한 사안에서 동일한 기준을 적용하였다. 본고 8. 참조.

8. 외국에서의 중재판정 취소절차와 집행연기

- Continental Transfert Technique Ltd. v. Federal Government of Nigeria (D.D.C. 2010. 3. 23.)[16]

가. 사건경위

나이지리아 회사인 원고 법인은 피고인 나이지리아 정부와 컴퓨터와 호환성 있는 신분증을 생산하기로 계약하였다. 그 계약은 나이지리아 중재 및 조정법에 따른 중재조항을 포함하였다. 원고는 중재를 개시하였고, 런던의 중재판정부는 원고 승소 판정을 내렸다. 원고는 워싱턴 DC의 연방법원에 집행 소송을 제기하였다. 그러자 피고는 나이지리아 법원에서 중재판정을 취소하기 위한 소송을 제기하였다.

나. 판결의 요지

첫째, 중재판정은 영국에서 내려졌고 미국과 영국은 뉴욕협약의 당사자이므로 미국에서 뉴욕협약에 따라 집행할 수 있다고 판시하였다. 판정이 외국에서 내려지면 뉴욕협약이 적용되고, 다른 나라의 국민들 사이일 것을 요하지 아니한다. 둘째, 미국의 외국주권면제법(Foreign Sovereign Immunities Act, FSIA)은 뉴욕협약과 같은 조약에 의하여 규율되는 판정을 확인하기 위한 소송이 제기된 경우 외국 국가는 미국의 재판관할권으로부터 면제되지 아니한다고 규정한다. 그러므로 피고는 재판면제를 주장할 수 없다. 셋째, 미국 헌법의 적법 절차 조항은 미국 법원이 개인관할권을 행사할 수 있기 위하여서는 피고가 개인이든 법인이든 미국과 어떤 "최소한의 접촉(minimum contact)"이 요구된다고 해석되나, 외국 국가는 적법 절차 조항이 의미하거나 보호하는 대상이 아니다. 그러므로 미국이 재판관할권을 가지기 위하여서 피고가 미국과 최소한의 접촉을 가져야 하는 것은 아니다. 넷째, 나이지리아 법원이 중재판정의 효력을 정지하지 아니하여 뉴욕협약 제5조 (1)(e)는 적용되지 아니한다. 그 후 법원은 위 7.항의 Europcar 사건의 판결에 적시된 6개 항에 관한 사항을 검토한 결과 같은 협약 제6조에 의하여 집행을 연기하지 아니하는 것으로 결정하였다.

---

16) 697 F.Supp.2d 46.

다. 평석

첫째, 이 사건은 뉴욕협약의 판정이 미국에서 어떻게 외국 국가에 대하여 집행되는가를 보여 준다. 둘째, 워싱턴 DC의 연방 법원이 중재판정이 중재지에서 취소소송의 대상이 된 경우 그 승인 및 집행을 연기할 것인가를 결정하는 기준을 보여준다. 이는 집행의 연기가 실질적으로 필요한지 여부와 패소 당사자가 지연책을 쓰고 있을 뿐인지 여부를 세심하게 살펴야 하는 문제로서, 이러한 경우 이 사건은 좋은 참고사례가 될 수 있을 것이다.[17]

9. 연방중재법상 중재판정 집행소송의 출소기한의 중단
- Everplay Installation Inc. v. Guindon (D.Colo. 2009. 12. 2.)[18]

가. 사건경위

원고 중 1인 Huber와 피고 Guindon은 동업자이었는데, 둘 사이의 동업관계가 파탄되었다. 중재조항을 포함한 동업계약에 따라 원고가 중재절차를 개시하여 피고는 그 절차에 참여하였다. 피고에게 불리한 중간판정이 내려진 후, 피고는 중재절차가 진행 중인 관할 구역을 떠나면서 원고에게 그의 소재나 연락방법을 알리지 않았다. 중재절차는 피고가 불출석인 채 진행되어 원고 승소의 판정이 내려졌다. 원고는 피고에 대한 중재판정의 집행을 구하였다. 피고는 연방 중재법 제207조가 뉴욕협약에 따라 판정을 승인하고 집행하는 소송에 대하여 규정한 3년의 법률상 출소기한이 경과되었다고 주장하였다.

나. 판결의 요지

콜로라도 주 연방 지방법원은 형평법에 의한 출소기한 중단의 법리가 연방중재법 제207조에 규정된 3년의 법률상 출소기한에도 적용된다고 판단하였다. 형평법상 출소기한은 피고가 부정하게 원고의 제소를 방해하거나, 극히 예외적인 상황으로 인하여 원고가 정당하게 노력하였음에도 불구하고 소를 제기할 수 없었을 경우에는 중단될 수 있다.

---

17) 또한 같은 당사자에 대한 영국 법원의 다음 판결 참조. Continental Transfert Technique Ltd. v. Federal Government of Nigeria, et al., High Court of Justice, Queen's Bench Division Commercial Court[2010] EWHC 780(Comm).

18) 2009 WL 4693884.

다. 평석

연방 중재법 제207조가 뉴욕협약에 따라 판정을 승인하고 집행하는 소송에 대하여 규정한 3년의 법률상 출소기한에도 형평법에 의한 출소기한 중단의 법리가 적용될 수 있고, 피고가 부정하게 원고의 제소를 방해하거나, 극히 예외적인 상황으로 인하여 원고의 정당한 노력에도 불구하고 소를 제기할 수 없었을 경우에는 중단될 수 있음을 판시한 사건이다. 미국 법원이 사안에 따라서 법리를 유연하게 적용하고 있음을 보여주는 사례이다.

10. 중재판정 채무자나 그의 재산에 대한 미국 법원의 인적 관할권
- Frontera Resources Azerbaijan Corp. v. State Oil Co. of Azerbaijan Republic (2d Cir. 2009. 9. 28.)[19]

가. 사건경위

케이만 아일랜드의 석유 시추회사인 원고 Frontera는 피고 State Oil Co. of Azerbaijan Republic의 석유 압류와 관련하여 스톡홀름에서 내려진 중재판정의 집행을 구하였다. 뉴욕 남부 연방지방법원은 피고 또는 그 재산에 대한 인적 관할권(personal jurisdiction)이 없다는 피고의 항변을 받아들였다. 이에 대하여 원고는 항소하였다.

나. 판결의 요지

법원은 판정 채무자 또는 그의 재산에 대한 인적 관할권이 뉴욕협약 판정의 승인과 집행의 전제조건임을 인정하였다. 뉴욕협약 제5조는 본안에 관련된 사유만을 열거하고 있고, 집행의 상대가 된 당사자나 그의 재산에 대한 재판관할권이라는 미국의 기본적인 전제조건을 배제하는 것이 아니므로, 관할권의 결여가 뉴욕협약 제5조에 규정된 사유가 아니어도 무방하다. 이는 미국 헌법의 적법 절차 조항에 의하여 발전된 법리상 법원이 인적 관할권을 행사하기 위하여서는 그 대상이 개인이든 법인이든 피고가 미국과 일정한 "최소한의 접촉"이 있어야 한다는 것을 의미한다.

또한 외국 국가는 적법 절차 조항에서 의미하는 "사람"이 아니므로 그 조항

---

19) 582 F.3d 393.

에 의하여 보호되지 않는다. 그러므로 법원이 외국 국가에 대하여 인적 관할권을 행사하기 위하여 그 외국 국가가 미국과 일정한 "최소한의 접촉"이 있어야 하는 것은 아니다.[20]

나아가 법원은 외국 국가의 대리인은 국가와 동일하게 보아야 하고 따라서 적법 절차 조항의 보호를 받을 자격이 없다고 판시하였다. 법원은 이 사건을 연방지방법원에 환송하면서, 필요하다면 국가의 대리인이 아닌 국가 소유 법인이 적법 절차 조항의 목적을 위한, 그리하여 그 보호를 받을 자격이 있는 "사람"인지 여부를 결정할 것을 명령하였다.

다. 평석

첫째, 뉴욕 주를 관할하는 연방 제2순회 항소법원은 뉴욕협약의 판정을 승인하고 집행하는 신청을 다루기 위한 전제조건으로 미국 법원은 판정 채무자나 그의 재산에 대하여 인적 관할권이 있어야 함을 확인하였다. 이는 미국 헌법의 적법 절차 조항에 대한 일련의 다수의 판결에 따라 법원이 인적 관할권을 행사하기 위하여서는 그 대상인 피고가 개인이든 법인이든 미국과 일정한 "최소한의 접촉"이 있어야 한다는 것을 의미한다. 적법 절차 조항은 미국 제5 및 제14 수정헌법에 있는데, 어떤 사람도 적법한 절차(due process of law) 없이 생명, 자유나 재산을 박탈당하지 아니한다고 규정하고 있다.

둘째, 외국 국가는 적법 절차 조항이 의미하는 사람이 아니고, 따라서 위 조항에 의하여 보호되지 아니한다. 그러므로 법원이 외국 국가에 대하여 인적 관할권을 행사하기 위하여 그 외국 국가가 미국과 일정한 "최소한의 접촉"이 있어야 하는 것은 아니다.

인적인 관할권과 적법 절차 조항은 미국 법체제의 핵심적인 요소이다. 피고는 특정한 국가나 주와 충분한 관련이 있을 때에만 미국 법원의 관할권에 속하는 것이다. "최소한의 접촉"(minimum contacts) 분석은 이를 위하여 사용된다.

---

20) Texas Trading & Milling Corp. v. Federal Republic of Nigeria, 647 F.2d 300 (2d Cir. 1981).

11. 뉴욕협약 제5조 (1)(b)의 적절한 통지결여를 인정한 사례

- Qingdao Free Trade Zone Genius Int'l Trading Co., Ltd. v. P and S Intern., Inc. (D.Or. 2009. 9. 16.)[21]

가. 사건경위

피고는 오레곤의 목재무역 회사인데, 중국 회사인 SSYMB에 유칼립투스 목재 칩을 판매하였으나, SSYMB는 그 대금을 지급하지 아니하였다. 다른 중국 회사인 원고는 중개업을 하면서 그 목재칩을 Chenming이라는 제3의 회사에 매도하도록 주선하면서, 원고가 피고로부터 그 목재칩을 매수하기로 하였는데, 최종 구입자는 Chenming이었다. 그 매매계약에는 Qingdao 중재위원회에 의한 중재 조항이 있었다. 화물이 도착한 후, 원고는 그 목재칩에 관한 경비와 수수료를 지급하였으나, Chenming은 품질을 문제 삼아 화물 수령을 거부하였다. 원고는 중국에서 피고를 상대로 이미 지급한 경비 등을 회수하기 위한 중재를 개시하였고, 원고 승소 판정을 받았다. 원고는 이 판정의 승인과 집행을 구하고 있고, 피고는 중재절차의 적절한 통지가 없었다고 이를 다투었다.

나. 판결의 요지

오레곤 주 연방지방법원은 피고가 중재절차에 관하여 적절한 통지를 받지 못하였으므로 뉴욕협약 제5조 (1)(b)에 기하여 중재판정을 승인하고 집행하는 것을 거부하였다. 서류는 피고에게 중국어로 영문 번역 없이 송달되었다. 피고는 중국에서 송달받는 것에 동의하지 않았다. 피고는 Qingdao 중재위원회의 중재규칙과 위 위원회의 중재인 명단의 영문 사본을 송달받았지만, 그것만으로는 불충분하다. 피고는 모든 상황에 비추어 중재가 계속 중임을 알리고 그에 대비할 기회를 부여할 수 있도록 합리적인 여유를 둔 통지를 받지 못했다.

다. 평석

법원은 피고가 적절한 중재절차의 통지를 받지 못하였음을 이유로 뉴욕협약 제5조 (1)(b)에 따라서 중재판정의 승인과 집행을 거부하였다. 중재절차의 통지가

---

21) 2009 WL 2997184.

결여되었음을 인정한 예외적인 사례의 하나로서, 중재절차에 있어서의 언어선택과 번역이 중요한 문제임을 보여주고 있다.

12. 중재판정 취소사유인 법의 명백한 무시와 공공의 질서 위반
- Telenor Mobile Communications AS v. Storm LLC (2d Cir. 2009. 10. 8.)[22]

가. 사건경위

노르웨이 회사인 원고와 우크라이나 회사인 피고는 우크라이나 이동통신 회사인 Kyivstar의 주주이다. 원고와 피고 사이의 주주 계약은 뉴욕의 중재를 약정하였다. 원고는 피고를 상대로 주주계약의 위반을 이유로 중재절차를 개시하였다. 중재 진행 중 피고의 모회사인 러시아 알파그룹이 피고를 상대로 우크라이나 법원에 위 주주계약에서 피고를 대리하여 서명한 자에게 그 권한이 없었음을 이유로 위 주주계약이 무효라는 확인을 구하는 소송을 제기하였다. 피고는 위 소송에서 거의 방어를 하지 않았으나, 위 법원의 중재조항을 포함한 위 주주계약이 최초부터 무효라는 판결에 대하여 항소하였다. 항소심 법원은 한 달 후 피고의 항소를 기각하였다. 원고도 중재판정부도 피고가 우크라이나 판결을 제출하면서 중재판정부에 중재신청을 기각할 것을 요청하기까지는 위 소송을 통지받지 못하였다. 중재판정부는 중간판정을 내리면서, 중재판정부에게 중재가능성을 결정할 권한이 있고 주주 계약은 피고측 서명자가 명백한 권한을 가지고 있었으므로 중재의 대상이 될 수 있다고 인정하였다. 중재판정부는 중재절차를 진행하여 원고 승소의 판정을 내렸다. 원고는 뉴욕 남부 연방지방법원에 위 판정을 뉴욕협약에 의하여 승인하고 집행할 것을 구하였고, 피고는 위 판정을 취소할 것을 구하였다. 법원은 위 판정을 집행하였다. 피고는 항소하면서, 중재판정부는 우크라이나 판결의 배제적 효력을 인정하지 아니하였으므로 명백하게 법을 무시한 잘못이 있다고 주장하였다.

나. 판결의 요지
첫째, 법원은 중재지가 뉴욕 주나 법원의 지리적 관할 범위 내에 있는 코네티커트 주와 버몬트 주에 있는 경우 중재판정의 취소사유를 규정한 연방 중재법

22) 584 F.3d 396.

제10조에 의하여 법의 명백한 무시(manifest disregard of the law)는 뉴욕협약의 적용을 받는 중재판정을 취소할 사유임을 확인하였다. 명백한 법의 무시가 있었다고 인정하려면, (1) 무시되었다고 주장된 법이 명백하고 중재의 대상이 된 사안에 적용 가능한 것이어야 하고, (2) 법이 부적절하게 적용되어 잘못된 결과가 도출되었으며, (3) 중재인은 법의 존재와 그 법이 중재의 대상이 된 문제에 적용될 수 있음을 알고 있었어야 한다. 이는 대단히 엄격한 기준이므로, 단순한 법이나 사실의 잘못 이상의 것이어야 한다고 판시하였다.

법원은 위 기준을 적용하면서, 중재판정부는 우크라이나의 절차를 통모에 의한 것으로(collusive) 보았고 이로써 우크라이나 판결에 결정적인 무게를 인정하지 않은 것에 대한 충분히 그럴 만한 이유가 된다고 보이므로, 외국 법원의 확정판결이 일반적으로 본안에 관하여 종결적인 효과가 인정된다고 하더라도 중재판정부가 명백하게 법을 무시하였다고 인정할 수 없다고 하였다. 더욱이 원고는 우크라이나 소송의 당사자도 아니고 이를 통지받지도 못하였으며, 기본적인 적법 절차마저 지켜지지 않았으므로, 원고가 그 소송의 판결에 구속될 수는 없다.

둘째, 그로 인하여 외국 판결을 위반하게 하는 중재판정을 따르도록 당사자를 강요하는 것은 뉴욕협약상의 공공의 질서에 반하므로 뉴욕협약 제5조 (2)(b)에 의하여 중재판정이 취소되어야 한다는 피고의 주장을 받아들이지 않았다. 피고의 상황은 스스로 만든 것이고, 중재의 당사자가 불리한 중재판정으로부터 자신을 보호하기 위한 의도로 외국 법정에서 부수적이고 일방적인 소송을 하도록 허용하는 것은 뉴욕협약의 근본적인 정책을 심각하게 잠식하게 될 것이다. 나아가 뉴욕협약 제5조 (2)(d)는 매우 좁게 해석하여 집행이 미국의 가장 기본적인 도덕과 정의 관념에 반할 경우에만 적용되어야 한다고 판단하였다.

다. 평석

중재판정 취소사유로서 미국 법에 특유한 "법의 명백한 무시(manifest disregard of law)"의 취급과 뉴욕협약 제5조 (2)(b)에 규정된 공공의 질서 위반의 예외를 검토한 사례이다. 미국 법에서 뉴욕협약을 적용을 받는 사건에서 법의 명백한 무시를 별도의 취소사유로 인정하는 것은[23] 문제이나, 실제로 이를 적용하여

---

23) Hall St. Assocs., L.L.C. v. Mattel, Inc., 552 U.S. 576, 128 S.Ct. 1396, 170 L.Ed.2d 254 (2008).

중재판정을 취소하는 경우는 거의 없다고 하며, 이 사건은 그 적용기준이 엄격함을 보여주고 있다.

13. 외국법원에 상소 중인 중재판정의 확인 거부
- Trax Const., Ltd. v. Dyncorp Intern., LLC (E.D.Va. 2010. 3. 11.)[24]

가. 사건경위
원고는 피고가 케냐 고등법원에 상소 중인 중재판정의 확인을 구하였다. 당사자 사이의 중재 합의에 의하면 "판정 금액은 중재인의 최종적인 판정 또는 상소 어느 것이 적용가능 하든 간에 그 이후에 지급한다."고 약정하였다.

나. 판결의 요지
법원은 먼저 뉴욕협약 제5조 (1)은 법원은 판정이 아직 당사자에 대하여 구속력이 발생하지 아니한 때에는 집행을 거부할 수 있다고 규정하고 있음을 지적하였다. 법원은 나아가 중재 합의의 문구는 명백히 판정금의 지급 이전에 당사자에게 상소를 허용하기로 하는 당사자의 의도를 나타내고 있고, 따라서 상소가 아직 진행 중이므로 법원은 원고가 뉴욕협약 제5조 (1)에 의하여 중재판정을 확인하여 달라는 원고의 신청을 기각하였다. 법원은 상소가 무효라는 원고의 주장을 배척하면서, 그 주장은 설득력이 없고 중재 합의의 명문에 반한다고 인정하였다.

다. 평석
뉴욕협약에 의하여 외국중재판정으로서 승인 또는 집행받기 위하여서는 중재지 소재 국가에서 집행판결을 받을 것까지 요구되지는 아니한다 할지라도, 중재절차에서는 최종적이고 구속력이 있어야 한다(final and binding). 이 사건은 대상이 된 중재판정에 구속력이 발생한 것으로 인정하지 아니한 드문 사례로 보인다.

---

24) 2010 WL 900464.

[13] 미국의 외국중재판정 집행에 관한 판례 평석(1990년 이전)

필자는 중재 209호(1989년 6월호)부터 221호(1990년 6월호)까지 13회에 걸쳐 "外國判例紹介 - 美國의 外國仲裁判定의 執行에 관한 判例를 中心으로"라는 제목으로 1990년까지 미국 법원에서 내려진 11개의 선도적인 판례의 주요한 부분을 번역하여 소개하고, 간략한 평석을 붙인 일이 있는데, 당시 소개한 판례의 요지는 다음과 같다. 좀더 상세한 내용은 각 중재지를 참고하기 바란다.

1. 뉴욕협약상 공공의 질서
Parsons & Whittmore Overseas Co. v. Societe Generale de L'Industrie du papier, 508 F.2d 969(1974) (仲裁 209호(1989. 6.) 32-35면)

1962. 11. 미국회사인 피고는 미국 국무성의 기관인 AID의 재정지원의 약속 아래 이집트회사인 원고와 이집트의 알렉산드리아에 제지공장을 건설하고 1년간 이를 경영 관리하기로 하는 내용의 계약을 체결하였다. 위 계약에 따른 공사는 1967. 5.경까지는 순조롭게 진행되었으나, 그 후 아랍-이스라엘 사이의 6일 전쟁이 임박함에 따라 이집트와 이스라엘의 주된 동맹국인 미국의 관계가 크게 악화되면서, 같은 해 6. 6.에는 이집트 정부는 미국과의 외교관계를 단절하였고, AID는 피고에 대하여 위 공사에 대한 재원지원의 중단을 통지하였다. 이에 따라 피고는 공사를 포기하고 원고에 불가항력으로 인하여 공사가 지연됨을 통고하였으나, 원고는 피고의 계약불이행을 이유로 위 계약상의 중재조항에 따른 ICC 중재 절차를 진행하여, 중재판정부는 1973. 3. 피고에 대하여 원고에게 계약위반으로 인한 손해배상으로 US$312,507.45, 원고의 비용으로 US$30,000 등을 지급할 것을 명하는 중재판정을 내렸다.

그 후 원고는 뉴욕협약에 기하여 미국의 연방지방법원에 위 중재판정의 추인 및 등록을 구하여 승소판결을 받았고, 피고는 항소를 제기하였으나 그 항소는 기각되었다. 위 항소심 판결은 뉴욕협약상의 공공의 질서를 "법정지 국가의 가장 기본적인 도덕과 정의의 관념"에 국한하여 해석하여서, 피고의 항변을 받아들이지 않았다.

2. 의장중재인의 결격사유 유무

Imperial Ethiopian Government v. Baruch-Foster Corp., 535 F.2d 334(1976)

(仲裁 210호(1989. 7.) 32-35면)

이디오피아 정부가 뉴욕협약에 기하여 미국 회사를 상대로 중재판정의 확인을 구하는 소송을 미국 연방지방법원에 제기하여, 위 법원에서 판정을 확인하는 명령이 내려지고 미국회사는 항소하였다. 미국 회사는 당사자가 지명한 중재인들이 합의하여 선정한 의장중재인은 이디오피아 정부와 실질적인 관계가 있으므로 중재인으로서 결격사유가 있다고 주장하여 이디오피아 측에 이에 관련된 증거개시를 명할 것을 요청하였으나, 연방 항소법원은 미국회사의 단순한 주장 이외에는 그러한 실질적인 관계가 있음을 인정할 아무런 자료가 없고 그 중재인과 다른 사람들의 선서진술서에 의하여 그러한 관계가 없고 오히려 그 중재인은 존경받고 극히 성실한 사람임을 인정할 수 있으므로 지방법원이 위 증거개시 요청을 기각한 후 중재판정을 확인한 것은 정당하다고 판시하여 항소를 기각하였다.

3. 외국인 사이에 뉴욕에서 열린 중재판정과 뉴욕협약 적용여부

Bergesen v. Joseph Muller Corp., 710 F.2d 928(1983) (仲裁 211호(1989. 8.) 29-34면)

노르웨이의 세 척의 화물선 소유자인 원고가 용선자인 스위스 회사를 상대로 용선계약에 포함된 중재조항에 따라 뉴욕에서 내려진 승소판정의 집행을 위하여 미국 연방지방법원에 소송을 제기하여 이 판정의 확인명령을 받고 이에 기한 판결의 등록을 하였다. 이에 대하여 피고가 항소를 제기하였으나, 미국 연방항소법원 제2순회법정은 뉴욕협약은 외국인 사이에 뉴욕에서 열린 중재에서 내려진 판정에도 적용된다고 판시하여 항소를 기각하였다.

4. 중재판정의 본안심사 금지

Northrop Corporation v. Triad International Marketing S.A. & Triad Financial Establishment, 211 F.2d 1265(1987) (仲裁 212호(1989. 9.) 31-35면)

Northrop은 Triad와 판매수수료를 지급하는 대가로 Triad를 사우디아라비아 공군에 관한 독점적 판매대리인으로 삼아 상당량의 항공기를 판매하였으나, 사우디아라비아 정부가 무기구입과 관련된 수수료의 지급을 금지하는 법령을 공포함에 따라 Triad에 대한 수수료의 지급을 정지하여 발생한 분쟁이 중재에 회부된 결과, Triad가 승소판정을 받고 그 확인을 구하는 소송을 미국 연방지방법원에 제기하였고, Northrop은 위 판정 취소의 소를 제기하였다. 지방법원은 Northrop의 청구를 받아들여 판정 일부를 취소하였으나, Triad가 항소하여 항소심에서 법원은 중재판정을 존중하는 입장에서 그 본안을 심사하여서는 아니되고 위 판정의 집행이 공공의 정책에 반하지 아니한다고 판시하면서 원심판결을 파기하였다.

5. 뉴욕협약상 상호주의 적용기준

La Societe Nationale Pour La Recherche, et al. v. Shaheen Natural Resources Co. Inc., 585 F.Supp. 57(S.D.N.Y. 1984) (仲裁 213호(1989. 10.) 29-33면)

원고 알제리 공기업은 미국 회사를 상대로 계약상 분쟁에 관하여 스위스에서 ICC의 중재절차에 의하여 내려진 중재판정의 확인명령을 신청하였고, 피고는 알제리는 뉴욕협약 가입국이 아니고 미국은 뉴욕협약 가입시 상호주의 유보선언을 하였으므로 뉴욕협약과 그 이행을 위한 연방 중재법의 적용을 받지 아니한다는 근거 아래 그 기각을 구하였다. 미국 연방지방법원은 상호주의 적용 여부를 결정하기 위하여 고려할 국가는 중재당사자의 국적 등에 의하여 결정되는 것이 아니라 중재절차가 진행된 국가나 중재판정이 내려진 국가에 의하여 결정된다고 하여 원고의 청구를 인용하였다. 이 판례 역시 안티트러스트법에 반한다는 피고의 항변을 배척하면서 뉴욕협약상의 공공의 질서를 "법정지 국가의 가장 기본적인 도덕과 정의의 관념"에 국한해서 해석하고 있다.

6. 기망에 의하여 중재판정을 획득하였다는 항변 및 중재당사자의 불출석

Bitronik, etc v. Medford Medical Instrument Co.. 415 F.Supp. 133(1976) (仲
裁 214호(1989. 11.) 29-33면)

원고 독일의 의료기계 제조업자와 피고 미국 법인 사이에 스위스 베른에서
ICC 중재절차에 따라 내려진 중재판정의 집행을 구하는 소송에서, 피고는 원고가
기망에 의하여 중재판정을 획득하였다고 하여 연방 중재법에 기하여 중재판정의
취소를 구하였다. 이 판결은 기망의 항변을 인정할 수 없다고 하여 피고의 주장
을 배척하였다. 이 판결은 중재 당사자가 적절한 통지를 받고 참여하지 아니한
중재절차에서 상대방이 출석하지 아니한 당사자에게 유리한 사유가 있음을 알
고도 밝히지 아니하였다고 할지라도 이는 뉴욕협약에서 규정한 방어권 침해의
항변에 해당하지 아니하며, 미국법상의 적법절차의 권리 침해에도 해당하지 아
니한다고 판시하고 있다.

7. 중재인 권한유무 판단기준

Mobil Oil Indonesia Inc. v. Asamera Oil(Indonesia) Ltd., 487 F,Supp. 63
(1980) (仲裁 215호(1989. 12.) 22-25면)

이 사건은 뉴욕법을 준거법으로 삼아 ICC의 중재판정부에서 내린 중재판정
이 미국 연방중재법의 중재인의 권한 초과의 경우에 해당하는 것으로서 취소될
수 있는지 여부가 문제된 사안이다. 이 판결은 중재조항이 "계약으로부터 발생한
(arising out of)" 분쟁뿐만 아니라 "계약에 관련된(in relation to)" 분쟁도 그 대상으
로 삼고 있음을 지적하며, 이를 중재인 권한초과 여부를 결정하는 한 기준으로
삼고 있다. 또한 이 판결은 중재인들이 겨우 그럴듯한(barely colorable) 이유만을
내세워 결론을 설명할지라도 법원은 그 판정을 존중하여야 한다고 하고 있다.

8. 미국 연방중재법상 중재판정 취소사유인 "법을 명백하게 무시한(manifest disregard of law)" 경우나 "비합리적인(irrational)" 경우

I/S Stavborg v. National Metal Converters, Inc., 505 F.2d 424(1974) (仲裁 216호(1990. 1.) 31-36면)

외국 법인인 원고 소유의 선박을 피고가 용선하여 고철을 미국 메인주에서 스페인 빌바오까지 운송하는 용선계약에 관한 분쟁에 관하여 뉴욕에서 원고가 승소판정을 받고, 연방지방법원이 내린 확인명령에 대하여 피고가 항소한 사건이다. 이 사건에서는 미국 연방중재법상 중재판정 취소사유로 규정되어 있는 "법을 명백하게 무시한(manifest disregard of law)" 경우나 "비합리적인(irrational)" 경우에 해당하는지가 주된 쟁점이었는데, 이 판결은 위 사유는 극히 제한적으로 인정되어야 한다고 하면서, 판사 2인의 다수의견은 판정의 계약해석에 잘못이 있음을 인정하면서도 판정을 취소할 사유에는 해당하지 아니한다는 입장임에 반하여, 한 판사는 이 사건 판정이 용선계약의 주된 내용에 위배되어 근거없고 비합리적이므로 지방법원의 확인명령을 취소하여야 한다는 반대의견을 제시하고 있다.

9. 법원의 중재판정 변경권한 유무

Diapulse Corp. of America v. Carba, Ltd., 626 F.2d 1108(1980) (仲裁 217호 (1990. 2.) 31면 이하 게재)

이 사건은 원고가 승소한 중재판정의 광범위한 경쟁금지명령 조항을 연방지방법원에서 상대적으로 국한된 명령으로 대치한 지방법원에 의한 중재판정의 변경에 대하여 원고가 항소한 사건이다. 이 판결은 연방 중재법 제11조 (c)에서 법원에 "분쟁의 본안에 영향을 미치지 아니하는 판정의 형식적인 사항이 불완전한 경우" 중재판정을 변경하는 것을 인정하고 있으나, 이는 법원에 중재인들의 판정을 법원의 판결로 대치할 수 있는 권한이 주어진 것은 아니라고 판시하여 원판결을 취소하였다. 이 사건의 경우 중재판정 자체로 판정된 사항을 명백하게 알 수 없을 경우 다시 중재판정부에 불명확한 부분을 돌려보내 판단을 받을 것을 요구하고 있는 점이 특이하다.

10. 뉴욕협약에 기한 각종 항변의 판단

Fertilizer Corp. of India(FCI) v. IDI Management, Inc.(IDI), 517 F.Supp. 948
(1981) ((상)仲裁 218호(1990. 3.) 30-35면, (하)仲裁 219호(1990. 4.) 22-30면)

이 사건은 인도 정부가 단독소유하는 FCI와 미국 법인인 IDI 사이의 봄베이 근처에 비료공장을 건설하는 내용의 계약과 관련하여 분쟁이 발생하여 ICC의 중재절차를 밟은 결과 FCI 승소판정이 내려져서 FCI가 그 집행을 구한 사건이다. 이 판결은 상당히 장문으로서, 뉴욕협약상 허용되는 거의 모든 항변에 대한 판단을 설시하고 있는데, 그 판단의 요점을 추린다면 다음과 같은 여섯 가지 점을 들 수 있다. (1) 뉴욕협약은 중재계약이 미국의 뉴욕협약 가입 전에 체결되었지만 그 이후 판정이 내려진 경우에도 적용된다. (2) 인도와 미국 사이에는 뉴욕협약에서 요구하는 판정의 집행에 관한 상호성이 있다. (3) 중재인과 당사자의 종전 관계를 밝히는 것이 바람직하나 그 비공개로 인하여 이 사건 판정이 미국의 공공의 질서에 반할 정도에 이른 것은 아니다. (4) 인도 법원에서 판정을 심사 중이기는 하나, 판정은 협약이 의미하는 구속력이 있고 집행될 수 있다. (6) 인도 법원에서 판정을 심사하고 있으므로 집행신청에 대한 재판을 연기한다.

11. 중재판정에 대한 외국금전판결의 집행허용

The Island Territory of Curacao v. Solitron Devices, Inc. 489 F.2d 1313
(1973) ((상)仲裁 220호(1990.5.) 18-22, (하)仲裁 221호(1990. 6.) 25-29면)

Curacao에 전자제품공장을 설치하기로 한 미국 제조업자의 계약위반에 대한 중재판정의 확인신청 및 그 판정에 대한 Curacao 판결의 집행을 위한 절차에서, 미국 연방지방법원은 외국금전판결로서 위 Curacao 판결의 집행을 허용하고, 선택적으로 판정의 집행을 허용하였는바, 미국 제조업자가 항소하였다. 연방 항소법원은 항소를 기각하면서, 뉴욕주법이 외국금전판결의 집행을 허용하고 규율하며 그 절차를 설정하는 한도에서는 뉴욕협약을 이행하는 연방법의 우선적 효력에 의하여 그 적용이 배제되는 것은 아니며, 계약에 의하여 제조업자에 대하여 획득된 관할권은 이행불능의 사유로는 소멸하지 아니하고, 판정이 제조업자가 100명분의 직장을 마련할 의무위반의 결과 Curacao가 지급할 복지사업비용을 배상하기 위한 것인 한 뉴욕주법상 그에 기한 판결은 집행할 수 있으며, 그 판결의 집행은 잘못이 있는 당사자에게 그로 인한 이익의 취득을 금지하는 뉴욕주의 공공의 질서에 반하지 아니하며, Curacao의 판결은 외국금전판결로서 뉴욕에서 집행될 수 있는 확정판결에 해당한다고 판시하였다.

일본어 논문

[14] 韓国においての外国仲裁判断の承認および執行

[14] 韓国においての外国仲裁判断の承認および執行

이 글은 立命館法学 제331호(2010. 10.), 431면 이하에 실린 것이다. 필자는 2010. 9. 리츠메이칸대학 법학부 객원교수로서 한국법에 관한 강좌를 진행하였는데, 그 중 중재법에 관한 강의안으로 준비한 것을 일본어로 번역한 것이다.

1. 概観

(1) 旧仲裁法及びニューヨーク条約への加入

韓国は、国際取引の円滑化が経済成長の必要不可欠の条件となることをふまえ、そのための紛争解決手段としての仲裁の重要性を早期に認識し、大陸法系の国家としては比較的早く1966年3月16日に独立の仲裁法を制定した。この旧仲裁法は、内国仲裁判断を前提に規定しているだけで、外国仲裁判断の承認及び執行に対しては、それを規律する規定を置いていなかった。しかし、旧仲裁法の解釈上、国際民事訴訟法に基づく条理によって、仲裁契約がその準拠法上有効であること、韓国の善良の風俗その他社会秩序（公序良俗）に反しないこと、当事者が審問され、かつ適法に代理されること等を要件にして、外国仲裁判断を承認又は執行すると解釈されていた。

一方、韓国は、1973年2月8日に、外国仲裁判断の承認及び執行に関する国際連合協約（The United Nations Convention on the Recognition and Enforcement of Foreign Arbitral Awards; 通称 ニューヨーク条約：国際的な商取引から発生する紛争の解決手段として、仲裁が有効に機能するためには、一定の要件を具備した仲裁合意の効力を認め、仲裁判断が他国でも承認・執行できるという仕組みが必要である。このため1923年の「仲裁条項に関する議定書」（昭和3条3）及び1927年の「外国仲裁判断の執行に関する条約」（昭和27条11）が締結されたが、種々の内容上の不備があった。これらに代わるものとして、1958年6月10日に作成されたのが本条約である。本条

約では、外国仲裁判断の意義が定められ（仲裁判断約1①）、仲裁合意の効力の承認（同2①）、一定の要件（同4〜6）の下での外国仲裁判断の承認と執行（同3）が規定されている。）に加入した。ニューヨーク条約は同年5月9日から発効しており、同条約は、その加入国も絶対多数であるばかりでなく、その条約の解釈上その条約に基づいて外国仲裁判断の承認又は執行を求める場合、その条約の規定より制限的な要件を定めた条約又は国内法の規定は適用することができず、その条約より寛大な要件を定める場合においてのみその適用を認めるので、大部分の外国仲裁判断の承認及び執行において、この条約が適用されるようになった。

(2) 新仲裁法

　韓国においては、1966年に制定された上記の仲裁法が1999年12月31日に全文改正され施行されている。これは改正というよりも制定に近いほどの抜本的な改正であった。

　新仲裁法の特徴として以下の点を挙げることができる。第一に、UNCITRALモデル仲裁法を全面的に受容したことである。これは、仲裁法の国際化のために不可欠であり、この選択は評価することができる。これを通じて、韓国の仲裁制度を利用しようとする外国人を含むすべての関係者たちが韓国法に対する理解と信頼を高めてくれることがのぞまれる。同法は、モデル法をそのまま受け入れたのではなく、韓国の法体制にあわせて、モデル法の規定を修正又は補完する方法を採っている。とはいえ、その変更又は追加の程度は軽微なものであり、実質的にはモデル法を採用したといっても過言でないかもしれない。

　新仲裁法の第二の特徴として、国内仲裁と国際仲裁を統合して一元的に規律をしようとする点を挙げることができる。モデル法は、国際仲裁を対象としたものであり、内国仲裁をどのように規律するのかについては、各国の立法的判断に従うことになっているが、韓国は、両者に対して同一基準・手続を適用することにした。

　第三の特徴はつぎのとおりである。これまで韓国では、内国仲裁判断と

外国仲裁判断の区別基準について、仲裁手続ないし仲裁判断が行われた場所を基準とするべきとの考え方（手続法地説）と仲裁契約ないし仲裁手続の準拠法を基準とするべきとの考え方（準拠法説）とが対立していたところ、後説が通説的見解であった。しかし、新仲裁法は、第2条第1項において仲裁地が大韓民国内である場合に限り適用すると規定し、第38条において国内で下された国内仲裁判断であると規定することをもって、UNCITRALモデル法に従って前説を採っている。

2. 韓国における外国仲裁判断の承認及び執行の要件

(1) 関連法規定

1999年12月31日UNCITRALモデル法に従って改正された仲裁法及び民事訴訟法と民事執行法における仲裁判断の承認及び執行についての規定は以下のとおりである。

仲裁法　第37条（仲裁判断の執行と承認）

① 仲裁判断の執行又は承認は、法院の承認又は執行判決による。

② 仲裁判断の承認又は執行を申請する当事者は、次の各号の書類を提出しなければならない。但し、仲裁判断又は仲裁合意が外国語で作成されている場合には、正当に認証された韓国語の翻訳文を添付しなければならない。

　1. 仲裁判断の正本又は正当に認証されたその謄本

　2. 仲裁合意の原本又は正当に認証されたその謄本

第38条（国内仲裁判断）

大韓民国内において下された仲裁判断は、第36条第2項の事由がないかぎり、承認又は執行されなければならない。

第39条（外国仲裁判断）

① 外国仲裁判断の承認及び執行に関する条約の適用をうける外国仲裁判

断の承認または執行は同条約による。

② 民事訴訟法第217条、民事執行法第26条第1項及び第27条の規定は、外国
仲裁判断の承認及び執行に関する条約の適用をうけない外国仲裁判断
の承認又は執行についてこれを準用する。

第36条（仲裁判断取消しの訴え）

① 仲裁判断に対する不服は、法院に提起する仲裁判断取消しの訴えによっ
てのみできる。

② 法院は、次の各号の1つに該当するときに限り仲裁判断を取消すことが
できる。

1. 仲裁判断の取り消しを求める当事者が次の各目の1つに該当する
事由を証明した場合。

カ. 仲裁合意の当事者がその準拠法によって仲裁合意の当時無能
力者であったこと、又は仲裁合意が当事者等の指定した法によっ
て無効であるかそのような指定がなかった場合には、大韓民国の
法によって無効であること。

ナ. 仲裁判断の取消しを求める当事者が仲裁人の選定又は仲裁手
続に関して適切な通知をうけなかったかその他の事由により本案
に関する弁論をすることができなかったこと。

ダ. 仲裁判断が仲裁合意の対象でない紛争を扱ったこと、又は仲
裁判断が仲裁合意の範囲を超えた事項を扱ったこと。但し、仲裁
判断が仲裁合意の対象に関する部分と対象でない部分に分けるこ
とができる場合には、対象でない仲裁判断部分だけを取消すこと
ができる。

ラ. 仲裁判断部の構成又は仲裁手続が法の強行規定に反しない当
事者間の合意に従わなかったかそのような合意がない場合には、
この法に従わなかったこと。

2. 法院が職権で次の各目の1つに該当する事由が　認定する場合

カ. 仲裁判断の対象になった紛争が大韓民国の法に従って、仲裁

　　で解決できないとき。

　　ナ. 仲裁判断の承認又は執行が大韓民国の善良の風俗その他社会
　　　秩序に違背するとき。

③ 仲裁判断取消しの訴えは、仲裁判断の取消しを求める当事者が仲裁判
　断の正本をうけた日から、又は第34条の規定による訂正、解釈又は追
　加判断の正本をうけた日から3ヶ月以内に提起しなければならない。

④ 当該仲裁判断に関して、大韓民国の法院で下された承認又は執行判決
　が確定した後には、仲裁判断取消しの訴えを提起することができない。

民事訴訟法　第217条（外国判決の効力）

外国法院の確定判決は、次の各号の要件をすべて満たさなければ効力が
認められない。

1. 大韓民国の法令又は条約に従う国際裁判管轄の原則上、その外国法院
　の国際裁判管轄権が認定されること。

2. 敗訴した被告が訴状又はこれに準ずる書面及び期日通知書、命令を適
　法な方式に従い、防御に必要な時間的余裕をもって送達をうけたか
　（公示送達又はこれに類する送達による場合を除く）、送達がなされ
　なかったとしても、訴訟に応じたこと。

3. その判決の効力を認めることが大韓民国の善良の風俗又はその他社会
　秩序に反しないこと。

4. 相互保証があること。

民事執行法　第26条（外国判決の強制執行）

① 外国法院の判決に基づく強制執行は、大韓民国の法院の確定判決にお
　いてそれが適法であることが宣告されなければすることができない。

第27条（執行判決）

② 執行判決は、裁判の正否を調べないでしなければならない。

③ 執行判決を請求する訴えは、次の各号のいずれかに該当する場合、却

下しなければならない。
1. 外国法院の判決が確定したことを証明しなかったとき
2. 外国判決が民事訴訟法第217条の条件を備えていとき

(2) 解説
　韓国の新仲裁法上、外国仲裁判断の承認及び執行に関する規定の特徴は、ニューヨーク条約の適用をうける外国仲裁判断の承認及び執行とそれをうけない承認及び執行とを分けて規定し、前者に関して、ニューヨーク条約を法条文に具体化（incarnation）することなくそのまま引用した点にある。
　ニューヨーク条約の適用をうける外国仲裁判断に対する承認及び執行の場合の最も大きな特徴は、外国仲裁判断の承認及び執行の実質的要件をすべて原則的に承認と執行の拒否事由として規定することにより、従来承認又は執行を求める当事者が主張及び立証しなければならないことになっていた要件を、その相手方が主張・立証するよう転換した点である。したがって、結果として、外国仲裁判断の承認又は執行を求める当事者は、ニューヨーク条約第4条に従って仲裁判断と仲裁合意書面のみを提出することにより、その外国仲裁判断の承認及び執行に必要な証拠をひとまず提示したことになる。
　ニューヨーク条約に基づく仲裁判断の承認及び執行の拒事由につき、当事者の主張を要する事由として、①仲裁合意の当事者の無能力ないし仲裁合意の無効（ニューヨーク条約第5条1項(a)）、②適切な通知の欠如等（同項(b)）、③仲裁合意の範囲逸脱（同項(c)）、④仲裁機関の構成又は仲裁手続の瑕疵（同項(d)）、⑤仲裁判断の未確定又はその取消しないし停止（同項(e)）があり、職権で認定できる事由として、①仲裁適格性の欠如（同条2項(a)）、②公共秩序違反（同項(b)）を挙げることができるが、新仲裁法の条文化にさいして、相互に異なる表現による誤解及び抵触が生じることをふまえ、「ニューヨーク条約による」と規定する方式を採択した。
　ただし、ニューヨーク条約の適用がない外国仲裁判断の承認及び執行に関しては、新仲裁法により外国判決の承認及び執行の要件を備えなければな

らず、結果的には、相互保証があることという要件が追加される以外、旧仲裁法の解釈論上、国際民事訴訟法に基づき、条理によって認定された要件（仲裁契約がその準拠法上有効であること、韓国の公序良俗に反しないこと、当事者が審問され、又適法に代理されること等）と同一の要件を備えなければならない。これは、外国仲裁判断の承認及び執行を求める当事者が主張・立証しなければならない。もっとも、国際通商において、多くの主要国家はニューヨーク条約に加入しているので、大きな問題はないように思われる。立法論的に私見を述べるならば、ニューヨーク条約に加入していない国家においてなされた外国仲裁判断の承認及び執行に関しても、ニューヨーク条約を適用することが望ましい。

　一方、新仲裁法は、内国仲裁判断の場合、外国仲裁判断とは別に、仲裁判断取消事由が存しないかぎり、執行可能としているが、新仲裁法第36条第2項に列挙された仲裁判断取消事由がニューヨーク条約上の外国仲裁判断の承認及び執行の拒否事由と実質的に同一ゆえ、国内仲裁判断とニューヨーク条約の適用をうける外国仲裁判断の承認及び執行の要件は、実質的に同一である。

3. 韓国の大法院判例に現れた外国仲裁判断の承認及び執行

　韓国の各級法院において、外国仲裁判断の承認及び執行について相当数の判例が存在するが、ここでは、近時の大法院判例4つを紹介することにする。

(1) 大法院1990年4月10日 宣告, 89タカ20252判決
a. 事実関係

　被告会社（韓国法人）のロンドン支店は、1977年9月18日、英国会社の原告会社から鋼鐵棒240,000トンを買受けながら、「購買条件及び契約の効力解釈及び履行は英国法によって規律し、…当該契約の下で、又はそれに関連して発生するすべての紛争は、当該契約日当時のロンドン仲裁法院(London Court of International Arbitration)の規則に従い仲裁により決定する」旨の合意

をした。その後、被告会社が上記の鋼鐵棒を納品しなかったため、原告会社は1980年9月7日、被告会社を相手にロンドン仲裁法院に仲裁申請をした。ロンドン仲裁法院は何度も被告会社のロンドン支店に通告をしたが、被告会社は、それより前の1979年1月5日、事実上ロンドン支店を閉鎖していたため、その通告をうけることなく、仲裁手続にも参加しなかった。しかし、仲裁人は、1981年5月1日、被告会社は原告会社に対して損害金＄611,165.92、仲裁判断日までの利子＄208,814.92、仲裁判断日から完済日までのアメリカ優待金利による利子及び仲裁費用を支払うよう仲裁判断をなした。これをふまえ、原告会社は、被告会社を相手に当該仲裁判断に対する執行判決を請求する訴えを韓国法院に提起した。

b. 判示事項

(a)被告会社は、当該仲裁手続に関する通告を全く受けなかったため、当該仲裁手続に参加することができなかったのであるから、当該仲裁判断の執行は許可されるべきではないと主張するが、ニューヨーク条約第5条第1項(b)によると、判断が不利益に援用される当事者がその当事者が、仲裁人の選定若しくは仲裁手続について適当な通告を受けなかったこと又はその他の理由により防御することが不可能であった場合には、執行国法院が仲裁判断の承認及び執行及び執行を拒否することができるとしている。この規定の趣旨は、このような事由により当事者の防御権が侵害されたすべての場合をいうのではなく、その防御権侵害の程度が著しく容認できない場合だけに限定されると解釈するべきであり、又仲裁当事者の防御権の保障は、手続的正義実現と相まって、公共秩序の一部をなしているので、これは、執行国法令の基準によって判断しなければならない。

韓国の法令を基準にして、被告に対する仲裁手続の通告の欠缺による防御権が侵害されたか否かに関してみるに、被告会社としては、被告会社のロンドン支店閉鎖と同時に設立された被告会社の子会社が、当該事件の仲裁手続に関する通告を受け、その後被告会社と原告会社との間で、当該事件の紛争解決のための実質的な協商が進行された点等に照らして、仲裁法院からの

各種通告を十分に伝達されたと推定されるにもかかわらず、自ら当該手続の進行中、必要書面を提出するか、審理期日に出席して意見陳述する等、防御権を行使しておらず、被告会社の本社が仲裁判断書の謄本を原告会社から送達されてからも、英国法による不服手続を全くとらなかったことが窺えるので、このような事情を総合すると、当該事件の手続において、それが適当に通告されなかったとして、被告の防御権が不当に剥奪されたものとみることはできない。

(b)被告は、当該事件の売買契約書に記載された仲裁条項には、その仲裁機関の構成又は仲裁手続に関して当事者間に有効な合意がないので、ニューヨーク条約第5条第1項(d)の執行拒否事由に該当すると主張するが、当該事件の仲裁条項は典型的な仲裁条項で、仲裁場所は英国ロンドン、仲裁機関はロンドン仲裁法院、準拠手続法はロンドン仲裁法院の規則とする当事者間の合意と解釈され、当該事件の仲裁判断は、上記の仲裁機関及び仲裁手続に関する原・被告間の合意に従って下されたことが明白である。

(c)被告は、当該事件の仲裁判断につき、当初の売買代金よりも高額な賠償金額を認定したばかりではなく、その遅延利子の計算においても明白な根拠なしに準拠法である英国の法定利率ではなく、高率のアメリカの優待金利を適用し、仲裁判断文に理由を付さなかったので、当該仲裁判断には、ニューヨーク条約第5条第2項(b)に該当する執行拒否事由があると主張するが、当該条項は、仲裁判断または承認が執行国の基本的な道徳的信念と社会秩序を保護することにその趣旨があるので、その判断においては、国内事情のみならず、国際的取引秩序の安定という側面も併せて考慮して制限的に解釈するべきであり、上記のような事由で、被告が参加せずに当該事件の仲裁判断が下されたとしても、執行が韓国の公共秩序に反するものではないし、仲裁法院が認定した賠償金額に関する執行が韓国の公共秩序に反すると認める根拠がなく、他方、国際商取引において、一方当事者の債務不履行に関しては一般に承認される適切な国債金利による遅延損害金の支払いを命じるのが慣行であり、英国ロンドン仲裁法院が被告に対して一般に適用される国際金利であるアメリカ銀国優待金利による遅延損害金の支払いを

命じたことは相当であるし、仲裁判断書に詳細な理由記載がなかったとしても、そのことだけで韓国の公共秩序に反するとはいえない。

(2) 大法院1995年2月14日 宣告, 93タ53054判決

a. 事実関係

オランダのアンティレス(Netherlands Antilles)会社である原告会社と海外建設を業とする韓国法人の被告会社は、1978年11月8日、下水処理施設に関するカルセルシステムのknow−how実施契約を締結するに際して、当該契約の準拠法はオランダのアンティレス法とし、それに関する紛争はパリ所在の国際商業会議所(International Chamber of Commerce)の調停及び仲裁規則に従い、3人の仲裁人による仲裁解決をすることとした。しかし、原告会社と被告会社との間でknow-how実施使用料をめぐり紛争が生じ、原告会社は、1988年10月5日、国際商業会議所(International Chamber of Commerce)国際仲裁法院(International Court of Arbitration)に仲裁を申請したのであり、その進行の結果、国際商工会議所国際仲裁法院は、1991年3月19日、被告会社は原告会社に＄1,245,361及びそれに対する利子及び仲裁費用等を支払うことを内容とする仲裁判断を下した。そこで、原告会社は、韓国において当該仲裁判断の承認及び執行を求めるため、韓国で当該訴えを提起した。

b. 判示事項

(a)ニューヨーク条約第5条2項(b)は、仲裁判断の承認又は執行が執行国の基本的な道徳的信念と社会秩序を害することを防止して、これを保護することにその趣旨があるので、その判断においては、国内的な事情のみならず、国際的取引秩序の安定という側面も同時に考慮して制限的に解釈しなければならないし、外国仲裁判断に適用された外国法が韓国の実定法上、強行法規に違反するといって、直ちに承認拒否の事由となるのではなく、当該仲裁判断を認定する場合、その具体的結果が韓国の善良の風俗その他社会秩序に反するときに限り、承認及び執行を拒否することができる。

当該事件の仲裁判断につき、当該事件の契約の準拠法であるオランダの

アンティレス法上の消滅時効期間が30年であり、消滅時効期間が韓国法上の
それより長く、又韓国の消滅時効規定が強行規定であるとしても、それだけ
で当該仲裁判断を韓国で執行することが必ずしも韓国の公共秩序に反すると
はいえないし、契約の内容が被告に不利だという点をもってのみ不公正行為
だと断定することはできず、当該事件の仲裁判断の承認又は執行が韓国の基
本的な道徳的信念と社会秩序を害するとはいえない。

　　(b)被告会社は、当該事件の仲裁判断は仲裁できない事項を対象にした
ので、ニューヨーク条約第5条第2項(a)により、その執行は許されないとの
主張もしたが、当該事件の控訴審であるソウル高等法院1993年9月14日宣告9
2ナ34829判決は、これを退けながら次のように判示している。

　　従来、仲裁により解決できない事項として議論されてきたものとして、不
公正取引行為（独占禁止法）に関する紛争、特許権等、知的所有権の効力に
関する紛争等を挙げることができるが、韓国の場合、法律上工業所有権（特許
権、商標権、著作権等）についての紛争を仲裁の対象から除外するいかなる
根拠がないので、工業所有権に関する紛争が当然に仲裁の対象から除外され
るとはいえないし、又当該事件の原告会社の被告会社に対する請求は、特許
権の効力それ自体に関することでなく、know-how実施契約による実施料の
支払請求であるから、know－how実施契約に基づく原告の実施料請求が特
許権に関する紛争だとしながら、当該事件の仲裁判断の執行を拒否する被告
の主張は失当である。

(3) 大法院2000年12月8日 宣告, 2000タ35795判決

a. 事実関係

　原告は中国法人として水産物輸出などを主要ビジネスとする企業であ
り、被告は、冷凍・冷蔵倉庫業などを業とする韓国人である。被告は、1993
年7月30日、原告から冷凍ダラ610トンを輸入することを内容とする契約を
締結したが、当該契約書には、「本契約を執行する過程を含め、本契約に関
して生じる論争や不満は、友好的協商により解決する。しかし、友好的な
協商によって解決できない場合は、仲裁による。仲裁地は中国であり、仲裁

結果は最終的であり、当事者双方に約束力がある」との記載がなされている。原告は、当該契約に従い、1993年8月25日、冷凍ダラ479.03トンを釜山港に運送し、被告はそれを引き受けたが、国立釜山検疫所において実施した輸入食品検査の結果、当時の輸入品目であった冷凍明太子であることが判明し、国内への輸入が禁止された。そのため、原告・被告間でこれをめぐる紛争が生じた。その解決を図るため、原告は1997年7月14日、被告を相手に中国、北京にある中国国際経済貿易仲裁委員会に仲裁申請をした。その結果、1998年7月10日、被告は原告に対して＄142,387を賠償することを内容とする仲裁判定が下された。その後、原告は被告を相手に当該仲裁判断に対する執行判決を請求する訴えを韓国法院に提起した。

b. 判示事項

(a)当該契約上の仲裁条項は、韓国と中国がともに加入しているニューヨーク条約第2条所定の仲裁合意に該当する。ニューヨーク条約第2条によれば、同一の条約が適用される仲裁合意は、「紛争を仲裁に付託しようとする書面による合意」で十分であり、仲裁場所か仲裁機関及び準拠法まで明示することは要件とされていないのみならず、当該事件の仲裁委員会は、中国で外国法人、あるいは自然人と中国法人、あるいは自然人間の国際又は渉外契約性の経済貿易等、紛争を仲裁方式によって解決する唯一の仲裁機関であり、被告は、原告が1997年7月14日、当該事件の仲裁委員会に仲裁申請したことに対して、いかなる仲裁案件の管轄権に対する抗弁を提出することなく、原告の仲裁申請に応じて中国国際経済貿易仲裁委員会の仲裁規則に従い、仲裁人を選定し、原告の仲裁申請に対する答弁及び反対申請をしたので、この事件の仲裁協議が中国の仲裁法第18条の「補充協議を達成しなかった仲裁協議」に該当し、ニューヨーク協約第5条第1項(a)所定の仲裁判断の執行拒否事由の仲裁判断を下した国家の法令によって仲裁合意が無効である場合に該当するが、仲裁合意自体が無効である場合に該当するとはいえず、同項(d)所定の仲裁機関の構成又は仲裁手続が行われる国の法令に合致しない場合に該当するともいえない。

(b)ニューヨーク条約第5条第2項(b)によれば、仲裁判断の承認又は執行がその国家の公共秩序に反する場合には、執行国法院は、仲裁判断の承認又は執行を拒否することができると規定しているが、これは、仲裁判断の承認又は執行が執行国の基本的な道徳的信念と社会秩序を害することを防止して、これを保護することにその趣旨があるので、その判断においては、国内的事情のみならず、国際的取引秩序の安定という側面も同時に考慮して制限的に解釈しなければならないし、外国仲裁判断に適用された外国法が韓国の実定法上、強行法規に違反するといって、直ちに承認拒否の事由となるのではなく、当該仲裁判断を認定する場合、その具体的結果が韓国の善良の風俗その他社会秩序に反するときに限り、承認及び執行を拒否することができるといえる。当該事件の仲裁判断を認定する場合、その具体的な結果が韓国の善良の風俗その他社会秩序に反するとはいえない。

(4) 大法院2009年5月28日 宣告，2006夕202905判決

a. 事実関係

原告は被告にパルプ原料を独占供給する契約を締結したところ、その後、紛争が生じたため、契約上の仲裁条項に基づき、香港で外国人仲裁人による仲裁手続が行われ、その結果、原告の主張を認める仲裁判断が下された。

その後に被告に対し、会社整理手続が開始されたため、原告は被告を相手に当該仲裁判定に基づいた整理債権の確定を求める訴えを提起し、第一審において勝訴判決をうけた。これを不服として被告が控訴した結果、控訴審法院では、仲裁判断に関わらず、独自的に訴訟手続において提出された証拠を総合し、あらためて事実認定をし、法律判断をなした上で、それにより、当該仲裁手続における原告の主張が事実と異なることが明らかになったにもかかわらず、虚偽主張及び虚偽証拠を提出したため、それに騙された仲裁人から、当該事件の最終仲裁判定を得たのであるから、ニューヨーク条約第2項(b)号の承認・執行の拒否事由が存在することを理由として、当該事件の最終仲裁判断の判定主文とは異なり、当該事件の仲裁判断金債権に関する整理債権及び同額相当の議決権確定を求める原告の請求を退けた。それに対し

て被告が上告した。

　b. 判示事項

　(a)外国仲裁判断の承認及び執行に関する条約が適用される外国仲裁判断の一方当事者に対して、外国仲裁判断の後に旧会社整理法（2005. 3. 31, 法律第7428号債務者回生及び破産に関する法律附則第2条により廃止）による会社整理手続が開始され、債権調査期日においてその当該外国仲裁判断に基づいて申告した整理債権に対して異議が提起され、整理債権確定訴訟が提起された場合、外国仲裁判断は確定判決と同一の効力を有し、既判力があるので、整理債権確定訴訟の管轄法院は、上記条約第5条で定めた承認及び執行の拒否事由が認定されない外国仲裁判断の判決主文に従って、整理債権及び議決権を確定する判決をしなければならない。

　(b)外国仲裁判断の承認及び執行に関する協約第5条は、承認及び執行の拒否事由を制限的に列挙しながら、同条第2項(b)において、仲裁判断の承認又は執行がその国家の公共秩序に反する場合には、執行国法院は、仲裁判断の承認又は執行を拒否することができるよう規定しているが、これは上記の条約の適用を受ける外国判断の承認又は執行が執行国の基本的な道徳的信念と社会秩序を害することを防止して、これを保護することにその趣旨があるので、内国的事情のみならず、国際的取引秩序の安定という側面も同時に考慮してこれを制限的に解釈しなければならないし、当該仲裁判断を認定する場合、その具体的結果が執行国の善良の風俗その他社会秩序に反するときに限り、その承認及び執行を拒否することができる。

　(c)外国仲裁判断の承認及び執行に関する条約が適用される外国仲裁判断に対して、執行国法院は、上記の条約第5条の執行拒否事由の有無を判断するため、必要な範囲内において本案で判断された事項に関しても独自に審理・判断することができるし、上記条約第5条第2項(b)号の執行拒否事由には、仲裁判断が詐欺的方法に騙取された場合も含まれる。しかし、執行国法院が当該仲裁判断につき騙取されたか否かを審理するという名目で、実質的に仲裁人の事実認定と法律適用等、実体的判断の正否を全面的に再審査した

後、当該外国判断が詐欺的方法により騙取されたことを認めて、執行を拒否することは許されない。ただし、当該外国仲裁判断の執行を申請する当事者が仲裁手続で処罰されるべく詐欺的行為をしたという点が明確な証明力を有する客観的な証拠により明白に認定され、その反対当事者が過失なく、申請当事者の詐欺的行為につき善意であり、仲裁手続でこれに対して攻撃防御できなかったことと申請当事者の詐欺的行為が仲裁判断の争点と重要な関係があったという要件とがともに満たされる場合に限り、外国仲裁判断を取消し・停止するための別の手続を経なくとも、直ちに当該外国仲裁判断の執行を拒否することができる。

4. 結語

　韓国は、貿易立国を志向する立場から、国際取引上発生する紛争を迅速かつ円滑に解決することが発展の基本条件の一つであるとみて、国際商事仲裁に対して積極的又は進取的な立場をとり、これにより国際商事紛争の解決を図り、韓国の対外的公信力を高めるための努力を続けてきた。1966年3月16日、独立の仲裁法を制定し、1973年2月8日、ニューヨーク条約に加入した。また、UNCITRALモデル仲裁法を全面的に受容して、1999年12月31日、仲裁法を全文改正した。

　韓国の法院も、外国仲裁判断の承認及び執行に関連する事件処理にあたり、上記のように、1999年に仲裁法を改正する以前から、ニューヨーク条約の趣旨をいかして、仲裁判断を尊重する立場から、判断を下している。

　とりわけ、韓国大法院は、ニューヨーク条約上もっとも多く援用される承認及び執行拒否事由である「執行国の公序秩序に反する場合」を解釈するに際して、一貫して、「上記の条約第5条第2項(b)は、仲裁判断の承認又は執行が執行国の基本的な道徳的信念と社会秩序を害することを防止して、これを保護することにその趣旨があるので、国内的事情のみならず、国際的取引秩序の安定という側面も同時に考慮してこれを制限的に解釈しなければならない」と解釈している。すなわち、国内的公共秩序より制限的な国際的公共秩序の観点により、韓国の利益のみのために上記の規定を解釈・適用せず、国

際的に普遍妥当であると認定できる範囲内に限定してこれを適用していることが窺われる。これは、2002年インドのニューデリーで開催されたICCA総会の公共秩序に関する勧告案にも符合する立場であるともいえる。

부 록

1. 1966년 중재법 [법률 제1767호, 1966. 3. 16, 제정][시행 1966. 3. 16]

第1條 (目的) 이 法은 當事者間의 合意로 私法上의 紛爭을 法院의 判決에 의하지 아
니하고 仲裁人의 判定에 의하여 신속하게 解決함을 目的으로 한다.

第2條 (仲裁契約) ① 仲裁契約은 私法上의 法律關係에 관하여 當事者間에 발생하고
있거나 將來에 발생할 紛爭의 全部 또는 一部를 仲裁에 의하여 解決하도록 合意(이하
"仲裁契約"이라 한다)함으로써 效力이 생긴다. 다만, 當事者가 處分할 수 없는 法律關
係에 관하여는 그러하지 아니한다.

② 前者의 仲裁契約은 當事者가 仲裁를 合意한 書面에 記名·捺印한 것이거나, 契約
中에 仲裁條項이 記載되어 있거나, 交換된 書信 또는 電報에 仲裁條項이 記載된 것이
어야 한다.

第3條 (直訴禁止) 仲裁契約의 當事者는 仲裁判定에 따라야 한다. 다만, 仲裁契約이 無
效이거나 效力을 喪失하였거나 履行이 不能일 때에 限하여 訴를 提起할 수 있다.

第4條 (仲裁人의 選定) ① 當事者는 仲裁契約에서 仲裁人의 選定方法 및 그 數를 정
할 수 있다.

② 仲裁契約에 仲裁人의 選定을 約定하지 아니하였을 때에는 各當事者는 1人의 仲裁

人을 選定한다.

③ 商行爲로 인하여 발생되는 法律關係에 관한 仲裁(이하 "商事仲裁"라 한다)契約에서 仲裁人의 選定을 約定하지 아니하였거나 當事者의 意思가 分明하지 아니하는 경우에는 前項의 規定에 불구하고 大韓商工會議所의 商事仲裁規則에 의하는 것으로 推定한다.

④ 仲裁契約을 締結한 當事者의 一方이 仲裁人의 選定을 拒否하거나 選定한 仲裁人이 다음 各號의 1에 해당하는 경우에는 그 相對方은 仲裁人의 選定 또는 闕員의 補充이나 代替를 催告할 수 있다.

　1. 仲裁人이 職務의 수행을 태만히 하거나 拒否한 때

　2. 仲裁人이 그 職務遂行이 不可能한 때

　3. 仲裁人이 死亡한 때

⑤ 前項의 催告後 7日以內에 催告를 받은 者가 仲裁人을 選定하지 아니하거나 補充 또는 代替하지 아니한 경우에는 法院은 그 催告를 한 當事者의 申請에 의하여 仲裁人을 選定 또는 補充하거나 代替하여야 한다.

第5條 (仲裁人의 缺格事由) 다음 各號의 1에 해당하는 者는 仲裁人이 될 수 없다.

　1. 禁治産者 또는 限定治産者

　2. 破産者로서 復權되지 아니한 者

　3. 禁錮以上의 刑을 받고 그 執行이 終了되거나 執行을 받지 아니하기로 確定된 후 3年을 경과하지 아니한 者

　4. 禁錮以上의 刑의 宣告猶豫를 받은 경우에 그 宣告猶豫期間中에 있는 者

　5. 公民權의 制限 또는 資格停止의 刑을 받은 者

第6條 (仲裁人의 忌避) 當事者는 民事訴訟法第37條 또는第39條 第1項의 事由를 理由로 仲裁契約이나 이 法에 특별한 規定이 없을 때에 限하여 法院에 仲裁人의 忌避를 申請할 수 있다. 다만, 仲裁人 앞에서 陳述을 한 때에는 民事訴訟法 第39條 第1項의 事由를 理由로 忌避할 수 없다.

第7條 (仲裁節次) ① 仲裁節次는 仲裁契約으로써 정할 수 있다.

② 仲裁節次에 관하여 當事者의 合意가 없는 경우에는 이 法이 정하는 節次에 의하고 이 法에 특별한 規定이 없는 事項은 仲裁人이 정한다.

③ 商事仲裁節次에 관하여 當事者의 合意가 없거나 當事者의 意思가 分明하지 아니한 경우에는 前項의 規定에 불구하고 大韓商工會議所의 商事仲裁規則에 의하는 것으로 推定한다.

第8條 (當事者·證人·鑑定人의 審問) ① 仲裁人은 仲裁判定前에 當事者를 審問하여야 한다.

② 仲裁人은 任意로 출석한 證人 또는 鑑定人을 審問할 수 있다. 그러나 그 證人 또는 鑑定人을 宣誓시킬 수는 없다.

第9條 (法院의 協助) 仲裁人이 仲裁判定에 필요하다고 인정하는 行爲로서 仲裁人이 직접 할 수 없는 것은 仲裁人이나 當事者의 申請에 의하여 法院이 이에 관한 事務를 행한다. 이 경우에는 民事訴訟法을 準用한다.

第10條 (仲裁節次 違法의 主張과 仲裁人의 判定權) 仲裁人은 當事者가 法律上 有效한 仲裁契約이 成立하지 아니하였다는 것, 仲裁契約이 判定하여야 할 다툼에 관계가 없다는 것 또는 仲裁人이 그 職務를 수행할 權限이 없다는 것 기타 仲裁節次를 許容할 수 없는 것이라고 主張하는 경우에도 仲裁節次를 續行하여 仲裁判定을 할 수 있다.

第11條 (仲裁判定) ① 仲裁判定은 仲裁契約에 따로 정함이 있는 경우를 제외하고는 仲裁人이 數人인 경우에는 그 過半數의 贊成으로써 判定한다.

② 仲裁判定은 仲裁契約에 따로 約定된 때를 제외하고는 仲裁人이 數人인 경우에 仲裁判定에 관한 의견이 可否同數인 때에는 當該仲裁契約은 그 效力을 喪失한다.

③ 仲裁判定은 書面으로 作成하여 仲裁人이 署名 · 捺印하고 仲裁判定에 대한 理由와 作成年月日을 記載하여야 한다.

④ 仲裁人은 判定의 正本을 當事者에게 送達하고 그 原本은 送達의 證書를 첨부하여 管轄法院에 移送保管하게 한다.

⑤ 仲裁判定은 仲裁契約에서 約定된 期間內 또는 仲裁가 開始된 날로부터 3月內에 하여야 한다.

第12條 (仲裁判定의 效力) 仲裁判定은 當事者間에 있어서는 法院의 確定判決과 同一한 效力이 있다.

第13條 (仲裁判定取消의 訴) ① 當事者는 다음 各號의 1에 해당하는 경우에는 仲裁判定의 取消의 訴를 提起할 수 있다.

  1. 仲裁人의 選定 또는 仲裁節次가 이 法이나 仲裁契約에 의하지 아니한 때

  2. 仲裁人의 選定 또는 仲裁節次에 있어서 當事者가 訴訟無能力者이거나 代理人이 適法하게 選任되지 아니하였을 때

  3. 仲裁判定이 法律上 금지된 行爲를 할 것을 內容으로 한 때

  4. 仲裁節次에 있어서 當事者를 審問하지 아니하였거나 仲裁判決에 理由를 붙이지 아니하였을 때

  5. 民事訴訟法 第422條 第4號 내지 第9號에 해당하는 事由가 있을 때

② 前項 第4號의 事由에 관하여 當事者間에 따로 合意하였을 때에는 仲裁取消의 訴를 提起할 수 없다.

第14條 (仲裁判定에 의한 强制執行) ① 仲裁判定에 의하여 하는 强制執行은 法院의

執行判決로 그 適法함을 宣告한 때에 限하여 할 수 있다.

② 前項의 執行判決은 仲裁判決取消의 訴를 提起할 수 있는 理由가 있는 때에는 하지 못한다.

③ 第1項의 執行判決에는 상당한 擔保를 제공하게 하거나 擔保를 提供하지 아니하고 假執行을 할 수 있음을 宣告하여야 한다.

第15條 (執行判決후의 仲裁判定取消의 訴) ① 執行判決을 한 후에는 仲裁判定의 取消의 訴는 第13條 第1項 第5號의 事由를 理由로 한 경우에 限하여 仲裁判定取消의 訴를 提起할 수 있다. 다만, 當事者가 過失없이 執行判決節次에서 그 取消의 理由를 主張할 수 없었다는 것을 疏明한 때에 限한다.

第16條 (訴提起期間) ① 仲裁判定取消의 訴는 그 取消의 理由를 안 날로부터 30日內 또는 執行判決이 確定된 날로부터 5年內에 提起하여야 한다.

② 前項의 取消의 理由를 안 날은 執行判決이 確定되기 전에는 進行하지 아니한다.

③ 第1項의 期間은 不變期間으로 한다.

第17條 (管轄法院) ① 仲裁人을 選定하거나, 忌避하거나, 仲裁契約이 消滅하거나, 仲裁節次를 許容할 수 없는 것이거나, 仲裁判定取消의 訴 또는 執行判決에 관한 訴에 대하여 仲裁契約에서 合意한 때에는 그 地方法院 또는 同支院이 管轄하고 그러하지 아니한 때에는 民事訴訟法 第1條 내지 第22條를 適用한다.

② 前項의 規定에 의하여 管轄을 가지는 法院이 多數인 때에는 當事者 또는 仲裁人이 最初로 관계하게 한 法院이 管轄한다.

第18條 (仲裁規則의 承認) 大韓商工會議所는 商事仲裁規則을 制定하거나 變更하고자 할 때에는 大法院의 承認을 얻어야 한다.

附則 〈법률 제1767호, 1966. 3. 16.〉

① (施行日) 이 法은 公布한 날로부터 施行한다.

② (補助) 政府는 輸出을 振興하고 貿易의 신속한 助長을 위하여 韓國人과 外國人사이에 商事에 관한 紛爭이 생긴 때에는 그 紛爭을 早速히 解決하고 國際去來의 信用을 확립하게 하기 위하여 따로 法律로 정할 때까지는 大韓商工會議所에 대하여 國際商事仲裁에 필요한 經費의 全部 또는 一部를 補助할 수 있다.

2. 1999년 중재법 [법률 제6083호, 1999. 12. 31, 전부개정][시행 1999. 12. 31]

第1章 總則

第1條 (目的) 이 法은 仲裁에 의하여 私法上의 紛爭을 적정·公平·신속하게 解決함을 目的으로 한다.

第2條 (적용범위) ① 이 法은第21條의 規定에 의한 仲裁地가 大韓民國안인 경우에 이를 적용한다. 다만,第9條 및 第10條의 規定은 仲裁地가 아직 정하여지지 아니하였거나 大韓民國안이 아닌 경우에도 적용하며,第37條 및 第39條의 規定은 仲裁地가 大韓民國안이 아닌 경우에도 적용한다.

② 이 法은 仲裁節次를 인정하지 아니하거나 이 法의 仲裁節次와는 다른 節次에 의하여 仲裁에 회부할 수 있도록 정한 法律과 大韓民國에서 發效중인 條約에 대하여는 영향을 미치지 아니한다.

第3條 (定義) 이 法에서 사용하는 用語의 定義는 다음과 같다.

1. "仲裁"라 함은 當事者間의 合意로 私法上의 紛爭을 法院의 裁判에 의하지 아니하고 仲裁人의 判定에 의하여 解決하는 節次를 말한다.

2. "仲裁合意"라 함은 契約上의 紛爭인지의 여부에 관계없이 일정한 法律關係에 관하여 當事者間에 이미 발생하였거나 장래 발생할 수 있는 紛爭의 전부 또는 일부를 仲裁에 의하여 解決하도록 하는 當事者間의 合意를 말한다.

3. "仲裁判定部"라 함은 仲裁節次를 진행하고 仲裁判定을 내리는 單獨仲裁人 또는 多數의 仲裁人으로 구성되는 仲裁人團을 말한다.

第4條 (書面의 통지) ① 當事者間에 다른 合意가 없는 경우에 書面의 통지는 受信人本人에게 書面을 직접 교부하는 방법에 의한다.

② 第1項의 規定에 의한 직접 교부의 방법에 의할 수 없는 경우에는 書面이 受信人의 住所·營業所 또는 郵便連絡場所에 정당하게 傳達된 때에 受信人에게 통지된 것으로 본다.

③ 第2項의 規定을 적용함에 있어서 적절한 照會를 하였음에도 受信人의 住所·營業所 또는 郵便連絡場所를 알 수 없는 경우에는 최후로 알려진 受信人의 住所·營業所 또는 郵便連絡場所로 登記郵便 기타 發送을 증명할 수 있는 郵便方法에 의하여 書面이 發送된 때에 受信人에게 통지된 것으로 본다.

④ 第1項 내지 第3項의 規定은 法院이 행하는 송달에는 이를 적용하지 아니한다.

第5條 (異議申請權의 상실) 當事者가 이 法의 任意規定 또는 仲裁節次에 관한 當事者間의 合意에 위반한 사실을 알고도 지체없이 異議를 제기하지 아니하거나 정하여진 異議提起期間내에 異議를 제기하지 아니하고 仲裁節次가 진행된 때에는 그 異議申請

權을 상실한다.

第6條 (法院의 관여) 法院은 이 法이 정한 경우를 제외하고는 이 法에 관한 사항에 관여할 수 없다.

第7條 (管轄法院) ① 다음 各號의 사항에 대하여는 仲裁合意에서 지정한 地方法院 또는 支院(이하 이 條에서 "法院"이라 한다)이, 그 지정이 없는 경우에는 仲裁地를 관할하는 法院이 관할하며, 仲裁地가 아직 정하여지지 아니한 경우에는 被申請人의 住所 또는 營業所를 관할하는 法院이, 住所 또는 營業所를 알 수 없는 경우에는 居所를 관할하는 法院이, 居所도 알 수 없는 경우에는 최후로 알려진 住所 또는 營業所를 관할하는 法院이 관할한다.

  1. 第12條 第3項 및 同條 第4項의 規定에 의한 仲裁人의 선정
  2. 第14條 第3項의 規定에 의한 仲裁人의 忌避申請에 대한 法院의 忌避決定
  3. 第15條 第2項의 規定에 의한 仲裁人의 權限終了申請에 대한 法院의 權限終了決定
  4. 第17條 第6項의 規定에 의한 仲裁判定部의 權限審査申請에 대한 法院의 權限審査
  5. 第27條 第3項의 規定에 의한 鑑定人의 忌避申請에 대한 法院의 忌避決定

② 第28條의 規定에 의한 證據調査는 證據調査가 행하여지는 地域을 관할하는 法院이 관할한다.

③ 다음 各號의 사항에 대하여는 仲裁合意에서 지정한 法院이, 그 지정이 없는 경우에는 仲裁地를 관할하는 法院이 관할한다.

  1. 第32條 第4項의 規定에 의한 仲裁判定原本의 보관
  2. 第36條 第1項의 規定에 의한 仲裁判定取消의 訴

④ 第37條 내지 第39條의 規定에 의한 仲裁判定의 승인과 執行請求의 訴는 다음 各號의 1에 해당하는 法院이 관할한다.

  1. 仲裁合意에서 지정한 法院
  2. 仲裁地를 관할하는 法院
  3. 被告所有의 財産所在地를 관할하는 法院
  4. 被告의 住所 또는 營業所, 住所 또는 營業所를 알 수 없는 경우에는 居所, 居所도 알 수 없는 경우에는 최후로 알려진 住所 또는 營業所를 관할하는 法院

第2章 仲裁合意

第8條 (仲裁合意의 方式) ① 仲裁合意는 獨立된 合意 또는 契約중 仲裁條項의 形式으로 할 수 있다.

② 仲裁合意는 書面으로 하여야 한다.

③ 다음 各號의 1에 해당하는 경우에는 이를 書面에 의한 仲裁合意로 본다.

1. 當事者들이 署名한 文書에 仲裁合意가 포함되어 있는 경우
2. 書信·電報·電信 및 模寫電送 기타 通信手段에 의하여 交換된 文書에 仲裁合意가 포함되어 있는 경우
3. 一方 當事者가 當事者間에 交換된 文書의 내용에 仲裁合意가 있는 것을 主張하고 相對方 當事者가 이를 다투지 아니하는 경우

④ 契約이 仲裁條項을 포함한 文書를 인용하고 있는 경우에는 仲裁合意가 있는 것으로 본다. 다만, 그 契約이 書面으로 작성되고 仲裁條項을 그 契約의 일부로 하고 있는 경우에 한한다.

第9條 (仲裁合意와 法院에의 提訴) ① 仲裁合意의 대상인 紛爭에 관하여 訴가 제기된 경우에 被告가 仲裁合意存在의 抗辯을 하는 때에는 法院은 그 訴를 却下하여야 한다. 다만, 仲裁合意가 不存在·無效이거나 효력을 상실하였거나 그 이행이 불가능한 경우에는 그러하지 아니하다.

② 被告는第1項의 抗辯을 本案에 관한 최초의 辯論을 할 때까지 하여야 한다.

③ 第1項의 訴가 法院에 繫屬중인 경우에도 仲裁判定部는 仲裁節次를 開始 또는 진행하거나 仲裁判定을 내릴 수 있다.

第10條 (仲裁合意와 法院의 보전처분) 仲裁合意의 當事者는 仲裁節次의 開始전 또는 진행중에 法院에 보전처분을 申請할 수 있다.

第3章 仲裁判定部

第11條 (仲裁人의 數) ① 仲裁人의 數는 當事者間의 合意로 정한다.

② 第1項의 合意가 없는 경우에는 仲裁人의 數는 3人으로 한다.

第12條 (仲裁人의 선정) ① 當事者間에 다른 合意가 없는 경우에 仲裁人은 國籍에 관계없이 선정될 수 있다.

② 仲裁人의 選定節次는 當事者間의 合意로 정한다.

③ 第2項의 合意가 없는 경우에는 다음 各號의 1에서 정하는 방법에 따라 仲裁人을 선정한다.

1. 單獨仲裁人에 의한 仲裁의 경우 : 一方 當事者가 相對方 當事者로부터 仲裁人의 선정을 요구받은 후 30日이내에 當事者들이 仲裁人의 선정에 관하여 合意하지 못한 때에는 一方 當事者의 申請에 의하여 法院이 仲裁人을 선정한다.
2. 3人의 仲裁人에 의한 仲裁의 경우 : 각 當事者는 각 1人의 仲裁人을 선정하고, 이에 따라 선정된 2人의 仲裁人들이 合意하여 나머지 1人의 仲裁人을 선정한다. 이경우 一方 當事者가 相對方 當事者로부터 仲裁人의 선정을 요구받은 후 30日이내에 仲裁人을 선정하지 아니하거나 선정된 2人의 仲裁人들이 선정된 후 30日이

내에 나머지 1人의 仲裁人을 선정하지 못한 때에는 一方 當事者의 申請에 의하여 法院이 그 仲裁人을 선정한다.

④ 第2項의 合意가 있더라도 다음 各號의 1에 해당하는 때에는 當事者의 申請에 의하여 法院이 仲裁人을 선정한다.

　1. 一方 當事者가 合意된 節次에 따라 仲裁人을 선정하지 아니하는 때

　2. 兩當事者 또는 仲裁人들이 合意된 節次에 따라 仲裁人을 선정하지 못한 때

　3. 仲裁人의 선정을 위임받은 機關 기타 第3者가 仲裁人을 선정할 수 없는 때

⑤ 第3項 및 第4項의 規定에 의한 法院의 決定에 대하여는 抗告할 수 없다.

第13條 (仲裁人에 대한 기피사유) ① 仲裁人이 되어 달라고 요청받은 者 또는 선정된 仲裁人은 자신의 공정성이나 獨立性에 관하여 疑心을 야기할 수 있는 사유가 있는 때에는 지체없이 이를 當事者들에게 告知하여야 한다.

② 仲裁人은第1項의 사유가 있거나 當事者들이 合意한 仲裁人의 資格을 갖추지 못한 사유가 있는 때에 한하여 기피될 수 있다. 다만, 當事者는 자신이 선정하였거나 選定節次에 참여하여 선정한 仲裁人에 대하여는 선정후에 알게 된 사유에 한하여 忌避申請을 할 수 있다.

第14條 (仲裁人에 대한 忌避節次) ① 仲裁人에 대한 忌避節次는 當事者間의 合意로 정한다.

② 第1項의 合意가 없는 경우에 仲裁人을 기피하고자 하는 當事者는 仲裁判定部가 구성된 날 또는第13條 第2項의 사유를 안 날부터 15日이내에 仲裁判定部에 書面으로 忌避申請을 하여야 한다. 이 경우 忌避申請을 받은 仲裁人이 辭任하지 아니하거나 相對方 當事者가 忌避申請에 同意하지 아니하면 仲裁判定部는 그 忌避申請에 대한 決定을 하여야 한다.

③ 第1項 및 第2項의 規定에 의한 忌避申請이 받아들여지지 아니하는 경우에는 忌避申請을 한 當事者는 그 결과의 통지를 받은 날부터 30日이내에 法院에 해당仲裁人에 대한 忌避申請을 할 수 있다. 이 경우 忌避申請이 法院에 繫屬중인 때에도 仲裁判定部는 仲裁節次를 진행하거나 仲裁判定을 내릴 수 있다.

④ 第3項의 規定에 의한 忌避申請에 대한 法院의 忌避決定에 대하여는 抗告할 수 없다.

第15條 (仲裁人의 職務不履行으로 인한 權限終了) ① 仲裁人이 法律上 또는 사실상의 사유로 職務를 수행할 수 없거나 정당한 사유없이 職務遂行을 지체하는 경우에는 그 仲裁人의 辭任 또는 當事者間의 合意에 의하여 仲裁人의 權限은 종료된다.

② 第1項의 規定에 의한 仲裁人의 權限終了與否에 관하여 다툼이 있는 경우에 當事者는 法院에 이에 대한 決定을 申請할 수 있다.

③ 第2項의 規定에 의한 權限終了申請에 대한 法院의 權限終了決定에 대하여는 抗告할 수 없다.

第16條 (補關仲裁人의 선정) 仲裁人의 權限이 종료되어 仲裁人을 다시 선정하는 경우 그 選定節次는 대체되는 仲裁人의 선정에 적용된 節次에 의한다.

第17條 (仲裁判定部의 判定權限에 관한 決定) ① 仲裁判定部는 자신의 權限 및 이와 관련된 仲裁合意의 存否 또는 有效性에 대한 異議에 대하여 決定할 수 있다. 이 경우 仲裁合意가 仲裁條項의 形式으로 되어 있는 때에는 契約중 다른 條項의 효력은 仲裁條項의 효력에 영향을 미치지 아니한다.

② 仲裁判定部의 權限에 관한 異議는 本案에 관한 答辯書를 제출할 때까지 제기되어야 한다. 이 경우 當事者는 자신이 仲裁人을 선정 하였거나 選定節次에 참여하였더라도 異議를 제기할 수 있다.

③ 仲裁判定部가 仲裁節次의 진행중에 그 權限의 범위를 벗어났다는 異議는 그 사유가 仲裁節次에서 다루어지는 즉시 제기하여야 한다.

④ 仲裁判定部는 第2項 및 第3項의 規定에 의한 異議가 同項에 規定된 時期보다 늦게 제기 되었더라도 그 지연에 정당한 이유가 있다고 인정하는 경우에는 이를 받아들일 수 있다.

⑤ 仲裁判定部는 第2項 및 第3項의 規定에 의한 異議에 대하여 先決問題로서 決定하거나 本案에 관한 仲裁判定에서 함께 판단할 수 있다.

⑥ 仲裁判定部가 第5項의 規定에 의하여 先決問題로서 그 權限이 있다고 決定한 경우에 異議當事者는 당해 決定의 통지를 받은 날 부터 30日이내에 法院에 仲裁判定部의 權限에 대한 審査를 申請할 수 있다.

⑦ 仲裁判定部는 第6項의 規定에 의한 申請으로 裁判이 繫屬중인 경우에도 仲裁節次를 진행하거나 仲裁判定을 내릴수 있다.

⑧ 第6項의 規定에 의한 權限審査申請에 대한 法院의 權限審査에 대하여는 抗告할 수 없다.

第18條 (臨時的 처분) ① 當事者間에 다른 合意가 없는 경우에 仲裁判定部는 一方 當事者의 申請에 따라 決定으로 紛爭의 대상에 관하여 필요하다고 인정하는 臨時的 처분을 내릴 수 있다. 이 경우 仲裁判定部는 被申請人에게 臨時的 처분에 갈음하여 제공할 擔保의 금액을 정할 수 있다.

② 仲裁判定部는 臨時的 처분의 申請人에게 적절한 擔保를 제공할 것을 명할 수 있다.

第4章 仲裁節次

第19條 (當事者에 대한 동등한 待遇) 兩當事者는 仲裁節次에서 동등한 待遇를 받아야

하고, 자신의 事案에 대하여 辯論할 수 있는 충분한 기회를 가져야 한다.

第20條 (仲裁節次) ① 이 法의 强行規定에 반하지 아니하는 한 當事者들은 仲裁節次에 관하여 合意할 수 있다.

② 第1項의 合意가 없는 경우에는 仲裁判定部가 이 法의 規定에 따라 적절한 方式으로 仲裁節次를 진행할 수 있다. 이 경우 仲裁判定部는 증거의 能力, 관련성 및 證明力에 관하여 판단할 權限을 가진다.

第21條 (仲裁地) ① 仲裁地는 當事者間의 合意로 정한다.

② 第1項의 合意가 없는 경우에 仲裁判定部는 當事者의 편의와 당해事件에 관한 諸般사정을 고려하여 仲裁地를 정한다.

③ 當事者間에 다른 合意가 없는 경우에 仲裁判定部는 第1項 및 第2項의 規定에 의한 仲裁地外의 적절한 場所에서 仲裁人들간의 協議, 證人·鑑定人 및 當事者 本人에 대한 訊問, 물건·場所의 檢證 또는 文書의 閱覽을 할 수 있다.

第22條 (仲裁節次의 開始) ① 當事者間에 다른 合意가 없는 경우에 仲裁節次는 被申請人이 仲裁要請書를 受領한 날부터 開始된다.

② 第1項의 仲裁要請書에는 當事者, 紛爭의 대상 및 仲裁合意의 내용을 기재하여야 한다.

第23條 (言語) ① 仲裁節次에서 사용될 言語는 當事者間의 合意에 의하고, 合意가 없는 경우에는 仲裁判定部가 지정하며, 仲裁判定部의 지정이 없는 경우에는 韓國語로 한다.

② 第1項의 言語는 달리 정함이 없는 한 當事者의 準備書面, 口述審理, 仲裁判定部의 仲裁判定 및 決定 기타 意思表現에 사용된다.

③ 仲裁判定部는 필요하다고 인정하는 경우에는 書證과 함께 第1項의 言語로 작성된 飜譯文을 제출할 것을 當事者에게 명할 수 있다.

第24條 (申請書와 答辯書) ① 申請人은 當事者들이 合意하였거나 仲裁判定部가 정한 기간내에 申請趣旨와 申請原因事實을 기재한 申請書를 仲裁判定部에 제출하고, 被申請人은 이에 대하여 답변하여야 한다.

② 當事者는 申請書 또는 答辯書에 중요하다고 인정하는 書類를 첨부하거나 장래 사용할 증거방법을 표시할 수 있다.

③ 當事者間에 다른 合意가 없는 경우에 當事者는 仲裁節次의 진행중에 자신의 申請이나 攻擊防禦方法을 변경 또는 補完할 수 있다. 다만, 仲裁判定部가 변경 또는 補完에 의하여 節次가 현저히 지연될 우려가 있다고 인정하는 경우에는 그러하지 아니하다.

第25條 (審理) ① 當事者間에 다른 合意가 없는 경우 仲裁判定部는 口述審理를 할 것

인지 또는 書面만에 의한 審理를 할 것인지의 여부를 決定한다. 다만, 當事者들이 口述審理를 하지 아니하기로 合意한 경우를 제외하고는 仲裁判定部는 一方 當事者의 申請에 따라 적절한 段階에서 口述審理를 하여야 한다.

② 仲裁判定部는 口述審理期日 또는 그 밖의 證據調査期日에 관하여 사전에 충분한 時間을 두고 當事者에게 통지하여야 한다.

③ 一方 當事者가 仲裁判定部에 제출하는 準備書面·書類 기타 資料는 相對方 當事者에게 告知되어야 한다.

④ 仲裁判定部가 判定에서 기초로 삼으려는 鑑定書 또는 書證은 兩當事者에게 告知되어야 한다.

第26條 (一方 當事者의 解怠) ①申請人이 第24條 第1項의 規定에 의하여 申請書를 제출하지 아니하는 경우에 仲裁判定部는 仲裁節次를 종료하여야 한다.

② 被申請人이 第24條 第1項의 答辯書를 제출하지 아니하는 경우에 仲裁判定部는 이를 申請人의 主張에 대한 自白으로 看做하지 아니하고 仲裁節次를 계속 진행하여야 한다.

③ 一方 當事者가 口述審理에 출석하지 아니하거나 정하여진 기간내에 書證을 제출하지 아니하는 경우에 仲裁判定部는 仲裁節次를 계속 진행하여 제출된 증거를 기초로 仲裁判定을 내릴 수 있다.

④ 第1項 내지 第3項의 規定은 當事者間에 다른 合意가 있거나 仲裁判定部가 상당한 이유가 있다고 인정하는 경우에는 이를 適用하지 아니한다.

第27條 (鑑定人) ① 當事者間에 다른 合意가 없는 경우에 仲裁判定部는 특정 爭點에 대한 鑑定을 위하여 鑑定人을 지정할 수 있다. 이 경우 仲裁判定部는 當事者로 하여금 鑑定人에게 필요한 情報를 제공하고 鑑定人의 調査를 위하여 관련 文書와 물건등을 제출하거나 그에 대한 接近을 허용하도록 할 수 있다.

② 當事者間에 다른 合意가 없는 경우에 仲裁判定部는 職權으로 또는 當事者의 申請에 의하여 鑑定人을 口述審理期日에 출석하여 當事者의 質問에 답변하도록 할 수 있다.

③ 第13條 및 第14條의 規定은 仲裁判定部가 지정한 鑑定人에 관하여 이를 準用한다.

第28條 (證據調査에 관한 法院의 협조) ① 仲裁判定部는 職權으로 또는 當事者의 申請에 의하여 法院에 證據調査를 촉탁할 수 있다.

② 第1項의 경우에 仲裁判定部는 調書에 기재할 사항 기타 證據調査가 필요한 사항을 書面으로 지정할 수 있다.

③ 受託法院은 證據調査를 마친 후 證人訊問調書騰本·檢證調書騰本등 證據調査에 관한 記錄을 지체없이 仲裁判定部에 송부하여야 한다.

④ 仲裁判定部는 證據調査에 필요한 費用을 受託法院에 납부하여야 한다.

第5章 仲裁判定

第29條 (紛爭의 實體에 적용될 法) ① 仲裁判定部는 當事者들이 지정한 法에 따라 判定을 내려야 한다. 특정 國家의 法 또는 法體系가 지정된 경우에 달리 명시되지 아니하는 한 그 國家의 涉外私法이 아닌 紛爭의 實體에 적용될 法을 지정한 것으로 본다.
② 第1項의 지정이 없는 경우에 仲裁判定部는 紛爭의 대상과 가장 밀접한 관련이 있는 國家의 法을 적용하여야 한다.
③ 仲裁判定部는 當事者들이 명시적으로 權限을 부여하는 경우에 한하여 衡平과 善에 따라 判定을 내릴 수 있다.
④ 仲裁判定部는 契約에서 정한 바에 따라 판단하고 해당 去來에 적용될 수 있는 商慣習을 고려하여야 한다.

第30條 (仲裁判定部의 意思決定) 當事者間에 다른 合意가 없는 경우에 3人이상의 仲裁人으로 구성된 仲裁判定部의 意思決定은 過半數의 決議에 의한다. 다만, 仲裁節次는 當事者間의 合意가 있거나 仲裁人 全員이 權限을 부여하는 경우에는 節次를 主宰하는 仲裁人이 單獨으로 이를 決定할 수 있다.

第31條 (和解) ① 仲裁節次의 진행중에 當事者들이 和解에 이른 경우에 仲裁判定部는 그 節次를 종료한다. 이 경우 仲裁判定部는 當事者들의 요구에 의하여 그 和解內容을 仲裁判定의 形式으로 기재할 수 있다.
② 第1項의 規定에 의한 和解內容을 기재한 仲裁判定은 第32條의 規定에 따라 작성되어야 하며, 仲裁判定임이 명시되어야 한다.
③ 和解仲裁判定은 당해사건의 本案에 관한 仲裁判定과 동일한 효력을 가진다.

第32條 (仲裁判定의 形式과 내용) ① 仲裁判定은 書面으로 작성하여야 하며, 仲裁人 全員이 署名하여야 한다. 다만, 3人이상의 仲裁人으로 구성된 仲裁判定部의 경우에 過半數에 미달하는 일부 仲裁人에게 署名할 수 없는 사유가 있는 때에는 다른 仲裁人이 그 사유를 기재하고 署名하여야 한다.
② 仲裁判定에는 그 判定의 근거가 되는 이유를 기재하여야 한다. 다만, 當事者間에 合意가 있거나 第31條의 規定에 의한 和解仲裁判定인 경우에는 그러하지 아니하다.
③ 仲裁判定에는 作成日字와 仲裁地를 기재하여야 한다. 이 경우 仲裁判定은 당해 日字와 場所에서 내려진 것으로 본다.
④ 第1項 내지 第3項의 規定에 의하여 작성·署名된 仲裁判定의 正本은 第4條 第1項 내지 第3項의 規定에 의하여 각 當事者에게 송부하고, 仲裁判定의 原本은 그 송부사실을 증명하는 書面을 첨부하여 管轄法院에 송부·보관한다.

第33條 (仲裁節次의 종료) ① 仲裁節次는 終局判定 또는 第2項의 規定에 의한 仲裁判定部의 決定에 의하여 종료된다.

② 仲裁判定部는 다음 各號의 1에 해당하는 때에는 仲裁節次의 終了決定을 하여야 한다.

　1. 申請人이 仲裁申請을 撤回하는 경우. 다만, 被申請人이 이에 同意 하지 아니하고 仲裁判定部가 被申請人에게 紛爭의 최종적 解決을 구할 정당한 이익이 있다고 인정하는 경우에는 그러하지 아니하다.

　2. 當事者들이 仲裁節次의 종료에 合意하는 경우

　3. 仲裁判定部가 仲裁節次를 續行하는 것이 불필요하거나 불가능하다고 인정하는 경우

③ 仲裁判定部의 權限은第34條의 경우를 제외하고는 仲裁節次의 종료와 함께 終結된다.

第34條 (仲裁判定의 訂正 · 解釋 및 追加判定) ① 當事者들이 달리 기간을 정하지 아니하는 한 각 當事者는 仲裁判定의 正本을 받은 날부터 30日이내에 다음 各號의 1에 規定된 訂正 · 解釋 또는 追加判定을 仲裁判定部에 申請할 수 있다.

　1. 仲裁判定의 誤算 · 誤記 기타 이에 유사한 誤謬의 訂正

　2. 當事者間의 合意가 있는 경우에 仲裁判定의 일부 또는 特定爭點에 대한 解釋

　3. 仲裁節次에서 主張되었으나 仲裁判定에 포함되지 아니한 請求에 관한 追加判定. 다만, 當事者間에 다른 合意가 있는 때에는 그러하지 아니하다.

② 第1項의 申請을 하는 경우에 申請人은 相對方 當事者에게 그 취지를 통지하여야 한다.

③ 仲裁判定部는 第1項 第1號 및 第2號의 申請에 대하여는 申請을 받은 날부터 30日이내에, 同項 第3號의 申請에 대하여는 申請을 받은 날부터 60日이내에 이를 판단하여야 한다. 이 경우 第1項 第2號의 解釋은 仲裁判定의 일부를 구성한다.

④ 仲裁判定部는 判定日부터 30日이내에 職權으로 第1項 第1號의 訂正을 할 수 있다.

⑤ 仲裁判定部는 필요하다고 인정하는 때에는 第3項의 기간을 연장할 수 있다.

⑥ 第32條의 規定은 仲裁判定의 訂正 · 解釋 또는 追加判定의 形式에 관하여 이를 準用한다.

第6章 仲裁判定의 효력 및 불복

第35條 (仲裁判定의 효력) 仲裁判定은 當事者間에 있어서 法院의 確定判決과 동일한 효력을 가진다.

第36條 (仲裁判定取消의 訴) ① 仲裁判定에 대한 불복은 法院에 제기하는 仲裁判定取

消의 訴에 의하여만 할 수 있다.

② 法院은 다음 各號의 1에 해당하는 때에 한하여 仲裁判定을 取消할 수 있다.

　1. 仲裁判定의 取消를 구하는 當事者가 다음 各目의 1에 해당하는 사유를 증명하는 경우

　　가. 仲裁合意의 當事者가 그 準據法에 의하여 仲裁合意 당시 無能力者이었던 사실 또는 仲裁合意가 當事者들이 지정한 法에 의하여 無效이거나 그러한 지정이 없는 경우에는 大韓民國의 法에 의하여 無效인 사실

　　나. 仲裁判定의 取消를 구하는 當事者가 仲裁人의 선정 또는 仲裁節次에 관하여 적절한 통지를 받지 못하였거나 기타의 사유로 인하여 本案에 관한 辯論을 할 수 없었던 사실

　　다. 仲裁判定이 仲裁合意의 대상이 아닌 紛爭을 다룬 사실 또는 仲裁判定이 仲裁合意의 범위를 벗어난 사항을 다룬 사실. 다만, 仲裁判定이 仲裁合意의 대상에 관한 부분과 대상이 아닌 부분으로 分離될 수 있는 경우에는 대상이 아닌 仲裁判定部分만을 取消할 수 있다.

　　라. 仲裁判定部의 구성 또는 仲裁節次가 이 法의 强行規定에 반하지 아니하는 當事者間의 合意에 따르지 아니하거나 그러한 合意가 없는 경우에는 이 法에 따르지 아니하였다는 사실

　2. 法院이 職權으로 다음 各目의 1에 해당하는 사유가 있다고 인정하는 경우

　　가. 仲裁判定의 대상이 된 紛爭이 大韓民國의 法에 따라 仲裁로 해결될 수 없는 때

　　나. 仲裁判定의 승인 또는 執行이 大韓民國의 선량한 風俗 기타 社會秩序에 違背되는 때

③ 仲裁判定取消의 訴는 仲裁判定의 取消를 구하는 當事者가 仲裁判定의 正本을 받은 날부터 또는 第34條의 規定에 의한 訂正·解釋 또는 追加判定의 正本을 받은 날부터 3月이내에 제기하여야 한다.

④ 당해 仲裁判定에 관하여 大韓民國의 法院에서 내려진 승인 또는 執行判決이 확정된 후에는 仲裁判定取消의 訴를 제기할 수 없다.

第7章 仲裁判定의 승인과 執行

第37條 (仲裁判定의 승인과 執行) ① 仲裁判定의 승인 또는 執行은 法院의 승인 또는 執行判決에 의한다.

② 仲裁判定의 승인 또는 執行을 申請하는 當事者는 다음 各號의 書類를 제출하여야 한다. 다만, 仲裁判定 또는 仲裁合意가 外國語로 작성되어 있는 경우에는 정당하게 認

證된 韓國語의 飜譯文을 첨부하여야 한다.

  1. 仲裁判定의 正本 또는 정당하게 認證된 그 謄本

  2. 仲裁合意의 原本 또는 정당하게 認證된 그 謄本

第38條 (國內仲裁判定) 大韓民國내에서 내려진 仲裁判定은第36條 第2項의 사유가 없는 한 승인 또는 執行되어야 한다.

第39條 (外國仲裁判定) ① 외국중재판정의승인및집행에관한협약의 적용을 받는 外國仲裁判定의 승인 또는 執行은 同 協約에 의한다.

② 民事訴訟法 第203條, 第476條 第1項 및 第477條의 規定은 외국중재판정의승인및집행에관한협약의 적용을 받지 아니하는 外國仲裁判定의 승인 또는 執行에 관하여 이를 準用한다.

第8章 補則

第40條 (商事仲裁機關에 대한 보조) 政府는 이 法에 의하여 國內外 商事紛爭을 공정·신속하게 解決하고 國際去來秩序를 확립하기 위하여 産業資源部長官이 지정하는 商事仲裁를 행하는 社團法人에 대하여 필요한 經費의 전부 또는 일부를 보조할 수 있다.

第41條 (仲裁規則의 制定 및 승인) 第40條의 規定에 의하여 商事仲裁機關으로 지정받은 社團法人이 仲裁規則을 制定하거나 변경하는 때에는 大法院長의 승인을 얻어야 한다.

附則 〈법률 제6083호, 1999. 12. 31.〉

① (施行日) 이 法은 公布한 날부터 施行한다.

② (仲裁進行중인 事件에 대한 經過措置) 이 法 施行전에 仲裁節次가 진행중인 事件에 대하여는 종전의 規定에 의한다.

③ (商事仲裁機關指定등에 따른 經過措置) 이 法 施行당시의 社團法人 大韓商事仲裁院은 第40條의 改正規定에 의한 商事仲裁를 행하는 社團法人으로 지정된 것으로 보며, 社團法人 大韓商事仲裁院의 商事仲裁規則은第41條의 改正規定에 의한 大法院長의 승인을 얻은 것으로 본다.

3. 2016년 중재법 [일부개정 2016. 5. 29, 법률 제14176호][시행 2016. 11. 30]

제1장 총칙

제1조 (목적) 이 법은 중재(仲裁)에 의하여 사법(私法)상의 분쟁을 적정ㆍ공평ㆍ신속하게 해결함을 목적으로 한다.

제2조 (적용 범위) ① 이 법은 제21조에 따른 중재지(仲裁地)가 대한민국인 경우에 적용한다. 다만, 제9조와 제10조는 중재지가 아직 정해지지 아니하였거나 대한민국이 아닌 경우에도 적용하며, 제37조와 제39조는 중재지가 대한민국이 아닌 경우에도 적용한다.

② 이 법은 중재절차를 인정하지 아니하거나 이 법의 중재절차와는 다른 절차에 따라 중재에 부칠 수 있도록 정한 법률과 대한민국에서 발효(發效) 중인 조약에 대하여는 영향을 미치지 아니한다.

제3조 (정의) 이 법에서 사용하는 용어의 뜻은 다음과 같다. 〈2016 개정〉

    1. "중재"란 당사자 간의 합의로 재산권상의 분쟁 및 당사자가 화해에 의하여 해결할 수 있는 비재산권상의 분쟁을 법원의 재판에 의하지 아니하고 중재인(仲裁人)의 판정에 의하여 해결하는 절차를 말한다.

    2. "중재합의"란 계약상의 분쟁인지 여부에 관계없이 일정한 법률관계에 관하여 당사자 간에 이미 발생하였거나 앞으로 발생할 수 있는 분쟁의 전부 또는 일부를 중재에 의하여 해결하도록 하는 당사자 간의 합의를 말한다.

    3. "중재판정부"(仲裁判定部)란 중재절차를 진행하고 중재판정을 내리는 단독중재인 또는 여러 명의 중재인으로 구성되는 중재인단을 말한다.

제4조 (서면의 통지) ① 당사자 간에 다른 합의가 없는 경우에 서면(書面)의 통지는 수신인 본인에게 서면을 직접 교부하는 방법으로 한다.

② 제1항에 따른 직접 교부의 방법으로 통지할 수 없는 경우에는 서면이 수신인의 주소, 영업소 또는 우편연락장소에 정당하게 전달된 때에 수신인에게 통지된 것으로 본다.

③ 제2항을 적용할 때에 적절한 조회를 하였음에도 수신인의 주소, 영업소 또는 우편연락장소를 알 수 없는 경우에는 최후로 알려진 수신인의 주소, 영업소 또는 우편연락장소로 등기우편이나 그 밖에 발송을 증명할 수 있는 우편방법에 의하여 서면이 발송된 때에 수신인에게 통지된 것으로 본다.

④ 제1항부터 제3항까지의 규정은 법원이 하는 송달에는 적용하지 아니한다.

제5조 (이의신청권의 상실) 당사자가 이 법의 임의규정 또는 중재절차에 관한 당사자 간의 합의를 위반한 사실을 알고도 지체 없이 이의를 제기하지 아니하거나, 정하여진

이의제기 기간 내에 이의를 제기하지 아니하고 중재절차가 진행된 경우에는 그 이의신청권을 상실한다.

제6조 (법원의 관여) 법원은 이 법에서 정한 경우를 제외하고는 이 법에 관한 사항에 관여할 수 없다.

제7조 (관할법원) ① 다음 각 호의 사항에 대하여는 중재합의에서 지정한 지방법원 또는 지원(이하 "법원"이라 한다)이, 그 지정이 없는 경우에는 중재지를 관할하는 법원이 관할하며, 중재지가 아직 정하여지지 아니한 경우에는 피신청인의 주소 또는 영업소를 관할하는 법원이, 주소 또는 영업소를 알 수 없는 경우에는 거소(居所)를 관할하는 법원이, 거소도 알 수 없는 경우에는 최후로 알려진 주소 또는 영업소를 관할하는 법원이 관할한다. 〈2016 개정〉

1. 제12조 제3항 및 제4항에 따른 중재인의 선정 및 중재기관의 지정
2. 제14조 제3항에 따른 중재인의 기피신청에 대한 법원의 기피결정
3. 제15조 제2항에 따른 중재인의 권한종료신청에 대한 법원의 권한종료결정
4. 제17조 제6항에 따른 중재판정부의 권한심사신청에 대한 법원의 권한심사
  4의2. 제18조의7에 따른 임시적 처분의 승인 또는 집행 신청에 대한 법원의 결정 및 담보제공 명령
5. 제27조 제3항에 따른 감정인(鑑定人)에 대한 기피신청에 대한 법원의 기피결정

② 제28조에 따른 증거조사는 증거조사가 실시되는 지역을 관할하는 법원이 관할한다.

③ 다음 각 호의 사항에 대하여는 중재합의에서 지정한 법원이 관할하고, 그 지정이 없는 경우에는 중재지를 관할하는 법원이 관할한다.

1. 제32조 제4항에 따른 중재판정 원본(原本)의 보관
2. 제36조 제1항에 따른 중재판정 취소의 소(訴)

④ 제37조부터 제39조까지의 규정에 따른 중재판정의 승인과 집행 청구의 소는 다음 각 호의 어느 하나에 해당하는 법원이 관할한다.

1. 중재합의에서 지정한 법원
2. 중재지를 관할하는 법원
3. 피고 소유의 재산이 있는 곳을 관할하는 법원
4. 피고의 주소 또는 영업소, 주소 또는 영업소를 알 수 없는 경우에는 거소, 거소도 알 수 없는 경우에는 최후로 알려진 주소 또는 영업소를 관할하는 법원

제2장 중재합의

제8조 (중재합의의 방식) ① 중재합의는 독립된 합의 또는 계약에 중재조항을 포함하

는 형식으로 할 수 있다.

② 중재합의는 서면으로 하여야 한다.

③ 다음 각 호의 어느 하나에 해당하는 경우는 서면에 의한 중재합의로 본다. 〈2016 개정〉

　　1. 구두나 행위, 그 밖의 어떠한 수단에 의하여 이루어진 것인지 여부와 관계없이 중재합의의 내용이 기록된 경우

　　2. 전보(電報), 전신(電信), 팩스, 전자우편 또는 그 밖의 통신수단에 의하여 교환된 전자적 의사표시에 중재합의가 포함된 경우. 다만, 그 중재합의의 내용을 확인할 수 없는 경우는 제외한다.

　　3. 어느 한쪽 당사자가 당사자 간에 교환된 신청서 또는 답변서의 내용에 중재합의가 있는 것을 주장하고 상대방 당사자가 이에 대하여 다투지 아니하는 경우

④ 계약이 중재조항을 포함한 문서를 인용하고 있는 경우에는 중재합의가 있는 것으로 본다. 다만, 중재조항을 그 계약의 일부로 하고 있는 경우로 한정한다. 〈2016 개정〉

제9조 (중재합의와 법원에의 제소) ① 중재합의의 대상인 분쟁에 관하여 소가 제기된 경우에 피고가 중재합의가 있다는 항변(抗辯)을 하였을 때에는 법원은 그 소를 각하(却下)하여야 한다. 다만, 중재합의가 없거나 무효이거나 효력을 상실하였거나 그 이행이 불가능한 경우에는 그러하지 아니하다.

② 피고는 제1항의 항변을 본안(本案)에 관한 최초의 변론을 할 때까지 하여야 한다.

③ 제1항의 소가 법원에 계속(繫屬) 중인 경우에도 중재판정부는 중재절차를 개시 또는 진행하거나 중재판정을 내릴 수 있다.

제10조 (중재합의와 법원의 보전처분) 중재합의의 당사자는 중재절차의 개시 전 또는 진행 중에 법원에 보전처분(保全處分)을 신청할 수 있다.

제3장 중재판정부

제11조 (중재인의 수) ① 중재인의 수는 당사자 간의 합의로 정한다.

② 제1항의 합의가 없으면 중재인의 수는 3명으로 한다.

제12조 (중재인의 선정) ① 당사자 간에 다른 합의가 없으면 중재인은 국적에 관계없이 선정될 수 있다.

② 중재인의 선정절차는 당사자 간의 합의로 정한다.

③ 제2항의 합의가 없으면 다음 각 호의 구분에 따라 중재인을 선정한다. 〈2016 개정〉

　　1. 단독중재인에 의한 중재의 경우: 어느 한쪽 당사자가 상대방 당사자로부터 중재인의 선정을 요구받은 후 30일 이내에 당사자들이 중재인의 선정에 관하여 합의하지 못한 경우에는 어느 한쪽 당사자의 신청을 받아 법원 또는 그 법원이 지정

한 중재기관이 중재인을 선정한다.

2. 3명의 중재인에 의한 중재의 경우: 각 당사자가 1명씩 중재인을 선정하고, 이에 따라 선정된 2명의 중재인들이 합의하여 나머지 1명의 중재인을 선정한다. 이 경우 어느 한쪽 당사자가 상대방 당사자로부터 중재인의 선정을 요구받은 후 30일 이내에 중재인을 선정하지 아니하거나 선정된 2명의 중재인들이 선정된 후 30일 이내에 나머지 1명의 중재인을 선정하지 못한 경우에는 어느 한쪽 당사자의 신청을 받아 법원 또는 그 법원이 지정한 중재기관이 그 중재인을 선정한다.

④ 제2항의 합의가 있더라도 다음 각 호의 어느 하나에 해당할 때에는 당사자의 신청을 받아 법원 또는 그 법원이 지정한 중재기관이 중재인을 선정한다. 〈2016 개정〉

1. 어느 한쪽 당사자가 합의된 절차에 따라 중재인을 선정하지 아니하였을 때

2. 양쪽 당사자 또는 중재인들이 합의된 절차에 따라 중재인을 선정하지 못하였을 때

3. 중재인의 선정을 위임받은 기관 또는 그 밖의 제3자가 중재인을 선정할 수 없을 때

⑤ 제3항 및 제4항에 따른 법원 또는 그 법원이 지정한 중재기관의 결정에 대하여는 불복할 수 없다. 〈2016 개정〉

제13조 (중재인에 대한 기피 사유) ① 중재인이 되어 달라고 요청받은 사람 또는 중재인으로 선정된 사람은 자신의 공정성이나 독립성에 관하여 의심을 살 만한 사유가 있을 때에는 지체 없이 이를 당사자들에게 고지(告知)하여야 한다.

② 중재인은 제1항의 사유가 있거나 당사자들이 합의한 중재인의 자격을 갖추지 못한 사유가 있는 경우에만 기피될 수 있다. 다만, 당사자는 자신이 선정하였거나 선정절차에 참여하여 선정한 중재인에 대하여는 선정 후에 알게 된 사유가 있는 경우에만 기피신청을 할 수 있다.

제14조 (중재인에 대한 기피절차) ① 중재인에 대한 기피절차는 당사자 간의 합의로 정한다.

② 제1항의 합의가 없는 경우에 중재인을 기피하려는 당사자는 중재판정부가 구성된 날 또는 제13조 제2항의 사유를 안 날부터 15일 이내에 중재판정부에 서면으로 기피신청을 하여야 한다. 이 경우 기피신청을 받은 중재인이 사임(辭任)하지 아니하거나 상대방 당사자가 기피신청에 동의하지 아니하면 중재판정부는 그 기피신청에 대한 결정을 하여야 한다.

③ 제1항 및 제2항에 따른 기피신청이 받아들여지지 아니한 경우 기피신청을 한 당사자는 그 결과를 통지받은 날부터 30일 이내에 법원에 해당 중재인에 대한 기피신청을 할 수 있다. 이 경우 기피신청이 법원에 계속 중일 때에도 중재판정부는 중재절차를

진행하거나 중재판정을 내릴 수 있다.

④ 제3항에 따른 기피신청에 대한 법원의 기피결정에 대하여는 항고할 수 없다.

제15조 (중재인의 직무 불이행으로 인한 권한종료) ① 중재인이 법률상 또는 사실상의 사유로 직무를 수행할 수 없거나 정당한 사유 없이 직무 수행을 지체하는 경우에는 그 중재인의 사임 또는 당사자 간의 합의에 의하여 중재인의 권한은 종료된다.

② 제1항에 따른 중재인의 권한종료 여부에 관하여 다툼이 있는 경우 당사자는 법원에 이에 대한 결정을 신청할 수 있다.

③ 제2항에 따른 권한종료신청에 대한 법원의 권한종료결정에 대하여는 항고할 수 없다.

제16조 (보궐중재인의 선정) 중재인의 권한이 종료되어 중재인을 다시 선정하는 경우 그 선정절차는 대체되는 중재인의 선정에 적용된 절차에 따른다.

제17조 (중재판정부의 판정 권한에 관한 결정) ① 중재판정부는 자신의 권한 및 이와 관련된 중재합의의 존재 여부 또는 유효성에 대한 이의에 대하여 결정할 수 있다. 이 경우 중재합의가 중재조항의 형식으로 되어 있을 때에는 계약 중 다른 조항의 효력은 중재조항의 효력에 영향을 미치지 아니한다.

② 중재판정부의 권한에 관한 이의는 본안에 관한 답변서를 제출할 때까지 제기하여야 한다. 이 경우 당사자는 자신이 중재인을 선정하였거나 선정절차에 참여하였더라도 이의를 제기할 수 있다.

③ 중재판정부가 중재절차의 진행 중에 그 권한의 범위를 벗어난 경우 이에 대한 이의는 그 사유가 중재절차에서 다루어지는 즉시 제기하여야 한다.

④ 중재판정부는 제2항 및 제3항에 따른 이의가 같은 항에 규정된 시기보다 늦게 제기되었더라도 그 지연에 정당한 이유가 있다고 인정하는 경우에는 이를 받아들일 수 있다.

⑤ 중재판정부는 제2항 및 제3항에 따른 이의에 대하여 선결문제(先決問題)로서 결정하거나 본안에 관한 중재판정에서 함께 판단할 수 있다.

⑥ 중재판정부가 제5항에 따라 선결문제로서 그 권한의 유무를 결정한 경우에 그 결정에 불복하는 당사자는 그 결정을 통지받은 날부터 30일 이내에 법원에 중재판정부의 권한에 대한 심사를 신청할 수 있다. 〈2016 개정〉

⑦ 중재판정부는 제6항에 따른 신청으로 재판이 계속 중인 경우에도 중재절차를 진행하거나 중재판정을 내릴 수 있다.

⑧ 제6항에 따른 권한심사신청에 대한 법원의 권한심사에 대하여는 항고할 수 없다.

⑨ 제6항에 따른 신청을 받은 법원이 중재판정부에 판정 권한이 있다는 결정을 하게 되면 중재판정부는 중재절차를 계속해서 진행하여야 하고, 중재인이 중재절차의 진행

을 할 수 없거나 원하지 아니하면 중재인의 권한은 종료되고 제16조에 따라 중재인을
다시 선정하여야 한다. 〈2016 신설〉

제3장의2 임시적 처분 〈2016 신설〉

제18조 (임시적 처분) ① 당사자 간에 다른 합의가 없는 경우에 중재판정부는 어느 한쪽
당사자의 신청에 따라 필요하다고 인정하는 임시적 처분을 내릴 수 있다. 〈2016 개정〉
② 제1항의 임시적 처분은 중재판정부가 중재판정이 내려지기 전에 어느 한쪽 당사자
에게 다음 각 호의 내용을 이행하도록 명하는 잠정적 처분으로 한다. 〈2016 개정〉

  1. 본안에 대한 중재판정이 있을 때까지 현상의 유지 또는 복원
  2. 중재절차 자체에 대한 현존하거나 급박한 위험이나 영향을 방지하는 조치 또는
     그러한 위험이나 영향을 줄 수 있는 조치의 금지
  3. 중재판정의 집행 대상이 되는 자산에 대한 보전 방법의 제공
  4. 분쟁의 해결에 관련성과 중요성이 있는 증거의 보전

제18조의2(임시적 처분의 요건) ① 제18조 제2항 제1호부터 제3호까지의 임시적 처분은
이를 신청하는 당사자가 다음 각 호의 요건을 모두 소명하는 경우에만 내릴 수 있다.

  1. 신청인이 임시적 처분을 받지 못하는 경우 신청인에게 중재판정에 포함된 손해
     배상으로 적절히 보상되지 아니하는 손해가 발생할 가능성이 있고, 그러한 손해
     가 임시적 처분으로 인하여 상대방에게 발생할 것으로 예상되는 손해를 상당히
     초과할 것
  2. 본안에 대하여 합리적으로 인용가능성이 있을 것. 다만, 중재판정부는 본안 심리
     를 할 때 임시적 처분 결정 시의 인용가능성에 대한 판단에 구속되지 아니한다.
② 제18조 제2항 제4호의 임시적 처분의 신청에 대해서는 중재판정부가 적절하다고
판단하는 범위에서 제1항의 요건을 적용할 수 있다. 〈2016 신설〉

제18조의3(임시적 처분의 변경·정지 또는 취소) 중재판정부는 일방 당사자의 신청에
의하여 또는 특별한 사정이 있는 경우에는 당사자에게 미리 통지하고 직권으로 이미
내린 임시적 처분을 변경·정지하거나 취소할 수 있다. 이 경우 중재판정부는 그 변
경·정지 또는 취소 전에 당사자를 심문(審問)하여야 한다. 〈2016 신설〉

제18조의4(담보의 제공) 중재판정부는 임시적 처분을 신청하는 당사자에게 상당한 담
보의 제공을 명할 수 있다. 〈2016 신설〉

제18조의5(고지의무) 중재판정부는 당사자에게 임시적 처분 또는 그 신청의 기초가 되
는 사정에 중요한 변경이 있을 경우 즉시 이를 알릴 것을 요구할 수 있다. 〈2016 신설〉

제18조의6(비용 및 손해배상) ① 중재판정부가 임시적 처분을 내린 후 해당 임시적 처
분이 부당하다고 인정할 경우에는 임시적 처분을 신청한 당사자는 임시적 처분으로

인한 비용이나 손해를 상대방 당사자에게 지급하거나 배상할 책임을 진다.

② 중재판정부는 중재절차 중 언제든지 제1항에 따른 비용의 지급이나 손해의 배상을 중재판정의 형식으로 명할 수 있다. 〈2016 신설〉

제18조의7(임시적 처분의 승인 및 집행) ① 중재판정부가 내린 임시적 처분의 승인을 받으려는 당사자는 법원에 그 승인의 결정을 구하는 신청을 할 수 있으며, 임시적 처분에 기초한 강제집행을 하려고 하는 당사자는 법원에 이를 집행할 수 있다는 결정을 구하는 신청을 할 수 있다.

② 임시적 처분의 승인 또는 집행을 신청한 당사자 및 그 상대방 당사자는 그 처분의 변경·정지 또는 취소가 있는 경우 법원에 이를 알려야 한다.

③ 중재판정부가 임시적 처분과 관련하여 담보제공 명령을 하지 아니한 경우나 제3자의 권리를 침해할 우려가 있는 경우, 임시적 처분의 승인이나 집행을 신청받은 법원은 필요하다고 인정할 때에는 승인과 집행을 신청한 당사자에게 적절한 담보를 제공할 것을 명할 수 있다.

④ 임시적 처분의 집행에 관하여는 「민사집행법」 중 보전처분에 관한 규정을 준용한다. 〈2016 신설〉

제18조의8(승인 및 집행의 거부사유) ① 임시적 처분의 승인 또는 집행은 다음 각 호의 어느 하나에 해당하는 경우에만 거부될 수 있다.

  1. 임시적 처분의 상대방 당사자의 이의에 따라 법원이 다음 각 목의 어느 하나에 해당한다고 인정하는 경우

    가. 임시적 처분의 상대방 당사자가 다음의 어느 하나에 해당하는 사실을 소명한 경우

      1) 제36조 제2항 제1호 가목 또는 라목에 해당하는 사실

      2) 임시적 처분의 상대방 당사자가 중재인의 선정 또는 중재절차에 관하여 적절한 통지를 받지 못하였거나 그 밖의 사유로 변론을 할 수 없었던 사실

      3) 임시적 처분이 중재합의 대상이 아닌 분쟁을 다룬 사실 또는 임시적 처분이 중재합의 범위를 벗어난 사항을 다룬 사실. 다만, 임시적 처분이 중재합의의 대상에 관한 부분과 대상이 아닌 부분으로 분리될 수 있는 경우에는 대상이 아닌 임시적 처분 부분만이 거부될 수 있다.

    나. 임시적 처분에 대하여 법원 또는 중재판정부가 명한 담보가 제공되지 아니한 경우

    다. 임시적 처분이 중재판정부에 의하여 취소 또는 정지된 경우

  2. 법원이 직권으로 다음 각 목의 어느 하나에 해당한다고 인정하는 경우

    가. 법원에 임시적 처분을 집행할 권한이 없는 경우. 다만, 법원이 임시적 처분의

집행을 위하여 임시적 처분의 실체를 변경하지 아니하고 필요한 범위에서 임
시적 처분을 변경하는 결정을 한 경우에는 그러하지 아니하다.

　　나. 제36조 제2항 제2호 가목 또는 나목의 사유가 있는 경우

② 제18조의7에 따라 임시적 처분의 승인이나 집행을 신청받은 법원은 그 결정을 할
때 임시적 처분의 실체에 대하여 심리해서는 아니 된다.

③ 제1항의 사유에 기초한 법원의 판단은 임시적 처분의 승인과 집행의 결정에 대해
서만 효력이 있다. 〈2016 신설〉

제4장 중재절차

제19조 (당사자에 대한 **동등한 대우**) 양쪽 당사자는 중재절차에서 동등한 대우를 받아
야 하고, 자신의 사안(事案)에 대하여 변론할 수 있는 충분한 기회를 가져야 한다.

제20조 (**중재절차**) ① 이 법의 강행규정(強行規定)에 반하는 경우를 제외하고는 당사
자들은 중재절차에 관하여 합의할 수 있다.

② 제1항의 합의가 없는 경우에는 중재판정부가 이 법에 따라 적절한 방식으로 중재
절차를 진행할 수 있다. 이 경우 중재판정부는 증거능력, 증거의 관련성 및 증명력에
관하여 판단할 권한을 가진다.

제21조 (**중재지**) ① 중재지는 당사자 간의 합의로 정한다.

② 제1항의 합의가 없는 경우 중재판정부는 당사자의 편의와 해당 사건에 관한 모든
사정을 고려하여 중재지를 정한다.

③ 중재판정부는 제1항 및 제2항에 따른 중재지 외의 적절한 장소에서 중재인들 간의
협의, 증인·감정인 및 당사자 본인에 대한 신문(訊問), 물건·장소의 검증 또는 문서의
열람을 할 수 있다. 다만, 당사자가 이와 달리 합의한 경우에는 그러하지 아니하다.
〈2016 개정〉

제22조 (**중재절차의 개시**) ① 당사자 간에 다른 합의가 없는 경우 중재절차는 피신청
인이 중재요청서를 받은 날부터 시작된다.

② 제1항의 중재요청서에는 당사자, 분쟁의 대상 및 중재합의의 내용을 적어야 한다.

제23조 (**언어**) ① 중재절차에서 사용될 언어는 당사자 간의 합의로 정하고, 합의가 없
는 경우에는 중재판정부가 지정하며, 중재판정부의 지정이 없는 경우에는 한국어로
한다.

② 제1항의 언어는 달리 정한 것이 없으면 당사자의 준비서면, 구술심리(口述審理),
중재판정부의 중재판정 및 결정, 그 밖의 의사표현에 사용된다.

③ 중재판정부는 필요하다고 인정하면 서증(書證)과 함께 제1항의 언어로 작성된 번
역문을 제출할 것을 당사자에게 명할 수 있다.

제24조 (신청서와 답변서) ① 신청인은 당사자들이 합의하였거나 중재판정부가 정한 기간 내에 신청 취지와 신청 원인이 된 사실을 적은 신청서를 중재판정부에 제출하고, 피신청인은 이에 대하여 답변하여야 한다.

② 당사자는 신청서 또는 답변서에 중요하다고 인정하는 서류를 첨부하거나 앞으로 사용할 증거방법을 표시할 수 있다.

③ 당사자 간에 다른 합의가 없는 경우 당사자는 중재절차의 진행 중에 자신의 신청이나 공격·방어방법을 변경하거나 보완할 수 있다. 다만, 중재판정부가 변경 또는 보완에 의하여 절차가 현저히 지연될 우려가 있다고 인정하는 경우에는 그러하지 아니하다.

제25조 (심리) ① 당사자 간에 다른 합의가 없는 경우 중재판정부는 구술심리를 할 것인지 또는 서면으로만 심리를 할 것인지를 결정한다. 다만, 당사자들이 구술심리를 하지 아니하기로 합의한 경우를 제외하고는 중재판정부는 어느 한쪽 당사자의 신청에 따라 적절한 단계에서 구술심리를 하여야 한다.

② 중재판정부는 구술심리나 그 밖의 증거조사를 하기 전에 충분한 시간을 두고 구술심리기일 또는 증거조사기일을 당사자에게 통지하여야 한다.

③ 어느 한쪽 당사자가 중재판정부에 제출하는 준비서면, 서류, 그 밖의 자료는 지체 없이 상대방 당사자에게 제공되어야 한다. 〈2016 개정〉

④ 중재판정부가 판정에서 기초로 삼으려는 감정서(鑑定書) 또는 서증은 양쪽 당사자에게 제공되어야 한다. 〈2016 개정〉

제26조 (어느 한쪽 당사자의 해태) ① 신청인이 제24조 제1항에 따라 신청서를 제출하지 아니하는 경우 중재판정부는 중재절차를 종료하여야 한다.

② 피신청인이 제24조 제1항의 답변서를 제출하지 아니하는 경우 중재판정부는 신청인의 주장에 대한 자백으로 간주하지 아니하고 중재절차를 계속 진행하여야 한다.

③ 어느 한쪽 당사자가 구술심리에 출석하지 아니하거나 정하여진 기간 내에 서증을 제출하지 아니하는 경우 중재판정부는 중재절차를 계속 진행하여 제출된 증거를 기초로 중재판정을 내릴 수 있다.

④ 당사자 간에 다른 합의가 있거나 중재판정부가 상당한 이유가 있다고 인정하는 경우에는 제1항부터 제3항까지의 규정을 적용하지 아니한다.

제27조 (감정인) ① 당사자 간에 다른 합의가 없는 경우 중재판정부는 특정 쟁점에 대한 감정을 위하여 감정인을 지정할 수 있다. 이 경우 중재판정부는 당사자로 하여금 감정인에게 필요한 정보를 제공하고 감정인의 조사를 위하여 관련 문서와 물건 등을 제출하게 하거나 그에 대한 접근을 허용하도록 할 수 있다.

② 당사자 간에 다른 합의가 없는 경우 중재판정부는 직권으로 또는 당사자의 신청을

받아 감정인을 구술심리기일에 출석시켜 당사자의 질문에 답변하도록 할 수 있다.

③ 중재판정부가 지정한 감정인에 대한 기피에 관하여는 제13조 및 제14조를 준용한다.

제28조 (증거조사에 관한 법원의 협조) ① 중재판정부는 직권으로 또는 당사자의 신청을 받아 법원에 증거조사를 촉탁(囑託)하거나 증거조사에 대한 협조를 요청할 수 있다. 〈2016 개정〉

② 중재판정부가 법원에 증거조사를 촉탁하는 경우 중재판정부는 조서(調書)에 적을 사항과 그 밖에 증거조사가 필요한 사항을 서면으로 지정할 수 있다. 〈2016 개정〉

③ 제2항에 따라 법원이 증거조사를 하는 경우 중재인이나 당사자는 재판장의 허가를 얻어 그 증거조사에 참여할 수 있다. 〈2016 개정〉

④ 제2항의 경우 법원은 증거조사를 마친 후 증인신문조서 등본, 검증조서 등본 등 증거조사에 관한 기록을 지체 없이 중재판정부에 보내야 한다. 〈2016 개정〉

⑤ 중재판정부가 법원에 증거조사에 대한 협조를 요청하는 경우 법원은 증인이나 문서소지자 등에게 중재판정부 앞에 출석할 것을 명하거나 중재판정부에 필요한 문서를 제출할 것을 명할 수 있다. 〈2016 신설〉

⑥ 중재판정부는 증거조사에 필요한 비용을 법원에 내야 한다. 〈2016 신설〉

제5장 중재판정

제29조 (분쟁의 실체에 적용될 법) ① 중재판정부는 당사자들이 지정한 법에 따라 판정을 내려야 한다. 특정 국가의 법 또는 법 체계가 지정된 경우에 달리 명시된 것이 없으면 그 국가의 국제사법이 아닌 분쟁의 실체(實體)에 적용될 법을 지정한 것으로 본다.

② 제1항의 지정이 없는 경우 중재판정부는 분쟁의 대상과 가장 밀접한 관련이 있는 국가의 법을 적용하여야 한다.

③ 중재판정부는 당사자들이 명시적으로 권한을 부여하는 경우에만 형평과 선(善)에 따라 판정을 내릴 수 있다.

④ 중재판정부는 계약에서 정한 바에 따라 판단하고 해당 거래에 적용될 수 있는 상관습(商慣習)을 고려하여야 한다.

제30조 (중재판정부의 의사결정) 당사자 간에 다른 합의가 없는 경우 3명 이상의 중재인으로 구성된 중재판정부의 의사결정은 과반수의 결의에 따른다. 다만, 중재절차는 당사자 간의 합의가 있거나 중재인 전원이 권한을 부여하는 경우에는 절차를 주관하는 중재인이 단독으로 결정할 수 있다.

제31조 (화해) ① 중재절차의 진행 중에 당사자들이 화해한 경우 중재판정부는 그 절

차를 종료한다. 이 경우 중재판정부는 당사자들의 요구에 따라 그 화해 내용을 중재판정의 형식으로 적을 수 있다.

② 제1항에 따라 화해 내용을 중재판정의 형식으로 적을 때에는 제32조에 따라 작성되어야 하며, 중재판정임이 명시되어야 한다.

③ 화해 중재판정은 해당 사건의 본안에 관한 중재판정과 동일한 효력을 가진다.

제32조 (중재판정의 형식과 내용) ① 중재판정은 서면으로 작성하여야 하며, 중재인 전원이 서명하여야 한다. 다만, 3명 이상의 중재인으로 구성된 중재판정부의 경우에 과반수에 미달하는 일부 중재인에게 서명할 수 없는 사유가 있을 때에는 다른 중재인이 그 사유를 적고 서명하여야 한다.

② 중재판정에는 그 판정의 근거가 되는 이유를 적어야 한다. 다만, 당사자 간에 합의가 있거나 제31조에 따른 화해 중재판정인 경우에는 그러하지 아니하다.

③ 중재판정에는 작성날짜와 중재지를 적어야 한다. 이 경우 중재판정은 그 중재판정서에 적힌 날짜와 장소에서 내려진 것으로 본다.

④ 제1항부터 제3항까지의 규정에 따라 작성·서명된 중재판정의 정본(正本)은 제4조 제1항부터 제3항까지의 규정에 따라 각 당사자에게 송부한다. 다만, 당사자의 신청이 있는 경우에는 중재판정부는 중재판정의 원본을 그 송부 사실을 증명하는 서면과 함께 관할법원에 송부하여 보관할 수 있다. 〈2016 개정〉

제33조 (중재절차의 종료) ① 중재절차는 종국판정(終局判定) 또는 제2항에 따른 중재판정부의 결정에 따라 종료된다.

② 중재판정부는 다음 각 호의 어느 하나에 해당하는 경우에는 중재절차의 종료결정을 하여야 한다.

  1. 신청인이 중재신청을 철회하는 경우. 다만, 피신청인이 이에 동의하지 아니하고 중재판정부가 피신청인에게 분쟁의 최종적 해결을 구할 정당한 이익이 있다고 인정하는 경우는 제외한다.

  2. 당사자들이 중재절차를 종료하기로 합의하는 경우

  3. 중재판정부가 중재절차를 계속 진행하는 것이 불필요하거나 불가능하다고 인정하는 경우

③ 중재판정부의 권한은 제34조의 경우를 제외하고는 중재절차의 종료와 함께 종결된다.

제34조 (중재판정의 정정·해석 및 추가 판정) ① 당사자들이 달리 기간을 정한 경우를 제외하고는 각 당사자는 중재판정의 정본을 받은 날부터 30일 이내에 다음 각 호의 어느 하나에 규정된 정정, 해석 또는 추가 판정을 중재판정부에 신청할 수 있다.

  1. 중재판정의 오산(誤算)·오기(誤記), 그 밖에 이와 유사한 오류의 정정

  2. 당사자 간의 합의가 있는 경우에 중재판정의 일부 또는 특정 쟁점에 대한 해석

  3. 중재절차에서 주장되었으나 중재판정에 포함되지 아니한 청구에 관한 추가 판정. 다만, 당사자 간에 다른 합의가 있는 경우는 제외한다.

② 제1항의 신청을 하는 경우 신청인은 상대방 당사자에게 그 취지를 통지하여야 한다.

③ 중재판정부는 제1항 제1호 및 제2호의 신청에 대하여는 신청을 받은 날부터 30일 이내에, 같은 항 제3호의 신청에 대하여는 신청을 받은 날부터 60일 이내에 이를 판단하여야 한다. 이 경우 제1항 제2호의 해석은 중재판정의 일부를 구성한다.

④ 중재판정부는 판정일부터 30일 이내에 직권으로 제1항 제1호의 정정을 할 수 있다.

⑤ 중재판정부는 필요하다고 인정할 때에는 제3항의 기간을 연장할 수 있다.

⑥ 중재판정의 정정, 해석 또는 추가 판정의 형식에 관하여는 제32조를 준용한다.

제34조의2(중재비용의 분담) 당사자 간에 다른 합의가 없는 경우 중재판정부는 중재 사건에 관한 모든 사정을 고려하여 중재절차에 관하여 지출한 비용의 분담에 관하여 정할 수 있다. 〈2016 신설〉

제34조의3(지연이자) 당사자 간에 다른 합의가 없는 경우 중재판정부는 중재판정을 내릴 때 중재사건에 관한 모든 사정을 고려하여 적절하다고 인정하는 지연이자의 지 급을 명할 수 있다. 〈2016 신설〉

제6장 중재판정의 효력 및 불복

제35조 (중재판정의 효력) 중재판정은 양쪽 당사자 간에 법원의 확정판결과 동일한 효 력을 가진다. 다만, 제38조에 따라 승인 또는 집행이 거절되는 경우에는 그러하지 아 니하다. 〈2016 개정〉

제36조 (중재판정 취소의 소) ① 중재판정에 대한 불복은 법원에 중재판정 취소의 소 를 제기하는 방법으로만 할 수 있다.

② 법원은 다음 각 호의 어느 하나에 해당하는 경우에만 중재판정을 취소할 수 있다. 〈2016 개정〉

  1. 중재판정의 취소를 구하는 당사자가 다음 각 목의 어느 하나에 해당하는 사실을 증명하는 경우

    가. 중재합의의 당사자가 해당 준거법(準據法)에 따라 중재합의 당시 무능력자였던 사실 또는 중재합의가 당사자들이 지정한 법에 따라 무효이거나 그러한 지정이 없는 경우에는 대한민국의 법에 따라 무효인 사실

    나. 중재판정의 취소를 구하는 당사자가 중재인의 선정 또는 중재절차에 관하여 적절한 통지를 받지 못하였거나 그 밖의 사유로 변론을 할 수 없었던 사실

　　　다. 중재판정이 중재합의의 대상이 아닌 분쟁을 다룬 사실 또는 중재판정이 중재
　　　　　합의의 범위를 벗어난 사항을 다룬 사실. 다만, 중재판정이 중재합의의 대상
　　　　　에 관한 부분과 대상이 아닌 부분으로 분리될 수 있는 경우에는 대상이 아닌
　　　　　중재판정 부분만을 취소할 수 있다.
　　　라. 중재판정부의 구성 또는 중재절차가 이 법의 강행규정에 반하지 아니하는 당
　　　　　사자 간의 합의에 따르지 아니하였거나 그러한 합의가 없는 경우에는 이 법
　　　　　에 따르지 아니하였다는 사실
　　2. 법원이 직권으로 다음 각 목의 어느 하나에 해당하는 사유가 있다고 인정하는 경우
　　　가. 중재판정의 대상이 된 분쟁이 대한민국의 법에 따라 중재로 해결될 수 없는
　　　　　경우

배되는 경우

　③ 중재판정 취소의 소는 중재판정의 취소를 구하는 당사자가 중재판정의 정본을
받은 날부터 또는 제34조에 따른 정정·해석 또는 추가 판정의 정본을 받은 날부터 3
개월 이내에 제기하여야 한다.

　④ 해당　나. 중재판정의 승인 또는 집행이 대한민국의 선량한 풍속이나 그 밖의 사
회질서에 위 중재판정에 관하여 대한민국의 법원에서 내려진 승인 또는 집행 결정이
확정된 후에는 중재판정 취소의 소를 제기할 수 없다. 〈2016 개정〉

제7장 중재판정의 승인과 집행

제37조 (중재판정의 승인과 집행) ① 중재판정은 제38조 또는 제39조에 따른 승인 거
부사유가 없으면 승인된다. 다만, 당사자의 신청이 있는 경우에는 법원은 중재판정을
승인하는 결정을 할 수 있다. 〈2016 개정〉

② 중재판정에 기초한 집행은 당사자의 신청에 따라 법원에서 집행결정으로 이를 허
가하여야 할 수 있다. 〈2016 신설〉

③ 중재판정의 승인 또는 집행을 신청하는 당사자는 중재판정의 정본이나 사본을 제
출하여야 한다. 다만, 중재판정이 외국어로 작성되어 있는 경우에는 한국어 번역문을
첨부하여야 한다. 〈2016 개정〉

④ 제1항 단서 또는 제2항의 신청이 있는 때에는 법원은 변론기일 또는 당사자 쌍방이
참여할 수 있는 심문기일을 정하고 당사자에게 이를 통지하여야 한다. 〈2016 신설〉

⑤ 제1항 단서 또는 제2항에 따른 결정은 이유를 적어야 한다. 다만, 변론을 거치지
아니한 경우에는 이유의 요지만을 적을 수 있다. 〈2016 신설〉

⑥ 제1항 단서 또는 제2항에 따른 결정에 대해서는 즉시항고를 할 수 있다. 〈2016
신설〉

⑦ 제6항의 즉시항고는 집행정지의 효력을 가지지 아니한다. 다만, 항고법원(재판기록이 원심법원에 남아 있을 때에는 원심법원을 말한다)은 즉시항고에 대한 결정이 있을 때까지 담보를 제공하게 하거나 담보를 제공하게 하지 아니하고 원심재판의 집행을 정지하거나 집행절차의 전부 또는 일부를 정지하도록 명할 수 있으며, 담보를 제공하게 하고 그 집행을 계속하도록 명할 수 있다. 〈2016 신설〉

⑧ 제7항 단서에 따른 결정에 대해서는 불복할 수 없다. 〈2016 신설〉

제38조 (국내 중재판정) 대한민국에서 내려진 중재판정은 다음 각 호의 어느 하나에 해당하는 사유가 없으면 승인되거나 집행되어야 한다. 〈2016 개정〉

1. 중재판정의 당사자가 다음 각 목의 어느 하나에 해당하는 사실을 증명한 경우
   가. 제36조 제2항 제1호 각 목의 어느 하나에 해당하는 사실
   나. 다음의 어느 하나에 해당하는 사실
      1) 중재판정의 구속력이 당사자에 대하여 아직 발생하지 아니하였다는 사실
      2) 중재판정이 법원에 의하여 취소되었다는 사실
2. 제36조 제2항 제2호에 해당하는 경우

제39조 (외국 중재판정) ① 「외국 중재판정의 승인 및 집행에 관한 협약」을 적용받는 외국 중재판정의 승인 또는 집행은 같은 협약에 따라 한다.

② 「외국 중재판정의 승인 및 집행에 관한 협약」을 적용받지 아니하는 외국 중재판정의 승인 또는 집행에 관하여는 「민사소송법」 제217조, 「민사집행법」 제26조 제1항 및 제27조를 준용한다.

제8장 보칙

제40조 (상사중재기관에 대한 보조) 정부는 이 법에 따라 국내외 상사분쟁(商事紛爭)을 공정·신속하게 해결하고 국제거래질서를 확립하기 위하여 산업통상자원부장관이 지정하는 상사중재(商事仲裁)를 하는 사단법인에 대하여 필요한 경비의 전부 또는 일부를 보조할 수 있다.

> 〈이 조항은 2020. 2. 4. 아래와 같이 개정되었음〉
> **제40조 (상사중재기관에 대한 보조)** 정부는 이 법에 따라 국내외 상사분쟁(商事紛爭)을 공정·신속하게 해결하고 국제거래질서를 확립하기 위하여 법무부장관 또는 산업통상자원부장관이 지정하는 상사중재(商事仲裁)를 하는 사단법인에 대하여 필요한 경비의 전부 또는 일부를 보조할 수 있다.

제41조 (중재규칙의 제정 및 승인) 제40조에 따라 상사중재기관으로 지정받은 사단법

인이 중재규칙을 제정하거나 변경할 때에는 대법원장의 승인을 받아야 한다.

부칙

제1조 (시행일) 이 법은 공포 후 6개월이 경과한 날부터 시행한다.

제2조 (중재절차 진행 중인 사건에 관한 경과조치) 이 법 시행 당시 중재절차가 진행
중인 사건에 대한 중재합의의 방식, 중재인 선정, 중재판정부의 판정 권한에 대한 불
복, 임시적 처분 및 증거조사 협조 요청에 관하여는 제7조, 제8조, 제12조, 제17조, 제
18조, 제18조의2부터 제18조의8까지 및 제28조의 개정규정에도 불구하고 종전의 규정
에 따른다.

4. United Nations Convention on the Recognition and Enforcement of Foreign Arbitral Awards (New York, 10 June 1958)

Article I

1. This Convention shall apply to the recognition and enforcement of arbitral awards made in the territory of a State other than the State where the recognition and enforcement of such awards are sought, and arising out of differences between persons, whether physical or legal. It shall also apply to arbitral awards not considered as domestic awards in the State where their recognition and enforcement are sought.

2. The term "arbitral awards" shall include not only awards made by arbitrators appointed for each case but also those made by permanent arbitral bodies to which the parties have submitted.

3. When signing, ratifying or acceding to this Convention, or notifying extension under article X hereof, any State may on the basis of reciprocity declare that it will apply the Convention to the recognition and enforcement of awards made only in the territory of another Contracting State. It may also declare that it will apply the Convention only to differences arising out of legal relationships, whether contractual or not, which are considered as commercial under the national law of the State making such declaration.

Article II

1. Each Contracting State shall recognize an agreement in writing under which the parties undertake to submit to arbitration all or any differences which have arisen or which may arise between them in respect of a defined legal relationship, whether contractual or not, concerning a subject matter capable of settlement by arbitration.

2. The term "agreement in writing" shall include an arbitral clause in a contract or an arbitration agreement, signed by the parties or contained in an exchange of letters or telegrams.

3. The court of a Contracting State, when seized of an action in a matter in respect of which the parties have made an agreement within the meaning of this article, shall, at the request of one of the parties, refer the parties to arbitration, unless it finds that the said agreement is null and void, inoperative or incapable of being performed.

Article III

Each Contracting State shall recognize arbitral awards as binding and enforce them in accordance with the rules of procedure of the territory where the award is relied upon, under the conditions laid down in the following articles. There shall not be imposed substantially more onerous conditions or higher fees or charges on the recognition or enforcement of arbitral awards to which this Convention applies than are imposed on the recognition or enforcement of domestic arbitral awards.

Article IV

1. To obtain the recognition and enforcement mentioned in the preceding article, the party applying for recognition and enforcement shall, at the time of the application, supply:

(a) The duly authenticated original award or a duly certified copy thereof;

(b) The original agreement referred to in article II or a duly certified copy thereof.

2. If the said award or agreement is not made in an official language of the country in which the award is relied upon, the party applying for recognition and

enforcement of the award shall produce a translation of these documents into such language. The translation shall be certified by an official or sworn translator or by a diplomatic or consular agent.

Article V

1. Recognition and enforcement of the award may be refused, at the request of the party against whom it is invoked, only if that party furnishes to the competent authority where the recognition and enforcement is sought, proof that:

(a) The parties to the agreement referred to in article II were, under the law applicable to them, under some incapacity, or the said agreement is not valid under the law to which the parties have subjected it or, failing any indication thereon, under the law of the country where the award was made; or

(b) The party against whom the award is invoked was not given proper notice of the appointment of the arbitrator or of the arbitration proceedings or was otherwise unable to present his case; or

(c) The award deals with a difference not contemplated by or not falling within the terms of the submission to arbitration, or it contains decisions on matters beyond the scope of the submission to arbitration, provided that, if the decisions on matters submitted to arbitration can be separated from those not so submitted, that part of the award which contains decisions on matters submitted to arbitration may be recognized and enforced; or

(d) The composition of the arbitral authority or the arbitral procedure was not in accordance with the agreement of the parties, or, failing such agreement, was not in accordance with the law of the country where the arbitration took place; or

(e) The award has not yet become binding on the parties, or has been set aside or suspended by a competent authority of the country in which, or under the law of which, that award was made.

2. Recognition and enforcement of an arbitral award may also be refused if the competent authority in the country where recognition and enforcement is sought finds that:

(a) The subject matter of the difference is not capable of settlement by arbi-
tration under the law of that country; or

(b) The recognition or enforcement of the award would be contrary to the
public policy of that country.

Article VI

If an application for the setting aside or suspension of the award has been
made to a competent authority referred to in article V (1) (e), the authority before
which the award is sought to be relied upon may, if it considers it proper, adjourn
the decision on the enforcement of the award and may also, on the application of
the party claiming enforcement of the award, order the other party to give suitable
security.

Article VII

1. The provisions of the present Convention shall not affect the validity of
multilateral or bilateral agreements concerning the recognition and enforcement of
arbitral awards entered into by the Contracting States nor deprive any interested
party of any right he may have to avail himself of an arbitral award in the manner
and to the extent allowed by the law or the treaties of the country where such
award is sought to be relied upon.

2. The Geneva Protocol on Arbitration Clauses of 1923 and the Geneva
Convention on the Execution of Foreign Arbitral Awards of 1927 shall cease to
have effect between Contracting States on their becoming bound and to the extent
that they become bound, by this Convention.

Article VIII

1. This Convention shall be open until 31 December 1958 for signature on
behalf of any Member of the United Nations and also on behalf of any other State
which is or hereafter becomes a member of any specialized agency of the United
Nations, or which is or hereafter becomes a party to the Statute of the
International Court of Justice, or any other State to which an invitation has been
addressed by the General Assembly of the United Nations.

2. This Convention shall be ratified and the instrument of ratification shall be

deposited with the Secretary-General of the United Nations.

Article IX

1. This Convention shall be open for accession to all States referred to in article Ⅷ.

2. Accession shall be effected by the deposit of an instrument of accession with the Secretary-General of the United Nations.

Article X

1. Any State may, at the time of signature, ratification or accession, declare that this Convention shall extend to all or any of the territories for the international relations of which it is responsible. Such a declaration shall take effect when the Convention enters into force for the State concerned.

2. At any time thereafter any such extension shall be made by notification addressed to the Secretary-General of the United Nations and shall take effect as from the ninetieth day after the day of receipt by the Secretary-General of the United Nations of this notification, or as from the date of entry into force of the Convention for the State concerned, whichever is the later.

3. With respect to those territories to which this Convention is not extended at the time of signature, ratification or accession, each State concerned shall consider the possibility of taking the necessary steps in order to extend the application of this Convention to such territories, subject, where necessary for constitutional reasons, to the consent of the Governments of such territories.

Article XI

In the case of a federal or non-unitary State, the following provisions shall apply:

  (a) With respect to those articles of this Convention that come within the legislative jurisdiction of the federal authority, the obligations of the federal Government shall to this extent be the same as those of Contracting States which are not federal States;

  (b) With respect to those articles of this Convention that come within the legislative jurisdiction of constituent states or provinces which are not, under the constitutional system of the federation, bound to take legislative action, the federal Government shall bring such articles with a favourable recommendation to the notice of the appropriate authorities of constituent states or provinces at the earliest possible moment;

(c) A federal State Party to this Convention shall, at the request of any other Contracting State transmitted through the Secretary-General of the United Nations, supply a statement of the law and practice of the federation and its constituent units in regard to any particular provision of this Convention, showing the extent to which effect has been given to that provision by legislative or other action.

Article XII

1. This Convention shall come into force on the ninetieth day following the date of deposit of the third instrument of ratification or accession.

2. For each State ratifying or acceding to this Convention after the deposit of the third instrument of ratification or accession, this Convention shall enter into force on the ninetieth day after deposit by such State of its instrument of ratification or accession.

Article XIII

1. Any Contracting State may denounce this Convention by a written notification to the Secretary-General of the United Nations. Denunciation shall take effect one year after the date of receipt of the notification by the Secretary-General.

2. Any State which has made a declaration or notification under article X may, at any time thereafter, by notification to the Secretary-General of the United Nations, declare that this Convention shall cease to extend to the territory concerned one year after the date of the receipt of the notification by the Secretary-General.

3. This Convention shall continue to be applicable to arbitral awards in respect of which recognition and enforcement proceedings have been instituted before the denunciation takes effect.

Article XIV

A Contracting State shall not be entitled to avail itself of the present Convention against other Contracting States except to the extent that it is itself bound to apply the Convention.

Article XV

The Secretary-General of the United Nations shall notify the States contemplated in article Ⅷ of the following:

(a) Signatures and ratifications in accordance with article Ⅷ;

(b) Accessions in accordance with article Ⅸ;

(c) Declarations and notifications under articles Ⅰ, Ⅹ and Ⅺ;

(d) The date upon which this Convention enters into force in accordance with article Ⅻ;

(e) Denunciations and notifications in accordance with article ⅩⅢ

Article XVI

1. This Convention, of which the Chinese, English, French, Russian and Spanish texts shall be equally authentic, shall be deposited in the archives of the United Nations.

2. The Secretary-General of the United Nations shall transmit a certified copy of this Convention to the States contemplated in article Ⅷ.

5. UNCITRAL Model Law on International Commercial Arbitration 1985 with amendments as adopted in 2006

CHAPTER Ⅰ. GENERAL PROVISIONS

Article 1. Scope of application

(1) This Law applies to international commercial arbitration, subject to any agreement in force between this State and any other State or States.

(2) The provisions of this Law, except articles 8, 9, 17 H, 17 I, 17 J, 35 and 36, apply only if the place of arbitration is in the territory of this State.(ammended in 2006)

(3) An arbitration is international if:

(a) the parties to an arbitration agreement have, at the time of the conclusion of that agreement, their places of business in different States; or

(b) one of the following places is situated outside the State in which the parties have their places of business:

(i) the place of arbitration if determined in, or pursuant to, the arbitration agreement;

(ii) any place where a substantial part of the obligations of the commercial relationship is to be performed or the place with which the subject-matter of the dispute is most closely connected; or

(c) the parties have expressly agreed that the subject matter of the arbitration agreement relates to more than one country.

(4) For the purposes of paragraph (3) of this article:

(a) if a party has more than one place of business, the place of business is that which has the closest relationship to the arbitration agreement;

(b) if a party does not have a place of business, reference is to be made to his habitual residence.

(5) This Law shall not affect any other law of this State by virtue of which certain disputes may not be submitted to arbitration or may be submitted to arbitration only according to provisions other than those of this Law.

Article 2. Definitions and rules of interpretation

For the purposes of this Law:

(a) "arbitration" means any arbitration whether or not administered by a permanent arbitral institution;

(b) "arbitral tribunal" means a sole arbitrator or a panel of arbitrators;

(c) "court" means a body or organ of the judicial system of a State;

(d) where a provision of this Law, except article 28, leaves the parties free to determine a certain issue, such freedom includes the right of the parties to authorize a third party, including an institution, to make that determination;

(e) where a provision of this Law refers to the fact that the parties have agreed or that they may agree or in any other way refers to an agreement of the parties, such agreement includes any arbitration rules referred to in that agreement;

(f) where a provision of this Law, other than in articles 25(a) and 32(2) (a), refers to a claim, it also applies to a counter-claim, and where it refers to a defence, it also applies to a defence to such counter-claim.

Article 2 A. International origin and general principles(adopted in 2006)

(1) In the interpretation of this Law, regard is to be had to its international origin and to the need to promote uniformity in its application and the observance of good faith.

(2) Questions concerning matters governed by this Law which are not expressly settled in it are to be settled in conformity with the general principles on which this Law is based.

Article 3. Receipt of written communications

(1) Unless otherwise agreed by the parties:

(a) any written communication is deemed to have been received if it is delivered to the addressee personally or if it is delivered at his place of business, habitual residence or mailing address; if none of these can be found after making a reasonable inquiry, a written communication is deemed to have been received if it is sent to the addressee's last-known place of business, habitual residence or mailing address by registered letter or any other means which provides a record of the attempt to deliver it;

(b) the communication is deemed to have been received on the day it is so delivered.

(2) The provisions of this article do not apply to communications in court proceedings.

Article 4. Waiver of right to object

A party who knows that any provision of this Law from which the parties may derogate or any requirement under the arbitration agreement has not been complied with and yet proceeds with the arbitration without stating his objection to such non-compliance without undue delay or, if a time-limit is provided therefor, within such period of time, shall be deemed to have waived his right to object.

Article 5. Extent of court intervention

In matters governed by this Law, no court shall intervene except where so provided in this Law.

Article 6. Court or other authority for certain functions of arbitration assistance and supervision

The functions referred to in articles 11(3), 11(4), 13(3), 14, 16(3) and 34(2) shall be performed by ... [Each State enacting this model law specifies the court, courts or, where referred to therein, other authority competent to perform these functions.]

CHAPTER II. ARBITRATION AGREEMENT

Option I

Article 7. Definition and form of arbitration agreement(adopted in 2006)

(1) "Arbitration agreement" is an agreement by the parties to submit to arbitration all or certain disputes which have arisen or which may arise between them in respect of a defined legal relationship, whether contractual or not. An arbitration agreement may be in the form of an arbitration clause in a contract or in the form of a separate agreement.

(2) The arbitration agreement shall be in writing.

(3) An arbitration agreement is in writing if its content is recorded in any form, whether or not the arbitration agreement or contract has been concluded orally, by conduct, or by other means.

(4) The requirement that an arbitration agreement be in writing is met by an electronic communication if the information contained therein is accessible so as to be useable for subsequent reference; "electronic communication" means any communication that the parties make by means of data messages; "data message" means information generated, sent, received or stored by electronic, magnetic, optical or similar means, including, but not limited to, electronic data interchange

(EDI), electronic mail, telegram, telex or telecopy.

(5) Furthermore, an arbitration agreement is in writing if it is contained in an exchange of statements of claim and defence in which the existence of an agreement is alleged by one party and not denied by the other.

(6) The reference in a contract to any document containing an arbitration clause constitutes an arbitration agreement in writing, provided that the reference is such as to make that clause part of the contract.

Option II

Article 7. Definition of arbitration agreement(adopted in 2006)

"Arbitration agreement" is an agreement by the parties to submit to arbitration all or certain disputes which have arisen or which may arise between them in respect of a defined legal relationship, whether contractual or not.

Article 8. Arbitration agreement and substantive claim before court

(1) A court before which an action is brought in a matter which is the subject of an arbitration agreement shall, if a party so requests not later than when submitting his first statement on the substance of the dispute, refer the parties to arbitration unless it finds that the agreement is null and void, inoperative or incapable of being performed.

(2) Where an action referred to in paragraph (1) of this article has been brought, arbitral proceedings may nevertheless be commenced or continued, and an award may be made, while the issue is pending before the court.

Article 9. Arbitration agreement and interim measures by court

It is not incompatible with an arbitration agreement for a party to request, before or during arbitral proceedings, from a court an interim measure of protection and for a court to grant such measure.

CHAPTER III. COMPOSITION OF ARBITRAL TRIBUNAL

Article 10. Number of arbitrators

(1) The parties are free to determine the number of arbitrators.

(2) Failing such determination, the number of arbitrators shall be three.

Article 11. Appointment of arbitrators

(1) No person shall be precluded by reason of his nationality from acting as an arbitrator, unless otherwise agreed by the parties.

(2) The parties are free to agree on a procedure of appointing the arbitrator or arbitrators, subject to the provisions of paragraphs (4) and (5) of this article.

(3) Failing such agreement,

(a) in an arbitration with three arbitrators, each party shall appoint one arbitrator, and the two arbitrators thus appointed shall appoint the third arbitrator; if a party fails to appoint the arbitrator within thirty days of receipt of a request to do so from the other party, or if the two arbitrators fail to agree on the third arbitrator within thirty days of their appointment, the appointment shall be made, upon request of a party, by the court or other authority specified in article 6;

(b) in an arbitration with a sole arbitrator, if the parties are unable to agree on the arbitrator, he shall be appointed, upon request of a party, by the court or other authority specified in article 6.

(4) Where, under an appointment procedure agreed upon by the parties,

(a) a party fails to act as required under such procedure, or

(b) the parties, or two arbitrators, are unable to reach an agreement expected of them under such procedure, or

(c) a third party, including an institution, fails to perform any function entrusted to it under such procedure,

any party may request the court or other authority specified in article 6 to take the necessary measure, unless the agreement on the appointment procedure provides other means for securing the appointment.

(5) A decision on a matter entrusted by paragraph (3) or (4) of this article to the court or other authority specified in article 6 shall be subject to no appeal. The court or other authority, in appointing an arbitrator, shall have due regard to any qualifications required of the arbitrator by the agreement of the parties and to such considerations as are likely to secure the appointment of an independent and impartial arbitrator and, in the case of a sole or third arbitrator, shall take into ac-

count as well the advisability of appointing an arbitrator of a nationality other than those of the parties.

Article 12. Grounds for challenge

(1) When a person is approached in connection with his possible appointment as an arbitrator, he shall disclose any circumstances likely to give rise to justifiable doubts as to his impartiality or independence. An arbitrator, from the time of his appointment and throughout the arbitral proceedings, shall without delay disclose any such circumstances to the parties unless they have already been informed of them by him.

(2) An arbitrator may be challenged only if circumstances exist that give rise to justifiable doubts as to his impartiality or independence, or if he does not possess qualifications agreed to by the parties. A party may challenge an arbitrator appointed by him, or in whose appointment he has participated, only for reasons of which he becomes aware after the appointment has been made.

Article 13. Challenge procedure

(1) The parties are free to agree on a procedure for challenging an arbitrator, subject to the provisions of paragraph (3) of this article.

(2) Failing such agreement, a party who intends to challenge an arbitrator shall, within fifteen days after becoming aware of the constitution of the arbitral tribunal or after becoming aware of any circumstance referred to in article 12(2), send a written statement of the reasons for the challenge to the arbitral tribunal. Unless the challenged arbitrator withdraws from his office or the other party agrees to the challenge, the arbitral tribunal shall decide on the challenge.

(3) If a challenge under any procedure agreed upon by the parties or under the procedure of paragraph (2) of this article is not successful, the challenging party may request, within thirty days after having received notice of the decision rejecting the challenge, the court or other authority specified in article 6 to decide on the challenge, which decision shall be subject to no appeal; while such a request is pending, the arbitral tribunal, including the challenged arbitrator, may continue the arbitral proceedings and make an award.

Article 14. Failure or impossibility to act

(1) If an arbitrator becomes *de jure* or *de facto* unable to perform his functions or for other reasons fails to act without undue delay, his mandate terminates if he withdraws from his office or if the parties agree on the termination. Otherwise, if a controversy remains concerning any of these grounds, any party may request the court or other authority specified in article 6 to decide on the termination of the mandate, which decision shall be subject to no appeal.

(2) If, under this article or article 13(2), an arbitrator withdraws from his office or a party agrees to the termination of the mandate of an arbitrator, this does not imply acceptance of the validity of any ground referred to in this article or article 12(2).

Article 15. Appointment of substitute arbitrator

Where the mandate of an arbitrator terminates under article 13 or 14 or because of his withdrawal from office for any other reason or because of the revocation of his mandate by agreement of the parties or in any other case of termination of his mandate, a substitute arbitrator shall be appointed according to the rules that were applicable to the appointment of the arbitrator being replaced.

CHAPTER IV. JURISDICTION OF ARBITRAL TRIBUNAL

Article 16. Competence of arbitral tribunal to rule on its jurisdiction

(1) The arbitral tribunal may rule on its own jurisdiction, including any objections with respect to the existence or validity of the arbitration agreement. For that purpose, an arbitration clause which forms part of a contract shall be treated as an agreement independent of the other terms of the contract. A decision by the arbitral tribunal that the contract is null and void shall not entail *ipso jure* the invalidity of the arbitration clause.

(2) A plea that the arbitral tribunal does not have jurisdiction shall be raised not later than the submission of the statement of defence. A party is not precluded from raising such a plea by the fact that he has appointed, or participated in the appointment of, an arbitrator. A plea that the arbitral tribunal is exceeding the scope of its authority shall be raised as soon as the matter alleged to be beyond

the scope of its authority is raised during the arbitral proceedings. The arbitral tribunal may, in either case, admit a later plea if it considers the delay justified.

(3) The arbitral tribunal may rule on a plea referred to in paragraph (2) of this article either as a preliminary question or in an award on the merits. If the arbitral tribunal rules as a preliminary question that it has jurisdiction, any party may request, within thirty days after having received notice of that ruling, the court specified in article 6 to decide the matter, which decision shall be subject to no appeal; while such a request is pending, the arbitral tribunal may continue the arbitral proceedings and make an award.

CHAPTER IV A. INTERIM MEASURES AND PRELIMINARY ORDERS
(adopted in 2006)

Section 1. Interim measures

Article 17. Power of arbitral tribunal to order interim measures

(1) Unless otherwise agreed by the parties, the arbitral tribunal may, at the request of a party, grant interim measures.

(2) An interim measure is any temporary measure, whether in the form of an award or in another form, by which, at any time prior to the issuance of the award by which the dispute is finally decided, the arbitral tribunal orders a party to:

(a) Maintain or restore the status quo pending determination of the dispute;

(b) Take action that would prevent, or refrain from taking action that is likely to cause, current or imminent harm or prejudice to the arbitral process itself;

(c) Provide a means of preserving assets out of which a subsequent award may be satisfied; or

(d) Preserve evidence that may be relevant and material to the resolution of the dispute.

Article 17 A. Conditions for granting interim measures

(1) The party requesting an interim measure under article 17(2)(a), (b) and (c) shall satisfy the arbitral tribunal that:

(a) Harm not adequately reparable by an award of damages is likely to result if the measure is not ordered, and such harm substantially outweighs the harm that is likely to result to the party against whom the measure is directed if the measure is granted; and

(b) There is a reasonable possibility that the requesting party will succeed on the merits of the claim. The determination on this possibility shall not affect the discretion of the arbitral tribunal in making any subsequent determination.

(2) With regard to a request for an interim measure under article 17(2)(d), the requirements in paragraphs (1)(a) and (b) of this article shall apply only to the extent the arbitral tribunal considers appropriate.

Section 2. Preliminary orders

Article 17 B. Applications for preliminary orders and conditions for granting preliminary orders

(1) Unless otherwise agreed by the parties, a party may, without notice to any other party, make a request for an interim measure together with an application for a preliminary order directing a party not to frustrate the purpose of the interim measure requested.

(2) The arbitral tribunal may grant a preliminary order provided it considers that prior disclosure of the request for the interim measure to the party against whom it is directed risks frustrating the purpose of the measure.

(3) The conditions defined under article 17A apply to any preliminary order, provided that the harm to be assessed under article 17A(1)(a), is the harm likely to result from the order being granted or not.

Article 17 C. Specific regime for preliminary orders

(1) Immediately after the arbitral tribunal has made a determination in respect of an application for a preliminary order, the arbitral tribunal shall give notice to all parties of the request for the interim measure, the application for the preliminary order, the preliminary order, if any, and all other communications, including by indicating the content of any oral communication, between any party and the arbitral tribunal in relation thereto.

(2) At the same time, the arbitral tribunal shall give an opportunity to any party against whom a preliminary order is directed to present its case at the earliest practicable time.

(3) The arbitral tribunal shall decide promptly on any objection to the preliminary order.

(4) A preliminary order shall expire after twenty days from the date on which it was issued by the arbitral tribunal. However, the arbitral tribunal may issue an interim measure adopting or modifying the preliminary order, after the party against whom the preliminary order is directed has been given notice and an opportunity to present its case.

(5) A preliminary order shall be binding on the parties but shall not be subject to enforcement by a court. Such a preliminary order does not constitute an award.

Section 3. Provisions applicable to interim measures and preliminary orders
Article 17 D. Modification, suspension, termination

The arbitral tribunal may modify, suspend or terminate an interim measure or a preliminary order it has granted, upon application of any party or, in exceptional circumstances and upon prior notice to the parties, on the arbitral tribunal's own initiative.

Article 17 E. Provision of security

(1) The arbitral tribunal may require the party requesting an interim measure to provide appropriate security in connection with the measure.

(2) The arbitral tribunal shall require the party applying for a preliminary order to provide security in connection with the order unless the arbitral tribunal considers it inappropriate or unnecessary to do so.

Article 17 F. Disclosure

(1) The arbitral tribunal may require any party promptly to disclose any material change in the circumstances on the basis of which the measure was requested or granted.

(2) The party applying for a preliminary order shall disclose to the arbitral tri-

bunal all circumstances that are likely to be relevant to the arbitral tribunal' s determination whether to grant or maintain the order, and such obligation shall continue until the party against whom the order has been requested has had an opportunity to present its case. Thereafter, paragraph (1) of this article shall apply.

Article 17 G. Costs and damages

The party requesting an interim measure or applying for a preliminary order shall be liable for any costs and damages caused by the measure or the order to any party if the arbitral tribunal later determines that, in the circumstances, the measure or the order should not have been granted. The arbitral tribunal may award such costs and damages at any point during the proceedings.

Section 4. Recognition and enforcement of interim measures
Article 17 H. Recognition and enforcement

(1) An interim measure issued by an arbitral tribunal shall be recognized as binding and, unless otherwise provided by the arbitral tribunal, enforced upon application to the competent court, irrespective of the country in which it was issued, subject to the provisions of article 17 I.

(2) The party who is seeking or has obtained recognition or enforcement of an interim measure shall promptly inform the court of any termination, suspension or modification of that interim measure.

(3) The court of the State where recognition or enforcement is sought may, if it considers it proper, order the requesting party to provide appropriate security if the arbitral tribunal has not already made a determination with respect to security or where such a decision is necessary to protect the rights of third parties.

Article 17 I. Grounds for refusing recognition or enforcement

(1) Recognition or enforcement of an interim measure may be refused only:

(a) At the request of the party against whom it is invoked if the court is satisfied that:

(i) Such refusal is warranted on the grounds set forth in article 36(1)(a)(i), (ii), (iii) or (iv); or

(ii) The arbitral tribunal' s decision with respect to the provision of security in connection with the interim measure issued by the arbitral tribunal has not been complied with; or

(iii) The interim measure has been terminated or suspended by the arbitral tribunal or, where so empowered, by the court of the State in which the arbitration takes place or under the law of which that interim measure was granted; or

(b) If the court finds that:

(i) The interim measure is incompatible with the powers conferred upon the court unless the court decides to reformulate the interim measure to the extent necessary to adapt it to its own powers and procedures for the purposes of enforcing that interim measure and without modifying its substance; or

(ii) Any of the grounds set forth in article 36(1)(b)(i) or (ii), apply to the recognition and enforcement of the interim measure.

(2) Any determination made by the court on any ground in paragraph (1) of this article shall be effective only for the purposes of the application to recognize and enforce the interim measure. The court where recognition or enforcement is sought shall not, in making that determination, undertake a review of the substance of the interim measure.

Section 5. Court-ordered interim measures
Article 17 J. Court-ordered interim measures

A court shall have the same power of issuing an interim measure in relation to arbitration proceedings, irrespective of whether their place is in the territory of this State, as it has in relation to proceedings in courts. The court shall exercise such power in accordance with its own procedures in consideration of the specific features of international arbitration.

CHAPTER V. CONDUCT OF ARBITRAL PROCEEDINGS
Article 18. Equal treatment of parties

The parties shall be treated with equality and each party shall be given a full opportunity of presenting his case.

Article 19. Determination of rules of procedure

(1) Subject to the provisions of this Law, the parties are free to agree on the procedure to be followed by the arbitral tribunal in conducting the proceedings.

(2) Failing such agreement, the arbitral tribunal may, subject to the provisions of this Law, conduct the arbitration in such manner as it considers appropriate. The power conferred upon the arbitral tribunal includes the power to determine the admissibility, relevance, materiality and weight of any evidence.

Article 20. Place of arbitration

(1) The parties are free to agree on the place of arbitration. Failing such agreement, the place of arbitration shall be determined by the arbitral tribunal having regard to the circumstances of the case, including the convenience of the parties.

(2) Notwithstanding the provisions of paragraph (1) of this article, the arbitral tribunal may, unless otherwise agreed by the parties, meet at any place it considers appropriate for consultation among its members, for hearing witnesses, experts or the parties, or for inspection of goods, other property or documents.

Article 21. Commencement of arbitral proceedings

Unless otherwise agreed by the parties, the arbitral proceedings in respect of a particular dispute commence on the date on which a request for that dispute to be referred to arbitration is received by the respondent.

Article 22. Language

(1) The parties are free to agree on the language or languages to be used in the arbitral proceedings. Failing such agreement, the arbitral tribunal shall determine the language or languages to be used in the proceedings. This agreement or determination, unless otherwise specified therein, shall apply to any written statement by a party, any hearing and any award, decision or other communication by the arbitral tribunal.

(2) The arbitral tribunal may order that any documentary evidence shall be accompanied by a translation into the language or languages agreed upon by the parties or determined by the arbitral tribunal.

Article 23. Statements of claim and defence

(1) Within the period of time agreed by the parties or determined by the arbitral tribunal, the claimant shall state the facts supporting his claim, the points at issue and the relief or remedy sought, and the respondent shall state his defence in respect of these particulars, unless the parties have otherwise agreed as to the required elements of such statements. The parties may submit with their statements all documents they consider to be relevant or may add a reference to the documents or other evidence they will submit.

(2) Unless otherwise agreed by the parties, either party may amend or supplement his claim or defence during the course of the arbitral proceedings, unless the arbitral tribunal considers it inappropriate to allow such amendment having regard to the delay in making it.

Article 24. Hearings and written proceedings

(1) Subject to any contrary agreement by the parties, the arbitral tribunal shall decide whether to hold oral hearings for the presentation of evidence or for oral argument, or whether the proceedings shall be conducted on the basis of documents and other materials. However, unless the parties have agreed that no hearings shall be held, the arbitral tribunal shall hold such hearings at an appropriate stage of the proceedings, if so requested by a party.

(2) The parties shall be given sufficient advance notice of any hearing and of any meeting of the arbitral tribunal for the purposes of inspection of goods, other property or documents.

(3) All statements, documents or other information supplied to the arbitral tribunal by one party shall be communicated to the other party. Also any expert report or evidentiary document on which the arbitral tribunal may rely in making its decision shall be communicated to the parties.

Article 25. Default of a party

Unless otherwise agreed by the parties, if, without showing sufficient cause,

(a) the claimant fails to communicate his statement of claim in accordance with article 23(1), the arbitral tribunal shall terminate the proceedings;

(b) the respondent fails to communicate his statement of defence in accordance with article 23(1), the arbitral tribunal shall continue the proceedings without treating such failure in itself as an admission of the claimant's allegations;

(c) any party fails to appear at a hearing or to produce documentary evidence, the arbitral tribunal may continue the proceedings and make the award on the evidence before it.

Article 26. Expert appointed by arbitral tribunal

(1) Unless otherwise agreed by the parties, the arbitral tribunal

(a) may appoint one or more experts to report to it on specific issues to be determined by the arbitral tribunal;

(b) may require a party to give the expert any relevant information or to produce, or to provide access to, any relevant documents, goods or other property for his inspection.

(2) Unless otherwise agreed by the parties, if a party so requests or if the arbitral tribunal considers it necessary, the expert shall, after delivery of his written or oral report, participate in a hearing where the parties have the opportunity to put questions to him and to present expert witnesses in order to testify on the points at issue.

Article 27. Court assistance in taking evidence

The arbitral tribunal or a party with the approval of the arbitral tribunal may request from a competent court of this State assistance in taking evidence. The court may execute the request within its competence and according to its rules on taking evidence.

CHAPTER VI. MAKING OF AWARD AND TERMINATION OF PROCEEDINGS

Article 28. Rules applicable to substance of dispute

(1) The arbitral tribunal shall decide the dispute in accordance with such rules of law as are chosen by the parties as applicable to the substance of the dispute. Any designation of the law or legal system of a given State shall be construed, unless otherwise expressed, as directly referring to the substantive law of

that State and not to its conflict of laws rules.

(2) Failing any designation by the parties, the arbitral tribunal shall apply the law determined by the conflict of laws rules which it considers applicable.

(3) The arbitral tribunal shall decide *ex aequo et bono* or as *amiable compositeur*

only if the parties have expressly authorized it to do so.

(4) In all cases, the arbitral tribunal shall decide in accordance with the terms of the contract and shall take into account the usages of the trade applicable to the transaction.

Article 29. Decision-making by panel of arbitrators

In arbitral proceedings with more than one arbitrator, any decision of the arbitral tribunal shall be made, unless otherwise agreed by the parties, by a majority of all its members. However, questions of procedure may be decided by a presiding arbitrator, if so authorized by the parties or all members of the arbitral tribunal.

Article 30. Settlement

(1) If, during arbitral proceedings, the parties settle the dispute, the arbitral tribunal shall terminate the proceedings and, if requested by the parties and not objected to by the arbitral tribunal, record the settlement in the form of an arbitral award on agreed terms.

(2) An award on agreed terms shall be made in accordance with the provisions of article 31 and shall state that it is an award. Such an award has the same status and effect as any other award on the merits of the case.

Article 31. Form and contents of award

(1) The award shall be made in writing and shall be signed by the arbitrator or arbitrators. In arbitral proceedings with more than one arbitrator, the signatures of the majority of all members of the arbitral tribunal shall suffice, provided that the reason for any omitted signature is stated.

(2) The award shall state the reasons upon which it is based, unless the parties have agreed that no reasons are to be given or the award is an award on

agreed terms under article 30.

(3) The award shall state its date and the place of arbitration as determined in accordance with article 20(1). The award shall be deemed to have been made at that place.

(4) After the award is made, a copy signed by the arbitrators in accordance with paragraph (1) of this article shall be delivered to each party.

Article 32. Termination of proceedings

(1) The arbitral proceedings are terminated by the final award or by an order of the arbitral tribunal in accordance with paragraph (2) of this article.

(2) The arbitral tribunal shall issue an order for the termination of the arbitral proceedings when:

(a) the claimant withdraws his claim, unless the respondent objects thereto and the arbitral tribunal recognizes a legitimate interest on his part in obtaining a final settlement of the dispute;

(b) the parties agree on the termination of the proceedings;

(c) the arbitral tribunal finds that the continuation of the proceedings has for any other reason become unnecessary or impossible.

(3) The mandate of the arbitral tribunal terminates with the termination of the arbitral proceedings, subject to the provisions of articles 33 and 34(4).

Article 33. Correction and interpretation of award; additional award

(1) Within thirty days of receipt of the award, unless another period of time has been agreed upon by the parties:

(a) a party, with notice to the other party, may request the arbitral tribunal to correct in the award any errors in computation, any clerical or typographical errors or any errors of similar nature;

(b) if so agreed by the parties, a party, with notice to the other party, may request the arbitral tribunal to give an interpretation of a specific point or part of the award.

If the arbitral tribunal considers the request to be justified, it shall make the correction or give the interpretation within thirty days of receipt of the request. The interpretation shall form part of the award.

(2) The arbitral tribunal may correct any error of the type referred to in paragraph (1)(a) of this article on its own initiative within thirty days of the date of the award.

(3) Unless otherwise agreed by the parties, a party, with notice to the other party, may request, within thirty days of receipt of the award, the arbitral tribunal to make an additional award as to claims presented in the arbitral proceedings but omitted from the award. If the arbitral tribunal considers the request to be justified, it shall make the additional award within sixty days.

(4) The arbitral tribunal may extend, if necessary, the period of time within which it shall make a correction, interpretation or an additional award under paragraph (1) or (3) of this article.

(5) The provisions of article 31 shall apply to a correction or interpretation of the award or to an additional award.

CHAPTER VII. RECOURSE AGAINST AWARD

Article 34. Application for setting aside as exclusive recourse against arbitral award

(1) Recourse to a court against an arbitral award may be made only by an application for setting aside in accordance with paragraphs (2) and (3) of this article.

(2) An arbitral award may be set aside by the court specified in article 6 only if:

(a) the party making the application furnishes proof that:

(i) a party to the arbitration agreement referred to in article 7 was under some incapacity; or the said agreement is not valid under the law to which the parties have subjected it or, failing any indication thereon, under the law of this State; or

(ii) the party making the application was not given proper notice of the appointment of an arbitrator or of the arbitral proceedings or was otherwise unable to present his case; or

(iii) the award deals with a dispute not contemplated by or not falling within the terms of the submission to arbitration, or contains decisions on matters beyond the scope of the submission to arbitration, provided that, if the decisions on matters submitted to arbitration can be separated from those not so submitted, only that part of the award which contains decisions on matters not submitted to arbitration may be set aside; or

(iv) the composition of the arbitral tribunal or the arbitral procedure was not in accordance with the agreement of the parties, unless such agreement was in conflict with a provision of this Law from which the parties cannot derogate, or, failing such agreement, was not in accordance with this Law; or

(b) the court finds that:

(i) the subject-matter of the dispute is not capable of settlement by arbitration under the law of this State; or

(ii) the award is in conflict with the public policy of this State.

(3) An application for setting aside may not be made after three months have elapsed from the date on which the party making that application had received the award or, if a request had been made under article 33, from the date on which that request had been disposed of by the arbitral tribunal.

(4) The court, when asked to set aside an award, may, where appropriate and so requested by a party, suspend the setting aside proceedings for a period of time determined by it in order to give the arbitral tribunal an opportunity to resume the arbitral proceedings or to take such other action as in the arbitral tribunal's opinion will eliminate the grounds for setting aside.

CHAPTER VIII. RECOGNITION AND ENFORCEMENT OF AWARDS
Article 35. Recognition and enforcement

(1) An arbitral award, irrespective of the country in which it was made, shall be recognized as binding and, upon application in writing to the competent court, shall be enforced subject to the provisions of this article and of article 36.

(2) The party relying on an award or applying for its enforcement shall supply the original award or a copy thereof. If the award is not made in an official language of this State, the court may request the party to supply a translation

thereof into such language.(ammended in 2006)

Article 36. Grounds for refusing recognition or enforcement

(1) Recognition or enforcement of an arbitral award, irrespective of the country in which it was made, may be refused only:

(a) at the request of the party against whom it is invoked, if that party furnishes to the competent court where recognition or enforcement is sought proof that:

(i) a party to the arbitration agreement referred to in article 7 was under some incapacity; or the said agreement is not valid under the law to which the parties have subjected it or, failing any indication thereon, under the law of the country where the award was made; or

(ii) the party against whom the award is invoked was not given proper notice of the appointment of an arbitrator or of the arbitral proceedings or was otherwise unable to present his case; or

(iii) the award deals with a dispute not contemplated by or not falling within the terms of the submission to arbitration, or it contains decisions on matters beyond the scope of the submission to arbitration, provided that, if the decisions on matters submitted to arbitration can be separated from those not so submitted, that part of the award which contains decisions on matters submitted to arbitration may be recognized and enforced; or

(iv) the composition of the arbitral tribunal or the arbitral procedure was not in accordance with the agreement of the parties or, failing such agreement, was not in accordance with the law of the country where the arbitration took place; or

(v) the award has not yet become binding on the parties or has been set aside or suspended by a court of the country in which, or under the law of which, that award was made; or

(b) if the court finds that:

(i) the subject-matter of the dispute is not capable of settlement by arbitration under the law of this State; or

(ii) the recognition or enforcement of the award would be contrary to the public policy of this State.

(2) If an application for setting aside or suspension of an award has been made to a court referred to in paragraph (1)(a)(v) of this article, the court where recognition or enforcement is sought may, if it considers it proper, adjourn its decision and may also, on the application of the party claiming recognition or enforcement of the award, order the other party to provide appropriate security.

6. 한국의 국제중재 설문조사 연구보고서(요약)

이 자료는 필자가 책임연구원으로서 대한상사중재원 및 서울국제중재센터와 한국의 국제중재 설문조사에 관하여 체결한 연구용역계약에 대한 결과물로서 2017. 2. 제출한 보고서 중 요약 부분만을 옮긴 것이다.

오늘날 세계 6위의 무역 강국으로 발돋움한 우리나라는 국제거래의 지속적 증가에 따라 늘어나고 있는 국제상사분쟁을 공정하고 신속하게 해결할 제도로서 국제중재를 활성화함과 함께 한국이 국제적인 중재 중심지로 발전할 수 있도록 노력하고 있다. 이 연구는 한국에 있어서의 국제중재에 대한 현황과 인식에 관하여 우리나라 기업들과 국제중재 관련자들을 상대로 정밀한 실태조사를 하고 그 결과를 분석함으로써, 우리나라 기업 실무에 맞는 중재관련 교육과 중재산업 발전의 방향성을 제시하는데 도움이 되고자 한다.

이를 위하여 대한상사중재원(Korean Commercial Arbitration Board, KCAB)과 서울국제중재센터(Seoul International Dispute Resolution Center, SIDRC)로부터 실태조사를 의뢰받은 연세대학교 법학전문대학원 이호원 교수가 중심이 되어 중앙대학교 법학전문대학원의 전병서, 정홍식 양 교수와 함께 2016. 11.부터 12.까지 실제 국제중재실무에 종사하는 우리나라 기업 내외의 중재관계인사 도합 148명을 대상으로 설문조사와 그 중 10명에 대한 인터뷰를 실시하여 그 결과를 분석한 것이 이 연구보고서이다. 다음은 그 설문조사 결과의 핵심을 요약한 것이다.

◈ 일반적인 사항–기업 내부의 응답

설문조사에 대한 응답자는 사내변호사를 포함하여 기업 내부 근무자가 76명, 법무법인 및 법률사무소를 포함하여 기업 이외의 조직 근무자가 62명이어서, 합계 148명의 응답결과를 분석한 것이다. 기업내부 응답자 중에는 법무관련 부서 근무자는 62명이고 비법무관련 부서 근무자는 10명이었다.

대상 기업의 국제거래시 상대방 국가가 있는 지역은 동남아시아(20%), 중동아시아(17%), 북미(15%), 중국(11%), 아프리카(8%), 서유럽(8%), 남미(7%), 중앙아시아(6%), 일본(4%), 동유럽(3%) 순으로 나타났는데, 건설업과 에너지 및 자원관련 산업 종사자들이 상대방 국가가 있는 지역으로 동남아시아와 중동아시아를 많이 답변하고 있다. 응답자가 종사하는 산업군은 건설업 22%, 에너지 및 자원관련 산업 21%, 제조업 13%, 금융 및 보험업 8%로서, 이 네 개 산업군 종사자가 전체 응답자의 약 3분의 2를 차지하고 있다.

기업에서 가장 선호하고 자주 채택되는 국제분쟁 해결방법으로는 국제중재 및 국제중재와 ADR 병행을 선호하는 응답을 합하여 약 78%가 소송보다 중재를 선호한다는 응답을 보였고, 국제소송 및 국제소송과 ADR 병행을 합하여 약 16%가 중재보다 소송을 선호한다는 응답을 보였다. 산업군별로는 건설업 및 에너지 및 자원 관련산업 분야에서 특히 국제중재를 아주 높은 비율로 선호하는 결과로 나타났고, 국제금융 분야에 종사하는 응답자들은 대부분 국제금융의 분쟁해결을 소송으로 해결하려고 하는 태도를 취하고 있음을 엿볼 수 있다.

기업 내부 응답자의 경우 전체 국제계약들 중 중재를 선택하는 비율이 적어도 70% 이상이 된다고 답한 응답자가 전체 응답자의 65%를 차지하고 있으며, 국제분쟁해결 조항 작성에 대한 정책이나 지침(관행, 서면화된 정책, 모범조항, 매뉴얼, 체크리스트 등 포함)이 기업 내부에 마련되어 있다는 응답자가 45%, 없다는 응답자가 39%, 이를 준비 중이라는 응답자가 11%로서 아직 국제분쟁해결에 대한 대비를 소홀히 하는 것 아닌지 우려된다.

◈ 국제중재에 관하여

기업 내외 응답자를 모두 포함하여 국제중재의 장점(세 가지 선택)으로는 (1) 특정 국가의 법정이나 법률제도의 회피(43%), (2) 절차상의 유연성43(%), (3) 중립성(36%), (4) 비밀과 프라이버시 보호(35%), (5) 종국성(단심제)(34%), (6) 당사자의 중재인 선정(30%), (7) 신속한 해결(24%), (8) 중재판정의 수월한 집행가능성(24%), (9) 합리적 비용(13%) 순으로 나타났는데, 사항별로 장점으로 선정된 비율을 살펴보면 어느 특정 사항이 압도적인 비율을 보이기보다는 점차 그 선택비율이 낮아지는 경향을 보여주었다.

국제중재의 단점(세 가지 선택)으로는 (1) 높은 중재비용(65%), (2) 신속한 중재절차를 방해하는 당사자에 대한 효과적인 제재의 결여(45%), (3) 각 중재기관의 효율성 여부에 대한 정보 부족(38%), (4) 본안에 대한 상소제도가 없음(31%), (5) 신속하지 못한 절차진행(29%), (6) 중재지 법원의 간섭21(%), (7) 제3자의 당사자 추가절차 제도의 결여(17%) 등 순으로 지적이 많았는데, 특히 높은 중재비용을 지적하는 응답이 많았다.

국제계약 체결시 분쟁해결 조항에서 중재를 선택할 경우 우선적으로 고려하는 요소(세 가지 선택)로는 (1) 중재지(81%), (2) 중재기관(61%), (3) 실체적 준거법(58%), (4) 중재규칙(39%), (5) 중재언어(24%), (6) 기밀성(5%), (7) 중재 진행시 문서개시의 정도(2%)의 순으로 나타났다.

◈ 중재지에 관하여

최근 10년 동안 국제중재의 중재지로 선택했거나 실제 중재사건을 수행한 도시(모두 선택 가능)는 (1) 싱가포르(69%), (2) 서울(51%), (3) 런던(41%), (4) 홍콩(37%), (5) 뉴욕(30%), (6) 파리(20%), (7) 제네바(15%), (8) 도쿄7(%), (9) 베이징(6%), (10) 취리히(3%) 순이다. 싱가포르가 상당한 격차로 1위를 차지하여 국제중재지로서의 급부상 현상을 보여주고 있다. 그 선택된 이유(복수 선택 가능)로는 (1) 중재지의 높은 평판과 인지도(55%), (2) 계약의 준거법 국가와의 일치(37%), (3) 상대방의 요구(24%), (4) 산업별 특성 및 분쟁유형과의 관련성(18%), (5) 중재지에 대한 개인적 선호도(15%), (6) 회사의 정책이나 지침(14%), (7) 외부 법률전문가의 권고(9%) 등이 제시되었다.

앞으로 국제계약에서 분쟁해결방법으로 중재를 선택하게 될 경우 선호하는 중재지(세 곳 선택)로는 (1) 싱가포르(83%), (2) 서울(57%), (3) 홍콩(45%). (4) 런던(39%), (5) 뉴욕(17%), (6) 파리(11%) 순으로 선택되었는데, 그 선택된 이유로는 (1) 중재지 법률시스템의 중립성 및 공정성, (2) 중재합의와 중재판정의 집행가능성, (3) 중재지국의 중재법, (4) 중재지 법률 및 절차에 정통한 다수 중재인의 존재, (5) 중재지 국가의 법적 절차의 효율성, (6) 심리장소의 접근성, (7) 국제중재분야 전문 변호사의 유무, (8) 언어, (9) 문화적 친숙도, (10) 당사 직원 대리인 증인/전문가 회계사 비서 사무직원 등 인력의 소재지, (11) 중재심리 진행에 필요한 통역 기록 등의 서비스를 제공하는 심리시설 구비 여부, (12) 합리적인 부대비용 순으로 제시되었다. 그중 위 (1) 내지 (5)의 이유는 중재제도의 기반을 이루는 중재관련법제 및 중재인들에 관련된 것으로서 선택받을 만한 충분한 가치가 있는 것이라고 볼 수 있다.

위와 같은 결과를 종합하면 향후 중재지 선택에 있어서 싱가포르, 서울, 홍콩은 증가, 런던은 다소 감소가 예상된다 할 수 있다.

중재지의 중재관련 법제를 고려할 때 가장 중요한 요소 한 가지로는 (1) 뉴욕협약의 가입여부(44%), (2) 사법제도의 중립성과 공정성(26%), (3) 중재에 대한 우호도(11%), (4) 중재지국의 UNCITRAL 모델법 채택 여부(6%), (5) 중재판정 취소 또는 집행거부 가능 여부(6%)로 나타났다.

◈ 대한상사중재원과 서울국제중재센터에 관하여

대한상사중재원(KCAB) 국내중재규칙에 따른 중재절차 경험이 있다는 응답자는 17%, KCAB 국제중재규칙에 따른 중재절차의 경험이 있다는 응답자는 28%이고, KCAB 중재규칙에 따른 중재절차 경험이 없다는 응답자가 51%를 점하고 있다. KCAB 가 국제적인 중재기관으로 발전하기 위하여 보완할 점(복수 선택 가능)으로는 (1) 국 제적으로 역량 있는 다수 중재인의 확보(66%), (2) 중재원 인력의 전문성 강화58(%), (3) 중재원의 해외홍보 역량 강화(35%), (4) 중재인 보수의 증액(21%), (5) 사건관리의 효율성 증대(20%)가 지적되었다.

선호하는 중재기관(복수 선택 가능)은 (1) ICC(69%), (2) SIAC(60%), (3) KCAB(35%), (4) LCIA(18%), (5) HKIAC(14%), (6) ICDR/AAA(5%) 순이었다.

서울국제중재센터(SIDRC)의 법률적 성격에 대하여 중재시설이라는 응답자가 59% 이었으나, 상당수가 SIDRC의 성격을 정확히 파악하지 못한 것으로 나타났다. 이는 SIDRC에서 중재심리를 진행해 본 적이 없는 응답자가 82%에 이르는 점에 그 일부 원 인이 있는 것으로 보인다. SIDRC가 앞으로 개선할 점(복수 선택 가능)으로는 (1) 심리 진행 인력 보강(38%), (2) 중재심리 진행에 필요한 통역, 기록 등 서비스 제고(36%), (3) 중재심리 진행에 필요한 물적 설비 확충(22%), (4) 심리공간의 확충(18%) 순으로 지적되었다.

서울이 중재지로 선택되기 위한 개선사항(복수 선택 가능)으로는 (1) 서울에 익숙 한 수준급 중재인의 확보(51%), (2) 대한상사중재원의 역량 강화(47%), (3) 한국 법률 제도의 중립성과 공정성 증진(39%), (4) 최상의 중재전문 변호사의 이용가능성 제고 (33%), (5) 중재합의와 중재판정의 집행기록 증대(26%), (6) 보다 편리한 심리시설 확 충(%), (7) 중재비용을 합리화하기 위한 제도개선 마련(18%), (8) 항공편 등의 접근성 확대(9%)의 순으로 지적되었다. 이를 위하여 수준급 중재인이 관여하는 중재사건을 서울로 유치하도록 한편, 분쟁의 준거법이 한국법이거나 실질적인 당사자가 모두 한 국 당사자인 경우 등 한국과 밀접한 관련이 있는 국제계약에서는 서울을 중재지로 지 정하도록 노력할 필요가 크다고 할 수 있을 것이다.

중재법 관련 저술목록

〈단행본〉

· 註釋 仲裁法(공저)(2005).
· 韓國과 日本의 民事節次法의 變遷과 課題(편저)(2017).

〈논문〉

· "外國仲裁判定의 承認과 執行－뉴욕協約을 중심으로－", 裁判資料 제34집(1986), 653-708면. 〈이 책 [1], 한글화〉
· "外國判例紹介－美國의 外國仲裁判定의 執行에 관한 判例를 中心으로, ①-⑬", 중재 209호(1989년 6월호)-221호(1990년 6월호). 〈이 책 [13], 요약〉
· "중재에 있어서의 증거조사", 중재 제278호(1995), 24-30면.
· "改正 仲裁法에 관한 小考", 중재 제302호(2001. 겨울), 5-18면. 〈이 책 [2], 제목 변경 및 한글화〉
· "仲裁判定의 取消", 法曹 제575호(2004. 8.), 5-37면. 〈이 책 [5], 재작성〉
· "仲裁判定의 執行判決節次", 民事訴訟 제9권 제1호(2005. 5.), 263-279면.
· "뉴욕협약하 외국중재판정의 승인 및 집행에 관한 미국의 최신판례", 金文煥先生 停年紀念論文集 1권(2011), 627-644면. 〈이 책 [12]〉
· "국제중재판정의 취소사유의 확장 또는 제한－법원에 의한 본안의 심사와 관련하여－", 國際去來法研究 제22집 제2호(2012. 12.), 181-200면. 〈이 책 [6]〉
· "중재판정 집행절차의 개선에 관한 연구", 법학연구(연세대학교) 제23권 제1호(2013. 3.), 1-36면. 〈이 책 [9]〉
· "중재판정 승인의 개념, 효력 및 절차에 관한 연구", 仲裁研究 제23권 제1호(2013. 3.), 1-23면. 〈이 책 [7], 제목 변경〉
· "중재판정의 승인·집행을 위하여 제출할 서류", 仲裁研究 제23권 제2호(2013. 6.), 141-164면. 〈이 책 [8]〉
· "한국의 최근의 중재법 개정논의－국제중재의 활성화를 위하여－", 國際去來法研究 제22집 제2호(2013. 12.), 1-20면.
· "국제중재절차에서의 법원의 역할", 사법 제29호(2014), 69-106면. 〈이 책 [11], 재작성〉

· "중재법 개정 법률안의 주요내용", 民事訴訟 19권 1호(2015. 5.), 353-392면.
· "국제상사분쟁해결방법으로서의 국제중재에 관하여－실무적 절차의 흐름과 장단
　　점을 중심으로－", 법학연구(연세대학교) 제27권 제3호(2017. 9.), 209-238
　　면. 〈이 책 [10]〉
· "국내중재판정의 효력에 관하여－중재법 제35조의 해석을 중심으로", 民事訴訟
　　제23권 제3호(2019. 10.), 333-379면. 〈이 책 [4]〉
· "2016년 개정 중재법의 주요내용", 仲裁研究 제30권 제1호(2020. 3.), 33-79면. 〈이
　　책 [3]〉

〈일어 논문〉

· "韓國における外國仲裁判斷の承認と執行－韓國大法院の判例を中心に", 立命館法
　　學 제331호(2010. 10.), 431면. 〈이 책 [14]〉
· "韓國における仲裁判定承認の槪念·效力及び手續に關する硏究", 比較法學(早稻田
　　大學比較法硏究所機關誌) 제48권 제2호(2014. 12.), 109면. 〈이 책 [7]의 일
　　역문〉
· "韓國における最近の仲裁法の改正議論－國際仲裁の活性化のために－", 比較法學
　　(早稻田大學比較法硏究所機關誌) 제49권 제1호(2015. 6.), 209면. 〈위 "한국
　　의 최근의 중재법 개정논의－국제중재의 활성화를 위하여－"의 일역문〉
· "國際仲裁判定の取消事由の擴張または制限－裁判所による本案審査と關連して－",
　　比較法學(早稻田大學比較法硏究所機關誌) 제50권 제1호(2016. 6.), 65면.
　　〈이 책 [6]의 일역문〉
· "韓國における仲裁判定の承認及び執行のために提出する書類", 早稻田大學比較法
　　硏究所オンラインフォーラムシリーズ 2016-4호, 1면. 〈이 책 [8]의 일역문〉
· "國際商事紛爭の解決方法としての國際仲裁について－國際仲裁手續の流れと利点·
　　問題点を中心にして－", 法経論集(愛知大學法學會) 제214호(2018. 3.), 123
　　면. 〈이 책 [10]의 일역문〉

〈연구용역〉

· 중재판정의 승인 및 집행절차의 개선방안 연구(2012년 법무부)
· 한국의 국제중재 설문조사 연구보고서(2017년 대한상사중재원·서울국제중재센
　　터)〈이 책 부록 6. 요약문〉

참고문헌

〈한국〉

· 高瀁煥, 國際商事仲裁論(1981).
· 김갑유(대표집필), 중재실무강의(개정판)(2016).
· 金洪奎, 外國仲裁判定의 國內에서의 承認 및 執行(商事仲裁研究叢書 Ⅶ)(1975).
· 金洪奎, 仲國仲裁判定의 承認執行의 要件과 節次(商事仲裁研究叢書 제22집)(1980).
· 목영준 · 최승재, 상사중재법(개정판)(2018).
· 石光現, 國際商事仲裁法研究 제1권(2007).
· 석광현, 국제민사소송법(2012).
· 石光現, 國際商事仲裁法研究 제2권(2019).
· 양병회 외 8인, 註釋 仲裁法(2005).
· 이시윤, 新民事訴訟法(제12판)(2018).
· 임성우, 국제중재, 박영사(2016).
· 장문철 · 정선주 · 강병근 · 서정일, UNCITRAL모델중재법의 수용론(1999).
· 崔公雄, 國際訴訟(改訂版)(1988).
· 洪晶植, 外國仲裁判定의 承認과 執行에 관한 國際聯合協約解說(商事仲裁研究叢書
　　　Ⅳ)(1972).

· 제1차-제20차 법무부 중재법 개정위원회 참고자료집(2013-2014).
· 국회 법제사법위원회, 중재법 일부개정법률안 심사보고서(2016. 4.).

· 강병근, "우리 중재법의 개정방향과 1996년 잉글랜드 중재법", 仲裁學會誌 제6권
　　　(1996), 112면.
· 康炳根, "仲裁判定의 取消, 承認 및 執行을 둘러싼 몇가지 論爭", 통상법률 제40호
　　　(2001), 30면.
· 강병근, "국제분쟁해결절차규칙의 개정 – 2010년 UNCITRAL 중재규칙을 중심으
　　　로", 고려법학 제60호(2011. 3.), 145면.
· 강수미, "중재판정의 효력에 관한 연구", 仲裁研究 제27권 제1호(2017), 59면.
· 김갑유 · 양성우, "국제중재절차에서의 서류공개의무와 그 예외로서 변호사-고객간
　　　특권에 관한 연구", 법학평론(서울대학교) 제1권(2010), 460면.

· 김봉석, "仲裁判定에 의한 執行判決의 節次와 그 問題點", 仲裁研究 제13권 1호 (2003. 8.), 169면.

· 김상수, "중재판정 취소의 소의 적법성", 중재 제299호(2001), 111면.

· 金洪奎, "仲裁判定의 國籍", 玄勝鍾敎授回甲記念論文集(1979), 533면.

· 金洪奎·鄭圭相·鄭冀人·李康斌, "仲裁法 改正試案 및 解說," 仲裁學會誌 제2권(1992), 1면.

· 노태악, "UNCITRAL 모델 중재법 및 중재규칙 개정에 따른 국내법 개정의 필요성 검토", 국제사법연구 제16호(2010), 111면.

· 목영준, "민사소송의 실무적 관점에서 본 중재법 개정시안", 중재 제276호(1995. 6.), 30면.

· 박은옥, "중재에 있어서 법원의 역할", 貿易商務研究 제30卷(2006. 5), 91면.

· 서동희, "外國仲裁判定의 한국내 집행과 관련된 몇가지 문제," 중재 제298호(2000 겨울), 64면.

· 서철원, "외국중재판정의 승인과 집행에 관한 1958년 뉴욕협약에 대한 국내법원 판례분석", 國際判例研究 제1집(1999), 189면.

· 석광현, "改正仲裁法의 몇 가지 문제점 – 國際商事仲裁를 중심으로 –", 國際私法과 國際訴訟 제2권(2001), 471면.

· 석광현, "중재절차에서의 법원의 역할", 변호사 제37집(2007), 47면.

· 석광현, "국제상사중재에서 중재인선정 방식에 관한 연구", 仲裁研究 제20권 제1 호(2010. 3.), 21면.

· 石光現, "외국중재판정의 승인·집행제도의 개선방안", 國際私法과 國際訴訟 제5 권(2012), 688면.

· 석광현, "중재법의 개정방향 – 국제상사중재의 측면을 중심으로", 서울대학교 법학 제53권 제3호(2012. 9.), 533면.

· 석광현, "2016년 중재법의 주요 개정내용과 문제점", 법학연구(전북대학교) 제53 집(2017), 213면.

· 석광현, "2016년 중재법에 따른 국내중재판정의 효력, 취소와 승인·집행에 관한 법리의 변화", 법학논총(한양대학교) 제34권 제1호(2017), 461면.

· 석광현, "2016년 중재법에 따른 중재판정부의 임시적 처분 – 민사집행법에 따른 보전처분과의 정합성에 대한 문제 제기를 포함하여 –", 國際去來法研究 제26 집 제1호(2017), 107면.

· 성준호, "중재판정의 효력", 선진상사법률연구 제85호(2019), 117면.

· 손경한·김화진, "仲裁法 改正의 基本方向", 중재 제277호(1995), 22면.

· 안건형·유병욱, "프랑스 개정 민사소송법의 주요내용과 시사점", 民事訴訟 제15권

제2호(2011), 93면.

· 安秉熙, "仲裁法院과 國家法院과의 相關關係에 관한 硏究", 연세대학교 대학원 법학박사학위논문(2000).

· 안병희, "仲裁人의 權限確定權限(Kompetenz-Kompetenz)에 관한 연구", 仲裁學會誌 제11권(2001. 12.), 95면.

· 오정후, "집행판결의 거부사유인 공공질서 위반에 관한 연구 - 청구이의사유가 있을 때 집행판결을 하는 것이 공공질서 위반인가?", 民事訴訟 제11권 1호(2006), 312면.

· 오창석, "상사중재에 있어서의 중재인에 대한 기피사유와 중재인의 고지의무 : 판결을 중심으로", 商事判例硏究 제19집 제1권(2006. 3), 353면.

· 윤진기, "2016년 개정 중재법의 중재판정 집행에 관한 문제점", 仲裁硏究 제26권 제4호(2016), 3면.

· 윤진기, "2016년 중재법상의 중재판정의 효력에 대한 몇가지 의문과 별소의 심급제한", 仲裁硏究 제27권 제4호(2017), 3면.

· 이강빈, "국제상사중재에서 중재판정부의 권한과 임시적 처분에 관한 연구", 仲裁硏究 제18권 제2호(2008. 8), 103면.

· 이준상, "우리법원에서의 중재판정의 승인, 집행재판의 실무와 개선방안 - 월드뱅크그룹의 2010년 IAB 보고서의 검토를 겸하여 - ", 국제규범의 현황과 전망 - 2010년 국제규범연구반 연구보고 및 국제회의 참가보고(2011), 55면.

· 이태희, "중재판정의 효율적 집행과 취소사유에 대한 고찰," 중재 제314호(2004 겨울), 8면.

· 장문철, "改正仲裁法 해설," 인권과 정의 제284호(2000. 4.), 99면.

· 장문철, "중재법의 개정방향," 중재 제335호(2011 봄), 7면.

· 蔣尙均, "외국중재판정에 대한 집행재판과정에서의 청구이의사유의 주장", 대법원 판례해설 제44호(2004), 107면.

· 정선주, "중재절차에서 법원의 역할과 한계 - 개정 중재법과 UNCITRAL 모델법 등을 중심으로 - ", 仲裁學會誌 제10권(2000), 65면.

· 전병서, "중재판정의 집행결정절차에 관한 검토", 사법 제49호(2019), 127면.

· 정선주, "중재법 개정의 방향과 주요 내용", 고려법학 제60호(2013. 6.), 211면.

· 정선주, "2016년 개정 중재법 소고", 民事訴訟 제21권 제1호(2017), 27면.

· 정홍식, "국제중재 절차내에서 증거조사: 국제변호사협회(IBA)의 2010 증거규칙을 중심으로", 仲裁硏究 제21권 제3호(2011. 12.), 21면.

· 정홍식, "국제상사계약 체결에서 중재합의조항에 관한 실무적 고려사항", 통상법률 제115호(2014. 2.), 47면.

· 趙連浩, "뉴욕協約下의 外國仲裁判定의 承認과 執行", 裁判資料 제47집(1989), 379면.

· 趙載淵, "外國仲裁判定에 대한 執行判決", 司法研究資料 제11집(1984), 161면.

· 채동헌, "청구이의사유와 외국중재판정에 대한 집행판결 거부", 중재 제300호(2001), 111면.

· 崔公雄, "外國判決의 效力", 司法論集 제18집(1987), 323면.

· 하용득, "仲裁法의 改正經過 및 主要内容", 중재 제295호(2000. 봄), 6면.

· 韓忠洙, "韓國에 있어서의 外國仲裁判定 및 調停의 承認·執行", 國際私法研究 제8호(2003). 419면.

· 황병일, "국내외 중재판정의 강제집행", 중재 제283호(1987), 23면.

〈일본〉

· 小山昇, 仲裁法(新版)(1983).

· 注解仲裁法(1988).

· 松浦馨·青山善充(編), 現代仲裁法の論点(1998).

· 高桑昭, 國際商事仲裁法の研究(2000).

· 小島武司, 仲裁法(2000).

· 近藤昌昭 외 4인, 仲裁法コンメンタール(2003).

· 三木浩一·山本和彦(編), 新仲裁法の理論と實務(2006).

· 小島武司·高桑昭(編), 注釋と論点 仲裁法(2007).

· 小島武司·猪股孝史, 仲裁法(2014).

· 山本和彦·山田文, ADR仲裁法(第2版)(2015).

· 谷口安平·鈴木五十三(編), 國際商事仲裁の法と實務(2016).

· 中村達也, 仲裁法の論点(2017).

· 仲裁法の立法論的研究－仲裁法試案とその解説, 別册NBL no. 25(1993).

· 仲裁法制に關する中間とりまとめと解説, 別册NBL no. 71(2002).

· 小林秀之, "外國仲裁判定の承認·執行についての一 考察", 判例 タイムズ 제468호(1982. 7. 15.), 13면.

· 三木浩一, "仲裁制度の國際的動向と仲裁法改正の課題", ジュリスト No. 1207(2001. 9.), 42면.

· 渡部美由紀, "國際仲裁における仲裁判斷の效力について", 民事訴訟雜誌 제58호(2012), 155면.

- 中川直政, "國際仲裁手續における實務の流れ", The Lawyers(2016. 11.), 22면.
- 眞鍋佳奈, "仲裁手續きではどこまで企業秘密が保たれるのか", The Lawyers(2016. 11.), 30면.

〈구미〉

- Albert Jan van den Berg, *The Arbitration Convention of 1958*(1981).
- Emmanuel Gillard·John Savage(Ed.), *Fouchard Gillard Goldman on International Commercial Arbitration*(1999).
- Gary B. Born, *International Commercial Arbitration(2nd Ed.) Volume I - III* (2014).
- Gary B. Born, *International Arbitration : Law and Practice(2nd Ed.)*(2016).
- Howard M. Holtzmann·Joseph E. Neuhaus, *A Guide To The UNCITRAL Model Law On International Commercial Arbitration: Legislative History and Commentary*(1989).
- Howard M. Holtzmann·Joseph E. Neuhaus·Edda Kristjánsdóttir·Thomas W. Wlash, *A Guide To 2006 Amendments to The UNCITRAL Model Law On International Commercial Arbitration: Legislative History and Commentary*(2015).
- Jack J. Coe, Jr., *International Commercial Arbitration : American Principles and Practice in a Global Context*(1997).
- Julian D.M. Lew, QC·Harris Bor·Gregory Fullelove·Joanne Greenway(eds), *Arbitration in England-with chapters on Scotland and Ireland*(2013).
- Joogi Kim, *International Arbitration in Korea*(2017).
- Karl-Heinz Böckstiegel·Stefan Michael Kröll·Partricia Nacimiento(eds), *Arbitration in Germany : The Model Law in Practice(2nd Ed.)*(2015).
- Margaret L. Moses, *The Principles and Practice of International Commercial Arbitration*(2008).
- Michael Moser·John Choong, *Asia Arbitration Handbook*(2012).
- Nigel Blackaby et al., *Redfern and Hunter on International Arbitration(6th Ed.)*(2015).
- Peter Ashford, *Handbook on International Commercial Arbitration*(2009).
- Robert Merkin·Johanna Hjalmarsson, *Singapore Arbitration Legislation: Annotated* (2009).
- Robert Merkin·Louis Flannery, *Arbitration Act 1996(5th Ed.)* (2014).

· Ruffus v. Rhoades · Daniel M. Kolkey · Richard Chernick, *Practitioner's Handbook on International Arbitration and Mediation*(2007).

· Sänger, *Zivilprozeßordnung Handkommentar(4.Auflage)*(2011).

· Tibor Varady et el., *International Commercial Arbitration*(4th Ed.)(2009).

· Wilner, *Domke on Commercial Arbitration(Rev. Ed.)*(1984).

· UNCITRAL, Report of the Working Group on the Work of Its Seventh Session, U.N. Doc. A/CN.9/246(1983).

· Analytic commentary on draft text of a model law on international commercial arbitration : report of the Secretary-General, U.N. Doc. A/CN.9/264(1983).

· Explanatory Note by the UNCITRAL Secretariat on the Model Law on International Commercial Arbitration(1994).

· Beomsu Kim and Benjamin Hughes, "*South Korea: Receptive to Foreign Arbitration Awards?*", Asian-Counsel Special Report on Dispute Resolution (Dec. 2009/ Jan. 2010), p. 26.

· Shunichiro Nakano, "*International Commercial Arbitration under the New Arbitration Law of Japan*", The Japanese Annual of International Law No. 47(2004), p. 114.

· 2015 Intranational Arbitration Survey : Improvements and Innovations in International Arbitration, School of International Arbitration, Queen Mary University of London; http://www.arbitration.qmul.ac.uk/research/2015/index.html (2020. 2. 17. 방문).

· 2013 International arbitration Survey, Corporate Choices in International Arbitration, School of International Arbitration, Queen Mary University of London; http://www.arbitration.qmul.ac.uk/research/2013/index.html(2020. 2. 17. 방문).

저자소개

이호원

[저자 약력]
서울대학교 법과대학 법학과 졸업
서울대학교 대학원 법학석사
Georgetown Univ. 법학석사
서울중앙지방법원·서울고등법원 부장판사
제주지방법원·서울가정법원 법원장
법무법인 지평지성 대표변호사
연세대학교 법학전문대학원 교수
대한상사중재원장(현)
Univ. of Washington, Queen Mary Univ., 동경대학, 리츠메이칸대학에서 객원교수 및 객원연구원
한국민사소송법학회·국제거래법학회 회장
법무부 중재법 개정위원회 위원장

[저서]
주석 중재법(공저)
주석 민사소송법(공저)
한국과 일본의 민사절차법의 변천과 과제(편저)

중재법 연구

초판발행	2020년 5월 30일
지은이	이호원
펴낸이	안종만·안상준
편 집	김선민
기획/마케팅	조성호
표지디자인	이미연
제 작	우인도·고철민·조영환
펴낸곳	(주)**박영사**
	서울특별시 종로구 새문안로3길 36, 1601
	등록 1959. 3. 11. 제300-1959-1호(倫)
전 화	02)733-6771
f a x	02)736-4818
e-mail	pys@pybook.co.kr
homepage	www.pybook.co.kr
ISBN	979-11-303-3632-9 93360

정 가   32,000원